2024 대비

Essential
IFRS
Intermediate Accounting

중급회계 10판 에센셜 수정판

김현식 저

Essential IFRS
Intermediate Accounting

[재무회계 공부방법]

1. 시험과목과 출제 문항

[회계사 수험생의 경우]

(1) 1차 시험

회계학 50문제 중 원가관리회계 10문제를 제외하면 40문제가 중급회계와 고급회계, 정부회계에서 출제(정부회계 5문제(고정), 고급회계 10~11문제, 나머지 중급회계)

(2) 2차 시험

재무회계 150점(고급회계 분야 50점) 중 60% 이상 득점하여야 합격

[세무사 수험생의 경우]

(1) 1차 시험

회계학 40문제 중 원가관리회계 문제를 제외하면 25문제가 중급회계와 고급회계에서 출제(고급회계 0~2문제, 나머지 중급회계)

(2) 2차 시험

고급회계 분야는 합병이나 지분법 등 매우 한정된 범위에서 가끔 출제됨

2. 과목별 공부 시기와 방법

(1) 중급회계 : 연초에 일찍 공부를 시작하는 것이 중요하고 이와 관련된 객관식 문제를 함께 풀기보다는 수업 중 강조한 내용을 계속적으로 반복·숙달하는 것이 중요함(혼자 풀이하다보면 잘못된 풀이습관을 익힐 수 있어 오히려 공부가 독이 될 때가 있다고 판단)

(2) 고급회계 : 합병, 연결, 지분법 그리고 파생상품에 대한 회계처리를 공부하는 과목으로써 시험의 출제범위가 비교적 명확해서 공부를 한 만큼 득점할 수 있는 과목임

(3) 심화 재무회계 : 보통 8월 중 개강하며 중급회계와 고급회계에서 배웠던 내용에 대해 복습함(수업중 이론 설명과 문제 풀이를 5 : 5정도 할애하므로 중급, 고급회계에 대한 충분한 지식이 있어야 수강할 수 있는 것은 아님)

1.5차 수준의 주관식 문제 풀이를 진행하며 어려운 부분은 객관식 문제 풀이를 병행하여 확실한 1차 합격과 2차 동차 준비가 가능하도록 하는 것이 수업의 목표임(세무사 수험생들은 회계사 심화 재무회계에서 파생상품과 연결 회계만 스킵하고 수강하면 됨)

(4) 정부회계 : 보통 8월 말에 개강하며 고급회계와 동일하게 그 출제 범위가 명확하여 공부의 효율성이 높은 과목임(회계사 시험에만 출제)

(5) 객관식 재무회계(중급, 고급) : 보통 10월 중 개강하며 회계사 수험생들은 중급과 고급을 모두 수강하여야 하며, 세무사 수험생들은 중급만 수강해도 1차 준비에 큰 문제는 없다고 판단됨(세무사 객관식 중급회계에서는 가볍게 고급회계 분야를 대비하기 위해 별도의 문제 풀이 강의를 첨부함)

1차 시험은 과거의 기출문제가 그대로 다시 출제되는 것이 아님

기출문제 풀이에서 중요한 것은 그 일반적인 출제방식과 함정, 문제를 해석하는 방법, 빠르게 푸는 방법 그리고 앞으로 어떻게 출제될지에 대한 경향 분석 등이므로 무엇보다도 강의를 수강하면서 바르게 공부하는 것이 중요함(공부는 열심히 하는 것보다 바르게 하는 것이 더 중요함)

(6) 2차 재무회계 : 보통 2월 말에 개강(세무사는 11월 중 유예 학생을 대상으로 개강)하며 관련 이론 복습과 2차 기출문제, 그리고 주요 문제들을 공부함(이론 설명과 문제 풀이를 3 : 7정도로 배분하여 지엽적인 문제에 대한 준비가 가능토록 함)

이 또한 과거 기출문제와 동일하게 출제되는 것이 아니므로 수업 수강을 통해 효율적이고 효과적으로 시험을 대비하는 것이 바람직 함

IFRS Intermediate Accounting

Chapter 01 재무보고와 국제회계기준

1. 회계 : 유용한 정보의 제공

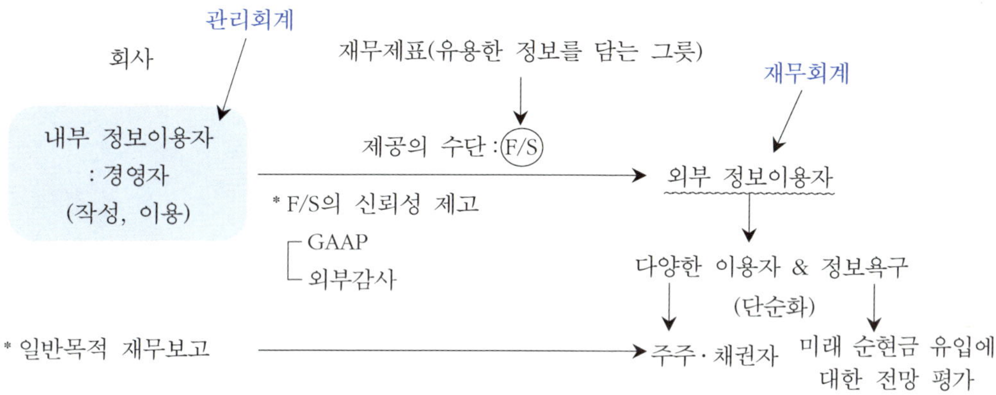

- 재무회계와 관리회계의 비교

구 분	재무회계	관리회계
목 적	외부 정보이용자의 경제적 의사결정에 유용한 정보제공	내부 정보이용자의 경제적 의사결정에 유용한 정보제공
보고대상	외부 정보이용자	내부 정보이용자
준거기준	일반적으로 인정된 회계원칙	의사결정에 목적적합한 방법 (일반적 기준이 없다.)
보고수단	재무제표	일정한 형식이 없다.
특 징	과거정보의 집계와 보고 위주	미래와 관련된 정보 위주

- 재무제표는 기업이 사용하는 재무보고의 대표적 수단이며, 재무제표의 작성 책임은 회사의 경영자에게 있다.
- 재무제표 : 재무상태표, 포괄손익계산서, 자본변동표, 현금흐름표, 주석

2. 재무보고의 규제

- 자발적 재무보고(규제 반대)
  - 대리인 이론 : 자발적 보고 → 감시비용 감소 → 경영자 보상 증가
  - 경쟁적(효율적) 자본시장 : 자발적 보고 → 보다 유리한 조건으로 자본 조달
- 강제적 재무보고(규제 찬성)
  - 재무보고의 외부효과 : 회계정보=공공재 → 수요보다 적은 량의 정보 제공 ∴ 규제 필요
  - 사회적 목표 달성 : 규제를 통해 동일한 정보에 대하여 평등하게 접근 가능

3. 재무회계정보의 기능

역선택 / 도덕적 해이 → 회계 : 유용한 정보의 제공 ∴ 해소

원인 : 정보의 비대칭(내부 정보이용자 vs. 외부 정보이용자)

4. 회계기준(회계원칙)

i) **F/S 작성의 지침**

ii) **회계기준의 필요성**

회계기준이 없다면 이해가능성 / 비교가능성 ↓→ F/S 신뢰성 ↓→ 유용한 정보의 제공 ×

∴ 필요 ○

iii) **제정** : 독립적인 제3자

iv) **GAAP (일반적으로 인정된 회계원칙)**

↳ 다수의 합의 or 권위있는 지지

v) **제정의 과정** : 정치적 타협
- 장점 : 다양한 의견수렴
- 단점 : 진리는 타협의 대상 ×, 그러나 때론 타협의 대상이 됨

vi) **가변성**

vii) **한국**

- 외부감사 적용대상 주식회사
  - 상장기업 및 금융회사, 일부 공기업 : IFRS(2011년)
  - IFRS를 적용하지 않는 비상장기업 : 일반기업회계기준(2011년)
  - 비상장기업이지만 IFRS 적용의 경우 존재
- 외부감사 대상이 아닌 주식회사 : 중소기업회계기준(2014년)

	제정기관
일반기업회계기준 :	한국회계기준원
중소기업회계기준 :	법무부

5. 국제회계기준

i) 장점

① 국가 간 회계정보의 비교가능성이 높아질 수 있다.

② 기업의 국제상장(cross-border listing)에 대한 부담이 감소되어 자본시장의 국제화를 가속시킬 것이다.

③ 다국적 기업의 해외사업과 관련한 재무제표의 작성 및 성과측정 등과 관련된 비용을 절감할 수 있으며, 그 결과 해외사업확장을 촉진하여 자본시장의 활성화에도 기여할 것으로 기대된다.

ii) 역사

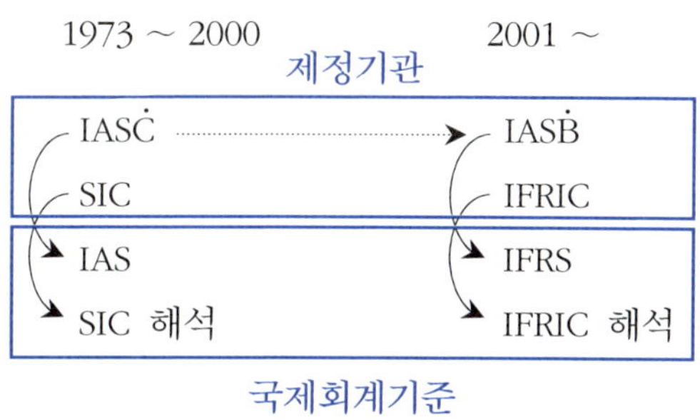

iii) 특징

- 규칙중심(×) / 원칙중심(○)
- 기본 F/S : 연결 F/S
- 공정가치 측정 중심*
- 재무상태표 중심의 측정·정의

* 전통적인 회계에서는 실제 매각거래가 발생하였을 때 수익을 인식하는 실현주의에 기초한 반면, 국제회계기준은 실현되기 전이라도 자산 및 부채의 공정가치가 변동되었다면 이를 손익의 구성요소에 포함시킨다. 그 결과, 성과에 대한 보고가 더욱 중요하게 부각된다.

iv) 한국채택국제회계기준 도입에 따른 제도 변화

①
- 외부감사 적용대상 주식회사
  - 상장기업 및 금융회사, 일부 공기업 : IFRS
  - IFRS를 적용하지 않는 비상장기업 : 일반기업회계기준
- 외부감사 대상이 아닌 주식회사 : 중소기업회계기준

② 연결 F/S 중심의 공시체계로 전환

- 연결 F/S 중심으로 인해 관련 F/S와 감사보고서의 공시기한 변경

③ 지배기업의 별도(separate) 재무제표 공시

연결 F/S
또는 → 종속기업 또는 관계기업의 경영성과 포함
지분법을 적용한 F/S

→ 지배기업 또는 투자기업 자신만의 경영성과 공시의 필요성 존재

→ 별도 F/S 공시
- 해당 투자주식을 원가법, 공정가치법 및 지분법 중 한 가지 방법 적용
- 한국채택국제회계기준에서는 별도 F/S 작성이 선택규정, 하지만 우리나라에서는 외감법상 의무작성 사항임

참고 타 기업에 대한 투자가 없는 기업의 F/S
→ 개별 F/S(individual F/S)

④ 한국채택국제회계기준 도입 영향의 사전 공시

- 한국채택국제회계기준을 도입하기 전부터 기업의 도입준비 상황과 재무제표에 미치는 영향을 사업보고서 및 재무제표 주석에 기재하는 사전공시제도를 운영

v) 한국채택국제회계기준의 번호 체계

국제회계기준	IAS	IFRS
한국채택국제회계기준	1001 ~ 1099	1101 ~ 1999

- 한국채택국제회계기준(K-IFRS) : 국제회계기준위원회가 제정한 국제회계기준(IFRS)을 한국어로 완역한 회계기준

vi) 국제회계기준 적용 효과

- 2005년부터 의무적으로 국제회계기준을 적용하기 시작한 유럽연합 회원국의 자료에 근거한 연구결과는 대체로 국제회계기준 적용에 대한 긍정적인 효과를 제시하고 있으나, 이에 반하는 연구결과도 적지 않다. 즉, 국제회계기준만을 도입했다고 해서 모든 국가에서 일률적으로 긍정적인 효과를 보는 것은 아니다.

Chapter 02 IFRS Intermediate Accounting

재무보고를 위한 개념체계

개념체계의 위상과 목적

SP1.1 '재무보고를 위한 개념체계' (이하, 개념체계)는 일반목적재무보고의 목적과 개념을 서술한다. '개념체계'의 목적은 다음과 같다.

(1) 한국회계기준위원회(이하 '회계기준위원회'라 한다)가 일관된 개념에 기반하여 한국채택국제회계기준(이하, 회계기준)을 제·개정하는 데 도움을 준다.

(2) 특정 거래나 다른 사건에 적용할 회계기준이 없거나 회계기준에서 회계정책을 선택하는 것을 허용하는 경우에 재무제표 작성자가 일관된 회계정책을 개발하는 데 도움을 준다.

(3) 모든 이해관계자가 회계기준을 이해하고 해석하는 데 도움을 준다.

SP1.2 '개념체계'는 회계기준이 아니다. 따라서 이 '개념체계'의 어떠한 내용도 회계기준이나 그 요구사항에 우선하지 아니한다.

SP1.3 일반목적 재무보고의 목적을 달성하기 위해 회계기준위원회는 '개념체계'의 관점에서 벗어난 요구사항을 정하는 경우가 있을 수 있다. 만약, 회계기준위원회가 그러한 사항을 정한다면, 해당 기준서의 결론도출근거에 그러한 일탈에 대해 설명할 것이다.

SP1.4 '개념체계'는 회계기준위원회가 관련 업무를 통해 축적한 경험을 토대로 수시로 개정될 수 있다. '개념체계'가 개정되었다고 자동으로 회계기준이 개정되는 것은 아니다.

SP1.5 개념체계는 다음과 같은 회계기준을 위한 기반을 제공한다.

(1) 투자자와 그 밖의 시장참여자가 정보에 입각한 경제적 의사결정을 내릴 수 있도록 재무정보의 국제적 비교가능성과 정보의 질을 향상시킴으로써 투명성에 기여한다.

(2) 자본제공자와 자본수탁자 간의 정보 격차를 줄임으로써 책임을 강화한다. '개념체계'에 기반한 회계기준은 경영진의 책임을 묻기 위해 필요한 정보를 제공한다. 국제적으로 비교가능한 정보의 원천으로서 이 회계기준은 전 세계 규제기관에게도 매우 중요하다.

(3) 투자자에게 전 세계의 기회와 위험을 파악하도록 도움을 주어 자본 배분을 향상시킴으로써 경제적 효율성에 기여한다. 기업이 개념체계에 기반한 신뢰성 있는 단일의 회계언어를 사용하는 것은 자본비용을 감소시키고 국제보고 비용을 절감시킨다.

→ 개념체계에 영향받은 회계기준의 효과

↳ 국제적 비교가능성↑ & 유용한 정보 제공으로 인한 정보비대칭↓ & 경제적 효율성↑

개념체계는 모두 8개의 장으로 구성되어 있는데, 각 장의 내용은 다음과 같다.

1장 일반목적재무보고의 목적

2장 유용한 재무정보의 질적 특성

3장 재무제표와 보고기업

4장 재무제표의 요소

5장 인식과 제거

6장 측정

7장 표시와 공시

8장 자본 및 자본유지개념

1장 일반목적재무보고의 목적, 유용성 및 한계

1.2 일반목적재무보고의 목적은 현재 및 잠재적 투자자, 대여자와 그 밖의 채권자가 기업에 자원을 제공하는 것과 관련된 의사결정을 할 때 유용한 보고기업 재무정보를 제공하는 것이다. 그 의사결정은 다음을 포함한다.

(1) 지분상품 및 채무상품의 매수, 매도 또는 보유

(2) 대여 및 기타 형태의 신용 제공 또는 결제

(3) 기업의 경제적자원 사용에 영향을 미치는 경영진의 행위에 대한 의결권 또는 영향을 미치는 권리 행사

1.3 문단 1.2에 기술된 의사결정은 현재 및 잠재적 투자자, 대여자와 그 밖의 채권자가 기대하는 수익에 의존한다. 투자자, 대여자와 그 밖의 채권자의 수익에 대한 기대는 기업에 유입될 미래 순현금유입의 금액, 시기 및 불확실성(전망)(①) 및 기업의 경제적자원에 대한 경영진의 수탁책임에 대한 그들의 평가(②)에 달려 있다.

1.4 문단 1.3에 기술된 평가를 하기 위하여 현재 및 잠재적 투자자, 대여자와 그 밖의 채권자는 다음의 정보를 필요로 한다.

(1) 기업의 경제적자원, 기업에 대한 청구권 및 그러한 자원과 청구권의 변동(①)

(2) 기업의 경영진과 이사회가 기업의 경제적자원 사용에 대한 그들의 책임(경영자의 수탁책임)을 얼마나 효율적이고 효과적으로 이행했는지 여부(②)

1.5 많은 현재 및 잠재적 투자자, 대여자 및 기타 채권자는 정보를 제공하도록 보고기업에 직접 요구할 수 없고, 그들이 필요로 하는 재무정보의 많은 부분을 일반목적재무보고서에 의존해야만 한다. 따라서 그들이 일반목적재무보고서의 대상이 되는 주요이용자이다.

1.6 그러나 일반목적재무보고서는 현재 및 잠재적 투자자, 대여자와 그 밖의 채권자가 필요로 하는 모든 정보를 제공하지는 않으며 제공할 수도 없다. 따라서 그 정보이용자들은 다른 원천에서 입수한 관련 정보를 고려할 필요가 있다.

1.7 일반목적재무보고서는 보고기업의 가치를 보여주기 위해 고안된 것이 아니다. 그러나 그것은 현재 및 잠재적 투자자, 대여자와 그 밖의 채권자가 보고기업의 가치를 추정하는 데 도움이 되는 정보를 제공한다.

자본	≠	기업가치(=주가 × 주식수)
↑		↑
과거 정보만 포함		미래 정보도 포함

1.11 재무보고서는 정확한 서술보다는 상당 부분 추정, 판단 및 모형에 근거한다. '개념체계'는 그 추정, 판단 및 모형의 기초가 되는 개념을 정한다.

1.8 각 주요이용자들의 정보 수요 및 욕구는 다르고 상충되기도 한다. 회계기준위원회는 회계기준을 제정할 때 주요이용자 최대 다수의 수요를 충족하는 정보를 제공하기 위해 노력할 것이다. 그러나 공통된 정보 수요에 초점을 맞춘다고 해서 보고기업으로 하여금 주요이용자의 특정 일부에게 가장 유용한 추가 정보를 포함하지 못하게 하는 것은 아니다.

1.9 보고기업의 경영진도 해당 기업에 대한 재무정보에 관심이 있다. 그러나 경영진은 필요로 하는 재무정보를 내부에서 구할 수 있기 때문에 일반목적재무보고서에 의존할 필요가 없다.

1.10 그 밖의 당사자들, 예를 들어 감독당국 그리고 (투자자, 대여자와 그 밖의 채권자가 아닌) 일반대중도 일반목적재무보고서가 유용하다고 여길 수 있다. 그렇더라도 일반목적재무보고서는 이러한 그 밖의 집단을 주요 대상으로 한 것이 아니다.

보고기업의 경제적자원, 청구권 그리고 자원 및 청구권의 변동에 관한 정보(문단 1.4(1))

1.12 일반목적재무보고서는 보고기업의 재무상태에 관한 정보, 즉 기업의 경제적자원 및 보고기업에 대한 청구권에 관한 정보를 제공한다. 재무보고서는 보고기업의 경제적자원과 청구권을 변동시키는 거래와 그 밖의 사건의 영향에 대한 정보도 제공한다.

경제적자원 및 청구권

1.13 보고기업의 경제적자원 및 청구권의 성격 및 금액에 대한 정보는 정보이용자가 보고기업의 재무적 강점과 약점을 식별하는 데 도움을 줄 수 있다. 이 정보는 정보이용자가 보고기업의 유동성(단기적 측면)과 지급능력(장기적 측면), 추가적인 자금조달의 필요성 및 그 자금조달이 얼마나 성공적일지를 평가하는 데 도움을 줄 수 있다. 현재 청구권에 대한 우선순위와 지급 요구사항에 대한 정보는 정보이용자가 기업에 대한 청구권이 있는 자들에게 미래 현금흐름이 어떻게 분배될 것인지를 예측하는 데 도움이 된다.

1.14 다른 유형의 경제적자원은 미래 현금흐름에 대한 보고기업의 전망에 관한 정보이용자의 평가에 다르게 영향을 미친다. 어떤 미래 현금흐름은 수취채권과 같은 현재의 경제적자원에서 직접 발생한다. 다른 현금흐름은 재화나 용역을 생산하고 고객에게 판매하기 위해 몇 가지 자원을 결합하여 사용하는 데에서 발생한다.

→ ┌ 매출채권 100 : 100의 현금유입 예상(직접 확인)
　 └ 기계, 설비 ××: 제품을 제조하여 판매 시 ×××의 현금유입 예상(간접 추정)

경제적자원 및 청구권의 변동

1.15 보고기업의 경제적자원 및 청구권의 변동은 그 기업의 재무성과(①, ②), 그리고 채무상품이나 지분상품의 발행(차입, 유상증자)과 같은 그 밖의 사건이나 거래(③)에서 발생한다. 보고기업의 미래 순현금유입액에 대한 전망과 기업의 경제적자원에 대한 경영진의 수탁책임을 올바르게 평가하기 위하여 정보이용자는 이 두 가지 변동을 구별할 수 있는 능력이 필요하다.

1.16 보고기업의 재무성과에 대한 정보는 그 기업의 「경제적자원에서 해당 기업이 창출한 수익」을 정보이용자가 이해하는 데 도움을 준다. 특히 미래 현금흐름의 불확실성을 평가하는 데 있어서는 그 수익의 변동성 및 구성요소에 대한 정보도 역시 중요하다. 보고기업의 과거 재무성과와 그 경영진이 수탁책임을 어떻게 이행했는지에 대한 정보는 기업의 경제적자원에서 발생하는 미래 수익을 예측하는 데 일반적으로 도움이 된다.

① 발생기준 회계가 반영된 재무성과

1.17 발생기준 회계(현금 수수 ± 발생 & 이연 항목)는 거래와 그 밖의 사건 및 상황이 보고기업의 경제적자원 및 청구권에 미치는 영향을, 비록 그 결과로 발생하는 현금의 수취와 지급이 다른 기간에 이루어지더라도, 그 영향이 발생한 기간에 보여준다. 이것이 중요한 이유는 보고기업의 경제적자원과 청구권 그리고 기간 중 변동에 관한 정보는 그 기간의 현금 수취와 지급만의 정보보다 기업의 과거 및 미래 성과를 평가하는 데 더 나은 근거를 제공하기 때문이다.

1.18 한 기간(어떤 기간, during a period)의 보고기업의 재무성과와 경제적자원 및 청구권의 변동(자본조달 등에 의한 변동 제외)이 반영된 정보는 기업의 과거 및 미래 순현금유입 창출 능력을 평가하는 데 유용하다. 이 정보는 보고기업이 이용가능한 경제적자원을 증가시켜온 정도, 그리고 그 결과로 투자자와 채권자에게서 직접 추가 자원을 획득하지 않고 영업을 통하여 순현금유입을 창출할 수 있는 능력을 증가시켜온 정도를 보여준다. 그리고 보고기업의 한 기간의 재무성과에 대한 정보는 이용자들이 기업의 경제적자원에 대한 경영진의 수탁책임을 평가하는 데에도 도움을 줄 수 있다.

1.19 한 기간의 보고기업의 재무성과에 대한 정보는 시장가격 또는 이자율의 변동과 같은 사건이 기업의 경제적자원 및 청구권을 증가시키거나 감소시켜 기업의 순현금유입 창출 능력에 영향을 미친 정도도 보여줄 수 있다(주식이나 채권의 공정가 평가 정보).
→ 포괄손익계산서의 각종 평가손익

② 과거 현금흐름이 반영된 재무성과

1.20 한 기간의 보고기업의 현금흐름에 대한 정보는 정보이용자가 기업의 미래 순현금유입 창출 능력을 평가하고 기업의 경제적자원에 대한 경영진의 수탁책임을 평가하는 데에도 도움이 된다.

③ 재무성과에 기인하지 않은 경제적자원 및 청구권의 변동

1.21 보고기업의 경제적자원 및 청구권은 채무상품이나 지분상품의 발행과 같이 재무성과 외의 사유로도 변동될 수 있다. 이러한 유형의 변동에 관한 정보는 보고기업의 경제적자원 및 청구권이 변동된 이유와 그 변동이 미래 재무성과에 주는 의미를 정보이용자가 완전히 이해하는 데 필요하다.

Con

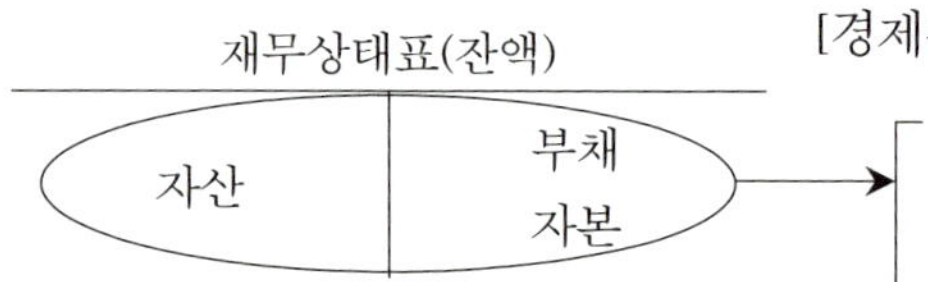

[경제적 자원과 청구권의 변동]

- 포괄손익계산서
- 자본변동표
- 현금흐름표

[경제적 자원과 청구권]
(자산) (부채, 자본)

- 경제적 강점, 약점
- 유동성(단기)과 지급능력(장기)
- 추가적인 자금조달의 필요성
- 자금조달의 성공가능성
- 주주, 채권자에 대한 분배

→ 확인 가능

① 재무성과 정보(포괄손익계산서)

- 경제적 자원에서 창출한 수익을 이해하는데 도움 → 경영진의 수탁책임에 대한 판단을 내리는데 유용
- 수익의 변동성, 구성요소에 대한 정보는 미래 현금의 불확실성 평가에 도움
- 과거 재무성과와 수탁책임 이행 정보는 미래 수익을 예측하는데 도움
- 발생기준으로 작성
  - ↳ 발생과 이연에 대한 정보 제공
- 현금흐름이 반영된 재무성과는 미래현금 창출 능력을 평가하는데 도움

② 경제적 자원 또는 청구권은 재무성과 이외의 사유(자금조달 및 상환 등)로도 변동 가능(자본변동표, 현금흐름표)

- 보고기업의 경제적 자원과 청구권이 변동된 이유와 그 변동이 미래 재무성과에 주는 의미를 정보이용자가 완전히 이해하는 데 필요

Ex 유상증자, 현금배당, 차입금의 차입, 상환…

기업의 경제적자원 사용(경영자의 수탁책임)에 관한 정보(문단 1.4(2))

1.22 보고기업의 경영진이 기업의 경제적자원을 얼마나 효율적이고 효과적으로 사용하는 책임을 이행하고 있는지에 대한 정보는 정보이용자가 해당 자원에 대한 경영자의 관리를 평가할 수 있도록 도움을 준다. 그러한 정보는 미래에 얼마나 효율적이고 효과적으로 경영진이 기업의 경제적자원을 사용할 것인지를 예측하는 데에도 유용하다. 따라서 그 정보는 미래 순현금유입에 대한 기업의 전망을 평가하는데 유용할 수 있다.

1.23 기업의 경제적자원 사용에 대한 경영진의 책임의 예로는 가격과 기술 변화와 같은 경제적 요인들의 불리한 영향으로부터 해당 자원을 보호하고, 기업이 적용해야 하는 법률, 규제, 계약조항을 준수하도록 보장하는 것을 들 수 있다.

2장 유용한 재무정보의 질적 특성

2.1 이 장에서 논의되는 유용한 재무정보의 질적특성은 재무보고서에 포함된 정보(재무정보)에 근거하여 보고기업에 대한 의사결정을 할 때 현재 및 잠재적 투자자, 대여자와 그 밖의 채권자에게 가장 유용할 정보의 유형을 식별하는 것이다.

근본적 질적 특성

① 목적적합성

2.6 목적적합한 재무정보는 이용자들의 의사결정에 차이가 나도록 할 수 있다.

예측가치, 확인가치

2.7 재무정보에 예측가치, 확인가치 또는 이 둘 모두가 있다면 그 재무정보는 의사결정에 차이가 나도록 할 수 있다.

2.8 이용자들이 미래 결과를 예측하기 위해 사용하는 절차의 투입요소로 재무정보가 사용될 수 있다면, 그 재무정보는 예측가치를 갖는다. 재무정보가 예측가치를 갖기 위해서 그 자체가 예측치 또는 예상치일 필요는 없다.

2.9 재무정보가 과거 평가에 대해 피드백을 제공한다면 (과거 평가를 확인하거나 변경시킨다면) 확인가치를 갖는다.

2.10 재무정보의 예측가치와 확인가치는 상호 연관되어 있다. 예측가치를 갖는 정보는 확인가치도 갖는 경우가 많다. 예를 들어, 미래 연도 수익의 예측 근거로 사용될 수 있는 당해 연도 수익 정보를 과거 연도에 행한 당해 수익 예측치와 비교할 수 있다. 그 비교 결과는 이용자가 그 과거 예측에 사용한 절차를 수정하고 개정하는 데 도움을 줄 수 있다.

중요성

2.11 정보가 누락되거나 잘못 기재된 경우 특정 보고기업의 재무정보를 제공하는 일반목적재무보고서에 근거하여 이루어지는 주요이용자들의 의사결정에 영향을 줄 수 있다면 그 정보는 중요한 것이다. 즉, 중요성은 개별 기업 재무보고서 관점에서 해당 정보와 관련된 항목의 「성격이나 규모 또는 이 둘 모두에 근거하여 해당 기업에 특유한 측면의 목적적합성」을 의미한다. 따라서 회계기준위원회는 중요성에 대한 획일적인 계량 임계치를 정하거나 특정한 상황에서 무엇이 중요한 것인지를 미리 결정할 수 없다.

② 표현충실성

2.12 많은 경우, 경제적 현상의 실질과 그 법적 형식은 같다. 만약 같지 않다면, 법적 형식에 따른 정보만 제공해서는 경제적 현상을 충실하게 표현할 수 없을 것이다.

2.13 완벽한 표현충실성을 위해서는 서술에 세 가지의 특성이 있어야 할 것이다. 서술은 완전하고, 중립적이며, 오류가 없어야 할 것이다. 물론 완벽은 이루기 매우 어렵다.

완전한 서술

2.14 완전한 서술은 필요한 기술과 설명을 포함하여 이용자가 서술되는 현상을 이해하는 데 필요한 모든 정보를 포함하는 것이다.

중립성

2.15 중립적 서술은 재무정보의 선택이나 표시에 편의(의도)가 없는 것이다. 편의(의도)가 없다 하여도 중립적 정보는 목적이 없거나 행동에 대한 영향력이 없는 정보를 의미하지 않는다. 오히려 목적적합한 재무정보는 정의상 이용자들의 의사결정에 차이가 나도록 할 수 있는 정보이다.

2.16 중립성은 신중을 기함으로써 뒷받침된다. 신중성은 불확실한 상황에서 판단할 때 주의를 기울이는 것이다. 신중을 기한다는 것은 자산과 수익이 과대평가되지 않고 부채와 비용이 과소평가되지 않는 것을 의미한다. 마찬가지로, 신중을 기한다는 것은 자산이나 수익의 과소평가나 부채나 비용의 과대평가를 허용하지 않는다. 그러한 그릇된 평가는 미래 기간의 수익이나 비용의 과대평가나 과소평가로 이어질 수 있다.

2.17 신중을 기하는 것이 비대칭의 필요성(예 : 자산이나 수익을 인식하기 위해서는 부채나 비용을 인식할 때보다 더욱 설득력 있는 증거가 뒷받침되어야 한다는 구조적인 필요성)을 내포하는 것은 아니다. 그러한 비대칭은 유용한 재무정보의 질적 특성이 아니다. 그럼에도 불구하고, 나타내고자 하는 바를 충실하게 표현하는 가장 목적적합한 정보를 선택하려는 결정의 결과가 비대칭성이라면, 특정 회계기준에서 비대칭적인 요구사항을 포함할 수도 있다.

참고 보수주의(채권자 관점 회계처리)

오류 없음

2.18 표현충실성은 모든 면에서 정확한 것을 의미하지는 않는다. 오류가 없다는 것은 현상의 기술에 오류나 누락이 없고, 보고 정보를 생산하는 데 사용되는 절차의 선택과 적용 시 절차 상 오류가 없음을 의미한다.

2.19 재무보고서의 화폐금액을 직접 관측할 수 없어 추정해야만 하는 경우에는 측정불확실성이 발생한다. 합리적인 추정치의 사용은 재무정보의 작성에 필수적인 부분이며, 추정이 명확하고 정확하게 기술되고 설명되는 한 정보의 유용성을 저해하지 않는다. 측정불확실성이 높은 수준이더라도 그러한 추정이 무조건 유용한 재무정보를 제공하지 못하는 것은 아니다.

근본적 질적 특성의 적용

2.21 근본적 질적 특성을 적용하기 위한 가장 효율적이고 효과적인 절차는 일반적으로 다음과 같다. 첫째, 보고기업의 재무정보 이용자들에게 유용할 수 있는 정보의 대상이 되는 경제적 현상을 식별한다. 둘째, 그 현상에 대한 가장 목적적합한 정보의 유형을 식별한다. 셋째, 그 정보가 이용가능한지, 그리고 경제적 현상을 충실하게 표현할 수 있는지 결정한다. 만약 그러하다면, 근본적 질적 특성의 충족 절차는 그 시점에 끝난다. 만약 그러하지 않다면, 차선의 목적적합한 유형의 정보에 대해 그 절차를 반복한다.

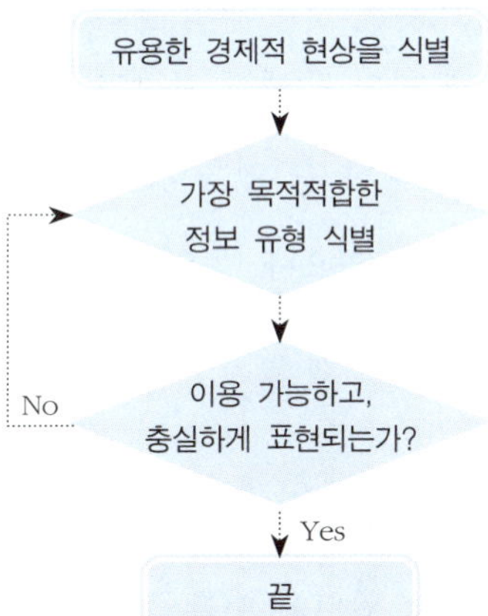

2.22 경우에 따라 경제적 현상에 대한 유용한 정보를 제공한다는 재무보고의 목적을 달성하기 위해 근본적 질적 특성 간 절충('trade-off')이 필요할 수도 있다. 예를 들어, 어떤 현상에 대한 가장 목적적합한 정보가 매우 불확실한 추정치일 수 있다. 그러한 경우에는 추정치에 대한 기술과 추정치에 영향을 미치는 불확실성에 대한 설명이 부연된다면 매우 불확실한 추정치도 가장 유용한 정보가 될 수 있다. 그러나 그러한 정보가 현상을 충분히 충실하게 표현할 수 없는 경우에 가장 유용한 정보는 다소 목적적합성이 떨어지지만 측정불확실성이 더 낮은 다른 유형의 추정치일 수 있다.

보강적 질적 특성

2.23 보강적 질적 특성은 만일 어떤 두 가지 방법이 모두 현상에 대하여 동일하게 목적적합한 정보이고 동일하게 충실한 표현을 제공하는 것이라면 이 두 가지 방법 가운데 어느 방법을 그 현상의 서술에 사용해야 할지를 결정하는 데에도 도움을 줄 수 있다.

① 비교가능성

2.25 비교가능성은 이용자들이 항목 간의 유사점과 차이점을 식별하고 이해할 수 있게 하는 질적 특성이다. 다른 질적 특성과 달리 비교가능성은 단 하나의 항목에 관련된 것이 아니다. 비교하려면 최소한 두 항목이 필요하다.

2.26 일관성은 비교가능성과 관련은 되어 있지만 동일하지는 않다. 일관성은 한 보고기업 내에서 기간 간 또는 같은 기간 동안에 기업 간, 동일한 항목에 대해 동일한 방법을 적용하는 것을 말한다. 비교가능성은 목표이고 일관성은 그 목표를 달성하는 데 도움을 준다.

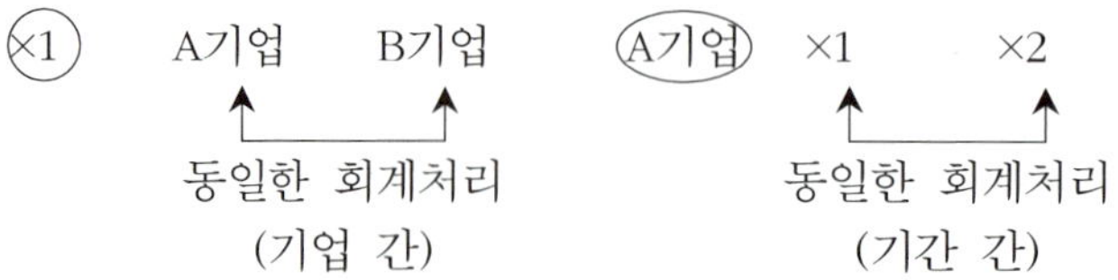

2.27 비교가능성은 통일성이 아니다. 재무정보의 비교가능성은 비슷한 것을 달리 보이게 하여 보강되지 않는 것처럼, 비슷하지 않은 것을 비슷하게 보이게 한다고 해서 보강되지 않는다.

2.28 근본적 질적 특성을 충족하면 어느 정도의 비교가능성은 달성될 수 있을 것이다.

2.29 하나의 경제적 현상은 여러 가지 방법으로 충실하게 표현될 수 있으나, 동일한 경제적 현상에 대해 대체적인 회계처리방법을 허용하면 비교가능성이 감소한다.

② 검증가능성

2.30 검증가능성은 합리적인 판단력이 있고 독립적인 서로 다른 관찰자가 어떤 서술이 표현충실성에 있어, 비록 반드시 완전히 의견이 일치하지는 않더라도, 합의에 이를 수 있다는 것을 의미한다. 계량화된 정보가 검증가능하기 위해서 단일 점추정치이어야 할 필요는 없다. 가능한 금액의 범위 및 관련된 확률도 검증될 수 있다.

검증가능성은 정보가 나타내고자 하는 경제적 현상을 충실히 표현하는지를 이용자들이 확인하는데 도움을 준다.

2.31 검증은 직접적 또는 간접적으로 이루어질 수 있다.

2.32 어느 미래 기간 전까지는 어떤 설명과 미래전망 재무정보를 검증하는 것이 전혀 가능하지 않을 수 있다.

③ 적시성

2.33 적시성은 의사결정에 영향을 미칠 수 있도록 의사결정자가 정보를 제때에 이용가능하게 하는 것을 의미한다. 일반적으로 정보는 오래될수록 유용성이 낮아진다. 그러나 일부 정보는 보고기간 말 후에도 오랫동안 적시성이 있을 수 있다. 예를 들어, 일부 이용자들은 추세를 식별하고 평가할 필요가 있을 수 있기 때문이다.

④ 이해가능성

2.34 정보를 명확하고 간결하게 분류하고, 특징지으며, 표시하는 것은 정보를 이해가능하게 한다.

2.35 일부 현상은 본질적으로 복잡하여 이해하기 쉽지 않다. 그 현상에 대한 정보를 재무보고서에서 제외하면 그 재무보고서의 정보를 더 이해하기 쉽게 할 수 있다. 그러나 그 보고서는 불완전하여 잠재적으로 오도할 수 있다.

2.36 재무보고서는 사업활동과 경제활동에 대해 합리적인 지식이 있고, 부지런히 정보를 검토하고 분석하는 이용자들을 위해 작성된다.

보강적 질적 특성의 적용

2.37 보강적 질적 특성은 가능한 한 극대화되어야 한다. 그러나 보강적 질적 특성은, 정보가 목적적합하지 않거나 나타내고자 하는 바를 충실하게 표현하지 않으면, 개별적으로든 집단적으로든 그 정보를 유용하게 할 수 없다.

2.38 보강적 질적 특성을 적용하는 것은 어떤 규정된 순서를 따르지 않는 반복적인 과정이다. 때로는 하나의 보강적 질적 특성이 다른 질적 특성의 극대화를 위해 감소되어야 할 수도 있다.

유용한 재무보고에 대한 원가 제약

2.39 원가는 재무보고로 제공될 수 있는 정보에 대한 포괄적 제약요인이다. 재무정보의 보고에는 원가가 소요되고, 해당 정보 보고의 효익이 그 원가를 정당화한다는 것이 중요하다.

2.40 재무정보의 제공자는 재무정보의 수집, 처리, 검증 및 전파에 대부분의 노력을 기울인다. 그러나 이용자들은 궁극적으로 수익 감소의 형태로 그 원가를 부담한다.

2.41 목적적합하고 나타내고자 하는 바가 충실하게 표현된 재무정보를 보고하는 것은 이용자들이 더 확신을 가지고 의사결정하는 데 도움이 된다. 이것은 자본시장이 더 효율적으로 기능하도록 하고, 경제 전반적으로 자본비용을 감소시킨다.

참고 효율적 시장가설(EMH)

현재 증권의 가격에 어느 정도까지의 정보가 반영되어 있는가에 따라 약형(과거정보 반영), 준강형(공시된 정보 반영) 그리고 강형(내부정보를 포함한 모든 정보 반영)으로 구분한다.

2.42 원가 제약요인을 적용함에 있어서, 회계기준위원회는 특정 정보를 보고하는 효익이 그 정보를 제공하고 사용하는 데 발생한 원가를 정당화할 수 있을 것인지 평가한다.

→ 효익 > 원가

2.43 본질적인 주관성 때문에, 재무정보의 특정 항목 보고의 원가 및 효익에 대한 평가는 개인마다 달라진다. 따라서 회계기준위원회는 단지 개별 보고기업과 관련된 것이 아닌, 재무보고 전반적으로 원가와 효익을 고려하려고 노력하고 있다. 그렇다고 원가와 효익의 평가가 모든 기업에 대하여 동일한 보고 요구사항을 정당화하는 것은 아니다.

6가지 특성 모두 충족 ——●——→ 정보의 생산

↑

제약조건 : 원가는 재무보고로 제공될 수 있는 정보에 대한 포괄적 제약 요인

(효익 > 원가)

↙ 자본시장의 효율성에 따라 다름 (효율적 시장가설)

↘ 제공자 : 작성원가

이용자 : 이용원가(수익의 감소형태로 발생)

↳ 필요한 정보가 제공되지 않으면, 그 정보를 다른 곳에서 얻거나 그것을 추정하기 위한 추가적인 원가가 정보 이용자에게 발생한다.

3장 재무제표와 보고기업

재무제표

3.1 재무제표는 재무제표 요소의 정의를 충족하는 (1) 보고기업의 경제적 자원 (2) 보고기업에 대한 청구권 및 (3) 경제적 자원과 청구권의 변동에 관한 정보를 제공한다.

재무제표의 목적과 범위

3.2 재무제표의 목적은 보고기업에 유입될 미래순현금흐름에 대한 전망과 보고기업의 경제적 자원에 대한 경영진의 수탁책임을 평가하는 데 유용한 보고기업의 자산, 부채, 자본, 수익 및 비용에 대한 재무정보를 재무제표이용자들에게 제공하는 것이다.

3.3 이러한 정보는 다음을 통해 제공된다.

(1) 자산, 부채 및 자본이 인식된 재무상태표

(2) 수익과 비용이 인식된 재무성과표*

(3) 다음에 관한 정보가 표시되고 공시된 다른 재무제표와 주석

(가) 인식된 자산, 부채, 자본, 수익 및 비용. 그 각각의 성격과 인식된 자산 및 부채에서 발생하는 위험에 대한 정보를 포함한다.
(나) 인식되지 않은 자산 및 부채. 그 각각의 성격과 인식되지 않은 자산과 부채에서 발생하는 위험에 대한 정보를 포함한다.
(다) 현금흐름
(라) 자본청구권 보유자의 출자와 자본청구권 보유자에 대한 분배
(마) 표시되거나 공시된 금액을 추정하는 데 사용된 방법, 가정과 판단 및 그러한 방법, 가정과 판단의 변경

* 기준서에서는 재무성과표를 포괄손익계산서라고 함

보고기간

3.4 재무제표는 특정 기간(보고기간)에 대하여 작성되며 다음에 관한 정보를 제공한다.

(1) 보고기간말 현재 또는 보고기간 중 존재했던 자산과 부채(미인식된 자산과 부채 포함) 및 자본
(2) 보고기간의 수익과 비용

3.5 재무제표이용자들이 변화와 추세를 식별하고 평가하는 것을 돕기 위해, 재무제표는 최소한 직전 연도에 대한 비교정보를 제공한다.

3.6 다음 모두에 해당하는 경우에는 미래에 발생할 수 있는 거래 및 사건에 대한 정보(미래전망 정보)를 재무제표에 포함한다(충분하지 않음, 보통 주석을 통해 제공).

(1) 그 정보가 보고기간말 현재 또는 보고기간 중 존재했던 실체의 자산, 부채(미인식 자산이나 부채 포함)나 자본 또는 보고기간의 수익이나 비용과 관련된 경우
(2) 재무제표이용자들에게 유용한 경우

3.7 재무제표의 목적을 달성하기 위해 보고기간 후 발생한 거래 및 그 밖의 사건에 대한 정보를 제공할 필요가 있다면 재무제표에 그러한 정보(보고기간 후 사건)를 포함한다.

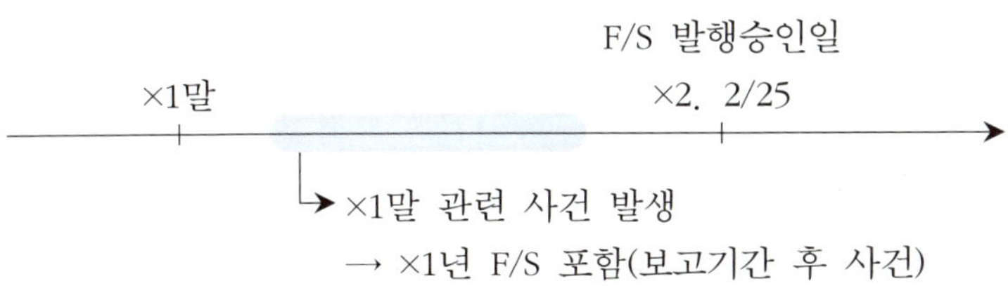

재무제표에 채택된 관점

3.8 재무제표는 기업의 현재 및 잠재적 투자자, 대여자와 그 밖의 채권자 중 특정 집단의 관점이 아닌 「보고기업 전체의 관점」에서 거래 및 그 밖의 사건에 대한 정보를 제공한다.

계속기업가정

3.9 재무제표는 일반적으로 보고기업이 계속기업이며「예측가능한 미래에 영업을 계속할 것이라는 가정」하에 작성된다. 따라서 기업이 청산을 하거나 거래를 중단하려는 의도가 없으며, 그럴 필요도 없다고 가정한다. 만약 그러한 의도나 필요가 있다면, 재무제표는 계속기업과는 다른 기준에 따라 작성되어야 한다. 그러한 경우라면, 사용된 기준을 재무제표에 기술한다.

참고 계속기업의 가정으로 영향받은 부분

- 역사적 원가(취득원가) 사용 (청산가치 ×)
- 감가상각
- 유동/비유동 구분

보고기업

3.10 보고기업은 재무제표를 작성해야 하거나 작성하기로 선택한 기업이다. 보고기업은 단일의 실체이거나 어떤 실체의 일부일 수 있으며, 둘 이상의 실체로 구성될 수도 있다. 보고기업이 반드시 법적 실체일 필요는 없다.

3.11 한 기업(지배기업)이 다른 기업(종속기업)을 지배하는 경우가 있다. 보고기업이 지배기업과 종속기업으로 구성된다면 그 보고기업의 재무제표를 '연결재무제표'라고 부른다. 보고기업이 지배기업 단독인 경우 그 보고기업의 재무제표를 '비연결재무제표'라고 부른다.

3.12 보고기업이 지배·종속관계로 모두 연결되어 있지는 않은 둘 이상 실체들로 구성된다면 그 보고기업의 재무제표를 '결합재무제표'라고 부른다.

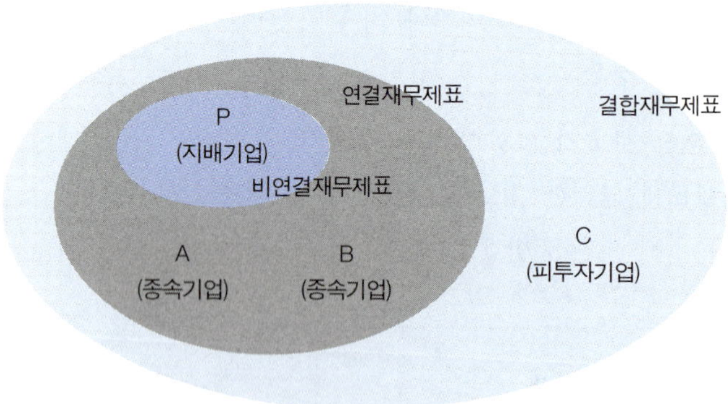

기준서에서는 비연결 재무제표를 별도 재무제표라고 함. 참고로 타 기업에 대한 투자가 없는 기업의 재무제표는 개별 재무제표라고 함

3.13 보고기업이 다음 모두에 해당할 경우 보고기업의 적절한 경계를 결정하는 것이 어려울 수 있다.

(1) 보고기업이 법적 실체가 아니다.

(2) 지배·종속관계로 연결된 법적 실체들로만 구성되어 있지는 않다.

3.14 이 경우, 보고기업의 경계는 보고기업의 재무제표의 주요이용자들의 정보 수요에 맞춰 결정한다. 주요이용자들은 목적적합하고 나타내고자 하는 바를 충실하게 표현하는 정보를 필요로 한다. 충실한 표현은 다음 모두를 요구한다.

(1) 보고기업의 경계에 자의적이거나 불완전한 경제활동의 집합을 포함하지 않는다.

(2) 보고기업의 경계 내에 경제활동의 해당 집합을 포함하는 것이 중립적 정보를 생산한다.

(3) 보고기업의 경계가 어떻게 결정되었는지 그리고 보고기업이 무엇으로 구성되는지에 대한 설명을 제공한다.

연결재무제표와 비연결재무제표

3.15 연결재무제표는 단일의 보고기업으로서의 지배기업과 종속기업의 자산, 부채, 자본, 수익 및 비용에 대한 정보를 제공한다. 이 정보는 지배기업의 현재 및 잠재적 투자자, 대여자와 그 밖의 채권자가 지배기업에 유입될 미래현금흐름에 대한 전망을 평가하는 데 유용하다. 그 이유는 지배기업에 유입되는 순현금흐름에 지배기업이 종속기업으로부터 받는 분배가 포함되고, 그러한 분배는 종속기업에 유입되는 순현금흐름에 달려있기 때문이다.

3.16 연결재무제표는 특정 종속기업의 자산, 부채, 자본, 수익 및 비용에 대한 별도의 정보를 제공하도록 만들어지지 않았다. 종속기업 자체의 재무제표가 그러한 정보를 제공하기 위해 만들어져 있다.

3.17 비연결재무제표는 종속기업에 대해서가 아닌 지배기업의 자산, 부채, 자본, 수익 및 비용에 대한 정보를 제공하도록 만들어졌다. 그러한 정보는 다음의 이유로 지배기업의 현재 및 잠재적 투자자, 대여자와 그 밖의 채권자에게 유용할 수 있다.

지배기업에 대여를 해 준 은행

→ 지배기업에 대해서만 청구권 존재, 종속기업에 대한 청구권은 존재하지 않음

(1) 지배기업에 대한 청구권은 일반적으로 그 보유자에게 종속기업에 대한 청구권을 부여하지 않는다.

(2) 일부 국가에서는 지배기업의 자본청구권 보유자에게 법적으로 분배될 수 있는 금액이 지배기업의 분배가능 잉여금에 달려있다.

지배기업만의 자산, 부채, 자본, 수익 및 비용의 일부 또는 전부에 대한 정보를 제공하는 또 다른 방법은 그러한 정보를 연결재무제표의 주석에 기재하는 것이다.

3.18 비연결재무제표에 제공되는 정보는 일반적으로 지배기업의 현재 및 잠재적 투자자, 대여자 와 그 밖의 채권자의 정보 수요를 충족하기에 충분하지 않다. 따라서 연결재무제표가 요구되는 경우에는 비연결재무제표가 연결재무제표를 대신할 수 없다. 그럼에도 불구하고, 지배기업은 연결재무제표에 추가하여 비연결재무제표를 작성해야 하거나 작성하기로 선택할 수 있다.

〈별도 F/S〉

개 념 체 계 : 의무 또는 선택 작성

국제회계기준 : 선택 작성

외 감 법 : 의무 작성(우리나라)

4장 재무제표 요소

4.1 개념체계에 정의된 재무제표 요소는 다음과 같다.

(1) 보고기업의 재무상태와 관련된 자산, 부채 및 자본

(2) 보고기업의 재무성과와 관련된 수익 및 비용

항목	요소	정의 또는 설명
경제적자원	자산	과거사건의 결과로 기업이 통제하는 현재의 경제적자원 경제적자원은 경제적효익을 창출할 잠재력을 지닌 권리이다.
청구권	부채	과거사건의 결과로 기업의 경제적자원을 이전해야 하는 현재의무
	자본	기업의 자산에서 모든 부채를 차감한 후의 잔여지분
재무성과를 반영하는 경제적자원 및 청구권의 변동	수익	자본의 증가를 가져오는 자산의 증가나 부채의 감소로서, 자본청구권 보유자의 출자와 관련된 것은 제외
	비용	자본의 감소를 가져오는 자산의 감소나 부채의 증가로서, 자본청구권 보유자에 대한 분배와 관련된 것은 제외
그 밖의 경제적자원 및 청구권의 변동	–	자본청구권 보유자에 의한 출자와 그들에 대한 분배
	–	자본의 증가나 감소를 초래하지 않는 자산이나 부채의 교환

자산의 정의

4.3 자산은 과거사건의 결과로 기업이 「통제」하는 현재의 경제적자원이다.

4.4 경제적자원은 「경제적효익을 창출할 잠재력」을 지닌 「권리」이다.

4.5 이 절에서는 자산의 정의에 대한 세 가지 측면을 설명한다.

(1) 권리

(2) 경제적효익을 창출할 잠재력

(3) 통제

① 권리

4.6 경제적효익을 창출할 잠재력을 지닌 권리는 다음을 포함하여 다양한 형태를 갖는다.

(1) 다른 당사자의 의무에 해당하는 권리

(2) 다른 당사자의 의무에 해당하지 않는 권리

4.7 많은 권리들은 계약, 법률 또는 이와 유사한 수단에 의해 성립된다.
그러나 기업은 그 밖의 방법으로도 권리를 획득할 수 있다. 예를 들면 다음과 같다.

(1) 공공의 영역에 속하지 않는 노하우의 획득이나 창작(지적 재산권…)

(2) 실무 관행, 공개한 경영방침, 특정 성명(서)과 상충되는 방식으로 행동할 수 있는 실제 능력이 없기 때문에 발생하는 다른 당사자의 의무(의제의무)
→ 상대방의 도덕적 의무(의제의무)로 인해 권리를 가지는 경우

4.8 일부 재화나 용역(예 : 종업원이 제공한 용역)은 제공받는 즉시 소비된다. 이러한 재화나 용역으로 창출된 경제적효익을 얻을 권리는 기업이 재화나 용역을 소비하기 전까지 일시적으로 존재한다.

EX 〈주식기준보상〉

자 산	××	주 식 선 택 권	××
비 용	××	자 산	××

4.9 기업의 모든 권리가 그 기업의 자산이 되는 것은 아니다. 권리가 기업의 자산이 되기 위해서는, 해당 권리가 그 기업을 위해서 「다른 모든 당사자들이 이용가능한 경제적효익을 초과하는」 경제적효익을 창출할 잠재력이 있고, 그 기업에 의해 통제되어야 한다.

4.10 기업은 기업 스스로부터 경제적효익을 획득하는 권리를 가질 수는 없다. 따라서,

(1) 기업이 발행한 후 재매입하여 보유하고 있는 채무상품이나 지분상품(예 : 자기주식)은 기업의 경제적자원이 아니다.

(2) 만약 보고기업이 둘 이상의 법적 실체를 포함하는 경우, 그 법적 실체들 중 하나가 발행하고 다른 하나가 보유하고 있는 채무상품이나 지분상품은 그 보고기업의 경제적자원이 아니다(지배, 종속회사 간의 채권, 의무).

4.11 원칙적으로 기업의 권리 각각은 별도의 자산이다. 그러나 회계목적상, 관련되어 있는 여러 권리가 단일 자산인 단일 회계단위로 취급되는 경우가 많다. 예를 들어, 물리적 대상에 대한 법적소유권은 다음을 포함한 여러 가지 권리를 부여해줄 수 있다.

(1) 대상을 사용할 권리

(2) 대상에 대한 권리를 판매할 권리

(3) 대상에 대한 권리를 담보로 제공할 권리

4.12 많은 경우에 물리적 대상에 대한 법적소유권에서 발생하는 권리의 집합은 단일자산으로 회계처리한다. 하지만 개념적으로 경제적자원은 물리적 대상이 아니라 권리의 집합이다.

물리적 대상에 대한 완전한 법적 소유권과 그 내용연수의 일부를 사용하는 계약에 의해 부여되는 권리는 비슷한 권리이다. 따라서 국제회계기준위원회는 재무제표에 자원(예 : 물리적 대상에 대한 완전한 소유권)으로 기술된 자산과 권리(자원의 일부 사용에 대한 권리)로 기술된 자산을 구별하여 표시하는 것은 실익이 없다고 보았다.

4.13 경우에 따라 권리의 존재 여부가 불확실할 수 있다.

② 경제적효익을 창출할 잠재력

4.14 경제적자원은 경제적효익을 창출할 잠재력을 지닌 권리이다. 잠재력이 있기 위해 권리가 경제적효익을 창출할 것이라고 확신할 필요는 없다. 「권리가 이미 존재」하고, 「적어도 하나의 상황에서」 그 기업을 위해 다른 모든 당사자들에게 이용가능한 경제적효익을 초과하는 경제적효익을 창출할 수 있으면 된다.

4.15 경제적효익을 창출할 가능성이 낮더라도 권리가 경제적자원의 정의를 충족할 수 있고, 따라서 자산이 될 수 있다.

4.17 경제적자원의 가치가 미래경제적효익을 창출할 현재의 잠재력에서 도출되지만, 경제적자원은 그 잠재력을 포함한 현재의 권리이며, 그 권리가 창출할 수 있는 미래경제적효익이 아니다. 예를 들어, 매입한 옵션은 미래의 어떤 시점에 옵션을 행사하여 경제적효익을 창출할 잠재력에서 그 가치가 도출된다. 그러나 경제적자원은 현재의 권리이며, 그 권리는 미래의 어떤 시점에 옵션을 행사할 수 있다는 것이다. 경제적자원은 옵션 행사 시 보유자가 받게 될 미래경제적효익이 아니다.

참고

경제적자원 : 미래 어떤 시점에 옵션을 행사할 수 있다는 사실(권리) 자체

≠

경제적자원의 가치 : 옵션의 행사로 받게 될 미래경제적 효익

→ 자산은 과거사건의 결과로 기업이 통제하는 현재의 경제적자원(○)

자산은 과거사건의 결과로 기업이 통제하고 있고,
미래경제적효익이 기업에 유입될 것으로 기대되는 자원(×)

- 경제적자원을 별도로 정의함으로써 자산은 경제적자원 자체이며, 경제적자원이 창출할 수 있는 경제적효익의 궁극적인 유입이 아니라는 것을 명확히 함
- '기대되는 자원의 유입'의 개념은 매우 다양하게 해석될 수 있고 때로는 확률임계치 수준의 개념과도 관련되기 때문에, '경제적효익을 창출할 잠재력을 지닌'이라는 개념으로 대체함

4.18 지출의 발생과 자산의 취득은 밀접하게 관련되어 있으나 양자가 반드시 일치하는 것은 아니다. 따라서 기업이 지출한 경우 이는 미래경제적효익을 추구했다는 증거가 될 수는 있지만, 자산을 취득했다는 확정적인 증거는 될 수 없다. 마찬가지로 관련된 지출이 없더라도 특정 항목이 자산의 정의를 충족하는 것을 배제하지는 않는다.

③ 통제

4.19 통제는 경제적자원을 기업에 결부시킨다. 통제의 존재 여부를 평가하는 것은 기업이 회계처리할 경제적자원을 식별하는 데 도움이 된다.

4.20 기업은 경제적자원의 사용을 지시하고 그로부터 유입될 수 있는 경제적효익을 얻을 수 있는 현재의 능력이 있다면, 그 경제적자원을 통제한다. 통제에는 다른 당사자가 경제적자원의 사용을 지시하고 이로부터 유입될 수 있는 경제적효익을 얻지 못하게 하는 현재의 능력이 포함된다. 따라서 일방의 당사자가 경제적자원을 통제하면 다른 당사자는 그 자원을 통제하지 못한다.

4.21 기업은 경제적자원을 자신의 활동에 투입할 수 있는 권리가 있거나, 다른 당사자가 경제적자원을 그들의 활동에 투입하도록 허용할 권리가 있다면, 그 경제적자원의 사용을 지시할 수 있는 현재의 능력이 있다.

4.22 경제적자원의 통제는 일반적으로 법적 권리를 행사할 수 있는 능력에서 비롯된다. 그러나 통제는 경제적자원의 사용을 지시하고 이로부터 유입될 수 있는 효익을 얻을 수 있는 현재의 능력이 기업 자신에게만 있도록 할 수 있는 경우에도 발생할 수 있다(리스이용자 : 사용권자산).

4.23 기업이 경제적자원을 통제하기 위해서는 해당 자원의 미래경제적효익이 다른 당사자가 아닌 그 기업에게 직접 또는 간접으로 유입되어야 한다.
→ 혹시라도 경제적효익이 창출된다면 그것을 내가 먹어야 내 것이라는 뜻

4.24 경제적자원에 의해 창출되는 경제적효익의 유의적인 변동에 노출된다는 것은 기업이 해당 자원을 통제한다는 것을 나타낼 수도 있다.

4.25 어떤 경우에는 한 당사자(본인)가 본인을 대신하고 본인을 위해 행동하도록 다른 당사자(대리인)를 고용한다. 본인이 통제하는 경제적자원을 대리인이 관리하고 있는 경우, 그 경제적자원은 대리인의 자산이 아니다. 또한 본인이 통제하는 경제적자원을 제3자에게 이전할 의무가 대리인에게 있는 경우 이전될 경제적자원은 대리인의 것이 아니라 본인의 경제적자원이기 때문에 그 의무는 대리인의 부채가 아니다.

부채의 정의

4.26 부채는 「과거사건의 결과」로 기업이 「경제적자원을 이전」해야 하는 「현재의무」이다.

4.27 부채가 존재하기 위해서는 다음의 세 가지 조건을 모두 충족하여야 한다.

(1) 기업에게 의무가 있다.

(2) 의무는 경제적자원을 이전하는 것이다.

(3) 의무는 과거사건의 결과로 존재하는 현재의무이다.

① 의무

4.29 의무란 기업이 회피할 수 있는 실제 능력이 없는 책무나 책임을 말한다. 의무는 항상 다른 당사자(또는 당사자들)에게 이행해야 한다. 의무를 이행할 대상인 당사자(또는 당사자들)의 신원을 알 필요는 없다.

4.30 한 당사자가 경제적자원을 이전해야 하는 의무가 있는 경우, 다른 당사자(또는 당사자들)는 그 경제적자원을 수취할 권리가 있다. 그러나 한 당사자가 부채를 인식하고 이를 특정 금액으로 측정해야 한다는 요구사항이 다른 당사자(또는 당사자들)가 자산을 인식하거나 동일한 금액으로 측정해야 한다는 것을 의미하지는 않는다.

판매자 : 제품보증충당부채
구매자 : 무상수리권 → 자산 ×(∵ 문단 4.9 충족 ×)

4.31 많은 의무가 계약, 법률 또는 이와 유사한 수단에 의해 성립되며, 당사자(또는 당사자들)가 채무자에게 법적으로 집행할 수 있도록 한다. 그러나 기업이 실무 관행, 공개한 경영방침, 특정 성명(서)과 「상충되는 방식으로 행동할 실제 능력이 없는 경우」, 기업의 그러한 실무 관행, 경영방침이나 성명(서)에서 의무가 발생할 수도 있다. 그러한 상황에서 발생하는 의무는 '의제의무'라고 불린다.

4.32 일부 상황에서, 경제적자원을 이전하는 기업의 책무나 책임은 기업 스스로 취할 수 있는 미래의 특정 행동을 조건으로 발생한다. 그러한 미래의 특정 행동에는 특정 사업을 운영하는 것, 미래의 특정 시점에 특정 시장에서 영업하는 것 또는 계약의 특정 옵션을 행사하는 것을 포함한다. 이러한 상황에서 기업은 그러한 행동을 회피할 수 있는 실제 능력이 없다면 의무가 있다.

→ 정유회사가 부담하는 환경개선부담금

4.33 기업이 그 기업을 청산하거나 거래를 중단하는 것으로만 이전을 회피할 수 있고 그 외는 이전을 회피할 수 없다면, 기업의 재무제표가 계속기업 기준으로 작성되는 것이 적절하다는 결론은 그러한 이전을 회피할 수 있는 실제 능력이 없다는 결론도 내포하고 있다.

4.34 기업이 경제적자원의 이전을 회피할 수 있는 실제 능력이 있는지를 평가하는 데 사용되는 요소는 기업의 책무나 책임의 성격에 따라 달라질 수 있다. 예를 들어, 이전을 회피할 수 있도록 취하는 행동이 이전하는 것보다 유의적으로 더 불리한 경제적 결과를 가져온다면, 기업은 이전을 회피할 수 있는 실제 능력이 없을 수 있다.

그러나 이전하고자 하는 의도나 높은 이전가능성은 기업이 이전을 회피할 수 있는 실제 능력이 없다고 결론을 내릴 충분한 이유가 되지 않는다.

'이전하고자 하는 의도나 높은 이전 가능성 → 이전을 회피할 수 있는 실제 능력 없음' ⇒ ×

4.35 의무가 존재하는지 불확실한 경우가 있다.

② 경제적자원의 이전

4.37 의무에는 기업이 경제적자원을 다른 당사자(또는 당사자들)에게 이전하도록 요구받게 될 잠재력이 있어야 한다. 그러한 잠재력이 존재하기 위해서는, 기업이 경제적자원의 이전을 요구받을 것이 확실하거나 그 가능성이 높아야 하는 것은 아니다. 「의무가 이미 존재」하고, 「적어도 하나의 상황에서」 기업이 경제적자원을 이전하도록 요구되기만 하면 된다.

4.38 경제적자원의 이전가능성이 낮더라도 의무가 부채의 정의를 충족할 수 있다.

4.41 기업은 해당 의무를 결제, 이전 또는 대체할 때까지 경제적자원을 이전할 의무가 있다.

참고

'개념체계'(2011)와 달리 전면개정 '개념체계'(2018)에서는 ① 부채의 정의에서 경제적효익이 있는 자원의 유출을 통해 그 이행이 예상되는 의무라는 내용을 삭제하고, ② 경제적자원을 별도로 정의함

부채는 과거사건의 결과로 기업이 경제적자원을 이전해야 하는 현재 의무이며, 부채가 존재하기 위해서는 ① 기업에게 의무가 있고, ② 의무는 경제적자원을 이전하는 것이며, ③ 의무는 과거사건의 결과로 존재하는 현재의무라는 세 가지 조건을 모두 충족하여야 함

- 경제적자원을 별도로 정의함으로써 부채가 경제적효익의 유출이 아니라 경제적자원을 이전해야 하는 의무라는 것을 명확히 함
- '기대되는 자원의 유출'의 개념은 매우 다양하게 해석될 수 있고 때로는 확률임계치 수준의 개념과도 관련되기 때문에, '경제적효익을 이전해야 할 잠재력을 지닌'이라는 개념으로 대체함

③ 과거사건으로 생긴 현재의무

4.43 현재의무는 다음 모두에 해당하는 경우에만 과거사건의 결과로 존재한다.

(1) 기업이 이미 경제적효익을 얻었거나 조치를 취했을 경우(밥을 먹었다.)

(2) 기업이 이전하지 않아도 되었을 경제적자원을 결과적으로 이전해야 하거나 이전하게 될 수 있는 경우(그 결과 밥값을 내게 되었다.)

4.44 기업이 얻은 경제적효익의 예에는 재화나 용역이 포함될 수 있다. 기업이 취한 조치(the action taken)의 예에는 특정 사업을 운영하거나 특정 시장에서 영업하는 것이 포함될 수 있다(문단 4.32). 기업이 시간이 경과하면서 경제적효익을 얻거나 조치를 취하는 경우, 현재의무는 그 기간 동안 누적될 수 있다.

4.45 새로운 법률이 제정되는 경우에는, 그 법률의 적용으로 「경제적효익을 얻게 되거나 조치를 취한 결과로, 기업이 이전하지 않아도 되었을 경제적자원을 이전해야 하거나 이전하게 될 수도 있는 경우」에만 현재의무가 발생한다. 이와 유사하게, 문단 4.31에서 언급한 기업의 실무 관행, 공개된 경영방침 또는 특정 성명(서)은, 그에 따라 「경제적효익을 얻거나 조치를 위한 결과로, 기업이 이전하지 않아도 되었을 경제적자원을 이전해야 하거나 이전하게 될 수도 있는 경우」에만 현재의무를 발생시킨다.

4.46 미래의 특정 시점까지 경제적자원의 이전이 집행될 수 없더라도 현재의무는 존재할 수 있다. 이와 유사하게 거래상대방이 미래의 특정 시점까지는 업무를 수행하도록 요구할 수 없더라도, 기업에게는 미래의 특정 시점에 업무를 수행해야 하는 계약상 의무가 현재 존재할 수 있다.

4.47 만약 문단 4.43의 조건을 충족하지 못한다면, 즉 기업이 이전하지 않아도 되었을 경제적자원을 이전하도록 요구받거나 요구받을 수 있게 하는 경제적 효익의 수취나 조치가 아직 없는 경우, 기업은 경제적자원을 이전해야 하는 현재의무가 없다. 예를 들어, 기업이 종업원의 용역을 제공받는 대가로 종업원에게 급여를 지급하는 계약을 체결한 경우, 기업은 종업원의 용역을 제공받을 때까지 급여를 지급할 현재의무가 없다. 그 전까지 계약은 미이행계약이며, 기업은 미래 종업원 용역에 대해서 미래 급여를 교환하는 권리와 의무를 함께 보유하고 있다.

자산과 부채

회계단위

4.48 회계단위는 「인식기준과 측정개념이 적용되는」 권리나 권리의 집합, 의무나 의무의 집합 또는 권리와 의무의 집합이다.

채무증권에서 발생하는 이자만 수취할 권리를 보유한다면 이자 수취 권리만 자산으로 인식하며, 이자와 원금 모두를 수취할 권리를 보유한다면 두 가지 권리를 모두 포함하여 자산으로 인식한다.

4.49 인식기준과 측정개념이 자산이나 부채 그리고 관련 수익과 비용에 어떻게 적용될 것인지를 고려하여, 그 자산이나 부채에 대해 회계단위를 선택한다. 어떤 경우에는 인식을 위한 회계단위와 측정을 위한 회계단위를 서로 다르게 선택하는 것이 적절할 수 있다. 예를 들어, 계약은 개별적으로 인식될 수 있지만 계약포트폴리오의 일부로 측정될 수도 있다. 표시와 공시를 위해 자산, 부채, 수익 및 비용은 통합하거나 구성요소로 분리하여야 할 수 있다.

→ 현금창출단위의 손상(개별적으로 인식, 통합하여 측정)

4.50 기업이 자산의 일부 또는 부채의 일부를 이전하는 경우, 그 때 회계단위가 변경되어 이전된 구성요소(이전하였지만 제거하지 않고 계속 인식하는 경우)와 잔여 구성요소가 별도의 회계단위가 될 수도 있다.

→ 자산을 이전하였으나 제거의 조건을 충족하지 못한 경우 '원래는 하나의 자산' → '지속적 관여자산'과 '나머지 자산'으로 변경

4.52 원가가 다른 재무보고 결정을 제약하는 것처럼, 회계단위 선택도 제약한다. 따라서 회계단위를 선택할 때에는, 그 회계단위의 선택으로 인해 재무제표이용자들에게 제공되는 정보의 효익이 그 정보를 제공하고 사용하는데 발생한 원가를 정당화할 수 있는지를 고려하는 것이 중요하다. 일반적으로 자산, 부채, 수익과 비용의 인식 및 측정에 관련된 원가는 회계단위의 크기가 작아짐에 따라 증가한다. 따라서 일반적으로 동일한 원천에서 발생하는 권리 또는 의무는 정보가 더 유용하고 그 효익이 원가보다 중요한 경우에만 분리한다.

4.53 권리와 의무 모두 동일한 원천에서 발생하는 경우가 있다. 예를 들어, 일부 계약은 각 당사자의 권리와 의무 모두를 성립시킨다. 그러한 권리와 의무가 상호의존적이고 분리될 수 없다면, 이는 단일하고 불가분의 자산이나 부채를 구성하며, 단일의 회계단위를 형성한다. 미이행계약이 그 예이다. 반대로, 권리가 의무와 분리될 수 있는 경우, 의무와 권리를 별도로 분리하여 하나 이상의 자산과 부채를 별도로 식별하는 것이 적절할 수 있다.

4.54 단일 회계단위로 권리와 의무의 집합을 처리하는 것은 자산과 부채를 상계하는 것과 다르다.

→ 자산과 부채를 단일 회계단위로 선택하여 측정 ≠ 자산과 부채 상계
(원래부터 하나로 봐야 하는 것) (다른 것인데 하나로 보는 것)

미이행계약

4.56 미이행계약은 계약당사자 모두가 자신의 의무를 전혀 수행하지 않았거나 계약당사자 모두가 동일한 정도로 자신의 의무를 부분적으로 수행한 계약이나 그 계약의 일부를 말한다.

〈자산을 1,000에 사고 팔기로 한 계약〉

판매자
- 1,000을 받을 권리
- 자산을 이전할 의무

구매자 ┌ 자산을 받을 권리
└ 1,000을 이전할 의무

4.57 미이행계약은 경제적자원을 교환할 권리와 의무가 결합되어 성립된다. 그러한 권리와 의무는 상호의존적이어서 분리될 수 없다. 따라서 결합된 권리와 의무는 단일 자산 또는 단일 부채를 구성한다. 교환조건이 현재 유리할 경우, 기업은 자산을 보유한다. 교환 조건이 현재 불리한 경우에는 부채를 보유한다.

→ 만일 교환조건이 유리하지도 불리하지도 않으면 회계처리 ×

4.58 당사자 일방이 계약상 의무를 이행하면 그 계약은 더 이상 미이행계약이 아니다. 보고기업이 계약에 따라 먼저 수행한다면, 그렇게 수행하는 것은 보고기업의 경제적자원을 교환할 권리와 의무를 경제적자원을 수취할 권리로 변경하는 사건이 된다. 그 권리는 자산이다. 다른 당사자가 먼저 수행하는 경우, 그렇게 수행하는 것은 보고기업의 경제적자원을 교환할 권리와 의무를 경제적자원을 이전할 의무로 변경하는 사건이 된다. 그 의무는 부채이다.

계약상 권리와 의무의 실질

4.59 계약 조건은 계약당사자인 기업의 권리와 의무를 창출한다. 그러한 권리와 의무를 충실하게 표현하기 위해서는 재무제표에 그 실질을 보고한다.

4.60 계약의 모든 조건(명시적 또는 암묵적)은 실질이 없지 않은 한 고려되어야 한다. 암묵적 조건의 예에는 법령에 의해 부과된 의무(예 : 고객에게 상품을 판매하기 위해 계약을 체결할 때 부과되는 법정 보증의무)가 포함될 수 있다.

4.61 실질이 없는 조건은 무시된다. 조건이 계약의 경제적 측면에서 구별될 수 있는 영향을 미치지 않는다면, 그 조건은 실질이 없다. 실질이 없는 조건의 예에는 다음을 포함할 수 있다.

(1) 당사자 그 누구도 구속하지 않는 조건

(2) 권리 보유자가 어떠한 상황에서도 행사할 실제 능력을 갖지 못하는 권리(옵션 포함)

4.62 계약의 실질을 보고하려면, 해당 계약의 집합 또는 일련의 계약에서 발생하는 권리와 의무를 단일 회계단위로 처리해야 할 수 있다. 예를 들어, 한 계약의 권리나 의무가 동일한 거래상대방과 동시에 체결된 다른 계약의 모든 권리나 의무를 무효화하는 경우, 두 계약의 결합효과는 어떠한 권리나 의무도 창출하지 않는다.

반대로, 둘 이상의 별도로 체결하는 계약으로 창출될 수 있었을 둘 이상의 권리나 의무의 집합을 단일 계약으로 창출하는 경우, 기업은 권리와 의무를 충실하게 표현하기 위하여 권리나 의무의 집합을 마치 각각 별도의 계약에서 발생한 것처럼 회계처리할 필요가 있을 수 있다.

자본의 정의

4.63 자본은 기업의 자산에서 모든 부채를 차감한 후의 잔여지분이다.

참고 건물 1,000, 차입금 300이 자산과 부채의 모두인 기업이 있다면 건물 1,000과 차입금 300은 평가할 수 있지만 자본 700은 평가할 수 없다. 자본 700은 건물 1,000과 차입금 300의 차액일 뿐이지 실제로 존재하는 개념은 아니기 때문이다.

4.64 자본청구권은 부채의 정의에 부합하지 않는 기업에 대한 청구권이다.

→ 기업에 대한 청구권은 두 개(부채, 자본)

4.65 보통주 및 우선주와 같이 서로 다른 종류의 자본청구권은 보유자에게 서로 다른 권리, 예를 들어 다음 중 일부 또는 전부를 기업으로부터 받을 권리를 부여할 수 있다.

(1) 배당금(기업이 적격한 보유자에게 배당금을 지불하기로 한 경우)

(2) 청산 시 전액을 청구하거나, 청산이 아닌 시점에 부분적인 금액을 청구하는 자본청구권에 해당하는 배당

→ 보통주 자본금과 우선주 자본금 별도 분류

4.66 법률, 규제 또는 그 밖의 요구사항이 자본금 또는 이익잉여금과 같은 자본의 특정 구성요소에 영향을 미치는 경우가 있다.

4.67 사업활동은 개인기업, 파트너쉽, 신탁 또는 다양한 유형의 정부 사업체와 같은 실체에서 수행되는 경우가 있다. 그러한 실체에 대한 법률 및 규제 체계는 회사에 적용되는 체계와 다른 경우가 있다. 그럼에도 불구하고, 개념체계의 문단 4.63의 자본의 정의는 모든 보고기업에 적용된다.

→ 상법에서의 회사 구분에 관계없이 자본의 정의는 모든 회사 형태에 적용
(합명, 합자, 유한책임, 유한, 주식회사)

수익과 비용의 정의

4.68 수익은 자산의 증가 또는 부채의 감소로서 자본의 증가를 가져오며, 자본청구권 보유자의 출자와 관련된 것을 제외한다.

4.69 비용은 자산의 감소 또는 부채의 증가로서 자본의 감소를 가져오며, 자본청구권 보유자에 대한 분배와 관련된 것을 제외한다.

4.70 이러한 수익과 비용의 정의에 따라, 자본청구권 보유자로부터의 출자는 수익이 아니며 자본청구권 소유주에 대한 분배는 비용이 아니다.

4.71 수익과 비용은 기업의 재무성과와 관련된 재무제표 요소이다. 재무제표 이용자들은 기업의 재무상태와 재무성과에 대한 정보가 필요하다. 따라서 수익과 비용은 자산과 부채의 변동으로 정의되지만, 수익과 비용에 대한 정보는 자산과 부채에 대한 정보만큼 중요하다.

4.72 서로 다른 거래나 그 밖의 사건은 서로 다른 특성을 지닌 수익과 비용을 발생시킨다. 수익과 비용의 서로 다른 특성별로 정보를 별도로 제공하면 재무제표이용자들이 기업의 재무성과를 이해하는 데 도움이 될 수 있다.

- 평가손익 : 미실현, 보유, 예상
- 처분손익 : 실현, 처분, 거래 종결

5장 인식과 제거

인식 절차

5.1 인식은 자산, 부채, 자본, 수익 또는 비용과 같은 재무제표 요소 중 하나의 정의를 충족하는 항목을 재무상태표나 재무성과표에 포함하기 위하여 포착하는 과정이다. 인식은 그러한 재무제표 중 하나에 어떤 항목(단독으로 또는 다른 항목과 통합하여)을 명칭과 화폐금액으로 나타내고, 그 항목을 해당 재무제표의 하나 이상의 합계에 포함시키는 것과 관련된다. 자산, 부채 또는 자본이 재무상태표에 인식되는(되어 있는) 금액을 장부금액*이라고 한다.

* The amount at which an asset, a liability or equity is recognised in the statement of financial position is referred to as its 'carrying amount'.

5.3 인식에 따라 재무제표 요소, 재무상태표 및 재무성과표가 다음과 같이 연계된다.

(1) 재무상태표의 보고기간 기초와 기말의 총자산에서 총부채를 차감한 것은 총자본과 같다.

(2) 보고기간에 인식한 자본변동은 다음과 같이 구성되어 있다.

(가) 재무성과표에 인식된 수익에서 비용을 차감한 금액

(나) 자본청구권 보유자로부터의 출자에서 자본청구권 보유자에의 분배를 차감한 금액

〈인식에 따라 재무제표 요소들이 연계되는 방법〉

보고기간 기초의 재무상태표
자산 − 부채 = 자본

\+

재무성과표
수익 − 비용

\+

자본 청구권 보유자로부터의 출자
− 자본 청구권 보유자에의 분배

(수익 − 비용, 출자 − 분배: 자본의 변동)

=

보고기간 기말의 재무상태표
자산 − 부채 = 자본

5.5 거래나 그 밖의 사건에서 발생된 자산이나 부채의 최초 인식에 따라 수익과 관련 비용을 동시에 인식할 수 있다. 예를 들어, 재화의 현금판매에 따라 수익(현금과 같은 자산의 인식으로 발생)과 비용(재화의 판매와 같이 다른 자산의 제거로 발생)을 동시에 인식하게 된다. 수익과 관련 비용의 동시 인식은 때때로 수익과 관련 원가의 대응을 나타낸다. 그러나 원가와 수익의 대응은 개념체계의 목적이 아니다.

→ 게임 개발에 투입된 원가 중 지금 고객들이 접속하여 발생하고 있는 수익에 대응시킬 비용(매출원가)이 얼마인지 파악하기는 힘들다. 따라서 현대 회계에서는 과거처럼 수익과 비용의 대응을 하나의 원칙으로 삼고 있지 않다.

참고 수익·비용 대응 ⇒ 비용인식의 시점
↳ 비용은 관련 수익이 인식될 때 종속적으로 인식

"관련"의 양태

- 직접대응 : 매출원가
- 기간대응 : 감가상각비
- 즉시대응 : 광고선전비

- 일반적으로 직접대응, 기간대응 그리고 즉시대응으로 구분하지만, 기간대응을 '배분'으로, 즉시대응을 '기간대응'으로 구분하는 의견도 있음

인식기준

5.6 자산, 부채 또는 자본의 정의를 충족하는 항목만이 재무상태표에 인식된다. 마찬가지로 수익이나 비용의 정의를 충족하는 항목만이 재무성과표에 인식된다. 그러나 그러한 요소 중 하나의 정의를 충족하는 항목이라고 할지라도 항상 인식되는 것은 아니다.

5.7 자산이나 부채를 인식하고 이에 따른 결과로 수익, 비용 또는 자본변동을 인식하는 것이 재무제표이용자들에게 유용한 정보(목적적합하고 충실하게 표현한 정보)를 제공하는 경우에만 자산이나 부채를 인식한다.

〈인식기준에 영향을 주는 요인〉

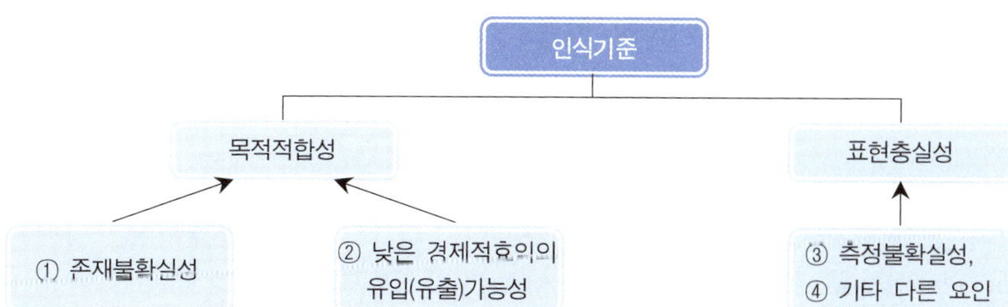

5.8 원가는 다른 재무보고 결정을 제약하는 것처럼, 인식에 대한 결정도 제약한다.

5.9 자산이나 부채를 인식할 때 효익을 초과하지 않는 원가로 재무제표이용자들에게 유용한 정보를 제공하게 되는 시점을 정확하게 정하는 것은 불가능하다.
무엇이 이용자들에게 유용한지는 항목, 사실, 상황에 따라 다르다. 따라서 항목을 인식할지 여부를 결정할 때 판단이 필요하므로 인식 요구사항이 기준서 간에 그리고 기준서 내에서 달라질 필요가 있을 수 있다.

효익 > 원가(1,000)
→ 언제 효익이 원가 1,000을 초과하는가에 대한 판단은 때때로 다름

5.11 자산이나 부채의 정의를 충족하는 항목이 인식되지 않더라도, 기업은 해당 항목에 대한 정보를 주석에 제공해야 할 수도 있다.

5.12 특정 자산이나 부채의 인식과 이에 따른 결과로 발생하는 수익, 비용 또는 자본변동을 인식하는 것이 항상 목적적합한 정보를 제공하는 것은 아닐 수 있다. 예를 들어, 다음과 같은 경우에 그러할 수 있다.
(1) 자산이나 부채가 존재하는지 불확실하다.
(2) 자산이나 부채가 존재하지만 경제적효익의 유입가능성이나 유출가능성이 낮다.

① 존재불확실성

5.14 문단 4.13과 4.35는 자산이나 부채의 존재 여부가 불확실한 경우에 대해 설명한다. 어떤 경우에는 그러한 불확실성은 경제적효익의 유입가능성이나 유출가능성이 낮고 발생가능한 결과의 범위가 예외적으로 광범위한 상황과 결합될 수가 있는데, 이는 자산이나 부채를 반드시 단일 금액으로만 측정하여 인식하는 것이 목적적합한 정보를 제공하지는 않음을 의미할 수 있다(이러한 경우에는 주석으로 기재하는 것이 나을 수 있음). 자산이나 부채가 인식되는지 여부에 관계없이, 이와 관련된 불확실성에 대한 설명정보가 재무제표에 제공되어야 할 수도 있다.
→ '소송에 피소 & 패소가능성↓ & 배상의 범위↑'의 경우 → 단일 금액으로 인식 ×

② 경제적효익의 낮은 유입가능성과 유출가능성

5.15 경제적효익의 유입가능성이나 유출가능성이 낮더라도 자산이나 부채가 존재할 수 있다.

5.16 경제적효익의 유입가능성이나 유출가능성이 낮다면, 그 자산이나 부채에 대해 가장 목적적합한 정보는 발생가능한 유입이나 유출의 크기, 발생가능한 시기 및 발생가능성에 영향을 미치는 요인에 대한 정보일 수 있다. 이러한 정보는 일반적으로 주석에 기재한다.

5.17 시장조건에 따른 교환거래에서 자산을 취득하거나 부채가 발생하는 경우, 그 원가는 일반적으로 경제적효익의 유입가능성이나 유출가능성을 반영한다. 따라서 해당 원가는 목적적합한 정보일 수 있으며 일반적으로 쉽게 이용할 수 있다. 만일 자산이나 부채를 인식하지 않으면 교환 시점에 비용이나 수익을 인식하게 되는데, 이는 거래를 충실하게 표현하지 못할 수 있다.

자　산 ×× | 현　금 ××(○)　　　현　금 ×× | 부　채 ××(○)

vs　　　　　　　　　　　　　　vs

비　용 ×× | 현　금 ××(×)　　　현　금 ×× | 수　익 ××(×)

자산이나 부채가 교환거래가 아닌 사건에서 발생하는 경우, 자산이나 부채를 인식하면 일반적으로 수익이나 비용의 인식을 초래한다. 자산이나 부채로 인해 경제적효익이 유입되거나 유출될 가능성이 낮으면 재무제표이용자들은 그러한 자산과 수익 또는 부채와 비용의 인식을 목적적합한 정보의 제공으로 보지 않을 수 있다.

자　산 ×× | 수　익 ××(×)　　　비　용 ×× | 부　채 ××(×)

→ 경제적효익의 유출입가능성이 낮더라도 교환거래에서 취득/발생한 자산, 부채는 인식하는 것이 좋음. 반면 교환거래가 아닌 사건으로 취득/발생하였는데 경제적효익의 유출입가능성이 낮으면 인식하지 않는 것이 좋음

5.18 충실한 표현이 제공될 수 있는지는 자산이나 부채와 관련된 측정불확실성의 수준 또는 다른 요인에 의해 영향을 받을 수 있다.

③ 측정불확실성

5.19 자산이나 부채를 인식하기 위해서는 측정을 해야 한다. 많은 경우 그러한 측정은 추정되어야 하며 따라서 측정불확실성의 영향을 받는다. 합리적인 추정의 사용은 재무정보 작성의 필수적인 부분이며 추정치를 명확하고 정확하게 기술하고 설명한다면 정보의 유용성을 훼손하지 않는다. 높은 수준의 측정불확실성이 있더라도 그러한 추정치가 유용한 정보를 반드시 제공하지 못하는 것은 아니다.

5.20 경우에 따라 자산이나 부채를 측정하는데 추정과 관련된 불확실성 수준이 너무 높아서, 이러한 추정으로 해당 자산이나 부채 및 이에 따른 결과로 발생하는 수익, 비용 또는 자본의 변동을 충분히 충실하게 표현할 수 있는지 의심스러울 수 있다.

5.21 추정에 대한 설명과 추정에 영향을 미칠 수 있는 불확실성에 대한 설명을 동반한다면, 불확실성이 높은 추정에 의존하는 측정이 (가장) 유용한 정보일 수 있다. 다른 경우, 그 정보가 자산이나 부채와 이에 따른 결과로 발생하는 수익, 비용 또는 자본변동에 대해 충분히 충실하게 표현하지 못한다면, 비교적 목적적합성은 낮지만 측정불확실성이 낮은 다른 측정치가 (필요한 기술 및 설명과 함께) (가장) 유용한 정보일 수 있다.

5.22 제한된 상황에서 이용가능한(또는 취득할 수 있는) 자산이나 부채의 목적적합한 모든 측정이, 비록 그 측정치를 산출하는 추정에 대한 설명과 그 추정에 영향을 미치는 불확실성에 대한 설명을 동반한다 하더라도, 자산이나 부채(그리고 이에 따른 결과로 발생하는 수익, 비용 또는 자본의 변동)에 대한 유용한 정보를 제공하지 못하는 높은 측정불확실성에 영향을 받을 수 있다. 이러한 제한된 상황에서는 자산이나 부채는 인식되지 않을 것이다.

5.23 자산이나 부채의 인식 여부와 관계없이, 자산이나 부채를 충실하게 표현하려면, 자산이나 부채의 존재 여부, 측정치 또는 그 결과(궁극적으로 자산이나 부채에서 발생할 경제적 유입 또는 유출의 양 또는 시기)와 관련된 불확실성에 대한 설명정보가 포함되어야 한다.

④ 다른 요소들

5.25 자산이나 부채의 인식으로 그 자산이나 부채를 충실하게 표현할 수 있는지를 평가할 때, 재무상태표에 이에 대한 설명과 측정뿐만 아니라 다음을 고려할 필요가 있다.

(1) 결과적으로 발생하는 수익, 비용 및 자본변동에 대한 서술

(2) 관련 자산과 부채가 인식되는지 여부(관련 자산과 부채가 인식되지 않으면, 인식은 인식불일치(회계불일치)를 초래할 수 있다.)

(3) 자산이나 부채 그리고 이에 따른 결과로 발생하는 수익, 비용 또는 자본변동에 대한 정보의 표시와 공시

제거

5.26 제거는 기업의 재무상태표에서 인식된 자산이나 부채의 전부 또는 일부를 삭제하는 것이다. 제거는 일반적으로 해당 항목이 더 이상 자산 또는 부채의 정의를 충족하지 못할 때 발생한다.

(1) 자산은 일반적으로 기업이 인식한 자산의 전부 또는 일부에 대한 통제를 상실하였을 때 제거한다.

(2) 부채는 일반적으로 기업이 인식한 부채의 전부 또는 일부에 대한 현재의무를 더 이상 부담하지 않을 때 제거한다.

5.27 제거에 대한 회계 요구사항은 다음 두 가지를 모두 충실히 표현하는 것을 목표로 한다.

(1) 제거를 초래하는 거래 후의 잔여 자산과 부채(그 거래의 일부로 취득, 발생 또는 창출한 자산이나 부채 포함)(남은 것)

(2) 그 거래로 인한 기업의 자산과 부채의 변동(나간 것)

5.28 문단 5.27에 기술된 목표는 일반적으로 다음과 같이 달성된다.

(1) 만료되었거나 소비, 회수, 이행 또는 이전된 자산이나 부채(이전된 구성요소)를 제거하고, 이에 따른 결과로 발생하는 수익과 비용의 인식

(2) 해당될 경우 잔여 자산이나 부채(잔여구성요소)의 계속 인식

(3) 필요한 경우, 다음 절차 중 하나 이상을 적용한다.

(가) 재무상태표에서 잔여구성요소를 별도로 표시

(나) 재무성과표에서 이전된 구성요소의 제거로 인하여 인식된 수익 및 비용을 별도로 표시

(다) 설명정보를 제공

5.29 어떤 경우에는 기업이 자산이나 부채를 이전하는 것처럼 보일 수 있지만, 그럼에도 불구하고 그 자산이나 부채가 기업의 자산이나 부채로 남아있을 수 있다. 그러한 예는 다음과 같다.

〈제거하면 안되는 경우〉

(1) 기업이 자산을 이전했지만 여전히 그 자산에서 발생할 수 있는 경제적효익 중 유의적인 양(+) 또는 음(−)의 변동에 노출되는 경우, 이는 때때로 기업이 그 자산을 계속 통제할 수 있음을 나타낸다.

(2) 기업이 다른 당사자에게 자산을 이전하였으나 그 다른 당사자가 그 기업의 대리인으로서 자산을 보유하고 있는 경우, 양도인은 여전히 자산을 통제한다.

→ 위탁판매 : 위탁자는 해당 자산을 제거 ×

5.31 기업이 이전된 구성요소를 더 이상 보유하지 않을 경우, 이전된 구성요소의 제거는 해당 사실을 충실하게 표현한다. 그러나 그러한 경우 중 일부는 거래로 인하여 기업의 자산이나 부채가 얼마나 변동됐는지를 충실하게 표현하지 못할 수 있다. 이 경우, 이전된 구성요소의 제거로 인해 기업의 재무상태가 실제 보다 더 유의적으로 변동한 것처럼 보일 수 있다. 예를 들어 다음과 같은 경우에 그러하다.

〈제거하면 안되는 경우〉

(1) 기업이 자산을 이전하면서 동시에 다른 거래를 체결하여 그 자산을 재취득하는 현재의 권리 또는 현재의 의무가 생기는 경우

→ 담보차입

(2) 기업이 더 이상 통제하지 않는 이전된 구성요소에서 발생될 수 있는 경제적효익 중 유의적인 양(+) 또는 음(−)의 변동에 노출되어 있는 경우

5.32 제거가 문단 5.27에 기술된 두 가지 목표를 달성하기에 충분하지 않은 경우, 이전된 구성요소를 계속 인식함으로써 두 가지 목표를 달성할 수 있는 경우도 있다. 그 결과는 다음과 같다.

(1) 거래의 결과로 잔여구성요소 또는 이전된 구성요소에 대해 수익이나 비용이 인식되지 않는다.

→ 매각 또는 상환한 것으로 회계처리하지 않으므로 처분손익/상환손익의 발생 없음

(2) 자산(또는 부채)의 이전에 따라 수취(또는 지급)한 대금은 대여 받은(또는 대여 해준) 것으로 처리한다.

(3) 기업이 더 이상 이전된 구성요소로 인한 어떠한 권리나 의무도 보유하고 있지 않다는 사실을 나타내기 위해 재무상태표에 이전된 구성요소를 별도로 표시하거나 설명정보를 제공해야 한다. 마찬가지로 이전 후에 이전된 구성요소에서 발생된 수익이나 비용에 대한 정보를 제공해야 할 수도 있다.

〈담보차입〉

거래 : 건물을 1,000에 매각, 6개월 후 1,200에 재취득해야 함

↳ 본질 → 담보차입

〈판 사람〉

	차변	대변
1/1	현 금 1,000	차 입 금 1,000
	(건물 담보제공 사실 → 주석)	
6/30	차 입 금 1,000	현 금 1,200
	이자비용 200	

〈산 사람〉

	차변	대변
1/1	대 여 금 1,000	현 금 1,000
6/30	현 금 1,200	대 여 금 1,000
		이자수익 200

5.33 기존 권리나 의무를 줄이거나 없애는 방식으로 계약을 변경할 때가 제거에 대해 의문이 발생하는 경우 중 하나이다.

(1) 계약변경으로 기존 권리나 의무만 없어지는 경우, 그러한 권리나 의무를 제거할지를 결정할 때 문단 5.26~5.32의 논의를 고려한다.

(2) 계약변경으로 새로운 권리나 의무만 추가되는 경우, 추가된 권리나 의무를 별도의 자산이나 부채로 처리할 것인지 또는 기존 권리 및 의무와 동일한 회계단위의 일부로 처리할 것인지를 결정할 필요가 있다.

(3) 계약변경으로 기존 권리나 의무가 없어지고 새로운 권리나 의무가 추가되는 경우, 그 변경에 대한 각각의 효과와 결합된 효과를 모두 고려할 필요가 있다. 이 경우 일부 계약은 실질적으로 기존 자산이나 부채를 새로운 자산이나 부채로 대체해야 할 정도로 변경된다. 광범위한 변경이라면, 기업은 최초의 자산이나 부채를 제거하고 새로운 자산이나 부채를 인식할 필요가 있다.

6장 측정

6.1 재무제표에 인식된 요소들은 화폐단위로 수량화되어 있다. 이를 위해 측정기준을 선택해야 한다. 측정기준은 측정 대상 항목에 대해 식별된 속성이다. 자산이나 부채에 측정기준을 적용하면 해당 자산이나 부채, 관련 수익과 비용의 측정치가 산출된다.

6.2 유용한 재무정보의 질적 특성과 원가제약을 고려함으로써 서로 다른 자산, 부채, 수익과 비용에 대해 서로 다른 측정기준을 선택하는 결과가 발생할 수 있을 것이다.

측정기준

측정기준의 종류

① 개정 개념체계는 현금흐름기준 측정(현재가치)을 별도의 측정기준 범주로 보지 않고 특정 측정기준을 적용한 측정치를 추정하기 위해 사용할 수 있다고 설명한다.

② 국제회계기준위원회는 기업의 경영활동에 투입되는 원가(유입가치, 산다)에 대한 정보와 기업의 경영활동에서 산출되는 원가(유출가치, 판다)에 대한 정보에 따라 측정기준을 분류할 것을 고려하였으나, 동일한 시장에서 유입가치와 유출가치의 차이가 거래원가를 제외하고는 흔히 작기 때문에 이러한 분류를 채택하지 않았다.

→ 유입가치, 유출가치의 개념은 존재하지만 이것을 기준으로 측정기준을 분류하지는 않았음

역사적 원가

6.4 역사적 원가 측정치는 적어도 부분적으로 자산, 부채 및 관련 수익과 비용을 발생시키는 거래나 그 밖의 사건의 가격에서 도출된 정보를 사용하여 자산, 부채 및 관련 수익과 비용에 관한 화폐적 정보를 제공한다. 현행가치와 달리 역사적 원가는 자산의 손상이나 손실부담에 따른 부채와 관련되는 경우를 제외하고는 가치의 변동을 반영하지 않는다.

6.5 자산을 취득하거나 창출할 때의 역사적 원가는 자산의 취득 또는 창출에 발생한 원가의 가치로서, 자산의 취득 또는 창출을 위하여 지급한 대가와 거래원가를 포함한다. 부채가 발생하거나 인수할 때의 역사적 원가는 발생시키거나 인수하면서 수취한 대가에서 거래원가를 차감한 가치이다.

차변	금액	대변	금액	차변	금액	대변	금액
건물	1,000	현금(지급대가)	1,000	현금(수취대가)	1,000	차입금	1,000
건물	100	현금(거래원가)	100	차입금	100	현금(거래원가)	100

6.6 시장 조건에 따른 거래가 아닌 사건의 결과로 자산을 취득하거나 창출할 때 또는 부채를 발생시키거나 인수할 때, 원가를 식별할 수 없거나 그 원가가 자산이나 부채에 관한 목적적합한 정보를 제공하지 못할 수 있다. 이러한 경우 그 자산이나 부채의 현행가치가 최초 인식 시점의 간주원가로 사용되며 그 간주원가는 역사적 원가로 후속 측정할 때의 시작점으로 사용된다.

6.7 자산의 역사적 원가는 다음의 상황을 나타내기 위하여 필요하다면 시간의 경과에 따라 갱신되어야 한다.

(1) 자산을 구성하는 경제적자원의 일부 또는 전부의 소비(감가상각 또는 상각)

(2) 자산의 일부 또는 전부를 소멸시키면서 받는 대금(원금 회수)

(3) 자산의 역사적 원가의 일부 또는 전부를 더 이상 회수할 수 없게 하는 사건(손상)의 영향

(4) 자산의 금융요소를 반영하는 이자의 발생(유효이자율법 상각)

6.8 부채의 역사적 원가는 다음을 반영하기 위하여 필요하다면 시간의 경과에 따라 갱신되어야 한다.

(1) 부채의 일부 또는 전부의 이행(원금 상환)

(2) 부채의 이행에 필요한 경제적자원을 이전해야 하는 의무의 가치를 증가(손실 부담 한도까지)시키는 사건의 영향(손실부담계약)

(3) 부채의 금융요소를 반영하는 이자의 발생(유효이자율법 상각)

6.9 역사적 원가 측정기준을 금융자산과 금융부채에 적용하는 한 가지 방법은 상각후원가로 측정하는 것이다(AC 금융자산, 사채). 금융자산과 금융부채의 상각후원가는 최초 인식 시점에 결정된 이자율로 할인한 미래현금흐름 추정치를 반영한다. 금융자산과 금융부채의 상각후원가는 이자의 발생(유효이자율법 상각), 금융자산의 손상 및 수취 또는 지급과 같은 후속 변동을 반영하기 위해 시간의 경과에 따라 갱신된다.

현행가치

6.10 현행가치 측정치는 측정일의 조건을 반영하기 위해 갱신된 정보를 사용하여 자산, 부채 및 관련 수익과 비용의 화폐적 정보를 제공한다. 이러한 갱신에 따라 자산과 부채의 현행가치는 이전 측정일 이후의 변동, 즉 현행가치에 반영되는 현금흐름과 그 밖의 요소의 추정치의 변동을 반영한다. 역사적 원가와는 달리, 자산이나 부채의 현행가치는 자산이나 부채를 발생시킨 거래나 그 밖의 사건의 가격으로부터 부분적으로라도 도출되지 않는다.

→ 최초 거래가격과 무관(∵ 계속적 갱신)

6.11 현행가치 측정기준은 다음을 포함한다.

(1) 공정가치

(2) 자산의 사용가치 및 부채의 이행가치

(3) 현행원가

① 공정가치

6.12 공정가치는 측정일에 시장참여자 사이의 정상거래에서 자산을 매도할 때 받거나 부채를 이전할 때 지급하게 될 가격이다.

6.13 공정가치는 기업이 접근할 수 있는 시장의 참여자 관점을 반영한다. 자산이나 부채의 가격을 결정할 때 사용할 가정과 동일한 가정을 사용하여 그 자산이나 부채를 측정한다.

6.14 일부의 경우, 공정가치는 활성시장에서 관측되는 가격으로 직접 결정될 수 있다. 다른 경우에는 현금흐름기준 측정기법을 사용하여 간접적으로 결정된다.
현금흐름 측정기법은 화폐의 시간가치를 고려하므로 현재가치 측정을 의미한다.

6.16 공정가치는 자산이나 부채를 발생시킨 거래나 그 밖의 사건의 가격으로부터 부분적이라도 도출되지 않기 때문에, 공정가치는 자산을 취득할 때 발생한 거래원가로 인해 증가하지 않으며 부채를 발생시키거나 인수할 때 발생한 거래원가로 인해 감소하지 않는다. 또한 공정가치는 자산의 궁극적인 처분이나 부채의 이전 또는 결제에서 발생할 거래원가를 반영하지 않는다.
→ 기준서에서는「공정가치 − 수수료 = 순공정가치」라는 개념 존재

② 사용가치와 이행가치

6.17 사용가치는 기업이 자산의 사용과 궁극적인 처분으로 얻을 것으로 기대하는 현금흐름 또는 그 밖의 경제적효익의 현재가치이다. 이행가치는 기업이 부채를 이행할 때 이전해야 하는 현금이나 그 밖의 경제적자원의 현재가치이다.

6.18 사용가치와 이행가치는 미래현금흐름에 기초하기 때문에 자산을 취득하거나 부채를 인수할 때 발생하는 거래원가는 포함하지 않는다. 그러나 사용가치와 이행가치에는 기업이 자산을 궁극적으로 처분하거나 부채를 이행할 때 발생할 것으로 기대되는 거래원가의 현재가치가 포함된다.

6.19 사용가치와 이행가치는 시장참여자의 가정보다는 기업 특유의 가정을 반영한다. 일부 경우에 실무에서 시장참여자가 사용할 가정과 기업이 자체적으로 사용하는 가정 간에는 차이가 거의 없을 것이다.

6.20 사용가치와 이행가치는 직접 관측될 수 없으며 현금흐름기준 측정기법으로 결정된다. 사용가치와 이행가치는 문단 6.14의 공정가치에 대해 기술한 것과 동일한 요소를 반영하지만 시장참여자의 관점보다는 기업 특유의 관점을 반영한다.

③ 현행원가

6.21 자산의 현행원가는 측정일에 동등한 자산의 원가로서 측정일에 지급할 대가와 그 날에 발생할 거래원가를 포함한다. 부채의 현행원가는 측정일에 동등한 부채에 대해 수취할 수 있는 대가에서 그 날에 발생할 거래원가를 차감한다. 현행원가는 역사적 원가와 마찬가지로 유입가치이다. 이는 기업이 자산을 취득하거나 부채를 발생시킬 시장에서의 가격을 반영한다. 이런 이유로, 현행원가는 유출가치인 공정가치, 사용가치 또는 이행가치와 다르다. 한편, 현행원가는 역사적 원가와 달리 측정일의 조건을 반영한다.

6.22 일부의 경우, 현행원가는 활성시장에서 가격을 관측하여 직접 결정할 수 없으며 다른 방법을 통해 간접적으로 결정해야 한다. 예를 들어, 새로운 자산에 대한 가격만을 이용할 수 있는 경우, 기업이 보유하여 사용하고 있는 자산의 현행원가는 자산의 현재 연령과 상태를 반영하기 위해 새로운 자산의 현재 가격을 조정하여 추정해야 할 수도 있다.

여러 가지 측정기준의 특징

<table>
<tr><th colspan="2" rowspan="2">측정기준</th><th rowspan="2">유입/유출 개념</th><th rowspan="2">현재가치 사용 여부</th><th colspan="2">거래원가 고려 여부</th><th rowspan="2">전달되는 정보의 주요 시점</th><th rowspan="2">관점</th><th rowspan="2">직접 관측 여부</th></tr>
<tr><th>최초 거래원가</th><th>최종 거래원가</th></tr>
<tr><td colspan="2">역사적원가</td><td>유입가치</td><td>○</td><td>○</td><td>×</td><td>과거</td><td>N/A</td><td>N/A</td></tr>
<tr><td rowspan="3">현행가치</td><td>공정가치</td><td>유출가치</td><td>○</td><td>×</td><td>×</td><td>미래</td><td>시장참여자 관점</td><td>△
(현금흐름기준 측정기법 사용)</td></tr>
<tr><td>사용가치와 이행가치</td><td>유출가치</td><td>○</td><td>×</td><td>○</td><td>미래</td><td>기업 특유 관점</td><td>×
(현금흐름기준 측정기법 사용)</td></tr>
<tr><td>현행원가</td><td>유입가치</td><td>×</td><td>○</td><td>×</td><td>현재</td><td>N/A</td><td>△
(현재 연령과 상태를 반영하기 위해 현재 가격을 조정)</td></tr>
</table>

특정 측정기준에 의해 제공되는 정보

6.23 측정기준을 선택할 때 측정기준이 재무상태표와 재무성과표에서 만들어 낼 정보의 성격을 고려하는 것이 중요하다.

역사적 원가

6.25 일반적으로, 기업이 시장 조건에 따라 최근 거래에서 자산을 취득한다면, 기업은 그 자산이 최소한 자산의 원가를 회수하는 데 충분한 경제적효익을 제공할 것으로 기대한다. 마찬가지로, 시장 조건에 따른 최근 거래의 결과로 부채를 발생시키거나 인수한다면, 기업은 일반적으로 '부채를 이행하기 위해 경제적자원을 이전해야 하는 의무의 가치'(갚을 돈)가 '수취한 대가에서 거래원가를 차감한 가치'(받은 돈, 선수금 등)를 초과하지 않을 것으로 기대한다.

6.26 역사적 원가는 자산의 소비와 손상을 반영하여 감소하기 때문에, 역사적 원가로 측정된 자산에서 회수될 것으로 예상되는 금액은 적어도 장부금액과 같거나 장부금액보다 크다. 마찬가지로, 부채의 역사적 원가는 손실부담이 되는 경우 증가하기 때문에 '부채를 이행하기 위하여 필요한 경제적자원을 이전할 의무의 가치'(갚을 돈)는 '부채의 장부금액'(받은 돈, 선수금 등)을 초과하지 않는다.

6.27 금융자산 외의 자산을 역사적 원가로 측정할 경우, 일부 또는 전체 자산의 소비 또는 매각은 그러한 사용 또는 매각된 일부 또는 전체 자산의 역사적 원가로 측정된 비용을 발생시킨다.

자 산	××	현 금	××	→	비 용	××	자 산	××

6.29 마찬가지로, 금융부채 외의 부채가 발생하거나 대가의 교환으로 인수되고 역사적 원가로 측정되는 경우, 부채의 전부 또는 일부의 이행에 따라 이행된 부분에 대해 수취한 대가의 가치로 측정된 수익이 발생한다.

현 금	××	부 채	××	→	부 채	××	수 익	××

6.30 즉시 소비되는 재화와 용역(문단 4.8 참조)을 포함하여 매각이나 소비되는 자산의 원가에 대한 정보와 수취한 대가에 대한 정보는 예측가치를 가질 수 있다. 이 정보는 미래에 재화(기업이 현재 보유하고 있지 않은 재화 포함)나 용역을 판매함에 따른 미래의 이익을 예측하는 투입변수로 사용하고, 이에 따라 미래순현금유입에 대한 기업의 전망을 평가하는 데 사용될 수 있다. 역사적 원가로 측정한 수익과 비용은 재무제표이용자들에게 현금흐름이나 이익에 관한 그들의 종전 예측에 대해 피드백을 제공하기 때문에 확인가치를 가질 수 있다. 한편, 판매하거나 사용한 자산의 원가에 관한 정보는 기업의 경영진이 그 기업의 경제적자원을 사용하는 책임을 얼마나 효율적이고 효과적으로 수행했는지를 평가하는 데 도움이 될 수 있다.

〈자산의 처분〉

현 금	1,000	자 산	700
		처 분 이 익	300

700을 받을 줄 알았는데(예측가치), 1,000을 받아서(확인가치) 300 수익(이익)이 발생

6.31 상각후원가로 측정하는 자산(부채)(AC 금융자산, 사채)에서 가득(발생)하는 이자에 대한 정보는 예측가치와 확인가치를 가질 수 있다.

현행가치

① 공정가치

6.32 공정가치로 자산과 부채를 측정하여 제공하는 정보는 예측가치를 가질 수 있다. 공정가치는 미래현금흐름의 금액, 시기 및 불확실성에 대한 시장참여자의 현재 기대를 반영하기 때문이다. 이러한 기대치는 시장참여자의 현재 위험선호도를 반영하는 방식으로 가격에 반영된다. 이러한 정보는 또한 종전 기대에 대한 피드백을 제공함으로써 확인가치를 가질 수 있다.

6.33 시장참여자의 현재 기대를 반영한 수익과 비용은 미래의 수익과 비용을 예측할 때 투입요소로 사용될 수 있기 때문에 예측가치가 있을 수 있다. 또한, 이러한 수익과 비용은 기업의 경영진이 그 기업의 경제적자원을 사용하는 책임을 얼마나 효율적이고 효과적으로 수행했는지를 평가하는 데 도움이 될 수 있다.

→ 미래에 대한 현재의 기대 그 자체가 예측가치를 지님 & 경영자 수탁책임 평가에 도움

6.34 자산이나 부채의 공정가치 변동은 다양한 요인들에 의해 발생할 수 있다. 이러한 요인들이 서로 다른 특성을 지닐 때, 이러한 요인들로 인한 수익과 비용을 개별적으로 식별하는 것은 재무제표이용자들에게 유용한 정보를 제공할 수 있다.

6.35 기업이 한 시장에서 자산을 취득하고 다른 시장(기업이 자산을 매각하고자 하는 시장)의 가격을 이용하여 공정가치를 결정한다면, 이 두 시장의 가격 차이는 공정가치를 처음 결정할 때 수익으로 인식된다.

6.36 공정가치를 측정할 때 사용되는 가격의 원천인 시장에서 거래가 발생하는 경우, 자산의 매각이나 부채의 이전에 대한 대가는 일반적으로 그 자산이나 부채의 공정가치와 유사한 금액일 것이다. 이러한 경우, 자산이나 부채를 공정가치로 측정한다면 거래원가의 효과가 중요하지 않는 한 매각이나 이전시점에 발생하는 순이익이나 순손실은 일반적으로 작을 것이다.

→ 공정가치 측정의 기준이 되는 시장에서 거래 발생
　 공정가치와 실제 거래가격 유사

② 사용가치와 이행가치

6.37 사용가치는 자산의 사용과 궁극적인 처분으로부터 발생하는 추정현금흐름의 현재가치에 관한 정보를 제공한다. 이 정보는 미래순현금유입에 대한 예상치를 평가하는 데 사용할 수 있기 때문에 예측가치를 가질 수 있다.

6.38 이행가치는 부채의 이행에 필요한 추정 현금흐름의 현재가치에 관한 정보를 제공한다. 따라서 이행가치는 부채가 이전되거나 협상으로 결제될 때보다는 특히 이행될 경우에 예측가치를 가질 수 있다.

→ 사용가치와 이행가치는 그 자체가 예측가치를 지님

6.39 사용가치나 이행가치 추정치가 미래현금흐름의 금액, 시기와 불확실성으로 추정된 정보와 결합되어 갱신될 경우, 갱신된 추정치는 사용가치나 이행가치의 종전 추정치에 관한 피드백을 제공하기 때문에 확인가치를 가질 수 있다.

③ 현행원가

6.40 현행원가로 측정한 자산과 부채에 관한 정보는 현행원가가 측정일에 동등한 자산을 취득하거나 창출할 수 있는 원가를 반영하거나, 동등한 부채를 발생시키거나 인수하기 위해 수취할 대가를 반영하기 때문에 목적적합할 수 있다.

6.41 역사적 원가와 마찬가지로 현행원가는 소비된 자산의 원가나 부채의 이행에서 생기는 수익에 관한 정보를 제공한다. 이 정보는 현재 이익을 도출하는 데 사용될 수 있으며 미래 이익을 예측하는 데 사용될 수 있다. 역사적 원가와 달리 현행원가는 소비하거나 이행하는 시점의 일반적인 가격을 반영한다. 가격 변동이 유의적일 경우, 현행원가를 기반으로 한 이익은 역사적 원가를 기반으로 한 이익보다 미래 이익을 예측하는 데 더 유용할 수 있다.

6.42 소비에 대한 현행원가(또는 이행에 따른 현재 수익)를 보고하기 위해, 보고기간의 장부금액 변동을 소비에 대한 현행원가(또는 이행에 따른 현재 수익)와 가격변동 효과로 나누어야 한다. 가격변동 효과는 때로는 보유이익 또는 보유손실로 불린다.

→ 〈사례〉

차변		대변		
현금	1,000	매출	1,000	
매출원가	××	자산	××	← 역사적 원가 100 / 현행원가 700

i) 역사적 원가 손익 = 1,000 − 100 = 900

ii) 현행원가 손익 = (1,000 − 700) + (700 − 100) = 900
(1,000 − 700): 판매 손익, (700 − 100): 보유 손익

〈표〉 측정기준과 정보의 유용성

측정기준	예측가치	확인가치	수탁책임 평가
역사적 원가	○	○	○
공정가치	○	○	○
사용가치와 이행가치	○	○	—**
현행원가	○	—*	—**

* 다시 산다면 얼마인가일 뿐 직접 다시 사서 무엇을 확인하는 것은 아님

** 수탁 책임 평가에 유용한 측정기준은 공정가치 또는 역사적 원가뿐임

측정기준을 선택할 때 고려할 요인

6.44 대부분의 경우, 어떤 특정기준을 선택해야 하는지를 결정하는 단일의 요인은 없다. 각 요인의 상대적 중요성은 사실과 상황에 따라 달라질 것이다.

6.45 측정기준에 의해 제공되는 정보는 재무제표이용자들에게 유용해야 한다. 이를 달성하기 위해서는 정보가 목적적합해야 하고 나타내고자 하는 바를 충실하게 표현해야 한다. 또한, 제공되는 정보는 가능한 한 비교가능하고 검증가능하며 적시성이 있고 이해가능해야 한다.

6.46 문단 6.49~6.76에서는 측정기준을 선택할 때의 질적 특성의 역할에 대해 추가적으로 설명한다.

목적적합성

6.49 자산이나 부채, 이와 관련된 수익과 비용의 측정기준에 의해 제공된 정보의 목적적합성은 다음의 영향을 받는다.

(1) 자산이나 부채의 특성

(2) 그 자산이나 부채가 미래현금흐름에 어떻게 기여하는지

① 자산이나 부채의 특성

6.50 측정기준에 의해 제공되는 정보의 목적적합성은 부분적으로 자산이나 부채의 특성, 특히 현금흐름의 변동성, 그리고 자산이나 부채의 가치가 시장요인이나 그 밖의 위험에 민감한지 여부에 따라 달라진다.

6.51 자산이나 부채의 가치가 시장요인이나 그 밖의 위험에 민감하다면 그 자산이나 부채의 역사적 원가는 현행가치와 유의적으로 다를 수 있다. 따라서 가치변동에 관한 정보가 재무제표이용자들에게 중요할 경우 역사적 원가는 목적적합한 정보를 제공하지 못할 수 있다.

6.52 또한, 역사적 원가를 사용한다면, 가치의 변동은 가치가 변동할 때가 아니라 처분, 손상 또는 이행과 같은 사건이 발생할 때 보고된다. 이는 자산이나 부채를 보유하는 기간이 아닌 해당 사건이 발생한 때 모든 수익과 비용이 인식된다는 것을 의미하는 것으로 잘못 해석될 수 있다. 또한, 역사적 원가로 측정하면 가치의 변동에 관한 정보를 적시에 제공하지 않기 때문에 그 기준에 따라 보고된 수익과 비용은 보고기간에 자산이나 부채의 보유에서 발생하는 위험에 기업이 노출된 영향을 완전하게 설명하지 못하므로 예측가치와 확인가치가 결여될 수 있다.

6.53 자산이나 부채의 공정가치 변동은 시장참여자의 기대 및 위험선호도의 변동을 반영한다. 측정 대상 자산이나 부채의 특성 및 기업의 사업활동의 성격에 따라 이러한 변동(공정가치 변동)을 반영한 정보가 재무제표이용자들에게 예측가치나 확인가치를 항상 제공하지는 못할 수도 있다. 자산을 단지 사용하거나 계약상 현금흐름의 회수만을 위해 보유하거나 부채를 직접 이행하기 위한 경우가 이에 해당할 수 있다.

→ AC 금융자산의 경우 공정가치 평가는 유용하지 않음

② 미래현금흐름에 대한 기여

6.54 일부 경제적자원은 현금흐름을 직접 창출하며, 다른 경우에는 여러 경제적자원이 결합하여 사용되어 현금흐름을 간접적으로 창출한다. 경제적자원을 어떻게 사용하는지, 따라서 자산과 부채가 어떻게 현금흐름을 창출하는지는 기업이 수행하는 사업활동의 성격에 부분적으로 달려있다.

6.55 기업의 사업활동이 고객에게 재화나 용역을 생산하고 판매하기 위해 간접적으로 현금흐름을 생산하는 여러 가지 경제적자원을 결합하여 사용하는 경우, 역사적 원가나 현행원가는 그 활동에 목적적합한 정보를 제공할 것이다(문단 1.14 참고).

6.56 독립적으로 그리고, 유의적인 경제적 불이익 없이(예 : 유의적인 사업중단 없이) 판매될 수 있는 자산과 같이 현금흐름을 직접 창출하는 자산과 부채의 경우, 가장 목적적합한 정보를 제공하는 측정기준은 미래현금흐름의 금액, 시기와 불확실성의 현재 추정치를 반영한 현행가치일 것이다(문단 1.14 참고).

6.57 기업의 사업활동이 계약상 현금흐름을 수취하기 위한 목적으로 금융자산과 금융부채를 관리하는 것과 관련된 경우, 상각후원가는 자산에서 가득하는 이자와 부채에서 발생한 이자 간의 마진을 도출하는 데 사용할 수 있는 목적적합한 정보를 제공할 수 있다. 그러나 상각후원가는 원금과 이자 외의 요소에 의존하는 현금흐름에 목적적합한 정보를 제공하지 못할 것이다(∵ 공정가치 평가 ×).

표현의 충실성

6.58 자산과 부채가 어떤 방식으로든 관련된 경우, 해당 자산과 부채에 대해 서로 다른 측정기준을 사용하면 측정불일치(회계불일치)가 발생할 수 있다. 재무제표에 측정불일치가 포함될 경우, 해당 재무제표는 기업의 재무상태와 재무성과의 일부 측면을 충실하게 표현하지 못할 수 있다. 결과적으로, 어떤 상황에서는 관련된 자산과 부채에 동일한 측정기준을 사용함으로써, 재무제표이용자들에게 다른 측정기준을 사용하는 정보보다 유용한 정보를 제공할 수 있다.

6.60 활성시장의 가격을 직접 관측하여 측정할 수 없어 추정해야만 하는 경우에는 측정불확실성이 발생한다. 측정 불확실성의 수준이 높다고 해서 목적적합한 정보를 제공하는 측정기준을 반드시 사용하지 못하는 것은 아니다. 그러나 어떤 경우에는 측정불확실성의 수준이 너무 높아서 측정기준에 의해 제공된 정보가 충분히 충실한 표현을 제공하지 못할 수도 있다. 이러한 경우에는 목적적합한 정보를 얻을 수 있는 다른 측정기준을 선택하는 것을 고려하는 것이 적절하다.

6.61 측정불확실성은 결과불확실성이나 존재불확실성과는 다르다.

(1) 결과불확실성은 자산이나 부채에서 발생할 경제적 효익의 유입이나 유출의 금액 또는 시기에 대한 불확실성이 있을 때 발생한다.

(2) 존재불확실성은 자산이나 부채의 존재 여부가 불확실할 때 발생한다.

6.62 결과불확실성 또는 존재불확실성이 있다면 측정불확실성으로 이어지는 경우도 있다. 그러나 결과불확실성 또는 존재불확실성이 반드시 측정불확실성을 초래하는 것은 아니다. 예를 들어, 활성시장에서 가격을 관측하여 자산의 공정가치를 직접 결정할 수 있는 경우, 비록 자산이 궁극적으로 얼마나 많은 현금을 산출할지 불확실하여 결과불확실성이 있다고 하더라도, 그 공정가치의 측정과 관련된 측정불확실성은 없다.

→ 공정가치에 결과불확실성 또는 존재불확실성 반영
활성시장에서 관측한 공정가치를 그대로 공정가치로 사용
측정불확실성 ×

보강적 질적 특성과 원가제약

6.63 보강적 질적 특성 중 비교가능성, 이해가능성, 검증가능성 및 원가제약은 측정기준의 선택에 영향을 미친다. 보강적 질적 특성 중 적시성은 측정에 특별한 영향을 미치지 않는다.

6.64 원가가 다른 재무보고결정을 제약하는 것처럼 측정기준의 선택도 제약한다.

6.65 한 보고기업 내에서 기간 간 또는 같은 기간 동안에 기업 간에 동일 항목에 대해 동일한 측정기준을 일관되게 사용하면 보다 더 비교가능한 재무제표를 작성하는데 도움이 될 수 있다.

6.66 측정기준이 변경되면 재무제표의 이해가능성이 감소할 수 있다. 그러나 예를 들어, 변경으로 인해 정보가 보다 목적적합해지는 경우와 같이 이해가능성 감소보다 다른 요소가 더 중요하다면 변경이 정당화 될 수 있다.

6.67 이해가능성은 부분적으로 얼마나 많은 다른 측정기준을 사용하고 있는지와 시간의 경과에 따라 변경되는지 여부에 달려 있다.

6.68 검증가능성은, 가격을 관측하는 것과 같이 직접 또는 모형의 투입요소를 확인하는 것과 같이 간접으로, 독립적으로 확인될 수 있는 측정기준을 사용함으로써 향상된다. 측정을 검증할 수 없는 경우, 재무제표이용자들은 그 측정이 어떻게 결정되었는지 이해하기 위해 설명정보가 필요할 수 있다.

① 역사적 원가

6.69 많은 경우에 역사적 원가를 측정하는 것이 현행가치를 측정하는 것보다 더 단순하고 비용이 적게 든다. 또한, 역사적 원가 측정기준을 적용하여 결정한 측정은 일반적으로 잘 이해되며 대부분 검증가능하다.

6.70 그러나, 소비를 추정하고 손상차손 또는 손실부담부채를 식별하고 측정하는 것은 주관적일 수 있다. 따라서 때로는 자산이나 부채의 역사적 원가도 현행가치만큼 측정하거나 검증하기 어려울 수 있다.

6.71 역사적 원가 측정기준을 사용할 경우, 다른 시점에 취득한 동일한 자산이나 발생한 동일한 부채가 재무제표에 다른 금액으로 보고될 수 있다. 이것은 보고기업의 기간 간 또는 같은 기간의 기업 간 비교가능성을 저하시킬 수 있다.
→ 동일한 석유 1리터 → 구입시점마다 다른 금액(역사적원가) → B/S에 서로 다른 금액 누적

② 현행가치

6.72 공정가치는 개별 기업의 관점이 아닌 시장참여자의 관점에서 결정되고 자산이 취득되거나 부채가 발생하는 시점과는 독립적이기 때문에, 공정가치로 측정된 동일한 자산이나 부채는 원칙적으로 동일한 시장에 접근할 수 있는 보고기업에 의해 동일한 금액으로 측정된다. 이는 보고기업의 기간 간 또는 같은 기간의 기업 간 비교가능성을 높일 수 있다. 반대로 사용가치와 이행가치는 개별 기업의 관점을 반영하기 때문에 이러한 측정은 동일한 자산이나 부채를 다른 기업이 보유할 경우 다를 수 있다. 이러한 차이는, 비교가능성을 저하시킬 수 있다.

6.73 자산이나 부채의 공정가치를 활성시장의 가격을 관측하여 직접 결정할 수 있는 경우, 공정가치 측정 과정은 비용이 적게 들고, 단순하며, 이해하기 쉽다. 또한, 공정가치는 직접 관측을 통해 검증될 수 있다.

6.74 현금흐름기준 측정기법의 사용을 포함한 평가기법은 활성시장에서 직접 관측할 수 없는 공정가치를 측정하기 위해 필요할 수 있으며, 일반적으로 사용가치나 이행가치를 결정할 때 필요하다. 그런데,

(1) 평가에 필요한 투입요소를 추정하고 평가기법을 적용하는 것은 비용이 많이 들고 복잡할 수 있으며,

(2) 과정에 투입되는 요소는 주관적일 수 있으며, 투입요소와 과정 자체의 타당성을 검증하는 것이 어려울 수 있다. 결과적으로, 동일한 자산이나 부채의 측정치가 다를 수 있다. 이는 비교가능성을 저하시킬 것이다.

6.75 대부분의 경우, 다른 자산과 함께 사용하는 개별 자산의 사용가치는 의미있게 결정할 수 없다. 그 대신에, 자산 집합의 사용가치가 결정되면 그 결과를 개별 자산에 배분해야 할 수도 있다. 이 과정은 주관적이고 자의적일 수 있다. 또한, 자산의 사용가치의 추정치는 의도치 않게 집합 내의 다른 자산과의 시너지 효과가 반영될 수 있다. 따라서 다른 자산과 결합하여 사용하는 자산의 가치를 결정하는 것은 비용이 많이 드는 과정이 될 수 있으며, 그 복잡성과 주관성으로 인해 검증가능성이 저하된다. 이러한 이유로, 사용가치는 그러한 자산을 정기적으로 재측정하기 위한 실무적인 측정기준이 아닐 수 있다. 그러나 예를 들어, 역사적 원가가 완전히 회수가능한지를 판단하기 위해 손상검사에서 사용될 때와 같이 자산의 부정기적 재측정에는 유용할 수 있다.

→ 회수가능액 = Max[순공정가치, 사용가치]

6.76 현행원가 측정기준을 사용할 경우, 다른 시점에 취득하거나 발생한 동일한 자산이나 부채를 재무제표에 같은 금액으로 보고한다. 이는 보고기업의 기간 간 그리고 같은 기간의 기업 간 비교가능성을 향상시킬 수 있다.

→ 동일한 석유 1리터에 대해 측정일의 현행원가로 동일하게 측정

그러나 현행원가를 결정하는 것은 복잡하고 주관적이며 비용이 많이 들 수 있다. 또한 현행원가 장부금액의 변동을 소비한 것의 현행원가와 가격변동 효과로 나누는 것은 복잡하고 자의적인 가정이 필요할 수 있다. 이러한 어려움 때문에 현행원가 측정치는 검증가능성과 이해가능성이 결여될 수 있다.

최초 측정에 관련된 특정 요인들

6.78 최초 인식 시점에, 시장조건에 따른 거래에서 취득한 자산이나 발생한 부채의 원가는 거래원가가 유의적이지 않다면 일반적으로 그 시점의 공정가치와 비슷하다. 그럼에도 불구하고 이 두 금액이 유사하더라도 최초 인식할 때 사용한 측정기준이 무엇인지 기술할 필요가 있다. 역사적 원가를 후속적으로 사용한다면 그 측정기준은 일반적으로 최초 인식 시점에도 적절하다. 마찬가지로 현행가치를 후속적으로 사용한다면 일반적으로 그 측정기준은 최초 인식

시점에도 적절하다. 최초 인식과 후속 측정에 동일한 측정기준을 사용하면 첫 번째 후속 측정시점에 측정기준의 변경만으로 수익이나 비용을 인식하지 않게 된다*.

* 문단 6.78의 원문은 다음과 같다.
Using the same measurement basis for initial recognition and subsequent measurement avoids recognizing income or expenses at the time of the first subsequent measurement solely because of a change in measurement basis.
이 문장은 "최초 인식과 후속 측정에 동일한 측정기준을 사용하면 단지 후속 측정시점에 측정기준의 변경만으로 수익이나 비용을 인식하는 것을 막을 수 있다"라고 직역되어야 하며, 문장의 의도는 "최초 인식과 후속 측정에 동일한 측정기준을 사용하면 측정기준의 변경이 발생하지 않으므로 이로 인한 손익을 인식하지 않게 된다"이다.

6.79 기업이 시장조건에 따른 거래를 하면서 다른 자산이나 부채를 이전하는 대가로 자산을 취득하거나 부채를 발생시키는 경우(교환 거래의 경우), 취득한 자산이나 발생한 부채의 최초 측정에 의해 그 거래에서 수익이나 비용의 발생 여부가 결정된다. 자산이나 부채를 원가로 측정하는 경우, 이전된 자산이나 부채의 제거로 인해 수익과 비용이 발생하거나 자산이 손상되거나 손실부담부채가 생기는 경우가 아닌 한, 최초 인식 시점에 수익이나 비용이 발생하지 않는다.

6.80 시장조건에 따른 거래가 아닌 사건의 결과로 자산을 취득하거나 부채가 발생할 수 있다. 예를 들어 다음과 같다.

(1) 거래가격이 당사자 간의 관계 또는 당사자 중 일방의 재정적 어려움이나 그 밖의 강박에 의해 영향을 받을 수 있다.
(2) 자산을 정부가 무상으로 기업에 부여하거나 다른 당사자가 기업에 기부할 수 있다.
(3) 부채가 법령이나 규정에 의해 부과될 수 있다.
(4) 위반행위로 인해 보상하거나 벌과금을 납부할 부채가 발생할 수 있다.

6.81 이러한 경우, 취득한 자산이나 발생한 부채를 역사적 원가로 측정하는 것은 거래나 그 밖의 사건에서 발생하는 기업의 자산과 부채 및 수익이나 비용을 충실하게 표현하지 못할 수도 있다. 따라서 문단 6.6에서 설명한 바와 같이, 취득한 자산이나 발생한 부채를 간주원가로 측정하는 것이 적절할 수 있다. 간주원가와 지급하거나 수취한 대가와의 차이는 최초 인식 시점에 수익과 비용으로 인식될 것이다.

하나 이상의 측정기준

6.84 대부분의 경우 정보를 제공하는 가장 이해하기 쉬운 방법은 다음과 같다.

(1) 재무상태표상 자산이나 부채, 재무성과표상 관련 수익과 비용 모두에 대해 단일 측정기준을 사용한다.
(2) 다른 측정기준을 적용한 추가 정보를 주석에 제공한다.

6.85 그러나 경우에 따라 다음과 같은 방법으로 정보를 더 목적적합하게 하거나 기업의 재무상태와 재무성과 모두 보다 충실히 표현할 수 있다.

(1) 재무상태표상 자산 또는 부채에 대한 현행가치 측정기준의 사용, 그리고

(2) 손익계산서상 관련 수익 및 비용에 대한 다른 측정기준의 사용

6.86 이러한 경우, 자산이나 부채의 현행가치 변동으로 인해 발생한 총수익과 총비용은 다음과 같이 분리하여 분류한다.

(1) 손익계산서에는 손익계산서에서 선택한 측정기준을 적용하여 측정한 수익과 비용을 포함한다.

(2) 기타포괄손익은 모든 잔여 수익이나 비용을 포함한다. 결과적으로 해당 자산이나 부채와 관련된 누적기타포괄손익은 다음 (가)와 (나)의 차이와 동일하다.

(가) 재무상태표상의 자산이나 부채의 장부금액

(나) 손익계산서상 선택한 측정기준을 적용한다면 산출되었을 장부금액

참고

i) 기초 자산 1,000, 부채 700, 자본 300

ii) 수익 150, 비용 100 발생

iii) 수익과 비용만큼 자산과 부채가 각각 증가하였다면
기말 자산 1,150, 부채 800, 자본 350임

iv) 자산과 부채에 대해 수익과 비용 측정기준과 다른 현행가치 측정기준을 적용하였다면
기말 자산 1,200, 부채 820, 자본 380으로 가정

〈정리〉 N/I=150−100=50

OCI=iv) 순자산(자본) 380−iii) 순자산(자본) 350=30

(별해)

차변		대변		
자 산	200	수 익	150	⇒「1,000 → 1,200」
		O C I	50	
비 용	100	부 채	120	⇒「700 → 820」
O C I	20			

→ N/I=150−100=50, OCI=50−20=30

(정리)

			I/S 측정 기준		B/S 측정 기준
자산	1,000	+150 →	1,150	+50 →	1,200
부채	700	→ (100)	800	→ (20)	820
		+50		+30	
		N/I		OCI	

6.83 때로는 기업의 재무상태와 재무성과를 충실히 표현하는 목적적합한 정보를 제공하기 위해 자산이나 부채, 관련된 수익과 비용에 대해 하나 이상의 측정기준이 필요하다는 결론에 이르게 될 수도 있다.

자본의 측정

6.87 자본의 총장부금액(총자본)은 직접 측정하지 않는다. 이는 인식된 모든 자산의 장부금액에서 인식된 모든 부채의 장부금액을 차감한 금액과 동일하다.

6.88 일반목적재무제표는 기업의 가치를 보여주도록 설계되지 않았기 때문에 자본의 총장부금액은 일반적으로 다음과 동일하지 않을 것이다.

(1) 기업의 자본청구권에 대한 시가총액

(2) 계속기업을 전제로 하여 기업 전체를 매각하여 조달할 수 있는 금액

(3) 기업의 모든 자산을 매각하고 모든 부채를 상환하여 조달할 수 있는 금액

6.89 총자본은 직접 측정하지 않지만, 자본의 「일부 종류(some individual classes)」와 자본의 「일부 구성요소(some components)」에 대한 장부금액은 직접 측정하는 것이 적절할 수 있다. 그럼에도 불구하고, 총자본은 잔여지분으로 측정되기 때문에 적어도 자본의 「한 종류(one class)」는 직접 측정할 수 없다. 마찬가지로 적어도 자본의 「한 구성요소(one component)」는 직접 측정할 수 없다.

→ 주식발행초과금이나 감자차익 등을 따로 따로 직접 측정할 수는 있으나 자본잉여금 전체를 직접 측정할 수는 없음

현금흐름기준 측정기법

6.91 때로는 측정치를 직접 관측할 수 없다. 이러한 경우 측정치를 추정하는 한 가지 방법은 현금흐름기준 측정기법을 사용하는 것이다. 이러한 기법은 측정기준이 아니다. 이것은 측정기준을 적용하는 데 사용되는 기법이다.

6.93 불확실한 미래현금흐름의 추정치를 참조하여 자산이나 부채를 측정할 때 고려해야 할 한 가지 요인은 이러한 현금흐름의 추정 금액 또는 시기의 변동가능성이다. 이러한 변동은 가능한 현금흐름 범위 내에서 단일 금액을 선택할 때 고려된다. 선택한 금액 자체는 때로는 가능한 결과의 금액이지만 항상 그렇지는 않다. 가장 목적적합한 정보를 제공하는 금액은 일반적으로 범위의 중앙 부분의 값(중앙 추정치) 중 하나이다. 서로 다른 중앙 추정치는 다른 정보를 제공한다. 예를 들어 다음과 같다.

(1) 기댓값(확률가중평균, 통계적 평균이라고도 함)은 전체 범위의 결과를 반영하고 가능성이 높은 결과에 더 많은 가중치를 부여한다. 기댓값은 그 자산이나 부채에서 발생하는 현금이나 그 밖의 경제적효익의 궁극적인 유입이나 유출을 예측하기 위한 것이 아니다.

(2) 일어날 가능성이 일어나지 않을 가능성보다 높은 범위내 최대 금액*(통계적 중간값과 유사)은 후속적으로 손실이 일어날 확률이 50% 이하이고 후속적으로 이익이 일어날 확률이 50% 이하임을 나타낸다.

* 발생가능성이 50% 이상인 최대금액(the maximum amount that is more likely than not to occur)

(3) 가장 가능성이 높은 결과(통계적 최빈값)는 자산이나 부채에서 발생할 가능성이 가장 높은 단일의 궁극적인 유입 또는 유출이다.

6.94 중앙 추정치는 미래현금흐름의 추정치들과 그 금액이나 시기의 변동가능성에 따라 달라진다. 중앙 추청치는 「궁극적인 결과와 다를 수 있다는 불확실성」을 부담하는 것에 대한 가격을 반영하지는 않는다.

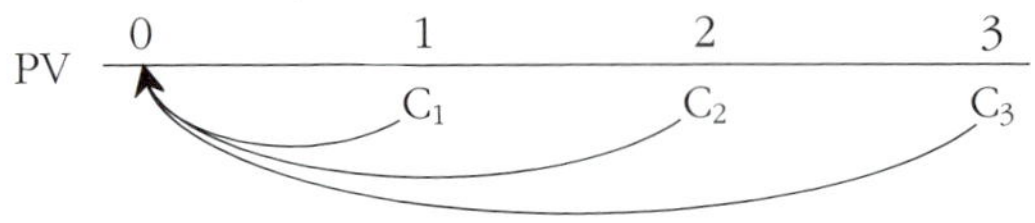

i) C_1, C_2, C_3 추정 시 중앙추정치 사용
기댓값, 중간값, 최빈값

ii) 중앙추정치의 불확실성은 할인율에 반영

6.95 어떠한 중앙 추정치도 가능한 결과의 범위에 대한 완전한 정보를 제공하지는 않는다. 따라서 이용자들은 가능한 결과의 범위에 대한 정보가 필요할 수 있다.

7장 표시와 공시

정보소통 수단으로서의 표시와 공시

7.1 보고기업은 재무제표에 정보를 표시하고 공시함으로써 기업의 자산, 부채, 자본, 수익 및 비용에 관한 정보를 전달한다.

7.2 재무제표의 정보가 효과적으로 소통되려면 다음이 필요하다.

(1) 규칙에 초점을 맞추기보다는 표시와 공시의 목적과 원칙에 초점을 맞춘다.

(2) 유사한 항목은 모으고 상이한 항목은 분리하는 방식으로 정보를 분류한다.

(3) 불필요한 세부사항에 의해 또는 과도한 통합에 의해 정보가 가려져서 불분명하게 되지 않도록 통합한다.

7.3 원가가 다른 재무보고 결정을 제약하는 것처럼 표시와 공시의 결정도 제약한다.

표시와 공시의 목적과 원칙

7.4 재무제표의 정보가 쉽고 효과적으로 소통되기 위해 개별 기준서의 표시와 공시 요구 사항을 개발할 때 다음 사이의 균형이 필요하다.

(1) 기업의 자산, 부채, 자본, 수익 및 비용을 충실히 표현하는 목적적합한 정보를 제공할 수 있도록 기업에 「융통성」을 부여한다.

(2) 한 보고기업의 「기간 간」 그리고 같은 보고기간의 「기업 간」 「비교가능한 정보」를 요구한다.

7.6 다음의 원칙을 고려하면 재무제표에서 효과적인 소통에 도움이 된다.

(1) 기업 특유의 정보가 때로 '표준 문안(boilerplate)'이라고 불리우는 표준적 설명보다 유용하다.

(2) 재무제표의 서로 다른 부분에서 정보를 중복하여 작성하는 것은 일반적으로 불필요하며 재무제표를 이해하기 어렵게 만들 수 있다.

분류

7.7 분류란 표시와 공시를 위해 자산, 부채, 자본, 수익이나 비용을 「공유되는 특성에 따라 구분」하는 것을 말한다.

7.8 상이한 자산, 부채, 자본, 수익이나 비용을 함께 분류하면 목적적합한 정보를 가려서 불분명하게 하고, 이해가능성과 비교가능성이 낮아질 수 있으며, 표현하고자 하는 내용을 충실하게 표현하지 못할 수 있다.

① 자산과 부채의 분류

7.9 분류는 자산 또는 부채에 대해 선택된 회계단위별로 적용하여 분류한다.
그러나 자산이나 부채 중 특성이 다른 구성요소를 구분하여 별도로 분류하는 것이 적절할 수도 있다.
→ 자산이나 부채의 유동·비유동 구분

7.10 상계는 기업이 자산과 부채를 별도의 회계단위로 인식하고 측정하지만 재무상태표에서 단일의 순액으로 합산하는 경우에 발생한다. 상계는 서로 다른 항목을 함께 분류하는 것이므로 일반적으로는 적절하지 않다.

7.11 자산과 부채의 상계는 집합(세트)의 권리와 의무를 단일의 회계단위로서 취급하는 것과 다르다(문단 4.54 참고).
→ 상계는 '별도로 인식한 자산과 부채'를 '순액'으로 표시

② 자본의 분류

7.12 유용한 정보를 제공하기 위해, 자본청구권이 다른 특성을 가지고 있는 경우에는 그 자본청구권을 별도로 분류해야 할 수도 있다.

7.13 마찬가지로, 유용한 정보를 제공하기 위해, 자본의 일부 구성요소에 특정 법률, 규제 또는 그 밖의 요구사항이 있는 경우에는 자본의 그 구성요소를 별도로 분류해야 할 수 있다.

③ 수익과 비용의 분류

7.14 수익과 비용의 분류에는 다음 (1) 또는 (2)가 적용된다.

(1) 자산이나 부채에 대해 선택된 회계단위에서 발생하는 수익과 비용

→ 하나의 자산에서 발생하는 하나의 손익

(2) 수익이나 비용의 구성요소의 특성이 서로 다르며 이들 구성요소가 별도로 식별되는 경우 그러한 수익과 비용의 구성요소.

→ 하나의 자산에서 발생하는 구별되는 여러 손익

예를 들어, 자산의 현행가치 변동에는 가치변동의 영향과 이자의 발생이 포함될 수 있다. 이 경우 그러한 구성요소를 별도로 분류하면 결과적인 재무정보의 유용성이 향상될 수 있으므로 별도로 분류하는 것이 적절할 것이다.

7.15 수익과 비용은 분류되어 다음 중 하나에 포함된다.

(1) 손익계산서

(2) 손익계산서 이외의 기타포괄손익

7.16 손익계산서는 보고기간의 기업 재무성과에 관한 정보의 주요 원천이다. 많은 재무제표이용자들이 분석의 시작점으로 또는 그 기간의 재무성과의 주요 지표로 이 합계를 그들의 분석에 포함시킨다. 그럼에도 불구하고, 해당 기간의 재무성과를 이해하려면 재무제표에 포함된 그 밖의 정보의 분석뿐만 아니라 인식된 모든 수익과 비용(기타포괄손익에 포함된 수익과 비용 포함)의 분석이 필요하다.

7.17 손익계산서는 해당 기간의 기업 재무성과에 관한 정보의 주요 원천이기 때문에 모든 수익과 비용은 원칙적으로 이 재무제표에 포함된다.

그러나 회계기준위원회는 개별 기준서를 개발할 때 자산이나 부채의 현행가치의 변동으로 인한 수익과 비용을 기타포괄손익에 포함하는 것이 그 기간의 기업 재무성과에 대한 보다 목적적합한 정보를 제공하거나 보다 충실한 표현을 제공하는 예외적인 상황에서는 그러한 수익이나 비용을 기타포괄손익에 포함하도록 결정할 수도 있다.

7.18 역사적 원가 측정기준에서 발생한 수익과 비용은 손익계산서에 포함된다. 이는 그러한 유형의 수익이나 비용이 자산이나 부채의 현행가치 변동의 구성요소로서 별도로 식별되는 경우에도 그러하다. 예를 들어, 금융자산이 현행가치로 측정되고 이자수익이 그 밖의 가치변동과 별도로 식별된다면 그 이자수익은 손익계산서에 포함된다.

→ AC 금융자산 : 유효이자율법 상각 → 이자수익 & 평가 ×
　 FVOCI 금융자산 : 유효이자율법 상각 → 이자수익 & 평가 ○

7.19 원칙적으로, 한 기간에 기타포괄손익에 포함된 수익과 비용은 미래 기간에 기타포괄손익에서 당기손익으로 재분류한다. 이런 경우는 그러한 재분류가 보다 목적적합한 정보를 제공하는 손익계산서가 되거나 미래 기간의 기업 재무성과를 보다 충실하게 표현하는 결과를 가져오는 경우이다. 그러나 예를 들어, 재분류되어야 할 기간이나 금액을 식별할 명확한 근거가 없다면, 회계기준위원회는 개별 기준서를 개발할 때, 기타포괄손익에 포함된 수익과 비용이 후속적으로 재분류되지 않도록 결정할 수도 있다.

→ i)	자산	××	손익	××
ii)	자산	××	OCI	××
	OCI	××	손익	××
iii)	자산	××	OCI	××

통합

7.20 통합은 특성을 공유하고 동일한 분류에 속하는 자산, 부채, 자본, 수익 또는 비용을 합하는 것이다.

7.21 통합은 많은 양의 세부사항을 요약함으로써 정보를 더욱 유용하게 만든다. 그러나 통합은 그러한 세부사항 중 일부를 숨기기도 한다. 따라서 목적적합한 정보가 많은 양의 중요하지 않은 세부사항과 섞이거나 과도한 통합으로 인해 가려져서 불분명해지지 않도록 균형을 찾아야 한다.

7.22 재무제표의 서로 다른 부분에서는 다른 수준의 통합이 필요할 수 있다. 예를 들어, 일반적으로 재무상태표와 재무성과표는 요약된 정보를 제공하고 자세한 정보는 주석에서 제공한다.
→ 기준서 1001호 : F/S에 적용하는 중요성 기준과 주석에 적용하는 중요성 기준은 다를 수 있다.

8장 자본 및 자본유지개념

자본유지조정

8.10 자산과 부채에 대한 재평가 또는 재작성은 자본의 증가나 감소를 초래한다. 이와 같은 자본의 증가 또는 감소는 수익과 비용의 정의에는 부합하지만, 이 항목들은 특정 자본유지개념에

따라 포괄손익계산서에는 포함하지 아니한다. 그 대신 자본유지조정 또는 재평가적립금으로 자본에 포함한다.

참고

회계처리	포괄손익계산서	재무상태표
자 산 ××|수 익 ××	당기순이익(N/I)	이익잉여금
자 산 ××|O C I ××	기타포괄손익(OCI)	기타포괄손익누계액
자 산 ××|이 잉 ××	×	이익잉여금

EX

┌ 재무자본유지(불변구매력) : 일반물가 수준에 따른 자산/부채 변동
└ 실물자본유지 : 자산/부채의 모든 가격변동(보유손익)
─국제회계기준 최초 채택 시 전환일에 자산/부채의 조정금액
→ 자산/부채의 변동 → 자본의 증감
그러나 포괄손익계산서에 표시 ×

자본의 개념

8.1 대부분의 기업은 자본의 재무적 개념에 기초하여 재무제표를 작성한다. 자본을 투자된 화폐액 또는 투자된 구매력으로 보는 재무적 개념 하에서 자본은 기업의 순자산이나 지분과 동의어로 사용된다. 자본을 조업능력으로 보는 자본의 실물적 개념 하에서는 자본은 예를 들어, 1일 생산수량과 같은 기업의 생산능력으로 간주된다.

8.2 기업은 재무제표이용자의 정보요구에 기초하여 적절한 자본개념을 선택하여야 한다. 따라서 재무제표의 이용자가 주로 명목상의 투하자본이나 투하자본의 구매력 유지에 관심이 있다면 재무적 개념의 자본을 채택하여야 한다. 그러나 이용자의 주된 관심이 기업의 조업능력 유지에 있다면 실물적 개념의 자본을 사용하여야 한다.

자본유지개념과 이익의 결정

8.3 문단 8.1의 자본개념에 따라 다음과 같은 자본유지개념이 도출된다.

(1) 재무자본유지. 재무자본유지 개념 하에서 이익은 「해당 기간 동안 소유주에게 배분하거나 소유주가 출연한 부분을 제외」하고 기말 순자산의 재무적 측정금액(화폐금액)이 기초 순자산의 재무적 측정금액(화폐금액)을 초과하는 경우에만 발생한다. 재무자본유지는 명목화폐단위 또는 불변구매력단위를 이용하여 측정할 수 있다.

(2) 실물자본유지. 실물자본유지개념 하에서 이익은 「해당 기간 동안 소유주에게 배분하거나 소유주가 출연한 부분을 제외」하고 기업의 기말 실물생산능력이나 조업능력(또는 그러한 생산능력을 갖추기 위해 필요한 자원이나 기금)이 기초 실물생산능력을 초과하는 경우에만 발생한다.

8.4 자본유지개념은 기업의 자본에 대한 투자수익과 투자회수를 구분하기 위한 필수요건이다. 자본유지를 위해 필요한 금액을 초과하는 자산의 유입액만이 이익으로 간주될 수 있고 결과적으로 자본의 투자수익이 된다.

8.5 실물자본유지개념을 사용하기 위해서는 현행원가기준에 따라 측정해야 한다. 그러나 재무자본유지개념은 특정한 측정기준의 적용을 요구하지 아니한다.

8.6 재무자본유지개념과 실물자본유지개념의 주된 차이는 기업의 자산과 부채에 대한 가격변동 영향의 처리방법에 있다. 일반적으로 기초에 가지고 있던 자본만큼을 기말에도 가지고 있다면 이 기업의 자본은 유지된 것이며, 기초 자본을 유지하기 위해 필요한 부분을 초과하는 금액이 이익이다.

8.7 자본을 명목화폐단위로 정의한 재무자본유지개념 하에서 이익은 해당 기간 중 명목화폐자본의 증가액을 의미한다. 따라서 기간 중 보유한 자산가격의 증가 부분, 즉 보유이익은 개념적으로 이익에 속한다. 만일 재무자본유지개념이 불변구매력 단위로 정의된다면 이익은 해당 기간 중 투자된 구매력의 증가를 의미하게 된다. 따라서 일반물가수준에 따른 가격상승을 초과하는 자산가격의 증가 부분만이 이익으로 간주되며, 그 이외의 가격증가 부분은 자본의 일부인 자본유지조정으로 처리된다.

8.8 자본을 실물생산능력으로 정의한 실물자본유지개념 하에서 이익은 해당 기간 중 실물생산능력의 증가를 의미한다. 기업의 자산과 부채에 영향을 미치는 모든 가격변동은 해당 기업의 실물생산능력에 대한 측정치의 변동으로 간주되어 이익이 아니라 자본의 일부인 자본유지조정으로 처리된다.

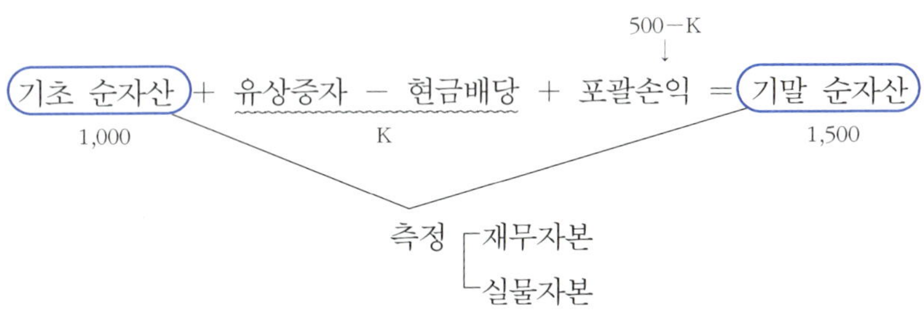

- 기초 1,000 → 기말 1,500 ┌ 1,000 (Return of C)
  └ ★500 (Return on C)
- 기초의 자본이 유지해야 할 자본(return of capital)이며, 유지해야 할 자본을 초과한 금액(return on capital)을 이익으로 봄
- return on capital 중 얼마를 이익으로 볼 것인가가 쟁점

- 재무자본유지 (→ 특정 측정기준 요구 ×)
  - 명목 : 기말 자본－기초 자본
  - 불변 : 기말 자본－기초 자본－물가상승
- 실물자본유지 : 기말 자본－기초 자본－보유이익
  - → 현행원가로 측정

- 실물자본 : 실물 생산능력이나 조업능력

EX

기초 ~~~~~~~~~~~~~~〉 기말

집 : 20억　　　　　　집 : 25억

서울 물가상승 : 10%

i) 재무자본 (보유이익 인식○)
- 명목 : 25억－20억＝5억 (손익)
- 불변 : 25억－20억－(20억×10%)＝3억 (손익)
  - (20억×10%) = 2억

ii) 실물자본(현행원가) : 25억－20억－5억(보유이익)＝0 (손익)
(보유이익 인식×)

예제 1 자본유지개념에 의한 당기순이익 측정

기초 순자산 50 + 유상증자 70 − 현금배당 30 ± 포괄손익(20) = 기말 순자산 110

포괄손익 20＝N/I＋OCI, OCI＝0　∴ N/I＝20

참고 주식배당, 무상증자는 자본의 구성항목은 변동하지만 자본 자체의 변동은 가져오지 않으므로 고려할 필요가 없다.

〈주식배당〉

자본금 (← 이익잉여금)	자본금 증가
자본잉여금	
자본조정	∴ 형식적 증자
기타포괄손익누계액	
이익잉여금	
자본	자본 불변

〈무상증자〉

자본금 ← (또는)	자본금 증가	
자본잉여금		
자본조정		∴ 형식적 증자
기타포괄손익누계액		
이익잉여금		
자본	자본 불변	

객관식 12

다음은 B회사의 기초와 기말재무상태표의 금액이다.

	기 초	기 말
자 산 총 계	25,865,000	27,285,000
부 채 총 계	16,484,000	15,129,000

당기 중에 유상증자 1,200,000이 있었고, 현금배당금 400,000, 주식배당 100,000 및 금융자산평가이익(기타포괄손익) 100,000이 있었다. 당기순이익은 얼마인가?

풀이

당 기 순 이 익	1,875,000	
기 타 포 괄 손 익	100,000	

기초 + 유상증자 − 현금배당 + 포괄손익 = 기말

기초	유상증자	현금배당	포괄손익	기말
25,865,000	1,200,000	400,000		27,285,000
−16,484,000				−15,129,000
= 9,381,000			1,975,000	=12,156,000

예제 2 재무자본유지와 실물자본유지의 비교

×1초 자본 1,000,000 (=재고 100개*×10,000)

×1말 자본 1,500,000

×1말 재고의 단위당 구입가격 13,000

물가상승률 10%, K=0

* 가격변동 효과를 파악하기 위해 사용하는 기준이 되는 자산

풀이

i) 재무 ┌ 명목 : 1,500,000−1,000,000=500,000
└ 불변 : 1,500,000−1,000,000−100,000*(물가상승, 1,000,000×10%)
=400,000

ii) 실물 : 1,500,000−1,000,000−300,000*=200,000
기초 10,000, 기말 13,000 ∴ 3,000×100개

* 자본유지조정으로 처리

※ 현재가치의 기본(현가, PV)

0	1	2	3
이자	8,000	8,000	8,000
원금			100,000

할인율이 10%라고 할 때

$$PV = \frac{8,000}{1.1} + \frac{8,000}{1.1^2} + \frac{8,000}{1.1^3} + \frac{100,000}{1.1^3}$$

$$= 8,000 \times \left(\frac{1}{1.1} + \frac{1}{1.1^2} + \frac{1}{1.1^3}\right) + 100,000 \times \frac{1}{1.1^3}$$

=8,000×(3, 10%, 연금)+100,000×(3, 10%, 현가)=95,026

EX

(3, 12%, 연금)=2.4= $\frac{1}{1.12} + \frac{1}{1.12^2} + \frac{1}{1.12^3}$

(2, 12%, 연금)=1.7= $\frac{1}{1.12} + \frac{1}{1.12^2}$

(3, 12%, 현가)= ? = $\frac{1}{1.12^3}$ =0.7

i) 현재가치 중 유형 1(복구충당부채, 사채상환할증금)

0	1	2	3
이자	0	0	0
원금			300,000

PV=300,000×(3, 10%, 현가)=225,393

시점	유효(10%)	액면(0%)	상각	장부가
0				225,393
1	22,539	0	22,539	247,932
2	24,793	0	24,793	272,725
3	27,275	0	27,275	300,000

	차변	금액	대변	금액
×1초	미 수 금	225,393	토 지	200,000
			처 분 이 익	25,393
×1말	현 금	0	이 자 수 익	22,539
	미 수 금	22,539		
×2말	현 금	0	이 자 수 익	24,793
	미 수 금	24,793		
×3말	현 금	0	이 자 수 익	27,275
	미 수 금	27,275		
	현 금	300,000	미 수 금	300,000

ii) **현재가치 중 유형 2(사채)**

	0	1	2	3
이자		15,000	15,000	15,000
원금				300,000

PV=15,000×(3, 10%, 연금)

+300,000×(3, 10%, 현가)=262,696

시점	유효(10%)	액면(5%)	상각	장부가
0				262,696
1	26,270	15,000	11,270	273,966
2	27,397	15,000	12,397	286,363
3	28,637	15,000	13,637	300,000

	차변	금액	대변	금액
×1초	미 수 금	262,696	토 지	200,000
			처 분 이 익	62,696
×1말	현 금	15,000	이 자 수 익	26,270
	미 수 금	11,270		
×2말	현 금	15,000	이 자 수 익	27,397
	미 수 금	12,397		
×3말	현 금	15,000	이 자 수 익	28,637
	미 수 금	13,637		
	현 금	300,000	미 수 금	300,000

iii) 현재가치 중 유형 3(연속상환사채)

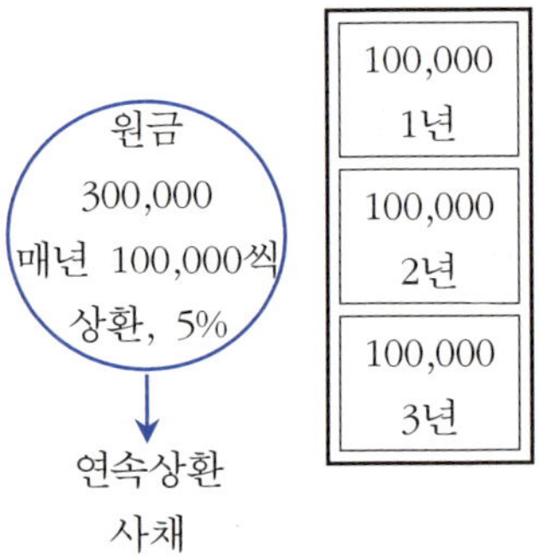

0	1	2	3
	5,000		
	100,000		
	5,000	5,000	
		100,000	
	5,000	5,000	5,000
			100,000
	15,000	10,000	5,000
	100,000	100,000	100,000

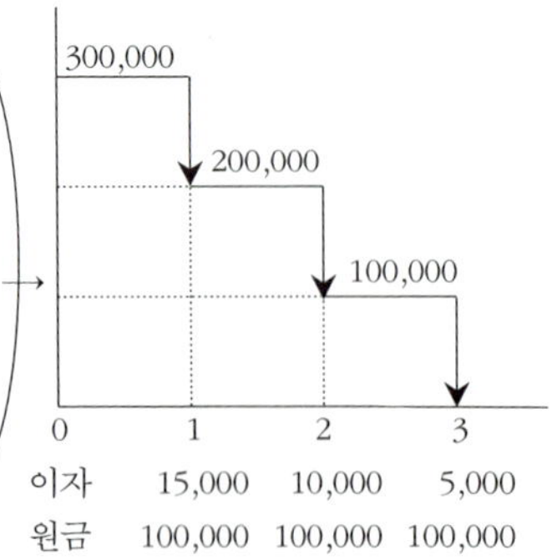

EX ×1초, 1,000 (10%)

	상환
×1말	300
×2말	200
×3말	400
×4말	100

0	1	2	3	4
	30			
	300			
	20	20		
		200		
	40	40	40	
			400	
	10	10	10	10
				100
	100	70	50	10
	300	200	400	100

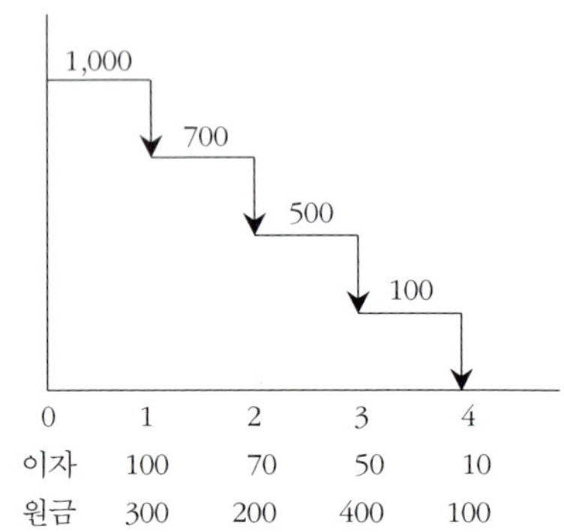

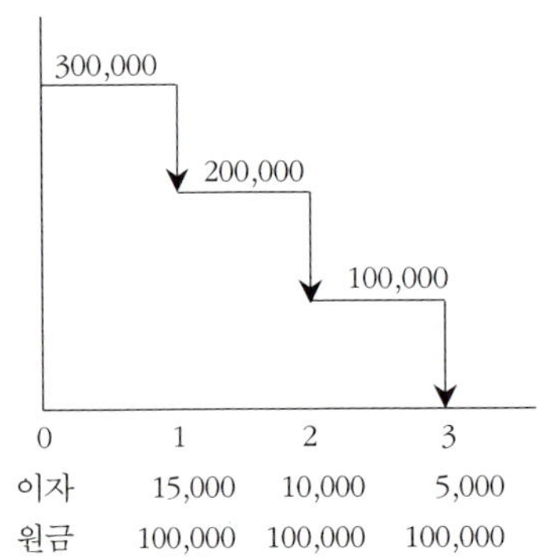

PV= 115,000×(1, 10%, 현가)
  + 110,000×(2, 10%, 현가)
  + 105,000×(3, 10%, 현가)
  = 274,342

시점	유효(10%)	★액면(5%)	상각	★장부가				상각	상환
0				274,342					
1	27,434	15,000	12,434	186,776	←	274,342	+	12,434	−100,000
2	18,678	10,000	8,678	95,454	←	186,776	+	8,678	−100,000
3	9,546	5,000	4,546	0	←	95,454	+	4,546	−100,000

시점	차변	금액	대변	금액
×1초	미수금	274,342	토지	200,000
			처분이익	74,342
×1말	현금	15,000	이자수익	27,434
	미수금	12,434		
	현금	100,000	미수금	100,000
×2말	현금	10,000	이자수익	18,678
	미수금	8,678		
	현금	100,000	미수금	100,000
×3말	현금	5,000	이자수익	9,546
	미수금	4,546		
	현금	100,000	미수금	100,000

iv) 현재가치 중 유형 4(리스)

	0	1	2	3
원금		100,000	100,000	100,000

PV=100,000×(3, 10%, 연금)=248,685

시점	회수액		이자(10%)		원금	장부가
0						248,685
1	100,000	=	24,869	+	75,131	173,554
2	100,000	=	17,355	+	82,645	90,909
3	100,000	=	9,091	+	90,909	0

시점	차변	금액	대변	금액
×1초	미수금	248,685	토지	200,000
			처분이익	48,685
×1말	현금	100,000	미수금	75,131
			이자수익	24,869
×2말	현금	100,000	미수금	82,645
			이자수익	17,355
×3말	현금	100,000	미수금	90,909
			이자수익	9,091

참고 유형 3처럼 생각한다면 아래와 같다.

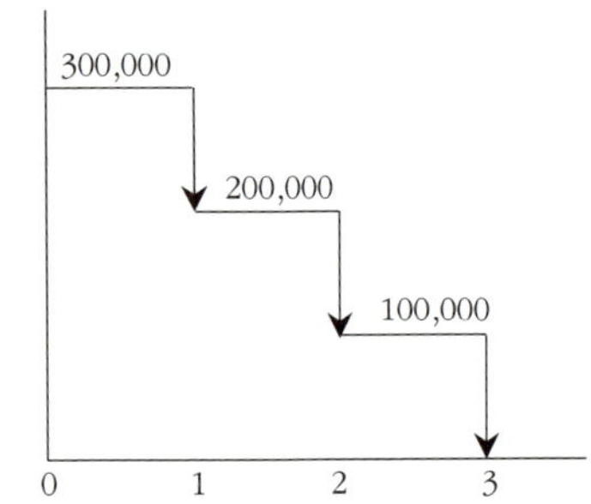

	1	2	3
이자	0	0	0
원금	100,000	100,000	100,000

시점	유효(10%)	액면(0%)	상각	장부가				상각	상환
0				248,685					
1	24,869	0	24,869	173,554	←	248,685	+	24,869	−100,000
2	17,355	0	17,355	90,909	←	173,554	+	17,355	−100,000
3	9,091	0	9,091	0	←	90,909	+	9,091	−100,000

시점	차변	금액	대변	금액
×1초	미수금	248,685	토지	200,000
			처분이익	48,685
×1말	현금	0	이자수익	24,869
	미수금	24,869		
	현금	100,000	미수금	100,000
×2말	현금	0	이자수익	17,355
	미수금	17,355		
	현금	100,000	미수금	100,000
×3말	현금	0	이자수익	9,091
	미수금	9,091		
	현금	100,000	미수금	100,000

v) **현재가치 사례의 결론**

※ 토지 200,000 → 300,000에 매각

i) 현금 300,000 즉시 수령
- 처분이익 100,000
- 이자수익 0

ii) 유형 1 : PV=225,393
- 처분이익 25,393
- 이자수익
  - 미수금 상각 74,607
  - 현금 수령 0

iii) 유형 2 : PV=262,696
- 처분이익 62,696
- 이자수익
  - 미수금 상각 37,304
  - 현금수령 15,000×3

iv) 유형 3 : PV=274,342
- 처분이익 74,342
- 이자수익
  - 미수금 상각 25,658
  - 현금수령 15,000, 10,000, 5,000

v) 유형 4 : PV=248,685
- 처분이익 48,685
- 이자수익
  - 미수금 상각 51,315
  - 현금수령 0

객관식 13

×1초 장부가 400,000의 자산 매각, 총 500,000을 수령하기로 함
300,000은 ×1초 수령, 나머지 200,000은 ×1말과 ×2말 각각 100,000씩 수령
×1초 할인율 6% → 2년 연금 현가 1.83

×1에 인식할 처분이익과 이자수익은 얼마인가?

풀이

매각 대가=300,000+100,000×1.83=483,000
장부가=400,000 ∴ 처분이익 83,000

이자수익=100,000×1.83×6%=10,980

×1년 총 손익=83,000+10,980=93,980

〈회계처리〉

	차변		대변	
×1초	현금	300,000	자산	400,000
	미수금	183,000	처분이익	83,000
×1말	현금	100,000	이자수익	10,980
			미수금	89,020

Chapter 03

IFRS Intermediate Accounting

재무제표 작성과 표시

1. 재무제표

- 재무상태표, 포괄손익계산서, 자본변동표, 현금흐름표, 주석 등
- 위 재무제표의 명칭이 아닌 다른 명칭을 사용할 수 있음
- 각각의 재무제표는 전체 재무제표에서 동등한 비중으로 표시
  ↳ 단일의 재무제표 내에서 단일의 측정치를 참조하여 평가하지 않는다는 관점
  (즉, 모든 재무제표를 종합적으로 참조하여 기업의 재무성과 평가)
- 재무제표 이외의 보고서(예 : 경영진의 재무검토보고서, 환경보고서, 부가가치보고서)는 한국채택국제회계기준의 적용범위에 해당하지 않는다.

2. 재무제표 작성의 일반사항

i) 공정한 표시와 한국채택국제회계기준의 준수

① 재무제표는 공정하게 표시해야 한다.

② 한국채택국제회계기준을 준수하여 재무제표를 작성하는 기업은 그러한 준수 사실을 주석에 명시적이고 제한없이 기재한다. 그러나 재무제표가 한국채택국제회계기준의 요구사항을 모두 충족한 경우가 아니라면 한국채택국제회계기준을 준수하여 작성되었다고 기재하여서는 아니된다.

③ 한국채택국제회계기준에 따라 작성된 재무제표는 공정하게 표시된 재무제표로 본다.

④ 부적절한 회계정책은 이에 대하여 공시나 주석 또는 보충자료를 통해 설명하더라도 정당화될 수 없다.

⑤ 한국채택국제회계기준의 요구사항을 준수하는 것이 오히려 '개념체계'에서 정하고 있는 재무제표의 목적과 상충되어 재무제표 이용자의 오해를 유발할 수 있다고 경영진이 결론을 내린 경우

기준의 요구사항으로부터의 일탈을 의무화 또는 금지하지 않는다면 :
기준의 요구사항을 달리 적용

기준의 요구사항으로부터의 일탈을 금지 :
이러한 사항을 공시하여 오해를 유발할 수 있는 가능성을 최대한 줄여야 함

ii) **계속기업**

① 경영진이 기업을 청산하거나 경영활동을 중단할 의도를 가지고 있지 않거나, 청산 또는 경영활동의 중단 외에 다른 현실적 대안이 없는 경우가 아니면 계속기업을 전제로 재무제표 작성

② 계속기업의 가정이 적절한지의 여부를 평가할 때 경영진은 적어도 보고기간 말로부터 향후 12개월 기간에 대하여 이용가능한 모든 정보를 고려한다.

③ 기업이 상당기간 계속사업 이익을 보고하였고, 보고기간 말 현재 경영에 필요한 재무자원을 확보하고 있는 경우 : 자세한 분석이 없어도 계속기업을 전제로 한 회계처리가 적절하다는 결론을 내릴 수 있음

④ 계속기업으로서의 존속능력에 중대한 의문이 제기될 수 있는 사건이나 상황과 관련된 중요한 불확실성을 알게 된 경우, 경영진은 그러한 불확실성을 공시하여야 한다. 그리고 재무제표가 계속기업의 기준 하에 작성되지 않는 경우에는 그 사실과 함께 재무제표가 작성된 기준 및 그 기업을 계속기업으로 보지 않는 이유를 공시하여야 한다.

iii) **발생기준 회계**

iv) **중요성과 통합표시**

① 유사한 항목은 중요성 분류에 따라 재무제표에 구분하여 표시

② 상이한 성격이나 기능을 가진 항목은 구분하여 표시
└→ 다만 중요하지 않은 항목은 성격이나 기능이 유사한 항목과 통합하여 표시할 수 있음

③ 재무제표와 주석에 적용하는 중요성의 기준은 다를 수 있음

v) **상계**

① IFRS에서 요구하거나 허용하지 않는 한 자산과 부채 그리고 수익과 비용은 상계하지 않는다.

② 동일 거래에서 발생하는 수익과 관련비용의 상계표시가 거래나 그 밖의 사건의 실질을 반영한다면 그러한 거래의 결과는 상계하여 표시한다.

EX

토지 장부가 1,000 → 1,500에 매각, 처분 시 수수료 50 발생

〈상계하지 않은 경우〉

차변	금액	대변	금액
현금	1,500	토지	1,000
		처분이익	500
수수료	50	현금	50

〈상계하는 경우〉

차변	금액	대변	금액
현금	1,450	토지	1,000
		처분이익	450

③ 재고자산에 대한 재고자산평가충당금과 매출채권에 대한 손실충당금과 같은 평가충당금을 차감하여 관련 자산을 순액으로 측정하는 것은 상계표시에 해당하지 않는다.

Ex

건물(재고, 매출채권)	1,000
감누(충당금)	(300)
	700 → 상계 ×, 단지 표기방법임(간접차감)

vi) 보고빈도

① 전체 재무제표는 적어도 1년마다 작성한다.

② 보고기간 종료일을 변경하여 재무제표의 보고기간이 1년을 초과하거나 미달하는 경우
↳ 그러한 이유와 재무제표에 표시된 금액이 완전하게 비교가능하지 않다는 사실을 공시

vii) 비교정보

① 당기 재무제표에 보고되는 모든 금액에 대해 전기 비교정보를 공시

② 당기 재무제표를 이해하는데 목적적합하다면 서술형 정보의 경우에도 비교정보를 포함

③ 비교정보를 공시하는 기업은 최소한 두 개의 재무상태표, 두 개의 포괄손익계산서, 두 개의 현금흐름표, 두 개의 자본변동표, 그리고 관련 주석을 표시해야 한다.

④ 재무제표 소급재작성 등의 경우

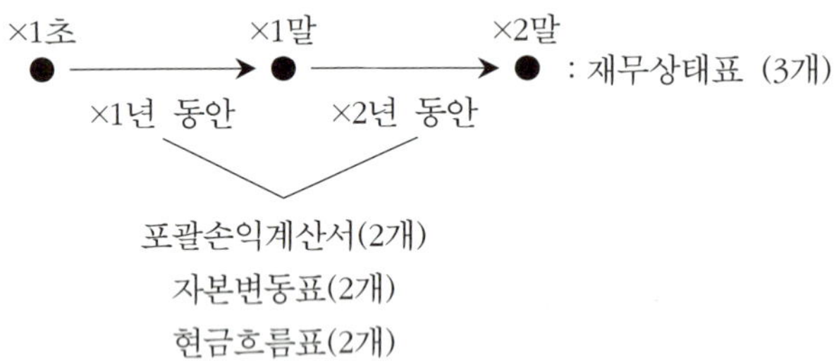

소급재작성의 경우 점이 3개이어야 선이 2개이다.

⑤ 재무제표 항목의 표시나 분류를 변경하는 경우 실무적으로 적용할 수 없는 것이 아니라면 비교금액도 재분류해야 한다.

viii) 표시의 계속성

① 재무제표 항목의 표시와 분류는 다음의 경우를 제외하고는 매년 동일해야 한다.

- 다른 표시나 분류방법이 더 적절한 것이 명백한 경우
- 기준에서 표시방법의 변경을 요구하는 경우

3. 재무제표의 식별

① 보고기업의 명칭, 개별 또는 연결 재무제표 여부, 보고기간 종료일 또는 보고기간, 표시통화, 금액 단위 등을 표시해야 한다.

② 재무제표의 표시통화를 천 단위나 백만 단위로 표시할 때 더욱 이해가능성이 제고될 수 있다.

4. 재무상태표(대차대조표)

i) 재무상태표

① 특정 시점 현재 기업의 자산, 부채 및 자본의 잔액을 보고하는 재무제표

ii) 재무상태표에 표시되는 정보

① 기준서에서는 최소한 재무상태표에 표시되어야 할 항목을 규정하지만 표시순서나 형식을 규정하고 있지는 않다.

↳ 단순히 재무상태표에 구분 표시를 하기 위해 성격이나 기능면에서 명확하게 상이한 항목명을 제시

5. 유동/비유동

i) 표시방법

① 유동 / 비유동 구분법 ② 유동성 배열법 ③ 혼합법

Ex 자산 Ex 자산 Ex 자산

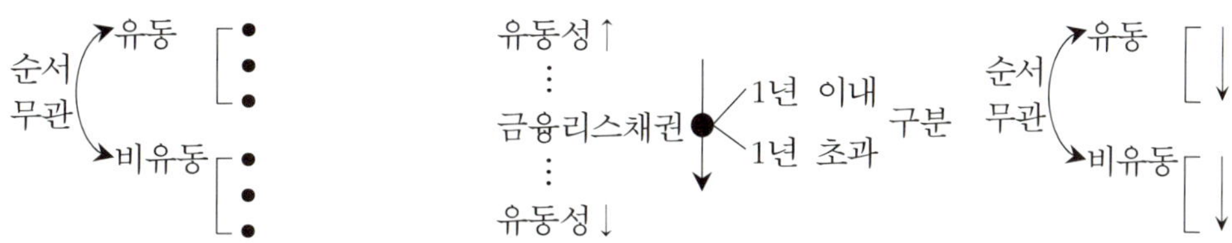

- 자산과 부채를 유동성 순서에 따라 표시하는 방법이 신뢰성 있고 더욱 목적적합한 정보를 제공하는 경우를 제외하고는 자산과 부채를 유동/비유동 항목으로 구분하여 표시
- 금융기관과 같이 재화나 용역 제공에 따른 영업주기가 명확히 식별되지 않는 경우에는 자산과 부채를 유동성 순서에 따라 표시하는 것이 신뢰성 있고 더욱 목적적합한 정보를 제공
- 신뢰성 있고 더욱 목적적합한 정보를 제공한다면 자산과 부채의 일부는 유동/비유동 구분법으로, 나머지는 유동성 순서에 따른 표시방법으로 표시(혼합법)
- 기업이 유동성/비유동성 구분법을 채택한 경우 이연법인세자산(부채)은 비유동자산(부채)으로 분류한다.

ii) 구분

원칙 : 보고기간 말 이후 1년 기준

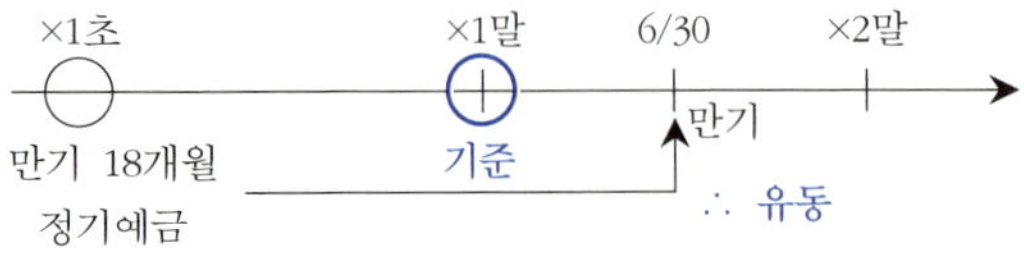

iii) '1년 기준'의 문제점

Ex 조선업 (평균 건조기간 3년)

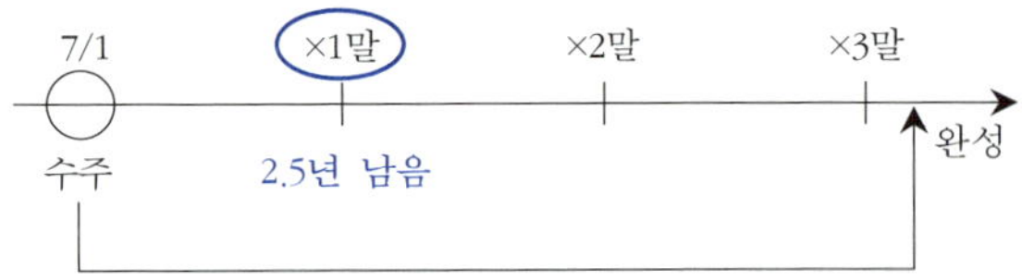

∴ 재고가 비유동 ? ⟶ 영업의 특수성을 반영 ×

iv) 해결

→ 매출채권, 재고자산…
→ 매입채무, 미지급비용…

- 영업관련 자산, 부채 : Max (1년, 정상영업주기*)
  → 정상영업주기: 영업활동을 위한 자산의 취득시점부터 그 자산이 현금이나 현금성자산으로 실현되는 시점까지 소요되는 기간
- 기타 자산, 부채 : 1년 기준

* 정상영업주기가 명확하게 식별되지 않는다면 그 주기는 12개월인 것으로 가정

v) 유동자산

① 단기매매 목적, 보고기간 후 12개월 이내 실현될 것으로 예상

② 정상영업주기내 실현될 것으로 예상
  ↳ 재고자산, 매출채권…

③ 현금으로서, 사용제한 기간이 보고기간 후 12개월 이상이 아니다.

vi) 유동부채

① 단기매매 목적, 보고기간 후 12개월 이내 결제될 것으로 예상(정상영업주기 이내에 결제되지 않더라도)

② 정상영업주기내 결제될 것으로 예상(12개월 후에 결제일이 도래한다 하더라도)
  ↳ 매입채무, 미지급비용…

③ 보고기간 후 적어도 12개월 이상 부채의 결제를 연기할 수 있는 무조건의 권리를 가지고 있지 않다.*

* 보고기간 후 적어도 12개월 이상 부채의 결제를 연기할 수 있는 기업의 권리는 실질적이어야 하고, 보고기간 말 현재 존재해야 한다. 만약 특정 조건을 준수해야만 결제를 연기할 수 있는 권리가 있다면, 기업이 보고기간 말 현재 해당 조건들을 준수한 경우에만 그 권리가 보고기간 말 현재 존재한다. 이러한 경우 해당 부채는 비유동부채로 분류한다.

vii) 유동부채와 비유동부채의 분류 시 주의사항

〈표〉 유동부채와 비유동부채의 분류

상 황	분 류
①-1 원래의 결제기간이 12개월을 초과하는 경우	금융부채가 보고기간 후 12개월 이내에 결제일이 도래하면 유동부채로 분류
①-2 보고기간 후 재무제표 발행승인일 전에 장기로 차환하는 약정 또는 지급기일을 장기로 재조정하는 약정이 체결된 경우	
② 보고기간 말 현재 기존의 대출계약조건에 따라 보고기간 후 적어도 12개월 이상 부채를 연장할 권리가 있는 경우*	보고기간 후 12개월 이내에 만기가 도래하더라도 비유동부채로 분류. 만약 기업에 그러한 권리가 없다면, 차환가능성을 고려하지 않고 유동부채로 분류
③ 보고기간 말 이전에 장기차입약정의 조건을 위반했을 때 대여자가 즉시 상환을 요구할 수 있는 경우	보고기간 후 재무제표 발행승인일 전에 대여자가 약정위반을 이유로 상환을 요구하지 않기로 합의하더라도 유동부채로 분류
④ 대여자가 보고기간 말 이전에 보고기간 후 적어도 12개월 이상의 유예기간을 주는데 합의하여 그 유예기간 내에 기업이 위반사항을 해소할 수 있고, 또 그 유예기간 동안에는 대여자가 즉시 상환을 요구할 수 없는 경우	비유동부채로 분류

* 부채의 분류는 기업이 보고기간 후 적어도 12개월 이상 부채의 결제를 연기할 권리의 행사가능성에 영향을 받지 않는다. 즉, 12개월 이상 부채를 연장할 권리가 있다는 이유만으로 비유동부채로 분류한다.

①-1 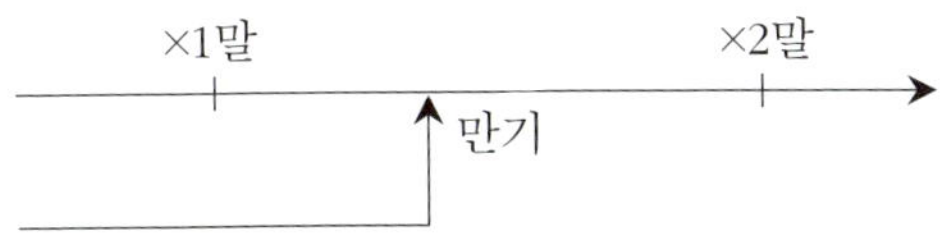

×1말 기준 : 해당 차입금 유동성 대체(유동성 장기차입금) ∴ 유동

①-2

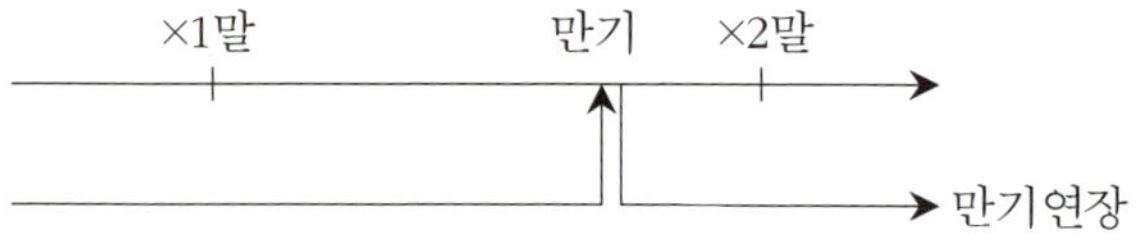

×1말 기준 : ×1말 이후 F/S 발행승인일전까지 만기를 연장하였더라도 유동

②

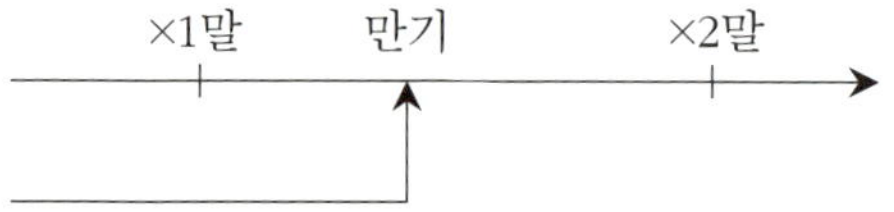

최초 차입 시 1년 이상
만기연장 권리 보유

×1말 기준 : 비유동(만일 권리가 없다면 무조건 유동)

③

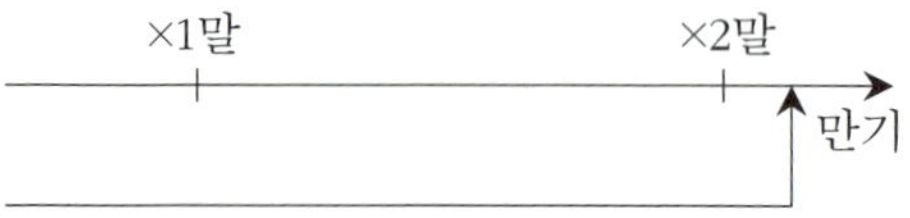

차입약정위반 → 채권자는 즉시 상환 요구권리 보유

×1말 기준 : ×1말 이후 F/S 발행승인일전까지 채권자가 즉시 상환 요구를 하지 않기로 합의하더라도 유동

④

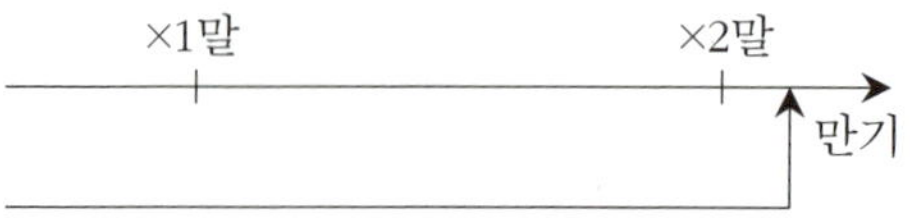

차입약정위반 → 채권자는 즉시 상환 요구권리 보유

×1말 기준 : ×1말 이전에 합의하였다면 비유동

다음과 같은 사건이 보고기간 말과 재무제표 발행승인일 사이에 발생하면 그러한 사건은 기준서 제1010호 '보고기간후사건'에 따라 수정을 요하지 않는 사건으로 주석에 공시한다.

㉠ 유동부채로 분류된 부채를 장기로 차환한 경우
㉡ 장기차입약정 위반으로 유동으로 분류된 부채에서 해당 위반 사항이 해소된 경우
㉢ 장기차입약정 위반으로 유동으로 분류된 부채에서 해당 위반 사항을 해소할 수 있는 유예기간을 대여자로부터 부여받은 경우
㉣ 비유동으로 분류된 부채를 결제한 경우

참고로 국제회계기준위원회는 부채를 유동 또는 비유동으로 분류할 때, 부채의 연장은 경제적자원이 이전되지 않기 때문에 결제라고 보지 않는다고 결론을 내렸다.

또한 계약 상대방의 선택에 따라 기업이 자신의 지분상품을 이전하여 부채를 결제할 수 있는 조건은(예 : 사채 보유자가 주식으로의 전환을 선택한 경우) 유동·비유동 분류에 영향을 미치지 않는다. 이는 계약 상대방의 선택으로 인한 사채의 조기 결제 가능성을 고려하지 않고 순전히 사채의 조건에 따라 유동·비유동을 분류한다는 것을 의미한다.

6. 포괄손익계산서

포괄손익계산서란 일정 기간 동안 발생한 모든 수익과 비용을 보고하는 재무제표로서 당기순손익 뿐만 아니라 기타포괄손익의 당기 변동액도 표시된다.

① 단일보고방법

수익 − 비용 당기순이익(N/I)	손익계산서	포괄손익계산서
± 기타포괄손익(OCI) 포괄손익(CI)		

② 별도보고방법

수익
− 비용
당기순이익
~~~~~~ 다음 page
당기순이익
± 기타포괄손익
포괄손익

참고 순자산의 변동액 중 당기순손익(N/I) 구성항목과 기타포괄손익(OCI) 구성항목을 구분하는 데 있어 논리적 기초는 없음

- 자 산 100 | N / I 100
  ↳ 가장 일반적
- 자 산 100 | O C I 100
  ↳ 규정하는 몇몇개

구분 기준 ? → 논리 ×

- O C I 100 | N / I 100

재분류조정(규정하는 몇몇 OCI 중 몇몇개만 가능)

Con

포괄손익계산서		재무상태표
N/I	→	이익잉여금
± OCI	→	OCI 누계액
C/I		

③ OCI 종류와 재분류조정(손익화) 여부

OCI 종류	재분류 여부
재평가잉여금	재분류 금지(이잉 대체 가능)
재측정요소	재분류 금지(이잉 대체 가능)
FVOCI 선택 금융자산 평가손익	재분류 금지(이잉 대체 가능)
FVPL 지정 금융부채의 신용위험 변동에 따른 평가손익	재분류 금지(이잉 대체 가능)
FVOCI 금융자산 평가손익	재분류
F/S 환산 시 발생하는 외환 차이	재분류
현금흐름위험회피 파생상품 평가손익 중 효과적인 부분	재분류
지분법 자본변동	경우에 따라 다름
~~~~~~

④ 광의의 수익과 비용의 여러 항목을 당기순손익과 기타포괄손익 중 어느 것으로 구분하는지에 대한 논리적 기준은 없다.

⑤ 기타포괄손익의 구성요소(재분류조정 여부 포함)와 관련한 법인세비용 금액은 포괄손익계산서 본문이나 주석에 공시한다.

⑥ 기타포괄손익의 항목은 다음 중 한 가지 방법으로 표시할 수 있다.
- 관련 법인세 효과를 차감한 순액으로 표시
- 기타포괄손익의 항목과 관련된 법인세 효과 반영 전 금액으로 표시하고, 각 항목들과 관련된 법인세 효과는 단일 금액으로 합산하여 표시

⑦ 포괄손익계산서를 작성할 때 기타포괄손익 중 후속적으로 당기손익으로 재분류되지 않는 항목과 당기손익으로 재분류되는 항목으로 구분표시한다.

7. 재분류조정

→ 기타포괄손익(자본)의 당기 손익화

i) 재분류조정 ×

	차변	금액	대변	금액	
×1초	자산	1,000	현금	1,000	
×1말	자산	200	OCI	200	1,200
×2초	현금	1,500	자산	1,200	
			N/I	300	

ii) 재분류조정 ○

	차변	금액	대변	금액	
×1초	자산	1,000	현금	1,000	
×1말	자산	200	OCI	200	1,200
×2초	현금	1,500	자산	1,200	
	OCI	200	N/I	300	+200

8. 비용의 분류

기업은 비용의 성격별 또는 기능별 분류방법 중에서 신뢰성 있고 목적적합한 정보를 제공할 수 있는 방법을 적용하여 포괄손익계산서에 표시한다.

i) 성격별 분류 (← 발생의 원천)

수익

- 원재료 사용
- 급여
- 감가비

⋮

현금창출능력 확인 용이

ii) 기능별 분류 (← 역할에 따른 분류) ~~~~〉 반드시 성격별 분류 추가공시

수익

매출원가

관리비

⋮

- 목적적합, 이용 용이
- 자의적 배분가능성 존재

* 매출원가는 반드시 별도 분류

9. 영업이익의 구분 표시

① 한국채택국제회계기준은 포괄손익계산서의 본문에 영업이익을 구분하여 표시하도록 요구하고 있다.

② 비용을 기능별로 분류하는 기업은 수익에서 매출원가 및 판매비와 관리비(물류원가 등을 포함)를 차감하여 영업이익을 측정한다. 여기서 판매비와 관리비는 "일반기업회계기준"을 준용하여 구분한다.

③ 금융회사와 같이 영업의 특수성으로 인해 매출원가를 구분하기 어려운 경우, 영업수익에서 영업비용을 차감하는 방식으로 영업이익을 측정할 수 있다.

④ 영업이익에는 포함되지 않았지만, 기업의 영업성과를 반영하는 그 밖의 수익 또는 비용항목이 있다면 영업이익에 이러한 항목을 가감한 금액을 조정영업이익 등의 명칭으로 주석으로 공시할 수 있다.

⑤ 영업이익 산출에 포함된 주요 항목과 그 금액을 포괄손익계산서 본문에 표시하거나 주석으로 공시한다.

⑥ 영업과 명백히 관련된 항목(예 : 재고자산감액, 구조조정 및 재배치비용)을 비정기적 또는 드물게 발생하거나 금액이 비경상적이라는 이유로 배제하는 것은 부적절할 수 있다. 마찬가지로 현금흐름을 수반하지 않는다는 이유로 감가상각비나 기타 상각비와 같은 항목을 배제하는 것은 적절하지 않을 것이다.

⑦ 참고로 수익과 비용의 어느 항목도 특별손익 항목으로 표시할 수 없다.

예 2

다음은 갑회사의 당기 수익과 비용 자료이다.

매 출 액	800,000	매 출 원 가	450,000	급 여	80,000
감 가 상 각 비	90,000	이 자 비 용	8,000	임 차 료	4,000
유형자산처분이익	13,000	광고선전비	9,000	금융자산평가손실	7,000
법 인 세 비 용	50,000				

갑회사 영업이익은?

풀이

자산의 처분 및 평가손익, 금융손익(이자수익, 이자비용 등)은 판매비와 관리비로 분류하지 않는다.

영업이익=매출액−매출원가−판매비와 관리비

=800,000−450,000−80,000(급여)−90,000(감가상각비)−4,000(임차료)−9,000(광고선전비)

=167,000

10. 중단영업손익의 구분 표시

① 당기 중에 중단한 영업단위가 있다면 여기에서 발생한 손익(매출액, 매출원가, 판매관리비 등)을 별도로 구분하여 세후 순액으로 하여 중단영업손익으로 표시한다.

포괄손익계산서

	(사업부 A)	(사업부 B)
매 출 액	×××	×××
매 출 원 가	×××	×××
판매비와 관리비	×××	×××
기 타 손 익	×××	×××
법 인 세 비 용	×××	×××
계 속 영 업 손 익	×××	
중 단 영 업 손 익	××× ←	
당 기 순 손 익	×××	

② 만일 당기 중에 중단한 영업단위가 없다면 다음과 같이 포괄손익계산서를 작성한다.

포괄손익계산서

매 출 액	×××
매 출 원 가	×××
판매비와 관리비	×××
기 타 손 익	×××
법 인 세 비 용	×××
당 기 순 손 익	×××

11. 한국채택국제회계기준의 최초 채택

ⅰ) 전환일의 개념

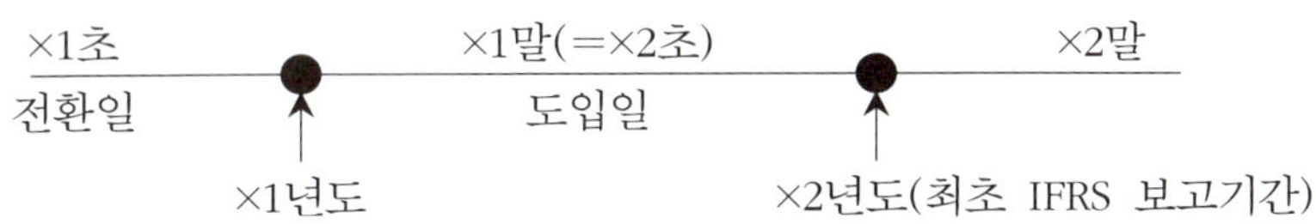

ⅱ) 전환일의 재무상태표(B/S) 전환

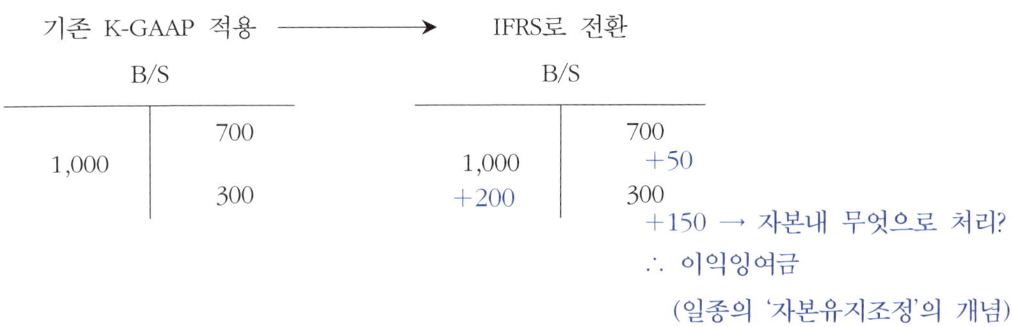

참고 적용기준의 변화로 인한 자산과 부채에 대한 재평가 또는 재작성은 자본의 증가나 감소를 초래한다. 이와 같은 자산의 증가 또는 감소는 수익과 비용의 정의에는 부합하지만, 이 항목들은 특정 자본유지개념에 따라 포괄손익계산서에는 포함하지 아니한다.

- 최초 한국채택국제회계기준 재무제표는 적어도 3개의 재무상태표와 각각 2개의 포괄손익계산서, 현금흐름표 및 자본변동표를 포함하여야 한다.
- 개시 한국채택국제회계기준 재무상태표에 적용하는 회계정책이 과거 회계기준의 회계정책과 다를 수 있는데, 이에 따른 조정금액은 전환일 전에 발생한 사건과 거래에서 비롯된다. 따라서 전환일에 그 조정금액을 직접 이익잉여금(또는 적절하다면 자본의 다른 분류)에서 인식한다.

12. 비율

i) 부채비율$=\frac{\text{B(부채)}}{\text{S(자본)}}$, 유동비율$=\frac{\text{유동자산}}{\text{유동부채}}$, 배당성향$=\frac{\text{총배당액}}{\text{당기순이익}}$

★ ii) 매출채권 회전율(회) = 매출÷평균매출채권 (평균매출채권: (기초+기말)÷2)

매출채권 회수기간 = 365일÷회전율(회)

iii) 재고자산 회전율(회) = 매출원가÷평균재고자산 (평균재고자산: (기초+기말)÷2)

재고자산 처리기간 = 365일÷회전율(회)

(매출채권 회수기간 + 재고자산 처리기간 → 정상영업주기)

참고

i) 안정성비율

① 유동비율

$$\text{유동비율} = \frac{\text{유동자산}}{\text{유동부채}} \times 100$$

② 당좌비율

$$\text{당좌비율} = \frac{\text{유동자산} - \text{재고자산}}{\text{유동부채}} \times 100 = \frac{\text{당좌자산}}{\text{유동부채}} \times 100$$

③ 부채비율

$$\text{부채비율} = \frac{\text{부채}}{\text{자기자본}} \times 100$$

④ 이자보상비율

$$\text{이자보상비율} = \frac{\text{이자비용 및 법인세비용차감전순이익(EBIT)}}{\text{이자비용}} \times 100$$

ii) 활동성비율

① 매출채권회전율

$$\text{매출채권회전율} = \frac{\text{매출액}}{\text{매출채권평균}}$$

매출채권 회수기간 = 365일 ÷ 매출채권 회전율

② 재고자산회전율

$$\text{재고자산회전율} = \frac{\text{매출원가}}{\text{재고자산평균}}$$

재고자산 처리기간 = 365일 ÷ 재고자산 회전율

→ 정상영업주기

iii) 수익성비율

① 매출액순이익률

$$\text{매출액순이익률} = \frac{\text{당기순이익}}{\text{순매출액}} \times 100$$

② 총자산이익률(ROA)

$$\text{총자산이익률} = \frac{\text{당기순이익}}{\text{자산평균}} \times 100$$

③ 자기자본이익률(ROE)

$$\text{자기자본이익률} = \frac{\text{당기순이익}}{\text{자기자본}} \times 100$$
$$= \frac{\text{당기순이익}}{\text{매출액}} \times \frac{\text{매출액}}{\text{총자산}} \times \frac{\text{총자산}}{\text{자기자본}}$$
$$= \text{매출액순이익률} \times \text{총자산회전율} \times \text{재무레버리지}$$

iv) 성장성비율

매출액증가율, 총자산증가율, 당기순이익증가율 등이 있으며 전기대비 당기증가분에 대한 백분율로 계산된다.

v) 배당관련 비율

① 배당수익률

$$배당수익률 = \frac{주당배당액}{주당주식가격} \times 100$$

② 주가이익비율(PER)

$$주가이익비율 = \frac{주당주식가격}{주당순이익}$$

③ 주가순자산비율(PBR)

$$주가순자산비율 = \frac{주당주식가격}{주당순자산}$$

④ 배당성향

$$배당성향 = \frac{총배당액}{당기순이익} \times 100$$

Chapter 04

IFRS Intermediate Accounting

유형자산

1. 유형자산

i) 유형자산의 정의

① 기업이 재화나 용역의 생산이나 제공, 타인에 대한 임대* 또는 관리활동에 사용할 목적으로 보유하는 물리적 형태가 있는 자산으로서 한 회계기간을 초과하여 사용할 것이 예상되는 자산

* 기계장치 등 동산의 임대 → 유형자산

건물 등 부동산의 임대 → 투자부동산

Ex 토지 보유

- 공장건물 짓기 위해 보유 → 유형자산
- 시세차익을 위해 보유 → 투자부동산
- 개발하여 판매목적으로 보유 → 재고자산

참고 기업이 키우는 동식물은 유형자산과 생물자산 중 어느 자산으로 분류?

- 테마파크에서 관람으로 키우는 사자나 열대어 → 유형자산
- 보안경비 회사가 키우는 경비견 → 유형자산
- 육가공회사가 생산에 투입하기 위해서 키우는 닭과 오리 → 생물자산

② 유형자산은 한 회계기간을 초과하여 사용할 것이 예상되어야 한다. 만약에 자산을 취득하였으나 사용기간이 한 회계기간을 초과하지 못한다면 중요성의 관점에서 발생기간의 비용으로 회계처리하는 것이 타당하다.

ii) 기준서 제1016호의 적용 범위

유형자산은 기준서 제1016호를 적용하여 회계처리한다. 그러나 다음의 경우에는 이 기준서를 적용하지 않는다.

① 매각예정으로 분류하는 유형자산

② 생산용식물을 제외한 생물자산

③ 탐사평가자산의 인식과 측정

iii) 유형자산의 인식

① 유형자산은 다음과 같은 조건을 모두 충족할 때 자산으로 인식한다.

- 자산에서 발생하는 미래경제적효익의 유입가능성이 높다.
- 자산의 원가를 신뢰성 있게 측정할 수 있다.

② 어떤 자원이 자산의 정의에 부합되더라도 인식을 위한 기준을 충족하지 못한다면 자산으로 인식하지 못한다.

③ 최초 원가이든 후속 원가이든 관계없이 발생한 원가가 유형자산의 인식기준을 모두 충족하면 유형자산으로 인식하고, 그렇지 못하면 발생시점에서 당기손익으로 인식한다.

④ 예비부품, 대기성 장비 및 수선용구

- 유형자산의 정의를 충족하지 못하면 재고자산으로 분류
- 대부분 재고자산(저장품 또는 소모품 등)으로 분류하고, 이를 사용하는 시점에 당기손익으로 인식
- 중요한 예비부품과 대기성장비로서 한 회계기간 이상 사용할 것으로 예상되는 경우 유형자산으로 분류
- 특정 유형자산에만 연계되어 사용될 수 있다면 유형자산으로 분류

⑤ 금형, 공구 및 틀 등과 같이 개별적으로 경미한 항목은 통합하여 전체가치에 대하여 인식

⑥ 안전 또는 환경상의 이유로 취득하는 자산

그 자체로는 직접적인 미래 경제적 효익을 얻을 수 없지만, 동 유형자산을 취득하지 않았을 경우보다 미래경제적효익을 더 많이 얻을 수 있게 해주기 때문에 자산으로 인식

Ex 환경규제요건을 충족하기 위하여 새로운 화학처리공정설비를 설치하는 경우

⑦ 주요 부품이나 구성요소의 교체(대체)

대체 시 발생하는 원가가 인식기준을 충족하는 경우 해당 유형자산의 장부금액에 포함. 대체되는 부분의 장부금액은 별도로 분리하여 감가상각했는지와 관계없이 제거(비용), 대체된 부분의 장부금액 결정이 실무적으로 불가능한 경우 대체원가 사용 가능

⑧ 정기적인 종합검사

- 종합검사 → 일상적인 수선·유지 ∴ 비용처리
- 정기적인 종합검사 : 자산화 후 정기적인 기간동안 비용화 (∵ 수익·비용 대응)

Ex 3년마다 정기적인 종합검사 실시, ×1초 300 지출

×1초	자 산	300	현 금	300
×1말	비 용	100	자 산	100
×2말	비 용	100	자 산	100

×3초 해당 자산의 종합검사를 조기에 실시할 필요성 발생, 종합검사 300 지출

×3초 ① 비 용 100 | 자 산 100

→ 이 경우 직전에 이루어진 종합검사에서의 원가와 관련되어 남아있는 장부금액은 분리하여 인식하였는지 여부와 관계없이 즉시 제거

② 자 산 300 | 현 금 300

* 미래 발생할 종합검사의 원가를 추정하여 현재 시점에서 충당부채로 인식할 수 없음 (∵ 현재 부담할 의무 × ← 회피 가능)

정기적인 종합검사에 소요되는 원가는 미리 추정하여 충당부채를 인식하는 회계처리를 하는 것이 아니라, 실제 종합검사를 하는 시점에서 발생한 원가가 유형자산의 인식기준을 충족하는지의 여부를 판단하여 자산으로 인식하거나 발생시점에서 당기손익으로 인식하는 회계처리를 하여야 한다.

⑨ 취득후 후속지출

- 성능향상 : 취득원가에 가산(자본적 지출)
- 유지·보수 : 비용 처리(수익적 지출)

2. 원가의 구성요소

유형자산은 원가로 측정한다. 이때 원가란 자산을 취득하기 위하여 자산의 취득시점이나 건설시점에서 지급한 현금 또는 현금성자산이나 제공한 기타 대가의 공정가치를 말한다.

유형자산의 원가는 다음과 같이 구성된다.

① 관세 및 환급불가능한 취득 관련 세금을 가산하고 매입할인과 리베이트 등을 차감한 구입가격

② 경영진이 의도하는 방식으로 유형자산을 가동하는 데 필요한 장소와 상태에 이르게 하는 데 직접 관련되는 원가

③ 자산을 해체, 제거하거나 부지를 복구하는 데 소요될 것으로 최초에 추정되는 원가(복구원가)

i) 구입가격

관세 및 환급불가능한 취득 관련 세금을 가산하고, 매입할인과 리베이트 등을 차감한 가격

세금의 납부
- 사용·보유 관련 : 비용 처리
- 취득 관련 : 취득원가에 가산. 단 환불예정 금액은 취득원가에 불포함

Ex 자산 1,000 취득, 취득 관련 500 세금 납부, 50 환불 예정

차변		대변	
자 산	1,450	현 금	1,500
미 수 금	50		

ii) **필요한 장소와 상태에 이르게 하는 데 직접 관련되는 원가**

① 포함되는 원가

- 직접 관련된 종업원급여
- 설치장소 준비 원가, 최초의 운송 및 취급 관련 원가, 설치원가 및 조립원가
- 정상 작동 여부 시험 원가(시제품의 매각금액과 그 재화의 원가는 당기손익으로 처리)
  예를 들어 시운전비가 1,100 발생(시제품 생산원가 100 포함)하고, 시제품 순매각금액은 150일 경우
  시제품 생산원가 100을 차감한 순수한 시운전비 1,000만 취득원가에 가산하고, 시제품 판매 시 시제품 생산원가 100은 비용으로, 시제품 순매각금액 150은 수익으로 인식함
- 전문가 지급 수수료(건설관련 설계용역 수수료, 부동산 중개수수료 등)

② 포함되지 않는 원가

- 새로운 시설 개설 원가

  Ex 100,000의 물통을 취득하여 이를 개설하기 위해 30,000의 탁자를 구입하였어도 물통의 취득원가는 100,000이다. 즉 탁자를 구입하기 위해 지출한 30,000은 탁자의 취득원가이지 물통의 취득원가는 아니다.

- 홍보원가 및 교육훈련비
- 관리 및 기타 일반간접원가
- 경영진이 의도하는 방식으로 가동될 수 있으나, 아직 실제로 사용되지는 않거나 가동수준이 완전조업도 수준에 미치지 못하는 경우 발생하는 원가
- 수요가 형성되는 과정에서 발생하는 가동손실과 같은 초기 가동손실
- 기업의 영업 전부 또는 일부를 재배치하거나 재편성하는 원가

③ 부수적인 영업활동 → 당기손익으로 인식

Ex 건설 시작 전에 건설용지를 주차장으로 사용하여 수익을 얻는 경우 → 별도의 수익

④ 자산의 취득 시 부담하는 취·등록세는 취득원가에 가산하지만 보유나 사용과 관련한 재산세는 비용으로 처리

⑤ 자산의 취득과정에서 파손이나 화재 등에 대비하기 위하여 보험에 가입하고 부담한 보험료는 취득원가에 가산하지만, 취득 이후 기간에 부담한 보험료는 비용으로 처리

iii) 해체, 제거 및 복구에 소요될 추정원가

① 건물 관련 복구원가

시점	차변	금액	대변	금액	비고
×1초	건 물	1,000	현 금	1,000	
	* (n=5, s=0, 정액법)				
	건 물 (지출시점이 미래인 취득부대비용)	300	부 채 (회피 불능)	300	→ 5년 뒤 복구예상 500, PV=300 (유형 1)
×1말 ~ ×5말	㉠ 감 가 비	260	감 · 누	260	
	* (1,300－0)÷5=260				
	㉡ 이 자 비 용	×××	부 채	×××	
+	PV=300 → (유형 1) 500				
×5말	부 채	500	현 금 (●손익)	×××	

Con 구조

복구원가 예상액 500= [5년간 비용화]
- PV=300 : 자산화 → 감가비
- 나머지 200 : 이자비용

② 토지 관련 복구원가

시점	차변	금액	대변	금액	비고
×1초	토 지	1,000	현 금	1,000	
	토 지 (지출시점이 미래인 취득부대비용)	300	부 채 (회피 불능)	300	→ 5년 뒤 복구예상 500, PV=300 (유형 1)
×1말 ~	㉠ 감 가 비	60	토 지	60	→ 만일 복구원가를 토지 취득원가에 포함시켰다면 토지 자체는 감가상각하지 않더라도 토지원가에 포함시킨 복구원가의 현재가치는 관련 경제적효익이 유입되는 기간에 감가상각해야 한다.
×5말	㉡ 이 자 비 용	×××	부 채	×××	
+	PV=300 → (유형 1) 500				
×5말	부 채	500	현 금 (●손익)	×××	

③ 해체, 제거 및 복구 의무는 유형자산을 최초 취득할 때에만 인식하는 것은 아니다. 그러한 의무가 유형자산을 사용하는 과정에서 발생하더라도 그 의무가 지니는 성격과 자산과의 관계는 최초 취득할 때 발생한 의무와 동일하다. 따라서 유형자산을 취득할 때 또는 사용하는 과정에서 그러한 의무를 부담하게 되는 경우 미래 복구비용 추정액의 현재가치만큼 복구충당부채를 인식하고 이를 유형자산의 원가에 포함한다.

④ 유형자산의 해체, 제거 및 복구 의무가 재고자산을 생산하기 위해 유형자산을 사용한 결과로 생겼다면 이는 재고자산 기준서에 따라 재고자산의 원가에 포함한다. 이렇게 회계처리하는 것은 유형자산의 원가에 가산한 후 감가상각비를 재고자산의 원가에 배분한 것과 동일한 결과에 이를 수 있다.

객관식 6

×1 7/1 폐기물처리장 4,000,000에 취득($n=4$, $s=46,400$, 정액법)
내용연수 종료시점에 800,000의 원상복구의무 존재(할인율 10%)
(4년, 10%) 현가계수 0.6830

×1 당기손익 영향 ?

풀이

×1년 7/1

구 축 물	4,000,000	현 금	4,000,000

&

구 축 물	546,400	부 채	546,400

800,000 × 0.6830 = 546,400

×1년 12/31

- 감가비 $(4,546,400-46,400)\times\frac{1}{4}\times\frac{6}{12}=\underline{562,500}$
- 이자비용 $546,400\times10\%\times\frac{6}{12}=\underline{27,320}$

참고
감가비 → 제조원가화
이자비용 → 금융비용자본화
∴ I/S 비용 = 0

예제 2 유형자산의 취득원가 결정

건설용지 취득 후 용지 위에 공장건물 건설, 공장 내에 기계장치 설치

토 지		건 물		기계장치	
구입가격	1,000,000	설계용역비	50,000	구입가격	40,000
부동산 중개료	200	신축원가	600,000	운반비	400
공장신축 이전 임대수익	500	취득세	2,000	설치비	600
취득세	10,000	재산세	150	시운전비	2,700*
재산세	300	사용 중 화재보험료	100	시제품 순매각금액	1,000

* 시제품 생산비 700 포함

각 유형자산의 취득원가는?

풀이

토지의 취득원가=1,000,000+200+10,000=1,010,200
건물의 취득원가=50,000+600,000+2,000=652,000
기계장치의 취득원가=40,000+400+600+(2,700−700)=43,000
* 시제품 생산비 700은 비용(매출원가)으로, 시제품 순매각금액 1,000은 수익(매출)으로 각각 인식

iv) **자가건설 유형자산의 원가**

자가건설한 유형자산의 원가는 외부에서 구입한 유형자산에 적용하는 것과 동일한 기준을 적용하여 결정한다.
따라서 자가건설에 따른 내부이익과 자가건설 과정에서 원재료, 인력 및 기타 자원의 낭비로 인한 비정상적인 원가는 자산의 원가에 포함하지 않는다.

3. 원가의 측정(=취득의 여러 형태)

i) **일반적인 신용기간을 초과한 대금지급의 이연 → 현재가치**(현금가격 상당액)

현금가격상당액*을 유형자산의 취득원가로 인식하고 실제 총지급액과 현금가격상당액의 차액은 신용기간에 걸쳐 이자비용으로 인식한다.

* 기준서에는 현금가격상당액을 정의하고 있지 않지만, 미래 지급할 현금흐름을 자산 취득시점의 유효이자율로 할인한 현재가치라고 이해하면 될 것이다.

시점	차변	금액	대변	금액
×1초	유 형 자 산	PV	미 지 급 금	PV
×1말~ ×3말	이 자 비 용	××	현 금	××
			미 지 급 금	××
	&			
	미 지 급 금	××	현 금	××

ii) **일괄취득**

'사업결합'에서 기업이 사업을 구성하지 않는 자산집단을 취득한 경우, 취득일의 상대적 공정가치를 기준으로 자산집단의 취득금액을 배분하도록 규정하고 있다.
일괄취득의 경우에도 이 규정을 준용하여 개별 유형자산의 상대적 공정가치에 비례하여 총취득원가를 개별 유형자산에 배분

① 토지와 건물을 모두 사용하는 경우

차변	금액	대변	금액
토 지	××	현 금	××
건 물	××		

⇒ 상대적 공정가치 비율

② 토지만 사용하는 경우(건물 즉시 철거)

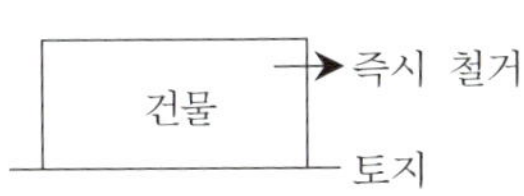

차변	금액	대변	금액
토 지	1,000	현 금	1,000
건 물	0		
토 지	50	현 금	50

50 ⟨ 철거비 : 70, 폐자재 매각 : 20

③ 기존 건물의 철거

	차변	금액	대변	금액
1설	비용	300	건물	300(기존 건물 장부가)
	비용	50	현금	50 (철거비 : 70, 폐자재 매각 : 20)
2설	비용	300	건물(구)	300(기존 건물 장부가)
	건물(신)	50	현금	50 (철거비 : 70, 폐자재 매각 : 20)

예제 5 일괄취득자산의 취득원가

토지, 건물, 기계장치를 1,000에 일괄취득(상대적 공정가치 4:3:1)

풀이

i) 취득자산 모두 사용

차변	금액	대변	금액
토지(4)	500	현금	1,000
건물(3)	375		
기계(1)	125		

ii) 건물 즉시 철거

	차변	금액	대변	금액
① (×)	토지(4)	800	현금	1,000
	기계(1)	200		
②	토지(7)*	875	현금	1,000
	기계(1)	125		

* 건물 즉시 철거 → 토지만의 취득

건물의 즉시 철거 여부에 따라 기계 취득원가가 달라지면 안되므로 건물 즉시 철거 시 건물 공정가치 비율을 토지에 합산하여 토지와 기계의 취득원가에 배분하여야 한다.

예제 6 일괄취득 후 건물의 철거 (객관식 1과 유사)

×1초 토지, 건물을 1,000,000에 일괄취득(상대적 공정가치 6 : 4)

〈상황 1〉 취득 직후 30,000의 철거비용 지출하여 건물 철거, 부산물 판매로 5,000 수취

〈상황 2〉 취득한 건물을 사용하다가(×1 감가비 100,000) ×2초 30,000의 철거비용 지출하여 건물 철거, 부산물 판매로 5,000 수취

풀이

〈상황 1〉 건물 즉시 철거

		차변	금액	대변	금액
		토지	1,000,000	현금	1,000,000
		건물	0		
&		토지	25,000	현금	25,000

〈상황 2〉 건물 1년 사용 후 철거

		차변	금액	대변	금액
×1초		토지(6)	600,000	현금	1,000,000
		건물(4)	400,000		
×1말		감가비	100,000	감 · 누	100,000
×2초	1설	감 · 누	100,000	건물	400,000 ⇒ BV : 300,000
		비용	300,000		
		비용	25,000	현금	25,000
			or		
	2설	감 · 누	100,000	건물	400,000 ⇒ BV : 300,000
		비용	300,000		
		건물(신)	25,000	현금	25,000

추가문제

×5초 토지+건물 1,000,000에 취득 후 건물 즉시 철거(철거비용 200,000)

×5 7/1 구축물 800,000(n =10, s =20,000, 정액법)에 완공 후 복구충당부채 288,600 인식(할인율 8%)

×5 당기손익 영향 ?

풀이

	차변	금액	대변	금액
×5초	토 지	1,000,000	현 금	1,000,000
	건 물	0		
&	토 지	200,000	현 금	200,000
×5 7/1	구 축 물	800,000	현 금	800,000
	구 축 물	288,600	부 채	288,600

	차변	금액	대변	금액
×5말	① 감 가 비	53,430	감 · 누	53,430
	$(1{,}088{,}600-20{,}000)\times\frac{1}{10}\times\frac{6}{12}$			
	② 이자비용	11,544	부 채	11,544
	$288{,}600\times8\%\times\frac{6}{12}$			

iii) 교환

	차변		대변	
③	유형(상대방)	?	유 형 (내 꺼)	장부가 ①
	현 금	××	현 금	×× ②

④ 손익

① 상업적 실질 ○

원칙 : 궁극적으로 제공한 자산의 공정가(원가) (현금수수 존재 → 고려 ○)

예외 ㉠ 제공한 자산의 공정가보다 제공받은 자산의 공정가가 보다 명확한 경우

→ 제공받은 자산 자체의 공정가 (현금수수 존재 → 고려 ×)

㉡ 둘 다 공정가 × → 제공한 자산의 장부가 → ④ 손익=0

Con 원칙 & 예외 ㉠ : 취득한 자산과 제공한 자산의 공정가치 중 더 명확하게 측정할 수 있는 자산의 공정가치를 원가로 결정한다.

② 상업적 실질 ×

제공한 자산의 장부가 → ④ 손익=0

참고 다음의 ① 또는 ②에 해당하면서, ③을 충족하는 경우에 교환거래는 상업적 실질이 있다.

① 취득한 자산과 관련된 현금흐름의 구성(위험, 유출입시기, 금액)이 제공한 자산과 관련된 현금흐름의 구성과 다르다.

② 교환거래의 영향을 받는 영업 부분의 기업특유가치가 교환거래의 결과로 변동한다.

③ 위 ①이나 ②의 차이가 교환된 자산의 공정가치에 비하여 중요하다.

예제 7 교환거래 시 유형자산 취득원가 (객관식 3과 유사)

50의 현금을 A사가 B사로부터 수령
(참고 : 반드시 공정가치 차이만큼 현금을 수수해야 하는 것은 아님)

	A사	B사
장부가	300	280
공정가	270	210
* 현금	←	50

풀이

i) 상업적 실질 ×

	〈현금 수수 ×〉					〈현금 수수 ○〉			
A사	유형(B)	300	유형(A)	300	⇒	유형(B)	250	유형(A)	300
						현금	50		
B사	유형(A)	280	유형(B)	280	⇒	유형(A)	330	유형(B)	280
								현금	50

ii) 상업적 실질 ○ (원칙)

	〈현금 수수 ×〉					〈현금 수수 ○〉			
A사	유형(B)	270	유형(A)	300	⇒	유형(B)	220	유형(A)	300
	비용	30				현금	50		
						비용	30		
B사	유형(A)	210	유형(B)	280	⇒	유형(A)	260	유형(B)	280
	비용	70				비용	70	현금	50

iii) 상업적 실질 ○ (상대방 공정가치가 보다 명확한 경우)

	〈현금 수수 ×〉					〈현금 수수 ○〉			
A사	유형(B)	210	유형(A)	300	⇒	유형(B)	210	유형(A)	300
	비용	90				현금	50		
						비용	40		
B사	유형(A)	270	유형(B)	280	⇒	유형(A)	270	유형(B)	280
	비용	10				비용	60	현금	50

iv) 상업적 실질 ○ (둘 모두의 공정가치가 명백하지 않은 경우)
i)과 동일

iv) **현물출자**(=주식 발행으로 인한 자산 취득)

유 형 (무 형)②	?*	자 본 금①	×× (=액면가×주식수)
		주 발 초③	×× (대차차액)

* "주식기준보상" 기준서 적용 (share-based payment)
  - 원칙 : 받은 것의 공정가
  - 예외 : 준 것의 공정가

v) **무상취득**

- 1설 : "원가" : 0 (∵ 지급한 것=0)
- 2설 : 해당 자산의 공정가 → 자산 ×× | 수익 ××

vi) **일반적인 자산 취득과 사업결합에 해당되는 자산 취득의 비교**

일반적인 유형자산의 취득원가는 '원가'로 측정한다. 그러나 합병으로 유형자산을 취득하는 경우 '취득일의 공정가'로 측정한다.

vii) **부수취득채권**

채무상품의 취득원가와 현재가치의 차이를 유형자산의 취득원가에 가산

차 1,000
+
국채 취득(무조건 액면 취득) → 액면 500, 만기 7년 → PV=300

×1초

차 1,000+200	현 금 1,000+500
금융상품 300	
(금융상품은 "공정가")	

(채무상품의 취득원가와 현재가치의 차이)

×1말
- ① 감가상각
- ② 사채의 후속 회계처리

참고 금융상품의 취득원가=해당자산의 공정가

공정가 1,000

i) 700에 취득

차변		대변	
자 산	1,000	현 금	700
		수익/부채	300

&

차변		대변	
부 채	300	수 익	300

ii) 1,300에 취득

차변		대변	
자 산	1,000	현 금	1,300
비용/자산	300		

&

차변		대변	
비 용	300	자 산	300

×1초 건물 80,000,000에 취득(n =10년, s =0, 정액법)

국채 20,000,000에 부수취득(만기 5년, 액면 1%, 시장 8%) → 장기 보유

감가상각비와 이자수익? (5년, 8% 연금현가 3.99, 현가 0.68)

풀이

	차변		대변	
×1초	건물	80,000,000	현금	80,000,000
	FVOCI	14,398,000	현금	20,000,000
	건물	5,602,000		

×1말
- ① 감가비 $(85,602,000-0)\times\frac{1}{10}$
- ② 이자수익 14,398,000×8%
  & 평가(OCI)

viii) **토지에 대한 지출(자산으로 처리하는 경우)**

- 토지
  - n =무한
  - 유지, 보수를 지자체(정부)가 담당하는 경우
- 구축물 : n =유한

4. 금융비용 자본화(본질 : 비용인식의 이연)

- 건설중인 자산 ×× | 현금 ××

건설중인 자산	××	이자비용	××

- 건물 ×× | 건설중인 자산 ××

본질 : 건설중에 발생한 이자비용 인식 × → 건물 ↑→ 이후 감가비 ↑

i) 가중평균차입이자율

일반차입금
50(10%) → 5
50(12%) → 6

건설비 100 ↗ 특정차입금 30(10%) → ③
건설비 100 ↘ (100−30)×11% → ⑦.7

(50(12%) → 지출 주장 → (100−30))

일반차입금	%
50(10%)	50
50(12%)	50
100	

70 < 35(10%) → 3.5, 35(12%) → 4.2, 합계 7.7

① $10\% \times \frac{50}{100} + 12\% \times \frac{50}{100} = 11\%$

★② $\frac{5+6}{50+50} = 11\%$

ii) 한도

- 특정차입금 : 자본화한도 ×
- 일반차입금 : 자본화한도 ○

자본화할 차입원가는 일반목적차입금에서 실제 발생한 차입원가보다 많을 수는 없으므로 실제 발생한 차입원가를 한도로 한다.

일반차입금
50(11%) → 5.5

건설비 100 ↗ 특정차입금 30(10%) → ③한도 × (∵ fact)
건설비 100 ↘ (100−30)×11% → 7.7 (한도 : 5.5)

지출 주장!

차입한 돈 이내에서 지출을 주장하라! → 일반차입금의 이자비용이 한도다.

참고

차변		대변	
이 자 비 용	5.5	현 금	5.5
건설중인 자산	7.7	이 자 비 용	7.7(?)

iii) 연평균 지출액

건설비 100 — 특정 ㉚(10%) → 3 (→ 60, 7/1 차입)

$\therefore 60 \times 10\% \times \frac{6}{12}$

$= 60 \times \frac{6}{12} \times 10\%$

→ 연평균 지출액 → 계산의 편의성

현금의 지급뿐만 아니라 다른 자산의 제공, 차입원가를 부담하는 부채의 발생 등에 따른 지출을 의미한다. → 금융비용 자본화 계산 시 계산의 편의를 위해 모두 연평균 지출액 개념을 사용

적격자산과 관련하여 수취하는 정부보조금과 건설 등의 진행에 따라 수취하는 금액은 적격자산 지출액에서 차감한다.

iv) 일시투자수익 (특정차입금 관련)

특정목적차입금은 회계기간 동안 그 차입금으로부터 실제 발생한 차입원가에서 당해 차입금의 일시적 운용에서 생긴 투자수익을 차감한 금액을 자본화한다.

→ 10을 6개월 간 8%로 예입

$\Rightarrow 10\times\frac{6}{12} \Rightarrow 5(8\%) \rightarrow 0.4$

일반차입금
50(10%)
50(12%)
∴ 100(11%)

건설비 100
- 특정 30 (10%) → 3
- (5) (8%) → (0.4)
- 25 → 2.6
- (100−25)×11% → 8.25 (한도 : 11)

② $\frac{5+6}{50+50} = 11\%$

(구도)

특정차입금 (30)
- 공사비 지출 25 → 특정차입금에서 지출한 금액이 25이므로 일반차입금에서는 75 지출 주장
- 일시예치 5

이자비용 3 / 이자수익 0.4

순이자비용 : 2.6

v) 건설기간 vs 차입기간

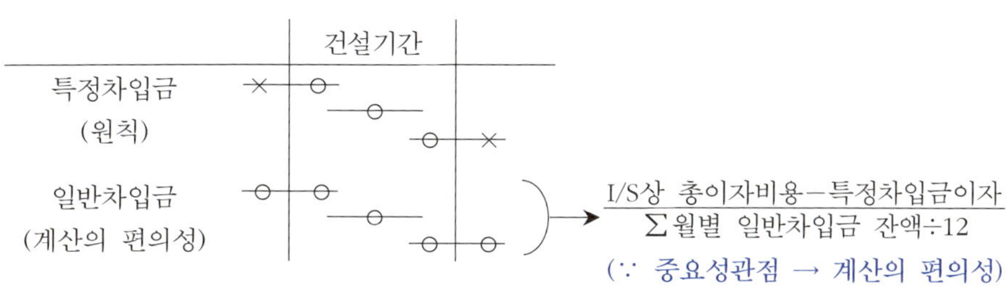

특정목적차입금의 자본화차입원가는 차입기간과 건설기간이 겹치는 기간 중에 발생한 금융비용이지만, 일반목적차입금의 자본화차입원가는 차입기간과 건설기간을 구분하지 않는다.

- 적격자산의 취득, 건설 또는 생산과 직접 관련되는 차입원가는 당해 자산의 원가에 포함시키고, 기타 차입원가는 발생기간의 비용으로 인식
- 적격자산 : 의도된 용도로 사용하거나 판매가능한 상태에 이르게 하는 데 상당한 기간을 필요로 하는 자산
- 적격자산의 장부금액 또는 예상최종원가가 회수가능액 또는 순실현가능가치를 초과하는 경우 그 초과액을 손상차손으로 인식한다.
- 금융자산 및 단기간 내에 제조되거나 다른 방법으로 생산되는 재고자산은 적격자산이 될 수 없다. 취득시점에 의도된 용도로 사용할 수 있거나 판매가능한 상태에 있는 자산도 적격자산에 해당하지 않는다.
- 생물자산과 같이 공정가치로 측정하는 자산과 반복해서 대량으로 제조되거나 다른 방법으로 생산되는 재고자산에 대해서는 금융비용 자본화를 반드시 적용해야 하는 것은 아니다.
- 적격자산을 의도된 용도로 사용하거나 판매가능한 상태에 이르게 하는 데 필요한 활동은 당해 자산의 물리적인 제작 이전 단계에서 이루어진 기술 및 관리상의 활동(예 : 각종 인·허가를 얻기 위한 활동)도 포함된다. 그러나 자산의 상태에 변화를 가져오지 않는 단순한 보유는 필요한 활동으로 보지 않는다.
- 적격자산에 대한 적극적인 개발활동을 중단한 기간에는 차입원가의 자본화를 중단한다. 그러나 이러한 중단기간에도 상당한 기술 및 관리활동이 진행되고 있다면 자본화를 중단하지 않는다.
- 일시적인 지연이 필수적인 경우에도 자본화를 중단하지 않는다.
- 적격자산의 건설활동을 여러 부분으로 나누어 완성하고, 남아 있는 부분의 건설활동을 계속 진행하고 있더라도 이미 완성된 부분이 사용가능하면 당해 부분을 의도된 용도로 사용하거나 판매가능한 상태에 이르게 하는데 필요한 대부분의 활동이 완료된 시점에서 차입원가의 자본화를 종료한다.
- 차입원가 : 자금의 차입과 관련하여 발생하는 이자 및 기타 원가로서 유효이자율법을 이용하여 계산된 이자비용, 리스부채 관련 금융이자, 외화차입과 관련되는 외환차이 중 이자원가의 조정으로 볼 수 있는 부분을 포함할 수 있다.
- 부채로 분류되지 않는 우선주자본금을 포함하는 자본의 실제원가 또는 내재원가는 차입원가에 해당되지 않는다.
- 자본화가능차입원가 : 차입원가 중 당해 적격자산과 관련된 지출이 발생하지 않았다면 부담하지 않았을 차입원가를 말한다.
- 전기에 금융비용 자본화한 부분 포함 여부

  1설 : 전기 공사비 지출액만 고려 → 포함 × (간편법을 적용하지 않은 경우)

  2설 : 전기 금융비용 자본화 금액과 전기 공사비 지출액 모두 고려 → 포함 ○ (간편법을 적용한 경우)

많은 경우 1설로 회계처리한다. 왜냐하면 이미 자본화한 차입원가를 포함하여 다음 연도 평균지출액을 계산하면 복리로 차입원가를 자본화하는 결과가 되기 때문이다. 또한 이자비용의 지출이 실제로 적격자산 취득에 사용한 것이 아님에도 불구하고 이를 평균 지출액 계산에 포함하는 것은 논리적으로도 타당하지 않다.

예제 11 일반목적차입금의 자본화차입원가

공사기간 : 20×1. 4. 1. ~ 20×2. 10. 31.

〈공사비 지출〉

일 자	금 액	일 자	금 액
20×1. 4. 1.	5,000,000	20×2. 3. 31.	3,000,000
20×1. 10. 31.	2,000,000	20×2. 7. 1.	4,000,000

〈차입금 현황〉

차입금 종류	차입금액	차입기간	연이자율
일반목적차입금a	6,000,000	20×1. 1. 1. ~ 20×2. 6. 30.	12%
일반목적차입금b	7,000,000	20×1. 10. 1. ~ 20×2. 9. 30.	10%

풀이

(×1) (12/31)

	일자	지출액	기간		평균지출액
×1	4/1	5,000,000	$\frac{9}{12}$	⇒	3,750,000
	10/31	2,000,000	$\frac{2}{12}$	⇒	333,333
		7,000,000			4,083,333

4,083,333 〈 특정 0 / (4,083,333−0) × 11.5%* → 469,583 (한도 : 895,000)

* a. $6,000,000\times\frac{12}{12}$ ⇒ 6,000,000 (12%) → 720,000

b. $7,000,000\times\frac{3}{12}$ ⇒ 1,750,000 (10%) → 175,000

$$\frac{720,000+175,000}{6,000,000+1,750,000}=11.5\%$$

×1 금융비용 자본화 금액=469,583

+469,583? (10/31)

×2 1/1	7,000,000	$\frac{10}{12}$ ⇒	5,833,333
3/31	3,000,000	$\frac{7}{12}$ ⇒	1,750,000
7/1	4,000,000	$\frac{4}{12}$ ⇒	1,333,333
			8,916,666

8,916,666 < 특정 0

(8,916,666−0) × 10.7%* → 954,083 (한도 : 885,000)

*┌ a. $6,000,000\times\frac{6}{12}$ ⇒ 3,000,000 (12%) → 360,000

└ b. $7,000,000\times\frac{9}{12}$ ⇒ 5,250,000 (10%) → 525,000

$$\frac{360,000+525,000}{3,000,000+5,250,000}=10.7\%$$

×2 10/31 건물 (×1) 5,000,000+2,000,000+469,583

(×2) 3,000,000+4,000,000+885,000

×2 금융비용 자본화 금액=885,000

예제 13 특정목적차입금과 일반목적차입금이 모두 있는 경우

공사기간 : 20×1. 3. 1. ~ 20×2. 9. 30.

〈공사비 지출〉

일 자	금 액	일 자	금 액
20×1. 3. 1.	2,000,000	20×2. 4. 1.	3,000,000
20×1. 10. 1.	4,000,000	20×2. 8. 31.	2,000,000

〈차입금 현황〉

차입금 종류	차입금액	차입기간	연이자율
특정목적차입금a	3,000,000	20×1. 2. 1. ~ 20×3. 1. 31.	6%
일반목적차입금b	2,000,000	20×1. 2. 1. ~ 20×2. 11. 30.	6%
일반목적차입금c	5,000,000	20×1. 8. 1. ~ 20×3. 7. 31.	5%

풀이

건설기간 : ×1. 3/1 ~ ×2. 9/30

(12/31)

×1				
3/1	2,000,000	$\frac{10}{12}$	⇒	1,666,667
10/1	4,000,000	$\frac{3}{12}$	⇒	1,000,000
				2,666,667

2,666,667
- 3,000,000 × $\frac{11}{12}$(취소선) × $\frac{10}{12}$ = 2,500,000(6%) → 150,000
- (2,666,667 − 2,500,000) × 5.5%* = 9,167 (한도 : 214,167)

* b. 2,000,000 × $\frac{11}{12}$ ⇒ 1,833,333 (6%) → 110,000

  c. 5,000,000 × $\frac{5}{12}$ ⇒ 2,083,333 (5%) → 104,167

$$\frac{110,000+104,167}{1,833,333+2,083,333}=5.5\%$$

×1말 건설중인 자산 2,000,000+4,000,000+159,167(150,000+9,167)

(9/30)

+159,167?

×2				
1/1	6,000,000	$\frac{9}{12}$	⇒	4,500,000
4/1	3,000,000	$\frac{6}{12}$	⇒	1,500,000
8/31	2,000,000	$\frac{1}{12}$	⇒	166,667
				6,166,667

6,166,667
- 3,000,000 × $\frac{12}{12}$(취소선) × $\frac{9}{12}$ = 2,250,000(6%) → 135,000
- (6,166,667 − 2,250,000) × 5.3%* = 207,583 (한도 : 360,000)

* b. 2,000,000 × $\frac{11}{12}$ ⇒ 1,833,333 (6%) → 110,000

  c. 5,000,000 × $\frac{12}{12}$ ⇒ 5,000,000 (5%) → 250,000

$$\frac{110,000+250,000}{1,833,333+5,000,000}=5.3\%$$

×2 9/30 건물 (×1) 2,000,000+4,000,000+159,167

(×2) 3,000,000+2,000,000+342,583(135,000+207,583)

예제 14 특정목적차입금에서 일시운용 투자수익이 발생하는 경우

공사기간 : 20×1. 5. 1. ~ 20×2. 9. 30.

〈공사비 지출〉

일 자	금 액	일 자	금 액
20×1. 5. 1.	800,000	20×2. 1. 1.	500,000
20×1. 11. 1.	400,000	20×2. 7. 1.	400,000

〈차입금 현황〉

차입금 종류	차입금액	차입기간	연이자율
특정목적차입금a	700,000	20×1. 5. 1. ~ 20×2. 12. 31.	6%
일반목적차입금b	300,000	20×1. 5. 1. ~ 20×2. 7. 31.	9%
일반목적차입금c	400,000	20×1.10. 1. ~ 20×2. 4. 30.	12%

특정목적차입금a 700,000 중 100,000을 20×1년 중 5개월 간 일시 투자(3%)

풀이

(×1) (12/31)

5/1 800,000 | $\frac{8}{12}$ ⇒ 533,333

11/1 400,000 | $\frac{2}{12}$ ⇒ 66,667

600,000

600,000

- $700,000 \times \frac{8}{12} =$ 466,667 (6%) → 28,000
- $(100,000 \times \frac{5}{12}) =$ (41,667) (3%) → (1,250)
- 425,000 / 26,750
- (600,000−425,000) × 10%* → 17,500 (한도 : 30,000)

* $300,000 \times \frac{8}{12} = 200,000$ (9%) → 18,000

$400,000 \times \frac{3}{12} = 100,000$ (12%) → 12,000

→ $\frac{18,000+12,000}{200,000+100,000} = 10\%$

×1 금융비용 자본화 금액=26,750+17,500

			9/30	
×2 1/1 (전기)	1,200,000 (+44,250?)	$\frac{9}{12}$	⇒	900,000
1/1	500,000	$\frac{9}{12}$	⇒	375,000
7/1	400,000	$\frac{3}{12}$	⇒	100,000
				1,375,000

1,375,000
- $700,000 \times \frac{12}{12} \times \frac{9}{12} = 525,000$ (6%) → 31,500
- (1,375,000−525,000) × 10.3%* → 87,550 (한도 : 31,750)

*
- $300,000 \times \frac{7}{12} = 175,000$ (9%) → 15,750
- $400,000 \times \frac{4}{12} = 133,333$ (12%) → 16,000

→ $\frac{15,750+16,000}{175,000+133,333} = 10.3\%$

×2 금융비용 자본화 금액=31,500+31,750

참고 기준서에는 명시적인 언급이 없으나, 일시운용 투자수익도 자본화 기간에 발생한 금액만 자본화 차입원가에서 차감한다.

건설기간 : 5/1 ~, 특정차입금 : 5/1 ~
↳ 일시투자 : 5/1 ~

건설기간 : 5/1 ~, if 특정차입금 : 3/1 ~ ⇒ 5/1부터 인정
↳ 일시투자 : 4/1 ~ ⇒ 5/1부터 인정

예제 15 정부보조금을 수령한 경우 자본화차입원가

제작기간 : 20×1. 1. 1. ~ 20×2. 12. 31.

〈제작비 지출〉

일 자	금 액	일 자	금 액
20×1. 1. 1.	60,000	20×2. 10. 1.	20,000
20×1. 7. 1.	40,000		

〈차입금 현황〉

차입금 종류	차입금액	차입기간	연이자율
특정목적차입금a	40,000	20×1. 1. 1. ~ 20×1. 12. 31.	8%
일반목적차입금b	10,000	20×1. 1. 1. ~ 20×1. 12. 31.	12%
일반목적차입금c	30,000	20×1. 7. 1. ~ 20×2. 6. 30.	10%

20×1년 초 정부보조금 10,000을 수령하여 기계장치 제작에 사용

풀이

(12/31)

×1	1/1	60,000	$\frac{12}{12}$	⇒	60,000
	7/1	40,000	$\frac{6}{12}$	⇒	20,000
					80,000
	정부보조(1/1)	$10,000\times\frac{12}{12}=$			(10,000) ← 정부보조금 수령액을 평균지출액 계산 시 차감한다.
					70,000

70,000 <
- $40,000\times\frac{12}{12}$ = 40,000 (8%) → 3,200
- (70,000−40,000) × 10.8%* → 3,240 (한도 : 2,700)

*
- $10,000\times\frac{12}{12}$ = 10,000 (12%) → 1,200
- $30,000\times\frac{6}{12}$ = 15,000 (10%) → 1,500

→ $\frac{1,200+1,500}{10,000+15,000}$ = 10.8%

×1 금융비용 자본화 금액=3,200+2,700

(12/31)

×2	1/1 (전기)	90,000* (+5,900?)	$\frac{12}{12}$	⇒	90,000
	10/1	20,000	$\frac{3}{12}$	⇒	5,000
					95,000

* 1/1 60,000+7/1 40,000−정부보조금 10,000=90,000

95,000 <
- 0
- (95,000−0) × 10%* → 9,500 (한도 : 1,500)

*
- 0
- $30,000\times\frac{6}{12}$ = 15,000 (10%) → 1,500

→ $\frac{1,500}{15,000}$ = 10%

×2 금융비용 자본화 금액=1,500

객관식 7

공사기간 : 20×1. 1. 1. ~ 20×2. 6. 30.

〈공사비 지출〉

일 자	금 액	일 자	금 액
20×1. 1. 1.	180,000	20×2. 1. 1.	70,000

〈차입금 현황〉

차입금 종류	차입금액	차입기간	연이자율
특정목적차입금a	50,000	20×1. 1. 1. ~ 20×2. 6. 30.	12%
일반목적차입금b	60,000	20×0. 1. 1. ~ 20×2. 12. 31.	8%
일반목적차입금c	80,000	20×0. 1. 1. ~ 20×3. 12. 31.	11.5%

20×1년 자본화한 차입원가 19,000

준공시점 계상될 건물의 취득원가는? 단, 적격자산 지출액의 평균을 계상할 때 간편법을 적용 ×

풀이

(6/30)

×2 1/1　180,000 (+19,000?)　$\frac{6}{12}$ ⇒ 90,000

1/1　70,000　$\frac{6}{12}$ ⇒ 35,000

125,000

125,000
- $50{,}000 \times \frac{6}{12} = 25{,}000$ (12%) → 3,000
- (125,000−25,000) × 10%* → 10,000 (한도 : 14,000)

* b. $60{,}000 \times \frac{12}{12} = 60{,}000$ (8%) → 4,800

c. $80{,}000 \times \frac{12}{12} = 80{,}000$ (11.5%) → 9,200

→ $\frac{4{,}800+9{,}200}{60{,}000+80{,}000} = 10\%$

×2 6/30 건물의 취득원가=총지출 250,000+×1 자본화 19,000+×2 자본화 13,000(3,000+10,000)
=282,000

예제 16 특정차입금 목적 달성 후 일반차입금에 포함되는 경우

공장 건설기간 : 20×1. 10. 1. ~ 20×2. 6. 30.
설비 제작기간 : 20×2. 5. 1. ~ 20×2. 10. 31.

〈설비 제작비 지출〉

일 자	금 액	일 자	금 액
20×2. 5. 1.	300,000	20×2. 10. 1.	240,000

〈차입금 현황〉

차입금 종류	차입금액	차입기간	연이자율
차입금a	500,000	20×1. 10. 1. ~ 20×2. 9. 30.	5%
차입금b	200,000	20×2. 4. 1. ~ 20×2. 12. 31.	7%

차입금a는 공장건설에 투입하기 위한 특정목적차입금이고, 차입금b는 설비제작 관련 일반목적차입금이다.

풀이

1. 공장 금융비용 자본화

(×2) 공장건물에 가산할 특정목적차입금의 금융비용 자본화 금액

특정차입금a 500,000×5%×(6/12)=12,500

2. 설비 금융비용 자본화

차입금a는 공장 건설 관련 특정목적차입금인데, 공장건설이 ×2년 6월 30일에 완료되었으나 즉시 상환하지 않고 ×2년 9월 30일에 상환하였으므로 3개월 간 설비제작과 관련한 일반목적차입금에 포함

(10/31)

(×2)				
5/1	300,000	$\frac{6}{12}$	⇒	150,000
10/1	240,000	$\frac{1}{12}$	⇒	20,000
				170,000

170,000 < 0
(170,000−0) ×(6.1)*% → (10,370) (한도 : 16,750)

* 200,000× $\frac{9}{12}$ = 150,000 (7%) → 10,500
500,000× $\frac{3}{12}$ = 125,000 (5%) → 6,250

→ $\frac{10{,}500+6{,}250}{150{,}000+125{,}000}$=6.1%

참고

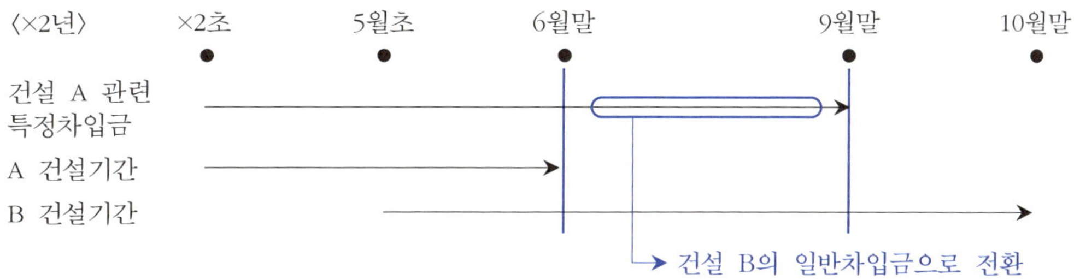

참고 기준서 1023호 결론도출근거

BC14E ISA 23 개정 공개초안에 대해 일부 의견제출자들은 “적격자산 외의 자산을 취득하기 위해 특정목적으로 차입한 자금”이 일반적인 목적으로 차입한 자금의 일부에 포함된다는 것을 명확히 해달라고 요청하였다. 이에 문단 14를 개정하여 ‘모든’ 차입금을 명시함에 따라 이 점을 명확히 하였다.

본 결론도출근거에 따르면 “다른 자산의 특정차입금”이 건설 완료 후에도 상환되지 않고 존재하고 있으면 일반차입금으로 포함하여 가중평균차입이자율 계산 시 고려하여야 함

즉 동일한 자산의 건설에서 특정차입금에서 일반차입금으로 전환되는 것이 아님

5. 감가상각

i) 감가상각

당해 자산의 경제적 내용연수동안 취득원가를 합리적이고 체계적인 방법으로 배분하여 당기비용으로 인식하는 과정

① ┌ 감가상각대상금액 : 정액법, 연수합계법, 비례법
(취득원가－잔존가)
장부금액 : 정률법, 이중체감법
└ (취득원가－감누)

참고 체감잔액법(가속상각법) : 연수합계법, 정률법, 이중체감법

② 원가의 배분과정 ○, 평가 ×

③ 유형자산을 구성하는 일부의 원가가 당해 유형자산 전체원가에 비교하여 중요하다면, 해당 유형자산을 각 부분별로 구분하여 감가상각한다.

EX 항공기의 동체와 엔진

또한 유형자산의 전체원가에 비교하여 해당 원가가 경미한 부분도 별도로 분리하여 감가상각할 수 있다.

④ 자산이 사용가능한 때부터 감가상각 시작

⑤ 유형자산의 상각은 매각예정비유동자산으로 분류되는 날과 자산이 재무상태표에서 제거되는 날 중 이른 날에 중지한다.

⑥ 유형자산이 운휴중이거나 적극적인 사용상태가 아니어도 감가상각이 완전히 이루어지기 전까지는 감가상각을 중단하지 않는다. 다만, 유형자산의 사용정도에 따라 감가상각을 하는 경우(생산량비례법 등)에는 생산활동이 이루어지지 않으면 인식할 감각상각비도 없다.

⑦ 자산을 사용함으로써 창출되는 수익에 기초하여 감가상각을 하는 것은 적절하지 않다. 수익에 기초한 감가상각이란 감가상각대상금액을 자산의 경제적 내용연수에 걸쳐 창출될 것으로 예상되는 총수익에 대한 한 회계기간에 창출되는 수익의 비율에 기초하여 배분하는 것을 말한다.

⑧ 감가상각비는 다른 자산의 장부금액에 포함되는 경우가 아니라면 당기손익으로 인식한다.

Ex	차변	금액	대변	금액
본사 감가상각비 :	감 가 비 (비 용)	××	감 · 누	××
공장 감가상각비 :	감 가 비	××	감 · 누	××
	재 공 품 (자 산)	××	감 가 비	××

⑨ 잔존가치 : 자산이 이미 오래되어 내용연수 종료시점에 도달하였다는 가정하에 자산의 처분으로부터 현재 획득할 금액에서 추정 처분부대원가를 차감한 금액의 추정치

ii) 감가상각 방법 등의 변경

상각방법
내용연수 → 매년말 재검토 → 변경 → 추정의 변경 (전진법)
잔존가치
↳ 남은 금액을 남은 기간 동안

참고 감가상각 이외의 사유로 인한 금액 변경 → 전진법

iii) 잔존가치 추정의 변경

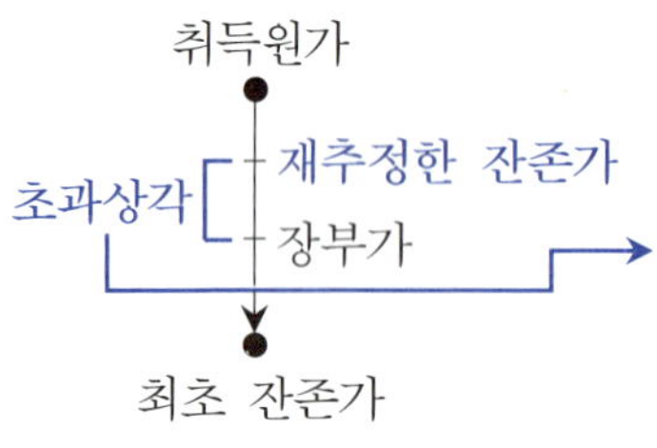

∴ 더 이상 상각 ×,
이후 새로 추정한 잔존가가 장부가 미만으로 떨어지면 그때부터 다시 상각 시작!

iv) 토지를 감가상각하는 경우

① 채석장, 매립지의 경우

② 토지 원가에 포함시킨 복구원가의 현재가치

예제 18 감가상각비의 계산

20×1년 4월 1일 500,000에 기계장치 구입(내용연수 4년, 잔존가치 20,000), 정률법 상각률 0.55

〈추정 제품생산수량〉

20×1년	20×2년	20×3년	20×4년	20×5년	합계
17,000개	40,000개	30,000개	10,000개	3,000개	100,000개

풀이

1. 정률법

〈방법 1〉

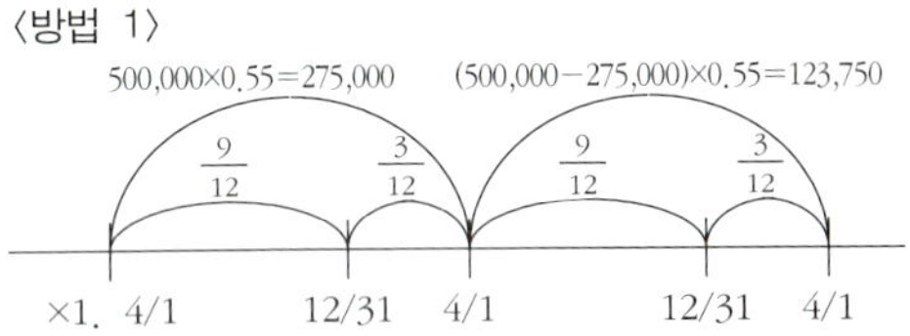

〈방법 2〉

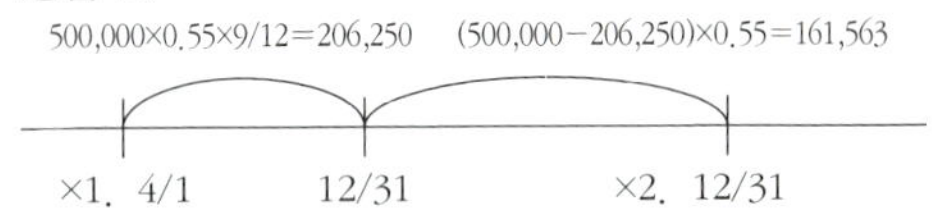

20×1 : 275,000×9/12 =206,250　　20×1 : 275,000×9/12 =206,250

20×2 : 275,000×3/12+123,750×9/12=161,563　　20×2 : (500,000−206,250)×0.55 =161,563

⇒ 결과는 같다. 〈방법 2〉가 더 간편하다.

2. 이중체감법

〈방법 1〉

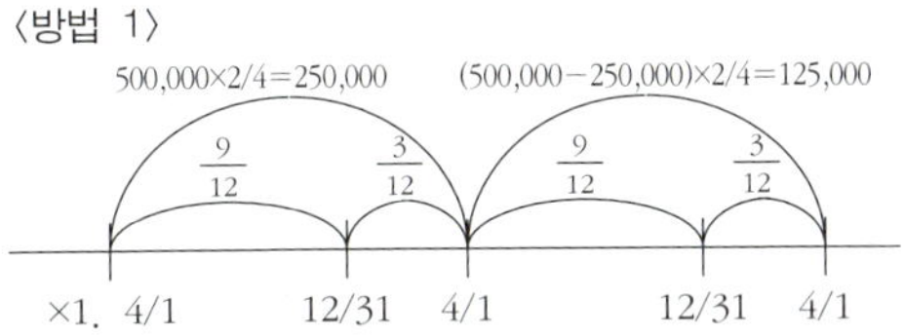

〈방법 2〉

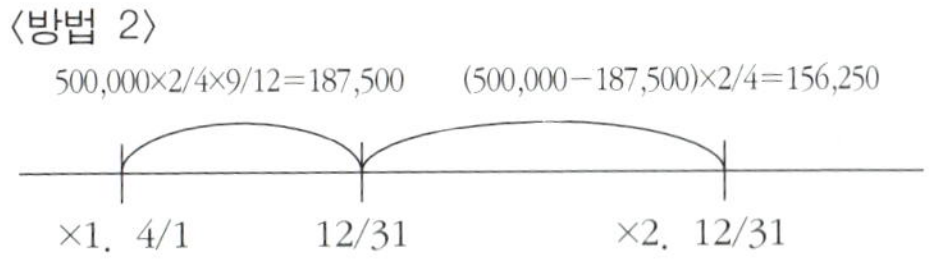

20×1 : 250,000×9/12 =187,500　　20×1 : 250,000×9/12 =187,500

20×2 : 250,000×3/12+125,000×9/12=156,250　　20×2 : (500,000−187,500)×2/4 =156,250

⇒ 결과는 같다. 〈방법 2〉가 더 간편하다.

3. 연수합계법

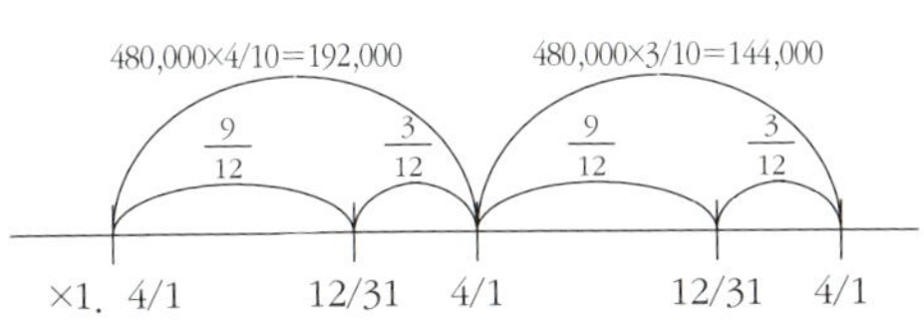

20×1 : 192,000×9/12 =144,000

20×2 : 192,000×3/12+144,000×9/12=156,000

4. 생산량비례법

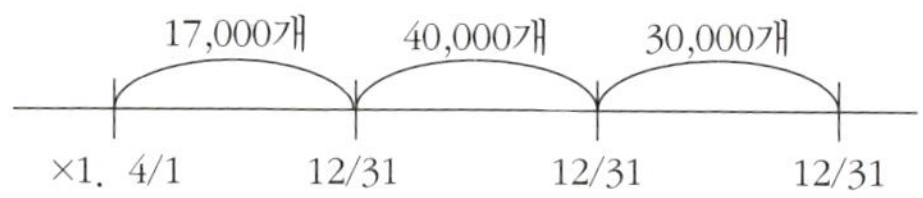

20×1 : 480,000×17,000/100,000 =81,600

20×2 : 480,000×40,000/100,000 =192,000

예제 19 감가상각비의 인식

20×1년 초 폐기물 처리설비 1,000,000에 취득(내용연수 5년, 잔존가치 없음, 정액법)

20×1년 7월 1일 폐기물 매립을 위한 토지 2,000,000에 취득

10년 후 예상복구비용 500,000(할인율 6%)

20×1년 7월 1일부터 3개월 간 주민 민원으로 가동 중단

20×2년 폐기물 처리설비에 대해 이중체감법으로 감가상각방법 변경

풀이

〈폐기물 처리설비 감가상각비〉

20×1년 : 1,000,000 ÷ 5 = 200,000(일시 운휴 → 감가상각비 ○)

20×2년 : (1,000,000 − 200,000) × 2/4 = 400,000(전진법)

〈복구충당부채〉

500,000×(10, 6%, 현가) = 279,195

차변		대변	
토 지(매립지)	2,000,000	현 금	2,000,000
토 지(매립지)	279,195	부 채	279,195

〈토지의 감가상각비〉

20×1년 : 279,195 ÷ 10 × 6/12 = 13,960

매립지의 경우 일반적으로 비례법을 이용하며 감가상각을 하여야 하나, 동 예제에서는 매립이 종료되면 원상복구하여 토지를 계속 사용할 수 있는 상태로 만들게 되어 있기 때문에 매립지의 내용연수가 무한하다고 보고 2,000,000에 대해서는 감가상각을 하지 않는 것이다.

6. 재평가모형

i) 재평가모형의 선택

국제회계기준에서는 기업으로 하여금 원가모형과 재평가모형 중 하나를 회계정책으로 선택할 수 있도록 규정하고 있다.

구 분	회계처리
재평가모형의 최초 적용	회계정책 변경을 적용하지 않고, 재평가모형의 최초 적용연도의 유형자산 장부금액을 공정가치로 수정한다. 즉, 비교 표시되는 과거기간의 재무제표를 소급하여 재작성하지 않는다.(예외)
재평가모형에서 원가모형으로 변경(이후 다시 재평가모형으로 변경 포함)	회계정책의 변경에 해당되므로 비교표시되는 과거기간의 재무제표를 소급하여 재작성한다.(원칙)

ii) 재평가의 빈도 및 재평가대상 유형자산의 분류

① 재평가의 빈도는 재평가되는 유형자산의 공정가치 변동에 따라 달라진다.

② 당해 자산이 포함되는 유형자산 분류 전체를 재평가한다.

③ 동일한 분류 내의 유형자산은 동시에 재평가한다. 그러나 재평가가 단기간에 수행되며 계속적으로 갱신된다면, 동일한 분류에 속하는 자산을 순차적으로 재평가할 수 있다.

iii) 재평가의 회계처리

최초 재평가 시 구분	최초 재평가 시 회계처리	이후 재평가 시 회계처리
최초 재평가 시 평가증	재평가잉여금 인식	① 평가증의 경우 : 재평가잉여금 인식 ② 평가감의 경우 : 전기 이전 인식 재평가잉여금을 우선 감소시키고, 초과액이 있으면 재평가손실 인식
최초 재평가 시 평가감	당기비용 인식	① 평가감의 경우 : 재평가손실 인식 ② 평가증의 경우 : 전기 이전 인식 재평가손실만큼 재평가이익을 인식하고, 초과액이 있으면 재평가잉여금 인식

① 비상각자산(토지)의 재평가

토지 1,000 <
- ㉠ 1,200 → 1,100 → 900
- ㉡ 700 → 900 → 1,300

㉠ ×1초	토지	1,000	현금	1,000
×1말	토지	200	OCI	200

×2말	O C I	100	토 지	100
×3말	O C I	100	토 지	200
	비 용	100		

㉡ ×1초	토 지	1,000	현 금	1,000
×1말	비 용	300	토 지	300
×2말	토 지	200	수 익	200
×3말	토 지	400	수 익	100
			O C I	300

㉢ 회계처리 정리

자 산	××	1순위 : 수익 2순위 : OCI
1순위 : OCI 2순위 : 비용		자 산 ××

참고

재평가잉여금 : OCI

재평가이익 : 수익

재평가손실 : 비용

② 상각자산의 재평가

㉠ 올리고 내리는 방법

EX

토 지 100			← 올리는 방법
	토 지	100	← 내리는 방법

		ㄱ) 비례수정법	ㄴ) 총제거법
건 물	1,000	1,200	960
감·누	(200)	(240)	(0)
	800	960	960
	↓ (20% 증가)	↓	↓
	960		

ㄱ) 비례수정법

건 물	200	감·누	40
	∴ 160	수 익 O C I	160

ㄴ) 총제거법

감·누	200	건 물	40
	∴ 160	수 익 O C I	160

㉡ 재평가된 자산의 감가상각 → 전진법 (남은 금액을 남은 기간동안)

예제 21 상각대상자산의 재평가

×1초 기계장치를 100,000에 취득(내용연수 10, 잔존가치 없음, 정액법), 재평가모형 적용

기계장치의 공정가치 :

20×1년 말	20×2년 말	20×3년 말
108,000	72,000	69,300

풀이

시점	차변	금액	대변	금액	장부금액
×1초	기계	100,000	현금	100,000	
×1말	감가비	10,000	기계	10,000	90,000
	기계	18,000	OCI	18,000	108,000
×2말	감가비	12,000	기계	12,000	96,000
	OCI	18,000	기계	24,000	
	비용	6,000			72,000
×3말	감가비	9,000	기계	9,000	63,000
	기계	6,300	수익	6,000	
			OCI	300	69,300

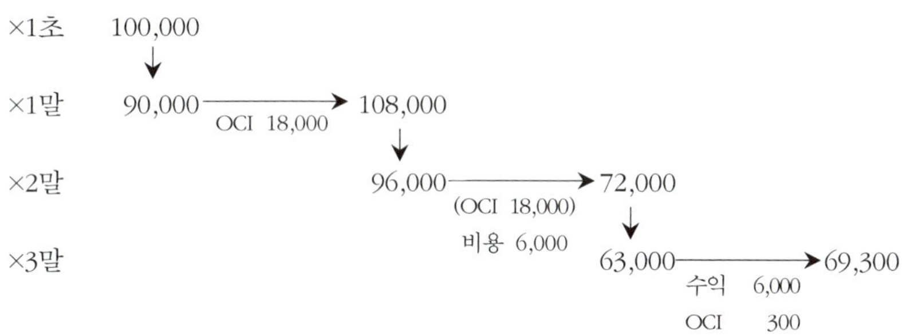

객관식 10

×1초 기계장치를 2,000,000에 취득(내용연수 10년, 잔존가치 없음, 정액법)

재평가잉여금을 당해 자산을 사용하면서 이익잉여금으로 대체 ×

기계장치의 공정가치:

20×1년 말	20×2년 말
1,890,000	1,450,000

×2에 인식할 비용 총액은?

풀이

×1초 2,000,000 (n=10, s=0, 정액법)

↓ 200,000(감가비)

×1말 1,800,000 ──→ 1,890,000 (OCI 90,000)

↓ 210,000(감가비)

×2말 1,680,000 ──→ 1,450,000 ((OCI 90,000) 비용 140,000)

×2년 비용 총액

∴ 350,000

③ OCI(=재평가잉여금)의 처리
기타포괄손익

- 재분류조정 ×(손익화 ×)

(예제 21) 참고

×3말 장부가 69,300, OCI 300 → ×4초 70,000 매각

	차변		대변	
×4초	현금	70,000	기계(장부가)	69,300
	OCI	300	처분이익	700 +300

∴ "OCI" 차감 → 손익화 ∴ 차감 ×

- '이잉'으로 대체 가능

재평가잉여금	××	이·잉	××

ㄱ) 처분 시 대체

	차변		대변	
×4초	현금	70,000	기계	69,300
			처분이익	700
	• 재평가잉여금	300	이·잉	300 선택

ㄴ) 상각 시 대체(상각 → 대체 → 재평가)

if 재평가 × → 감가비 ⎫
재평가 ○ → 감가비 ⎭ 차이 만큼씩 대체

참고 재평가한 경우의 감가비가 더 큼(∵ 재평가잉여금은 자산 증가로 발생)

- 이잉으로 대체되는 재평가잉여금은 단지 자본내 대체이므로 포괄손익계산서의 기타포괄손익에 기재하지 않는다.

참고

계정과목	포괄손익계산서	재무상태표	
재평가이익/손실	당기순이익(N/I)	이익잉여금 ←	대체
재평가잉여금	기타포괄손익(OCI)	기타포괄손익누계액 ─	

객관식 11

×1초 차량을 200,000에 취득(내용연수 5년, 잔존가치 없음, 정액법), 재평가모형 적용

재평가잉여금을 당해 자산을 사용하면서 이익잉여금으로 대체 ○

차량의 공정가치 :

20×1년 말	20×2년 말
180,000	60,000

×2에 인식할 비용 총액은?

풀이

		차변	금액	대변	금액	장부금액
×1초		차량	200,000	현금	200,000	
×1말		감가비	40,000	차량	40,000	160,000
		차량	20,000	OCI	20,000	180,000
×2말	①	감가비 (180,000−0)÷4	45,000	차량	45,000	135,000
순서(정답)	②	OCI	5,000	이·잉	5,000	
		→ 재평가 ○ → 45,000, if 재평가 × → 40,000		∴ 차이 5,000		
	③	OCI	15,000	차량	75,000	
		비용	60,000			60,000

참고

×2 C/I = ┌ N/I−45,000−60,000
　　　　　└ OCI−~~5,000~~−15,000

×1초　200,000
　　　↓ 감가비 40,000
×1말　160,000 ──OCI 20,000──→ 180,000
　　　　　　　　　　　　　　↓ 감가비 45,000
×2말　　　　　　　　　　　135,000 ──(OCI 15,000)*──→ 60,000
　　　　　　　　　　　　　　　　비용 60,000

* OCI 5,000의 이잉 대체 → OCI 잔액 15,000

〈if 재평가 후 이잉 대체〉

×2말		차변	금액	대변	금액	
	①	감 가 비	45,000	차 량	45,000	135,000
	②	O C I	20,000	차 량	75,000	
		비 용	55,000			60,000
	③		× (∵ OCI=0)			

7. 손상(=비용의 조기인식)

- 손상의 회계처리는 별도로 제정된 기준서 제1036호 '자산손상'을 적용한다. 기준서 제1036호는 유형자산을 포함한 대부분의 자산에 적용하는데, 다음의 자산에는 적용하지 않는다.
  ① 재고자산
  ② 기준서 제1115호 '고객과의 계약에서 생기는 수익'에 따라 인식한 계약자산과 자산으로 인식한 계약원가(계약체결증분원가 및 계약이행원가)
  ③ 이연법인세자산
  ④ 종업원급여에서 생기는 자산
  ⑤ 기준서 제1109호를 적용하는 금융자산
  ⑥ 공정가치로 측정하는 투자부동산
  ⑦ 순공정가치로 측정하는 생물자산
  ⑧ 매각예정비유동자산
- 보고기간 말마다 자산손상 징후가 있는지를 검토한다. 그러한 징후가 있다면 해당 자산의 회수가능액을 추정한다.
- 다음의 경우에는 자산손상 징후가 있는지에 관계없이 회수가능액을 추정하고 장부금액과 비교하여 손상검사를 한다.

㉠ 내용연수가 비한정인 무형자산이나 아직 사용할 수 없는 무형자산은 일 년에 한번은 손상검사를 한다. 손상검사를 매년 같은 시기에 수행한다면 연차 회계기간 중 어느 때에라도 할 수 있다. 서로 다른 무형자산은 각기 다른 시점에 손상검사를 할 수 있다. 다만 해당 회계연도 중에 이러한 무형자산을 처음 인식한 경우에는 해당 회계연도 말 전에 손상검사를 한다.

㉡ 사업결합으로 취득한 영업권은 일 년에 한번은 손상검사를 한다.

- 당해 자산의 회수가능액*이 장부금액보다 적을 경우 자산이 손상된 것으로 판단

  * 회수가능액=Max[순공정가치, 사용가치]

  참고 손상의 징후와 관계없이 최소한 매년 회수가능액을 추정해야 하는 경우

  ① 내용연수가 비한정인 무형자산

  ② 아직 사용할 수 없는 무형자산

  ③ 영업권

- 회수가능액 측정 시 항상 순공정가치와 사용가치를 모두 추정할 필요는 없다.
  (∵ 두 가지 중 한 가지 측정치만 장부가액을 초과하면 자산손상 발생하지 않은 것)

  참고

  - 순공정가치 : 합리적인 판단력과 거래의사가 있는 독립된 당사자 사이의 거래에서 자산의 매각으로부터 수취할 수 있는 금액에서 처분부대원가를 차감한 금액
  - 사용가치 : 자산의 계속적인 사용과 최종 처분에서 기대되는 미래 현금흐름을 추정하고, 이를 적절한 할인율로 할인한 현재가치(세전 할인율 적용)

i) 원가모형의 손상 및 환입

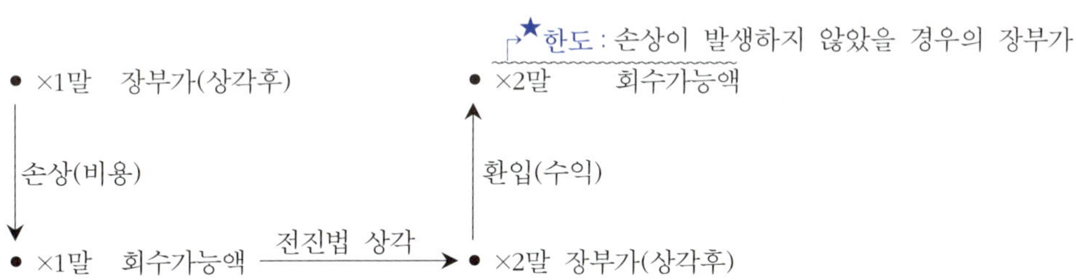

예제 22 원가모형 적용 시 손상차손 및 손상차손환입 (객관식 13과 유사)

×1초 기계장치를 1,000,000에 취득(내용연수 5년, 잔존가치 없음, 정액법)

회수가능액 :

연 도	순공정가치	사용가치
20×2년 말(손상 발생)	300,000	360,000
20×3년 말(환입 발생)	410,000	340,000

×1~×4까지의 회계처리는?

풀이

	차변		대변		
×1초	기 계	100	현 금	100	
×1말	감 가 비	20	기 계	20	80
×2말	감 가 비	20	기 계	20	60
	손상(비용)	24	기 계	24	36
×3말	감 가 비 (36−0)÷3	12	기 계	12	24
	기 계	16	환입(수익)	16	41 → 한도 40

if 손상 ×

×1초	100
×1말	80
×2말	60
×3말	40

한도

참고

×1초 100
↓
×1말 80
↓
×2말 60 → 36 (비용 24)
↓ 감가비 12
×3말 24 → 41(한도 : 40) (수익 16)

×3년 손익 : +4

ii) **재평가모형의 손상**

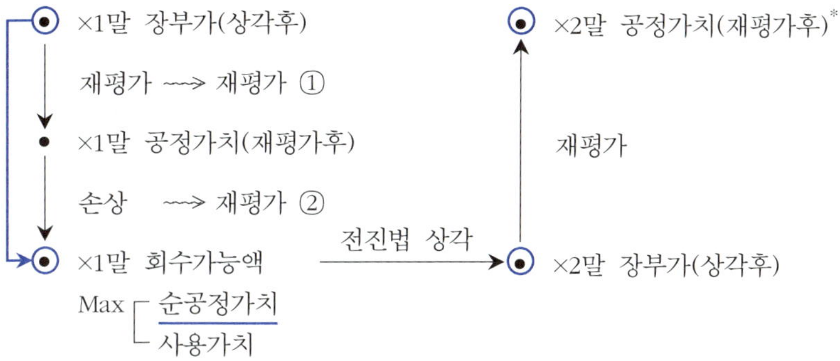

* ×2말 회수가능액이 공정가치보다 낮으면 손상 발생

- 재평가모형 적용 시 손상은 감가상각 인식과 재평가 후 장부금액(해당 연도 공정가치)보다 회수가능액이 낮을 때 발생한다.

  → 재평가 한 장부금액(해당 연도 공정가치)이, 재평가 전 감가상각 인식 후 장부금액보다 높은지 낮은지 여부와 무관하게, 회수가능액보다 크다면(즉, 회수가능액이 재평가 한 장부금액보다 낮다면) 손상은 발생한다.

- 손상을 인식한 이후 감가상각 인식과 재평가 후 장부금액(해당 연도 공정가치)보다 회수가능액이 크다면 손상이 발생하지 않은 것이므로 추가적인 회계처리는 없다.
  즉, 재평가모형 적용 시 회수가능액이 재평가 후 장부금액보다 낮으면 추가로 손상 회계처리를 하여야 하지만, 회수가능액이 재평가 후 장부금액보다 크다면 손상이 발생한 것이 아니므로 추가적인 회계처리는 없다(즉, 공정가치보다 더 큰 회수가능액으로 평가한다면 그 결과 공정가치로 평가한다는 재평가모형의 기본 전제가 무너지게 된다).

구 분	재평가 및 손상차손의 회계처리
재평가감소액(손상 포함) 발생시	① 과년도에 기타포괄손익으로 인식한 재평가잉여금 우선 감소 ② 초과액이 있다면 당기손익(비용)으로 인식
재평가증가액 발생시	① 과년도에 재평가와 손상차손 회계처리에서 당기손익(비용)으로 인식한 금액이 있다면 그 금액만큼 당기손익(수익)으로 인식 ② 초과액이 있다면 재평가잉여금의 증가로 인식

- 결국 재평가모형 적용 시 매년 말 재평가해야 할 금액은 Min[공정가치, 회수가능액]이다.

[재평가모형 적용 시 손상차손 발생의 경우]

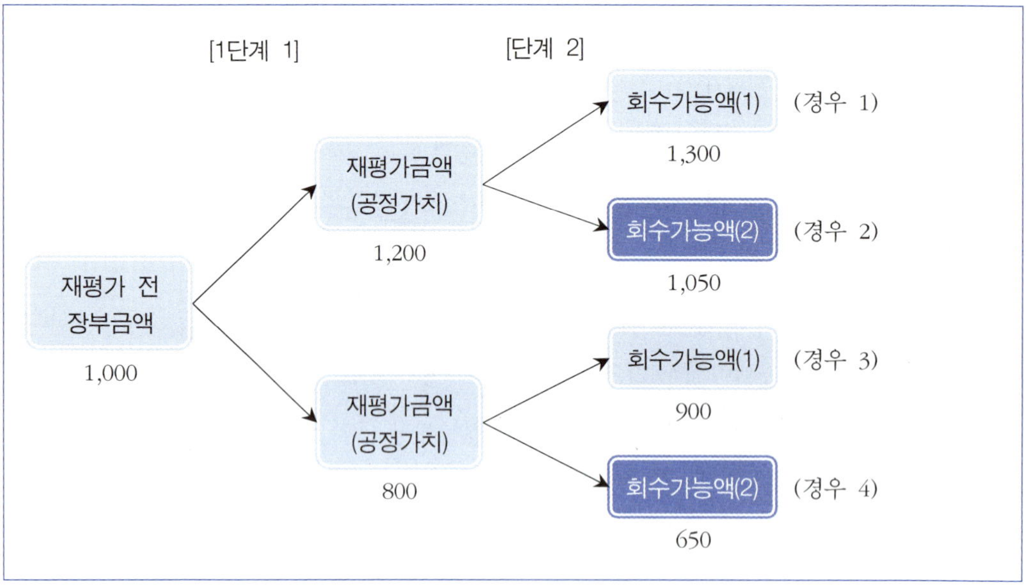

문단 1. 국제회계기준에서는 재평가금액(공정가치)이 재평가 전 장부금액보다 높은지 낮은지 여부와 무관하게, 회수가능액이 재평가금액(공정가치)보다 낮다면 손상이 발생함
→ (경우 2)와 (경우 4)

문단 2. 손상인식 이후 환입은 별도로 규정되어 있지 않음
따라서 손상인식 이후 재평가금액(공정가치)이 재평가 전 장부금액보다 높으면 재평가를 통해서 환입을 간접적으로 인식하는 결과가 됨
하지만 손상에 대한 환입이라는 명목으로 재평가금액(공정가치)보다 더 높은 회수가능액까지 재평가하지는 않음
→ 결국 손상인식 이후연도에는, 일단 재평가를 한 후 문단 1의 (경우 2)와 (경우 4)와 같은 상황이 발생하면 추가로 손상을 인식하기만 하면 됨

문단 3. 손상인식과 재평가 모두 재평가논리를 적용

참고 ○, × 문제

자산의 장부금액이 회수가능액을 초과하고, 초과액이 중요할 경우에 손상차손을 인식한다.
×, ∵ 자산의 회수가능액이 장부금액에 미달하는 경우 자산의 장부금액을 회수가능액으로 감소시킨다(1036, 문단 59).

- 처분부대원가가 무시해도 될 정도라면 재평가자산의 회수가능액은 재평가금액에 근사할 것이므로 손상가능성이 낮다고 보고 회수가능액을 추정하지 않는다.

Ex

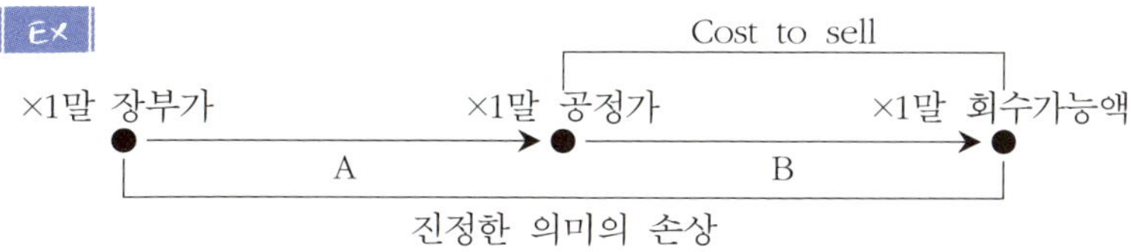

if Cost to sell 미미, 진정한 의미의 손상 중 A가 대부분 차지

∴ B 인식 필요 ×

Con

장부금액*이 회수가능액을 초과하면 무조건 그 차액만큼 손상 인식

다만, 재평가모형의 경우 재평가로 인해 가치 하락분의 대부분을 인식한 경우(즉, 처분부대원가가 무시해도 될 경우) 추가 손상(처분부대원가만큼의 손상)을 인식하지 않아도 된다.

* 원가모형 : 감가상각 후 금액

재평가모형 : 감가상각과 재평가 후 금액

예제 23 재평가모형 적용 시 손상차손 및 손상차손환입 (객관식 14와 유사)

×1초 기계장치를 1,000,000에 취득(내용연수 5년, 잔존가치 없음, 정액법), 재평가모형 적용

공정가치와 회수가능액 :

연 도	공정가치	회수가능액
20×1년 말	900,000	905,000
20×2년 말(손상 발생)	600,000	540,000
20×3년 말(손상 발생)	420,000	400,000

×1~×3까지의 회계처리는?

풀이

	차변	금액	대변	금액	
×1초	기 계	1,000,000	현 금	1,000,000	
×1말	감 가 비	200,000	기 계	200,000	800,000
	기 계	100,000	O C I	100,000	900,000

	차변	금액	대변	금액	
×2말	감가비 (900,000−0)÷4	225,000	기계	225,000	675,000
	OCI	75,000	기계	75,000	600,000
	OCI	25,000	기계	60,000	
	비용	35,000			540,000
	OCI	100,000	기계	135,000	
	비용	35,000			
×3말	감가비 (540,000−0)÷3	180,000	기계	180,000	360,000
	기계	60,000	수익	35,000	
			OCI	25,000	420,000
	OCI	20,000	기계	20,000	400,000

참고

×1초	1,000,000			
×1말	800,000 → (OCI 100,000)	900,000		
×2말		675,000 → ((OCI 100,000), 비용 35,000)	540,000	
×3말			360,000 → (수익 35,000, OCI 5,000)	400,000

8. 현금창출단위(CGU) – 원가모형 전제

↳ 다른 자산(또는 자산집단)과 구별되어 독립적으로 현금유입을 창출하는 식별가능한 최소 자산의 집단

i) 현금창출단위의 손상차손은 다음과 같은 순서로 배분

① 현금창출단위에 배분된 영업권 장부금액 감소

② 다른 자산의 장부금액에 비례하여 배분

현금창출단위의 손상차손을 배분할 때 개별 자산의 장부금액은 다음 중 가장 많은 금액 이하로 감액할 수 없다.

① 공정가치에서 처분부대원가를 뺀 금액(측정할 수 있는 경우)

② 사용가치(산정할 수 있는 경우)

③ 영(0)

ii) 손상차손환입

현금창출 단위를 구성하는 자산들(영업권은 손상차손환입 대상이 아니므로 제외)의 장부금액에 비례하여 배분한다.

iii) 손상차손환입 시 한도액 = Min[①, ②]

① 회수가능액(결정가능한 경우)

② 과거기간에 손상차손을 인식하지 않았다면 현재 기록되어 있을 장부금액

※ 한도 제약으로 인해 특정 자산에 배분되지 않은 손상차손환입액은 현금창출단위 내의 다른 자산(영업권 제외)의 장부금액에 비례하여 배분한다.

예제 25 영업권이 배부된 현금창출단위의 손상차손 및 손상차손환입

×1말 감가상각비 인식 후 손상차손 인식 전 현금창출단위의 장부금액

	건물	구축물	기계장치	영업권	합계
장부금액	200,000	300,000	500,000	100,000	1,100,000

×1말 현금창출단위의 회수가능액 : 700,000

×2말 현금창출단위의 회수가능액 : 720,000

×2말 감가상각비 인식 후 장부금액(전진법)과 손상을 인식하지 않았다면 기록되었을 장부금액(한도)

	건물	구축물	기계장치	합계
감가상각비 인식 후 장부금액	120,000	180,000	300,000	600,000
손상을 인식하지 않았다면 기록되었을 장부금액	150,000	230,000	350,000	730,000

풀이

	×1말 장부가(상각후)	×1말 회수가능액	손상	×1말 장부가(손상인식 후)
건 물	200,000		② (60,000)	140,000
구 축 물	300,000	700,000	② (90,000)	210,000
기 계	500,000		② (150,000)	350,000
영 업 권	100,000		① (100,000)	0
	1,100,000	△400,000		700,000

→ 한도: 손상이 발생하지 않았을 경우의 장부가

×2말 장부가(상각후)	×2말 회수가능액	환입		한도		×2말 장부가(환입후)
120,000		② 24,000	⇒ 144,000	150,000	② 4,000	148,000
180,000	720,000	② 36,000	⇒ 216,000	230,000	② 6,000	⇒ 222,000
300,000		② 60,000	⇒ 360,000	350,000	① (10,000)	350,000
0		① 0	0			0
600,000	+120,000					720,000

9. 유형자산 제거

i) 유형자산 제거 시 회계처리

① 유형자산의 장부금액은 당해 자산을 처분하는 때와 사용이나 처분을 통하여 미래 경제적 효익이 기대되지 않을 때 제거한다. 유형자산의 제거로 인하여 발생하는 손익은 순매각금액과 장부금액의 차이로 결정한다. 순매각금액은 관련 처분비용을 차감한 후의 금액을 말하므로, 관련처분비용은 별도의 비용으로 인식되지 않고 처분손익에 반영된다.

② 유형자산의 처분대가는 기준서 1115호 '수익'의 거래가격 산정에 관한 요구사항에 따라 결정한다.

③ 재평가모형을 적용한 유형자산을 제거할 때 기타포괄손익으로 인식한 재평가잉여금을 이익잉여금으로 대체할 수는 있으나 당기손익으로 재분류할 수는 없다.

ii) 일반 유형자산의 판매(원칙)

영업활동 과정에서 사용하던 유형자산을 매각하기로 결정한 경우 동 유형자산을 다른 자산과 별도로 매각예정 비유동자산으로 구분하고, 순공정가치와 장부금액 중 작은 금액으로 평가하며 매각할 때까지 감가상각은 하지 않는다.

iii) 임대목적 보유 유형자산의 판매(예외)

정상적인 영업활동과정에서 타인에게 임대할 목적으로 보유하던 부동산이 아닌 유형자산을 판매하는 기업은 유형자산의 임대가 중단되고 판매목적으로 보유하게 되는 시점에서 당해 자산의 장부금액을 재고자산으로 대체하여야 한다. 이는 임대목적으로 보유하던 유형자산을 판매목적으로 변경하는 경우에만 적용하는 것이며, 사용목적으로 보유하던 유형자산을 판매목적으로 변경한 경우에는 적용하지 않는다.

EX

〈렌트카 회사 : 예외 적용〉

주요 영업활동		
렌트(임대)	→	일정기간 후 매각
유형자산	→	재고자산

영업활동 현금흐름

〈택시 회사 : 원칙 적용〉

주요 영업활동		
택시(운송)	→	일정기간 후 매각
유형자산	→	매각예정 비유동자산

투자활동 현금흐름

타인에게 임대할 목적으로 보유하다가 후속적으로 판매목적으로 보유하는 자산을 취득하기 위한 현금 지급액은 영업활동 현금흐름이다. 또한 이러한 자산의 임대 및 후속적인 판매로 수취하는 현금도 영업활동 현금흐름이다.

예제 27 임대목적 보유자산의 판매

렌트업에 사용 중이던 차량 10대(장부금액 40,000)를 판매목적으로 변경
중고차 매매업자에게 45,000에 판매

회계처리는?

풀이

〈재고자산으로 대체〉

재고자산(차량)	40,000	유형자산(차량)	40,000

〈판매 시 총액법(계속기록법)으로 회계처리〉

현금	45,000	매출	45,000
매출원가	40,000	재고자산(차량)	40,000

투자부동산과 생물자산

1. 투자부동산

① 기업이 임대수익이나 시세차익 또는 두 가지 모두를 얻기 위하여 보유하고 있는 부동산

② 기업은 리스계약을 통해서 일정기간 동안 부동산을 사용할 수 있는 권리를 갖기도 하는데, 이를 사용권자산으로 인식한다. 만약에 사용권자산으로 인식한 부동산을 임대목적으로 사용한다면 이것도 투자부동산으로 분류한다.

- 일반적인 리스이용자의 경우 : 사용권자산 ×× | 리스부채 ××
- 해당 사용권을 다시 제3자에게 임대한 경우 : 투자부동산 ×× | 사용권자산 ××

③ 투자부동산은 기업이 보유하는 다른 자산(유형자산)과 거의 독립적으로 현금흐름을 창출한다.

EX
- 임대목적으로 보유하는 기계장치 → 유형자산
- 임대목적으로 보유하는 토지 → 투자부동산

2. 투자부동산의 범위 및 분류

i) 투자부동산의 해당 여부

① 투자부동산인 경우

- 장기 시세차익을 얻기 위하여 보유하고 있는 토지
- 장래 사용목적을 결정하지 못한 채로 보유하고 있는 토지
- 직접 소유하고 운용리스로 제공하고 있는 건물(또는 보유하고 있는 건물에 관련되고 운용리스로 제공하고 있는 사용권자산)
- 운용리스로 제공하기 위하여 보유하고 있는 미사용 건물
- 미래에 투자부동산으로 사용하기 위하여 건설 또는 개발중인 부동산

② 투자부동산이 아닌 경우

- 통상적인 영업과정에서 판매하기 위한 부동산이나 이를 위하여 건설 또는 개발 중인 부동산
- 자가사용부동산*(유형자산)

  * 종업원이 사용하고 있는 부동산(종업원이 시장가격으로 임차료를 지급하고 있는지는 관계없음), 미래에 자가사용하기 위한 부동산, 미래에 개발 후 자가사용할 부동산 포함
- 금융리스로 제공한 부동산(금융리스의 제공자)

ⅱ) 투자부동산의 분류

① 건물

건물	
	: 자가사용 → 유형자산
	: 임대 → 투자부동산

만일 분리매각이 불가능하면 자가사용목적으로 보유하는 부분이 경미한 경우에만 당해 부동산을 투자부동산으로 분류

② 부동산 소유자가 부동산 사용자에게 제공하는 용역
- 중요×* : 투자부동산
- 중요○** : 유형자산

* 건물의 소유자가 그 건물을 사용하는 리스이용자에게 보안과 관리용역을 제공하는 경우

** 소유자가 직접 경영하는 호텔의 경우

③ 지배기업이 종속기업에게 부동산을 임대하는 경우

- 연결 재무제표 → 유형자산(자가사용부동산)
- 별도 재무제표 → 투자부동산(투자부동산의 정의를 충족한 경우)

예제 1 투자부동산의 분류 여부 판단

〈상황 1〉

갑회사는 임대업을 주요 영업활동으로 하는 기업이다. 갑회사는 소유하고 있는 임대용 건물이 주요 영업활동에 사용하는 자산이므로 유형자산으로 분류되어야 한다고 주장한다. 이 경우 갑회사가 소유하는 임대용 건물은 유형자산과 투자부동산 중 어느 것으로 분류해야 하는가?

임대목적 부동산의 경제적 성과는 임대기간의 임대수익과 임대자산의 가치변동으로 구성된다. 그리고 임대용역의 성과는 가까운 미래에 해당 부동산을 매각할 것인지와 관계없이 자가사용부동산인 유형자산과 거의 독립된 현금흐름을 창출한다. 따라서 갑회사의 건물 임대가 갑회사의 주요 영업활동인지의 여부와 관계없이 이러한 자산을 유형자산과 구분하여 투자부동산으로 별도로 분류하여야 한다.

〈상황 2〉

을회사는 토지를 취득하여 이를 개발하고 토지 위에 건물을 신축하고 있다. 이 경우 을회사는 개발, 건설 중인 토지와 건물을 어떤 자산으로 분류해야 하는가?

개발, 건설중인 부동산은 향후 이를 어떻게 사용할 것인지에 따라 그 분류를 달리 한다. 을회사가 임대목적으로 사용하거나 시세차익을 얻기 위해서 토지와 건물을 개발, 건설한다면 투자부동산으로 분류하여야 하고, 회사의 종업원 사택 등 자가사용목적으로 사용한다면 유형자산으로 분류하여야 한다. 또한 토지와 건물을 일반인에게 분양할 목적이라면 재고자산으로 분류하여야 한다.

3. 투자부동산의 원가와 회계처리

i) 투자부동산의 원가

① 투자부동산은 다른 자산과 마찬가지로 다음과 같은 조건을 모두 충족할 때 자산으로 인식한다.

- 투자부동산에서 발생하는 미래경제적효익의 유입가능성이 높다.
- 투자부동산의 원가를 신뢰성 있게 측정할 수 있다.

② 투자부동산은 최초인식시점에 원가로 측정하며, 거래원가는 최초 측정에 포함한다.

③ 원가에는 최초로 발생한 원가와 후속적으로 발생한 추가원가, 대체원가가 포함되며, 일상적으로 발생하는 유지원가는 발생기간의 비용으로 인식한다.

④ 리스이용자가 사용권자산으로 보유하는 투자부동산(리스계약에 따라 이전받은 부동산을 다시 제3자에게 임대한다면 해당 사용권자산을 투자부동산으로 분류)은 기준서 1116호 '리스'에 따라 최초 인식한다.

⑤ 장기연불조건 → 현재가치(현금가격 상당액)

⑥ 투자부동산의 원가에 포함되지 않는 것

- 경영진이 의도하는 방식으로 부동산을 운영하는데 필요한 상태에 이르게 하는데 직접 관련이 없는 초기원가
- 계획된 사용수준에 도달하기 전에 발생하는 부동산의 운영손실
- 건설이나 개발 과정에서 발생한 비정상적인 원재료, 인력 및 기타 자원의 낭비 금액

⑦ 교환거래를 통하여 취득한 경우 유형자산의 교환거래와 동일

예제 2 투자부동산의 인식

갑회사는 임대목적으로 토지와 토지 위의 건물을 100,000에 취득하였다. 자산 취득일 현재 토지와 건물의 상대적 공정가치 비율은 7 : 3이다. 취득과정에서 취득세 10,000과 부동산 중개수수료 2,000을 지급하였으며, 건물의 내부 인테리어 공사로 30,000의 원가가 발생하였다. 인테리어 공사 관련 원가는 자산의 인식조건을 충족한다. 한편 취득한 토지와 건물의 임대를 위하여 3,000의 광고비용이 발생하였다.

토지와 건물의 취득원가는?

풀이

토지와 건물의 일괄취득원가＝100,000＋10,000＋2,000＝112,000
투자부동산－토지의 취득원가＝112,000×7/10＝78,400
투자부동산－건물의 취득원가＝112,000×3/10＋30,000＝63,600

취득세와 부동산 중개수수료는 토지와 건물의 일괄취득원가에 포함시킨다. 그러나 건물 내부 인테리어 공사 원가는 건물에 포함시킨다. 임대를 위한 광고비(3,000)는 발생 시 비용으로 인식한다.

ii) 회계처리

	원칙
최초 인식	원가
후속 평가	원가모형 또는 공정가치모형

- 투자부동산의 공정가치를 신뢰성 있게 결정할 수 있더라도 원가모형을 선택할 수 있다.
- 투자부동산에 공정가치모형을 적용하지 않더라도 투자부동산의 공정가치 정보를 주석에 공시해야 하므로 투자부동산을 보유하는 모든 기업은 투자부동산의 공정가치를 측정하여야 한다.
- 공정가치모형 적용 시 감가상각은 하지 않는다. 공정가치의 변동은 손익으로 인식한다.
- 투자부동산에 대해서 공정가치모형을 적용하다가 원가모형으로 변경하는 것은 회계정보가 더욱 목적적합하게 표시될 가능성이 매우 낮다.
- 다음 두 범주의 투자부동산은 각 범주별로 다음과 같이 평가한다

  ㉠ 투자부동산을 포함한 특정 자산군의 공정가치와 연동하는 수익(또는 그 자산에서 얻는 수익)으로 상환하는 부채와 연계되어 있는 모든 투자부동산은 공정가치모형 또는 원가모형을 선택하여 평가한다.

  ㉡ ㉠에서 어떤 방법을 선택하였는지 상관없이 그 밖의 모든 투자부동산에 대해서는 공정가치모형 또는 원가모형을 선택하여 평가한다.

  ㉠에 해당되는 투자부동산의 예로 부동산펀드를 들 수 있다. 이때 펀드의 투자부동산 중 일부는 원가모형으로, 일부는 공정가치모형으로 평가할 수 없다. 그러나 ㉠에 해당하는 투자부동산은 공정가치모형으로, ㉡에 해당하는 투자부동산은 원가모형으로 평가할 수 있다(반대도 가능).
- 투자부동산의 평가방법으로 공정가치모형을 선택한 경우에는 공정가치를 신뢰성 있게 측정하기 어려운 경우가 아니라면, 최초 인식 후 모든 투자부동산을 공정가치로 측정한다.
- 기업이 투자부동산에 대하여 공정가치모형을 적용하기로 하였으나 특정 부동산의 공정가치를 신뢰성있게 결정하기 어려운 경우에는 당해 투자부동산에 대해서만 원가모형(잔존가치는 0을 가정)을 적용하고 그 밖의 모든 투자부동산은 공정가치모형을 적용한다.
- 투자부동산을 공정가치로 측정해 온 경우라면 비교할만한 시장의 거래가 줄어들거나 시장가격 정보를 쉽게 얻을 수 없게 되더라도, 당해 부동산을 처분할 때까지 또는 자가사용부동산으로 대체하거나 통상적인 영업과정에서 판매하기 위하여 개발을 시작하기 전까지는 계속하여 공정가치로 측정한다.
- 공정가치모형에 따라 투자부동산의 장부금액을 결정할 때 별도로 분리하여 인식한 자산이나 부채가 이중으로 계산되지 않도록 한다.
- 건설중인 투자부동산을 공정가치로 측정한 기업은 완성된 투자부동산의 공정가치를 신뢰성 있게 측정할 수 없다고 결론지을 수 없다.(건설중인 투자부동산의 공정가치가 신뢰성 있게 측정될 수 있다는 가정은 오직 최초 인식시점에서만 반박될 수 있다.)

- 투자부동산에 대해서 공정가치모형을 최초 적용할 경우에는 소급법을 적용하여 비교표시되는 과거 기간의 재무제표를 재작성해야 한다.
- 유형자산의 재평가모형과 투자부동산의 공정가치모형의 차이를 비교하면 아래 표와 같다.

〈표〉 유형자산의 재평가모형과 투자부동산의 공정가치모형의 비교

구 분	유형자산의 재평가모형	투자부동산의 공정가치모형
측 정 대 상	당해 자산이 포함되는 유형자산의 분류 전체에 대해서 적용	일부 예외를 제외하고, 모든 투자부동산에 대해서 적용
평 가 주 기	공정가치 변동의 정도를 고려하여 매년, 또는 3년이나 5년마다 재평가 가능	매 보고기간 말에 공정가치 평가
공정가치 변동액의 회 계 처 리	기타포괄손익 인식	당기손익 인식
감가상각 여부	재평가 금액에 기초하여 다음 연도 감가상각비 인식	감가상각을 하지 않음

- 투자부동산의 정의를 충족하는 사용권자산의 최초 측정은 기준서 제1116호 리스를 적용하여야 하고, 회사(리스이용자)가 투자부동산에 공정가치모형을 적용하기로 선택한 경우에는 그 사용권자산에 대해서도 공정가치모형을 적용하고, 투자부동산에 원가모형을 적용하기로 선택한 경우에는 그 사용권자산에 대해서도 원가모형을 적용한다.
- 원가모형을 선택한 경우 매각예정으로 분류하는 조건을 충족하는 경우는 매각예정 관련 기준서에 따라 회계처리하고, 나머지 경우는 유형자산 기준서 원가모형에 따라 회계처리한다.
- 가까운 미래에 매각할 의도가 없이 장기임대 목적으로 보유하는 부동산에 대해서 공정가치모형을 적용하는 것은 적절하지 못하다는 주장이 제기될 수 있다. 그러나 투자부동산을 당장 매각할 의도가 없더라도 임대목적 부동산에 공정가치모형을 적용하면 유용한 정보를 제공할 수 있다는 것이 국제회계기준위원회의 입장이다. 즉, 공정가치모형을 적용하는 회계처리가 가까운 미래에 투자부동산을 매각할 수 있다거나 매각해야 한다는 의도를 반영하는 것은 아니다.

iii) **계정대체**

① 투자부동산(원가모형) ↔ 재고·유형

재 고 · 유 형	××		투 자 부 동 산	(××) 장부가
투 자 부 동 산	××		재 고 · 유 형	(××) 장부가

투자부동산을 원가모형으로 평가하는 경우에는 투자부동산, 자가사용부동산, 재고자산 사이에 대체가 발생할 때에 대체 전 자산의 장부금액을 승계한다.

② 투자부동산(공정가치모형) → 재고·유형

계정대체일: 재 고 · 유 형 (××) 공정가 | 투 자 부 동 산 (××) 장부가 (● 손익)

12/31
- 원가모형 : 상각
- 재평가모형 : 상각 & 재평가

★ ③ 유형 [원가모형 / 재평가모형] → 투자부동산(공정가치모형)

투 자 부 동 산 (××) 공정가 | 유 형 (××) 장부가

↳ 대차차액은 재평가 논리 적용

12/31 투자부동산 공정가치 평가(손익)

④ 재고 → 투자부동산(공정가치모형)

투 자 부 동 산 (××) 공정가 | 재 고 (××) 장부가 (● 손익)

12/31 투자부동산 공정가치 평가(손익)

⑤ 건설중인 자산의 완공 ("투자부동산으로 사용하기 위한 건설중인 자산")

건설중: 건설중인 자산 (투자부동산) A | 현 금 A

(현실적으로 원가모형 적용)

완공: 원가모형: 투 자 부 동 산 A | 건설중인 자산 A

공정가치모형: 투 자 부 동 산 (××) 공정가 | 건설중인 자산 A (● 손익)

⑥ 부동산의 용도에 대한 경영진의 의도 변경만으로는 용도변경의 증거가 되지 않는다. 따라서 사용목적의 변경이 입증되지 않은 상태로 단지 투자부동산을 개발하지 않고 처분하기로 결정하는 경우에는 그 부동산이 제거될 때까지 재무상태표에 투자부동산으로 계속 분류하며, 재고자산으로 분류하지 않는다. 이와 비슷하게 투자부동산을 재개발하여 미래에도 계속 투자부동산으로 사용하려는 경우에도 재개발 기간에 계속 투자부동산으로 분류하며, 자가사용부동산으로 재분류하지 않는다.

⑦ 투자부동산 처분 시 관련 재평가잉여금이 있다면 이를 이익잉여금으로 대체 가능
→ 포괄손익계산서에는 표시 × (∵ 단지 자본 내 대체)

iv) 처분

① 투자부동산의 처분일은 기준서 1115호 '수익'의 규정을 준용한다. 즉, 구매자가 자산을 통제하는 시점에 판매자는 자산을 제거한다. 또한 투자부동산의 처분대가에는 변동금액이 포함될 수 있다.

② 투자부동산의 장부금액과 순처분금액의 차이는 폐기나 처분이 발생한 기간에 당기손익으로 인식한다.

③ 투자부동산의 손상(공정가치 모형을 적용하는 경우 기준서 제1036호의 손상 규정을 적용하지 않음), 멸실 또는 포기로 제3자에게서 받는 보상은 받을 수 있게 되는 시점에서 당기손익으로 인식한다.

4. 생물자산

i) 생물자산과 수확물

생물자산 : 조림지의 나무나 목장의 젖소와 같은 살아있는 식물이나 동물

수확물 : 원목이나 우유와 같이 생물자산에서 수확한 생산물

참고 살아있는 동식물이 생물자산으로 분류되기 위해서는 농림어업활동*을 수행하여야 한다.

- 육가공회사가 생산에 투입하기 위해서 키우는 닭과 오리 → 생물자산
- 테마파크에서 관람으로 키우는 사자나 열대어 → 유형자산
- 보안경비 회사가 키우는 경비견 → 유형자산

* 판매목적으로 생물자산으로부터 수확물 또는 추가적인 생물자산을 얻기 위하여 생물자산에 생물적 변환을 가하는 관리활동을 말한다. 관리하지 않은 자원을 수확하는 것(원양어업, 천연림 벌채 등)은 농림어업활동에 포함되지 않는다.

ii) **농림어업 기준서의 적용범위**

생물자산과 수확물의 회계처리는 기준서 제1041호 '농림어업'을 적용하나, 다음의 경우에는 이 기준서를 적용하지 않는다.

① 농림어업활동에 관련되는 토지

② 농림어업활동에 관련된 생산용식물

③ 생산용식물에 관련된 정부보조금

④ 농림어업활동에 관련된 무형자산

⑤ 농림어업활동에 관련되는 토지의 리스에서 생기는 사용권자산

iii) **원가와 회계처리**

① 생물자산 또는 수확물은 다음의 조건을 모두 충족하는 경우에 인식한다.

- 과거 사건의 결과로 자산을 통제한다.
- 자산과 관련된 미래경제적효익의 유입가능성이 높다.
- 자산의 공정가치나 원가를 신뢰성 있게 측정할 수 있다.

② 회계처리

구 분	측정기준	평가손익의 인식
생물자산	최초 인식시점 및 매 보고기간 말에 순공정가치로 측정. 단, 공정가치의 신뢰성 있는 측정이 불가능한 경우 원가에서 감가상각누계액 및 손상차손 누계액을 차감한 금액으로 측정	최초 인식시점에 순공정가치로 인식하여 발생하는 평가손익 및 최초 인식후 생물자산의 순공정가치 변동으로 발생하는 평가손익은 발생기간의 당기손익에 반영
수 확 물	수확시점에만 순공정가치로 측정	최초 인식시점에 순공정가치로 인식하여 발생하는 평가손익은 발생기간의 당기손익에 반영

③ 수확물은 최초 인식시점 이후에는 재고자산 등 다른 자산으로 분류될 것이며, 당해 자산에 적용되는 다른 기준서를 준용할 것이므로 최초 인식시점 이후의 순공정가치 변동은 고려 대상이 아니다.

④ 최초의 원가 발생 이후에 생물적 변환이 거의 일어나지 않는 경우(예 : 보고기간 말 직전에 심은 과수 묘목) 또는 생물적 변환이 가격에 미치는 영향이 중요할 것이라고 예상되지 않는 경우(예 : 소나무조림지의 생산주기인 30년 중 처음 단계의 성장에 해당하는 경우)에는 취득원가를 공정가치의 근사치로 사용할 수 있다.

⑤ 조림지의 나무와 같이 생물자산이 물리적으로 토지에 부속되어 있고, 토지에 부속된 생물자산의 별도 시장은 존재하지 않으나 생물자산과 토지 및 토지개량이 하나로 결합된 자산에

대해서는 별도 시장이 존재할 수 있다. 이러한 경우에는 결합된 자산의 공정가치에서 토지와 토지개량의 공정가치를 차감하여 생물자산의 공정가치를 구할 수 있다.

⑥ 생물자산의 순공정가치를 산정할 때 추정 매각부대원가를 차감하기 때문에 매각부대원가가 많다면 최초 인식시점에서 평가손실이 발생할 수 있다. 그러나 송아지가 태어나는 경우와 같이 생물자산의 최초 인식시점에서 이익이 발생할 수도 있다.

⑦ 생물자산의 공정가치를 신뢰성 있게 측정할 수 없다면 원가에서 감가상각누계액 및 손상차손누계액을 차감한 금액으로 측정한다(생물자산의 경우 공정가치를 신뢰성 있게 측정할 수 없는 경우를 인정). 이후 생물자산의 공정가치를 신뢰성 있게 측정할 수 있게 되면 순공정가치로 측정한다.

⑧ 생물자산을 이전에 순공정가치로 측정하였다면 처분시점까지 계속하여 당해 생물자산을 순공정가치로 측정한다.

⑨ 수확시점의 수확물은 어떠한 경우에도 순공정가치로 측정한다(수확물에 대해서는 순공정가치 측정을 강제).

⑩ 보고기간 중에 생물자산을 키우고 관리하는 데 발생한 원가의 회계처리에 대해서는 기준서에 명시적 규정이 없다. IFRS 해석위원회는 생물자산에 대한 후속적 지출을 자본화해야 하는지 아니면 발생 시 비용 처리해야 하는지에 대해서 두 가지 방법 모두 가능하다고 결론내렸다. 어느 방법을 적용하든 보고기간 말에 인식하는 생물자산평가손익이 조정되기 때문에 당기순손익에 미치는 영향에는 차이가 없다.

Ex ×1초 1,000에 취득, 생물자산 관리비 500, ×1말 순공정가 1,700

	〈자산으로 처리한 경우〉				〈비용으로 처리한 경우〉			
×1초	생물자산	1,000	현 금	1,000	생물자산	1,000	현 금	1,000
×1중	생물자산	500	현 금	500	비 용	500	현 금	500
×1말	생물자산	200	수 익	200	생물자산	700	수 익	700
	∴ 자산 1,700, 손익 +200				∴ 자산 1,700, 손익 +200			

⑪ 기업은 종종 생물자산이나 수확물을 미래 일정시점에 판매하는 계약을 체결할 수 있다. 이때 계약가격을 공정가치 측정에 반영할 것인가?
판매계약이 존재한다고 하여 생물자산이나 수확물의 공정가치를 조정해야 하는 것은 아니다. 다만, 생물자산이나 수확물의 판매계약이 손실부담계약에 해당될 수 있다. 따라서 이러한 경우에는 비용과 충당부채를 인식하여야 한다.

참고 손실부담계약(확정판매계약)

×1년 12월 10일 : 자산 100개를 개당 10에 판매(판매일 : ×2년 1월 10일)하는 계약을 체결
×1년 12월 31일 : 자산의 (순)공정가치 개당 12

〈위약금이 150인 경우〉
계약을 이행하였을 경우 손실 예상 : (10−12)×100개=200
계약해지 시 위약금 : 150
∴ 계약해지 → 손실부담계약 관련 부채 150

〈계약금이 250인 경우〉
계약을 이행하였을 경우 손실 예상 : (10−12)×100개=200
계약해지 시 위약금 : 250
∴ 계약이행 → 손실부담계약 관련 부채 200

iv) 생산용식물과 생산용식물에서 자라는 생산물

① 생산용식물의 조건(모두 충족)

- 수확물을 생산하거나 공급하는 데 사용
- 한 회계기간을 초과하여 생산물을 생산할 것으로 예상
- 수확물로 판매될 가능성 거의 없음(부수적인 폐물로 판매하는 경우 제외)

참고 포도나무, 야자나무와 같은 식물은 포도열매, 고무유액과 같은 생산물을 얻기 위해서 재배되는데, 생산물을 얻을 정도로 성숙해진 생산용식물은 충분히 자랐기 때문에 생물적 변환이 미래경제적효익을 창출하는 데 더 이상 유의적이지 않다. 또한 생산용식물은 여러 기간에 걸쳐서 생산물을 생산하는 데에만 사용되며, 이 기간 후에 생산용식물은 보통 폐기된다.

② 회계처리

	생산용 식물	「생산용 식물에서 자라는」 생산물
자산분류	유형자산	생물자산*
측 정	성숙되기 전까지는 원가누계액으로 측정하고, 성숙 후에는 원가모형 또는 재평가모형 중 한 가지 방법 선택	최초 인식 시점 및 매 보고기간 말에 순공정가치로 측정

* 생산용 식물에서 자라는 생산물을 「수확하면」 「수확물」로 분류하고, 수확시점의 순공정가치로 측정한다.

③ 소비용 생물자산은 수확물로 수확하거나 생물자산으로 판매할 자산을 말하며, 생산용 생물자산은 소비용 생물자산을 제외한 생물자산을 말한다. 생산용 생물자산은 수확물은 아니지만 생산물을 생산하기 위해 보유한다.

소비용 생물자산과 생산용 생물자산의 예를 들면 다음과 같다.

소비용 생물자산	생산용 생물자산
정육용 가축, 양식장의 어류, 옥수수나 밀과 같은 곡물, 생산용 식물에서 자라는 생산물, 목재용으로 재배된 나무 등	착유용 가축, 과실을 수확하는 과실수* 등

* 과일과 목재 모두를 얻기 위해 재배하는 나무는 생산용 식물(유형자산)이 아니므로 생물자산에 포함된다.

참고

생산용 식물	유형자산으로 분류(포도나무, 고무나무 등)
생산용 동물 일반적 생물자산	생물자산으로 분류 ⟨ 생산용 생물자산 (과일과 목재 모두를 얻기 나무(과실수) 등) 소비용 생물자산 (목재 생산용 나무 등)

ⅴ) 정부보조금

〈표〉 정부보조금의 회계처리

구 분	회계처리
순공정가치로 측정하는 생물자산과 관련된 정부조금에 다른 조건이 없는 경우	이를 수취할 수 있게 되는 시점에만 당기손익으로 인식
순공정가치로 측정하는 생물자산과 관련된 정부보조금에 부수되는 조건이 있는 경우	그 조건을 충족하는 시점에만 당기손익으로 인식
기업이 특정 농림어업활동에 종사하지 못하게 요구하는 경우	
원가에서 감누와 손누를 차감한 금액으로 측정하는 생물자산과 관련된 정부보조금을 수령한 경우	21장 정부보조금 중 자산 관련 보조금의 회계처리 준용

객관식 7

㈜대한은 우유생산을 위하여 20×1년 1월 1일에 어미 젖소 5마리를 마리당 1,500,000에 취득하였으며, 관련 자료는 다음과 같다.

- 20×1년 10월 말에 처음으로 우유를 생산하였으며, 동 일자에 생산된 우유 전체의 순공정가치는 1,000,000이다.
- 20×1년 11월 초 전월에 생산된 우유 전체를 유제품 생산업체에 1,200,000에 납품하였다.
- 20×1년 11월 말에 젖소 새끼 2마리가 태어났다. 이 시점의 새끼 젖소의 순공정가치는 마리당 300,000이다.
- 20×1년 12월 말 2차로 우유를 생산하였으며, 동 일자에 생산된 우유 전체의 순공정가치는 1,100,000이다. 또한 20×1년 12월 말에도 어미 젖소와 새끼 젖소의 수량 변화는 없으며, 기말 현재 어미 젖소의 순공정가치는 마리당 1,550,000, 새끼 젖소의 순공정가치는 마리당 280,000이다.

위 거래가 ㈜대한의 20×1년도 포괄손익계산서상 당기순이익에 미치는 영향은 얼마인가?

풀이

일자별 회계처리

〈20×1. 1. 1.〉

생물자산	7,500,000	현금	7,500,000

〈20×1. 10. 31.〉

수확물	1,000,000	수확물평가이익	1,000,000

〈20×1. 11. 1.〉

현금	1,200,000	매출	1,200,000
매출원가	1,000,000	수확물	1,000,000

〈20×1. 11. 30.〉

생물자산	600,000	생물자산평가이익	600,000

〈20×1. 12. 31.〉

수확물	1,100,000	수확물평가이익	1,100,000
생물자산	250,000	생물자산평가이익	250,000

* 5마리×(1,550,000−1,500,000)=250,000

생물자산평가손실	40,000	생물자산	40,000

* 2마리×(280,000−300,000)=40,000

20×1년 포괄손익계산서상 당기순이익 증가금액

1,000,000+1,200,000−1,000,000+600,000+1,100,000+250,000−40,000=3,110,000

객관식 5

유통업을 영위하는 ㈜대한은 20×1년 1월 1일 건물을 10,000에 취득하였다. 건물의 내용연수는 10년, 잔존가치는 0이며, 정액법으로 상각한다. 다음은 20×1년 초부터 20×2년 말까지의 동 건물에 관한 공정가치 정보이다.

20×1년 초	20×1년 말	20×2년 말
10,000	10,800	8,800

㈜대한이 동 건물을 다음과 같은 방법(A~C)으로 회계처리하는 경우, 20×2년도 당기순이익 크기 순서대로 올바르게 나열한 것은?

A. 원가모형을 적용하는 유형자산
B. 재평가모형을 적용하는 유형자산(단, 재평가잉여금은 건물을 사용함에 따라 이익잉여금에 대체한다고 가정함)
C. 공정가치모형을 적용하는 투자부동산

풀이

i) 유형자산(원가모형)

×2년 감가비 (10,000−0)÷10=1,000

ii) 유형자산(재평가모형)

	차변		대변		
×1초	건물	10,000	현금	10,000	
×1말	감가비	1,000	건물	1,000	9,000
&	건물	1,800	OCI	1,800	10,800
×2말	감가비	1,200	건물	1,200	9,600
	(10,800−0)÷9=1,200				
	OCI	200	이잉	200	
	OCI	800	건물	800	8,800

iii) 투자부동산(공정가치모형)

×2년 평가손실 2,000(10,800 → 8,800)

iv) N/I 크기

A > B > C

Chapter 06

IFRS Intermediate Accounting

무형자산

1. 무형자산

① 물리적 실체는 없지만 식별가능한 비화폐성자산

② 자산을 물리적 형태의 유무에 따라 분류할 경우 현금이나 매출채권 등 금융자산도 무형자산으로 분류되는 문제가 발생한다. 따라서 이러한 문제점을 회피하고자 기준서 제1038호는 금융자산에 대해서 동 기준서를 적용하지 않는다고 언급하고 있다.

③ 기준서 제1038호는 다음을 제외한 무형자산의 회계처리에 적용한다.

㉠ 다른 한국채택국제회계기준서의 적용범위에 포함되는 무형자산(이연법인세자산, 영업권 등)

㉡ 금융자산

㉢ 탐사평가자산의 인식과 측정

㉣ 광물, 원유, 천연가스, 이와 유사한 비재생 자원의 개발과 추출에 대한 지출

④ 영화필름, 비디오 녹화물, 희곡, 원고, 특허권, 저작권과 같은 무형자산을 라이선스 계약에 따라 리스이용자가 보유하는 권리는 기준서 제1116호 '리스'를 적용하지 않고, 기준서 제1038호 '무형자산'을 적용한다.

해당 라이선스 계약은 기초자산이 법률 등에서 무단복제를 금지하더라도 그 특성상 무한 복제될 수 있는 무형의 항목임을 고려할 때 일정기간 배타적 사용을 전제로 하는 리스의 정의에 부합하지 못한다.

⑤ 기준서 제1038호 무형자산은 광고, 교육훈련, 사업개시, 연구와 개발활동 등에 대한 지출에 적용한다. 연구와 개발활동의 목적은 지식의 개발에 있다. 따라서 이러한 활동으로 인하여 물리적 형체(예 : 시제품)가 있는 자산이 만들어지더라도, 그 자산의 물리적 요소는 무형자산 요소 즉, 그 자산이 갖는 지식에 부수적인 것으로 한다.

참고

- 특정 소프트웨어가 있어야만 가동할 수 있는 기계장치(유형의 요소와 무형의 요소를 모두 갖추고 있는 경우 → 어떤 요소가 더 유의적인지 판단하여 유형자산 또는 무형자산 결정) → 기계장치 전체를 유형자산으로 처리
- 특정 소프트웨어가 별도의 프로그램인 경우
  → 소프트웨어를 구분하여 무형자산으로 인식

2. 무형자산으로 정의되기 위한 조건

① 식별가능성, 자원에 대한 통제 그리고 미래경제적효익의 존재를 모두 충족하여야 한다.

② 기준서 제1038호의 적용범위에 해당하는 항목이더라도 무형자산의 정의를 충족하지 않는다면 그것을 취득하거나 내부적으로 창출하기 위하여 발생한 지출은 발생시점에 비용으로 인식한다. 그러나 이러한 항목을 사업결합으로 취득하는 경우에는 취득일에 인식하는 영업권의 일부를 구성한다.

ⅰ) 식별가능성(=존재감)

- 분리가능(=매각가능)
- 계약상 권리 또는 기타 법적 권리(분리가능 여부와 무관)
- 분리가능성이 식별가능성을 나타내는 유일한 지표는 아니다.

※ 영업권은 무형자산의 정의를 충족하지 못하지만(∵ 식별가능성 조건 충족 ×) 기준서 제1103호 '사업결합'에서 무형자산으로 표시하도록 규정한다. 즉, 영업권은 식별가능성이 없는 무형자산이다.

ⅱ) 자원에 대한 통제

① 일반적으로 무형자산의 미래경제적효익에 대한 통제능력은 법적 권리에서 나오지만, 권리의 법적 집행가능성이 통제의 필요조건은 아니다.

② 시장에 대한 지식이나 기술적 지식도 계약상의 제약이나 법에 의한 종업원의 기밀유지의무 등과 같이 법적 권리에 의해 보호된다면 기업은 그러한 지식으로부터 얻을 수 있는 미래경제적효익을 통제하고 있는 것이다.

③ 숙련된 종업원을 보유하고 있더라도 언제든지 다른 직장으로 옮겨 갈 수 있다면 충분한 통제능력을 가지고 있지 않다. ∴ 무형자산 ×

④ 고객관계를 보호할 법적 권리가 없더라도 동일한 또는 유사한 비계약적 고객관계(예 : 고객정보)를 교환(매각)하는 거래(사업결합에서 발생한 것이 아닌 경우*)가 발생한 경우 이는 고객관계가 분리가능하다는 것을 보여준다.

* 동일하거나 유사한 비계약적 고객관계의 교환거래가 없을 경우 사업결합으로 취득하는 그러한 고객관계는 무형자산의 정의를 일반적으로 충족시키지 못할 것이다.

→ 고객관계를 매각할 수 있다면 해당 고객관계가 자산이라는 사후적 증거

iii) **미래경제적효익의 존재**

① 미래경제적효익은 자산이 갖추어야 할 기본적 특성이다. 무형자산의 미래경제적효익은 제품의 매출, 용역수익, 원가절감 또는 자산의 사용에 따른 기타 효익의 형태로 발생할 수 있다. 예를 들어 제조과정에서 지적재산을 사용하면 미래 수익을 증가시키기보다는 미래 제조원가를 감소시킬 수 있다.

예제 1 무형자산의 정의

〈사례 1〉
A백화점은 오랫동안 고객관계를 밀접하게 유지하고 있으며, 일부 고객은 높은 고객충성도를 보이고 있다. A백화점은 밀접한 고객관계와 높은 고객충성도로부터 미래경제적효익이 유입될 것으로 기대하고 있다.

〈사례 2〉
A백화점이 외부로부터 대가를 지급하고 고객목록을 취득하였다.

〈사례 3〉
B엔터테인먼트 회사는 10명으로 구성된 아이돌 가수를 오래전부터 훈련시켜왔으며, 데뷔를 앞두고 있다. B엔터테인먼트 회사는 10명의 아이돌 가수와 5년간의 전속계약을 체결하였다. 이 계약에 따르면 10명의 아이돌 가수는 그 누구도 계약 만기 전에 소속사를 옮길 수 없으며, 그렇게 할 경우 회사가 거액의 위약금을 부과할 수 있다. 또한 전속계약기간 동안 B엔터테인먼트의 지시에 따라 연예활동을 해야 한다.

각 사례가 무형자산의 정의를 충족하는지에 대해 자원에 대한 통제여부를 중심으로 설명하시오.

풀이

〈사례 1〉
A백화점은 밀접한 고객관계를 지속시키거나 높은 고객충성도로부터 미래경제적효익을 기대할 수 있다. 그러나 고객관계와 고객충성도를 유지시키기 위해서 고객을 통제할 수는 없다.

〈사례 2〉
A백화점이 대가를 지급하고 외부로부터 고객목록을 취득하였으며, 고객목록을 판매한 측에서 이후 고객목록에 포함되어 있는 고객에 대한 접근이 제한된다면 A백화점은 고객관계로부터 발생하는 미래경제적효익을 통제할 수 있으므로 무형자산의 정의를 충족한다.

〈사례 3〉
B엔터테인먼트 회사에 소속되어 있는 10명의 아이돌 가수는 전속계약 기간이 만료되기 전까지 소속사를 이전할 수 없으며, 회사가 지시하는대로 연예활동을 하도록 되어 있으므로 B엔터테인먼트 회사는 10명의 아이돌 가수로부터 기대되는 미래경제적효익을 통제할 수 있다.

다만 B엔터테인먼트 회사에 소속된 아이돌 가수가 미래경제적효익의 통제조건을 충족하더라도 무형자산의 다른 인식조건(미래경제적효익의 유입가능성, 원가의 신뢰성 있는 측정)을 충족하지는 못하므로 무형자산으로 인식할 수는 없다.

3. 인식과 측정

무형자산을 최초로 인식할 때에는 원가로 측정한다.

대부분의 취득이나 완성 후의 지출은 이 기준서에서 정하고 있는 무형자산의 정의와 인식기준을 충족하기 보다는 기존 무형자산이 갖는 기대 미래경제적효익을 유지하는 것이 대부분이다. 또한 취득이나 완성 후의 지출을 사업 전체가 아닌 특정 무형자산에 직접 귀속시키기 어려운 경우가 많다. 그러므로 후속지출(예 : 취득한 무형자산의 최초 인식 후 또는 내부적으로 창출한 무형자산의 완성 후 발생한 지출)이 자산의 장부금액으로 인식되는 경우는 매우 드물다.

i) 인식기준

① 자산에서 발생하는 미래경제적효익이 기업에 유입될 가능성이 높다.
② 자산의 원가를 신뢰성 있게 측정할 수 있다.

ii) 개별 취득

① 관세 및 환급불가능한 취득 관련 세금을 가산하고 매입할인과 리베이트 등을 차감한 구입가격과 자산을 의도한 목적에 사용할 수 있도록 준비하는 데 직접 관련되는 원가

㉠ 포함되는 원가
- 직접적으로 발생하는 종업원급여
- 직접적으로 발생하는 전문가 수수료
- 적절하게 기능하는지 검사하는 데 발생하는 원가

㉡ 포함되지 않는 원가
- 홍보원가 및 교육훈련비
- 관리 및 기타 일반경비원가
- 경영자가 의도하는 방식으로 운용할 수 있으나 아직 사용하지 않고 있는 기간에 발생한 원가
- 수요가 확립되기 전 초기 영업손실
- 무형자산을 사용하거나 재배치하는데 발생한 원가

② 개별 취득하는 무형자산은 인식조건 중 '자산에서 발생하는 미래경제적효익이 기업에 유입될 가능성이 높다.'를 항상 충족하는 것으로 본다.

③ 무형자산의 개발과 관련된 영업활동 중에는 해당 자산을 경영자가 의도하는 방식으로 운영될 수 있는 상태에 이르도록 하는데 반드시 필요하지 않은 활동도 있다. 이러한 부수적인 활동과 관련하여 발생한 수익이나 비용은 즉시 당기손익으로 인식한다.

iii) 사업결합으로 인한 취득

- 합병

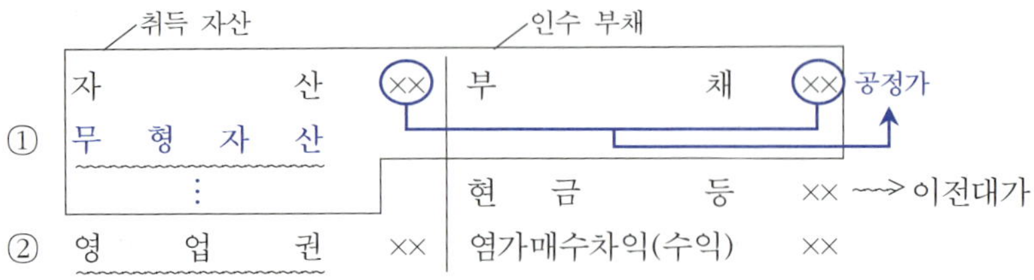

① 무형자산을 취득할 때에는 원가로 최초 측정하는 반면, 사업결합 과정에서 무형자산을 취득할 때에는 공정가치로 최초 측정한다.

② 사업결합으로 취득하는 무형자산은 인식조건 중 '자산에서 발생하는 미래경제적효익이 기업에 유입될 가능성이 높다.'를 항상 충족하는 것으로 본다.

③ 피취득회사의 무형자산(지적재산권, 소프트웨어 등)
- 공정가치를 신뢰성 있게 측정할 수 있다면 사업결합 전에 피취득회사가 그 자산을 인식했는지 여부와 관계없이 취득일에 당해 무형자산을 인식한다.

④ 영업권

┌ 상각 ×(영업권 내용연수 : 비한정)
│ 손상 ○
└ 환입 ×(합병 후 발생한 영업권의 손상이 회복된 경우 합병과 무관한 '내부창출 영업권'에 해당한다. 이는 기준에서 인정하는 영업권이 아니므로 환입은 인정하지 않는다.)

- 사업결합을 통해 무형자산을 취득하였으나 해당 무형자산의 공정가치를 신뢰성 있게 측정할 수 없는 경우 해당 무형자산을 별도의 자산으로 인식하지 않고 영업권에 포함하여 인식한다.
- 내부적으로 창출한 영업권은 무형자산으로 인식하지 않는다.

⑤ 사업결합으로 취득하는 무형자산이 관련된 유형자산 또는 무형자산과 결합되어서만 분리 가능한 경우도 있다. 이러한 경우 취득자는 해당 무형자산을 영업권과는 분리하지만, 무형자산과 연관된 자산집단은 하나의 자산으로 인식한다.

iv) **정부보조에 의한 취득**

무형자산과 정부보조금을 모두 공정가치로 인식할 수도 있고, 명목상 금액으로 인식할 수도 있다.

v) **자산의 교환**

유형자산과 동일

vi) **내부적으로 창출한 무형자산**

① 연구단계와 개발단계를 구분할 수 없는 경우에는 모두 연구단계에서 발생한 것으로 본다.

구분	사 례	회계처리
연구활동	① 새로운 지식을 얻고자 하는 활동 ② 연구결과나 기타 지식을 탐색, 평가, 최종 선택, 응용하는 활동 ③ 재료, 장치, 제품, 공정, 시스템이나 용역에 대한 여러 가지 대체안을 탐색하는 활동 ④ 새롭거나 개선된 재료, 장치, 제품, 공정, 시스템이나 용역에 대한 여러 가지 대체안을 제안, 설계, 평가, 최종 선택하는 활동	발생시점에 비용으로 인식
개발활동	① 생산이나 사용 전의 시제품과 모형을 설계, 제작, 시험하는 활동 ② 새로운 기술과 관련된 공구, 지그, 주형, 금형 등을 설계하는 활동 ③ 상업적 생산 목적으로 실현가능한 경제적 규모가 아닌 시험공장을 설계, 건설, 가동하는 활동 ④ 신규 또는 개선된 재료, 장치, 제품, 공정, 시스템이나 용역에 대하여 최종적으로 선정된 안을 설계, 제작, 시험하는 활동	6가지 사항*을 모두 제시할 수 있는 경우에만 무형자산으로 인식

* (1) 무형자산을 사용하거나 판매하기 위해 그 자산을 완성할 수 있는 기술적 실현가능성
(2) 무형자산을 완성하여 사용하거나 판매하려는 기업의 의도
(3) 무형자산을 사용하거나 판매할 수 있는 기업의 능력
(4) 무형자산이 미래경제적효익을 창출하는 방법
(5) 무형자산의 개발을 완료하고 그것을 판매하거나 사용하는 데 필요한 기술적, 재정적 자원 등의 입수가능성
(6) 개발과정에서 발생한 무형자산 관련 지출을 신뢰성 있게 측정할 수 있는 기업의 능력

② 내부적으로 창출한 무형자산의 원가는 그 무형자산이 인식기준을 최초로 충족한 이후에 발생한 지출금액의 합으로 한다. 따라서 이미 무형자산의 인식기준을 충족하지 못하여 비용으로 인식한 지출은 이후에 무형자산의 인식기준을 충족하더라도 소급하여 무형자산의 원가로 인식할 수 없다.

Ex 개발

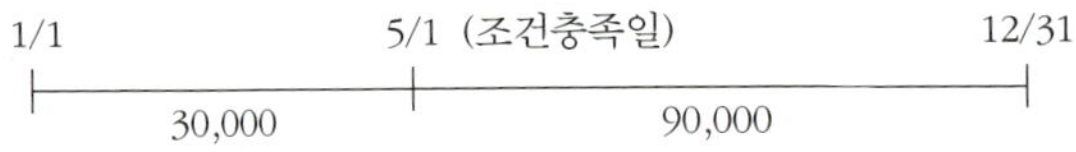

case 1) 12/31 현재 조건 충족 ∴ 120,000 모두 개발자산(×)

case 2) 5/1부터 12/31 동안 조건 충족 ∴ 90,000만 개발자산(○)

③ 내부적으로 창출한 브랜드(brands), 제호(mastheads), 출판표제(publishing titles), 고객목록과 이와 유사한 항목은 무형자산으로 인식하지 않는다. 이러한 항목들은 사업을 전체적으로 개발하는 데 발생한 원가와 구별할 수 없으므로 무형자산으로 인식하지 않는다. 만일 브랜드 등을 외부에서 취득하여 독립적으로 사용할 수 있게 되었다면, 지급대가를 무형자산의 최초 인식금액으로 측정한다.

④ 다음의 항목은 내부적으로 창출한 무형자산의 원가에 포함하지 않는다.

- 판매비, 관리비 및 기타 일반 경비 지출
- 비효율로 인한 손실과 초기 영업손실
- 교육훈련비

⑤ 우리나라 회계감독당국은 오래 전부터 제약업계의 연구개발 지출에 대한 다양한 회계처리에 우려를 제기하여 왔다. 그리고 2018년 하반기에 제약·바이오 기업의 연구개발비 회계처리관련 감독지침을 발표하였다. 감독지침 발표로 자본시장의 불확실성이 어느 정도 제거될 수는 있지만, 원칙 중심의 특성을 갖는 국제회계기준이 규칙 중심의 회계기준으로 바뀌는 것은 바람직하지 못하다고 판단된다.

vii) 웹 사이트 원가

① 무형자산으로 인식되기 위해서 갖추어야 할 6가지 사항을 모두 제시할 수 있는 경우에만 무형자산으로 인식한다.

② 판매촉진과 광고를 위해 웹 사이트를 개발한 경우 웹 사이트 개발에 대한 모든 지출은 발생시점의 비용으로 인식한다.

viii) **특허권 등을 취득하는 경우**

① 개발활동 지출과 별개로 특허권 등을 별도의 무형자산 과목으로 인식

참고 개발자산을 기초하여 특허권을 취득한 경우

	차변		대변		
×1초	개발자산 (n=5)	1,000	현금	1,000	
×1말	상각비	200	개발자산	200	
×2초	해당 개발을 기초로 특허 취득 (700 지출)				
i)	특허권	1,500	개발자산 현금	800 700	(×)
ii)	특허권	700	현금	700	(○)

Con 개발자산≠특허권

② 산업재산권은 특허권, 실용신안권, 의장권 및 상표권을 총칭하는 것으로 이들 무형자산은 그 가치를 평가하지 않고 취득을 위해 발생한 직접비용만을 취득원가에 포함시킨다.

객관식 3

- 연구활동관련 : 100,000
- 개발활동관련 : 30,000(4월 1일 ~ 9월 30일)
  90,000(10월 1일 ~ 12월 31일)
- 무형자산 인식기준 충족시점 : 10월 1일 이후
- 12월 31일 산업재산권을 6,000에 취득
- 회사는 무형자산에 대해 5년 간 상각

기말 재무상태표에 표시되는 개발자산과 산업재산권(특허권) 가액은?

풀이

i) 연구 100,000 → 비용

ii) 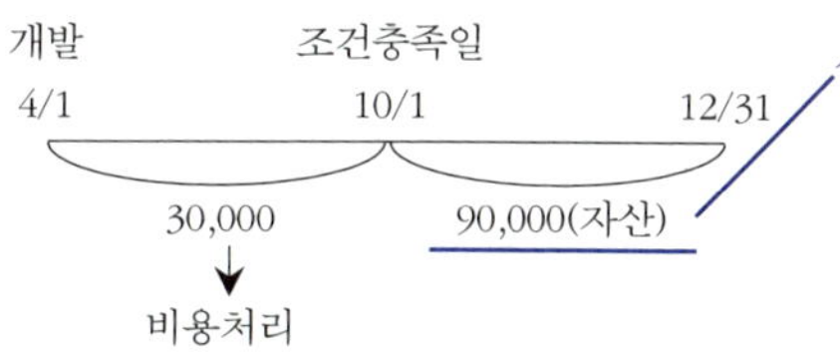

상각 × ┌① 사용가능하다는 언급 ×
└② 10/1 이후 지출 ∴ 지출시점 불명확

하지만 해답은 다음과 같다.

$90{,}000-90{,}000\times\frac{1}{5}\times\frac{3}{12}=85{,}500$

iii) 특허권(자산)=6,000, 상각 × (∵ 12/31 지출)

4. 비용의 인식

- 다음 중 하나에 해당하지 않는 무형항목 관련 지출은 발생시점에 비용으로 인식
  ① 인식기준을 충족하는 무형자산 원가의 일부가 되는 경우
  ② 사업결합에서 취득하였으나 무형자산으로 인식할 수 없는 경우. 이 경우에는 취득일의 영업권으로 인식한 금액의 일부가 된다.

- 연구활동 지출 이외에 발생시점에서 비용으로 인식하는 지출의 예
  ① 사업개시원가
  ② 교육훈련비
  ③ 광고 및 판매촉진비
  ④ 기업의 전부나 일부의 이전 또는 조직 개편에 관련된 지출

참고 비용의 인식시점

- 비용은 발생시점에 인식한다.
- 재화가 제공되는 경우 발생시점은 재화를 이용할 수 있는 권리를 갖게 될 때이다. 이 경우는 재화를 소유할 때, 또는 재화가 공급계약에 따라 공급자에 의해 건설되고 기업이 지급의 대가로 재화의 인도를 요구할 수 있을 때를 의미한다.
- 용역이 제공되는 경우 발생시점은 용역을 제공받았을 때이다.

5. 무형자산의 상각

i) 내용연수

① 관련된 모든 요소의 분석에 근거하여, 그 자산이 순현금유입을 창출할 것으로 기대되는 기간에 대하여 예측가능한 제한이 없다면, 무형자산의 내용연수가 비한정인 것으로 본다.

② 컴퓨터 소프트웨어와 그 밖의 많은 무형자산은 기술 변화가 빠르기 때문에 기술적 진부화의 영향을 받기 쉽다. 따라서 그러한 무형자산의 내용연수는 짧은 경우가 많을 것이다. 무형자산을 사용하여 생산된 품목의 판매가격이 향후 하락할 것으로 예상된다면, 이는 그 자산이 기술적으로나 상업적으로 진부화될 것이 예상됨을 시사하며 결국 그 자산에 내재된 미래경제적효익의 감소를 나타내는 것일 수 있다.

③ 내용연수의 불확실성으로 인하여 무형자산의 내용연수를 신중하게 추정하는 것은 정당하지만, 비현실적으로 짧은 내용연수를 선택하는 것은 정당화되지 않는다.

④ 무형자산이 계약상 권리 또는 기타 법적 권리로부터 발생하는 것이라면 내용연수는 계약상 권리 또는 기타 법적 권리의 기간을 초과할 수는 없으나, 자산의 예상사용기간에 따라 더 짧을 수는 있다. 만약 그러한 권리가 갱신가능한 한정된 기간 동안 부여된다면, 유의적인 원가 없이 갱신될 것이 명백한 경우에만 그 갱신기간을 무형자산의 내용연수에 포함한다.

ii) 내용연수가 유한한 무형자산

① 무형자산의 상각은 당해 무형자산이 사용가능한 때부터 시작한다.

② 무형자산의 상각은 매각예정비유동자산으로 분류되는 날과 자산이 재무상태표에서 제거되는 날 중 이른 날에 중지한다.

③ 자산을 더 이상 사용하지 않을 때에도 상각을 중지하지 않는다.
즉, 일시 운휴 또는 영구 운휴 관계없이 상각을 계속함
Amortisation of an intangible asset with a finite useful life does not cease when the intangible asset is no longer used, unless the asset has been fully depreciated or is classified as held for sale.

④ 소비되는 형태를 신뢰성 있게 결정할 수 없는 경우에는 정액법을 사용한다.

⑤ 내용연수가 유한한 무형자산의 잔존가치는 특별한 경우를 제외하고는 영(0)으로 본다.
특별한 경우란 다음의 ㉠과 ㉡ 중 하나에 해당하는 경우를 말한다.
㉠ 내용연수 종료시점에 제3자가 자산을 구입하기로 한 약정이 있다.
㉡ 무형자산의 활성시장이 있고 다음을 모두 충족한다.
- 잔존가치를 그 활성시장에 기초하여 결정할 수 있다.
- 그러한 활성시장이 내용연수 종료시점에 존재할 가능성이 높다.

참고 기업은 특허권 취득일 현재 공정가치의 60%로 5년 후에 특허권을 구매하려는 제3자와 약정하였으며 5년 후에 특허권을 매각할 의도를 가지고 있다.
이러한 경우 기업은 특허권을 취득일 현재 공정가치의 60%에 대한 현재가치를 잔존가치로 하여 5년의 내용연수에 걸쳐 상각할 것이다.

⑥ 무형자산의 사용을 포함하는 활동에서 창출되는 수익에 기초한 상각방법은 반증할 수 없는 한 적절하지 않다고 간주한다. 유형자산 기준서에도 이와 동일한 규정이 있다.
그러나 어떤 경우에는 창출될 수익이 상각의 적절한 기준이 될 수 있다.

EX 창출될 수익에 근거한 무형자산의 상각

갑회사는 유료도로를 운영할 권리를 50,000에 취득하였다. 관련 계약에 따르면 갑회사는 유료도로에서 회수하는 누적통행료가 200,000에 이를 때까지 유료도로를 운영할 수 있다.
이 경우 상각기간은 어떻게 결정하는가?
'당해연도 실제 회수 통행료÷200,000'의 비율로 유료도로 운영 권리의 취득원가를 상각한다.

⑦ 그 외의 사항은 유형자산과 동일하다.

iii) 내용연수가 비한정인(≠무한) 무형자산

① 상각을 하지 않는다.

② 손상징후에 상관없이 최소 매년 손상검사를 수행하여 손상차손을 인식한다.

③ 매 회계기간마다 내용연수가 비한정이라는 평가가 정당한지 검토한다.
if 정당하지 않다면(내용연수를 한정(확정)지을 수 있다면) 전진법 회계처리

④ 비한정 내용연수를 유한 내용연수로 재평가하는 것은 그 자산의 손상을 시사하는 하나의 징후가 된다. 따라서 회수가능액과 장부금액을 비교하여 그 자산에 대한 손상검사를 하고, 회수가능액을 초과하는 장부금액을 손상차손으로 인식한다.

6. 재평가모형 및 손상

① 재평가모형은 자산을 원가로 최초에 인식한 후에 적용한다. 따라서 이전에 자산으로 인식하지 않은 무형자산을 재평가하거나, 원가가 아닌 금액으로 무형자산을 최초로 인식한 경우에는 재평가모형을 적용할 수 없다.

② 무형자산에 재평가모형을 적용하기 위해서는 동 무형자산에 활성시장이 존재하는 경우에만 가능하다.

③ 일부 과정이 종료될 때까지 인식기준을 충족하지 않아서 무형자산의 원가의 일부만 자산으로 인식한 경우에는(라도) 그 자산 전체에 대하여 재평가모형을 적용할 수 있다. 그 외의 사항은 유형자산과 동일하다.

④ 정부보조를 통하여 취득하고 공정가치가 아닌 명목상 금액으로 인식한 무형자산에 대해서도 재평가모형을 적용할 수 있다.

⑤ 재평가한 무형자산과 같은 분류 내의 무형자산을 그 자산에 대한 활성시장이 없어서 재평가할 수 없는 경우에는 원가에서 상각누계액과 손상차손누계액을 차감한 금액으로 표시한다. 또한 재평가한 무형자산의 공정가치를 더 이상 활성시장을 기초로 하여 결정할 수 없는 경우 무형자산의 장부금액은 활성시장을 기초로 한 최종 평가일의 재평가금액에서 이후의 상각누계액과 손상차손누계액을 차감한 금액으로 한다. 그러나 자산의 공정가치를 이후의 측정일에 활성시장을 기초로 하여 다시 결정할 수 있는 경우에는 그 날부터 재평가모형을 적용한다.

⑥ 보고기간 말마다 자산손상 징후가 있는지를 검토한다. 그러한 징후가 있다면 해당 자산의 회수가능액을 추정한다.

⑦ 다음의 경우에는 자산손상 징후가 있는지에 관계없이 회수가능액을 추정하고 장부금액과 비교하여 손상검사를 한다.

- 내용연수가 비한정인 무형자산이나 아직 사용할 수 없는 무형자산은 일 년에 한번은 손상검사를 한다. 손상검사를 매년 같은 시기에 수행한다면 연차 회계기간 중 어느 때에라도 할 수 있다. 서로 다른 무형자산은 각기 다른 시점에 손상검사를 할 수 있다. 다만 해당 회계연도 중에 이러한 무형자산을 처음 인식한 경우에는 해당 회계연도 말 전에 손상검사를 한다.
- 사업결합으로 취득한 영업권은 일 년에 한번은 손상검사를 한다.

⑧ 손상의 징후와 관계없이 최소한 매년 회수가능액을 추정해야 하는 경우

- 내용연수가 비한정인 무형자산
- 아직 사용할 수 없는 무형자산
- 영업권

7. 무형자산의 폐기와 처분

① 무형자산의 처분일은 기준서 1115호 '수익'의 규정을 준용한다. 즉, 구매자가 자산을 통제하는 시점에 판매자는 자산을 제거한다. 또한 무형자산의 처분대가에는 변동금액이 포함될 수 있다.

② 무형자산은 처분하는 때와 사용이나 처분으로부터 미래경제적효익이 기대되지 않을 때 재무상태표에서 제거한다. 무형자산 제거로 인한 손익은 순매각가액과 장부금액의 차이이며, 당기손익으로 인식한다.

③ 무형자산의 일부가 다른 무형자산으로 대체되는 경우 대체되는 부분의 장부금액을 제거한다. 그러나 대체된 부분의 장부금액을 실무적으로 결정할 수 없는 경우에는 대체된 부분을 취득하거나 내부적으로 창출한 시점에 대체된 부분의 원가가 얼마였는지 나타내주는 자료로 대체원가를 사용할 수 있다.

객관식 4

×2와 ×3에 각각 5,000,000과 7,000,000을 개발활동에 지출(인식요건 충족)

×3. 10/1 개발 완료 → 사용 시작($n=10$, $s=0$, 정액법)

×4말 회수가능액 8,400,000(손상 발생)

×5말 회수가능액 9,500,000(회복)

×5말 인식할 손상차손환입액은?

풀이

×3 10/1　12,000,000($n=10$, $s=0$, 정액법)

③ ↓ $(12,000,000-0)\times\frac{1}{10}\times\frac{3}{12}=300,000$

×3말　11,700,000

⑫ ↓ $(12,000,000-0)\times\frac{1}{10}=1,200,000$

×4말　10,500,000 → 8,400,000

손상 2,100,000

⑫ ↓ $(8,400,000-0)\times\frac{12}{105}=960,000$

(105: (120 − 15)개월)

×5말　7,440,000 → 9,500,000

환입 1,860,000

(한도 $12,000,000-(12,000,000-0)\times\frac{27}{120}=9,300,000$)

보론. 박토원가

개발단계 : 박토활동자산

생산단계 < 박토활동자산 / 재고자산

Ex 박토활동원가의 배분

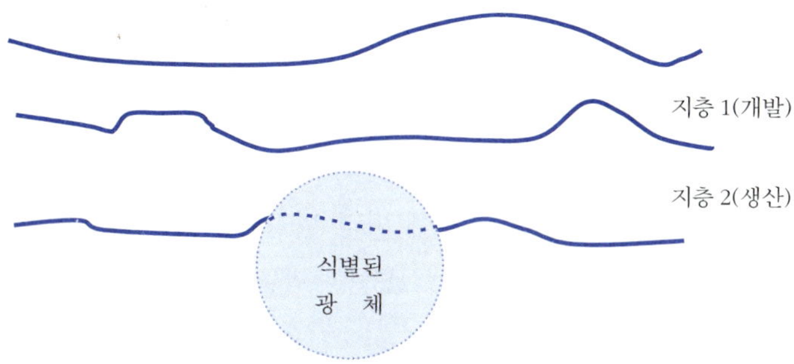

지층 1은 개발단계에서 제거하는 폐석층으로서 이 과정에서 발생한 제거원가는 모두 자본화한 후 생산기간 중에 상각을 한다.

지층 2는 폐석과 광석이 혼재하는 층으로서 지층 2를 제거하는데 1,000의 원가가 발생하였다. 갑 회사는 지층 2의 제거과정에서 광석 10톤을 채취하였는데, 식별된 광체에서 광석 1톤을 채취하는데 예상되는 원가는 40이다. 예상원가 대비 생산된 재고자산의 원가의 측정치를 이용할 경우 지층 2의 박토원가 1,000은 다음과 같이 재고자산과 박토활동자산에 배분한다.

재고자산 배분액 = 10톤 × 40 = 400

박토활동자산 배분액 = 1,000 − 400 = 600

문단 8. 박토활동에서 발생하는 효익이 생산된 재고자산의 형태로 실현되는 정도까지는 박토활동원가를 재고자산으로 회계처리한다. 아래 문단 9의 기준을 충족하면 박토활동에서 발생하는 효익이 광석에 대한 접근을 개선하는 정도까지는 이 박토활동원가를 비유동자산(박토활동자산)으로 인식한다.

문단 9. 다음을 모두 충족하는 경우에만 박토활동자산을 인식한다.

(1) 박토활동과 관련된 미래 경제적 효익(광체에 대한 접근의 개선)이 기업에 유입될 가능성이 높다.

(2) 접근이 개선된 광체의 구성요소를 식별할 수 있다.

(3) 그 구성요소와 관련된 박토활동의 원가를 신뢰성 있게 측정할 수 있다.

문단 10. 박토활동자산은 기존 자산의 일부로 회계처리한다.

문단 11. 기존 자산의 성격에 따라 박토활동자산을 유형자산으로 또는 무형자산으로 분류할 것인지가 결정된다.

문단 12. 박토활동자산은 최초에 원가로 측정한다.

문단 13. 박토활동자산의 원가와 생산된 재고자산의 원가를 별도로 식별할 수 없는 경우, 관련된 생산측정치를 기초로 한 배분 기준을 이용하여 생산 관련 박토원가를 생산된 재고자산과 박토활동자산에 배분한다.

문단 15. 예상내용연수에 걸쳐 체계적인 방법에 따라 박토활동자산을 감가상각하거나 상각한다. 다른 방법이 더 적절하지 않다면 생산량비례법을 적용한다.

참고. 가상화폐(cryptocurrencies)의 분류

가상화폐 보유자는 가상화폐를 현금, 금융자산, 재고자산, 무형자산 중 어느 것으로 분류해야 하는가에 대한 질의에 대해서 IFRS 해석위원회의 회신을 요약하면 다음과 같다.

일부 가상화폐가 특정 재화나 용역의 교환에 사용될 수 있더라도 가상화폐가 교환의 수단이나 재화나 용역의 가격을 결정하는 화폐단위로서 모든 거래가 재무제표 상에 이에 근거하여 측정 및 인식되지 않는다는 점에 기초하여, 가상화폐는 현금이 아니다.

또한, 가상화폐는 다른 기업의 지분상품이 아니고, 보유자에게 계약상의 권리를 발생시키지도 않으며, 보유자 자신의 지분상품으로 결제하거나 결제할 수 있는 계약도 아니므로 금융자산이 될 수도 없다.

가상화폐는 ① 보유자로부터 분리가능하며 개별적으로 판매 또는 이전이 가능하고, ② 확정되었거나 결정 가능한 화폐단위의 수량을 받을 권리가 보유자에게 없으므로 무형자산의 정의를 충족한다.

다만, 기업이 가상화폐를 통상적인 영업과정에서 판매를 위하여 보유 중이라면, 가상화폐는 재고자산에 해당되므로 기준서 제1002호 '재고자산'을 적용한다.

Chapter 07

IFRS Intermediate Accounting

재고자산

1. 재고자산

i) 재고자산의 종류

① ┌ 상품
   └ 제품 ← 재공품 ── 원재료

② 생산이나 용역제공에 사용될 원재료나 소모품

고속버스 운송회사의 경우 보통 경유의 보관 및 주유를 위한 자체 시설을 갖추고 고속버스의 운행에 필요한 경유를 직접 주유한다. 고속버스 운송회사는 재화가 아니라 운송 서비스를 제공하는 기업이므로 이 경우 고속버스 운송회사가 보유하는 경유는 생산이나 용역 제공에 사용될 소모품에 해당한다. 따라서 이를 재고자산으로 분류한다.

③ 저장품 또는 소모품

참고

투자부동산은 임대수익이나 시세차익 또는 두 가지 모두를 얻기 위하여 보유하는 부동산으로 정의하고 있으며, 여기에 재화의 생산이나 용역의 제공 또는 관리목적에 사용하는 부동산 및 정상적인 영업과정에서 판매할 부동산은 제외하도록 규정하고 있다. 따라서 부동산 개발업자가 보유하는 부동산은 통상적인 영업과정에서 판매할 부동산이므로 임대 여부에 관계없이 재고자산으로 분류한다.

ii) 예비부품, 대기성 장비 및 수선용품

① 원칙 : 재고자산으로 분류하고 사용 시점에 당기손익 인식

② 예외 : 중요하면서 한 회계기간 이상 사용할 것으로 예상되는 경우 유형자산으로 분류

iii) 기준서 제1002호의 적용 범위

① 전체 제외

재고자산은 기준서 제1002호를 적용하여 회계처리한다. 그러나 다음의 경우에는 이 기준서를 적용하지 않는다.

- ~~금융상품~~
- 농림어업활동과 관련된 생물자산과 수확시점의 농림어업 수확물

② 측정 규정만 제외

기준서 제1002호에서는 재고자산을 원가와 순실현가능가치 중 낮은 금액으로 측정하도록 규정하고 있다. 그러나 다음에 해당되는 재고자산에는 이러한 측정 규정을 적용하지 않는다.

- 생산자가 해당 산업의 합리적인 관행에 따라 순실현가능가치로 측정하는 농림어업과 삼림 제품(agricultural and forest products : 수확된 곡물 그리고 추출된 광물)
- 순공정가치로 측정한 일반상품 중개기업의 재고자산

iv) 재고자산의 원가배분

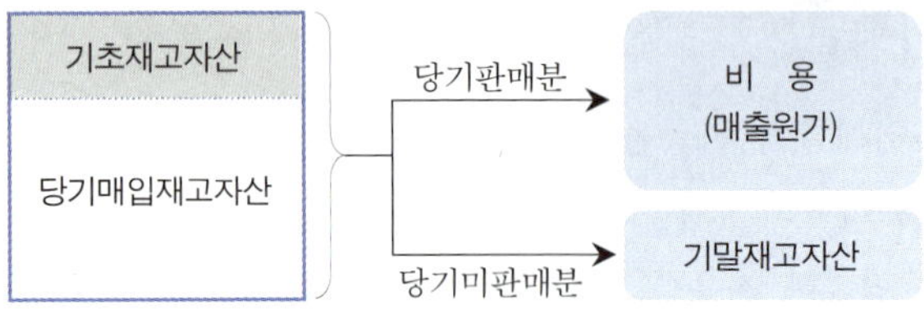

기초재고자산 + 당기매입재고자산 = 매출원가 + 기말재고자산
(판매가능상품)

2. 재고자산의 기장방법

i) 특이한 기장방법의 필요성

① 총액법(매출, 매출원가 모두 인식)으로 기장해야 매출, 매출원가에 대해서 파악할 수 있다.

〈유형자산〉				〈재고자산〉			
현 금	1,500	유형자산	1,000	현 금	1,500	매 출	1,500
		처분이익	500	매출원가	1,000	재 고	1,000

② 총액법은 다시 계속기록법과 실지재고조사법으로 나뉜다.

ii) 재고자산 거래의 장부기록방법

	〈계속기록법〉				〈실지재고 조사법〉			
매입 시 :	상 품	××	현 금	××	매 입	××	현 금	××
매출 시 :	현 금	××	매 출	××	현 금	××	매 출	××
	매출원가	××	상 품	××	회계처리 ×			

12/31 : 회계처리 ×

장점 : 정확한 매출원가
(∵ 판매시마다 기록)

단점 : 기말재고의 과대계상 가능성
(∵ 있어야 할 재고 ≠실제 있는 재고)

주의 : 팔릴 때마다 단가결정의 논리 적용
(∵ 팔릴 때마다 매출원가 인식)

상품(기말)	××	상품(기초)	××
매출원가	××	매 입	××

장점 : 정확한 기말재고
(∵ 실사)

단점 : 매출원가의 과대계상 가능성
(∵ 창고 밖으로 나간 재고 모두를 매출원가로 계상)

주의 : 12/31 한번 단가결정의 논리 적용
(∵ 12/31 한번 매출원가 일괄 인식)

계속기록법 하에서의 기말재고자산가액의 결정과정

[기초재고자산가액 + 당기매입액] − 판매된 재고자산의 취득원가(매출원가) = 기말 재고자산가액

실지재고조사법 하에서의 매출원가의 결정과정

[기초재고자산가액 + 당기매입액] − 기말 재고자산가액 = 판매된 재고자산의 취득원가(매출원가)

3. 기록의 방법 & 단가결정

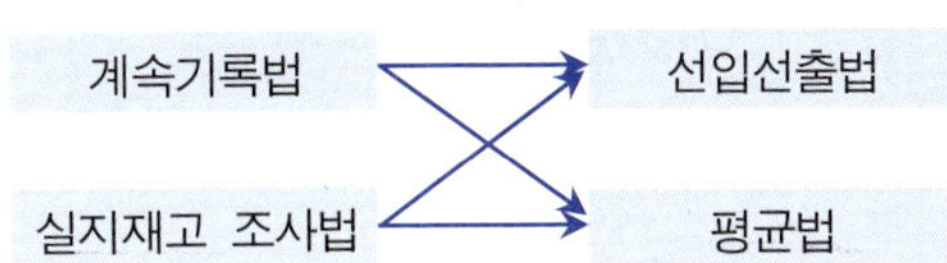

예제 2 단위원가 결정 방법

계속기록법 & 선입선출법, 계속기록법 & 평균법(이동평균법)
실지재고 조사법 & 선입선출법, 실지재고 조사법 & 평균법(총평균법)

1/1 100개×1,000
2/10 500개×1,100
2/15 400개 매출
3/10 500개×1,200
3/15 400개 매출

〈계속기록법〉

	차변	금액	대변	금액
2/10	상품	550,000	현금	550,000
2/15	현금	××	매출	××
	매출원가	××	상품	××

→ 선입선출법 : 100개×1,000+300개×1,100 =430,000
평균법 : 400개×1,083* =433,200
* (100개×1,000+500개×1,100)÷600개

	차변	금액	대변	금액
3/10	상품	600,000	현금	600,000
3/15	현금	××	매출	××
	매출원가	××	상품	××

→ 선입선출법 : 200개×1,100+200개×1,200 =460,000
평균법 : 400개×1,167* =466,800
* (200개×1,083+500개×1,200)÷700개

〈실지재고 조사법〉

	차변	금액	대변	금액
2/10	매입	550,000	현금	550,000
2/15	현금	××	매출	××
	×			
3/10	매입	600,000	현금	600,000
3/15	현금	××	매출	××
	×			
12/31	상품(기말)	①	상품(기초)	100,000
	매출원가	② ××	매입	1,150,000

〈선입선출법〉

800

- 100개×1,000
- 500개×1,100
- 500개×1,200

∴ ① 300개×1,200=360,000

〈평균법〉

- 100개×1,000
- 500개×1,100
- 500개×1,200

1,250,000÷1,100개=@1,136

∴ ① 300개×1,136=340,800

참고

① 선입선출법 ┌ 계속기록법 / └ 실지재고조사법 결과 동일

② 평균법 ┌ 계속기록법 ⟶ 이동평균법 / └ 실지재고조사법 ⟶ 총평균법

※ 평균법

1/1 기초
3/1 매입 → 평균(계속기록법)
5/1 매출
8/1 매입

평균 (실지재고조사법) ← 1/1 기초 ~ 8/1 매입

객관식 3

평균법 적용, 계속기록법 또는 실지재고조사법 적용

2월 1일	기초재고	1,000개×@10
2월 10일	매입	2,000개×@11
2월 20일	매출	2,000개
2월 25일	매입	1,000개×@12

각 방법에 따른 2월 20일 매출원가는?

풀이

계속기록법 : (10,000+22,000)÷(1,000+2,000)개=@10.67

∴ 2,000개×@10.67=21,333

실지재고 조사법 : (10,000+22,000+12,000)÷(1,000+2,000+1,000)개=@11

∴ 2,000개×@11=22,000

참고

┌ 계속기록법 / └ 실지재고조사법 & ┌ 선입선출법 / └ 평균법 ⟶ 모두 같은 결과일 경우 [i) 매입단가 모두 동일 / ii) 기말재고가 '0'일 경우 (모두 팔린 경우)

ⅰ) 단위원가 결정방법의 종류

① 통상적으로 상호 교환될 수 없는 재고자산 항목의 원가와 특정 프로젝트별로 생산되고 분리되는 재화 또는 용역의 원가는 개별법 적용

② 통상적으로 상호 교환가능한 대량의 재고자산을 취급하는 경우 개별법을 적용하는 것은 적절하지 않다. 왜냐하면 매출원가와 기말재고자산을 결정할 때, 특정의 취득원가로 매입한 재고자산이 판매되었거나 기말에 남아있는 것으로 조작하여 손익을 자의적으로 조정할 수 있기 때문이다.

③ 개별법이 적용되지 않는 재고자산의 단위원가는 선입선출법 또는 가중평균법을 사용

④ 선입선출법 : 기말 재고자산이 최근에 매입한 재고자산으로 구성되기 때문에 현행원가에 가까운 금액으로 표시

⑤ 후입선출법 적용 불허 이유

- 현실에서는 선입선출의 양상을 보임
- 물가가 상승하는 경우 기말재고는 현실과 무관하게 작은 금액으로 표시
- 당기중 매입이 없을 경우 상대적으로 작은 금액의 기초재고가 팔리는 것처럼 장부상 인식되어 당기순이익을 과대하게 조작 가능(LIFO 청산)
- 그러나 최근에 매입한 재고부터 매출원가화 되기 때문에 매출원가가 현행의 원가를 반영하게 되고, 물가가 상승하는 경우 높은 매출원가를 인식하므로 세금부담을 감소(법인세 '이연' 효과)시킬 수 있음

⑥ 성격과 용도면에서 유사한 재고에 대해서는 동일한 단위원가 결정방법을 적용한다.

㈜ 나무

주유소	과일	양복점
평균법	선입선출법	개별법

재고자산의 지역별 위치나 과세방식이 다르다는 이유만으로 동일한 재고자산에 다른 단위원가 결정방법을 적용하는 것은 정당화될 수 없다.

ⅱ) 선입선출법과 가중평균법 비교(회계기간 중 재고자산의 취득단가 상승 가정)

기말재고자산 : 선입선출법 > 이동평균법 > 총평균법
매 출 원 가 : 선입선출법 < 이동평균법 < 총평균법
당 기 순 이 익 : 선입선출법 > 이동평균법 > 총평균법
법인세부담액 : 선입선출법 > 이동평균법 > 총평균법

※ 회계기간 중 재고자산의 취득단가가 하락하는 경우 위의 부등호 방향은 반대가 된다.

iii) **기말재고, 매출원가, 당기순이익의 관계**

	×1말	×2말
매출원가	↓②	↑⑤
+기초		↑④
+매입		
−기말	↑①	
⋮		
당기순이익	↑③	↓⑥

Con
- i) 기말 재고와 N/I ⇒ 정방향
- ★ ii) 당기 N/I와 차기 N/I ⇒ 역방향

참고

기초 재고 10(1개), 당기 매입 11(1개), 12(1개), 당기 중 2개 판매

→ 기말 재고 1개가 10이면 매출원가 23

11이면 매출원가 22

12이면 매출원가 21

4. 재고자산의 취득원가

재고자산의 취득원가는 매입원가, 전환원가 및 재고자산을 현재의 장소에 현재의 상태로 이르게 하는 데 발생한 기타 원가 모두를 포함한다.

i) 매입원가

① 매입원가는 매입가격에 매입부대비용을 가산한 금액을 말한다. 이때 매입부대비용이란 수입관세, 제세금(과세당국으로부터 추후 환급받을 수 있는 금액은 제외), 매입운임, 하역료, 그리고 완제품, 원재료 및 용역의 취득과정에 직접 관련된 기타 원가를 포함한다.

세금의 납부
- 사용·보유 관련 : 비용처리
- 취득 관련 : 취득원가에 가산, 단 환불예정금액은 취득원가에 불포함

Ex 자산 1,000 취득, 취득 관련 500 세금 납부, 50 환불 예정

차변		대변	
• 자　　산	1,450	현　　금	1,500
미 수 금	50		

② 운반비용은 취득이나 생산과정에 수반되어 발생한 경우에만 재고자산의 매입원가에 포함시키고, 그렇지 않은 경우에는 당기비용으로 인식한다.

③ 창고비 등 재고자산의 보관비용은 매입이나 생산과정과 직접 관련된 경우에는 재고자산의 취득원가에 포함시키지만, 매입 후 또는 생산완료 후 당해 재고자산을 판매하기 전까지 단순히 보관하는 과정에서 발생하는 비용은 당기비용으로 인식한다.

④ 매입할인, 리베이트 및 기타 유사한 항목은 매입원가를 결정할 때 차감한다.

ii) 전환원가

① 제조업의 회계처리에서 원재료가 제품으로 전환되는 데 소요되는 원가를 전환원가라고 한다.

② 정상조업도에 기초하여 고정제조간접원가를 배부하되, 실제조업도가 정상조업도와 유사한 경우에는 실제조업도를 사용할 수 있다.

③ 연산품을 생산하거나 주산물과 부산물을 동시에 생산하는 경우 제품별 전환원가를 식별할 수 없다면 전환원가를 합리적이고 일관성 있는 방법으로 각 제품에 배부한다. 예를 들어 연산품의 경우 상대적 판매가치를 기준으로 배부할 수 있으며, 부산물의 경우 순실현가능가치로 측정하고 주산물의 원가에서 차감할 수 있다.

iii) 기타원가

① 기타 원가는 재고자산을 현재의 장소에 현재의 상태로 이르게 하는 데 발생한 범위 내에서만 취득원가에 포함

② 특정 고객을 위한 비제조 간접원가 또는 제품 디자인 원가도 재고자산의 원가에 포함시키는 것이 적절할 수도 있다.

③ 취득원가에 포함될 수 없는 원가(비용)
- 비정상적으로 낭비된 부분
- 보관이 필요한 경우 이외의 보관원가
- 기여하지 않은 관리간접원가
- 판매원가(판매자의 판매운임)

④ 재고자산을 판매가능한 상태에 이르게 하는데 상당한 기간을 필요로 하는 경우 재고자산의 취득, 건설 또는 제조와 직접 관련된 차입원가는 당해 자산 원가의 일부로 자본화하여야 한다.

⑤ 장기연불조건 → 현재가치

iv) 기타의 상황에서 재고자산의 취득원가

① 생물자산에서 수확한 농림어업 수확물로 구성된 재고자산은 순공정가치로 측정하여 수확시점에 최초로 인식하며, 이 금액이 해당 재고자산의 취득원가가 된다.

v) 원가측정방법

① 재고자산 취득원가는 역사적원가에 기초한다.

② 표준원가가 실제원가와 유사하다면 표준원가로 재고자산을 측정할 수 있다.

③ 이익률이 유사하고 품종변화가 심한 다품종 상품을 취급하는 유통업에서 실무적으로 다른 원가 측정방법을 사용할 수 없는 경우에는 소매재고법을 사용할 수 있다.

5. 재고자산의 인식시점(기말재고에 가산하여야 할 사항)

i) 기말 재고에 가산(1)하여야 할 사항(2)

(1)

	기 초	30	
+	매 입	70	
−	기말(실지)	20	(+) ← 창고 밖으로 나간 재고 80 ┌ 매출 75 / └ 기타 5
	매 출 원 가	~~80~~ 75	

'가산'의 조건
- 내꺼다(이미 매입으로 인식하였다).
- 창고 밖에 있다.
- 판매하지는 않았다.

참고

	기 초	0
+	매 입	100
−	기말(실지)	0 또는 100
	매 출 원 가	100 또는 0

가산 ┌ 내꺼다(이미 매입 기록).
  │ 창고 밖에 있다.
  └ 팔리지는 않았다.

⇒ 매입에 포함되었을 경우 기말에 창고에는 없으나 기말 재고에 가산해서 매출원가가 되지 않게 하는 경우를 잘 판단하기

(2) ① 미착(상)품(=운송중인 상품)

참고 원격지 간의 거래

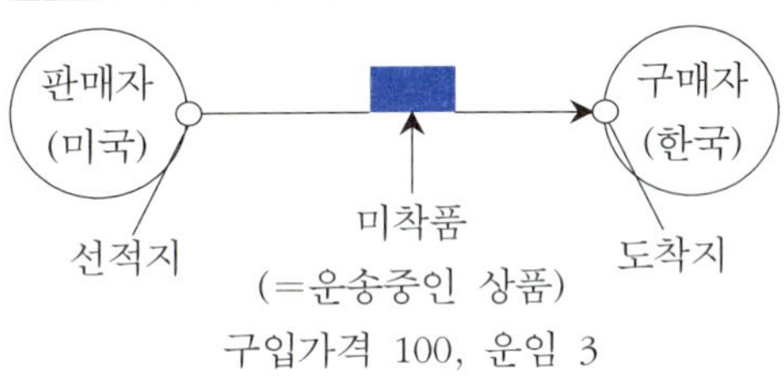

※ "운임"의 부담

원칙 : 양자 자율 결정

예외 : 운임에 대한 언급 ×

↳ 관습을 따름 (소유자 부담)

┌ 선적지 인도 : 구매자

└ 도착지 인도 : 판매자

어떤 상황에서도 운임을 구매자가 부담하면 취득원가에 가산하고, 판매자가 부담하면 비용으로 처리

소유권	회계처리 시점	회계처리(실지재고 조사법)				
선적지 인도기준	선적시점	판매자 :	현 금	100	매 출	100
		구매자 :	매 입	103	현 금	103
도착지 인도기준	도착시점	판매자 :	현 금	100	매 출	100
			운 송 비	3	현 금	3
		구매자 :	매 입	100	현 금	100

→ 언제 구매자의 것이 되느냐?

Con

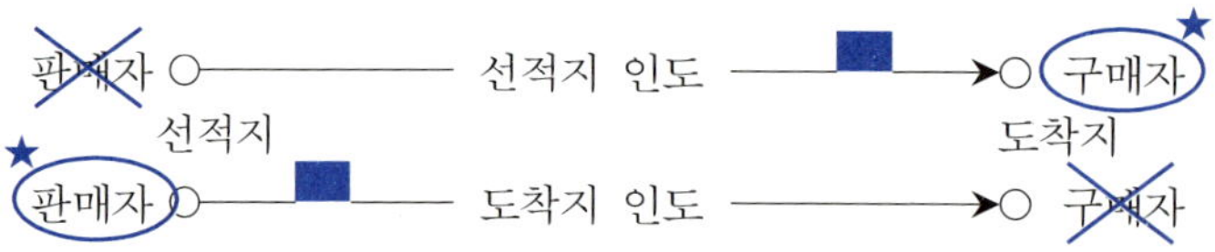

② 위탁판매, 시용판매(개념체계 5.29 참고)

↓ 적송품 ↓ 시송품

③ 담보차입 ⟶ ④ 재구매 조건부 판매 상품(개념체계 5.31 참고)

Ex 상품을 담보제공하고 1,000 차입

- 현 금 1,000 | 차입금 1,000
  (담보제공 → 주석)

12/31 가산

Ex ×1. 10/1 상품을 1,000에 매출
6개월 뒤 1,200에 매입 약정
본질 : 담보차입

〈×1. 10/1〉

- 현 금 1,000 | 차입금 1,000
  (담보제공 → 주석)

12/31 가산

& 이자비용 100 | 미지급이자 100

〈×2. 3/31〉

차변		대변	
차입금	1,000	현금	1,200
미지급이자	100		
이자비용	100		

예제 1 재고자산 매입의 인식시점

- 상품 : 2,500,000 (실사 금액임)
- 매입채무 : 3,000,000

> (1) 20×1년 12월 27일 B회사에게 판매한 상품(원가 200,000)이 20×1년 12월 31일 현재 운송 중에 있으며, FOB 도착지 조건으로 외상판매하였다. 회사는 12월 27일 매출인식을 하였다.
> (2) 20×1년 12월 28일 C회사에서 매입한 상품(원가 150,000)이 20×1년 12월 31일 현재 운송 중에 있으며, FOB 선적지 조건으로 외상매입하였다. 회사는 12월 28일 매입인식을 하지 않았다.
> (3) 회사가 수탁자인 D회사에게 적송한 상품(원가 300,000) 중 40%를 당기말까지 D회사가 판매하지 않고 있다.
> (4) 회사가 고객에게 인도한 시송품의 원가는 50,000이며, 당기말까지 고객으로부터 매입의사 통보를 받지 못했다.
> (5) 회사는 창고의 부족으로 일부 상품(원가 240,000)을 타처에 보관중이다.

상기 자료의 재무제표 반영(재고자산 가산) 여부

풀이

매입	기말재고
○	○
×	×

매출	기말재고
○	×
×	○

(1) 도착지－판매자
×

	매출	기말재고
GAAP	×	○

매출 취소, 재고 200,000 가산

(2) 선적지－구매자
○

	매입	기말재고
GAAP	○	○

매입 인식, 재고 150,000 가산

(3) 위탁판매
적송품 300,000×40% 가산

(4) 시용판매
시송품 50,000×100% 가산

(5) 타처 보관 재고
240,000 가산

재고자산＝2,500,000＋200,000＋150,000＋300,000×40%＋50,000×100%＋240,000
＝3,260,000

객관식 2

㈜대한이 재고자산을 실사한 결과 20×1년 12월 31일 현재 창고에 보관중인 상품의 실사금액은 2,000,000인 것으로 확인되었다. 추가자료 내용은 다음과 같다.

(1) ㈜대한이 20×1년 12월 21일 ㈜서울로부터 선적지인도조건(F.O.B. shipping point)으로 매입한 원가 250,000의 상품이 20×1년 12월 31일 현재 운송 중에 있다. 이 상품은 20×2년 1월 5일 도착예정이며, 매입 시 발생한 운임은 없다.
(2) ㈜대한은 20×1년 10월 1일에 ㈜부산으로부터 원가 150,000의 상품에 대해 판매를 수탁받았으며 이 중 원가 40,000의 상품을 20×1년 11월 15일에 판매하였다. 나머지 상품은 20×1년 12월 31일 현재 ㈜대한의 창고에 보관 중이며 기말 상품의 실사금액에 포함되었다. 수탁 시 발생한 운임은 없다.
(3) ㈜대한은 20×1년 12월 19일에 ㈜대전에게 원가 80,000의 상품을 120,000에 판매 즉시 인도하고 2개월 후 130,000에 재구매하기로 약정을 체결하였다.
(4) 20×1년 11월 10일에 ㈜대한은 ㈜강릉과 위탁판매계약을 체결하고 원가 500,000의 상품을 적송하였으며, ㈜강릉은 20×1년 12월 31일 현재까지 이 중 80%의 상품을 판매하였다. 적송 시 발생한 운임은 없다.
(5) ㈜대한은 단위당 원가 50,000의 신상품 10개를 20×1년 10월 15일에 ㈜광주에게 전달하고 20×2년 2월 15일까지 단위당 80,000에 매입할 의사를 통보해 줄 것을 요청하였다. 20×1년 12월 31일 현재 ㈜대한은 ㈜광주로부터 6개의 상품을 매입하겠다는 의사를 전달받았다.

위의 추가자료 내용을 반영한 이후 ㈜대한의 20×1년 12월 31일 재무상태표에 표시될 기말상품재고액은 얼마인가? 단, 재고자산감모손실 및 재고자산평가손실은 없다고 가정한다.

풀이

실지재고	2,000,000
(1) 운송중인 상품	250,000
(선적지 인도, 매입, 운송 중)	
(2) 수탁재고(타사 재고)	−110,000
(타사 재고가 실지재고에 포함)	
(3) 재구매조건부 판매	80,000
(4) 위탁재고(자사 재고)	500,000×20%
(5) 시용판매 재고(자사 재고)	4개×50,000
	2,520,000

6. 저가법

i) Min [취득원가, 시가]

ii) 시가

① 원칙
- 제품, 재공품, 상품 : 순실현가능가치
- 원재료 : 현행(대체) 원가

← 재고 보유목적을 반영하기 위해

참고 순실현가능가치

정상적인 영업과정의 **예상 판매가격**에서 예상되는 **추가 완성원가**와 **판매비용***을 차감한 금액

* 순실현가능가치는 예상 판매가격에서 예상되는 판매비용을 차감하여 계산하는데, 이때 판매비용은 해당 재고자산을 판매할 때 발생할 증분원가에 한정되지 않으며, 판매하기 위해 발생하는 필수적인 원가를 모두 포함한다. 따라서 판매비용에는 증분원가뿐만 아니라 판매에 필요한 필수적인 원가를 모두 포함해야 한다.

EX 재공품의 경우 현상태로 바로 판매가 가능하지 못할 때 추가 완성원가가 제시된다.

② 예외
- 확정판매계약 – 계약가격
- 초과보유 – 원칙을 따름

EX 보유재고 150개, 원가 1,000

↳ 확정판매계약 100개, 계약가격 1,100
  순실현가능가치(시가) 950

저가법
- 확정판매계약 100개의 시가 : 계약가격 1,100 vs 원가 1,000
- 나머지 50개의 시가 : 순실현가능가치 950 vs 원가 1,000

∴ 평가손실=50개×50=2,500(나머지 50개에서 발생)

예 3 재고자산의 저가법 적용

회사의 당기 상품재고(단일품목)와 관련된 자료

기초		당기매입				판매량	순실현가능가치
수량	단가	1차		2차			
100개	3,000	100개	3,500	50개	4,000	180개	3,800

기말재고 중 30개는 확정판매계약 이행을 위해 보유(계약가격 : 4,100)

선입선출법 적용

기말재고=20개 × 3,500 + 50개 × 4,000 = 270,000

각 방법에 따른 평가손실 계산방법

풀이

i) 구분하지 않는 방법

원가 : 20개 × 3,500 + 50개 × 4,000 = 270,000

시가 : 30개 × 4,100 + 40개 × 3,800 = 275,000

→ 평가손실 ×

ii) 구분하는 방법(확정판매계약분부터 판매된다고 가정)

① 확정판매계약 30개

원가 : 20개 × 3,500 + 10개 × 4,000 = 110,000

시가 : 30개 × 4,100 = 123,000

→ 평가손실 ×

② 일반재고 40개

원가 : 40개 × 4,000 = 160,000

시가 : 40개 × 3,800 = 152,000

→ 평가손실 8,000

iii) 구분하는 방법(확정판매계약분이 마지막에 판매된다고 가정)

① 일반재고 40개

원가 : 20개 × 3,500 + 20개 × 4,000 = 150,000

시가 : 40개 × 3,800 = 152,000

→ 평가손실 ×

② 확정판매계약 30개

원가 : 30개 × 4,000 = 120,000

시가 : 30개 × 4,100 = 123,000

→ 평가손실 ×

Con

보유재고자산의 원가가 동일한 경우에는 확정판매계약 이행 시 필요한 부분과 초과 보유하는 부분을 구별하여 저가법 평가

반면, 보유재고자산의 원가가 다른 경우에는 이를 구분할 경우 자의성이 개입되기 때문에 구분하지 않고 저가법 평가

iii) 재고자산의 순실현가능가치가 취득원가보다 낮아질 수 있는 경우

다음의 경우에는 재고자산의 원가를 회수하기 어려울 수 있다.

① 손상

② 진부화

③ 판매가격 하락

④ 원가가 상승

iv) 저가법 적용의 예외(원재료에 대한 저가법 적용)

	장부가	시가		평가손실	
		현행원가	순실현가능가치		
원재료 A	1,000	900	××	(100)	⇒ 0
제품 A	2,500	××	2,700	0	∴ 0

완성될 제품이 원가 이상으로 판매될 것으로 예상되는 경우에는 그 생산에 투입하기 위해 보유하는 원재료 및 기타 소모품에 대해서는 감액하지 않는다(즉, 저가법을 적용하지 않는다). 그러나 원재료 가격이 하락하여(고) 제품의 순실현가능가치가 원가에 미달할 것으로 예상된다면 해당 원재료를 순실현가능가치로 감액한다. 이 경우 원재료의 현행대체원가는 순실현가능가치에 대한 최선의 이용가능한 측정치가 될 수 있다.

v) 저가법 적용 방법

	종목별			조별			총계		
	원가	시가	손실						
A	100	80	△20	300	290	△10	1,000	1,000	0
B	200	210	0						
C	300	280	△20	700	710	0			
D	400	430	0						
			△40			△10			0

재고자산의 저가법은 항목별로 적용하되, 경우에 따라서는 서로 유사하거나 관련 있는 항목들을 통합하여 적용할 수도 있다. 그러나 완제품 또는 특정 산업이나 특정 지역의 영업부문에 속하는 모든 재고자산을 같은 분류에 기초하여 저가법을 적용하는 것은 적절하지 않다.

∴ 종목별, 조별까지 인정

vi) **저가법에 대한 비판**

① 논리적 일관성 × ┌ 시가 상승 → 인식 ×
　　　　　　　　　└ 시가 하락 → 인식 ○

② 시가 측정의 신뢰성 문제

③ 당기 기말재고↓ → 매출원가↑ → N/I↓
차기 기초재고↓ → 매출원가↓ → N/I↑
∴ 과연 보수적인 회계처리?

vii) **환입**

순실현가능가치가 상승하였다는 명백한 증거가 있는 경우 최초의 장부금액을 초과하지 않는 범위 내에서 환입
→ 비용(매출원가)에서 차감(수익 인식 ×)

예제 5 재고자산평가손실 및 평가손실환입

×1말, ×2말 재고자산 관련 회계처리

	×1초	×1말	×2말
i) 취 득 원 가	10,000	20,000	22,000
순실현가능가치	10,000	16,000	19,000

×1 매입 100,000 ×2 매입 120,000

B/S	×1말	×2말
상 품	20,000	22,000
충 당 금	(4,000)	(3,000)
	16,000	19,000

×1

②		①	
상품(기말)	20,000	상품(기초)	10,000
매출원가	90,000	매입	100,000

&

매출원가	4,000	충당금	4,000

1/1	①	②	12/31(목표)
10,000	0	20,000	20,000
(0)	(0)	(0) →	(4,000)
10,000	0	20,000	16,000

×2

②		①	
상품(기말)	22,000	상품(기초)	20,000
매출원가	118,000	매입	120,000

&

충당금	1,000	매출원가	1,000

1/1	①	②	12/31(목표)
20,000	0	22,000	22,000
(4,000)	(4,000)	(4,000) →	(3,000)
16,000	(4,000)	18,000	19,000

Con

i) 취득원가를 기준으로 매출원가 회계처리

ii) 평가 → 되게하라!

	×1	×2
기초 충당금	0	4,000
	↓	↓
기말 충당금	4,000	3,000

7. 감모와 평가

평가손실과 모든 감모손실은 감액이나 감모가 발생한 기간에 비용으로 인식

→ 구체적인 비용의 분류에 대해서는 언급 ×

참고 정상감모와 평가손실만을 매출원가에 반영하는 경우(일반기업회계기준)

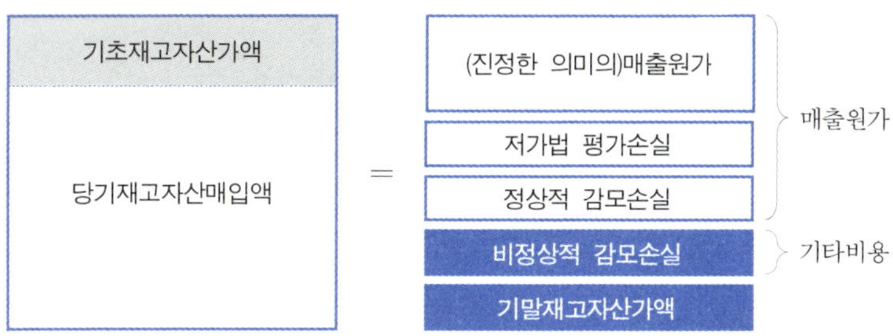

- 기초 30

  충당금(1)

- 매입 70

- 기말 ┌ 장부 25 ＞ 감모 5 ┌ 정상 2 ↑ 원가성 ○
      │ 실지 20   └ 비정상 3 ↓ 원가성 ×
      └ 저가 13 ＞ 평가 7

참고

기초 B/S		기말 B/S	
재 고	30	재 고	20
충당금	(1)	충당금	(7)
	29		13

〈감모 → 비용처리〉

i) 정상/비정상 → 모두 매출원가

ii) 정상 → 매출원가 / 비정상 → 기타비용

iii) 정상 / 비정상 → 모두 기타비용

〈평가 → 비용처리〉

i) 매출원가

ii) 기타비용

감모

① ㉡ ㉠

상품(기말)	실지 20	상품(기초)	30
매출원가	80	매입	70

└ 창고 밖으로 나간 재고=매출원가 (판매, 정상감모, 비정상감모)

1/1	㉠	㉡	12/31(목표)
30	0	20	20
(1)	(1)	(1)	(7)
29	(1)	19	13

평가

② i) ×

	차변		대변	
ii)	기타비용	3	매출원가	3
iii)	기타비용	5	매출원가	2+3

→ 타계정 대체

	차변		대변	
③ i)	매출원가	6	충당금	6
ii)	기타비용			

〈기말재고〉

장부(25)=장부수량×장부단가

실지(20)=실지수량×장부단가

저가(13)=실지수량×저가 (Min[장부단가, 시가])

장부·실지 → 감모 [정상 / 비정상]

실지·저가 → 평가(충당금) → "되게하라" (기초 충당금 → 기말 충당금)

참고 "정상 → 매출원가 / 비정상 → 기타비용 & 평가 → 매출원가" 일 때 손익계산서 양식

⋮

- 매출원가

기초	30	①
매입	70	①
기말	(20)	①
타계정 대체	(3)	②
평가	6	③

- 기타 비용 3 ②

⋮

참고 재고자산 관련 총비용 = 기초(순액) + 매입 − 기말(순액)

매출원가 = 재고자산 관련 총비용 − '정상·비정상 감모'와 '평가(되게 하라 금액)' 중 매출원가에 포함하면 안 되는 것

예제 6 재고자산감모손실과 재고자산평가손실

다음은 단일 상품 A를 매매하는 회사의 기말재고자산 평가와 관련된 자료이다.

장부수량	실지재고수량	취득단가	단위당 순실현가능가치
1,000개	950개	1,000	900

재고감모분 중 20%는 정상적인 감모로 판단된다.

기초상품재고액 : 800,000　　당기매입액 : 5,000,000

상기의 자료를 이용하여 기말재고자산가액과 당기매출원가를 계산하시오(단, 정상적감모손실과 재고자산평가손실은 전액 매출원가에 포함).

풀이

- 기초　800,000
  　　(0)
  　　800,000
- 매입　5,000,000
- 기말　장부=1,000개×1,000 = 1,000,000
  　　실지= 950개×1,000 = 950,000
  　　저가= 950개× 900 = 855,000 (Min[1,000, 900])
  　　감모 ┌ 정상 10,000 / └ 비정상 40,000 (장부 − 실지)
  　　평가 (95,000) 되게 하라! (실지 − 저가)

	㉡	실지	㉠	
①	상품(기말)	950,000	상품(기초)	800,000
	매출원가	×××	매입	5,000,000
②	기타비용	40,000	매출원가	40,000
③	매출원가	95,000	충당금	95,000

(②, ③: 문제에 따라 다름)

1/1	㉠	㉡	12/31(목표)
800,000	0	950,000	950,000
(0)	(0)	(0)	(95,000)
800,000	0	950,000	855,000

㈜한국이 보유하고 있는 재고자산의 품목(A)와 품목(B)는 서로 다른 종목이며, 재고자산을 저가법으로 평가할 때 종목기준을 적용하고 있다. 20×1년의 기초재고자산은 200,000이며 20×1년 중에 매입한 재고자산의 품목(A)와 품목(B)의 합계는 총 6,000,000이다. 단, 기초의 재고자산평가충당금은 없다. 아래에서는 ㈜한국이 20×1년 12월 31일 현재 실지재고조사를 통해 보유중인 재고자산의 수량 및 단위당 가치에 대한 현황을 나타내고 있다.

항목	장부수량	실제수량	단위당 취득원가	단위당 순실현가능가치
품목(A)	500개	400개	400	450
품목(B)	500개	450개	100	80

㈜한국이 재고자산과 관련하여 20×1년도에 당기비용으로 인식할 금액은 얼마인가? 만약 20×2년 12월 31일 현재 재고자산 품목(B)의 단위당 순실현가능가치가 120으로 회복될 경우, 재고자산평가손실환입액으로 인식할 금액은 얼마인가? 단, ㈜한국은 판매가격의 하락으로 인해 감액된 재고자산 품목(B)의 수량을 20×2년 12월 31일까지 계속 보유하고 있으며, 20×2년도 중 품목(B)의 추가취득은 없다고 가정한다.

풀이

- 기초　200,000
  　(0)
  　200,000
- 매입　6,000,000
- 기말

	A		B		
장부=	500개×400	+	500개×100	=250,000	감모 (45,000) [정상 ? / 비정상 ?]
실지=	400개×400	+	450개×100	=205,000	
저가=	400개×400	+	450개× 80	=196,000	평가 (9,000) 되게 하라!
	Min[400, 450]		Min[100, 80]		

① 상품(기말) 205,000 | 상품(기초) 200,000
　매 출 원 가 ×××　| 매　　입 6,000,000

② 기 타 비 용 ? | 매 출 원 가 ?

③ 매 출 원 가 9,000 | 충　당　금 9,000

i) ∴ 총비용=① 200,000+6,000,000−205,000+③ 9,000=6,004,000

(별해)

총비용=기초(순액)+매입−기말(저가)=200,000+6,000,000−196,000=6,004,000

ii) 차기 평가손실환입액=당기 충당금 잔액=9,000

8. 소매재고법(GAAP ○, 실사 ×)

i) 소매재고법의 의의

① 백화점이나 대형할인점과 같이 다품종이면서 다량의 거래가 이루어지는 경우 재고자산 기록이 쉽지 않음

② 소매재고법은 이익률이 유사하고 품종변화가 심한 다품종 상품을 취합하는 유통업에서 실무적으로 다른 원가측정법을 사용할 수 없는 경우에 흔히 사용한다.

③ 원리 : 매가로 계산된 기말재고자산에 원가율을 곱하여 매가를 원가로 환원

④ 소매재고법을 적용하더라도 원가흐름의 가정은 그대로 적용

ii) 소매재고법의 적용절차(예제 9)

판매가능상품 = 매출원가 + 기말재고

	원가	(판)매가		(판)매가
기 초	120,000	200,000	매 출	900,000
매 입	650,000	1,000,000		
운 임	××			
에누리 등	(××)	(××)	정 상	5,000
순 인 상	0	70,000	종업원할인	15,000
순 인 하	0	(50,000)		
비 정 상	(15,000)	(20,000)	기 말 재 고	280,000
	755,000	1,200,000		1,200,000

① 구조

판매가능상품 ⊜ ┌ 팔린거 → 매출원가
−비정상　　　　감모 ┌ 정상 → 매출원가
　　　　　　　　　　└ 비정상 → 기타비용
　　　　　　　└ 남은거 → 기말재고
　　　　　　　　−비정상

• ┌ 순인상/순인하 : 판매가능상품(기초+매입) 중 매입금액의 보정
　└ 종업원할인 : 매출금액의 보정

② 100명 ⇒ ┌ A반+70 ┌ 찬성+70 ┌ 생존+70
　　　　　　└ B반+30 └ 반대+30 └ 사망(30)? ⊕

③ 종업원할인

		매가
원가 8,000	일반인	10,000
	종업원	9,000

원가율 80%, 최초 종업원할인 도입

9,000×80%=7,200 (원가) ×
(9,000+1,000)×80%=8,000 (원가) ○

〈평균법〉

㉠ 원가율(전체)= $\frac{755,000}{1,200,000+50,000(\text{순인하})}$ =62.9% ↓

㉡ 기말재고=280,000×62.9% ↓ =A ↓

㉢ 매출원가 ↑ =755,000−A ↓

〈선입선출법〉

㉠ 원가율(당기)= $\frac{755,000-120,000}{1,200,000-200,000+50,000(\text{순인하})}$ =63.5% ↓

㉡ 기말재고=280,000×63.5% ↓ =B ↓

㉢ 매출원가 ↑ =755,000−B ↓

극단적인 상황이기는 하나, 만약 기말재고(매가)가 1,100,000이라면 이 중에서 100,000은 기초재고 중 판매되지 않은 부분이므로(판매가능상품(매가) 1,200,000 중 기초재고 100,000만 매출된 경우이므로) '기초재고(매가) 100,000×(120,000/200,000)+당기매입분(매가) 1,000,000×63.5%'가 기말재고(원가) 금액이 된다.

참고

- 추정된 기말재고자산의 원가가 타당하기 위해서는 기초재고자산, 당기매입 재고자산 및 기말재고자산을 구성하는 여러 종류의 재고자산 배합비율이 일정하게 유지되어야 한다. 만약 이러한 조건을 충족하지 못하면 추정된 원가율이 기말재고자산 원가율을 대표하지 못하기 때문에 매출원가 및 기말재고자산 원가가 왜곡표시될 수 있다.
- 재고자산의 종류별로 원가율(또는 이익률)이 다르다면 유사한 원가율을 갖는 재고자산끼리 몇 개의 소집단으로 나누고 각 집단별로 상이한 원가율을 계산하여 기말재고자산 원가를 추정하는 것이 타당할 것이다. 이에 기준서에서는 판매부분별 평균이익률을 사용하도록 규정
- GAAP
  - 매입 + 매입운임 − 에누리 − 반품 − 할인
  - 매출 − 에누리 − 반품 − 할인

일반적으로 매출은 GAAP상 매출할인을 차감한 금액으로 계산하지만
소매재고법은 실사를 하지 않고 적정한 기말재고를 구하는 것이 목표라는 점을 감안하여 매출할인은 고려 ×

↳ 매출할인은 고객의 신용정책에 따라 발생

→ 거래 상대방인 고객의 신용정책에 따라 기말재고가 달라진다는 것은 논리적이지 않음

〈회계처리〉

차변	금액	대변	금액
상 품(기말)	A, B	상 품(기초)	120,000
매 출 원 가	×××	매 입	650,000
기 타 비 용	15,000	매 출 원 가	15,000
매 출 원 가	×××	충 당 금	×××

* A(B)와 저가법 적용 시 낮아진 A(B)의 차이

9. 매출총이익법(GAAP ×)

i) 기초+매입 ⇒ 판매가능상품

ii) 매출×원가율 ⇒ 매출원가

iii) 기말재고 = i)− ii)

= ┌ 실지 → 피해대상액
  +
  └ 가산

〈원가율〉

Ex 원가 800 → 매출 1,000

(1) (매가대비) 매출총이익율 20%

$$원가율=\frac{800}{1,000}=80\%$$

$$매출총이익률=\frac{200}{1,000}=20\%$$

(80% + 20% = 100%)

∴ 1,000×80%=800

(2) ┌ 원가에 대한 이익률 25%
 │ 원가대비 매출총이익율 25%
 └ 원가에 2.5 할/증

원가+0.25원가=매출 (0.25원가: 매출총이익)

$$원가=매출\times\frac{1}{1.25}$$

$$∴ 1,000\times\frac{1}{1.25}=800$$

추가문제

20×1년 12월 31일 ㈜세무의 창고에 화재가 발생하여 재고자산의 90%가 소실되었다. ㈜세무의 이용가능한 회계자료가 다음과 같을 때, 재고자산의 추정 손실금액은? (단, ㈜세무의 매출은 모두 신용거래이다.)

기초재고		150,000	당기매입액		12,000,000
매출채권(기초)	80,000		매출채권(기말)	120,000	
대손충당금	(8,000)	72,000	대손충당금	(10,000)	110,000

- 당기 매출채권 현금회수액 : 11,500,000
- 당기 회수불능으로 인한 매출채권 제거 금액 : 5,000(대손 확정액)
- 당기 대손상각비 인식 : 7,000
- 최근 3년간 평균매출총이익률은 40%이며 큰 변동은 없었다.

풀이

i) 150,000 + 12,000,000

ii) 11,545,000 × 60%

iii) = i) − ii) = 5,223,000

∴ 피해액=5,223,000×90%

〈매출 구하기, 방법 1〉

기초(총액) 80,000 + 증가(외상매출) − 감소 ┌ 현금회수 11,500,000
　　　　　　　　　11,545,000　　　　　└ 대손확정 5,000

= 기말(총액) 120,000

주의 : 대손충당금 차감 전의 매출채권 총액을 이용할 경우 '대손상각비' 자료는 고려하지 않고 대손확정액만 고려

〈매출 구하기, 방법 2〉

기초(순액) 72,000 + 증가(외상매출) − 감소 ┌ 현금회수 11,500,000
　　　　　　　　　11,545,000　　　　　└ 대손상각비 7,000

= 기말(순액) 110,000

주의 : 대손충당금 차감 후의 매출채권 순액을 이용할 경우 '대손확정' 자료는 고려하지 않고 당기 중 대손상각비 인식액만 고려

참고

해당 문제의 대손충당금 자료를 분석하면 '기초 충당금 8,000−대손확정 5,000+당기 대손상각비 설정 7,000=기말 충당금 10,000'임을 알 수 있다.

참고

〈기본 상황〉

매출채권 1,000
충당금 (300)
700

i) 대손상각비 50 설정

대 손 비 50 | 충 당 금 50 → 1,000 (350) 650

⇒ ┌ 채권 총액 : 불변
  └ 채권 순액 : 감소

ii) 대손확정 50 발생

충 당 금 50 | 매출채권 50 → 950 (250) 700

⇒ ┌ 채권 총액 : 감소
  └ 채권 순액 : 불변

객관식 6

8월 21일 홍수로 인하여 손상된 H회사의 재고자산의 처분가치는 200,000이며 모든 판매와 구매는 외상으로 하고 있다.

(1)

재고자산	1월 1일	500,000	8월 21일	?
매출채권	1월 1일	2,000,000	8월 21일	2,400,000

(2) 1월 1일부터 8월 21일까지 발생한 거래

매출채권 현금회수액	7,000,000
매출할인	10,000
매입액	6,300,000

(3) 8월 21일 현재 F.O.B 선적지 조건의 매입 중인 운송상품 10,000

매출총이익률이 20%일 때, 홍수로 인한 재고손실액은?

풀이

i) 500,000+6,300,000=6,800,000

ii) 7,400,000*×0.8=5,920,000

iii) = i)− ii)=880,000

= ┌ 실지 870,000−200,000 → 피해액
  └ 가산 10,000

* 매출 → 매출채권 분석

기초+증가−감소=기말

→ 기초+증가=감소+기말

1/1 2,000,000+증가(매출)−감소 ┌ • 현금수령 7,000,000 =8/21 2,400,000

총매출 7,410,000 │ • 대손확정 0

└ • 에누리 등 10,000

∴ (순)매출=7,410,000−에누리 등 10,000=7,400,000

참고

		증가(매출)		감소(에누리 등)		
1/1	1,000 +	500	−	50	=	12/31 1,450
		순매출 450				

┌ 1/1 1,000+A−50=12/31 1,450

│ A=500 ∴ 순매출 450

└ 1/1 1,000+B=12/31 1,450

B=450 ∴ 순매출 450

10. 재고자산 관련 기타의 회계처리

i) **매출이 확실시 되는 경우 등**(측정 규정만 적용 예외)

곡물이 수확되거나 광물이 추출되었는데 선도계약이나 정부의 보증으로 매출이 확실시 되거나, 활성시장이 존재하여 판매되지 않을 위험이 무시할 수 있을 정도로 작은 농림어업제품 등은 최초로 순실현가능가치로 측정하고 이후 순실현가능가치의 변동을 당기손익으로 인식

ii) **일반상품(옥수수, 구리, 석유 등)을 중개하는 기업**(측정 규정만 적용 예외)

주로 단기간 내에 매도하여 가격변동이익이나 중개이익을 목적으로 취득

∴ 순공정가치로 측정하고 이후 순공정가치변동을 당기손익으로 인식

EX ×1초 재고 1,000 취득, ×1말 순공정가 1,200, ×2초 1,500에 매출

×1초	상 품	1,000	현 금	1,000
×1말	상 품	200	손 익	200
×2초	현 금	1,500	매 출	1,500
	매 출 원 가	1,200	상 품	1,200

iii) 재고자산의 매입약정

구매약정이 취소불능하며 사전에 계약금액과 구매물량이 결정되어 있는데, 보고기간 말 현재 계약금액이 시가보다 높다면 구매자는 매입약정의 이행으로부터 손실이 예상되므로 보고기간 말에 부채와 비용을 인식

→ 손실부담계약(충당부채)

참고 손실부담계약(확정구매계약)

×1년 12월 10일 : 자산 100개를 개당 10에 구매(구매일 : ×2년 1월 10일)하는 계약을 체결

×1년 12월 31일 : 자산의 (순)공정가치 개당 8

〈위약금이 150인 경우〉

계약을 이행하였을 경우 손실 예상 : (10−8)×100개=200

계약해지 시 위약금 : 150

∴ 계약해지 → 손실부담계약 관련 부채 150

〈위약금이 250인 경우〉

계약을 이행하였을 경우 손실 예상 : (10−8)×100개=200

계약해지 시 위약금 : 250

∴ 계약이행 → 손실부담계약 관련 부채 200

iv) 매출원가

당기에 비용으로 인식하는 재고자산 금액은, 일반적으로 매출원가로 불리우며(,which is often referred to as cost of sales,), 판매된 재고자산의 원가와 배분되지 않은 제조간접원가 및 제조원가 중 비정상적인 부분의 금액으로 구성된다. 또한 기업의 특수한 상황에 따라 물류원가와 같은 다른 금액들도 포함될 수 있다.

IFRS Intermediate Accounting

Chapter 08 금융자산

1. 금융상품의 정의

A	B
금융자산(8장)	금융부채(9장)
	or
	지분상품(자본) (11장)
모든 계약	

참고 용어정리

i) 지분상품 ┌ 주식
　　　　　　└ 자본

ii) 채무상품 : 사채

		본질	계정과목
iii) 사채	발행 :	차입	사채
	취득 :	대여	AC, FVOCI, FVPL

2. 금융자산

i) 현금

ii) 다른 기업의 지분상품(주식)

① 다른 기업에 대하여 유의적인 영향력을 행사할 수 있는 경우(일반적으로 20% 이상) : 관계기업투자

② 다른 기업에 대하여 지배력을 행사할 수 있는 경우(일반적으로 50% 초과) : 종속기업투자

③ 따라서 중급회계에서 다루는 지분상품(주식)은 일반적으로 투자지분율 20% 미만의 경우에 해당

iii) 금융자산을 수취하거나 잠재적으로 유리한 조건으로 교환할 계약상 권리

① 매출채권, 미수금, 대여금 및 채무상품(예 : 다른 기업이 발행한 사채 등) 등은 거래상대방에게서 현금 등 금융자산을 수취할 계약상 권리이므로 금융자산에 해당된다.

② 영구적인 채무상품의 보유자는 한정되지 않은 미래 기간의 확정된 일자에 일정 금액의 이자를 수취할 계약상 권리를 갖는 반면, 원금을 상환받을 권리가 없거나 상환가능성이 매우 낮거나, 매우 먼 미래에 상환받는 조건으로 상환받을 권리를 갖는다. 이러한 영구적인 채무상품도 일련의 미래 이자금액을 수취할 계약상 권리를 갖기 때문에 금융자산에 해당된다.

③ 금융상품 정의의 핵심은 계약에 기초한다는 것

Ex 당기법인세자산, 부채 (미수법인세, 미지급법인세), 의제의무 → 계약이 없으므로 금융자산, 부채가 될 수 없음

④ 경제적효익의 수취가 현금 이외의 금융상품으로 이루어지는 경우에도 금융자산으로 분류된다.

〈국채 지급 어음〉

금액 : 만기 3년, 액면 1,000 국채
만기 : 2년

Con 2년 후 만기 3년 1,000 국채 수령, 결국 5년 후 현금 1,000 수령

∴ 경제적 효익의 수취가 현금 이외의 금융상품으로 이루어지는 경우도 금융자산으로 분류

⑤ 재고자산, 유형자산, 무형자산 등은 금융자산이 아니다.

(∵ 현금 등 금융자산을 수취할 현재의 권리를 발생시키지 않기 때문)

⑥ 선급비용이나 선급금(선수수익이나 선수금)은 현금 등 금융자산을 수취(지급)할 권리(의무)가 아니라 재화나 용역을 수취(지급)할 것이므로 금융자산(부채)에 해당되지 않는다.

⑦ 계약상 권리를 행사할 능력이나 계약상 의무의 이행이 미래 사건의 발생 여부를 조건으로 할 수도 있다.

Ex 금융보증

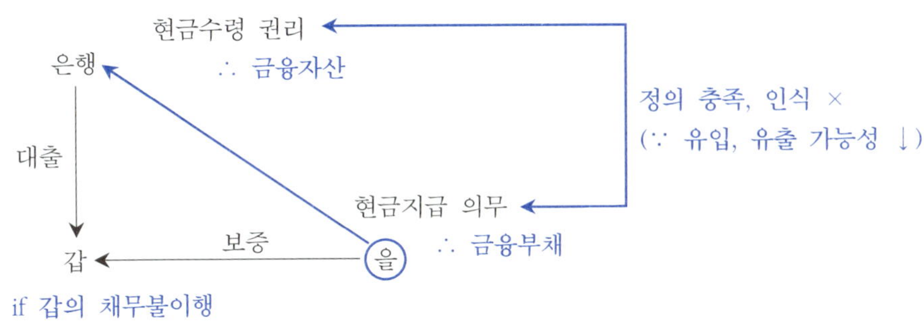

⑧ 비금융항목(예 : 재고자산 등)을 매입하거나 매도하는 계약은 거래당사자에게 금융자산을 수취, 인도, 교환할 현재의 권리와 의무를 구성하지 않기 때문에 금융상품의 정의를 충족하지 못한다. 그러나 비금융항목을 매입하거나 매도하는 계약 중 차액결제할 수 있거나 금융상품을 교환하여 결제할 수 있는 계약이나 비금융항목을 현금으로 쉽게 전환할 수 있는 계약은 파생금융상품과 그 특성이 유사하므로 금융상품으로 본다

iv) 자기지분상품으로 결제되는 계약

다음의 3가지 사례 중 〈사례 3〉이 금융자산으로 분류되는 자기지분상품으로 결제되는 계약에 해당된다.

〈사례 1〉

갑회사는 을회사에게 현금 10,000을 지급하고, 그 대가로 을회사가 보유하고 있는 갑회사 주식 100주를 수령하였다. 이 경우 갑회사는 자기주식 100주를 10,000에 취득한 것이므로 다음과 같이 회계처리한다.

차변	금액	대변	금액
자 기 주 식	10,000	현 금	10,000

〈사례 2〉

갑회사는 을회사에게 현금 10,000을 1년 동안 대여하고, 원금과 이자를 수령하지 않는 대신 1년 후에 을회사가 보유하고 있는 갑회사 주식 100주를 수령하기로 하였다. 이 경우 갑회사는 현재시점에 10,000을 대여하면서 1년 후에 확정수량의 자기지분상품 100주를 수령하기로 하였으므로 〈사례 1〉의 경우와 거래의 실질이 다르지 않다. 따라서 현금대여 시 기타자본항목 등 자본의 차감과목으로 회계처리하고, 자기지분상품 수령 시 이를 자기주식으로 대체한다.

① 현금 대여 시

차변	금액	대변	금액
기 타 자 본 항 목	10,000	현 금	10,000

② 자기지분상품 수령 시

차변	금액	대변	금액
자 기 주 식	10,000	기 타 자 본 항 목	10,000

〈사례 3〉

갑회사는 을회사에게 현금 10,000을 1년 동안 대여하고, 원금과 이자를 수령하지 않는 대신 1년 후에 공정가치 11,000에 상당하는 을회사가 보유하고 있는 갑회사 주식을 수령하기로 하였다. 이 경우 갑회사는 현재시점에 10,000을 대여하면서 1년 후에 수량이 확정되지 않은 자기지분상품을 수령하기로 하였으므로 금융자산(대여금)을 인식한다. 그리고 1년 후 자기주식 11,000을 인식하고 대여금 10,000을 감소시키면서 그 차이를 이자수익으로 인식한다.

① 현금 대여 시

차변	금액	대변	금액
대여금(금융자산)	10,000	현 금	10,000

② 자기지분상품 수령 시

차변	금액	대변	금액
자 기 주 식	11,000	대 여 금	10,000
		이 자 수 익	1,000*

* 설명을 단순하기 하기 위해서 이자수익을 일시에 인식하는 것으로 회계처리를 하였으나, 실제로는 기간 경과에 따라 이자수익을 인식하여야 한다.

v) 기준서 제1032호와 제1109호의 적용 범위

① 금융상품의 표시를 규정하고 있는 기준서 제1032호는 다음을 제외(∵ 별도 기준서 존재)한 모든 유형의 금융상품에 적용한다.

- 종속기업, 관계기업, 공동기업 투자지분
- 종업원급여제도에 따른 사용자의 권리와 의무
- 보험계약
- 주식기준보상거래에 따른 금융상품

② 기준서 제1109호는 금융상품의 분류와 측정에 대한 회계처리를 규정하는데, 전술한 기준서 제1032호에서 제외하는 항목 이외에 다음의 항목도 적용 범위에서 제외(∵ 별도 기준서 또는 별도 규정 존재)한다.

- 리스관련 권리와 의무
- 사업결합에서 취득자와 매도주주 사이의 선도계약
- 일부의 대출약정
- 충당부채의 결제에 필요한 지출과 관련하여 제3자에게서 보상받을 권리
- 기준서 제1115호 '수익'의 적용범위에 포함되는 금융상품

3. 금융자산의 분류

금융자산은 계약상 현금흐름의 특성과 사업모형에 근거하여 분류

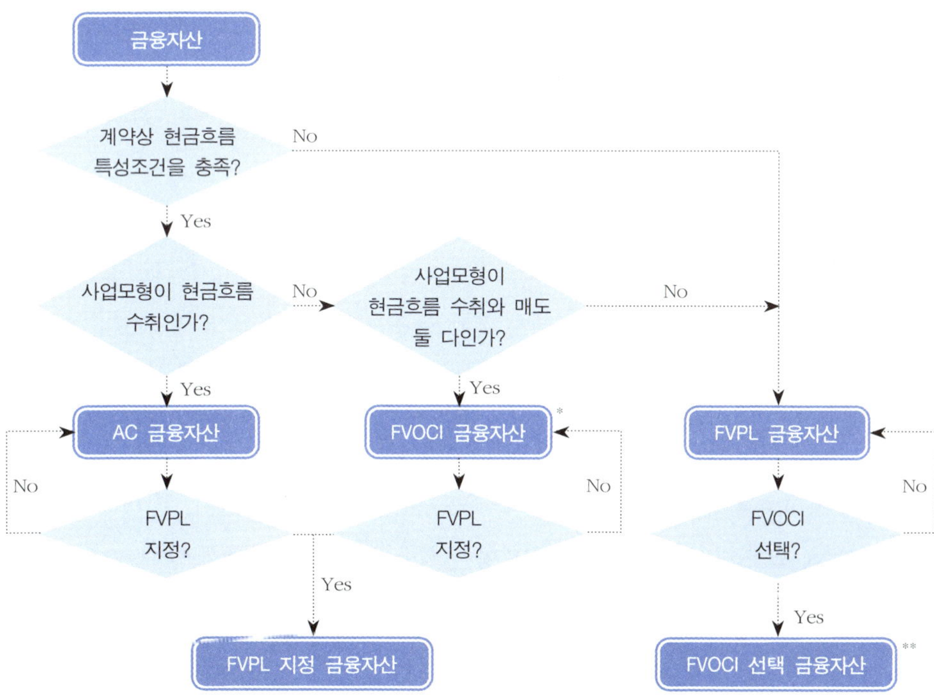

* 후속적으로 OCI를 당기손익으로 재분류

** 후속적으로 OCI를 당기손익으로 재분류 금지

i) 계약상 현금흐름 특성

① 계약조건에 따라 원금과 이자 지급만의 현금흐름이 특정일에 생기는 특성

② 주식과 같은 지분상품은 계약상 현금흐름 특성을 갖지 않음

ii) 사업모형

① AC 금융자산(상각후원가 측정 금융자산)

계약상 현금흐름을 수취하기 위해 금융자산을 보유하는 것이 목적인 사업모형

- 계약상 현금흐름 특성조건을 충족하는 금융자산으로부터 현금흐름을 수취하는 것을 사업목적으로 하는 경우 당해 금융자산을 중도에 매각할 수도 있겠지만 중도 매각은 부수적인 사업의 일환이고, 당해 금융자산과 관련된 이자와 원금을 회수하는 것이 필수적인 사업임을 의미한다.
- 따라서 이러한 금융자산은 공정가치 변동을 인식하지 않고 상각후원가로 측정하는 금융자산(이하 'AC 금융자산'이라 함)으로 분류한다.
- 금융자산의 매도가 필수적인 사업모형이 아니라면(즉, 빈번하게 매도가 이루어지는 것이 아니라면) 금융자산을 중도에 매도하더라도 당해 금융자산을 AC 금융자산으로 분류하는 데 문제는 없다.
- 현금흐름 특성과 사업모형을 고려할 때 대여금이나 수취채권과 같은 금융자산에 대해서 차익을 얻고자 빈번한 매도를 하는 기업은 흔하지 않을 것이므로 대여금이나 수취채권과 같은 금융자산은 대부분 AC 금융자산으로 분류될 것이다.*

* 단, 대여금이라고 해서 모두 계약상 현금흐름 특성을 충족하는 것은 아니다. 예를 들어 특정 임대수익을 수취한 경우에만 이자를 지급하는 조건의 부동산사업자에 대한 대여금은 특정 임대수익을 수취하지 못하면 이자를 수취하지 못하기 때문에 계약상 현금흐름 특성을 충족하지 못한다.

② FVOCI 금융자산(기타포괄손익－공정가치 측정 금융자산)

계약상 현금흐름의 수취와 금융자산의 매도 둘 다를 통해 목적을 이루는 사업모형

- 사업모형이 원금 및 이자의 수취와 당해 금융자산의 매도를 통해 차익을 얻는 것 두 가지 모두를 목적으로 하는 경우에는 금융자산의 공정가치 변동에 대한 정보가 의사결정에 유용할 것이다. 따라서 이러한 금융자산은 공정가치 변동을 기타포괄손익으로 인식하는 금융자산(이하 'FVOCI 금융자산'이라 함)으로 분류한다.
- AC 금융자산과 FVOCI 금융자산 중 어느 것으로 분류되든 당기손익에 미치는 영향이 동일하게 되도록 하기 위해서 사업모형이 원금 및 이자의 수취와 당해 금융자산의 매도 둘 다를 통해 목적을 이루는 경우 금융자산(즉, FVOCI 금융자산)의 공정가치 변동을 기타포괄손익으로 인식하는 것이다.
- 국채나 공채, 사채 등과 같은 채무상품은 기업이 현금흐름 수취만을 위해서 보유하기도

하지만 매도를 통한 차익 실현을 목적으로 보유할 수도 있으므로 사업모형에 따라 AC 금융자산 또는 FVOCI 금융자산으로 분류될 것이다.

③ FVPL 금융자산(당기손익–공정가치 측정 금융자산)
기타의 사업모형(예 : 금융자산의 매도를 통한 현금흐름 실현이 목적인 사업모형 등)

- 사업모형이 현금흐름의 수취도 아니고 현금흐름의 수취와 금융자산의 매도도 아닌 기타의 사업모형의 경우에는 금융자산의 공정가치 변동을 당기손익으로 인식하는 금융자산(이하 'FVPL 금융자산'이라 함)으로 분류한다.
- 현금흐름의 수취는 부수적이고 금융자산의 매도가 필수적이거나, 금융자산이 현금흐름 특성을 가지고 있지 않은 경우(예 : 주식과 같은 지분상품)에는 단기간의 매매차익을 얻거나 금융자산의 공정가치 변동을 성과측정의 척도로 사용하는 경우가 많을 것이다. 이러한 경우에는 공정가치 변동을 당기손익으로 인식한 정보가 의사결정에 더 유용할 것이다.
- 파생상품자산은 계약상 현금흐름특성 조건을 충족하지 못하므로 위험회피회계가 적용되는 경우가 아니라면 FVPL 금융자산으로 분류한다.

④ FVOCI 선택 금융자산
기업이 단기매매목적도 아니고 조건부 대가도 아닌 지분상품을 보유할 경우(대부분 장기투자 목적으로 지분을 보유하는 경우일 것임) 지분상품의 공정가치 변동을 당기손익으로 인식하면 당기순손익의 변동성이 증가할 뿐만 아니라 당기순손익이 기업의 성과 측정치로서의 역할을 제대로 하지 못할 수 있다. 따라서 이러한 문제를 완화하기 위해서 기업은 단기매매목적도 아니고 조건부 대가도 아닌 지분상품을 FVOCI 금융자산으로 분류되도록 선택할 수 있다. 이러한 선택은 최초 인식시점에서만 가능하며, 이후에 취소할 수 없다.

iii) FVPL 지정

① AC 금융자산 또는 FVOCI 금융자산으로 분류될 항목 중 특정한 조건(회계불일치를 제거하거나 유의적으로 줄이는 경우)을 충족하는 경우에 이를 FVPL 금융자산으로 지정할 수 있다.
② 이러한 지정은 최초 인식시점에서만 가능하며, 한 번 지정하면 이를 취소할 수 없다.

Con

- 주식 : FVPL 금융자산, FVOCI 금융자산 선택 가능(FVOCI 선택 금융자산)
- 사채
  - FVPL 금융자산
  - AC 금융자산 ┐
  - FVOCI 금융자산 ┘→ FVPL 금융자산 지정 가능(FVPL 지정 금융자산)
- 대여금 등 : AC 금융자산

4. 금융자산의 최초 측정

i) 최초 측정

① 유형자산이나 무형자산, 재고자산과 같은 자산은 최초 인식시점에 원가로 측정한다. 이에 반해 금융자산은 최초 인식 시점에 공정가치로 측정한다. 최초 인식시점에 금융상품 자체의 공정가치는 일반적으로 거래가격(제공하거나 수취한 대가의 공정가치)이다. 그러나 거래가격에 금융상품 이외의 대가가 포함되어 있다면 금융상품 자체의 공정가치를 측정해야 한다.

② 채무상품의 공정가치는 미래 현금흐름의 현재가치로 측정할 수 있다.

③ 금융자산의 최초 측정

구 분	회계처리
금융자산의 최초 측정	공정가치로 인식. 일반적으로 거래가격 = 공정가치
거래가격에 금융상품 이외의 대가가 포함되어 있는 경우	공정가치로 측정하고, 공정가치와 거래가격의 차이가 자산의 인식기준을 충족하면 자산으로, 그렇지 않으면 비용(또는 수익차감)으로 인식*
거래가격에 금융상품 이외의 대가가 포함되어 있지 않은데도 거래가격과 공정가치가 다른 경우	① 공정가치를 수준 1 또는 수준 2 투입변수로 측정한 경우 공정가치와 거래가격의 차이를 거래일에 즉시 당기손익 인식 ② 공정가치를 수준 3 투입변수로 측정한 경우 거래가격으로 최초 인식하고, 공정가치와 거래가격의 차이를 이연하고 추후 이연된 차이를 당기손익으로 인식

* 기준서에는 거래가격이 공정가치보다 많은 경우의 회계처리만 규정할 뿐 금융자산의 공정가치보다 대가를 적게 지급한 경우는 언급하고 있지 않다. 공정가치보다 거래가격이 적고 그 차이가 금융상품 이외의 요소일 때, 적게 지급한 대가가 부채의 인식기준을 충족하면 부채로 인식하고, 그렇지 않으면 수익으로 인식하는 것이 적절할 것이다.

참고 공정가치(1,000) ≠ 거래가격(1,300)

i) 거래가격에 다른 대가가 포함 ○

차변	금액	대변	금액
금 융 자 산	1,000	현 금	1,300
자 산 / 비 용	300		

ii) 거래가격에 다른 대가가 포함 ×

차변	금액	대변	금액
금 융 자 산	?	현 금	1,300

→ 공정가치의 신뢰도에 따라 다름

예제 1 대여금의 최초 인식

갑회사는 을회사에게 10,000을 5년간 무이자로 대여하였다. 무이자로 대여한 이유는 갑회사가 을회사로부터 유리한 조건으로 재화를 매입할 수 있는 경제적효익을 기대하였기 때문이다. 대여시점에서 비슷한 신용등급을 가진 5년 만기 대여금의 시장이자율은 연 6%이다.

〈대여금 관련 회계처리〉

i) PV

0	1	2	3	4	5
이자	0	0	0	0	0
원금					10,000

PV = 10,000 × (5, 6%, 현가) = 7,473

ii) 상각표

시점	유효(6%)	액면(0%)	상각액	장부가
×1초				7,473
×1말	448	0	448	7,921
×2말	475	0	475	8,396
⋮				
×5말	566	0	566	10,000

iii) 회계처리

	차변	금액	대변	금액
×1초	대여금	7,473	현금	7,473
	자산 / 비용	2,527	현금	2,527
×1말	대여금	448	이자수익	448
⋮				
×5말	대여금	566	이자수익	566
	현금	10,000	대여금	10,000

갑회사는 을회사에게 10,000을 5년간 연 10%의 이자를 받는 조건으로 대여하였다. 대여금의 이자율 연 10%는 시장이자율 연 6%보다 매우 높은 이자율인데, 이는 을회사에게 유리한 조건으로 재화를 공급해주는 대가로 을회사에 대한 자금지원에 부과할 이자율은 높게 책정한 것이다.

〈대여금 관련 회계처리〉

i) PV

0	1	2	3	4	5
이자	1,000	1,000	1,000	1,000	1,000
원금					10,000

PV = 1,000 × (5, 6%, 연금현가) + 10,000 × (5, 6%, 현가) = 11,685

ii) 상각표

시점	유효(6%)	액면(10%)	상각액	장부가
×1초				11,685
×1말	701	1,000	299	11,386
×2말	683	1,000	317	11,069
⋮				
×5말	623	1,000	377	10,000

iii) 회계처리

	차변	금액	대변	금액
×1초	대여금	10,000	현금	10,000
	대여금	1,685	부채 / 수익	1,685
×1말	현금	1,000	이자수익	701
			대여금	299
⋮				
×5말	현금	1,000	이자수익	623
			대여금	377
	현금	10,000	대여금	10,000

④ 1년 이내에 회수될 것으로 기대되는 매출채권의 경우 일반적으로 금융요소가 유의적이지 않을 것이므로(즉, 매출채권의 명목금액과 현재가치의 차이가 중요하지 않을 것이므로) 당해 매출채권을 공정가치(즉, 미래 현금흐름의 현재가치)로 측정하지 않고, 거래가격으로 측정하더라도 회계정보의 유용성에는 큰 문제가 없을 것이다.

⑤ 지분상품에 대한 모든 투자와 해당 지분상품에 대한 모든 계약도 공정가치로 측정해야 하나, 제한된 상황에서는 원가가 공정가치의 적절한 추정치가 될 수 있다. 제한된 상황의 예로는 공정가치를 결정하기 위해 이용할 수 있는 더 최근의 정보가 불충분하거나, 가능한 공정가치 측정치의 범위가 넓고 그 범위에서 원가가 공정가치의 최선의 추정치를 나타내는 경우를 들 수 있다.

ii) **취득, 처분 시 수수료**

수수료
- 취득 시
  - FVPL : 비용 처리(예외)
  - 나머지 : 취득원가에 가산(원칙)
- 처분 시 : 매각금액에서 차감 → 순매각금액

참고 AC(FVOCI) 금융자산 취득 시 수수료

액면 100,000 (8%)
만기 3년
시장이자율 12%
→ PV= 90,393 (12%, 8%)→ 100,000
수수료 4,633
* 95,026 (10%, 8%)→ 100,000

- 취득 시 수수료 4,633 발생

$$* 95,026=\frac{8,000}{(1+i)}+\frac{8,000}{(1+i)^2}+\frac{108,000}{(1+i)^3}$$

$i=10\%$

- AC 금융자산이나 FVOCI 금융자산의 취득관련 거래원가는 당해 금융자산의 최초 인식금액에 가산한다. 이렇게 회계처리하면 최초 인식금액이 많아지기 때문에 거래원가가 없는 경우에 비해 유효이자율이 낮아진다.
- 회계처리

	차변		대변	
×1초	AC(FVOCI)	90,393	현금	90,393
&	AC(FVOCI)	4,633	현금	4,633
×1말	현금	8,000	이자수익	9,503
	AC(FVOCI)	1,503		

* 95,026×10%(새로운 IRR)=9,503

∴ 채무상품을 취득하였는데 수수료가 발생한 경우, 이를 FVPL로 분류하였다면 새로운 유효이자율을 계산할 필요가 없으나(취득원가에 가산하지 않고 비용으로 처리하였으므로) AC 또는 FVOCI로 분류하였다면 새로운 유효이자율을 계산하여야 한다.

참고 AC 금융자산 처분 시 수수료

AC 금융자산 장부가(상각후원가) 950, 매각금액 1,000, 수수료 20 발생

〈회계처리〉

차변		대변	
현금	980	AC	950
		처분이익(손익)	30

iii) 매매일, 결제일 회계처리

	월(매매일)	수(결제일)	12/31
주가	1,000 (결제금액)	700	450

① 매매일 회계처리

	차변	금액	대변	금액
매매일 :	주식	1,000	미지급금	1,000
결제일 :	미지급금	1,000	현금	1,000
12/31 :	손익 · OCI	550	주식	550

② 결제일 회계처리

	차변	금액	대변	금액
매매일 :	×			
결제일 :	주식	700	현금	1,000
	손익 · OCI	300		
12/31 :	손익 · OCI	250	주식	250

금융자산의 정형화된 매입 또는 매도는 매매일 회계처리방법 또는 결제일 회계처리방법 중 하나를 선택하여 금융자산을 인식하거나 제거한다. 만약 후속적으로 공정가치 변동을 인식하는 금융자산에 대해서 결제일 회계처리방법의 적용을 선택하였다면 매매일과 결제일 간의 공정가치 변동을 기타포괄손익이나 당기손익으로 인식하여야 한다.

iv) 이자지급일 사이에 취득한 채무상품

추가문제

20×1년 1월 2일에 발행한 공채(액면 1,000,000, 표시이자율 연 10%, 이자지급일 매년 6월 30일과 12월 31일)를 A회사가 20×1년 1월 2일 1,000,000에 단기매매목적으로 취득하였다. 20×1년 4월 1일 B회사는 A회사로부터 상기 공채를 1,025,000에 취득하고 FVPL 금융자산으로 분류하였다.

×1. 1/1 ~ ×1. 6/30까지의 A회사, B회사의 회계처리는?

풀이

A사

일자		차변	금액	대변	금액
×1. 1/2		FVPL(사채)	1,000,000	현금	1,000,000
×1. 4/1	①	미수이자	25,000	이자수익	25,000
	②	현금	25,000	미수이자	25,000
		현금	1,000,000	FVPL(사채)	1,000,000
		=수령한 대가−경과이자		손익	

B사

	차변		대변	
×1. 4/1	③ FVPL(사채) =제공한 대가-경과이자	××	① 현금	1,025,000
	② 미수이자	25,000		
×1. 6/30	현금	50,000	미수이자 (1/1~3/31)	25,000
			이자수익 (4/1~6/30)	25,000

5. 금융자산의 후속 측정

i) **주식** : FVPL 금융자산, FVOCI 선택 금융자산

EX 1,000 취득 → 800 → 1,100 → 1,300 매각

① FVPL

	차변		대변		
×1초	FVPL(주식)	1,000	현금	1,000	
×1말	평가손익	200	FVPL(주식)	200	800
×2말	FVPL(주식)	300	평가손익	300	1,100
×3초	현금	1,300	FVPL(주식)	1,100	
			처분손익	200	

② FVOCI 선택

	차변		대변		
×1초	FVOCI 선택	1,000	현금	1,000	
×1말	OCI	200	FVOCI 선택	200	800
×2말	FVOCI 선택	300	OCI	200	
			OCI	100	1,100
×3초	현금	1,300	FVOCI 선택	1,100	
			OCI	200	

* FVOCI 금융자산을 선택한 경우 발생하는 OCI는 매각 시 재분류조정(손익화) ×

③ 금융자산 처분 시 회계처리

- 기준서 1109호 문단 3.2.1

  금융자산 전체를 제거하는 경우에는 다음의 ㉠과 ㉡의 차액을 당기손익으로 인식한다.

  ㉠ 금융자산의 장부금액(제거일에 측정)

  ㉡ 수취한 대가

• 제거일 즉, 금융자산 처분일에 측정한 장부금액이란 처분일에 공정가치 변동을 장부금액에 반영한 후의 금액을 의미한다.

• ① FVPL의 ×3초 회계처리는 다음과 같이 수정할 수 있다.

F V P L	200	평 가 손 익	200	1,300
현 금	1,300	F V P L	1,300	

• FVPL 금융자산을 처분할 경우 처분시점에 평가손익(PL)을 인식하고 처분손익(PL)을 인식하지 않는 경우와 처분시점에 평가손익(PL)을 인식하지 않고 처분손익(PL)을 인식하는 경우 인식한 손익의 계정과목만 다를 뿐 당기손익에 미치는 영향은 동일하다. 따라서 어떠한 회계처리든 무방하다.

• ② FVOCI 선택의 ×3초 회계처리는 다음과 같이 수정할 수 있다.

FVOCI 선택	200	O C I	200	1,300
현 금	1,300	FVOCI 선택	1,300	

따라서 FVOCI 선택 금융자산 처분 시 수수료가 발생하지 않는다면 처분손익(PL)은 '0'이다.

• 만일 ×3초 FVOCI 선택 금융자산 처분 시 수수료가 50이 발생한다면 다음과 같이 회계처리해야 한다.

FVOCI 선택	200	O C I	200	1,300
현 금	1,250	FVOCI 선택	1,300	
손 익 (P L)	50			

이를 합쳐서 회계처리하면 다음과 같다.

현 금	1,250	FVOCI 선택	1,100
손 익 (P L)	50	O C I	200

• 결국 다음과 같이 정리할 수 있다.

〈FVPL〉

현 금	순액	F V P L	장부가
비 용	××		
		●손익	

→ 현 금	순액	F V P L	장부가
		●손익	

〈FVOCI 선택〉

현 금	순액	FVOCI 선택	장부가
비 용	××		
		●OCI	

객관식 8 (객관식 3과 유사)

㈜한국은 20×3년 10월 7일 상장회사인 ㈜대한의 보통주식을 3,000,000에 취득하고, 취득에 따른 거래비용 30,000을 지급하였다. 20×3년 말 ㈜대한의 보통주식 공정가치는 3,500,000이었다. ㈜한국은 20×4년 1월 20일 ㈜대한의 보통주식을 3,400,000에 매도하였으며, 매도와 관련하여 부대비용 50,000을 지급하였다. ㈜대한의 보통주식을 FVPL 금융자산 혹은 FVOCI 선택 금융자산으로 분류한 경우, ㈜한국의 회계처리는?

풀이

〈FVPL〉

일자	차변	금액	대변	금액
×3 10/7	FVPL	300	현금	303
	비용	3		
×3 12/31	FVPL	50	수익	50
×4 1/20	현금	335	FVPL	350
	비용	15		

〈FVOCI 선택〉

일자	차변	금액	대변	금액
×3 10/7	FVOCI 선택	303	현금	303
×3 12/31	FVOCI 선택	47	OCI	47
×4 1/20	현금	335	FVOCI 선택	350
	비용	5		
	OCI	10		

	×3	×4
N/I	+47	−15
OCI	0	0
C/I	+47	−15

	×3	×4
N/I	0	−5
OCI	+47	−10
C/I	+47	−15

ii) **사채**
- FVPL : 상각 ×, "액면이자 → 이자수익", 평가(손익)
- ★AC : 상각 ○
- FVOCI : 상각 ○ & 평가(OCI)

(AC, FVOCI) → FVPL 금융자산 지정 가능

Ex FVPL(사채)

×1초
- 액면 1,000
- 액면이자율 10%

PV=940

×1말 상각액 20, ×1말 공정가 970

① 상각 & 평가(손익)

	차변	금액	대변	금액	
×1초	FVPL(사채)	940	현 금	940	
×1말	현 금	100	이 자 수 익	120	
	FVPL(사채)	20		┘	960
	FVPL(사채)	10	손 익	10┘	970

Con ×1말 FVPL(사채) : 970, ×1 손익 130

② 평가(손익)

	차변	금액	대변	금액	
×1초	FVPL(사채)	940	현 금	940	
×1말	현 금	100	이 자 수 익	100┘	940
	FVPL(사채)	30	손 익	30┘	970

Con ×1말 FVPL(사채) : 970, ×1 손익 130 (①과 ② 회계처리 결과 동일)

Ex 사채

0	1	2	3	
	8,000	8,000	8,000	→ PV=95,026 %=10%
			100,000	

시점	유효(10%)	액면(8%)	상각	장부가		
0				95,026	① 취소	(공정가)
1	9,503	8,000	1,503	96,529		96,000
				②상각		
2	9,653	8,000	1,653	98,182	③ 설정	99,000
3	9,818	8,000	1,818	100,000		

① AC(상각 ○)

	차변	금액	대변	금액	
×1초	A C	95,026	현 금	95,026	
×1말	현 금	8,000	이 자 수 익	9,503	
	A C	1,503		┘	96,529
×2말	현 금	8,000	이 자 수 익	9,653	
	A C	1,653		┘	98,182
×3말	현 금	8,000	이 자 수 익	9,818	
	A C	1,818		┘	100,000
&	현 금	100,000	A C	100,000┘	0

② FVOCI(상각 ○, 평가(OCI))

〈일반적인 회계처리〉

시점	차변	금액	대변	금액	장부금액
×1초	F V O C I	95,026	현 금	95,026	
×1말	현 금	8,000	이 자 수 익	9,503	
	F V O C I	1,503			96,529
	O C I	529	F V O C I	529	96,000
×2말	현 금	8,000	이 자 수 익	9,653	
	F V O C I	1,653			97,653
	F V O C I	1,347	O C I	529	
			O C I	818	99,000
×3말	현 금	8,000	이 자 수 익	9,818	
	F V O C I	1,818			100,818
	현 금	100,000	F V O C I	100,818	
	O C I	818			0

〈취소, 상각, 설정 → 회계처리〉

시점	차변	금액	대변	금액	구분	장부금액
×1초	F V O C I	95,026	현 금	95,026		
×1말	현 금	8,000	이 자 수 익	9,503		
	F V O C I	1,503				96,529
	O C I	529	F V O C I	529	설정	96,000
×2말	F V O C I	529	O C I	529	취소	96,529
	현 금	8,000	이 자 수 익	9,653		
	F V O C I	1,653				98,182
	F V O C I	818	O C I	818	설정	99,000
×3말	O C I	818	F V O C I	818	취소	98,182
	현 금	8,000	이 자 수 익	9,818		
	F V O C I	1,818				100,000
	현 금	100,000	F V O C I	100,000		0

→ ×2말 (취소 + 설정):

차변	금액	대변	금액
F V O C I	1,347	O C I	529
		O C I	818

→ ×3말 (취소 + 처분):

차변	금액	대변	금액
현 금	100,000	F V O C I	100,818
O C I	818		

con "n말"

① 취소 : (n−1) 공정가 → (n−1) 상각후원가
상각 : (n−1) 상각후원가 → n 상각후원가
설정 : n 상각후원가 → n 공정가

참고

×1초　　최초 인식

			취소		취소
×1말	상각	×2말	상각	×3말	상각
	설정		설정		원금 수령

② 　장부가(=상각후원가)　　　　공정가

⋮

n−1　××　←(① 취소)—　××

　　　↓ ② 상각

n　　××　—(③ 설정)→　××

③ n말 B/S상 평가손익(OCI)?
↳ "누적의미"라고 착각

→ 취소
상각
→ 설정
→ 누적 ×

n말 B/S상 평가손익(OCI)=n말 설정액="n말 상각후원가 → n말 공정가"

④ n말 포괄손익계산서상 평가손익(OCI)?
당기 발생을 의미

취소 & 설정

또는

n−1말 B/S상 평가손익(n−1말 설정액) → n말 B/S상 평가손익(n말 설정액)

참고

0　10%　8%　　　95,026　상각후원가$=\dfrac{\text{미래현금}}{\text{최초할인율}}$ vs 공정가$=\dfrac{\text{미래현금}}{\text{현행할인율}}$

1　9,503　8,000　1,503　96,529 → $\dfrac{8,000}{1.1}+\dfrac{108,000}{1.1^2}$　　$\dfrac{8,000}{(1+\times1\text{말 할인율})}+\dfrac{108,000}{(1+\times1\text{말 할인율})^2}$

2　9,653　8,000　1,653　98,182 → $\dfrac{108,000}{1.1}$　　$\dfrac{108,000}{(1+\times2\text{말 할인율})}$

3　9,818　8,000　1,818　100,000

참고 예제 3

액면금액 : 1,000,000(표시이자율 4%, 매년 말 지급)

발행일 : ×1초, 만기일 : ×3말

×1초 유효이자율 : 6%

20×1년 말 공정가치 : 945,761(20×1년 말 시장이자율 7%)

$$\rightarrow \frac{40,000}{1.07} + \frac{1,040,000}{1.07^2}$$

20×2년 말 공정가치 : 990,475(20×2년 말 시장이자율 5%)

$$\rightarrow \frac{1,040,000}{1.05}$$

20×1년 말 상각후원가 : 963,332(×1초(최초) 유효이자율 6%)

$$\rightarrow \frac{40,000}{1.06} + \frac{1,040,000}{1.06^2}$$

20×2년 말 상각후원가 : 981,132(×1초(최초) 유효이자율 6%)

$$\rightarrow \frac{1,040,000}{1.06}$$

iii) 주의사항

① 'AC 금융자산' 및 'FVPL 금융자산으로 분류된 지분상품 중 제한된 상황에서 원가를 공정가치의 적절한 추정치로 사용하는 지분상품'은 후속적으로 공정가치 변동을 인식하지 않는다.

② FVOCI 금융자산을 매도할 경우 과년도에 인식한 기타포괄손익(공정가치 평가손익)이 있다면 이를 당기손익으로 재분류한다.
FVOCI 금융자산 매도 시 '취소', '상각' 그리고 '매도' 순으로 회계처리 한다(기초 시점에 매도 시에는 '취소', '매도' 순으로 회계처리한다). 여기서 '취소'를 통해 FVOCI 금융자산의 장부가가 원래의 상각후원가로 복귀하여 처분손익을 변화시킨다(매도금액은 동일한데 FVOCI 금융자산의 장부가는 상각후원가로 변화하므로). 따라서 '취소' 절차는 결국 기타포괄손익을 손익화하는 절차인 것이다.

③ 반면에 지분상품을 FVOCI 선택 금융자산으로 분류한 경우에는 당해 금융자산의 공정가치 변동에 대해서 인식한 기타포괄손익을 후속적으로 당기손익으로 재분류하지 않는다.

④ FVOCI 선택 금융자산에 대해서 인식한 기타포괄손익을 후속적으로 당기손익으로 재분류하지 못한다는 것은 FVOCI 선택 금융자산을 처분하더라도 처분손익을 인식하지 않는다는 것을 의미한다. 단, 처분 시 수수료가 발생하였다면 수수료만큼은 비용으로 처리하여야 한다('5. 금융자산의 후속 측정 ③ 금융자산 처분 시 회계처리' 참고).

⑤ IFRS 9에서 지분투자를 제거할 때 손익의 당기손익 재순환은 금지하지만, 예를 들어 실현에 대한 정보를 제공하기 위해, 언제나 누적 손익을 자본 내에서 이전할 수 있다. IASB는 지분상품을 제거할 때 누적 손익을 이익잉여금으로 이전하도록 요구하는 것과 같이 이전과 관련한 특정 요구사항을 고려하였으나, 국가별로 자본의 구성요소에 대한 특정한 제한이 있기 때문에 그러한 방식을 채택하지 아니하였다. 그러나 공정가치 변동을 기타포괄손익에 표시하는 지분상품에 대한 투자에 대해서는 재무제표 이용자에게 유용한 정보를 제공하기 위해 해당 표시의 영향을 추가로 공시하도록 요구한다. 예를 들어 IFRS 7(금융자산 : 공시)의 문단 11B는 보고기간 중 공정가치 변동을 기타포괄손익에 표시하는 지분상품에 대한 투자를 제거할 때 처분시점의 누적 손익을 공시하도록 요구한다(1109:BCE.38).

⑥ FVPL 금융자산은 대부분 지분상품으로 구성되어 있을 것인데, 만약에 매도를 통한 차익실현이 목적인 사업모형을 가진 기업이 채무상품을 FVPL 금융자산으로 분류하였다면 동 채무상품에 대해서 공정가치 평가손익뿐만 아니라 이자수익(일반적으로 상각은 하지 않고 액면이자만 인식)도 인식해야 한다.

⑦ FVPL 금융자산을 처분할 경우 처분부대비용을 차감한 처분대가와 처분 전 장부금액의 차이를 처분손익으로 인식한다. 기중 처분 시점에 굳이 FVPL 금융자산의 평가손익을 인식한 후 처분의 회계처리를 할 실익은 없다. 왜냐하면 처분직전에 평가손익을 당기손익으로 인식하면 그 만큼 반대방향으로 처분손익에 변동을 가져오므로 당기손익에 미치는 영향은 동일하기 때문이다.

⑧ 일반적으로 지분을 발행한 회사가 투자자에게 현금배당을 지급하겠다고 이사회 등에서 결의를 하는 시점에 지분상품 보유자는 배당금수익을 인식한다(보유하는 지분상품을 'FVPL' 또는 'FVOCI 선택' 등 무엇으로 분류하든 해당 지분상품으로 인해 현금배당을 수령하면 배당금수익(당기손익)으로 인식한다.). 다만, 주식배당은 지분을 발행한 회사의 순자산이 유출되지 않으므로 지분상품 보유자에게 유입되는 경제적효익도 없다. 따라서 지분상품 보유자는 주식배당을 받더라도 배당금수익을 인식하지 않는다.

⑨ 금융자산이 AC 금융자산과 FVOCI 금융자산 중 어느 것으로 분류되든 관계없이 이자수익은 최초 취득 시 결정된 유효이자율을 이용하기 때문에 AC 금융자산과 FVOCI 금융자산에 대해서 인식하는 이자수익은 동일하다. 따라서 전기말에 FVOCI 금융자산의 공정가치 변동을 인식했더라도 당기의 이자수익은 공정가치 변동을 반영한 기초 장부금액에 유효이자율을 곱하여 계산하는 것이 아니라 AC 금융자산으로 분류했다면 계상될 기초 장부

금액에 유효이자율을 곱하여 계산한다는 점에 유의하여야 한다('취소' 절차로 인해 원래의 상각후원가로 복귀하므로). 채무상품을 AC 금융자산과 FVOCI 금융자산 중 어느 것으로 분류하든 인식하는 이자수익은 동일하기 때문에 채무상품을 FVOCI 금융자산으로 분류하면 AC 금융자산으로 분류한 것과 동일하게 당기손익을 인식하면서, 재무상태표에는 금융자산을 공정가치로 표시할 수 있는 특징을 갖는다.

⑩ FVOCI 금융자산을 매도할 때 이미 인식한 기타포괄손익을 당기손익으로 재분류하면, 처음부터 당해 금융자산을 AC 금융자산으로 분류했다면 인식했을 금융자산처분손익과 동일한 금액으로 금융자산처분손익을 인식한다.

객관식 4

20×1년 1월 1일에 ㈜대한은 ㈜한국이 동 일자에 발행한 액면가액 1,000,000, 표시이자율 연 8%(이자는 매년 말 후급)의 3년 만기 사채를 950,220에 취득하였다. 취득 당시 유효이자율은 연 10%이었다. 동 사채의 20×1년 말 공정가치는 970,000이었으며, 20×2년 초에 975,000에 처분하였다. ㈜대한의 동 사채에 대한 회계처리로서 옳지 않은 것은?

① FVPL금융자산으로 분류되었다면, 20×1년 당기순이익은 99,780 증가한다.
② FVOCI금융자산으로 분류되었다면, 20×1년 당기순이익은 95,022 증가한다.
③ AC금융자산으로 분류되었다면, 20×1년 당기순이익은 95,022 증가한다.
④ FVOCI금융자산으로 분류되었다면, 20×2년 당기순이익은 5,000 증가한다.
⑤ AC금융자산으로 분류되었다면, 20×2년 당기순이익은 9,758 증가한다.

풀이

① 평가이익 970,000−950,220+이자수익(액면이자) 80,000=99,780
② 이자수익(유효이자) 950,220×10%=95,022
③ 이자수익(유효이자) 950,220×10%=95,022
⑤ 현금수령 975,000− ×1말 상각후원가 965,242(=950,220×1.1−80,000)=처분이익 9,758
④ FVOCI 금융자산의 손익은 AC 금융자산의 손익 9,758과 동일해야 함

〈회계처리〉

〈AC〉

	차변	금액	대변	금액
×1초	A C	950,220	현 금	950,220
×1말	현 금	80,000	이 자 수 익	95,022
	A C	15,022		
				┘ 965,242
×2초	현 금	975,000	A C	965,242
			처 분 이 익	9,758

〈FVOCI〉

	차변	금액	대변	금액	
×1초	F V O C I	950,220	현 금	950,220	
×1말	현 금	80,000	이 자 수 익	95,022	
	F V O C I	15,022			┘ 965,242
	&F V O C I	4,758	O C I	4,758┘	970,000
×2초	〈취소〉				
	O C I	4,758	F V O C I	4,758┘	965,242
	〈매도〉				
	현 금	975,000	F V O C I	965,242	
			처 분 이 익	9,758	

6. 손상

i) 손상의 의의

보고기간 말에 금융자산의 신용위험을 평가하고 미래에 수취하지 못할 금액을 추정하여 인식하는 비용

- 기대손실모형 : 그냥 처음부터 예상
- 발생손실모형 : 어떤 사건이 발생하면 예상

→ 국제회계기준은 기대손실모형을 적용

ii) 손상차손을 인식하지 않는 금융자산

① FVPL 금융자산(FVPL 지정 포함) : 신용위험의 증가가 공정가치 하락에 반영되어 평가손실을 당기손익으로 인식

② 지분상품 : 계약상 현금흐름(즉, 이자 및 원금)이 발생하지 않음

참고 투자자가 지분상품을 FVOCI 선택 금융자산으로 분류한 경우에는 발행자의 신용위험 증가로 인한 당해 금융자산의 공정가치 하락을 기타포괄손익으로 인식하며(∵ 지분상품은 손상차손 인식 ×), 그 지분상품을 매각하더라도 처분손익을 인식하지 않으므로 당기손익에 미치는 영향은 없다.

iii) 기대신용손실(손실충당금 : 되게 하라)의 계산 순서

① 현금부족액=계약에 따라 수취하기로 한 현금흐름과 수취할 것으로 예상하는 현금흐름의 차이

② 신용손실=현금부족액의 현재가치

③ 기대신용손실=신용손실을 개별 채무불이행 발생위험으로 가중평균한 금액

계약상 현금흐름(최초 이자율 10%)

0	1	2	3
	100	100	100
			1,000

수취할 것으로 예상되는 현금흐름 (발생확률 50%)

0	1	2	3
	70	70	70
			700

현금부족액(A)

0	1	2	3
	30	30	30
			300

수취할 것으로 예상되는 현금흐름 (발생확률 50%)

0	1	2	3
	60	60	60
			600

현금부족액(B)

0	1	2	3
	40	40	40
			400

신용손실(A) = 30 × (3, 10%, 연금) + 300 × (3, 10%, 현가) = 300

신용손실(B) = 40 × (3, 10%, 연금) + 400 × (3, 10%, 현가) = 400

기대신용손실 = 300 × 50% + 400 × 50% = 350

→ 가중평균한 수취할 것으로 예상되는 현금흐름

0	1	2	3
	65	65	65
			650

현금부족액

0	1	2	3
	35	35	35
			350

신용손실 = 35 × (3, 10%, 연금) + 350 × (3, 10%, 현가) = 350

기대신용손실 = 350(신용손실과 동일)

참고 가중평균한 수취할 것으로 예상되는 현금흐름의 현재가치

65 × (3, 10%, 연금) + 650 × (3, 10%, 현가) = 650

참고 기대신용손실은 현재가치 측정치인데, 최초 인식시점에 산정한 유효이자율이나 이에 근사한 이자율로 보고기간 말을 기준으로 할인하며, 예상되는 채무불이행 발생일이나 그 밖의 날짜를 기준으로 할인하지 않는다. 그러나 취득 시 신용이 손상되어 있는 금융자산에 대한 기대신용손실은 최초 인식시점에 산정한 신용조정 유효이자율로 할인한다.

기대신용손실은 지급액과 지급시기를 모두 고려하기 때문에 전부 지급받을 것으로 예상하더라도 그 예상시기가 계약상 지급 시점보다 늦다면 신용손실이 발생한다.

ⅳ) 기대신용손실의 추정 기간

<table>
<tr><th colspan="2">구 분</th><th>추정 기간</th></tr>
<tr><td rowspan="3">일반적인 금융자산</td><td>최초 인식 후 금융상품의 신용위험이 유의적으로 증가하지 않은 경우</td><td>12개월</td></tr>
<tr><td>최초 인식 후 금융상품의 신용위험이 유의적으로 증가한 경우</td><td>전체기간</td></tr>
<tr><td>보고기간 말에 신용이 손상된 금융자산</td><td>전체기간</td></tr>
<tr><td colspan="2">취득 시 신용이 손상되어 있는 금융자산</td><td>전체기간</td></tr>
<tr><td colspan="2">간편법을 적용하는 매출채권, 계약자산, 리스채권</td><td>전체기간</td></tr>
</table>

<table>
<tr><th></th><th>1단계</th><th>2단계</th><th>3단계</th></tr>
<tr><td>신용위험의 정도</td><td>유의적으로 증가하지 않음</td><td>유의적으로 증가함</td><td>신용이 손상됨</td></tr>
<tr><td>추 정 기 간</td><td>12개월</td><td colspan="2">전체기간</td></tr>
</table>

- 신용위험이 유의적으로 증가하지 않았다면 보고기간 말 이후 12개월 동안만 기대신용손실을 측정하도록 함으로써 기업이 손상 규정을 적용할 때 실무상 어려움을 완화시켜주고 있다.
- 덜 정교한 신용위험 관리시스템을 가지고 있는 기업을 지원하기 위해서 매출채권 등에 대해서는 전체기간 기대신용손실을 측정하도록 함으로써 매 보고기간 말마다 신용위험의 유의한 증가 여부를 추적해야 하는 부담을 줄여 줄 필요가 있다. 이러한 이유로 간편법을 적용하는 매출채권이나 계약자산 등에 대해서는 항상 전체기간 기대신용손실을 추정한다.

ⅴ) 신용위험의 유의적 증가 여부의 판단

① 금융자산을 최초 인식한 후 다음과 같은 사건이 발생할 경우 금융자산의 신용위험이 유의적으로 증가할 수 있다.

㉠ 발행자나 차입자의 유의적인 재무적 어려움

㉡ 채무불이행이나 연체 같은 계약 위반

㉢ 차입자의 재무적 어려움에 관련된 경제적 또는 계약상 이유로 당초 차입조건의 불가피한 완화

㉣ 차입자의 파산가능성이 높아지거나 그 밖의 재무구조조정 가능성이 높아짐

㉤ 재무적 어려움으로 해당 금융자산에 대한 활성시장의 소멸

② 일반적으로 연체일수가 30일을 초과하면 신용위험이 유의하게 증가하였다고 볼 수 있다.

③ 최초 금융자산을 인식한 후에 신용위험이 유의적으로 증가하였는지를 판단할 때 합리적이고 뒷받침될 수 있는 미래전망 정보를 과도한 원가나 노력 없이 이용할 수 있다면 연체정보에만 의존해서는 안 된다. 왜냐하면 연체 정보는 과거 정보이므로 미래를 예측하는데 제한이 있기 때문이다. 그러나 미래전망 정보를 이용하기 위해 과도한 원가나 노력이 필요하다면 연체 정보를 이용하여 신용위험의 유의적 증가여부를 판단할 수 있다.

④ 신용위험의 유의적인 증가를 평가할 때 기대신용손실액의 변동이 아니라 금융상품의 기대존속기간에 걸친 채무불이행 발생 위험의 변동을 사용한다.

⑤ 일반적으로 금융자산의 연체일수가 90일을 초과하는 경우에는 채무불이행이 발생하였다고 본다. 다만, 채무불이행이 연체된 후 90일보다 늦게 발생한다는 것을 입증하는 합리적이고 뒷받침될 수 있는 정보가 있다면 채무불이행이 발생하지 않았다고 할 수 있다.

⑥ 전기에 전체기간 기대신용손실에 해당하는 금액으로 금융상품에 대한 손실충당금을 측정하였으나, 당기에 더는 신용위험이 유의적으로 증가하지 않았다고 판단하는 경우에는 당기 말에 12개월 기대신용손실에 해당하는 금액으로 손실충당금을 측정한다.

⑦ 전기에 금융상품의 신용위험이 낮다고 보았으나 당기 말에는 신용위험이 낮다고 보지 않을 경우 전체기간 기대신용손실을 인식하는 것이 아니라 최초 인식 후에 신용위험이 유의적으로 증가하였는지를 판단하여 전체기간 기대신용손실을 인식할 것인지 또는 12개월의 기대신용손실을 인식할 것인지 결정한다.

vi) 기대신용손실의 추정방법

① 금융상품의 기대신용손실은 다음 사항을 반영하도록 측정한다.

- 일정 범위의 발생 가능한 결과를 평가하여 산정한 금액으로서 편의가 없고 확률로 가중한 금액
- 화폐의 시간가치
- 보고기간 말에 과거사건, 현재 상황과 미래 경제적 상황의 예측에 대한 정보로서 합리적이고 뒷받침될 수 있으며 과도한 원가나 노력 없이 이용할 수 있는 정보

② 보고기간 말에 신용이 손상된 금융자산(취득 시 신용이 손상되어 있는 금융자산 제외)의 기대신용손실은 ㉠ 해당 자산의 총 장부금액과 ㉡ 추정미래현금흐름을 최초 유효이자율로 할인한 현재가치의 차이로 측정한다. 보고기간 말 현재 금융자산의 신용이 손상되었다면 이는 이미 채무불이행이 발생된 것이므로 채무불이행의 미래 발생위험(확률)을 고려할 필요 없이 ㉠과 ㉡의 차이로 전체기간의 기대신용손실을 측정하는 것이다.

③ 기대신용손실은 현재가치 측정치인데, 최초 인식시점에 산정한 유효이자율이나 이에 근사한 이자율로 보고기간 말을 기준으로 할인하며, 예상되는 채무불이행 발생일이나 그 밖의 날짜를 기준으로 할인하지 않는다.

④ 그러나 취득 시 신용이 손상되어 있는 금융자산에 대한 기대신용손실은 최초 인식시점에 산정한 신용조정 유효이자율로 할인한다.

vii) 손실충당금 회계처리

① 취득 시 신용이 손상되어 있는 금융자산은 보고기간 말에 최초 인식 이후 전체기간 기대신용손실의 누적변동분만을 손실충당금으로 인식한다.

② 최초 인식시점의 추정현금흐름에 포함되었던 기대신용손실액보다 보고기간 말에 추정한 전체기간 기대신용손실이 작다면 전체기간 기대신용손실의 유리한 변동액을 손상차손환입으로 인식한다.

③ 신용이 손상되었다는 것은 채무불이행이 발생된 것을 의미하며, 금융자산의 전체기간을 대상으로 기대신용손실을 추정한다. 채무불이행이 발생하더라도 즉시 금융자산이 회수불능되는 것은 아니므로 일단 보고기간 말에 손실충당금을 더 많이 인식할 뿐 아직 당해 금융자산을 제거하는 것은 아니다. 채무불이행이 발생한 금융자산에 대해서 손실충당금을 추가로 인식하였는데 이후 그 금융자산의 전부 또는 일부가 회수불능으로 확정될 경우, 회수불능 확정액만큼 금융자산과 이미 인식한 손실충당금을 제거하는 회계처리를 한다.

④ 금융자산 전체나 일부의 회수를 합리적으로 예상할 수 없는 경우(회수불능 확정)에는 해당 금융자산의 총장부금액을 직접 줄인다.

→ 대손이 실제 확정되었을 때 「손실충당금 ×× | 금융자산 ××」의 회계처리(대손 확정의 회계처리)를 하라는 뜻

viii) 손상차손을 인식한 후 금융자산에 대한 이자수익의 인식

	1단계	2단계	3단계
신용위험	유의적으로 증가하지 않음	유의적으로 증가함	신용이 손상됨(채무불이행 발생)
추정기간	12개월	전체기간	
이자수익	총장부금액* × 유효이자율		상각후원가** × 유효이자율

* 총장부금액 : 손실충당금 차감 전 금융자산의 상각후원가

** 상각후원가 : 손실충당금 차감 후 금융자산의 상각후원가

ix) 사채의 손상 회계처리

사채의 손상
- FVPL : 손상의 대상 ×, (모든) 채무상품은 손상의 적용대상 → ×
- AC : 상각
- FVOCI : 상각 & 평가(OCI)

① 'AC / FVOCI'의 손상

손상(비용) = 상각후원가 vs 추정미래현금흐름을 최초 유효이자율로 할인한 현재가치

(∵ FVOCI : 취소 절차)

② 환입(수익)

최초 인식시점의 추정현금흐름에 포함되었던 기대신용손실액보다 보고기간 말에 추정한 전체기간 기대신용손실이 작다면 전체기간 기대신용손실의 유리한 변동액을 손상차손환입(수익)으로 인식

예제 6 채무상품의 손상차손 및 이자수익 인식 (손상 1, 2단계)

×1초 액면 1,000,000(4%), 만기 3년, 시장이자율 6%

PV=946,540

시점	유효(6%)	액면(4%)	상각액	장부가
×1초				946,540
×1말	56,792	40,000	16,792	963,332
×2말	57,800	40,000	17,800	981,132
×3말	58,868	40,000	18,868	1,000,000

×1말 금융자산의 신용위험이 유의하게 증가하지 않았다고 판단하고 12개월 기대신용손실을 10,000으로 추정, 공정가치 940,000

×2말 금융자산의 신용위험이 유의하게 증가하였다고 판단하고 전체기간 기대신용손실을 100,000으로 추정, 공정가치 830,000

×3말 금융자산의 원금 중 900,000만 회수

×1초 ~ ×3말까지 회계처리(AC 금융자산, FVOCI 금융자산)

풀이

〈AC 금융자산〉

시점	차변	금액	대변	금액	
×1초	A C	946,540	현 금	946,540	
×1말	현 금	40,000	이 자 수 익	56,792	
	A C	16,792			
&	손 상	10,000	충 당 금	10,000	963,332 (10,000)
×2말	현 금	40,000	이 자 수 익	57,800	
	A C	17,800			
&	손 상	90,000	충 당 금	90,000	981,132 (100,000)
×3말	현 금	40,000	이 자 수 익	58,868	
	A C	18,868			1,000,000 (100,000)
&	현 금	900,000	A C	1,000,000	
	충 당 금	100,000			

〈FVOCI 금융자산〉

시점	차변	금액	대변	금액	장부금액
×1초	FVOCI	946,540	현금	946,540	
×1말	현금	40,000	이자수익	56,792	
	FVOCI	16,792			
	〈손상〉				
	손상	10,000	충당금	10,000	963,332 (10,000)
	〈설정〉				
	OCI	13,332	FVOCI	13,332	950,000 (10,000) ⇒ 940,000
×2말	〈취소〉				
	FVOCI	13,332	OCI	13,332	963,332 (10,000)
	〈상각〉				
	현금	40,000	이자수익	57,800	
	FVOCI	17,800			981,132 (10,000)
	〈손상〉				
	손상	90,000	충당금	90,000	981,132 (100,000)
	〈설정〉				
	OCI	51,132	FVOCI	51,132	930,000 (100,000) ⇒ 830,000
×3말	〈취소〉				
	FVOCI	51,132	OCI	51,132	981,132 (100,000)
	〈상각〉				
	현금	40,000	이자수익	58,868	
	FVOCI	18,868			1,000,000 (100,000)
	현금	900,000	FVOCI	1,000,000	
	충당금	100,000			

예제 7 AC와 FVOCI의 손상차손(환입) 및 이자수익 인식 (손상 3단계)

×1초 액면 1,000,000(3%), 만기 5년, 시장이자율 5%

×1말 현재 ×2년부터 ×5년까지 매년 말 이자 10,000, 만기에 원금 800,000 수령 추정, 공정가 650,000

×2말 현재 ×3년부터 ×5년까지 매년 말 이자 20,000, 만기에 원금 900,000 수령 추정, 공정가 800,000

×1초 ~ ×2말까지 회계처리(AC 금융자산, FVOCI 금융자산)

풀이

① AC

×1초 913,414
↓ 상각
×1말 929,085
↓ 손상(PL)
×1말 693,620 —— 상각 ——→ ×2말 718,301
↑ 환입(PL)
831,921

② FVOCI

×1초 913,414
↓ 상각
×1말 929,085
↓ 손상(PL)
×1말 693,620 —— 취소 & 상각 ——→ ×2말 718,301
↑ 환입(PL)
831,921
↑ 평가(OCI)
800,000〈공정가〉

×1말 693,620
↓ 평가(OCI)
×1말 650,000〈공정가〉

* 결국 평가로 650,000이 되더라도 693,620에서 상각, AC 금융자산에 "평가"(OCI)만 추가

③ AC 금융자산

	차변	금액	대변	금액	
×1초	A C	913,414	현 금	913,414	
×1말	현 금	30,000	이 자 수 익	45,671	
	A C	15,671			⌋ 929,085
&	손 상 (P L)	235,465	A C	235,465	⌋ 693,620

* ×1말	×2말	×3말	×4말	×5말
	10,000	10,000	10,000	10,000
				800,000

PV(5%)=693,620

	차변	금액	대변	금액	장부금액
×2말	현금	10,000	이자수익	34,681	
	AC	24,681			718,301

* 693,620×5%=34,681

&

차변	금액	대변	금액	장부금액
AC	113,620	환입(PL)	113,620	831,921

* ×2말	×3말	×4말	×5말
	20,000	20,000	20,000
			900,000

PV(5%)=831,921

④ FVOCI 금융자산

	차변	금액	대변	금액	장부금액
×1초	FVOCI	913,414	현금	913,414	
×1말	현금	30,000	이자수익	45,671	
	FVOCI	15,671			929,085
	〈손상〉				
	손상(PL)	235,465	FVOCI	235,465	693,620
	〈설정〉				
	FVOCI 평가손실(OCI)	43,620	FVOCI	43,620	650,000

* ×1말	×2말	×3말	×4말	×5말
	10,000	10,000	10,000	10,000
				800,000

PV(5%)=693,620

929,085 ⟶ 693,620 ⟶ 650,000

1. 손상(PL) 2. FVOCI 평가(OCI)

	차변	금액	대변	금액	장부금액
×2말	〈취소〉				
	FVOCI	43,620	FVOCI 평가손실(OCI)	43,620	693,620
	〈상각〉				
	현금	10,000	이자수익	34,681	
	FVOCI	24,681			718,301

* 693,620×5%=34,681

	차변	금액	대변	금액	장부금액
	〈환입〉				
	FVOCI	113,620	환입(PL)	113,620	831,921
	〈설정〉				
	FVOCI 평가손실(OCI)	31,921	FVOCI	31,921	800,000

* ×2말	×3말	×4말	×5말
	20,000	20,000	20,000
			900,000

PV(5%)=831,921

718,301 ⟶ 831,921 ⟶ 800,000
1. 환입(PL)　　2. FVOCI 평가(OCI)

참고

i) 회계처리

×1초　　최초 인식

			취소
×1말	상각	×2말	상각
	손상		환입
	설정		설정

ii) 손상과 환입

① 손상

×1말	×2말	×3말	×4말	×5말
	30,000	30,000	30,000	30,000
				1,000,000
	→ 10,000	10,000	10,000	10,000
				800,000

20,000×(4, 5% 연금)
+200,000×(4, 5% 현가)

② 환입

×2말	×3말	×4말	×5말
	10,000	10,000	10,000
			800,000
	→ 20,000	20,000	20,000
			900,000

10,000×(3, 5% 연금)
+100,000×(3, 5% 현가)

㈜대한은 ㈜민국이 발행한 사채(발행일 20×1년 1월 1일, 액면금액 3,000,000으로 매년 12월 31일에 연 8% 이자지급, 20×4년 12월 31일에 일시상환)를 20×1년 1월 1일에 사채의 발행가액으로 취득하였다(취득 시 신용이 손상되어 있지 않음). ㈜대한은 취득한 사채를 상각후원가로 측정하는 금융자산으로 분류하였으며, 사채발행시점의 유효이자율은 연 10%이다. ㈜대한은 ㈜민국으로부터 20×1년도 이자 240,000은 정상적으로 수취하였으나 20×1년 말에 상각후원가로 측정하는 금융자산의 신용이 손상되었다고 판단하였다. ㈜대한은 채무불이행확률을 고려하여 20×2년부터 20×4년까지 다음과 같은 현금흐름을 추정하였다.

- 매년 말 수취할 이자 : 150,000
- 만기에 수취할 원금 : 2,000,000

또한 ㈜대한은 ㈜민국으로부터 20×2년도 이자 150,000을 수취하였으며, 20×2년 말에 상각후원가로 측정하는 금융자산의 채무불이행확률을 합리적으로 판단하여 20×3년부터 20×4년까지 다음과 같은 현금흐름을 추정하였다.

- 매년 말 수취할 이자 : 210,000
- 만기에 수취할 원금 : 2,000,000

㈜대한이 20×2년도에 인식할 손상차손환입은 얼마인가?

풀이

×1초 PV=2,809,752

i) ×1초 2,809,752

×1말 280,975 240,000 40,975 2,850,727

ii) ×1말 ×2말 ×3말 ×4말

~~240,000~~ ~~240,000~~ ~~240,000~~ → 150,000

~~3,000,000~~

2,000,000

×1말 회수가능액=PV(10%)=150,000×2.4868+2,000,000×0.7513=1,875,620

×1말 1,875,620

×2말 187,562 150,000 37,562 1,913,182

iii) ×2말 ×3말 ×4말

~~150,000~~ ~~150,000~~ → 210,000

2,000,000

×2말 회수가능액＝PV(10%)＝210,000×1.7355＋2,000,000×0.8264＝2,017,255

∴ ×2말 손상환입＝2,017,255－1,913,182＝104,073

(별해)
손상 발생 후 ×3말과 ×4말 예상 이자 수취액이 150,000에서 210,000으로 증가하였고, 손상과 환입 관련 회수가능액 계산 시 할인율은 변함없이 최초 할인율이므로 60,000×1.7355(2, 10% 연금)＝104,130(단수 차이)이 환입액이다.

x) FVOCI 금융자산의 손상차손 회계처리

- FVOCI 금융자산에 대해서 인식하는 손상차손은 손실충당금으로 인식하지 않고 기타포괄손익(FVOCI 금융자산평가손익)에서 조정한다. 따라서 손상차손을 인식하더라도 재무상태표상 금융자산의 장부금액은 줄어들지 않는다.

예 4 FVOCI 금융자산(채무상품)의 손상차익 인식

갑회사는 20×1년 10월 1일에 채무상품을 취득하고 FVOCI 금융자산으로 분류하였다. 동 채무상품은 취득 시 신용이 손상되어 있지 않았다. 20×1년 12월 31일(보고기간 말) 현재 공정가치 평가 전 채무상품의 장부금액은 1,000이며 공정가치는 950이다. 갑회사는 채무상품의 최초 인식 후 신용위험이 유의적으로 증가하지 않았다고 판단하고, 12개월 기대신용손실을 30으로 측정하였다.

갑회사의 보고기간 말 회계처리는 다음과 같다.
〈IFRS 규정 문구상의 회계처리〉

금융자산평가손실(OCI)	50	FVOCI 금융자산	50
손상차손(PL)	30	금융자산평가손실(OCI)	30

위의 분개는 공정가치 하락에 대한 평가손실 50을 기타포괄손익으로 인식하면서 금융자산의 장부금액을 50만큼 감소시키는 분개와 손상차손 30을 당기손익으로 인식하면서 이미 인식한 기타포괄손익 30과 상계하는 분개이다. 위의 두 개의 분개를 다음과 같이 합쳐도 무방하다.
〈본질적인 회계처리〉

손상차손(PL)	30	FVOCI 금융자산(또는 충당금)	30
금융자산평가손실(OCI)	20	FVOCI 금융자산	20

〈결론〉
손상차손의 상대계정을 OCI로 하라는 규정은 평가를 OCI로 50 인식한 후 그 중 손상차손에 해당하는 30을 인식할 때 상대계정으로 OCI 30을 기재하여, 결국 손상차손 30을 먼저 손익(비용)으로 인식한 후 20의 OCI 평가를 하는 것과 동일한 결과를 얻는다.

참고 매출채권의 손상(대손)

추가문제

(1) 20×5년 1월 1일 : 대손충당금 기초잔액은 1,000이다.
(2) 20×5년 5월 8일 : 당기에 매출한 1,500의 외상매출금이 회수불가능하다고 판명되었다.
(3) 20×5년 10월 25일 : 전기에 대손충당금으로 대손처리한 외상매출금 200이 회수되었다.
(4) 20×5년 12월 31일 : 기말수정분개 전 외상매출금 잔액은 40,000이며, 이 중 1,000의 외상매출금은 회수가 불가능하다고 판명되었다. 그리고 나머지 39,000의 외상매출금에 대해서 미래현금흐름을 추정한 결과 32,800으로 추정되었다.

풀이

기초 충당금 1,000

일자	차변	금액	대변	금액	
5/8	충당금	1,000	매출채권	1,500	
	대손비	500			0
10/25	현금	200	충당금	200	200
12/31 ①	충당금	200	매출채권	1,000	
	대손비	800			0
②	대손비	6,200	충당금	6,200	6,200

(40,000−1,000)−32,800=6,200(기대손실 추정액) 되게 하라!

(별해)

충당금

1/1	1,000
5/8	(1,500)
10/25	200
12/31 ①	(1,000)
	(1,300)

+7,500 → 12/31 ② 6,200(기대신용손실 추정액)
(39,000 vs 32,800)

Con 금융자산 분류에 따른 회계처리 요약

구 분	금융자산 분류	공정가치의 변동 인식	기타포괄손익의 당기손익 재분류	손상차손 인식 여부
채무상품	AC 금융자산	인식하지 않음	해당 없음	인 식
	FVOCI 금융자산	기타포괄손익 인식	재분류	인 식
	FVPL 금융자산	당기손익 인식	해당 없음	무인식
지분상품	FVPL 금융자산	당기손익 인식	해당 없음	무인식
	FVOCI 선택 금융자산	기타포괄손익 인식	재분류 불가	무인식

참고 FVOCI 금융자산의 '취소'

- 처분 시 취소
  → 장부가 변동 → 처분손익에 영향 ∴ 재분류조정(손익화) ○
- 손상 시 취소
  → 장부가 변동 → 손상차손에 영향 ∴ 재분류조정(손익화) ○
- 그냥 취소
  → 손익에 영향 × ∴ 재분류조정(손익화) ×

xi) 계약상 현금흐름의 변경

금융자산의 계약상 현금흐름이 재협상되거나 변경되는 경우가 발생할 수 있다.

① 계약상 현금흐름이 변경되더라도 금융자산이 제거되지 않는 경우
변경된 금융자산은 기존 금융자산의 연속으로 본다. 따라서 변경일에 금융자산의 장부금액과 재협상 또는 변경된 계약상 현금흐름을 최초 유효이자율(또는 취득 시 신용이 손상되어 있는 금융자산의 경우에는 신용조정 유효이자율)로 할인한 현재가치의 차이를 변경손익으로 하여 당기손익으로 인식한다. 그리고 발생한 원가나 수수료는 변경된 금융자산의 장부금액에 반영하여 해당 금융자산의 남은 존속기간에 상각한다.

② 계약상 현금흐름의 변경으로 금융자산이 제거되는 경우
기존의 금융자산을 제거하고, 후속적으로 변경된 금융자산을 새로운 금융자산으로 인식한다(대차차익은 손익 처리). 변경된 금융자산에 손상 요구사항을 적용할 때 변경일을 해당 금융자산의 최초 인식일로 본다. 발생한 원가나 수수료는 금융자산 제거에 따른 손익의 일부로 회계처리하면 될 것이다(명시 규정 없음). 그리고 변경일에 일반적으로 12개월 기대신용손실을 측정하고, 보고기간 말에 신용위험의 유의적인 증가 여부를 고려하여 12개월 또는 전체기간 기대신용손실을 측정한다.

예 5 계약상 현금흐름의 변경

×1초 액면 1,000,000(5%), 만기 1년, 시장이자율 5%
×1말 채권자와 채무자는 조건을 재협상
　　만기 3년 연장(×4말), 액면 3%, 시장이자율 6%

풀이

① 제거조건을 충족하지 않는 경우
PV(최초 할인율 5%)=30,000×(3, 5%, 연금)+1,000,000×(3, 5%, 현가)
　　　　　　　　=945,538

〈회계처리〉

현금	50,000	이자수익	50,000
변경손실	54,462	AC	54,462

〈수수료 발생 시〉

AC	××	현금	××

② 제거조건을 충족하는 경우

PV(현행 할인율 6%)=30,000×(3, 6%, 연금)+1,000,000×(3, 6%, 현가)

=919,810

〈회계처리〉

현금	50,000	이자수익	50,000
AC(신)	919,810	AC(구)	1,000,000
제거손실	80,190		

〈수수료 발생 시〉

비용	××	현금	××

7. 금융자산의 재분류

[공통정보]

×1초 액면 100,000(8%), 만기 3년, 시장이자율 10%

×1초 PV=95,026

×1말 상각후원가 96,529

×1말=×2초 공정가 93,240(시장이자율 12%)

$$93,240=\frac{8,000}{1.12}+\frac{108,000}{1.12^2}$$

[×2초 재분류 가정]

i) AC 금융자산 → FVPL 금융자산

×2초	FVPL	96,529	AC	96,529
	손익	3,289	FVPL	3,289
×2말	현금	8,000	이자수익	8,000

& 공정가치 평가(N/I)

ii) AC 금융자산 → FVOCI 금융자산

		차변	금액	대변	금액	
×2초 & 설정		FVOCI	96,529	AC	96,529	
		OCI	3,289	FVOCI	3,289	93,240
×2말	취소	FVOCI	3,289	OCI	3,289	96,529
	상각	현금	8,000	이자수익	9,653	
		FVOCI	1,653			98,182
	설정	공정가치 평가(OCI)				

iii) FVOCI 금융자산 → AC 금융자산

		차변	금액	대변	금액	
×2초	취소	FVOCI	3,289	OCI	3,289	96,529
		AC	96,529	FVOCI	96,529	
×2말		현금	8,000	이자수익	9,653	
		AC	1,653			98,182

iv) FVOCI 금융자산 → FVPL 금융자산

	차변	금액	대변	금액
×2초	FVPL	93,240	FVOCI	93,240
	손익	3,289	OCI	3,289
×2말 &	현금	8,000	이자수익	8,000
	공정가치 평가(N/I)			

v) FVPL 금융자산 → AC 금융자산

	차변	금액	대변	금액	
×2초	AC	93,240	FVPL	93,240	93,240
×2말	현금	8,000	이자수익	11,189	
	AC	3,189			96,429

* 93,240×12%=11,189

vi) FVPL 금융자산 → FVOCI 금융자산

	차변		대변		
×2초	F V O C I	93,240	F V P L	93,240	93,240
×2말	현 금	8,000	이 자 수 익	11,189	
	F V O C I	3,189			96,429

* 93,240×12%=11,189

&

공정가치 평가(OCI) ⇒ 설정

① 사업모형의 변경은 사업계열의 취득, 처분, 종결과 같이 영업에 유의적인 활동을 시작하거나 중단하는 경우에만 발생할 것이다. 그러나 특정 금융자산과 관련된 의도의 변경(시장 상황이 유의적으로 변경되는 상황도 포함), 금융자산에 대한 특정 시장의 일시적 소멸, 서로 다른 사업모형을 갖고 있는 기업에서 부문 간 금융자산의 이전 등은 사업모형의 변경에 해당되지 않는다.

② 금융자산을 재분류하는 경우에는 그 재분류를 재분류일부터 전진적으로 적용한다. 이때 재분류일이란 금융자산의 재분류를 초래하는 사업모형의 변경 후 첫 번째 보고기간의 첫 번째 날을 말한다. 예를 들어 12월 31일이 보고기간 말인 갑회사가 20×1년 10월 1일에 사업모형을 변경하였다면, 금융자산의 재분류일은 20×2년 1월 1일이므로 20×2년 1월 1일에 재분류의 회계처리를 한다.

재분류 전	재분류 후	재분류 시 회계처리
AC 금융자산	FVPL 금융자산	재분류일의 공정가치로 측정하고, 재분류 전 상각후원가와 공정가치의 차이를 당기손익으로 인식
	FVOCI 금융자산	재분류일의 공정가치로 측정하고, 재분류 전 상각후원가와 공정가치의 차이를 기타포괄손익으로 인식. 재분류에 따라 유효이자율과 기대신용손실 측정치는 조정하지 않음
FVOCI 금융자산	AC 금융자산	재분류일의 공정가치로 측정하고, 재분류 전에 인식한 기타포괄손익누계액은 자본에서 제거하고 재분류일의 금융자산의 공정가치에서 조정*. 재분류에 따라 유효이자율과 기대신용손실 측정치는 조정하지 않음
	FVPL 금융자산	계속 공정가치로 측정. 재분류 전에 인식한 기타포괄손익누계액은 재분류일에 재분류조정으로 자본에서 당기손익으로 재분류
FVPL 금융자산	AC 금융자산	재분류일의 공정가치가 새로운 총장부금액이 되며, 이를 기초로 유효이자율 계산
	FVOCI 금융자산	계속 공정가치로 측정하고, 재분류일의 공정가치에 기초하여 유효이자율 계산

* 이렇게 회계처리하면 최초 인식시점부터 상각후원가로 측정했었던 것처럼 재분류일에 금융자산을 측정하는 것이 된다.

예제 8 금융자산의 재분류 (손실충당금이 존재하는 경우)

갑회사(보고기간 말 12월 31일)는 20×1년 중에 사업모형을 변경하였다. 다음의 각 상황은 독립적이다.

〈상황 1〉 AC 금융자산을 FVPL 금융자산 또는 FVOCI 금융자산으로 재분류하는 경우
갑회사는 20×1년 중에 금융자산을 취득하고 AC 금융자산으로 분류하였다. 20×1년 말 현재 금융자산의 총장부금액은 10,000이며 관련 손실충당금은 500이다. 재분류일인 20×2년 초 현재 금융자산의 공정가치는 9,600이다.

〈상황 2〉 FVOCI 금융자산을 FVPL 금융자산 또는 AC 금융자산으로 재분류하는 경우
갑회사는 20×1년 중에 금융자산을 취득하고 FVOCI 금융자산으로 분류하였다. 20×1년 말 공정가치 평가 전 금융자산의 장부금액은 10,000이며, 공정가치는 9,400이다. 그리고 20×1년 말에 100의 손상차손을 인식하였다. 재분류일인 20×2년 초 현재 금융자산의 공정가치는 20×1년 말과 동일한 9,400이다.

〈상황 3〉 FVPL 금융자산을 FVOCI 금융자산 또는 AC 금융자산으로 재분류하는 경우
갑회사는 20×1년 중에 금융자산을 취득하고 FVPL 금융자산으로 분류하였다. 20×1년 말 공정가치 평가 전 금융자산의 장부금액은 10,000이며, 공정가치는 9,400이다. 재분류일인 20×2년 초 현재 금융자산의 공정가치는 20×1년 말과 동일한 9,400이다.

풀이

〈상황 1〉

(1) AC 금융자산을 FVPL 금융자산으로 재분류하는 경우

차변	금액	대변	금액	
FVPL 금융자산	9,500	AC 금융자산	10,000	
손실충당금	500			9,500
FVPL 금융자산	100	금융자산평가이익(PL)	100	9,600

(2) AC 금융자산을 FVOCI 금융자산으로 재분류하는 경우

차변	금액	대변	금액	
FVOCI 금융자산	10,000	AC 금융자산	10,000	10,000−500
FVOCI 금융자산	100	금융자산평가이익(OCI)	100	10,100−500

〈상황 2〉

FVOCI 금융자산을 600 감소시키면서 손상차손 100과 금융자산평가손실(기타포괄손익) 500을 인식하였다(9,500−100).

참고 〈20×1년 말 회계처리〉

차변	금액	대변	금액	
금융자산손상(PL)	100	손실충당금	100	10,000−100
금융자산평가손실(OCI)	500	FVOCI 금융자산	500	9,500−100

(1) FVOCI 금융자산을 FVPL 금융자산으로 재분류하는 경우

차변		대변		
FVPL 금융자산	9,400	FVOCI 금융자산	9,500	
손실충당금	100		┘	9,400
금융자산평가손실(PL)	500	금융자산평가손실(OCI)	500	

(2) FVOCI 금융자산을 AC 금융자산으로 재분류하는 경우

차변		대변		
FVOCI 금융자산	500	금융자산평가손실(OCI)	500┘	10,000−100
AC 금융자산	10,000	FVOCI 금융자산	10,000┘	10,000−100

〈상황 3〉

20×1년 말에 FVPL 금융자산에 대해서 600의 금융자산평가손실(당기손익)을 인식하므로 금융자산의 기말 장부금액은 9,400이다.

(1) FVPL 금융자산을 FVOCI 금융자산으로 재분류하는 경우

차변		대변	
FVOCI 금융자산	9,400	FVPL 금융자산	9,400

(2) FVPL 금융자산을 AC 금융자산으로 재분류하는 경우

차변		대변	
AC 금융자산	9,400	FVPL 금융자산	9,400

객관식 6 FVOCI 금융자산 → AC 금융자산

×1말 장부금액 65,000, 평가이익(OCI) 4,000, 재분류일(×2년) 현재 공정가 66,000

풀이

×2초 회계처리(A)

〈설정〉

차변		대변		
FVOCI	1,000	OCI	1,000┘	66,000, 5,000

〈취소〉

차변		대변		
OCI	4,000+1,000	FVOCI	4,000+1,000┘	61,000
AC	61,000	FVOCI	61,000	

×2초 회계처리(B)

〈취소〉

차변		대변		
OCI	4,000	FVOCI	4,000┘	61,000
AC	61,000	FVOCI	61,000	

회계처리 A, B 모두 가능

8. 금융자산의 제거

i) '제거' 관련 용어

A. 부분제거 가능의 경우

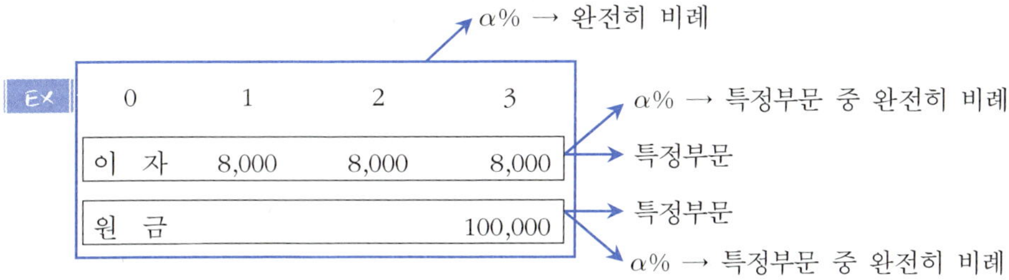

B-1 : 양도

B-2 : 간주양도(김현식 CPA 용어)

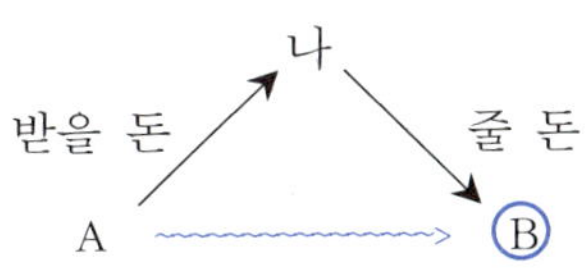

∴ 본질 : 받을 돈을 B에게 양도

금융자산을 보유하는 자가 현금흐름을 수취하고 이를 즉시 제3자(최종 수취인)에게 전달해주는 역할만 하는 경우 이는 현금흐름에 대한 계약상 권리를 양도한 것과 다르지 않다(간주양도).

C : 위험·보상 이전(매각 ○)   위험·보상 보유(매각 ×)

참고

- 양수자 : put 보유
- 양도자 : call 보유

→ 거래 취소 권리 보유

- 깊은 내가격 : 행사가능성↑
- 깊은 외가격 : 행사가능성↓

구 분	사 례
위험과 보상의 대부분을 이전하는 경우	① 금융자산을 아무런 조건 없이 매도한 경우 ② 양도자가 매도한 금융자산을 재매입시점의 공정가치로 재매입할 수 있는 권리를 보유하고 있는 경우 ③ 양도자가 매도한 금융자산에 대한 콜옵션을 보유하고 있거나 양수자가 당해 금융자산에 대한 풋옵션을 보유하고 있지만, 당해 콜옵션이나 풋옵션이 깊은 외가격 상태이기 때문에 만기 이전에 당해 옵션이 내가격 상태가 될 가능성이 매우 낮은 경우

위험과 보상의 대부분을 보유하는 경우	① 양도자가 매도 후에 미리 정한 가격 또는 매도가격에 양수자가 양도자에게 금전을 대여하였더라면 그 대가로 받았을 이자수익을 더한 금액으로 양도자산을 재매입하는 거래의 경우 ② 유가증권대여계약을 체결한 경우 ③ 시장위험 익스포저를 양도자에게 다시 이전하는 총수익스왑 체결과 함께 금융자산을 매도한 경우 ④ 양도자가 매도한 금융자산에 대한 콜옵션을 보유하고 있거나 양수자가 당해 금융자산에 대한 풋옵션을 보유하고 있으며, 당해 콜옵션이나 풋옵션이 깊은 내가격 상태이기 때문에 만기 이전에 당해 옵션이 외가격 상태가 될 가능성이 매우 낮은 경우 ⑤ 양도자가 양수자에게 발생가능성이 높은 신용손실의 보상을 양수자에게 보증하면서 단기 수취채권을 매도한 경우

D : 통제 → 팔수 있다 ┌ ○ → 내꺼
└ × → 내꺼 아니다 (제거)

금융자산의 통제여부는 양수자가 그 자산을 매도할 수 있는 능력이 있는지에 따라 결정한다. 양수자가 양수한 금융자산을 자유롭게 매도할 수 있는 능력이 있다면 양도자는 양도자산에 대한 통제를 상실한 것이므로 양도자산을 제거한다.

ii) 제거의 사유

① 권리소멸

② ┌ 양도 └ 간주양도 & 위험 · 보상의 이전

③ ┌ 양도 └ 간주양도 & 위험 · 보상의 일부 이전 & 통제 × if 통제 ○
⇒ 지속적관여자산(제거 ×)

예제 9 팩토링 거래

갑회사는 보유 매출채권 1,000,000을 팩토링회사에 이전하고, 현금 900,000을 수령하였다. 팩토링회사는 갑회사의 매출처로부터 매출채권을 직접 회수한다.

제거의 조건을 충족할 때와 충족하지 않을 때 각각의 회계처리

풀이

「물음 1」 제거 ○(대손의 보상 보증 ×)

현 금	90	채 권	100
비 용	10		

「물음 2」 제거 ×(대손의 보상 보증 ○)

〈원론적 회계처리〉

• 현 금	90	차 입 금	90
• 이자비용	10	차 입 금	10
• 차 입 금	100	현 금	100
현 금	100	채 권	100

→ 동일 회계연도라면 다음과 같은 회계처리를 함

• 현 금	90	차 입 금	100
이자비용	10		
• 차 입 금	100	현 금	100
현 금	100	채 권	100

iii) 금융자산 전체 중 일부의 양도

금융자산 전체 중 일부(예 : 채무상품의 현금흐름 중 이자 부분의 양도)를 양도하고, 양도한 부분 전체가 제거 조건을 충족한다면, 양도하기 전 금융자산의 전체 장부금액을 계속 인식하는 부분과 제거하는 부분으로 구분해야 한다. 이 때 양도일 현재 각 부분의 상대적 공정가치를 기준으로 배분한다. 이렇게 제거하는 부분에 배분된 금액(즉, 제거일의 장부금액)과 제거한 부분에 대하여 수취한 대가의 차이는 당기손익으로 인식한다.

예제 11 금융자산의 전부 또는 일부 제거

갑회사는 20×1년 1월 1일 현재(현행 시장수익률은 연 5%) 다음과 같은 대여금(장부금액 1,000,000)을 보유하고 있다.

- 원금 : 1,000,000(8%)
- 만기 : 20×3년 12월 31일

참고

일반적인 금전대차거래

액면이자율 = 최초 채권·채무 발생 시 시장(유효)이자율

∴ PV = 액면금액

풀이

'이자'만 매각 → 부분 제거

×1초 PV(공정가, 현행할인율)=이자 80,000×(3, 5%, 연금)= 217,860

원금 1,000,000×(3, 5%, 현가)= 863,840

1,081,700

현 금	217,860	대 여 금	$1,000,000\times\frac{217,860}{217,860+863,840}$
손익			

〈if 이자의 30% 매각〉

현 금	217,860×30%	대 여 금	$1,000,000\times\frac{217,860\times30\%}{217,860+863,840}$
손익			

〈if 이자와 원금의 30% 매각〉

현 금	1,081,700×30%	대 여 금	$1,000,000\times\frac{1,081,700\times30\%}{1,081,700}$
손익			=300,000

예제 12 받을어음의 할인

A회사가 거래처에 상품을 판매하고 수령한 받을어음(액면 300,000, 3개월 만기, 연이자율 10%)을 2개월 보유한 후 필요자금에 충당하기 위해서 거래은행에 연 12%의 이자율로 할인하였다. A회사는 받을어음의 기간이 단기이므로 현재가치로 측정하지 않는다.

풀이

① 보유기간(2개월) 이자수익 인식

미 수 이 자	5,000	이 자 수 익	5,000 ⇒ $300,000\times10\%\times\frac{2}{12}$

② 할인(1개월)

현 금	304,425	미 수 이 자	5,000
		매 출 채 권	300,000
처분손익			

'현금' 수령액

① 만기 수령액

$300,000+300,000\times10\%\times\frac{3}{12}=307,500$

② 할인기간(1개월) 수수료 차감

$307{,}500 \times 12\% \times \frac{1}{12} = 3{,}075$

③ 현금 수령=307,500−3,075=304,425

제거의 조건을 충족하지 못하는 받을어음 할인의 경우 매출채권과 처분손익 대신 차입금과 이자비용 계정과목을 사용하여 회계처리한다.

iv) 양도자산에 대한 지속적 관여

① 양도자가 양도자산의 소유에 따른 위험과 보상의 대부분을 보유하지도 이전하지도 않고, 양도자가 양도자산을 통제하고 있다면, 양도자는 양도자산에 대해서 지속적으로 관여하는 정도까지 양도자산을 계속 인식한다. 이때 지속적 관여 정도는 양도자산의 가치 변동에 양도자가 노출되는 정도를 말한다.

② 양도자가 지속적으로 관여하는 정도까지 자산을 인식하는 경우 관련 부채도 함께 인식한다. 이는 지속적으로 관여하는 정도까지는 금융자산을 양도한 것이 아니지만 양도대가를 받았으므로 이를 마치 담보부 차입처럼 회계처리하는 것이다.

v) 양도자산에 대한 관리용역 제공

① 금융자산 전체가 제거 조건을 충족하는 양도로 금융자산을 양도하고, 수수료를 대가로 해당 양도자산의 관리용역을 제공하기도 한다. 이 경우 양도자는 관리용역제공계약과 관련하여 자산이나 부채를 인식한다.

② 관리용역제공계약도 현금 등 금융자산을 수취하거나 인도할 계약상 권리 또는 의무에 해당되므로 금융상품의 정의를 충족한다. 관리용역 수수료가 용역제공의 적절한 대가에 미달할 것으로 예상한다면, 용역제공의무에 따른 부채를 공정가치로 인식한다.

③ 관리용역 수수료가 용역제공의 적절한 대가를 초과할 것으로 예상한다면, 양도하기 전 금융자산 전체의 장부금액 중 ④에 따라 배분된 금액을 기준으로 용역제공 권리에 따른 자산을 인식한다.

④ 양도하기 전 금융자산 전체의 장부금액은 계속 인식하는 부분과 제거하는 부분에 대해 양도일 현재 각 부분의 상대적 공정가치를 기준으로 배분한다. 이 경우에 관리용역자산은 계속 인식하는 부분으로 처리한다.

⑤ 만일 양도의 결과로 금융자산 전체를 제거하지만 새로운 금융자산을 획득하거나 새로운 금융부채나 관리용역부채를 부담한다면, 그 새로운 금융자산, 금융부채, 관리용역부채를 공정가치로 인식한다.

보론 예2 관리용역 제공

갑회사는 20×1년 1월 1일 현재 대여금(장부금액 10,000, 공정가치 11,000)을 을회사에게 양도하였다. 갑회사는 대여금을 양도하면서 향후 이자와 원금 회수 등 관리용역을 제공하기로 하였으며, 관리용역의 공정가치는 500으로 추정하였다.

갑회사는 대여금을 공정가치 11,000에 양도하였으며, 대여금으로부터 발생하는 모든 현금흐름을 수령할 권리는 갖지 않는다.

풀이

차변	금액	대변	금액
현 금	11,000	채 권	10,000
		부채(이연수익)	500
		수 익	500

차변	금액	대변	금액
부 채	××	수 익	××

실제 관리용역 제공시

vi) **담보물의 회계처리**

양도자(채무자)가 비현금담보물(예 : 채무상품, 지분상품 등)을 양수자(채권자)에게 제공하는 경우 양도자(채무자)가 양도자산 소유에 따른 위험과 보상의 대부분을 보유하고 있으므로 금융자산을 계속 인식하고 수령한 현금을 금융부채로 인식할 것이다. 담보물에 대한 회계처리는 양수자(채권자)가 그 담보물을 매도할 권리나 다시 담보로 제공할 권리를 가지고 있는지와 양도자(채무자)의 채무불이행 여부에 따라 다음과 같이 결정한다.

① 양도자(채무자)의 회계처리

양도자는 담보로 제공한 자산에 대해서 별도의 회계처리가 필요하지 않다. 그러나 양수자가 계약이나 관행에 따라 담보물을 매도할 권리나 다시 담보로 제공할 권리를 가지고 있다면, 양도자는 그 담보자산을 그 밖의 자산과 구분하여 재무상태표에 재분류(예 : 대여자산, 담보제공지분상품, 재매입수취채권 등)한다.

그리고 양도자가 계약조건에 따른 채무를 이행하지 못하여 담보물을 돌려받을 권리가 없으면, 양도자는 담보물을 제거한다.

② 양수자(채권자)의 회계처리

㉠ 양수자는 당초에 금융자산(대여금 등)을 인식하였을 것인데, 이후 제공받은 담보물을 매도하면 양수자는 매도로 수취한 대가와 그 담보물을 돌려줄 의무를 공정가치로 측정하여 부채를 인식한다.

㉡ 한편 양도자가 계약조건에 따른 채무를 이행하지 못할 경우 양수자는 그 담보물을 공정가치로 측정하여 자산으로 최초 인식한다. 또한 이미 양수자가 담보물을 매각했다면 매각 시 부채로 인식했던 담보물을 돌려줄 의무를 제거한다.

㉠ 제공받은 담보물을 계약이나 관행에 따라 즉시 매도한 경우

차변		대변	
현금	×××	부채	×××

이후 양도자(채무자)가 채무를 이행하지 못할 경우

차변		대변	
부채	×××	대여금	×××

㉡ 제공받은 담보물에 대한 회계처리 : 없음(주석 기재)
이후 양도자(채무자)가 채무를 이행하지 못할 경우
양수자(채권자)는 해당 담보물을 공정가치로 측정하여 자산으로 인식

차변		대변	
자산(담보물)	×××	대여금	×××

또는

차변		대변	
현금	×××	부채	×××
부채	×××	대여금	×××

vii) 자산 유동화

① 채권(매출채권, 대여금 등)을 보유하고 있는 갑회사(자산보유자)가 자산유동화를 전문으로 설립된 특수목적법인(SPC, special purpose corporation)에 채권을 양도하면, 특수목적법인은 채권으로부터 발생하는 현금흐름에 기초한 자산유동화증권(ABS, asset-backed securities)을 발행하여 투자자에게 판매하고 여기에서 조달한 자금을 갑회사에게 제공하는데, 이를 자산 유동화라고 한다.

② 자산 유동화 회계처리의 핵심은 자산보유자가 특수목적법인에 금융자산을 양도하고 자금을 조달하는 거래를 매각거래와 차입거래 중 어느 것으로 볼 것인지 결정하는 것이다.

③ 실무에서 발생하는 자산 유동화거래의 경우 투자자(양수자)를 보호하기 위해 자산보유자(양도자)로 하여금 지급보증을 요구하기도 하고, 발행된 ABS 중 후순위 채권을 인수하게 함으로써 양도자가 금융자산 소유에 따른 위험과 보상의 대부분을 보유하는 경우도 많다. 따라서 이러한 경우에는 자산 유동화를 위해서 금융자산을 양도했더라도 금융자산을 제거하지 않고 차입거래로 회계처리해야 할 것이다.

보론

1. 공정가치 측정

1.1 공정가치의 정의

기준서 제1113호에서는 공정가치를 측정일에 ③시장참여자 사이의 ②정상거래에서 ①자산을 매도하면서 받거나, ①부채를 이전하면서 지급하게 될 ④가격(즉, 유출가격)으로 정의한다.

① 자산과 부채

시장참여자가 측정일에 그 자산이나 부채의 가격을 결정할 때 고려하는 그 자산이나 부채의 특성(예 : 자산의 상태와 위치, 자산에 매도나 사용에 제약이 있는 경우 등)을 공정가치를 측정할 때에도 고려한다. 따라서 특정 특성이 측정에 미치는 효과는 그러한 특성이 시장참여자에 의해 어떻게 고려되느냐에 따라 다를 것이다.

② 정상거래

정상거래란 측정일 이전에 일정 기간 동안 해당 자산이나 부채와 관련되는 거래를 위한 통상적이고 관습적인 마케팅활동을 할 수 있도록 시장에 노출되는 것을 가정하는 거래이다. 즉, 정상거래는 강제된 거래(예 : 강제 청산 또는 재무적 어려움에 따른 매각)가 아니다.
또한 공정가치 측정은 정상거래가 자산이나 부채의 주된 시장에서 이루어지는 것으로 가정한다. 다만, 자산이나 부채의 주된 시장이 없는 경우에는 정상거래가 가장 유리한 시장(가장 유리한 시장이란 거래원가나 운송원가를 고려했을 때 자산을 매도하면서 받는 금액을 최대화하거나 부채를 이전하면서 지급하는 금액을 최소화하는 시장을 말한다.)에서 이루어지는 것으로 가정한다. 자산이나 부채의 주된 시장이 있는 경우에는 다른 시장의 가격이 측정일에 잠재적으로 더 유리하더라도 공정가치 측정치는 주된 시장의 가격을 나타내도록 한다.
측정일에 주된 (또는 가장 유리한) 시장에 접근할 수 있어야 한다. 다만, 동일한 자산이나 부채에 대한 주된 (또는 가장 유리한) 시장은 기업별(또는 사업별)로 다를 수 있다.

③ 시장참여자

기업은 시장참여자가 경제적으로 최선의 행동을 한다는 가정하에 시장참여자가 자산이나 부채의 가격을 결정할 때 사용하는 가정에 근거하여 자산이나 부채의 공정가치를 측정해야 한다.

④ 가격

공정가치 측정 시 가격은 유출가격으로서 직접 관측가능할 수도 있고, 다른 가치평가기법을 이용하여 추정될 수도 있다. 이 때 주된 (또는 가장 유리한) 시장의 가격에서 거래원가는 조정하지 않는다. 왜냐하면 거래원가는 자산이나 부채의 특성이 아니라 거래에 특정된 것이며, 자산이나 부채를 어떻게 거래하는지에 따라 달라지기 때문이다. 그러나 운송원가는 거래원가에 포함되지 않는다. 따라서 위치가 자산의 특성이라면 현재의 위치에서 그 시장까지 자산을 운송하는데 발생하게 될 원가가 있을 경우 이를 주된 (또는 가장 유리한) 시장의 가격에서 조정한다.

자산을 취득하거나 부채를 인수하는 교환거래의 경우 거래가격은 자산을 취득하면서 지급하거나, 부채를 인수하면서 받는 가격(즉, 유입가격)이다. 따라서 거래가격은 유출가치로 정의되는 공정가치와 다르다. 많은 경우에 거래가격은 공정가치와 동일할 것이다. 그러나 최초에 자산이나 부채를 공정가치로 측정할 것을 요구하거나 허용하면서 공정가치가 거래가격과 다른 경우 해당 기준서에서 다르게 정하고 있지 않는 한 양자의 차이를 당기손익으로 인식한다.

참고 공정가치(자산의 매도 측면)

	A시장	B시장
수취할 가격	26	25
거래원가	3	1
운송원가	2	2

- if A가 주된 시장 : 공정가=26－2=24(운송원가만 고려)
- if 주된 시장이 존재 ×

  ① 유리한 시장 찾기(거래원가, 운송원가 고려)

  A시장 : 26－3－2=21

  B시장 : 25－1－2=22

  ∴ B시장 → 유리한 시장

  ② 공정가(B시장)=25－2=23(운송원가만 고려)

1.2 비금융자산에 대한 적용

비금융자산의 공정가치를 측정하는 경우에는 시장참여자가 경제적 효익을 창출하기 위하여 그 자산을 최고 최선으로 사용하거나, 최고 최선으로 사용할 다른 시장참여자에게 그 자산을 매도하는 시장참여자의 능력을 고려한다.

최고 최선의 사용은 기업이 다르게 사용할 의도가 있더라도 시장참여자의 관점에서 결정된다.

1.3 부채 및 자기지분상품에 대한 적용

i) 부채와 지분상품을 다른 상대방이 자산으로 보유하는 경우

동일한 또는 유사한 부채 또는 자기지분상품의 이전을 위한 공시가격을 이용할 수는 없으나, 다른 상대방이 동일한 항목을 자산으로 보유하고 있는 경우, 부채나 지분상품의 공정가치는 측정일에 동일 항목을 자산으로 보유하고 있는 시장참여자의 관점에서 측정한다. 이 경우 부채와 지분상품의 공정가치는 표와 같이 측정한다.

구 분	측정방법
다른 상대방이 자산으로 보유하고 있는 동일한 항목에 대한 활성시장의 공시가격이 이용가능한 경우	그 공시가격 사용
활성시장의 공시가격이 이용가능하지 않은 경우	다른 상대방이 자산으로 보유하고 있는 동일한 항목에 대해 비활성시장에서 공시되는 가격 등 기타 관측가능한 투입변수 사용
전술한 관측가능한 가격을 이용할 수 없는 경우	가치평가기법(이익접근법 또는 시장접근법) 사용

ii) 부채와 지분상품을 다른 상대방이 자산으로 보유하지 않는 경우

동일한 또는 유사한 부채 또는 자기지분상품의 이전을 위한 공시가격이 이용가능하지 않으며, 다른 상대방이 동일한 항목을 자산으로 보유하지 않는 경우, 부채를 부담하거나 지분상품에 대한 청구권을 발행하였던 시장참여자의 관점에서 가치평가기법을 사용하여 부채나 지분상품의 공정가치를 측정한다.

1.4 가치평가기법

i) 사용방법

상황에 적합하며 관련된 관측가능한 투입변수의 사용을 최대화하고, 관측가능하지 않은 투입변수의 사용을 최소화하면서 공정가치를 측정하는 데 충분한 자료가 이용가능한 가치평가기법을 사용한다. 이 때 광범위하게 사용되는 3가지 가치평가기법*은 시장접근법, 원가접근법 및 이익접근법이 있다.

일부의 경우에는 단일의 가치평가기법이 적절할 수 있으나, 다른 경우에는 복수의 가치평가기법이 적절할 수도 있다. 복수의 가치평가기법을 사용할 경우 결과값에 의해 나타나는 여러 값들의 범위의 합리성을 고려해 그 결과값들을 평가한다.

* 가치평가기법

① 시장접근법 : 다른 상대방이 자산으로 보유하고 있는 유사한 부채 또는 지분상품의 공시가격을 사용하는 방법

② 원가접근법 : 자산의 사용능력을 대체하는데 현재 필요한 금액을 반영하는 가치평가기법

③ 이익접근법 : 시장 참여자가 부채 또는 지분상품을 자산으로 보유하면서 수취할 것으로 기대하는 미래현금 흐름을 고려한 현재가치기법

ii) 가치평가기법에의 투입변수

관측가능한 투입변수의 사용을 최대화하고 관측가능하지 않은 투입변수의 사용을 최소화한다. 자산이나 부채의 특성이 아니라 기업의 보유 특성(공시가격을 조정하게 하는 대량보유요소)으로서 크기를 반영하는 할증이나 할인은 공정가치 측정 시 허용되지 않는다.

공정가치로 측정하는 자산이나 부채의 매입호가와 매도호가가 있는 경우 그 상황에서 공정가치를 가장 잘 대표하는 매입-매도 스프레드 내의 가격을 공정가치 측정 시 사용한다. 자산 포지션에 대해서는 매입호가를, 부채 포지션에 대해서는 매도호가를 반드시 사용해야 하는 것은 아니다.

1.5 공정가치 서열체계

기준서에서는 공정가치 측정 및 공시의 일관성과 비교가능성을 증진시키기 위하여 가치평가기법에의 투입변수를 표와 같이 3가지 수준으로 분류하는 공정가치 서열체계를 정하였다.

서열체계	내 용
수준 1 투입변수	측정일에 동일한 자산이나 부채에 대한 접근가능한 활성시장의 (조정되지 않은) 공시가격
수준 2 투입변수	수준 1의 공시가격 이외에 자산이나 부채에 대해 직접적으로 또는 간접적으로 관측가능한 투입변수
수준 3 투입변수	자산이나 부채에 대한 관측가능하지 않은 투입변수

자산이나 부채의 공정가치를 측정하기 위해 사용되는 여러 투입변수가 공정가치 서열체계 내에서 다른 수준으로 분류될 수 있다. 이러한 경우에 측정치 전체에 유의적인 공정가치 서열체계에서 가장 낮은 수준의 투입변수와 동일한 수준으로 공정가치측정치 전체를 분류한다. 예를 들어 수준 1과 수준 2 투입변수를 동시에 사용하여 공정가치를 측정한 경우 그러한 공정가치측정치는 수준 2로 분류한다.

특별한 상황을 제외하고는 수준 1의 투입변수는 조정하지 않는다. 그러나 만약 실무상 편의를 위해 공시가격에 전적으로 의존하지는 않는 대체적인 가격결정방법을 이용해 공정가치를 측정하거나, 공시가격이 새로운 정보로 인해 조정된다면 공정가치측정치를 공정가치 서열체계 내의 더 낮은 수준으로 분류한다.

측정치 전체에 유의적인 수준 2 투입변수에 대한 조정에 유의적이지만 관측가능하지 않은 투입변수가 사용되는 경우, 그러한 조정에 따라 조정된 공정가치측정치는 공정가치 서열체계 내의 더 낮은 수준으로 분류될 수 있다.

관련 투입변수의 사용 가능성과 이들 투입변수의 상대적인 주관성은 적절한 가치평가기법을 선택하는 데에 영향을 미칠 수 있다. 그러나 공정가치 서열체계는 가치평가기법에의 투입변수에 우선순위를 부여하는 것이지, 공정가치를 측정하기 위해 사용하는 가치평가기법에 우선순위를 부여하는 것은 아니다.

2. 은행계정 조정표

10/31	11월 입금	11월 출금		11/30	12월 입금	12월 출금	12/31	1월 입금	1월 출금	1/31
			(장부)	100,000	2,010,000	1,900,000	210,000			
	10,000		어음추심	10,000	(10,000)	6,000	15,000		(6,000)	
		5,000	수수료	(5,000)	15,000	(5,000)	(6,000)	(15,000)		
			부도수표		(10,000)		(10,000)			
				105,000	2,005,000	1,901,000	209,000			
			(통장)	125,000	2,015,000	1,911,000	229,000			
	30,000		미기입	30,000	(30,000)	40,000	20,000		(40,000)	
		50,000	미인출	(50,000)	20,000	(50,000)	(40,000)	(20,000)		
				105,000	2,005,000	1,901,000	209,000			

참고 부도수표의 처리

은행이 입금자체를 취소

	입금	출금	12/31
② 장부	10,000		10,000
	(10,000)		(10,000)
① 통장	10,000		10,000
	(10,000)		(10,000)

은행이 "출금"으로 처리

	입금	출금	12/31
② 장부	10,000		10,000
		10,000	(10,000)
① 통장	10,000		10,000
		10,000	(10,000)

Chapter 09 금융부채

1. 금융부채의 의의

i) 금융자산을 인도하거나 잠재적으로 불리한 조건으로 교환할 계약상 의무

① 과세당국에 납부할 당기법인세부채는 계약에 의한 의무가 아니므로 금융부채에 해당되지 않는다. 또한 충당부채를 설정할 수 있는 의제의무도 계약에서 발생한 것이 아니므로 금융부채가 아니다.

② 계약에 기초하더라도 현금 등 금융자산을 인도할 의무이어야 금융부채로 분류한다. 선수수익이나 선수금은 현금 등 금융자산을 인도할 의무가 아니라 재화나 용역을 인도해야 할 의무이기 때문에 금융부채에 해당되지 않는다.

③ 계약상 의무의 이행이 미래 사건의 발생여부를 조건으로 할 수도 있다.

Ex 금융보증(8장 참조)

ii) 자기지분상품으로 결제되는 계약

다음의 2가지 사례 중 〈사례 2〉가 금융부채로 분류되는 자기지분상품으로 결제되는 계약에 해당된다.

〈사례 1〉

갑회사가 을회사로부터 상품을 10,000에 매입하고 대가는 1개월 후에 갑회사 주식 100주(액면총액 6,000)를 인도하여 결제하는 계약을 체결하였다. 이 경우 회계처리를 제시하면 다음과 같다.

① 상품 매입 시

차변	금액	대변	금액
상 품	10,000	기 타 자 본 항 목	10,000

갑회사가 인도해야 할 자기지분상품의 수량이 확정되어 있으므로 지분상품으로 분류한다. 확정수량의 자기지분상품으로 결제되는 계약의 경우, 해당 기업 순자산의 공정가치가 변동하면 자기지분상품의 총 가치도 변동한다.

따라서 확정수량 결제조건의 자기지분상품은 자본위험을 동반한다.

② 자기지분상품 인도 시

차변	금액	대변	금액
기 타 자 본 항 목	10,000	자 본 금	6,000
		주 식 발 행 초 과 금	4,000

1개월 후에 실제로 갑회사가 주식 100주를 발행할 경우 동 지분상품을 다른 자본 항목(자본금 등)으로 대체한다.

〈사례 2〉

갑회사가 을회사로부터 상품을 10,000에 매입하고 대가는 1개월 후에 공정가치 10,200에 상당하는 갑회사 주식을 인도하여 결제하는 계약을 체결하였다. 이 경우 회계처리를 제시하면 다음과 같다.

① 상품 매입 시

상품	10,000	금융부채	10,000

1개월 후의 갑회사 주식의 공정가치에 따라 인도해야 할 갑회사 주식의 수량이 변동될 수 있다. 이러한 경우 갑회사 주식은 공정가치 10,000의 의무 이행을 위한 지급수단으로 사용되는 것이므로 금융부채로 분류한다.

변동수량의 자기지분상품으로 결제되는 계약의 경우, 해당 기업 순자산 공정가치가 변동하더라도 자기지분상품의 총 가치는 변동하지 않는다. 자기지분상품의 단위당 공정가치가 하락(상승)할 경우 자기지분상품의 수량이 증가(감소)하여 총 가치는 변동하지 않는다. 따라서 변동수량 결제조건의 자기지분상품은 자본위험을 동반하지 않는다.

② 자기지분상품 인도시, 인도하는 주식의 액면총액 6,500 가정

이자비용	200	금융부채	200

자기지분상품 인도일에 금융부채의 장부금액이 10,200이 되도록 이자비용을 인식한다.

금융부채	10,200	자본금	6,500
		주식발행초과금	3,700

참고 자본위험이란 잔여지분 소유자(예 : 주주)가 부담하는 순자산의 공정가치 변동에 대한 위험을 말한다. 예를 들어 주가 변동에 따라 회사 순자산의 공정가치가 변동할 경우 사채권자는 회사 순자산의 변동과 관계없이 이자와 원금을 받을 수 있으므로 자본위험을 부담하지 않는다. 이에 반해 주주는 회사 순자산의 변동에 따라 자신이 보유하는 주식의 가치가 변동하므로 자본위험을 부담한다.

2. 자기지분상품을 통한 결제

↳ 회사가 자기 스스로의 주식을 일컫는 말 ≠ 자기주식

Ex

차변		대변	
현금	7,000	자본금 (결제하다)	5,000
		주발초	2,000
자기주식 (결제받다)	7,000	현금	7,000

i) **비파생상품**

→ 회사가 자기 스스로의 주식으로 결제하는(받는) 경우

① 상대방에게서 10,000의 재화 수취 & 1개월 후 주식 100주 교부

일자	차변		대변	
1/1	자산	10,000	자본	10,000
2/1	자본	10,000	자본금	액면가×100주
			주발초	×××

② 상대방에게서 10,000의 재화 수취 & 1개월 후 10,000에 해당하는 주식 교부

일자	차변		대변	
1/1	자산	10,000	부채	10,000
2/1	부채	10,000	자본금	액면가×주식수
			주발초	×××

Con 비파생상품 → 수량확정 → 자본(+, −)

ii) **파생상품**

→ 회사가 자기 스스로의 주식이 기초인 파생상품으로 결제하는(받는) 경우

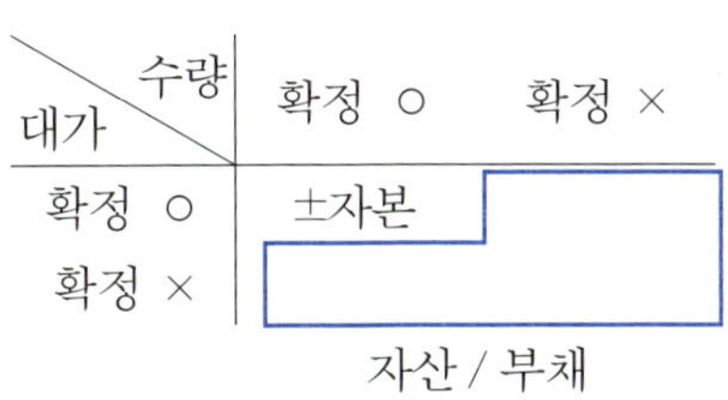

Con 파생상품 → 수량 & 대가 확정 → 지분(+, −)

Ex 전환사채

3. 자본 vs 부채

금융상품

A	B	
금융자산	금융부채 or 지분상품(자본)	구분원칙 필요

모든 계약

i) 구분원칙

무조건적인 회피가능성
- ○ : 자본 (어떠한 경우라도 상환의 경우는 없다.)
- × : 부채 (만에 하나라도 상환의 경우 존재)

ii) 구분원칙 적용

① 상환우선주

	IFRS	상법
• 의무상환 • 보유자 요구 시 상환	→ 부채 (∵ 회피가능성 ×)	→ 자본
• 발행자 임의 상환	→ 자본 (∵ 회피가능성 ○)	→ 자본

② 풋가능 금융상품 → 부채
환매가능(=puttable)

참고 풋가능 금융상품이 잔여재산에 귀속되는 지분상품의 모든 특성을 가지고 있다면 이를 지분상품(자본)으로 분류한다.

③ 조건부 결제조항

- 조건부 결제조항이 있는 금융상품이란 주가지수, 소비자물가지수, 이자율의 변동, 과세규정의 변경, 발행자의 미래 수익과 같이 금융상품의 발행자와 보유자 모두 통제할 수 없는 불확실한 미래 사건의 발생 여부나 불확실한 상황의 결과에 따라 결제 여부가 결정되는 금융상품을 말한다.
- 조건충족 ○ → 상환 → 부채
  - 예외(자본)
    - • 조건자체가 유효 × (실현가능성 ×)
    - • 청산이 조건인 경우 (자본 본연의 모습)

④ 전환우선주

- 보통주로 전환할 수 있는 권리를 부여한 우선주
- 전환우선주가 확정수량의 보통주로 전환되는 조건이라면 자본위험을 부담하므로 전환우선주 전체를 지분상품으로 분류한다.
- 전환우선주가 변동수량의 보통주로 전환되는 조건이라면 자본위험을 부담하지 않으므로 전환우선주 전체를 금융부채로 분류한다.

⑤ 전환상환우선주(RCPS)

- 전환조건과 상환조건을 모두 가지고 있는 우선주
- 전환상환우선주의 분류

상환권 / 전환권	발행자가 상환권 보유 (발행자 임의 상환) → 상환의 경우 × ∴ 그냥 전환우선주만 존재	투자자가 상환권 보유 (보유자 요구 시 상환) → 상환의 경우 ○ ∴ 상환우선주 & 전환우선주 모두 존재
확정수량 전환조건	전체를 지분상품으로 분류	금융부채+지분상품(전환권리)
변동수량 전환조건	전체를 금융부채로 분류	금융부채+파생상품부채(전환권리)

⑥ 회사가 발행한 주식의 보유자는 지분비율에 따라 배당이나 그 밖의 배분을 수취할 자격이 있는데, 그 자체만으로 회사가 보유자에게 현금 등 금융자산을 반드시 인도해야 하는 것은 아니므로 회사는 이를 지분상품으로 분류한다. 그러나 회사가 배당 등을 지급하겠다고 선언을 했다면, 보유자에게 현금 등 금융자산을 인도해야 할 의무인 금융부채(미지급배당금)가 발생한다.

⑦ 상환우선주가 아닌 우선주가 누적적 우선주라면 특정 연도에 배당가능이익이 부족하여 배당을 지급하지 못할 경우 이후에 이를 누적하여 배당을 해야 한다. 그러나 배당의 누적 여부에 관계없이 우선주의 보유자에 대한 배당을 발행자가 재량적으로 결정할 수 있다면 그러한 우선주는 지분상품이다.

⑧ 발행자가 지분상품으로 분류하더라도 투자자가 이를 무조건 금융자산 중 지분상품으로 분류하는 것은 아니다. 예를 들어 존속기간을 정해놓고 존속기간 종료 시에 청산을 하는 조건으로 회사를 설립하는 경우*, 발행자가 청산을 회피할 수 있는 무조건적인 권리를 갖고 있지 않다면 그 회사의 지분 투자자가 보유한 금융자산은 지분상품이 아니라 채무상품으로 분류한다.

* 발행자 입장에서는 조건부 결제조항의 예외 항목(청산이 조건인 경우)이므로 지분상품(자본)으로 분류

iii) **신종자본증권(영구채)**

외견상 부채의 형태를 갖는 신종자본증권은 회계상 자본으로 분류되도록 하기 위하여 다양한 조건을 부가하므로 동일한 조건의 신종자본증권은 찾기 어렵다. 그러나 일반적으로 신종자본증권은 다음과 같은 공통적인 특성을 갖고 있다.

① 신종자본증권은 만기가 표시되어 있으나(예 : 30년), 발행자가 임의로 연장할 수 있다. 영구적으로 만기를 연장할 수 있는 조건은 신종자본증권의 부채 특성을 약화시킨다.
→ 자본적 성격

② 신종자본증권이 채권 형태라면 이자를, 우선주 형태라면 배당을 지급해야 하는데, 발행자가 임의로 이자 또는 배당의 지급을 연기할 수 있다. 따라서 이러한 조건은 부채의 특성을 약화시킨다. → 자본적 성격
그러나 이자 및 배당 지급의 연기와 배당금지조항을 연계시키는 것이 일반적이다. 배당금지조항이란 이자 및 배당의 지급을 연기한다면 보통주에 대한 배당지급도 연기하라는 조건인데, 이러한 조건은 자본적 특성을 약화시킨다. → 이 경우 이자지급 연기가 어려우므로 부채적 성격

③ 대부분의 신종자본증권은 발행자의 조기상환권(콜옵션)이 포함되거나 투자자에게 매수청구권(풋옵션)이 포함되어 있다. 또한 발행자가 조기상환권을 행사하지 않으면 이후 이자율을 대폭 상향 조정하는 조건이 부여되어 있는 경우가 많은데, 발행자는 과도한 이자부담을 회피하기 위해서 조기상환권을 행사할 것으로 기대된다. 또한 발행자가 조기상환권을 행사하지 않더라도 투자자가 풋옵션을 행사하여 원금을 회수할 가능성이 높다. 따라서 이러한 조건은 신종자본증권의 자본적 특성을 약화시킨다. → 부채적 성격

4. 금융부채 분류

i) **분류**

┌AC 금융부채(사채…)
└별도의 후속측정기준 적용 금융부채 ┘→ FVPL 금융부채 지정 가능(회계불일치 발생시)
(FVPL 지정 금융부채)

ii) **최초 측정**

① 금융부채는 금융상품의 계약당사자가 되는 때에만 재무상태표에 인식한다. 그리고 금융자산과 마찬가지로 금융부채도 최초 인식시점에 공정가치로 측정

② 최초 금융부채의 공정가치가 거래가격과 다른 경우에는 8장 금융자산의 최초 인식에서 설명한 바와 동일하게 회계처리

iii) **사채발행비**(계정과목 ×) ⇒ 사채 발행가액에서 차감

Ex 액면 100,000 (8%)
만기 3년
시장이자율 10%

→ PV= 95,026 —(10%, 8%)→ 100,000
사발비 (4,633)
* 90,393 —(12%, 8%)→ 100,000

- 사발비 4,633 발생

$$^{*}90{,}393=\frac{8{,}000}{(1+i)}+\frac{8{,}000}{(1+i)^{2}}+\frac{108{,}000}{(1+i)^{3}}$$

$i=12\%$

- 회계처리

	차변	금액	대변	금액
×1초	현금	95,026	사채	100,000
	사할차	4,974		
&				
	사할차	4,633	현금	4,633
×1말	이자비용	10,847	현금	8,000
			사할차	2,847

* 90,393×12%(새로운 IRR)=10,847

Q. 액면 100,000(8%), 만기 3년
- 시장이자율 10% (×)
- 사발비 고려 이자율 12% (○)

- PV(12%)=90,393 —(12%, 8%)→ 100,000
- 사발비? PV(10%)=95,026
  PV(12%)=90,393
  ∴ 사발비 4,633
- 사발비 발생 시 → 유효이자율 ↑

사채가 당기손익－공정가치 측정 금융부채(FVPL 금융부채)로 분류되지 않는다면 사채 발행과 직접 관련된 거래원가(사채발행비 등)는 차변의 현금(즉, 최초 인식하는 공정가치)에서 차감한다. 따라서 거래원가만큼 사채할인발행차금이 증가하거나 사채할증발행차금이 감소하며, 그 결과 유효이자율은 증가한다.

참고 금융자산 취득 시 수수료와 금융부채 발행 시 수수료

① 자산의 취득

차변	금액	대변	금액
금융자산	1,000	현금	1,000
비용(FVPL), 금융자산(나머지)	100	현금	100

② 부채의 발행

차변	금액	대변	금액
현금	1,000	금융부채	1,000
비용(FVPL), 금융부채(나머지)	100	현금	100

③ 자산 취득 시 수수료든 부채 발행 시 수수료든 모두 현금 지출액(대변 기재)이므로 결국 차변에 비용 또는 자산/부채를 기록하게 된다.
따라서 자산에 가산 또는 부채에 차감이라고 표현한다.

참고

〈투자자 입장〉

취득 시 수수료 발생 → 최초 투자금액 ↑ → 투자수익률 ↓
(만기 반환금액은 동일) (12% → 10%)

〈발행자 입장〉

발행 시 사발비 발생 → 최초 차입금액 ↓ → 차입이자율 ↑
(만기 상환금액은 동일) (10% → 12%)

ⅳ) 사채의 최초 인식 회계처리

구분	차변	금액	대변	금액
액면발행 :	현금	1,000	사채	1,000
할인발행 :	현금	950	사채	1,000
	사할차	50		
할증발행 :	현금	1,050	사채	1,000
			사할증차	50

ⅴ) 만기까지 인식할 총 이자비용

구분	차변	금액	대변	금액
액면발행 :	이자비용	××	현금	××

∴ 액면이자 $\times n$

구분	차변	금액	대변	금액
할인발행 :	이자비용	××	현금	××
			사할차	××

∴ 액면이자 $\times n$ + 사할차 총액

할증발행 :	이 자 비 용	××	현 금	××
	사 할 증 차	××		

∴ 액면이자 × n − 사할증차 총액

〈투자자 입장(AC 금융자산으로 가정)〉

액면발행 :	A C	1,000	현 금	1,000
	현 금	××	이 자 수 익	××
할인발행 :	A C	950	현 금	950
	현 금	××	이 자 수 익	××
	A C	××		
할증발행 :	A C	1,050	현 금	1,050
	현 금	××	이 자 수 익	××
			A C	××

vi) 정액법 vs 유효이자율법

(할인발행)

이 자 비 용	××	현 금	××(fix)
		사 할 차	××

(정액법)

이자비용 →
사채의 장부가 ↑
∴ 이자율 ↓

(유효이자율법)

이자비용 ↑
사채의 장부가 ↑
∴ 이자율 →

(할증발행)

이 자 비 용	××	현 금	××(fix)
사 할 증 차	××		

(정액법)

이자비용 →
사채의 장부가 ↓
∴ 이자율 ↑

(유효이자율법)

이자비용 ↓
사채의 장부가 ↓
∴ 이자율 →

참고 유효이자율법의 할인/할증 상각액은 매년 증가

- 할인발행의 이자비용 : 사채의 장부가 ↑ → 이자비용 ↑
- 할증발행의 이자비용 : 사채의 장부가 ↓ → 이자비용 ↓

→ 상각액 = 이자비용과 액면이자의 차이

	상각액	이자비용	액면이자
할인발행 :	↑	↑	고정
할증발행 :	↑	↓	고정

vii) 이자지급일 사이의 사채 발행

예제 3 이자지급일 사이의 사채 발행

액면금액 1,000,000(8%), 만기 3년(×1초~×3말), ×1. 4/1 발행(10%)

발행자와 투자자(AC 금융자산으로 분류)의 회계처리

① 이자지급일 사이 (사채) 취득 ─ FVPL / AC / FVOCI

③ FVPL(사채)	××	① 현 금	××
미 수 이 자	××		

②

② 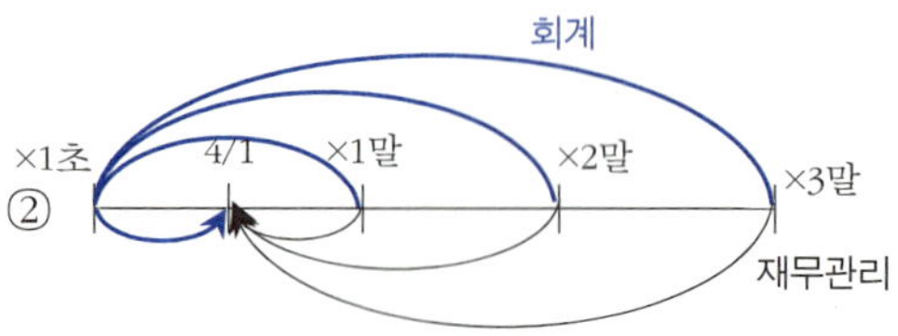

* ×1초 "기준의" PV (10%, (4/1))=950,258

시점	유효(10%)	액면(8%)	상각	장부가
0				950,258 (4/1)
1	95,026	80,000	15,026	965,284
2	96,528	80,000	16,528	981,812
3	98,188	80,000	18,188	1,000,000

* 투자자 입장

일자	차변		대변		장부가
×1 4/1	A C	$950,258+15,026\times\frac{3}{12}$	현 금	$950,258+95,026\times\frac{3}{12}$	
⑨	미수이자	$80,000\times\frac{3}{12}$			
×1 12/31	현 금	80,000	미수이자	$80,000\times\frac{3}{12}$	
	A C	$15,026\times\frac{9}{12}$	이자수익	$95,026\times\frac{9}{12}$	965,284
×2 12/31	현 금	80,000	이자수익	96,528	
	A C	16,528			981,812
×3 12/31	현 금	80,000	이자수익	98,188	
	A C	18,188			1,000,000
&	현 금	1,000,000	A C	1,000,000	0

* 발행자 입장

×1 4/1	현 금	$950,258+95,026\times\frac{3}{12}$	사 채	$950,258+15,026\times\frac{3}{12}$	
⑨ ↓			미지급이자	$80,000\times\frac{3}{12}$	
×1 12/31	미지급이자	$80,000\times\frac{3}{12}$	현 금	80,000	
	이자비용	$95,026\times\frac{9}{12}$	사 채	$15,026\times\frac{9}{12}$	965,284
×2 12/31	이자비용	96,528	현 금	80,000	
			사 채	16,528	981,812
×3 12/31	이자비용	98,188	현 금	80,000	
			사 채	18,188	1,000,000
&	사 채	1,000,000	현 금	1,000,000	0

참고 투자자의 미수이자와 발행자의 미지급이자

투자자는 3개월치 이자를 지급하고 연도 말에 12개월치 이자를 수령(취득 시 지급한 3개월치 이자+9개월 실제 보유기간의 이자)

취득 시 지급하는 3개월치 이자는 연도 말에 돌려받으므로 지급 시 미수이자로 처리

발행자는 3개월치 이자를 수령하고 연도 말에 12개월치 이자를 지급(발행 시 수령한 3개월치 이자+9개월 실제 발행기간의 이자)

발행 시 수령하는 3개월치 이자는 연도 말에 돌려줘야 하므로 수령 시 미지급이자로 처리

참고 이자지급일 사이의 사채 취득(8장 예제 2)

액면금액 1,000,000(6%), 만기 3년(×1초~×3말), ×1. 4/1 발행

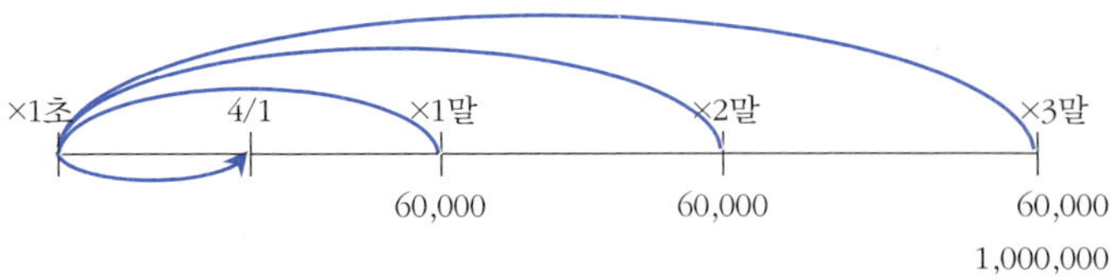

i) ×1초 "기준의" PV(6%, (4/1))=1,000,000

	차변		대변	
×1 4/1	A C	$1,000,000+0\times\frac{3}{12}$	현 금	$1,000,000+60,000\times\frac{3}{12}$
	미수이자	$60,000\times\frac{3}{12}$		

ii) ×1초 "기준의" PV(8%, (4/1))=948,456

	차변		대변	
×1 4/1	A C	$948,456+15,876\times\frac{3}{12}$	현 금	$948,456+75,876\times\frac{3}{12}$
	미수이자	$60,000\times\frac{3}{12}$		

iii) ×1초 "기준의" PV(4%, (4/1))=1,055,505

	차변		대변	
×1 4/1	A C	$1,055,505-17,780\times\frac{3}{12}$	현 금	$1,055,505+42,220\times\frac{3}{12}$
	미수이자	$60,000\times\frac{3}{12}$		

참고 채무상품의 회계처리(8장 예제 3)

액면금액 1,000,000(4%), 만기 3년(×1초~×3말), ×1. 4/1 발행(6%)

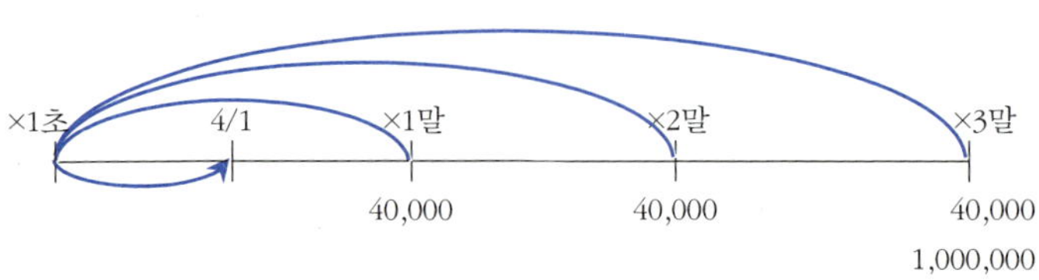

i) ×1초 "기준의" PV(6%, (4/1))=946,540

ii) 상각표

시점	유효(6%)	액면(4%)	상각	장부가	
0				946,540	(4/1)
1	56,792	40,000	16,792	963,332	
2	57,800	40,000	17,800	981,132	
3	58,868	40,000	18,868	1,000,000	

iii) 회계처리

일자	차변		대변		
×1 4/1	A C	$946{,}540+16{,}792\times\frac{3}{12}$	현 금	$946{,}540+56{,}792\times\frac{3}{12}$	
	미수이자	$40{,}000\times\frac{3}{12}$			
×1 12/31	현 금	40,000	미수이자	$40{,}000\times\frac{3}{12}$	
	A C	$16{,}792\times\frac{9}{12}$	이자수익	$56{,}792\times\frac{9}{12}$	963,332
×2 12/31	현 금	40,000	이자수익	57,800	
	A C	17,800			981,132
×3 12/31	현 금	40,000	이자수익	58,868	
	A C	18,868			1,000,000
&	현 금	1,000,000	A C	1,000,000	

객관식 2

갑회사는 사채권면의 발행일이 20×4년 1월 1일인 사채를 20×4년 3월 1일자로 변경하였다. 발행일의 시장이자율은 7%이며 사채발행비용을 포함한 유효이자율은 8%이다. 이 사채는 액면이자율 6%, 액면금액 100,000, 매년 말 이자 지급, 만기 2년의 조건으로 발행하였다. 이 사채의 회계처리에 관한 다음의 서술 중 옳은 것은?

① 20×4년 3월 1일 사채발행 시 사채할인발행차금은 3,284이다.
② 20×4년 위 사채로부터 발생하는 이자비용은 7,754이다.
③ 20×4년 3월 1일 발행 시 현금유입액은 96,430이다.
④ 20×5년 12월 31일 사채할인발행차금 상각액은 1,785이다.
⑤ 20×4년 3월 1일 미지급이자는 기록되지 않는다.

풀이

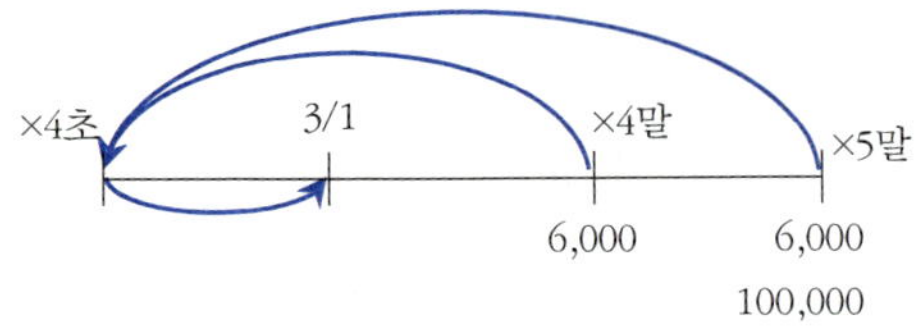

×4초 기준의 PV(8%, (3/1))=96,430

시점	유효	액면	상각	장부가
×4초				96,430
(3/1)				
×4말	7,714	6,000	1,714	98,144
×5말	7,856	6,000	1,856	100,000

〈투자자 입장의 회계처리 → 해답은 반대로 생각하기〉

일자	차변	금액	대변	금액	
×4 3/1	AC	$96{,}430+1{,}714\times\frac{2}{12}$	현금	$96{,}430+7{,}714\times\frac{2}{12}$	
	미수이자	$6{,}000\times\frac{2}{12}$			
×4 12/31	현금	6,000	미수이자	$6{,}000\times\frac{2}{12}$	
	AC	$1{,}714\times\frac{10}{12}$	이자수익	$7{,}714\times\frac{10}{12}$	98,144
×5 12/31	현금	6,000	이자수익	7,856	
	AC	1,856			100,000
	현금	100,000	AC	100,000	0

① ×4. 3/1 사할차=100,000−(96,430+1,714×2/12)=3,284
② ×4 이자비용=7,714×10/12=6,428
③ ×4. 3/1 현금유입액=96,430+7,714×2/12=97,716
④ ×5 사할차 상각액=1,856
⑤ ×4. 3/1 미지급이자=6,000×2/12=1,000

추가문제 1

㈜한국은 ㈜일진이 발행한 다음과 같은 사채를 20×5년 4월 1일에 구입하여 AC 금융자산으로 분류하였다.

- 액 면 가 액 : 500,000
- 표시이자율 : 연 10%
- 이자지급일 : 6월 30일, 12월 31일(연 2회)
- 사채발행일 : 20×5년 1월 1일
- 사채만기일 : 20×7년 12월 31일

사채구입 당시의 시장이자율이 연 12%인 경우 20×5년 6월 30일에 ㈜한국이 인식하는 이자수익과 AC 금융자산의 장부금액은 얼마인가?

풀이

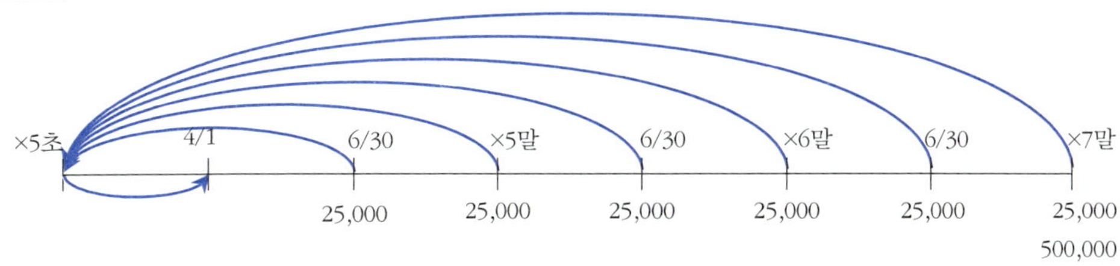

×5초 기준의 PV(6%, (4/1))＝이자 500,000×5%×(6, 6% 연금)
원금 500,000×(6, 6% 현가)
＝475,432

		시점	유효(6%)	액면(5%)	상각	장부가
×5초		0				475,432
×5	6/30	1	28,526	25,000	3,526	478,958
×5	12/31	2	28,737	25,000	3,737	482,695

(4/1)

일자	차변		대변		
×5 4/1	A C	$475{,}432+3{,}526\times\frac{3}{6}$	현 금	$475{,}432+28{,}526\times\frac{3}{6}$	
	미수이자	$25{,}000\times\frac{3}{6}$			
×5 6/30	현 금	25,000	미수이자	$25{,}000\times\frac{3}{6}$	
	A C	$3{,}526\times\frac{3}{6}$	이자수익	$28{,}526\times\frac{3}{6}$	┘ 478,958
×5 12/31	현 금	25,000	이자수익	28,737	
	A C	3,737			┘ 482,695

추가문제 2

㈜태양은 다음과 같은 조건으로 발행된 채무상품을 20×5년 7월 1일에 취득하고 FVOCI 금융자산으로 구분하였다.

- 액 면 가 액 : 1,000,000
- 표시이자율 : 연 5%의 이자율로 하여 매년 6월 30일에 지급
- 발 행 일 : 20×5년 7월 1일
- 상 환 일 : 20×8년 6월 30일
- 채무상품의 유효이자율 : 연 8%

㈜태양의 결산일인 20×5년 12월 31일 현재 상기 채무상품의 공정가치(경과이자 포함)가 940,000일 경우 ㈜태양이 인식해야 할 평가손익(OCI)은 얼마인가? 단, 3, 8%, 현가는 0.79, 연금현가는 2.57

풀이

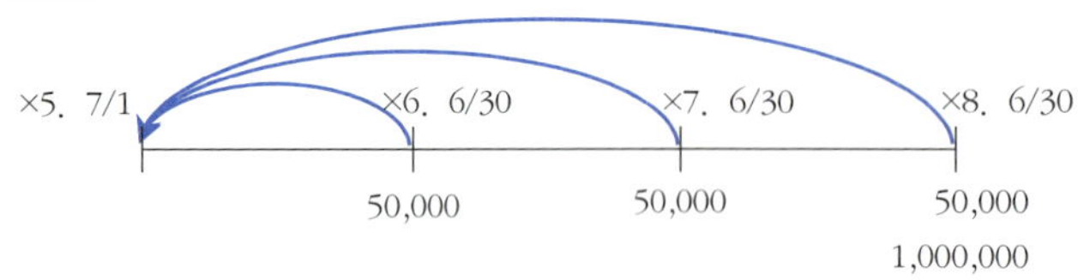

×5 7/1 PV＝이자 50,000×(3, 8% 연금)
원금 1,000,000×(3, 8% 현가) ＝918,500

		시점	유효(8%)	액면(5%)	상각	장부가
×5	7/1	0				918,500
×6	6/30	1	73,480	50,000	23,480	941,980

	차변	대변
×5 7/1	F V O C I 918,500 미수이자 0	현 금 918,500
×5 12/31	F V O C I $23,480\times\frac{6}{12}$ 미수이자 $50,000\times\frac{6}{12}$	이자수익 $73,480\times\frac{6}{12}$
	O C I 15,240	F V O C I 15,240

설정

$918,500+23,480\times\frac{6}{12}=930,240$

915,000

공정가 940,000＝진정한 사채 공정가＋미수이자

915,000 25,000

참고

〈7/1 ~ 6/30〉

12/31 사채의 공정가 = 진정한 사채의 공정가 + 해당기간 동안의 액면이자

$$940{,}000 \quad = \quad 915{,}000 \quad + \quad 50{,}000\times\frac{6}{12}$$

〈1/1 ~ 12/31〉

12/31 사채의 공정가 = 진정한 사채의 공정가 + 해당기간 동안의 액면이자

$$940{,}000 \quad = \quad 940{,}000 \quad + \quad 50{,}000\times\frac{12}{12}$$

(∵ 12/31 수령)

객관식 4

㈜한국은 권면상 발행일이 20×1년 1월 1일이며 만기는 20×3년 12월 31일, 액면금액 1,000,000, 표시이자율 연6%(매년 말 지급)인 사채를 20×1년 4월 1일에 발행하고, 사채발행비용 10,000을 지출하였다. 20×1년 1월 1일 사채에 적용되는 시장이자율은 연8%이지만, 실제 발행일인 20×1년 4월 1일의 시장이자율은 연10%이다. 20×1년 4월 1일에 동 사채를 FVPL 금융부채로 분류했을 때의 FVPL 금융부채 장부금액(A)과 AC 금융부채로 분류했을 때의 AC 금융부채 장부금액(B)을 구하면 각각 얼마인가?

풀이

〈투자자 입장의 회계처리〉

	차변		대변	
×1 4/1	A C	PV* + ×1 상각액×$\frac{3}{12}$	현 금	PV + ×1 유효이자×$\frac{3}{12}$
	미 수 이 자	액면이자×$\frac{3}{12}$		
&				
	비용(FVPL)	10,000	현 금	10,000
	〈또는〉			
	A C	10,000		

* ×1초 기준의 PV(4/1, 10%)=PV

i) ×1. 1/1 "기준의" PV(4/1, 10%)=900,508

ii) ×1. 4/1 상각후원가=908,021*

* 900,508+(900,508×10%−60,000)×3/12=908,021

iii) 당기손익인식 금융부채=908,021−0*=908,021

* 발행 시 수수료를 비용 처리

iv) 상각후원가측정 금융부채=908,021−10,000*=898,021

* 발행 시 수수료를 발행가에서 차감

참고 사채의 4가지 유형

- 1/1 ~ 12/31 (1/1 취득(발행))
- 1/1 ~ 12/31 (5/1 취득(발행))
- 4/1 ~ 3/31 (4/1 취득(발행))
- 4/1 ~ 3/31 (7/1 취득(발행))

5. 상각후원가로 후속 측정하지 않는 금융부채

i) FVPL 금융부채

단기매매금융부채는 후속적으로 공정가치 변동을 당기손익으로 인식한다.

ii) 금융자산의 양도가 제거조건을 충족하지 못하여 인식한 금융부채

① 양도자가 양도자산의 소유에 따른 위험과 보상의 대부분을 보유하고 있기 때문에 양도자산을 제거하지 않는다면, 그 양도자산 전체를 계속 인식하며 수취한 대가는 금융부채로 인식한다(담보 차입).

② 양도자는 후속기간에 양도자산에서 생기는 모든 수익과 금융부채에서 생기는 모든 비용을 인식한다.

③ 양도금융자산의 재매입 조건

〈×1초 금융자산을 960,000에 양도, ×3초 975,000에 재매입〉

시점	차변	금액	대변	금액
×1초	현 금	960,000	차 입 금	960,000

* 960,000×$(1+i)^2$=975,000　　i=0.778%

시점	차변	금액	대변	금액
×1말	이 자 비 용	7,469	차 입 금	7,469

* 960,000×0.778%=7,469

시점	차변	금액	대변	금액
×2말	이 자 비 용	7,531	차 입 금	7,531
×3초	차 입 금	975,000	현 금	975,000

iii) 지속적 관여 접근법 적용 시 인식하는 금융부채

예제 6 지속적 관여자산과 관련하여 인식하는 금융부채

갑회사는 보유 중인 장부금액 1,000,000의 수취채권을 을회사에게 960,000의 현금을 수령하고 양도하였다. 갑회사는 수취채권과 관련된 신용위험을 을회사에게 이전하였으나, 수취채권의 회수지연에 대한 위험은 갑회사가 계속 보유하기로 하였다. 즉, 갑회사는 을회사가 수취채권을 적시에 회수하지 못할 경우 최장 6개월에 해당되는 지연이자를 지급하여야 하며, 이때 적용하는 이자율은 연 10%이다(1,000,000×10%×6/12=50,000). 수취채권 양도일 현재 회수지연위험에 대한 보증(50,000)의 공정가치는 8,000이며, 을회사는 갑회사로부터 양도받은 수취채권을 제3자에게 매도할 수 있는 능력이 없다(양수자 통제 × → 양도자 통제 ○ ∴ 지속적 관여 자산).

풀이

〈양도일〉

현금	952,000	채권	1,000,000
자산	50,000	부채	50,000*
손실	48,000		

&

현금	8,000	부채(이연)	8,000

〈6개월 동안 정액법으로 보증수익 인식〉

부채(이연)	8,000	수익	8,000

〈지연회수에 대한 대가(15,000 가정) 지급〉

부채	15,000	자산	15,000
비용	15,000	현금	15,000

〈보증의무 소멸〉

부채	35,000	자산	35,000

* 지속적으로 관여하는 정도까지 양도자산을 계속 인식하는 경우(채권 전체를 제거하였으므로 지속적 관여 부분을 다시 인식한 경우를 말함) 관련 부채도 함께 인식한다. 이는 지속적으로 관여하는 정도까지는 금융자산의 매각으로 볼 수 없으므로 이와 관련하여 수취한 대가를 담보 차입으로 보고 부채를 인식하는 것으로 이해하면 될 것이다.

① 지속적 관여 자산과 관련 부채의 인식 금액

구 분	인식금액
지속적 관여 자산	㉠ 양도자산의 장부금액(1,000,000)과 ㉡ 수취한 대가 중 상환을 요구받을 수 있는 최대금액(보증금액)(50,000) 중 적은 금액(50,000)
관련 부채	보증금액(50,000) + 보증의 공정가치(보증의 대가로 수취한 금액)(8,000)

② 보증의 최초 공정가치는 관련 의무가 충족될 때 또는 충족됨에 따라 당기손익으로 인식한다.

iv) 금융보증계약

① 금융보증계약도 금융부채에 해당되므로 최초 인식 시 공정가치로 인식한다. 일반적으로 독립된 당사자 사이의 거래에서 금융보증을 제공한다면 금융보증부채의 최초 인식금액은 수취한 대가와 동일할 것이다.

② 금융보증계약의 발행자(금융보증을 제공한 자)는 후속적으로 다음 중 큰 금액으로 금융보증계약을 측정한다.

- 기준서 제1109호의 손상 규정에 따라 산정한 손실충당금(보증의무)
- 최초 인식금액에서 기준서 제1115호 '고객과의 계약에서 생기는 수익'에 따라 인식한 이익누계액을 차감한 금액(이연수익의 잔액)

③ Max[이연수익의 잔액, 보증의무]로 평가 → 손익으로 처리

예 3 금융보증계약

갑회사(결산일 12월 31일)는 20×1년 초에 을회사와 3년간의 금융보증계약을 체결하고, 보증수수료로 3,000을 수령하였다. 갑회사는 을회사가 소유한 A채무증권의 지급불이행으로 인하여 손실을 입을 경우 이를 보상한다.
다음은 연도별 추정한 A채무증권 손실충당금 잔액이다.

20×1년 말	20×2년 말	20×3년 말
500	1,300	1,400

풀이

×1초 현 금 3,000 | 부 채 3,000
(수익의 이연 & 보증의무)

×1말 ① 부 채 1,000 | 수 익 1,000 ┘ 2,000
② 회계처리 없음(∵ 보증의무 500) ┘ 2,000
→ Max[이연수익의 잔액 2,000, 보증의무 500]
∴ 부 채 1,000 | 수 익 1,000 ┘ 2,000

	차변		대변		잔액
×2말 ①	부 채	1,000	수 익	1,000	1,000
②	비 용	300	부 채	300	1,300

→Max[이연수익의 잔액 1,000, 보증의무 1,300]

	차변		대변		잔액
∴	부 채	700	수 익	700	1,300

	차변		대변		잔액
×3말 ①	부 채	1,000	수 익	1,000	300
②	비 용	1,100	부 채	1,100	1,400

→Max[이연수익의 잔액 0, 보증의무 1,400]

	차변		대변		잔액
∴	비 용	100	부 채	100	1,400

v) 시장이자율보다 낮은 이자율로 대출하기로 한 약정

① 시장이자율보다 낮은 이자율로 대출하기로 한 약정(아직 대출을 실행하지 않은 상태)도 최초 인식시점에 공정가치로 측정한다.

② 대출약정의 보유자(잠재적 대여자)의 입장에서 볼 때 경제적효익이 희생되는 부채가 존재한다.

③ Max[이연수익의 잔액, 경제적효익의 희생]로 평가 → 손익으로 처리

vi) 사업결합에서 취득자가 인식하는 조건부대가

합병 등 사업결합 과정에서 발생한 조건부대가가 지분상품으로 분류된다면 지분상품에 대해서는 후속적으로 공정가치 변동을 인식하지 않는다. 그러나 조건부대가가 금융부채에 해당된다면 이를 FVPL 항목으로 분류해야 하므로 후속적으로 공정가치 변동을 당기손익으로 인식하여야 한다.

〈회계처리〉

차변		대변	
여 러 자 산	××	여 러 부 채	××
영 업 권	××	자 본 금	××
		주 발 초	××
		조건부대가(자본)	××(수량 확정 ○)
		조건부대가(부채)	××(수량 확정 ×)

참고

조건부대가
- 현금 → 부채
- 주식 → 수량 확정
  - ○ → 자본
  - × → 부채

6. FVPL 항목으로의 지정

i) 지정의 요건

모든 금융부채를 무조건 FVPL로 지정할 수 있는 것이 아니라 다음의 두 가지 조건 중 하나 이상을 충족하여 정보를 더 목적적합하게 하는 경우에 지정할 수 있다. 그리고 한 번 지정하면 이를 취소할 수 없다.

- 당기손익–공정가치 측정 항목으로 지정하면 회계불일치를 제거하거나 유의적으로 줄인다.
- 문서화된 위험관리전략이나 투자전략에 따라 금융상품 집합을 공정가치 기준으로 관리하고 그 성과를 평가하며, 그 정보를 주요 경영진에게 그러한 공정가치 기준에 근거하여 내부적으로 제공한다.

ii) 신용위험 변동에 따른 공정가치 변동의 인식

① 금융부채의 자기신용위험 변동에 따른 금융부채의 공정가치 변동은 기타포괄손익으로 인식하고, 그 이외의 공정가치 변동은 당기손익으로 인식한다.

참고

발행자(채무자)의 신용위험↑ → 해당 부채의 공정가↓

→ "FVPL 지정 부채 ×× | 평가이익(PL) ××" → 발행자(채무자) 본인의 신용위험증가로 평가이익(PL) 발생(투자자 : 손상(PL) 인식)

→ 부조리

∴ 발행자(채무자) 본인의 신용위험으로 인한 공정가 변동은 OCI로 처리

② 기타포괄손익으로 인식한 금액은 후속적으로 당기손익으로 재분류를 하지 않는다. 그러나 금융부채의 신용위험 변동효과를 기타포괄손익으로 인식할 경우, 그 금액을 당기손익으로 인식한 것보다 당기손익의 회계불일치를 일으키거나 확대한다면 해당 부채의 모든 손익(신용위험 변동효과 포함)을 당기손익으로 인식한다.

③ 공정가치로 측정하되 공정가치의 변동을 기타포괄손익으로 표시하는 지분상품 투자에 대한 요구사항(FVOCI 선택 금융자산의 처분 시 관련 OCI를 자본 내에서 이전할 수 있음, 이잉 대체 가능)과 일관되도록 IASB는 자본 내에서 누적 손익을 이전할 수 있다고 결정하였다(1109:BC 5.56~5.57).

7. 금융부채의 재분류

금융부채는 재분류하지 않는다.

8. 금융부채의 제거

금융부채(또는 금융부채의 일부)는 소멸한 경우(계약상 의무가 이행, 취소, 만료된 경우)에만 재무상태표에서 제거한다. 소멸하거나 제3자에게 양도한 금융부채의 장부금액과 지급한 대가의 차액은 당기손익으로 인식한다.

금융부채의 일부를 재매입(부분 상환)하는 경우에 종전 금융부채의 장부금액을 계속 인식하는 부분과 제거하는 부분에 대해 재매입일 현재 각 부분의 상대적 공정가치를 기준으로 배분한다. 그리고 제거하는 부분에 배분된 금융부채의 장부금액과 제거하는 부분에 대하여 지급한 대가의 차이를 당기손익으로 인식한다.

예 4 금융부채의 일부 재매입

×1말 장부금액 1,000, 공정가 900의 금융부채 존재
공정가치 900=원금 공정가 720+이자 공정가 180
금융부채 중 이자지급 의무만 180에 상환

풀이

차변	금액	대변	금액
금 융 부 채	200*	현 금	180
		손 익 (P L)	20

* 1,000(장부금액)×180/900=200

i) 'AC, FVOCI'의 처분손익(= 사채의 조기상환)

	차변	금액	대변	금액
×1초	A C	(××) PV	현 금	(××) PV
×1말	현 금	××	이 자 수 익	××
	A C	××		

설정 / ×1말 상각후원가

×2 4/1 ① 3개월 이자수익

취소

차변	금액	대변	금액
A C	(××) ×2 상각액×$\frac{3}{12}$	이 자 수 익	(××) ×2 유효이자×$\frac{3}{12}$
미 수 이 자	(A) 액면이자×$\frac{3}{12}$		

② 처분

현 금	A	미 수 이 자	A
현 금	(××)	A	
		C	(××)

수령한 현금−A　손익

(××) → ×2 4/1의 상각후원가: ×1말 상각후원가+×2말 상각액× $\frac{3}{12}$

Con 'AC, FVOCI'의 처분손익

현금−액면이자

상각후원가	if 사채의 상환손익
+수익	+ ⇒ 비용
−비용	− ⇒ 수익

예제 7 사채의 조기상환

20×1년 1월 1일에 액면금액 1,000,000(표시이자율 연 8%, 이자지급일 매년 12월 31일 후급, 만기일 20×3년 12월 31일)의 사채를 발행하였으며 사채발행 당시 유효이자율은 10%이다.

다음 각 경우의 사채 상환손익은?

① 사채 전부를 20×2년 1월 1일에 970,000에 조기상환한 경우
② 사채 액면금액 중 600,000을 20×2년 1월 1일에 582,000에 조기상환한 경우
③ 사채 전부를 20×2년 7월 1일에 경과이자를 포함하여 970,000에 조기상환한 경우
④ 사채 액면금액 중 600,000을 20×2년 7월 1일에 경과이자를 포함하여 582,000에 조기상환한 경우

풀이

×1초　PV=950,258

×1초				950,258
×1말	95,026	80,000	15,026	965,284
×2말	96,528	80,000	16,528	981,812
×3말	98,188	80,000	18,188	1,000,000

① 〈×2초　100%, 970,000〉
970,000−0
965,284
+4,716(비용)

② 〈×2초　60%, 582,000〉
582,000−0
965,284×60%
+2,830(비용)

③ 〈×2 7/1　100%, 970,000〉
970,000−80,000×6/12
(965,284+16,528×6/12)
−43,548(수익)

④ 〈×2 7/1　60%, 582,000〉
582,000−80,000×6/12×60%
(965,284+16,528×6/12)×60%
−26,129(수익)

참고

Q. ×1초, 원금 1,000,000(8%)

만기 3년, 시장 10%

이를 ×2. 7/1 582,000에 일부상환, 이때 상환이익 26,129가 발생, 상환비율은?

A. $582{,}000-80{,}000\times\frac{6}{12}\times\alpha\,\%$

$(965{,}284+16{,}528\times\frac{6}{12})\times\alpha\,\%$

×1말 상각후원가 ×2 상각액

$-26{,}129$(수익)

$\therefore\ \alpha\%=60$

참고 사채상환손익의 발생원인

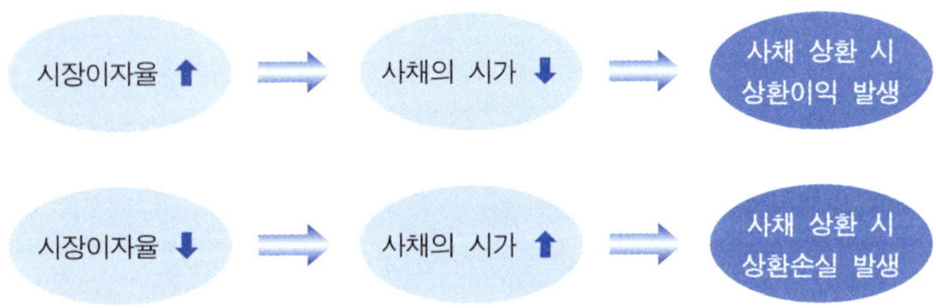

ii) **자기사채** → 계정과목 ×

자기사채의
- 취득 : 사채의 상환
- 소각 : ×
- 처분 : 사채의 발행

EX

×1 4/1 자기사채를 96,000에 처분 → 기중 발행

오답

차변		대변	
현 금	96,000	사 채	100,000(액면가)
사 할 차	4,000		

정답

차변		대변	
① 현 금	96,000	② 사 채	100,000(액면가)
④ 사 할 차	××	③ 미 지 급 이 자	액면이자$\times\frac{3}{12}$

동 자기사채(액면 1,000,000, 액면이자 5%, 연도 말 지급)를 ×2년 5월 1일 투자자에게 다시 965,000에 재발행하였다.

이와 관련된 회계처리는?

풀이

	차변		대변	
×2 5/1	① 현 금	965,000	③ 사 채 (순 액)	948,333
			② 미 지 급 이 자	$1,000,000\times5\%\times\frac{4}{12}$

×2. 5/1 PV = ×2초 기준의 PV + ×2 상각액 × 4/12 = 948,333

본 문제는 사채 발행가와 기간경과 액면이자 금액을 알 수 있으므로 남은 금액을 ×2. 5/1 PV로 가정

참고

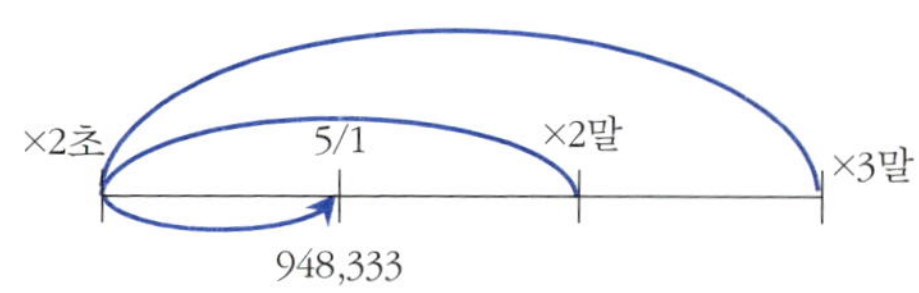

iii) 금융부채의 조건변경

① 실질적 변경 ○ (금융부채를 제거하는 조건 변경)

기존 부채의 장부가 vs "변경된 미래현금 / 최초할인율" (=A)

차이 > 기존 부채의 장부가×10%

〈회계처리〉

차변		대변	
차 입 금 (구)	××(장부가)	차 입 금 (신)	B*
		채 무 조 정 이 익	××(차이)**

* B=변경된 미래현금 / 현행할인율

** 기존 부채의 장부가와 B의 차이

〈수수료 발생 시〉

차변		대변	
채 무 조 정 이 익	××	현 금	××

- 발생한 원가나 수수료는 금융부채 소멸에 따른 손익(채무조정이익의 차감)으로 인식한다.

② 실질적 변경 × (금융부채를 제거하지 않는 조건 변경)

기존 부채의 장부가 vs "변경된 미래현금 / 최초할인율" (=A)

차이 < 기존 부채의 장부가×10%

〈회계처리〉

차변		대변	
차 입 금 (구)	××	채 무 조 정 이 익	××(차이)*

* 기존 부채의 장부가와 A의 차이

〈수수료 발생 시〉

차변		대변	
차 입 금 (구)	××	현 금	××

- 발생한 원가나 수수료는 금융부채의 장부금액에서 조정(차감)하며, 변경된 부채의 남은 기간에 상각한다.
- "변경된 미래현금/최초할인율"(=A) − 발생한 원가나 수수료
  = 변경된 미래현금 / 유효이자율
  양자를 일치시키는 유효이자율을 계산하여, 변경된 부채의 잔여기간에 걸쳐 상각한다.

참고

- 계약상 현금흐름의 변경(양자합의)
  (채권자)

제거조건 충족 (문제에서 제시)

- ×(기존 채권의 연속) ↳ 최초 할인율 적용 — 발생 수수료: 금융자산 장부금액에 가산, 남은 기간동안 상각(이자수익↓)
- ○(새로운 채권) ↳ 현행 할인율 적용 — 발생 수수료: 별도 비용으로 처리 (규정에는 언급 ×)

- 채무조정(채무자)

실질적 변경 (판단 필요)

- ×(기존 채무의 연속) ↳ 최초 할인율 적용 — 금융부채 장부금액에서 차감, 남은 기간동안 상각(이자비용↑)
- ○(새로운 채무) ↳ 현행 할인율 적용 — 채무조정이익에서 차감

참고 손상 : 채권자의 일방적 추정

iv) 출자전환(지분상품 발행에 의한 금융부채의 소멸)

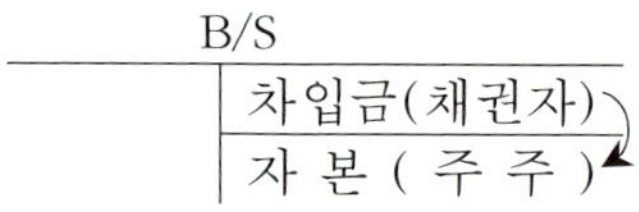

〈출자전환, 주식을 발행하여 부채를 상환〉

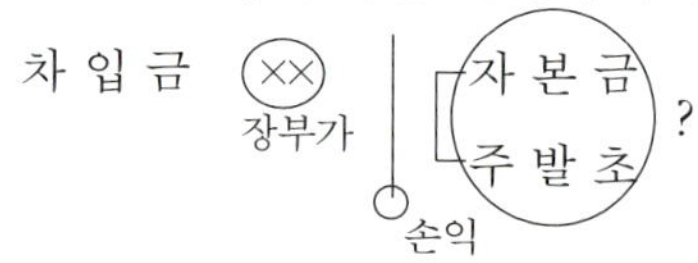

?=준 것의 공정가(주식의 공정가)

예외) 부채의 공정가

9. 기타 부채

i) 상환우선주(법 : 자본)

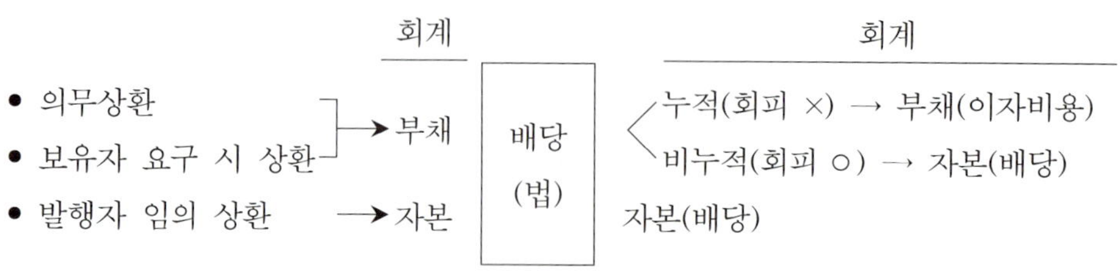

예제 11 금융부채로 분류되는 상환우선주의 회계처리

×1초 상환우선주 1주(액면 1,000, 연 배당률 5%) 발행

보유자의 청구에 따라 ×4초 1,200에 의무 상환

상환우선주 배당이 누적일 경우와 비누적일 경우 PV 계산하기

풀이

(경우 1) 의무상환 & 누적

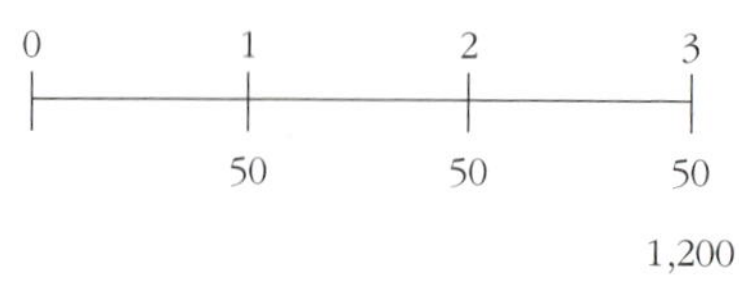

⇒ 현재가치 유형 2처럼 회계처리

(경우 2) 의무상환 & 비누적

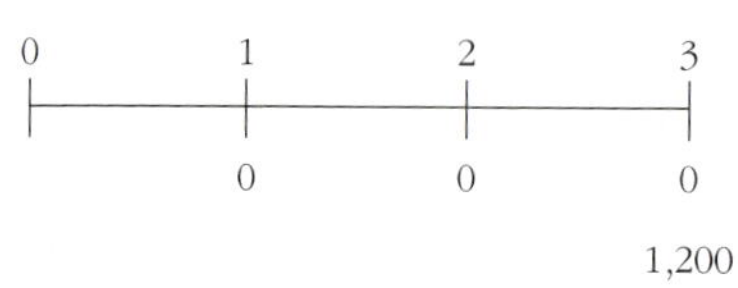

⇒ 현재가치 유형 1처럼 회계처리

& 배당지급 회계처리

객관식 13

㈜리비는 20×1년 1월 1일 다음과 같이 두 종류의 비참가적 우선주를 발행하였으며, 이 시점의 적절한 할인율은 연 5%이다.

- A우선주 : 주당 액면금액은 5,000이고 연 배당률이 3%인 누적적 우선주 100주 발행. ㈜리비는 동 우선주를 상환할 수 있는 권리를 가짐
- B우선주 : 주당 액면금액은 5,000이고 연 배당률이 4%인 비누적적 우선주 100주 발행. ㈜리비는 20×5년 1월 1일 주당 5,000에 동 우선주를 의무적으로 상환해야 함

기간	5% 기간 말 단일금액 ₩1의 현재가치	5% 정상연금 ₩1의 현재가치
4	0.8227	3.5460

20×1년도에는 배당가능이익이 부족하여 우선주에 대해 배당을 하지 못했으나, 20×2년도에는 배당을 현금으로 전액 지급하였다. 단, 해당연도 배당금은 매 연도 말에 지급된다고 가정한다. 위의 두 종류 우선주와 관련하여 20×1년도와 20×2년도의 당기순이익에 미치는 영향의 합계액은 얼마인가?

풀이

A우선주 : 발행자 임의상환 → 자본

B우선주 : 의무상환 → 부채, 비누적

	0	1	2	3	4(5초)
이자		0	0	0	0
원금					5,000

PV = 5,000 × 100주 × 0.8227 = 411,350

20×1 이자비용 = 411,350 × 5% = 20,568

20×2 이자비용 = (411,350 + 20,568) × 5% = 21,596

ii) **연속상환사채**

객관식 3

㈜나무는 20×1년 1월 1일에 다음과 같은 조건의 연속상환사채를 발행하였다.

- 액면가액 : 900,000
- 이자지급 : 연 5%의 이자율을 적용하여 매년 12월 31일에 지급
- 상　　환 : 20×2년부터 20×4년까지 매년 12월 31일에 300,000씩 연속 상환
- 사채발행 시 유효이자율 : 연 7%

×1초 ~ ×4말까지의 회계처리는?

풀이

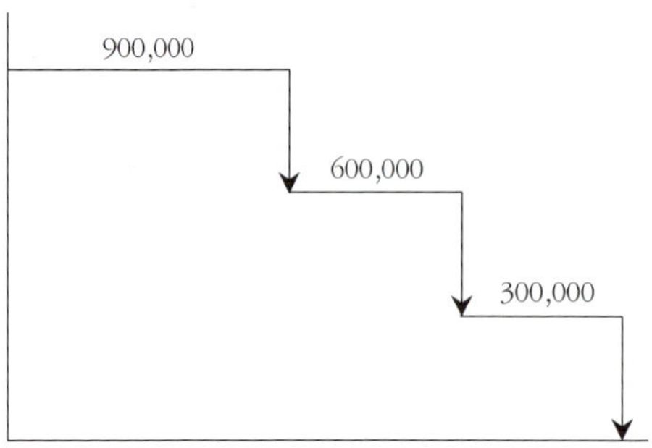

	0	1	2	3	4
이자		45,000	45,000	30,000	15,000
원금		0	300,000	300,000	300,000
		45,000	345,000	330,000	315,000

PV= 45,000 ×(1, 7% 현가)
+ 345,000 ×(2, 7% 현가)
+ 330,000 ×(3, 7% 현가)
+ 315,000 ×(4, 7% 현가)
= 852,885

시점	유효(7%)	액면(5%)	상각	장부가	원금상환
0				852,885	
1	59,702	45,000	14,702	867,587	− 0
2	60,731	45,000	15,731	583,318	− 300,000
3	40,832	30,000	10,832	294,150	− 300,000
4	20,850	15,000	5,850	0	− 300,000

⟨×1초⟩

차변		대변	
현　금	852,885	사　채	852,885

⟨×1말~×4말⟩

차변		대변	
이자비용	××	현　금	××
		사　채	××

&

차변		대변	
사　채	××	현　금	××

10. 전환사채

- 사채 + 전환권
  사채권자 → 주주

EX

×1초 액면 1,000,000(5%)
만기 3년, 시장이자율 10%
& 상환할증금 97,400
→ 액면발행
전환조건 : 사채 액면 10,000당 1주(액면가 5,000) 교부

참고

액면이자율(5%)과 시장이자율(10%)이 다르기는 하지만 발행가액이 액면금액과 동일하므로 액면발행이라고 부름

PV = 이자 50,000×(3, 10% 연금) + 원금 1,000,000×(3, 10% 현가) → 875,653 ①
할증금 97,400×(3, 10% 현가) → 73,177 ②
합계 948,830
+51,170 대가 ③
1,000,000
(발행가)

〈발행일 회계처리(원칙)〉

	차변	금액	대변	금액
×1초	현 금	1,000,000	사 채	1,000,000
	조 정	148,570	할 증 금	97,400
			대 가	51,170

조정(현할차 역할) 148,570 = 124,347(사채) + 24,223(할증금)
대가: 자본

원칙 회계처리 B/S(대변)

사 채	1,000,000
할증금	97,400
조 정	(148,570)
	948,830
	⋮
	〈자본〉
대 가	51,170

분해한 회계처리 B/S(대변)

①	사 채	1,000,000
	조 정	(124,347)
②	할증금	97,400
	조 정	(24,223)
		948,830
		⋮
		〈자본〉
③	대 가	51,170

〈발행일 회계처리의 분해〉

① 일반사채

차변		대변	
현 금	875,653	사 채	1,000,000(10%, 5%) 유형2 ~~~~> 1,000,000
조 정	124,347		

② 할증금

차변		대변	
현 금	73,177	할증금	97,400(10%, 0%) 유형1 ~~~~> 97,400
조 정	24,223		

③ 대가

차변		대변	
현 금	51,170	대 가	51,170

	① 일반사채	② 할증금	전체
×1초	875,653(10%, 5%)	73,177(10%, 0%)	948,830(10%, 50,000)
×1말	37,565*	7,318**	44,883
×2말	41,322	8,049	49,371
×3말	45,460	8,856	54,316
	1,000,000	97,400	1,097,400
	124,347	24,223	148,570

* $44,883 \times \frac{124,347}{148,570}$

** $44,883 \times \frac{24,223}{148,570}$

Q. 발행 시 증가하는 부채=A

×1초 PV(이자, 원금, 할증금)=A

Q. 발행 시 증가하는 자본=발행가－A

Q. ┌ 발행 전 자본=갑, 부채=을

└ 발행 직후 부채비율= $\left(\frac{\text{부채}}{\text{자본}}\right)=\frac{\text{을}+A}{\text{갑}+\text{발행가}-A}$

〈발행일 이후 회계처리〉

	차변		대변	
×1말	이 자 비 용	××	현 금	50,000
			조 정	┌ 37,565 └ 7,318
×2말	이 자 비 용	××	현 금	50,000
			조 정	┌ 41,322 └ 8,049
×3말	이 자 비 용	××	현 금	50,000
			조 정	┌ 45,460 └ 8,856
&	사 채	1,000,000	현 금	1,000,000
	상 환 할 증 금	97,400		+97,400

×1초에 인식한 전환권대가는 전환이 없는 경우에도 계속해서 자본에 남아 있는다(즉, 전환이 없다고 환입을 하지 않는다.).

Q. 전환이 없을 경우 만기까지 인식할 총이자비용

$\sum_{1}^{n}$

이 자 비 용	××	현 금	××
		조 정	××

∴ 액면이자×n＋조정총액(할증금＋대가)

〈×2초, 60% 전환 시〉

차변		대변		
사 채	1,000,000×60%	조 정	┌ (41,322＋45,460)×60% (×2, ×3) └ (8,049＋8,856)×60%	596,228
할 증 금	97,400×60%	자 본 금	1,000,000÷10,000×60%×5,000 (주식수 / 액면가)	
		주 발 초	×××	
& 대 가	51,170×60%	주 발 초	51,170×60%	

선택

Q. 전환 시 증가하는 자본(=전환 시 감소하는 부채)

B	사　　채	조　　정
	할 증 금	
		자 본 금
&		주 발 초
•	대　　가 ××	주 발 초 ××

선택

B ⇒ 사채의 상각후원가 + 할증금의 상각후원가 → 전체의 상각후원가

×1초 PV(이자, 원금, 할증금)=A → A의 상각후원가

⇒ ×1초 948,830

×1말 (948,830×1.1－50,000)×60%

=596,228

〈단순화〉

부채(순액)　B	자　　본　B
&	
자　　본 ××	자　　본 ××

선택

Q. 전환 시 발행하는 주식의 발행가

⇒ '전체'의 상각후원가 ⊕ if "대가 → 주발초 대체" ○, 대가

Q. 전환 시 증가하는 주발초

⇒ '전체'의 상각후원가 ⊕ if "대가 → 주발초 대체" ○, 대가

－자본금(=교부 주식수×액면가)

〈전환 이후 회계처리〉

	차변		대변	
×2말	이 자 비 용	××	현　　금	배당간주일(기초) 50,000×40%
				배당간주일(기말) 50,000×100%
			조　　정	41,322×40%
				8,049×40%
×3말	이 자 비 용	××	현　　금	50,000×40%
			조　　정	45,460×40%
				8,856×40%
	사　　채	1,000,000×40%	현　　금	××
	상환할증금	97,400×40%		

언제 배당을 지급하는가?

참고	40%(미전환)	60%(전환)
×2말	이자 지급	배당간주일 (기초 : 배당 지급 / 기말 : 이자 지급)
×3말	이자 지급	배당 지급

Q. 만기상환금액

(액면금액+할증금)×(1−전환비율)
미전환비율

참고

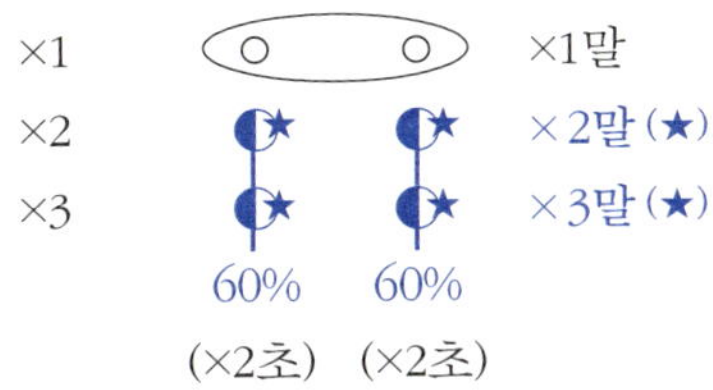

〈전환사채의 재매입〉
(=조기상환)

〈×2초 100%, 1,050,000에 조기상환, 현행이자율 12%〉

차변		대변	
사　채	1,000,000	조　정	(41,322+45,460)
할증금	97,400		(8,049+8,856)
⊖손익		현　금	1,050,000
대　가	51,170		
⊖자본			

현금 1,050,000 → ① 공정가 / ② 나머지 → 90,661

PV(12%)=959,339

×2초	×2말	×3말
	50,000	50,000
		1,000,000
		97,400

con '전체'의 상각후원가(B) ⊖손익 미래현금 / 현행할인율

참고

〈전환사채 발행 관련 거래원가〉

전환사채의 발행과 관련된 거래원가는 부채요소와 자본요소에 배분된 금액에 비례하여 부채요소와 자본요소로 배분한다.

〈×1초 전환사채 발행 시 거래원가 10,000 발생〉

	차변		대변	
×1초	현　금	1,000,000	사　채	1,000,000
	조　정	148,570	할증금	97,400
			대　가	51,170
	조　정	9,488*	현　금	10,000
	대　가	512**		

* 10,000×948,830 / 1,000,000

** 10,000×51,170 / 1,000,000

〈상환할증금〉

① 할증금=97,400

② 상환 시 액면의 109.74% 지급 → 1,000,000×9.74%=97,400

③ 보장수익율 8%

$$1{,}000{,}000=\frac{50{,}000}{1.08}+\frac{50{,}000}{1.08^2}+\frac{1{,}050{,}000+X}{1.08^3} \quad X=97{,}400$$

$$\boxed{1{,}000{,}000=\frac{80{,}000}{1.08}+\frac{80{,}000}{1.08^2}+\frac{1{,}080{,}000}{1.08^3}}$$

$$0=\frac{30{,}000}{1.08}+\frac{30{,}000}{1.08^2}+\frac{30{,}000-X}{1.08^3} \quad \Rightarrow X=30{,}000\times(1.08^0+1.08^1+1.08^2)$$

=액면가×(보장수익율−액면이자율)

×((1+보장)^0+⋯+(1+보장)$^{n-1}$)

〈전환사채 전환조건의 변경(=유도전환)〉

유도전환의 경우에는 조건이 변경된 시점에 변경된 조건하에서 전환으로 인하여 보유자가 수취하게 되는 대가의 공정가치와 원래의 조건하에서 전환으로 인하여 보유자가 수취하였을 대가의 공정가치의 차이를 손실로 하여 당기손익으로 인식한다.

예제 15 전환사채의 유도전환

갑회사는 20×1년에 액면 1,000,000의 전환사채를 액면발행하였는데, 전환조건은 사채 액면금액 1,000당 보통주 2주로 전환하는 조건이다. 갑회사는 전환사채의 조기전환을 유도하고자 20×2년 7월 1일에 사채 액면금액 1,000당 보통주 2.1주로 전환하는 것으로 조건을 변경하였다. 조건변경일 현재 갑회사 보통주의 주당 공정가치는 600이다.

조건변경일의 회계처리는?

풀이

조건변경 전 전환사채 전환 시 발행주식수=1,000,000÷1,000×2=2,000주
조건변경 후 전환사채 전환 시 발행주식수=1,000,000÷1,000×2.1=2,100주
전환 시 추가 발행될 보통주의 공정가치=100주×600=60,000

〈조건변경 시〉

유도전환손실(손익)	60,000	자 본	60,000

〈전환사채 관련 주의사항〉

- 전환사채에 부가되어 있는 주식전환옵션은 발행시에 전환조건이 확정되어 있으므로 '확정수량과 확정금액'의 조건을 충족하는 자기지분상품으로 결제되는 계약에 해당된다. 따라서 발행자가 전환사채를 발행하면서 수령한 대가 중 주식전환옵션에 해당되는 금액을 지분상품으로 분류한다.
- 전환 시 발행할 주식 수량을 전환시점의 주가 등에 연계하여 결정하는 조건(refixing)으로 전환사채를 발행한다면 주식전환옵션은 '확정수량과 확정금액'의 조건을 충족하지 못하므로 이를 지분상품으로 분류하지 않고 금융부채로 분류하여야 한다.
- 복합금융상품과 복합계약의 구분

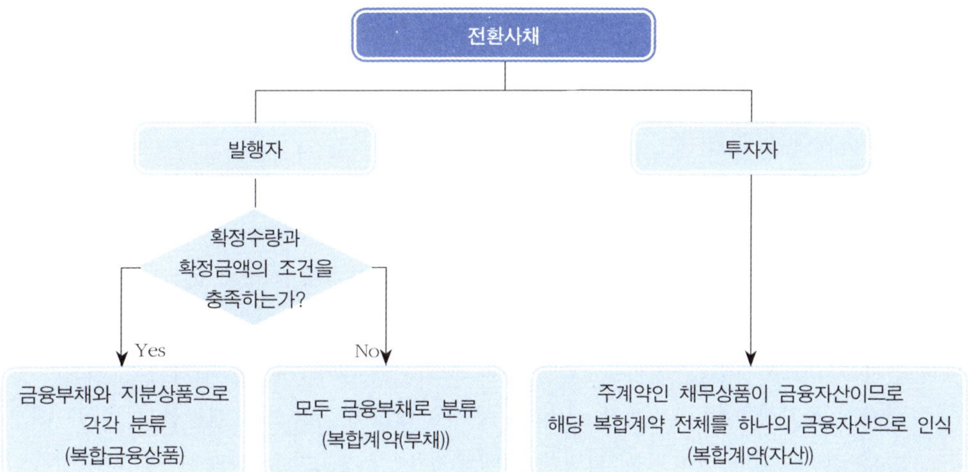

* 주계약이 금융상품이 아닌 경우

if 분리조건 × → 분리불가능

⇒ 복합계약 전체를 FVPL 항목로 지정 가능

한편, 주계약과 내재파생상품을 분리하여 측정 → 복잡 또는 신뢰성↓

⇒ 복합계약 전체를 FVPL 항목으로 지정 가능

〈복합상품〉

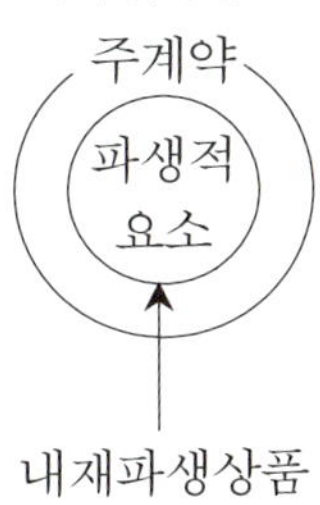

⟿ 내재파생상품의 분리 (∵ 파생상품은 손익으로 공정가치 평가)

분리조건
- ① 밀접한 관련 ×
- ② 파생상품
- ③ 주계약이 당기손익으로 평가하는 항목 ×

- 전환사채 투자자는 전환사채를 AC 금융자산, FVOCI 금융자산, FVPL 금융자산 중 어느 것으로 분류하는가? 전환사채는 화폐의 시간가치나 신용위험에 대한 대가 등으로 정의되는 이자가 아닌 주식가격에 따라 변동하는 현금흐름을 포함하므로 원금과 이자만의 계약상 현금

흐름 조건을 충족한다고 볼 수 없다. 따라서 FVPL 금융자산으로 분류한다. 참고로 전환사채는 잔여지분의 성격을 갖는 지분상품으로 볼 수는 없으므로 FVOCI 선택 금융자산으로 분류할 수 없다.

- 전환사채와 같은 복합금융상품의 발행자는 순수한 부채요소와 주식전환옵션을 구분하여 재무상태표에 부채요소와 자본요소로 분리하여 표시한다. 이 때 부채요소의 현재가치를 먼저 결정하고, 전환사채 전체의 공정가치에서 부채요소의 현재가치를 차감한 잔액을 자본요소로 배분한다.
- 전환사채의 발행과 관련된 거래원가는 부채요소와 자본요소의 공정가치에 비례하여 부채요소와 자본요소로 배분한다.
- 전환사채의 최초 인식시점에서는 전환권이 외가격 상태에 있더라도 전환권의 가치는 존재한다.
- 전환권을 행사할 가능성이 변동되더라도 전환상품의 부채요소와 자본요소의 당초 분류를 수정하지 않는다.
- 전환권대가는 자본 항목으로 구분한 후 전환권이 행사되어 주식을 발행할 때 행사된 부분만큼 다른 자본 항목(예 : 주식발행초과금)으로 대체할 수 있다.
- 기준서는 전환에 따라 손익을 인식하지 않는다고 규정하고 있기 때문에 전환사채 장부금액법에 근거하고 있다.
- 전환사채가 조기상환이나 재매입을 통해 소멸되는 경우 지급한 대가와 거래원가를 거래 발생시점(조기상환이나 재매입 시점)의 부채요소와 자본요소에 배분한다. 이때 배분하는 방법은 전환사채가 발행되는 시점에 발행금액을 각 요소별로 배분한 방법과 일관되어야 한다. 그리고 대가를 배분한 결과로 발생되는 손익 중 부채요소와 관련된 손익은 당기손익으로 인식하고, 자본요소와 관련된 손익은 자본으로 인식한다.

〈배당간주일〉

- 배당간주일이 기말이라면 주주명부 폐쇄일 후에 주식이 발행된 것으로 보기 때문에 전환된 연도에 대해서는 배당금을 지급하지 않는다. 반면에 배당간주일이 기초라면 해당 연도 초에 주식을 발행한 것으로 간주하므로 전환된 연도에 대해서 배당금을 지급한다.

〈신주인수권부 사채〉

전환사채 : 사채를 반납하고 주식을 교부받음

신주인수권부 사채 : 현금을 지급하고 주식을 교부받음
(여전히 사채 보유)

EX ×2초, 60% 행사(사채 액면 10,000당 1주의 주식을 7,000에 구입)

차변		대변	
현 금	1,000,000÷10,000×60%(주식수)×7,000(행사가)	조 정	(0 +0)×60% / (8,049 +8,856)×60% (×2, ×3) ∴ 468,297
할증금	97,400×60%	자본금	1,000,000÷10,000×60%(주식수)×5,000(액면가)
&		주발초	×××
대 가	51,170×60%	주발초	51,170×60%

선택

Q. 행사 시 증가하는 자본

	차변	대변
B	현 금 / 할 증 금	조 정
		자 본 금 / 주 발 초
&		
	• 대 가	주 발 초

선택

B=현금수령액+할증금의 상각후원가
=1,000,000÷10,000×60%×7,000 ⇒ 420,000
+(73,177×1.1−0)×60% ⇒ 48,297

Q. 행사 시 발행하는 주식의 발행가

B ⊕ if "대가 → 주발초 대체" ○, 대가

Q. 행사 시 증가하는 주발초

B ⊕ if "대가 → 주발초 대체" ○, 대가
−자본금(=교부 주식수 × 액면가)

	차변		대변	
×2말	이 자 비 용	××	현 금	50,000
			조 정	41,322 / 8,049×40%
×3말	이 자 비 용	××	현 금	50,000
			조 정	45,460 / 8,856×40%
&	사 채	1,000,000×100%	현 금	××
	할 증 금	97,400×40%		

Q. 만기상환금액

액면금액+할증금×(1－행사비율)

참고

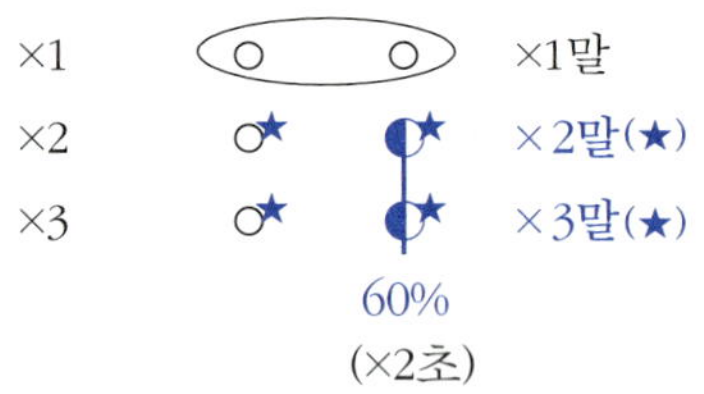

참고 전환가격 / 행사가격

i) 전환사채

- 전환가격 : 10,000 → 사채 액면 10,000당 1주 교부

ii) 신주인수권부사채

- 행사가격 : 10,000 → 사채 액면 10,000당 1주를 10,000에 취득
- 사채 액면 10,000당 1주(를 10,000에 취득)

→ 동일

- 사채 액면 10,000당 1주를 7,000에 취득

Chapter 10 충당부채와 우발부채

1. 충당부채

i) 의의

기업의 현재의무에 대해서 경제적효익의 유출 시기와 금액을 확실히 알고 있지 못하더라도 경제적효익이 유출될 가능성이 높고, 금액을 신뢰성 있게 추정할 수 있다면 재무상태표에 부채를 인식하여야 한다.

ii) 기준서 제1037호의 적용 범위

① 기준서 제1037호는 다음의 경우를 제외한 충당부채, 우발부채, 우발자산의 회계처리에 적용한다.

- 미이행계약. 단, 손실부담계약은 제외하지 않음
- 다른 한국채택국제회계기준에서 다루고 있는 경우

참고 미이행계약은 계약당사자 모두가 자신의 의무를 전혀 수행하지 않았거나 계약당사자 모두가 동일한 정도로 자신의 의무를 부분적으로 수행한 계약을 말한다. 따라서 미이행계약은 어느 한 당사자가 다른 당사자에게 의무를 부담하지 않으므로 충당부채에 해당되지 않는다.

② '다른 한국채택국제회계기준'이 있다면 충당부채 기준서를 적용하지 않고 그 기준서를 우선 적용하는데, 다른 한국채택국제회계기준에는 다음이 포함된다.

- 금융상품
- 법인세
- 리스
- 종업원급여
- 사업결합에서 취득자의 조건부대가
- 고객과의 계약에서 생기는 수익

금융상품과 법인세 등 위에서 언급하는 사항은 지출 시기와 금액에 불확실성이 있더라도 해당 기준서가 별도로 제정되어 있으므로 충당부채 기준서를 적용하지 않는다.

iii) 인식조건

〈3가지 요건〉

① 과거사건의 결과로 현재의무(법적의무 또는 의제의무)가 존재한다.

② 당해 의무를 이행하기 위하여 경제적효익이 내재된 자원이 유출될 가능성이 높다.

③ 당해 의무의 이행에 소요되는 금액을 신뢰성 있게 추정할 수 있다.

① 현재의무의 존재

- 현재의무는 법적의무와 의제의무* 모두 의미한다.

  * 의제의무 : 기업이 특정 책임을 부담하겠다는 것을 상대방(특정인 또는 일반 대중)에게 표명하고, 그 결과 기업이 당해 책임을 이행할 것이라는 정당한 기대를 상대가 가지게 되었을 때 발생하는 의무

- 현재의무는 과거사건(의무발생사건)의 결과로 인하여 존재해야 한다.
- 의무발생사건이 되기 위해서는 당해 사건으로부터 발생된 의무를 이행하는 것 외에는 실질적인 대안이 없어야 한다.

  [의무발생사건의 조건](㉠ or ㉡)

  ㉠ 의무의 이행을 법적으로 강제할 수 있는 경우(법적의무)

  ㉡ 의제의무와 관련해서는 기업이 당해 의무를 이행할 것이라는 정당한 기대를 상대방이 가지게 되는 경우(의제의무)

- 미래영업을 위하여 발생하게 될 원가에 대하여는 충당부채를 인식하지 않는다.

  (∵ 재무제표는 미래 시점의 예상재무상태를 표시하는 것이 아니므로)

- 과거사건으로 인한 의무가 기업의 미래행위와 독립적이어야 한다.

  예 1 환경오염 범칙금 또는 환경정화(복구) 비용 Vs. 환경오염방지장치

  ○ 환경오염으로 인한 범칙금 또는 환경정화(복구) 비용 : 기업 미래행위에 관계없이 반드시 부담해야 하는 의무이므로 충당부채로 인식한다.

  ○ 법규 등으로 환경오염방지장치의 설치가 필요한 경우 : 기업의 미래 행위(공장운영방식 변경 등)에 따라 회피가능하므로 충당부채로 인식하지 않는다.

  → 법 ┌ ~한 자는 ~해야 한다. → 부채 ○

  └ ~해야 한다. → 부채 ×(회피가능성 존재 : 안하고 벌금 내기)

  예 2 유형자산 정기수선비

  ○ 기업은 해당 유형자산의 매각 등의 미래행위를 통해 미래의 정기수선비 지출을 회피할 수 있으므로 수선충당부채를 인식할 수 없다.

- 어떤 사건은 발생 당시에는 현재의무를 발생시키지 않지만 추후에 의무를 발생시킬 수 있다.

  Ex 환경오염 복구의무

  환경오염을 발생시켰는데 현재는 당장 복구할 의무가 없더라도 추후 관련 법규가 신설되어 환경오염 복구의무가 발생될 수 있고, 기업이 복구의무를 의제의무로서 공식적으로 수용할 수도 있다.

- 입법 예고된 법규의 세부사항이 아직 확정되지 않은 경우 당해 법규안대로 제정될 것이 **거의 확실한 때**에만 의무가 발생한 것으로 본다.

② 경제적 효익이 내재된 자원의 유출가능성 : 높아야 한다. (높다 : 50% 초과 발생가능성)

* 자원의 유출가능성을 판단할 때 유사한 의무 전체를 고려하여 결정한다.

③ 의무에 대한 신뢰성 있는 추정

- 추정치를 사용하는 것 자체가 신뢰성을 손상시키는 것은 아니다.

참고

충당부채를 바라보는 다양한 관점

i) 충당부채 조건 3가지 충족 시 인식(B/S 중심)

ii) '비용의 조기 인식'이라는 관점(I/S 중심)

×1말	비 용	××	충 당 부 채	××
ⓧ2	충 당 부 채	××	현 금	××

Con 비용으로 인식할 수 없는 것은 충당부채 인식 대상 ×

즉, 비용으로 인식할 수 없는 것을 '비용의 조기 인식'이라는 관점으로 충당부채로 인식할 수 없음

(「자산 ×× 복구충당부채 ××」는 예외)

2. 우발부채와 우발자산

i) 우발부채

① 충당부채와 성격이 유사하지만 부채의 인식조건을 충족하지 못하여 재무상태표에 인식하지 못하는 의무(재무상태표에 부채로 인식 ×)

참고

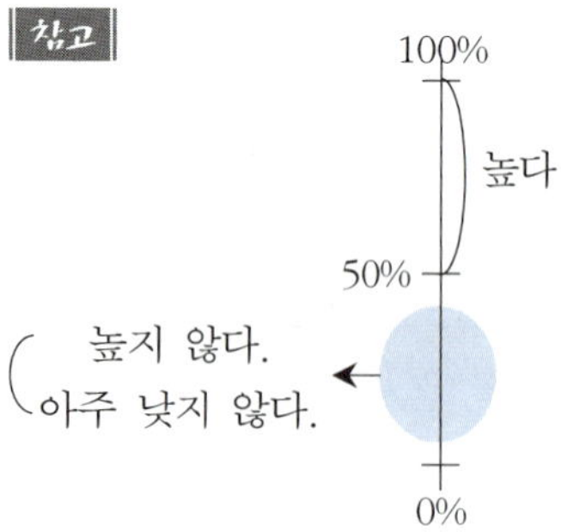

② 잠재적 의무 및 부채의 인식조건을 충족하지 못하는 현재의무

〈우발부채에 해당하는 의무〉

과거사건에 의해 발생하였으나,

- 미래사건의 발생여부에 의해서만 존재가 확인되는 잠재적 의무

or

- 다음의 경우에 해당하여 인식하지 않는 현재의무
  - ㉠ 경제적효익의 유출가능성이 높지 않은 경우

  or

  - ㉡ 금액을 신뢰성 있게 추정할 수 없는 경우

③ 우발부채에 해당하는 경우 부채를 인식하지 않고 주석 공시한다.
(단, 유출가능성이 아주 낮은 경우 공시 불필요)

④ 우발부채는 지속적으로 검토한다. 과거에 우발부채였으나 이후 충당부채 인식조건 충족하는 경우 재무상태표에 충당부채로 인식한다.

ii) 우발자산

① 과거사건에 의해 발생하였으나 불확실한 미래사건의 발생여부에 의하여서만 그 존재가 확인되는 잠재적 자산(예 : 기업이 제기하였으나 그 결과가 불확실한 소송 등)

② 원칙 : 재무상태표에 자산으로 인식하지 않음

③ 예외 : 수익의 실현이 거의 확실하다면 이는 더 이상 우발자산이 아니며 일반적인 자산인식 회계처리

④ 우발자산은 지속적으로 검토한다. 과거에 우발자산이었으나 이후 경제적효익의 유입가능성이 높아진 경우 주석으로 공시한다.

3. 충당부채의 측정

i) 최선의 추정치

① 인식하는 금액 : 현재의무를 보고기간 말에 이행하기 위해 소요되는 지출에 대한 최선의 추정치

② 최선의 추정치(기댓값, 중간값 또는 가능성이 가장 높은 금액)란 보고기간 말에 의무를 이행하거나 제3자에게 이전시키는 경우에 합리적으로 지급해야 하는 금액을 말한다.

③ 불확실성에 대한 상황에 따른 판단

㉠ 다수의 항목과 관련되는 경우 가능한 결과와 그와 관련된 확률을 가중평균(기댓값)하여 추정

㉡ 가능한 결과가 연속적인 범위 내에 분포하고 각각의 발생확률이 동일한 경우 중간값 사용

㉢ 하나의 의무를 측정하는 경우에는 가능성이 가장 높은 단일의 결과가 해당 부채에 대한 최선의 추정치가 될 수 있음. 그러나 이러한 경우에도 그 밖의 가능한 결과들을 고려해야 함

EX

상 황	확 률	금 액
Pass	70%	100
Non-Pass	30%	75

i) 100×70%+75×30% (×)

ii) 100 (○)

④ 충당부채에 대한 최선의 추정치를 구할 때에는 관련된 사건과 상황에 대한 불가피한 위험과 불확실성을 고려한다. 그러나 불확실성을 이유로 과도한 충당부채를 계상하거나, 부채를 고의적으로 과대표시하는 것은 정당화되지 않는다.

ii) 현재가치

① 시간가치가 중요할 경우 현재가치로 평가한다. 이 경우 장부금액을 기간 경과에 따라 증가시키고 해당 증가금액은 차입원가(이자비용)로 인식한다.

② 할인율(세전 이자율) 추정 시 미래현금흐름을 측정할 때 고려된 위험을 반영 × → 미래의 위험은 이미 현금흐름 추정액에 반영

iii) 기타 고려사항

① 현재의무를 이행하기 위해 소요되는 지출금액에 영향을 미치는 미래사건이 발생할 것이라는 충분하고 객관적인 증거가 있는 경우 그러한 미래사건을 감안하여 충당부채 금액을 추정한다.

> **Ex** 내용연수 종료 후 부담할 환경오염정화원가가 기술변화에 따라 감소할 것으로 합리적으로 예측될 경우 이를 반영하여 충당부채를 추정한다.

② 새로운 법률의 제정이 거의 확실하다는 충분하고 객관적인 증거가 존재할 때 해당 법률의 영향을 고려하여 충당부채를 측정한다. 일반적으로 새로운 법률이 제정되기 전까지는 충분하고 객관적인 증거가 존재하지 않는다.

③ 관련 의무 이행과 관련하여 자산 처분이 예상되는 경우 자산의 예상처분이익은 충당부채 측정 시 고려하지 않는다.

> **Ex** 5년 뒤 복구예정원가가 500이고 폐자재 매각수익 200이 예상됨

이 경우 복구원가는 500에서 200을 차감한 300의 현재가치를 인식하는 것이 아니라, 500 전체를 기준으로 현재가치를 계산하여 충당부채를 인식한다.

5년 뒤 매각수익 200이 실제로 발생한 경우 발생한 그 때에 수익으로 인식한다.

④ 충당부채 기말 잔액의 조정은 회계추정치 변경에 해당한다(전진법).

⑤ 의무이행을 위한 경제적효익 유출가능성이 더 이상 높지 않다면 관련 충당부채를 환입한다.

⑥ 복구충당부채의 변경사유

복구충당부채

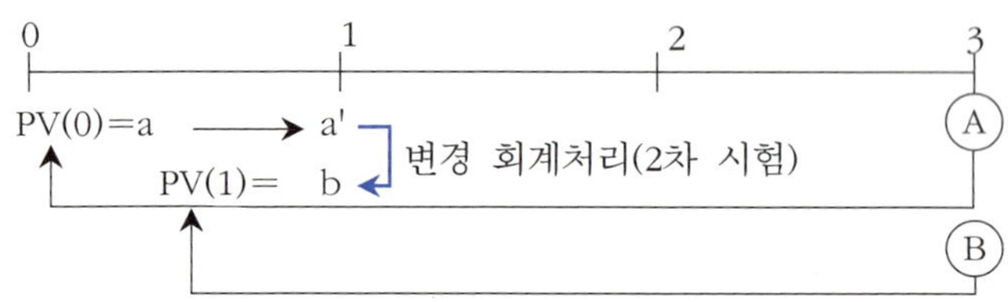

복구충당부채의 변경 사유
i) 추정치의 변경
ii) 할인율의 변경
iii) 시간의 경과에 따른 상각

4. 충당부채의 변제 및 사용

i) 대리변제

① 충당부채 결제에 필요한 지출액의 일부 또는 전부를 제3자가 변제할 것이 거의 확실시되는 때에 한하여 예상변제금액을 별도의 자산으로 인식한다. 자산으로 인식하는 금액은 충당부채 금액을 초과할 수 없다.

② 충당부채와 관련하여 포괄손익계산서에 인식한 비용은 제3자의 변제와 관련하여 인식한 수익과 상계 표시할 수 있다.

※ 상계가능여부

- 충당부채와 예상변제자산 : 상계하지 않음
- 충당부채 비용과 예상변제자산 수익 : 상계할 수 있음

③ 만일 제3자가 지급하지 않더라도 기업이 해당 금액을 지급할 의무가 없는 경우에는 이를 충당부채에 포함하지 않는다.

추가문제

Case1. 발생예정 비용 : 1,000, 변제될 것이 거의 확실한 보험금 : 700

보험금 700 예정	차변	금액	대변	금액
	비 용	1,000	충당부채	1,000
	자 산	700	비용 or 수익	700

Case2. 발생예정 비용 : 1,000, 변제될 것이 거의 확실한 보험금 : 1,200

보험금 1,200 예정	차변	금액	대변	금액		차변	금액	대변	금액
	비 용	1,000	충당부채	1,000	→	충당부채	1,000	현 금	1,000
	자 산	1,000	비용 or 수익	1,000	→	현 금	1,200	자 산	1,000
								수 익	200

ii) 제3자와 연대하여 의무를 지는 경우

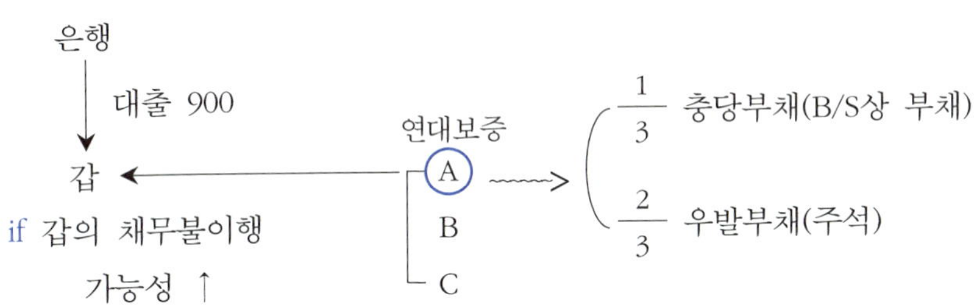

- 전체의무 중 제3자가 이행할 것으로 기대되는 부분 : 우발부채로 공시
- 회사가 부담해야 할 의무 중에서 경제적효익 유출가능성이 높은 부분 : 충당부채 인식

iii) 사용

충당부채는 최초 인식과 관련 있는 지출에만 사용한다.

- 당초에 다른 목적으로 인식된 충당부채를 어떤 지출에 대하여 사용하게 되면 다른 두 사건의 영향이 적절하게 표지되지 않으므로 당초 충당부채에 관련된 지출에 대해서만 그 충당부채를 사용한다.

5. 인식과 측정기준의 적용

i) 제품보증충당부채

객관식 3

×1년부터 회사는 판매상품에 대해 3년간 보증해주는 신제품을 판매하였다.
회사의 당해 매출액의 5%에 해당하는 금액이 제품보증비용으로 발생할 것으로 합리적으로 추정된다. 충당부채의 인식기준을 모두 충족한다. 다음은 연도별 발생한 매출액과 실제 지출한 보증비용 금액이다.

연 도	×1	×2	×3	합 계
매출액	250,000	650,000	950,000	1,850,000
지출한 보증비	4,500	11,000	40,500	56,000

×3년 말 재무상태표상 제품보증충당부채 잔액은?

풀이

	차변		대변	
×1	보 증 비	4,500	현 금	4,500
×1말	보 증 비	8,000	충 당 부 채	8,000

* 매출 250,000×5%=12,500
"비용 되게하라"

→

차변		대변	
보 증 비	12,500	충 당 부 채	12,500
충 당 부 채	4,500	현 금	4,500

	차변		대변	
×2	충 당 부 채	8,000	현 금	11,000
	보 증 비	3,000		
×2말	보 증 비	29,500	충 당 부 채	29,500

* 매출 650,000×5%=32,500

	차변		대변	
×3	충 당 부 채	29,500	현 금	40,500
	보 증 비	11,000		
×3말	보 증 비	36,500	충 당 부 채	36,500

* 매출 950,000×5%=47,500

〈별해〉

차변		대변	
보 증 비	A	충 당 부 채	A

* 매출액×5%=비용(A)

차변		대변	
충 당 부 채	B	현 금	B

* 지출액 : B

보 증 비 92,500 | 충 당 부 채 92,500

* 1,850,000×5%

충 당 부 채 56,000 | 현 금 56,000

∴ 충당부채 잔액=1,850,000×5%−56,000=36,500

참고

×1초 제품 판매

×1중 보 증 비 1,000 | 현 금 1,000

×1말 보 증 비 ×× | 제품보증충당부채 ××

if 제품 판매 이후 발생할 것으로 예상되는 총 보증비 10,000 → 이미 1,000 발생 → 연도 말 인식할 금액 9,000

if ×1말 이후 발생할 것으로 예상되는 총 보증비 10,000 → 연도 말 인식할 금액 10,000

객관식 4

㈜갑은 20×1년 초에 판매한 제품에 대해 3년 동안 품질보증한다. 20×1년 말에 예상한 20×2년 말 및 20×3년 말에 발생할 것으로 예상되는 품질보증비 및 예상확률은 다음과 같다.

20×2년		20×3년	
품질보증비	예상확률	품질보증비	예상확률
144	10%	220	40%
296	60%	300	50%
640	30%	500	10%

20%의 할인율을 적용하여 충당부채를 현재가치로 측정하기로 하였다. 20×1년 실제 발생한 품질보증비는 210이다. 20×1년 말 재무상태표에 보고될 제품보증충당부채는 얼마인가?

풀이

20×2년 말 품질보증비 기대가치=144×10%+296×60%+640×30%=384

20×3년 말 품질보증비 기대가치=220×40%+300×50%+500×10%=288

20×1년 말 품질보증비 현재가치=충당부채=384÷1.2+288÷1.2^2=520

if 20×1년 포함

↳ 520 되게 하라 ∴ 310

그러나 본 문제 제시 방식은 "20×1년 이후 자체"를 추정하였으므로 그냥 520으로 회계처리

ii) 복구충당부채

iii) **미래의 예상 영업손실**

부채의 정의에 부합하지 않고, 충당부채 인식기준도 충족하지 못하므로 인식하지 않는다.

* 단, 영업 관련 자산에 손상 발생했을 가능성 존재하므로 자산손상검사 수행

iv) **손실부담계약**

① 계약상 의무이행에서 발생하는 회피불가능한 원가가 그 계약을 통한 기대 경제적효익을 초과하는 계약

② 회피불가능한 원가

Min[계약이행 시 소요되는 원가*, 계약불이행 시 지급해야 할 보상금 또는 위약금]

→ 충당부채로 인식할 금액 : Min ┌ 이행 → 예상 손실
└ 해지 → 위약금

* 계약 이행을 위한 증분원가(직접노무원가, 재료원가)
& 직접 관련되는 그 밖의 원가 배분액(관련 유형자산의 감가상각비)

③ 통상적인 구매주문과 같이 상대방에게 보상 없이 해약할 수 있는 계약은 아무런 의무도 발생하지 않으므로 손실부담계약이 아니다. 그러나 당사자 간에 권리와 의무를 발생시키는 계약이 특정 사건으로 인하여 손실부담계약이 될 경우 충당부채를 인식한다.

④ 미이행계약은 손실부담계약에 해당하는 경우에만 충당부채를 인식한다.

Ex 재고자산 매입약정

2017년 11월 30일 : 재고자산을 2018년 1월 31일에 1,000에 매입하는 확정계약 체결
2017년 12월 31일 : 재고자산 시가 700, 해지 시 200의 위약금 지불
충당부채 인식 금액 : Min[300, 200]=200

⑤ 회사가 체결한 계약이 손실부담계약에 해당되는 경우 충당부채를 인식하기 전에 당해 손실부담계약을 이행하기 위하여 사용하는 자산에서 손상차손이 있다면 이를 우선 인식한다.

v) **구조조정**

① 구조조정에 대한 의제의무는 구조조정에 대한 공식적이고 구체적인 계획에 의해 그 내용을 확인할 수 있어야 하고 구조조정 계획의 이행에 착수하였거나 이행할 것이라는 정당한 기대를 가져야 발생한다.

〈보고기간 말 현재 의제의무가 발생하였다고 볼 수 없는 경우〉

- 구조조정 착수가 상당히 지연, 비합리적으로 장기간 소요될 것으로 예상됨
- 보고기간 말 전에 구조조정계획의 착수 또는 충분하고 구체적인 공표가 없음
- 기업이 매각의 이행을 약정하지 않았음 (구속력 있는 매각계약을 체결하지 않았음)

구조조정충당부채 인식 지출	구조조정충당부채 제외 지출
구조조정과 관련하여 직접 발생한 지출로서 다음의 2가지 요건을 모두 충족하는 지출 ① 구조조정과 관련하여 필수적으로 발생하는 지출 ② 기업의 계속적인 활동과 관련 없는 지출	① 계속 근무하는 직원에 대한 교육훈련과 재배치 ② 마케팅 ③ 새로운 제도와 물류체제의 구축에 대한 투자

② 구조조정을 완료하는 날까지 발생할 것으로 예상되는 영업손실은 충당부채로 인식하지 않는다. 단, 손실부담계약과 관련된 예상영업손실은 충당부채로 인식한다.

③ 구조조정 일환으로 관련자산 매각 시 예상처분이익은 구조조정충당부채 측정시에 반영하지 않는다.

보론 1. 충당부채 및 우발부채 인식에 대한 사례

[사례 1]

석유사업을 영위하는 기업이 환경 관련 법규가 없는 국가의 토지를 지속적으로 오염시켜왔다. 이미 오염된 토지를 정화하는 것을 의무화하는 법률이 제정될 것이 연도 말 현재 거의 확실하다.

[사례 2]

석유사업을 영위하는 기업이 환경 관련 법규가 없는 국가의 토지를 지속적으로 오염시켜왔다. 기업은 사업 운영과정에서 오염시킨 토지를 정화할 의무를 부담하는 환경정책을 대외적으로 표방하고 있고 그 정책을 준수한 사실이 있다.

[사례 3]

12월 10일 이사회에서 한 사업부를 폐쇄하기로 결정하였으나 연도 말 이전에 이러한 의사결정을 이에 영향 받는 당사자들에게 알리지 않았고 이러한 결정 수행을 위한 어떠한 절차도 수행하지 않았다.

[사례 4]

12월 10일 이사회에서 한 사업부를 폐쇄하기로 결정하였다. 12월 20일에 사업부 폐쇄를 위한 구체적 계획에 대해 이사회의 동의를 얻었고 고객들에게 다른 제품공급처를 찾도록 촉구하는 서한을 보냈으며 사업부 종업원들에게는 감원이 통보되었다.

[사례 5]

법규에 따라 6월까지 매연여과장치를 공장에 설치해야 한다. 기한까지 설치하지 않는 경우 벌금을 지급해야 한다. 기업은 연도 말까지 매연여과장치를 설치하고 있지 않다.

[사례 6]
정부는 법인세 제도에 대한 많은 변경을 도입하였다. 이러한 변경으로 인하여 금융서비스 부문의 기업은 금융서비스 규정의 지속적인 준수를 확보하게 하기 위해 다수의 관리 종업원과 판매 종업원을 교육훈련할 필요가 있을 것이다. 보고기간 말 현재 종업원에 대해 어떠한 교육훈련도 하지 않고 있다.

[사례 7]
판매시점부터 2년간 품질을 보증하는 조건으로 제품을 판매하고 있다. 판매일로부터 2년 이내에 제품의 결함이 발견되면 수리 또는 교체를 해주고 있는데, 과거 경험에 의하면 이러한 보증판매에 따라 약간의 보증청구가 있을 가능성이 높다.

[사례 8]
의류도소매점을 운영하는데, 법적의무가 없음에도 불구하고 판매상품에 대해 만족하지 못하는 고객에게 환불을 해주는 정책을 펴고 있으며, 이러한 사실은 고객에게 널리 알려져 있다. 과거 경험에 의하면 고객의 환불이 있을 가능성이 높다.

[사례 9]
화재나 폭발 또는 기타 재해에 의한 재산상의 손실에 대비하기 위하여 보험에 가입하고 있지 않다.

[사례 10]
판매한 제품의 폭발로 인하여 소비자가 사망하는 사고가 발생하였으며, 전기 말 현재 회사는 소비자의 유족이 제소한 손해배상청구소송의 피고로 재판을 받고 있다. 전기 재무제표가 승인되는 시점까지 소송의 판결은 내려지지 않은 상태이며, 회사의 변호사는 회사가 법적의무를 지지 않을 가능성이 아주 높다고 조언하였다. 그러나 당기 말 현재 회사에게 불리하게 소송이 진행되고 있으며, 회사의 변호인은 회사가 배상금을 지급해야 할 가능성이 높다고 조언하였다.

[사례 11]
사용하는 용광로는 법적 요구사항은 아니지만, 기술적인 이유로 인하여 매 3년마다 용광로의 내벽을 교체해야 한다. 당기 중에 새로운 용광로를 설치하였다.

[사례 12]
운행중인 항공기에 대하여 매 3년마다 기체를 정비하도록 법적으로 강제화되어 있으며, 회사는 3년마다 대규모 수선 및 부품교체를 하고 있다.

	의무발생사건	자원의 유출가능성	결 론
사례 1	토지정화 요구 법률 제정이 거의 확실 의무발생사건 : 토지의 오염	높다	토지정화원가 충당부채 인식 ○
사례 2	오염된 토지를 기업이 정화할 것이라는 정당한 기대를 갖게 함(의제의무) 의무발생사건 : 토지의 오염	높다	토지정화원가 충당부채 인식 ○
사례 3	의무발생사건 ×	–	충당부채 인식 ×
사례 4	이사회 결정사항을 구체적으로 공지하여 정당한 기대를 갖게 함(의제의무) 의무발생사건 : 결정사항을 알리는 것	높다	폐쇄원가 충당부채 인식 ○
사례 5	설치원가관련 : 의무발생사건 없음 벌금지급관련 : 법규위반이라는 의무발생사건	높다 (벌금지급)	설치원가 충당부채 인식 × 벌금지급 충당부채 인식 ○
사례 6	의무발생사건 ×	–	충당부채 인식 ×
사례 7	의무발생사건 : 제품의 보증판매	높다	제품보증 충당부채 인식 ○
사례 8	기업이 환불해 줄 것이라는 정당한 기대를 갖게 함(의제의무) 의무발생사건 : 상품의 판매	높다	환불 충당부채 인식 ○
사례 9	의무발생사건 ×	–	충당부채 인식 ×
사례 10	전기에는 유출가능성이 아주 낮으므로 우발부채로 공시할 필요도 없지만 당기 말 현재 불량인 제품의 판매라는 의무발생사건 존재	높다	배상관련 충당부채 인식 ○
사례 11	의무발생사건 ×	–	충당부채 인식 ×
사례 12	의무발생사건 ×	–	충당부채 인식 ×

* 만일 그 금액을 신뢰성 있게 추정할 수 없다면 우발부채로 공시

보론 2. 부담금

① 부담금 부채를 인식하기 위해서는 법규에 명시된 부담금 납부를 유발하는 활동 즉, 의무발생사건이 발생하여야 한다. 예를 들어 연차보고기간 말이 12월 31일인 갑회사는 법규에 따라 20×2년에 수익을 창출하는 즉시 부담금이 모두 유발되는데, 부담금 금액은 전기(20×1년)에 갑회사가 창출한 수익에 따라 계산되며, 갑회사의 20×2년 수익은 20×2년 1월 3일에 창출되기 시작하였다고 가정하자. 이 경우 갑회사는 20×2년 1월 3일에 부채를 모두 인식한다. 이렇게 인식하는 이유는 20×1년의 수익 창출은 부담금 납부와 부채 인식을 유발하는 활동이 아니며, 부채의 측정에만 영향을 미치기 때문이다.

② 미래기간에 영업을 계속하는 것이 경제적으로 강제되더라도 그 미래기간에 영업을 하므로 유발될 부담금을 납부해야 하는 의제의무는 없다.

③ 계속기업 가정에 따라 재무제표를 작성하는 것이, 미래기간에 영업을 하므로 유발될 부담금을 납부해야 하는 현재의무가 있다는 것을 의미하지는 않는다.

④ 만일 의무발생사건이 일정기간에 걸쳐 발생한다면(즉, 법규에 명시된 부담금 납부를 유발하는 활동이 일정 기간에 걸쳐 발생한다면), 부담금 부채를 점진적으로 인식한다. 예를 들어 갑회사의 연차보고기간 말이 12월 31일이고, 법규에 따라 20×1년에 기업이 창출한 수익에 따라 부담금이 계산된다고 할 때, 갑회사는 20×1년의 어느 시점에나 그 일자까지 창출된 수익에 대해 부담금을 납부해야 하는 현재의무가 있다. 따라서 만약 갑회사가 중간재무제표를 작성한다면 20×1년 1월 1일부터 중간보고기간 말까지 창출한 수익에 대해 부담금을 납부해야 할 현재의무가 있다.

⑤ 최소 활동 임계치(예 : 창출된 수익 또는 판매나 생산물의 최소 금액)에 이르는 것이 의무발생사건이라면, 대응하는 부채는 그러한 최소 활동 임계치에 이르렀을 때 인식한다. 예를 들어 갑회사에서 창출된 수익의 첫 5천만원까지는 0%의 부과율을 적용하고, 5천만원을 초과하는 금액에 2%의 부과율을 적용하는데 갑회사의 수익은 20×1년 7월 17일에 5천만원의 수익 임계치에 이르렀다고 가정하자. 이 경우 의무발생사건은 임계치에 이른 후에 수행된 활동이기 때문에 갑회사는 20×1년 7월 17일 이후부터 현재까지 창출된 수익에 기초하여 부채를 인식한다.

Chapter 11 지분상품과 자본

1. 지분상품

i) 지분상품의 정의 및 평가

① 자본 = 자산 − 부채 : 자산에서 모든 부채를 차감한 후의 잔여지분을 나타내는 모든 계약

② 법적 형식 vs 실질

Ex 〈상환우선주〉

- 의무상환 → 금융부채
- 보유자 요구 시 상환 → 금융부채
- 발행자 임의 상환 → 지분상품(자본)

⇒ 법적 형식이 아니라 실질에 따라 분류

③ 평가

- 지분상품은 잔여지분이기 때문에 공정가치 변동을 재무제표에 인식하지 않는다.
- 금융상품이 금융부채와 지분상품 중 어느 것으로 분류되는지에 따라 이자 및 배당 지급의 회계처리가 달라진다. 예를 들어 누적적 상환우선주가 금융부채로 분류된다면 여기에 대해서 지급하는 배당금 및 상환에서 발생하는 상환차액은 당기비용으로 인식한다.

ii) 자본의 분류

자본의 분류	세부계정	
자본금	보통주자본금, 우선주자본금	
자본잉여금	주식발행초과금, 자기주식처분이익, 감자차익, 전환권대가, 신주인수권대가 등	
자본조정	차감계정	자기주식, 주식할인발행차금, 자기주식처분손실, 감자차손 등
	가산계정	주식선택권, 미교부주식배당금, 신주청약증거금 등
기타포괄손익누계액	재평가잉여금, FVOCI (선택) 금융자산평가손익, 확정급여제도 재측정요소, 표시통화환산차이, 현금흐름위험회피 파생상품 평가손익 중 효과적인 부분 등	
이익잉여금(결손금)	법정적립금, 임의적립금, 미처분이익잉여금(미처리결손금)	

※ IFRS는 자본의 표시에 상당한 재량권을 부여하고 있으므로 기업마다 분류가 상이

2. 자본금

i) 액면금액

1주당 1,000에 1,000주 발행
- 액면금액이 500인 경우 : 1,000주 × 500 = 자본금 500,000
- 무액면주식인 경우 : 자본금 금액은 주식 발행가액 중 1/2 이상의 금액으로 이사회에서 결정, 나머지 잔액을 주식발행초과금으로 인식

ii) 종류주식

① 의결권이 배제 또는 제한되는 주식(우선주) : 보통주와 회계처리에 있어서는 동일

② 이익배당, 잔여재산분배에 관한 종류주식

- 누적 : 안주면 쌓인다
- 비누적

- (완전)참가 : 나(우선주주) 먹고, 너(보통주주) 먹고, 남는 것이 있다면 나눠 먹자
- 비참가
- 부분참가 : 나 먹고, 너 먹고, 남는 것이 있다면 나 조금만!

③ 상환주식(상환우선주)

	IFRS	상법
• 의무상환 • 보유자 요구 시 상환	→ 부채 (∵ 회피가능성 ×)	→ 자본
• 발행자 임의 상환	→ 자본 (∵ 회피가능성 ○)	→ 자본

④ 전환주식(전환우선주)

- 우선주+전환권
  우선주주 → 보통주주
- 배당간주일(기초 or 기말) → 언제 보통주 배당을 지급하는가?
  기초전환 간주 시 : 당기 중 언제 행사하더라도 기초에 전환된 것으로 간주
  (기초부터 보통주주)
  기말전환 간주 시 : 당기 중 언제 행사하더라도 기말에 전환된 것으로 간주
  (올해까진 우선주주)

배당간주일	전환 연도	이후 연도
기초 :	보통주 배당금 지급	보통주 배당금 지급
기말 :	우선주 배당금 지급	보통주 배당금 지급

- 전환권의 가치는 별도 인식 ×
  즉, 일반적인 유상증자와 동일하게 회계처리
- 전환으로 발행되는 보통주의 발행가는 해당 우선주의 장부가이다.
- 전환 비율 〈 조정 × – 수량 확정 ○ → 지분상품(자본)
  조정 ○ – 수량 확정 × → 금융자산 / 부채

⑤ 전환상환우선주(RCPS)

- 전환조건과 상환조건을 모두 가지고 있는 우선주
- 전환상환우선주의 분류

상환권 / 전환권	발행자가 상환권 보유 (발행자 임의 상환)	투자자가 상환권 보유 (보유자 요구 시 상환)
확정수량 전환조건	전체를 지분상품으로 분류	금융부채+지분상품(전환권리)
변동수량 전환조건	전체를 금융부채로 분류	금융부채+파생상품부채(전환권리)

iii) 자본금의 증가와 감소

자본금 증가 : 증자 ┌ 자본 증가 : 실질적 증자(유상증자, 현물출자)
　　　　　　　　　└ 자본 불변 : 형식적 증자(무상증자, 주식배당)

자본금 감소 : 감자 ┌ 자본 감소 : 실질적 감자(유상감자)
　　　　　　　　　└ 자본 불변 : 형식적 감자(무상감자)

① 증자

- 실질적 증자(유상증자)

〈현금발행〉

	차변	금액	대변	금액	
1)	현 금	7,000	자 본 금	5,000	→ 자본금 5,000↑
			주 발 초 (자본잉여금)	2,000	자 본 7,000↑
2)	현 금	5,000	자 본 금	5,000	→ 자본금 5,000↑
					자 본 5,000↑
3)	현 금	4,000	자 본 금	5,000	→ 자본금 5,000↑
	할 인 (자본조정 –)	1,000			자 본 4,000↑

〈신주청약증거금 20% 존재 가정〉

현 금	1,400	신주청약증거금 (자본조정 +)	1,400

신주청약증거금	1,400	자 본 금	5,000
현 금	5,600	주 발 초	2,000

〈현물출자〉

유 형 (무 형)		자 본 금 → 자본금 ↑	
		주 발 초 → 자 본 ↑	∴ 실질적 증자

- 신주발행비 : 지분상품의 거래원가 중 당해 자본거래가 없었다면 회피가능하고 당해 자본거래에 직접 관련되어 발생한 증분원가에 대해서 관련된 법인세혜택을 차감한 순액을 자본에서 차감하여 회계처리

  → 발행가액에서 차감(중도에 포기한 자본거래의 원가는 비용으로 인식)

  ↳ 액면발행한 경우 신주발행비가 발생하면 주식할인발행차금으로 차변에 기록한다.

Ex 신주발행비 500 발생(원래 유상증자액이 각각 7,000, 5,000, 4,000인 경우)

1)

현 금	6,500	자 본 금	5,000
		주 발 초	1,500

2)

현 금	4,500	자 본 금	5,000
할 인	500		

3)

현 금	3,500	자 본 금	5,000
할 인	1,500		

- 무상증자(형식적 증자)

자본금 ← 자본금 ↑ → 주식 발행 · 교부
자본잉여금
자본조정
기타포괄손익누계액
이익잉여금 ┌ 법정
　　　　　 ├ 임의
　　　　　 └ 미처분

자본 ~~~~~〉 자본불변

〈투자자〉

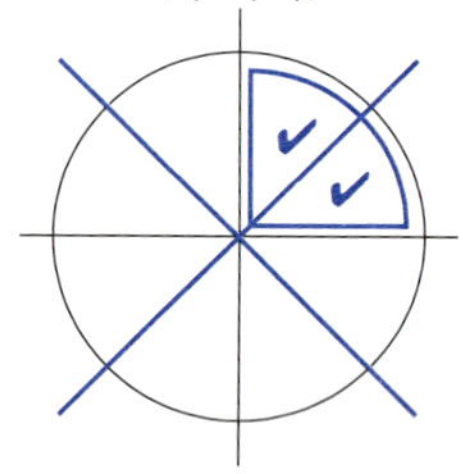

주식을 교부받은 주주는 회계처리 ×(∵ 이익×)

→ 주당 단가 ↓(비망기록)

Ex 10주×1,000=10,000

10주 교부받음 → 회계처리 ×

∴ 주당 500(=10,000÷20주)

〈회계처리〉

자본잉여금	××	자 본 금	××
또는			
법정적립금			

* 액면가 × 주식수

• 주식배당(형식적 증자)

자본금 ← 자본금 ↑ → 주식 발행·교부
⋮

이익잉여금 ┌ 법정
　　　　　 │ 임의
　　　　　 └ 미처분

자본 ~~~~~〉 자본불변

참고 〈투자자〉
무상증자의 경우와 동일

〈회계처리〉

미처분이잉	××	자 본 금	××

* 액면가 × 주식수

• 전환우선주의 전환
전환 전의 주식의 발행가액을 신주식의 발행가액으로 인식

EX 전환우선주 100주(액면금액 5,000)을 주당 8,000에 발행(전환비율 1:1.2)
신주발행비 10,000 발생

〈전환우선주 발행 회계처리〉

현 금	800,000	우선주자본금	500,000
		우선주주발초	300,000

우선주주발초	10,000	현 금	10,000

〈50% 전환 시 회계처리(보통주 액면금액 5,000)〉

우선주자본금	250,000	보통주자본금	300,000(=50주×1.2×5,000)
우선주주발초	145,000	보통주주발초	95,000

② 감자

● 실질적 감자(유상감자)

1)

차변	금액	대변	금액
자 본 금	5,000	현 금	7,000
자본금 5,000↓		자본 7,000↓	
감자차손 (자본조정 −)	2,000		

2)

차변	금액	대변	금액
자 본 금	5,000	현 금	5,000
자본금 5,000↓		자본 5,000↓	

3)

차변	금액	대변	금액
자 본 금	5,000	현 금	1,500
자본금 5,000↓		자본 1,500↓	
		감자차손	2,000
		감자차익 (자본잉여금)	1,500

● 형식적 감자(무상감자) : 자본금과 미처리결손금의 상계

자본금	1,000	(300)	700	자본금↓
이 잉	(300)	300	0	
자 본	700		700	불변

∴ 형식적 감자(또는 현금 계정이 없으므로 무상감자

〈무상감자일〉

차변	금액	대변	금액
자 본 금	300	감자차익	300

(액면 50×6주)

〈익년 주주총회 결의일〉

차변	금액	대변	금액
감자차익	300	미처리결손금	300

if 액면 70

㉠ 4주 소각(×)

차변	금액	대변	금액
자 본 금	280	감자차익	280

차변	금액	대변	금액
감자차익	280	미처리결손금	300
감자차손	20		

㉡ 5주 소각(○)

차변	금액	대변	금액
자 본 금	350	감자차익	350

차변	금액	대변	금액
감자차익	300	미처리결손금	300

● 상환우선주의 상환(지분상품으로 분류되는 경우 : 발행자 임의 상환)

상환우선주 상환 시 이익잉여금의 감소로 회계처리한다.

〈상환주식의 발행 시〉

차변	금액	대변	금액
현 금	×××	우선주 자본금	×××
		우선주 주발초	×××

〈상환주식의 취득 시〉

차변	금액	대변	금액
자 기 주 식	×××	현 금	×××

〈상환절차 완료 시〉

차변	금액	대변	금액
미처분이익잉여금	×××	자 기 주 식	×××

상환후에도 관련 자본금은 계속 존재(일반적 감자와 다름)

참고

상환우선주를 자본으로 분류하는 판단기준은 사전적으로 판단하는 「무조건적인 회피가능성의 존재」이다.
따라서 사후적으로도 상환을 하지 않아야 하는 것은 아니다. 결국 자본으로 분류하였으나 이후 상황의 변화 등으로 상환하는 경우가 발생할 수 있다.

참고

부채로 분류되는 상환우선주(의무상환, 보유자 요구 시 상환)에 대해 보유자가 일정한 기간동안 상환을 요구하지 않아 상환이 면제된 경우 해당 부채를 차감하면서 채무면제이익 등의 수익으로 인식하기보다는 부채로 분류된 상환우선주를 다시 자본으로 분류하는 것이 타당할 것이다.

참고 무상증자, 주식배당, 주식분할 및 주식병합의 비교

구 분	무상증자	주식배당	주식분할*1	주식병합	
				감자가 아닌 주식병합*2	감자의 주식병합
발행주식수	증 가	증 가	증 가	감 소	감 소
액면금액	불 변	불 변	감 소	증 가	불 변
자 본 금	증 가	증 가	불 변	불 변	감 소
자본잉여금	감소가능	불 변	불 변	불 변	감자차익 발생가능
이익잉여금	감소가능	감 소	불 변	불 변	불 변

*1. 1 : 2 주식분할 1주×10,000=10,000(자본금)
2주× 5,000=10,000(자본금)
금액의 변동은 없으므로 회계처리 ×

2. 2 : 1 주식병합 2주× 5,000=10,000(자본금)
1주×10,000=10,000(자본금)
금액의 변동은 없으므로 회계처리 ×

3. 자본잉여금과 자본조정

ⅰ) 자본잉여금의 종류

① 주식발행초과금

- 유상증자 시 액면금액을 초과하는 금액
- 거래원가는 주식발행초과금에서 차감

② 기타자본잉여금(감자차익, 자기주식처분이익, 전환권대가, 신주인수권대가 등)

ii) 자본전입과 결손보전

자본잉여금은 자본전입(무상증자) 및 결손보전 등에 사용할 수 있다.

〈자본전입〉 : 자본잉여금을 자본금으로 대체

차변		대변	
주식발행초과금	×××	보통주자본금	×××

〈결손보전〉

차변		대변	
임의, 법정 적립금	×××	미처리결손금	×××
주식발행초과금	×××		

참고 미처리결손금을 제거하는 방법

1. 무상감자 : 자본금과 미처리결손금을 상계
2. 결손보전 : 자본잉여금이나 이익잉여금과 미처리결손금을 상계

iii) 자본잉여금의 감액(상법 제461조의 2)

① 자본잉여금 및 이익준비금의 총액이 자본금의 1.5배를 초과하는 경우 주주총회의 결의에 따라 그 초과한 금액의 범위에서 자본잉여금과 이익준비금을 감액할 수 있다.

② 실무에서는 감액의 의미를 자본잉여금과 이익준비금을 미처분이익잉여금으로 대체하는 것으로 보고 있다. 즉, 자본잉여금과 이익준비금을 미처분이익잉여금으로 대체한 후, 미처분이익잉여금을 현금배당하는 사례가 발생하고 있다.

iv) 자본조정의 종류

① 자기주식(−)

- 자기주식의 취득 :
  ↳ 자본 감소

차변		대변	
자기주식	×××	현금	×××

- 자기주식의 매각 :
  ↳ 자본 증가

차변		대변	
현금	×××	자기주식	×××
		자기주식처분이익	×××

차변		대변	
현금	×××	자기주식	×××
자기주식처분이익	×××		
자기주식처분손실	×××		

(자본조정 −)

- 자기주식 소각 ↳ 자본 불변
  - ㉠ 특정 목적에 의하여 취득한 자기주식의 소각
  - ㉡ 배당가능이익 범위 내에서 취득한 자기주식의 소각

㉠ 특정 목적에 의하여 취득한 자기주식의 소각(자본금 감소)

차변	금액	대변	금액
보통주자본금	×××	자기주식	×××
감자차익	×××		
감자차손	×××		

㉡ 배당가능이익 범위 내에서 취득한 자기주식의 소각(이익잉여금 감소)

차변	금액	대변	금액
이익잉여금	×××	자기주식	×××

• 자기주식의 상여지급 : ↳ 자본 불변*

차변	금액	대변	금액
상여금(비용)	×××	자기주식	×××
(자기주식처분손실	×××)	(자기주식처분이익	×××)

〈매각〉

차변	금액	대변	금액
현금	×××	자기주식	×××
(자기주식처분손실	×××)	(자기주식처분이익	×××)

&

〈상여 지급〉

차변	금액	대변	금액
상여금(비용)	×××	현금	×××

* 상여금(비용)은 결국 이익잉여금 항목으로 집합되므로 차변, 대변 모두 자본항목으로 회계처리가 구성됨 ∴ 자본 불변

• 자기주식을 2회 이상 취득하여 단가가 상이한 경우 원가흐름가정을 임의로 선택하여 회계처리

• 자기주식은 원가로 최초 인식을 하므로 주주로부터 무상수증 시 수증받은 자기주식에 대한 별도의 회계처리는 없다(즉, 취득원가는 0이다.).

참고 자기주식이 자산이 아닌 이유

〈주주 1명에게 1,000에 주식을 발행·교부〉

차변	금액	대변	금액
현금	1,000	자본금	1,000

〈해당 주주에게 1,000을 지급하고 다시 주식을 취득〉

차변	금액	대변	금액
자기주식	1,000	현금	1,000

〈결론〉

결국 회사는 실질적 투자자(주주)가 없는 허상

따라서 "자기주식 1,000 | 자본금 1,000"은 "자산 1,000 | 자본 1,000"이 아니라 "자본 1,000 | 자본 1,000"이며, 이는 청산과 동일한 결과가 된다.

② 기타자본조정(주식할인발행차금(−), 감자차손(−), 자기주식처분손실(−), 미교부주식배당금(+) 등)

v) 자본잉여금과 자본조정 항목의 상계

자본거래에서 발생하는 차익은 자본잉여금으로, 자본거래에서 발생하는 차손은 이미 인식한 관련 자본잉여금에서 우선 상계하고, 미상계된 잔액은 자본조정으로 분류하였다가 궁극적으로 이익잉여금과 상계

자본잉여금	상계	자본조정 −
주식발행초과금		주식할인발행차금
감자차익		감자차손
자기주식처분이익		자기주식처분손실

4. 기타포괄손익(OCI)누계액

총포괄손익 = 당기순손익(수익 − 비용) + 기타포괄손익

OCI 종류	재분류 여부
재평가잉여금	재분류 금지(이잉 대체 가능)
재측정요소	재분류 금지(이잉 대체 가능)
FVOCI 선택 금융자산 평가손익	재분류 금지(이잉 대체 가능)
FVPL 지정 금융부채의 신용위험 변동에 따른 평가손익	재분류 금지(이잉 대체 가능)
FVOCI 금융자산 평가손익	재분류
F/S 환산 시 발생하는 외환 차이	재분류
현금흐름위험회피 파생상품 평가손익 중 효과적인 부분	재분류
지분법 자본변동	경우에 따라 다름

5. 이익잉여금

i) 이익잉여금의 종류

① 법정적립금(이익준비금)

자본금의 1/2에 달할 때까지 매 결산기에 이익배당(주식배당 제외)액의 1/10이상을 이익준비금으로 적립하며(상법), 무상증자나 결손보전 또는 일정조건을 만족하는 경우 배당의 재원으로 사용가능

② 임의적립금

기업이 재량적으로 사내에 유보한 이익잉여금

③ 차기이월미처분이익잉여금

ii) 이익잉여금의 처분과 이입

① 이익잉여금 중 일부를 법정적립금 등으로 유보하거나 배당을 통해 사외유출할 금액을 결정하는 것을 이익잉여금의 처분이라고 하며, 이익잉여금의 처분에 대한 회계처리는 주주총회 결의일에 한다.

② 재무상태표에 표시되는 이익잉여금 잔액은 처분하기 전의 금액이다.

③ 이익잉여금 처분은 아래와 같이 3가지 형태로 구분할 수 있다.

처분형태	내 용
다른 이익잉여금으로 적립	법정적립금 및 임의적립금의 적립을 통한 사내유보
자본조정과 상계	주식할인발행차금, 자기주식처분손실, 감자차손 잔액 등과 상계
사외유출	배당이나 상여 등

[이익잉여금의 처분과 이입]

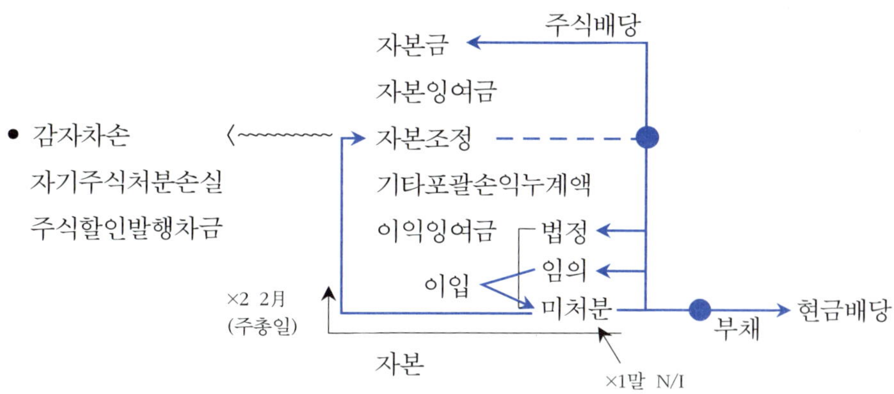

		차변		대변	
〈결산마감〉	×1 12/31	집합손익	××	미처분이익잉여금	××
〈처분〉	×2 2月	미처분이익잉여금	××	감자차손/자기주식처분손실	××
				주식할인발행차금	××
				미지급배당금(부채)	××
				법정적립금	××
				미교부주식배당금(자본조정)	××
				임의적립금	××
〈이입〉		임의적립금	××	미처분이익잉여금	××
〈배당지급〉	×2 3月	미지급배당금(부채)	××	현금	××
		미교부주식배당금(자본조정)	××	자본금	××

④ 이익잉여금 처분계산서

- 미처분이익잉여금

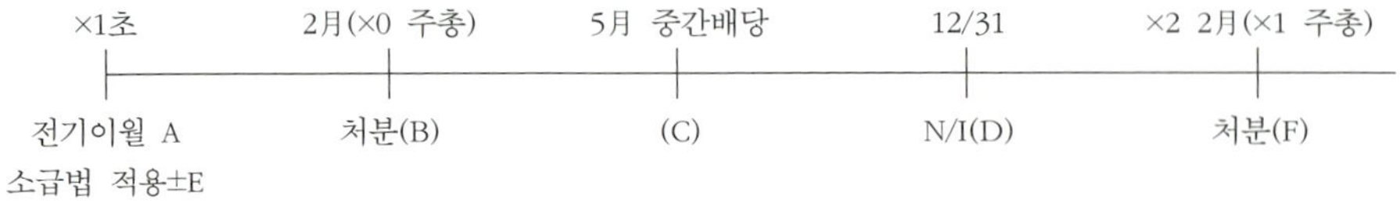

∴ ×1말 "미처분이익잉여금" 잔액(B/S) = A ± E − B − C + D

- 이익잉여금 처분계산서

×1말, 처분예정일 : ×2 2/25

미처분이익잉여금	전기이월	A−B
	소급법 적용	±E
	중간배당	−C
	당기순이익	+D

⇒ ×1말 B/S상 "미처분이익잉여금" 잔액과 동일

예정 ┌ 이입
　　 └ 처분(−F)

→ 차기이월 미처분이익잉여금

- 상법 등 관련 법규에서 이익잉여금처분계산서(또는 결손금처리계산서)의 작성을 요구하는 경우에는 재무상태표의 이익잉여금(또는 결손금)에 대한 보충정보로서 이익잉여금처분계산서(또는 결손금처리계산서)를 주석으로 공시

객관식 9

20×2년 2월 개최된 주주총회 결의일 직후 작성된 ㈜대경의 20×1년 말 재무상태표상 자본은 다음과 같다.

• 보통주 자본금	30,000,000
• 이익준비금	1,000,000
• 사업확장적립금	500,000
• 감채기금적립금	600,000
• 미처분이익잉여금	800,000

㈜대경의 20×2년도 당기순이익은 1,200,000이고, 당기 이익잉여금 처분 예정은 다음과 같다.

- 감채기금적립금 이입 300,000
- 현금배당 400,000
- 주식배당 100,000
- 사업확장적립금 적립 250,000
- 이익준비금 적립 법정최소금액 적립

위 사항들이 20×3년 2월 개최된 주주총회에서 원안대로 승인되었다. 20×2년도 이익잉여금처분계산서를 작성할 때 차기이월미처분이익잉여금은 얼마인가?

풀이

i) 미처분이잉 800,000(기초)+1,200,000(N/I)
ii) 이입 +300,000
iii) 처분 – 현금배당 400,000
– 법정적립금 40,000
– 주식배당 100,000
– 임의적립금 250,000

iv) 차기이월미처분이잉 1,510,000

⑤ 결손금의 처리(결손보전)

〈×1말 B/S 자본〉

자본금		××
자본잉여금		××
⋮		
이익잉여금	법정	××
	임의	××
	미처리	(1,000)
자본		

	차변		대변	
×2 2月	임의적립금	××	미처리결손금	××
(주총일)	법정적립금	××		
	자본잉여금	××		

※ 상법에는 미처리결손금의 상계 순서를 규정하고 있지 않다.

참고 형식적 감자(무상감자)

재무상태표상 미처리결손금 1,000

〈무상감자일〉

차변	금액	대변	금액
자본금	1,200	감자차익	1,200

〈익년 주주총회 결의일〉

차변	금액	대변	금액
감자차익	1,000	미처리결손금	1,000

6. 배당금의 계산 및 배당의 회계처리

i) 배당가능이익의 계산

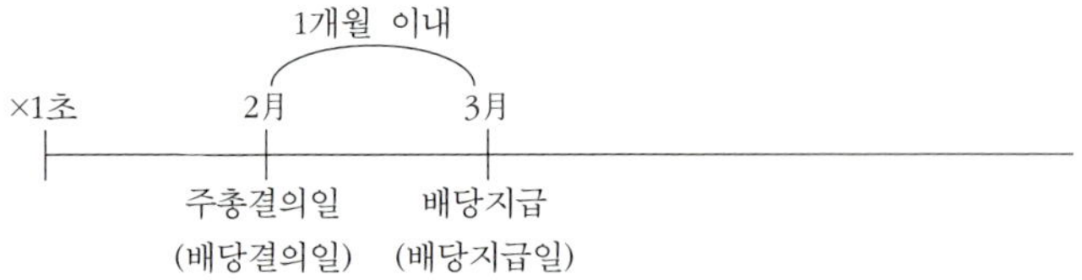

배당기산일 : 배당금 계산의 시초가 되는 날

구주 – 사업연도 초

신주 – 납입기일의 다음 날이지만, 정관에 기재함으로써 유상신주의 배당기산일도 사업연도 초 가능

무상신주의 경우 원래 구주와 신주의 배당기산일을 따름

배당 최대 금액 = (미처분이익잉여금 + 임의적립금 이입액 – 기타법정적립금 적립액 – 기타 이익잉여금 처분액) ÷ 1.1

예제 11 배당 최대금액의 계산

전기이월미처분이익잉여금	500,000	당기순이익	3,000,000

〈다음과 같이 이익잉여금을 처분할 예정〉

기타법정적립금 적립	400,000	임의적립금 적립	900,000

최대 현금배당가능이익은?

풀이

배당 최대금액 = (500,000 + 3,000,000 – 400,000 – 900,000) ÷ 1.1 = 2,000,000

ii) 우선주와 보통주의 배당금 계산

예제 12 우선주와 보통주의 배당금 계산

×3말 자본 ┌ 보통주 8,000,000(5%)
　　　　　└ 우선주 2,000,000(6%)

┌ ×1년 분과 ×2년 분 배당 지급 ×
└ ×3년 분 배당 1,800,000 계획

	차변		대변	
×4 2月	미 처 분 이 · 잉	1,800,000	미지급배당금(부채)	1,800,000
×4 3月	미 지 급 배 당 금	1,800,000	현　　금	1,800,000

(현금 → 우선주주? 보통주주?)

〈우선주〉 i) ┌ 누적 : 안주면 쌓인다
　　　　　　└ 비누적

ii) ┌ (완전)참가 : 나(우선주주) 먹고, 너(보통주주) 먹고, 남는 것이 있다면 나눠 먹자
　　└ 비참가

iii) 부분참가 : 나 먹고, 너 먹고, 남는 것이 있다면 나 조금만!

누적	참가	우 200(6%)	보 800	
×	×	0		
		120,000	××	1,800,000
○	×	120,000×2		
		120,000	××	1,800,000

누적	참가	우 200(6%)	보 800(5%)	
×	○	0		
		120,000	400,000	520,000
		$1,280,000\times\frac{200}{1,000}$	$1,280,000\times\frac{800}{1,000}$	1,280,000
○	○	120,000×2		
		120,000	400,000	760,000
		$1,040,000\times\frac{200}{1,000}$	$1,040,000\times\frac{800}{1,000}$	1,040,000

(한도 →)

누적		우 200(6%)	보 800(5%)	
×	8%부분참가	0		
		120,000	400,000	520,000
	+2%	40,000	××	1,280,000
○	8%부분참가	120,000×2		
		120,000	400,000	760,000
	+2%	40,000	××	1,040,000

* 참가의 경우 보통주 배당률이 문제에 제시되어 있지 않다면 우선주 배당률과 동일하다고 가정하고 풀이

iii) 배당의 회계처리

① 현금배당

	차변		대변	
배당 선언:	미 처 분 이 잉	×××	미 지 급 배 당 금	×××
↳ 자본 감소			(유동부채)	
배당 지급:	미 지 급 배 당 금	×××	현 금	×××

② 주식배당

	차변		대변	
배당 선언:	미 처 분 이 잉	×××	미교부주식배당금	×××
↳ 자본 불변	(배당주식의 액면금액)		(자본조정)	
배당 지급:	미교부주식배당금	×××	자 본 금	×××

참고

주식배당 : 반드시 신주 발행·교부

∴ 자기주식을 배당으로 지급 → 현물배당(주식배당 ×)

③ 중간배당(현금배당)

	차변		대변	
이사회 결의(기중):	미 처 분 이 잉	100	미 지 급 배 당 금	100
배당지급(기중):	미 지 급 배 당 금	100	현 금	100
익년 주총:	미 처 분 이 잉	10	이 익 준 비 금	10

↳ 회계연도 중에 중간배당을 했을 경우 당해 회계연도에 대한 익년 주주총회 결의를 통하여 중간배당에 대한 이익준비금을 적립

④ 현물배당

〈주총일〉

소유주에게 배당으로 비현금자산을 분배해야 하는 부채는 분배될 자산의 공정가치로 측정한다.

차변		대변	
미처분이익잉여금	공정가	부채(미지급배당)	공정가

〈배당지급일〉

1단계

각 보고기간 말*과 결제일(배당지급일)에, 기업은 미지급배당의 장부금액을 검토(분배될 자산의 공정가치 검토)하고 조정한다. 이 경우 미지급배당의 장부금액 변동(분배될 자산의 공정가치 변동)은 분배금액에 대한 조정으로 자본(미처분이익잉여금)에서 인식한다.

㉠ 공정가치 증가의 경우

미처분이익잉여금	공정가 변동	부채(미지급배당금)	공정가 변동」 최종 공정가

㉡ 공정가치 감소의 경우

부채(미지급배당금)	공정가 변동	미처분이익잉여금	공정가 변동」 최종 공정가

* 배당을 선언한 연도 말을 의미하는데 우리나라에서는 배당을 선언하고 1개월 이내에 지급을 해야 하므로 배당을 선언한 연도 말에 관련 미지급배당금은 존재하지 않을 것이다.

2단계

기업이 미지급배당을 결제할 때, 분배된 자산의 장부금액과 미지급배당의 장부금액이 차이가 있다면 이를 당기손익으로 인식한다.

부채(미지급배당금)	최종 공정가	자 산	장부가
처 분 손 실	×××	처 분 이 익	×××

객관식 3

㈜대한은 주당 액면금액 5,000인 보통주 500주를 주당 15,000에 발행하였다. 발행대금은 전액 당좌예금에 입금되었으며, 주식인쇄비 등 주식발행과 직접 관련된 비용 500,000이 지급되었다. 유상증자 직전에 주식할인발행차금 미상각잔액 800,000이 존재할 때, ㈜대한의 유상증자로 인한 자본의 증가액은 얼마인가?

풀이

500주 × 15,000 − 500,000 = 7,000,000

객관식 4

다음 중 각 거래결과로 인한 자본변동의 방향이 다른 하나는 어느 것인가? 단, 각 사건들은 서로 독립적이라고 가정한다.

① 보유하고 있던 자기주식(취득원가 @450) 15주를 @500에 처분하였다.
② 지분율 25%인 피투자회사로부터 당기순이익 220,000이 발생했음을 보고받았고, 동시에 현금배당액 55,000을 받았다.
③ 주주총회 결과 기존 주주들에게 12%의 주식배당을 실시하기로 하고, 즉시 신주를 발행하여 교부하였다. 주식배당 직전시점의 자본금은 10,000,000이며, 이익잉여금도 충분하다.
④ 수정전시산표상 21,000으로 기록되어 있는 FVOCI 금융자산의 기말 현재 공정가치는 21,500이다.
⑤ 액면가액이 주당 10,000인 주식 300주를 주당 8,000에 할인발행하였다.

풀이

① 15주 × 500 증가
② 220,000 × 25% 증가
③ 주식배당 : 불변
④ 500 증가
⑤ 300주 × 8,000 증가

객관식 6

㈜대한의 20×1년 1월 1일 현재 자본 관련 자료는 다음과 같다.

보통주-자본금	5,000,000
(주당 액면금액 5,000, 발행주식수 1,000주)	
보통주-주식발행초과금	3,000,000
이익잉여금	1,500,000
자본총계	9,500,000

20×1년에 발생한 ㈜대한의 자기주식거래는 다음과 같다.

20×1년 3월 1일 :	자기주식 60주를 주당 6,000에 취득하였다.
5월 10일 :	자기주식 20주를 주당 7,500에 처분하였다.
7월 25일 :	자기주식 10주를 주당 5,000에 처분하였다.
9월 15일 :	자기주식 20주를 주당 4,500에 처분하였다.
10월 30일 :	자기주식 10주를 소각하였다.
11월 20일 :	대주주로부터 보통주 20주를 무상으로 증여받았으며, 수증 시 시가는 주당 8,000이었다.

㈜대한의 20×1년도 당기순이익은 300,000이다. ㈜대한은 선입선출법에 따른 원가법을 적용하여 자기주식거래를 회계처리한다. ㈜대한의 20×1년 12월 31일 재무상태표에 표시되는 자본총계는 얼마인가?

풀이

1월 1일 : 9,500,000
3월 1일 : 60주×6,000 감소
5월 10일 : 20주×7,500 증가
7월 25일 : 10주×5,000 증가
9월 15일 : 20주×4,500 증가
10월 30일 : 불변
11월 20일 : 불변(∵ 회계처리 없음)
12월 31일 : 300,000(N/I) 증가

9,730,000

객관식 7

다음은 ㈜대한의 자본과 관련된 자료이다.

- 20×1년 초 현재 보통주 발행주식수는 1,000주이고 주당 액면금액은 500이다. 다음은 ㈜대한의 20×1년 초 현재의 자본 내역이다.

보통주자본금	500,000	감자차익	1,000
주식발행초과금	40,000	재평가잉여금	30,000
자기주식	35,000	미처분이익잉여금	10,000

• 20×1년 중 다음의 거래가 발생하였다.

A	20×1년 초 현재 보유하고 있는 자기주식 수량은 50주이다. 자기주식은 원가법으로 회계처리하며 자기주식 취득원가는 주당 700이다. 20×1년 3월초 자기주식 10주를 소각하였다.
B	20×1년 초 현재 보유하고 있는 토지는 70,000에 취득하였는데 재평가잉여금은 토지의 재평가로 발생한 것이다. 20×1년 말 토지는 80,000으로 재평가되었다.
C	20×1년 3월말 자기주식 20주를 주당 800에 재발행하였다.
D	20×1년 5월초 현물출자방식으로 보통주 300주를 발행하여 건물을 취득하였다. 현물출자 시점에 건물의 공정가치는 200,000이고, 원가모형을 적용한다.
E	20×1년 7월 초 이사회에서 중간배당으로 총 1,500을 지급하기로 결의하고 7월 말에 지급하였다. 20×1년 당기순이익으로 10,000을 보고하였다.

상기 A부터 E까지의 거래가 반영된 20×1년 말 자본 총계를 구하면?

풀이

기초 자본 : 546,000

A : 불변

B : 70,000 취득 → ×1초 100,000 → ×1말 80,000

20,000 감소

C : 20주 × 800 증가

D : 200,000 증가

E : −1,500+10,000 증가

객관식 10

20×7년 12월 31일 현재 A사, B사, C사의 자본금과 관련된 내용은 다음과 같다.

구 분	A사	B사	C사
보통주 (발행주식수) (액면금액)	10,000,000 (2,000주) (5,000)	10,000,000 (2,000주) (5,000)	10,000,000 (2,000주) (5,000)
우선주 (발행주식수) (액면금액)	5,000,000 (1,000주) (5,000)	5,000,000 (1,000주) (5,000)	5,000,000 (1,000주) (5,000)
우선주배당률	5%	5%	5%
우선주의 종류	완전참가적	누적적(20×5년도분과 20×6년도분의 배당금 연체) 비참가적	누적적(20×6년도분의 배당금 연체) 8% 부분참가적

주주총회에서 A사, B사, C사는 각각 1,350,000씩의 배당금 지급을 결의하였다. 각 사의 우선주, 보통주 배당금은 각각 얼마인가?

풀이

〈A사〉	우선주 5,000,000(5%)	보통주 10,000,000(5%)	
누적	0		
참가	250,000	500,000	750,000
	$600,000\times\frac{500}{1,500}$	$600,000\times\frac{1,000}{1,500}$	600,000
	450,000	900,000	

〈B사〉	우선주 5,000,000(5%)	보통주 10,000,000	
누적	250,000×2		
참가	250,000	600,000	1,350,000
	750,000	600,000	

〈C사〉	우선주 5,000,000(5%)	보통주 10,000,000(5%)	
누적	250,000×1		
참가	250,000	500,000	1,000,000
	+3% → 150,000	200,000	350,000
	650,000	700,000	

(한도)			
누적	250,000×1		
참가	250,000	500,000	1,000,000
	$350,000\times\frac{500}{1,500}$	$350,000\times\frac{1,000}{1,500}$	350,000
	616,667	733,333	

Chapter 12

IFRS Intermediate Accounting

고객과의 계약에서 생기는 수익

1. 수익이란

i) 수익의 정의

기준서에서는 수익을 자산의 유입 또는 가치 증가나 부채의 감소 형태로 자본의 증가를 가져오는, 특정 회계기간에 생긴 경제적 효익의 증가로서, 지분참여자의 출연과 관련된 것은 제외하는 것으로 정의하고 있다.

ii) 수익과 차익

① 수익과 차익을 구분하는 이유는 수익과 차익의 미래 지속성이 다르기 때문이다.

② 재무제표 이용자는 상품매출과 같은 미래 지속성이 높은 항목들에 기초하여 미래 수익을 예측하고자 하므로 미래 지속성이 높은 손익항목과 낮은 손익항목을 포괄손익계산서에 구분 표시하면 회계정보의 유용성을 높일 수 있다.

iii) 기준서 적용 범위

계약 상대방이 고객이 아니라면 기준서 제1115호를 적용하지 않는다. 고객이란 기업의 통상적인 활동의 산출물인 재화나 용역을 대가와 교환하여 획득하기로 그 기업과 계약한 당사자를 말하는데, 계약 당사자가 여기에 해당하지 않는다면 수익이 발생하더라도 기준서 제1115호를 적용하지 않는다.

기준서 제1115호는 다음을 제외한 고객과의 모든 계약에 적용한다.

- 기준서 제1116호 '리스'를 적용하는 리스계약
- 기준서 제1104호 '보험계약'을 적용하는 보험계약
- 기준서 제1109호 '금융상품', 기준서 제1110호 '연결재무제표', 제1111호 '공동약정', 제1027호 '별도재무제표', 제1028호 '관계기업과 공동기업에 대한 투자'의 적용 범위에 포함되는 금융상품과 그 밖의 계약상 권리 또는 의무

같은 사업 영역에 있는 기업 사이의 비화폐성 교환에 대해서도 기준서 제1115호를 적용하지 않는다.

→ 두 정유사가 서로 다른 특정 지역에 있는 고객의 수요를 적시에 충족하기 위해, 두 정유사끼리 유류를 교환하기로 합의한 계약의 경우 이는 고객과의 계약으로 볼 수 없으며, 실질적 거래도 아니므로 기준서 제1115호를 적용하지 않는다.

2. 수익의 인식 과정

이 기준서의 핵심 원칙은 기업이 「고객에게 약속한 재화나 용역의 이전을 나타내도록」 「해당 재화나 용역의 대가로 받을 권리를 갖게 될 것으로 예상하는 대가를 반영한 금액」을 수익으로 인식해야 한다는 것이다.

단계별 수익인식의 과정

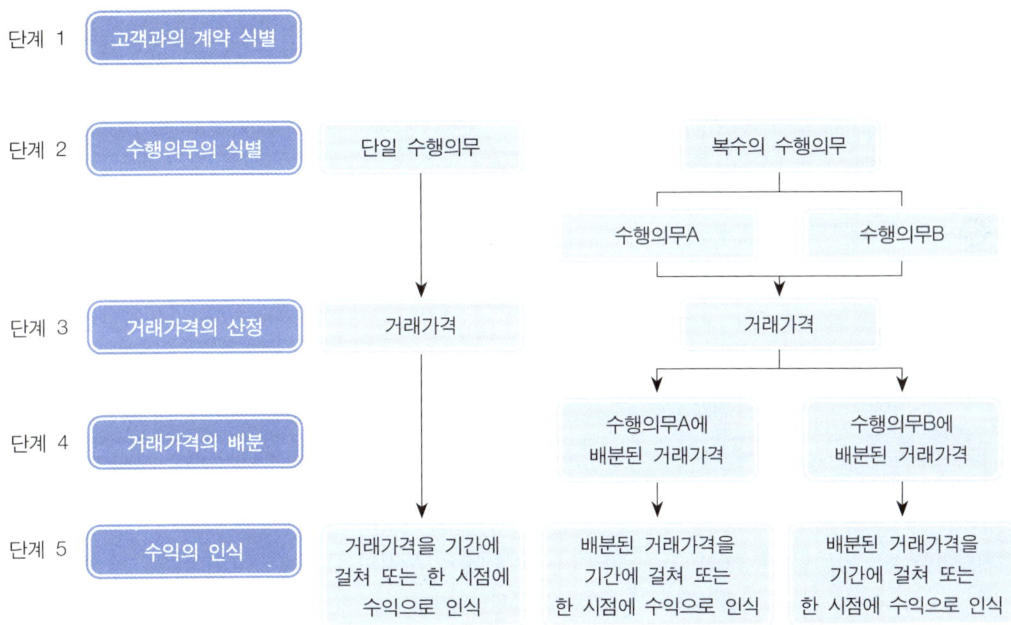

2.1 고객과의 계약 식별 (단계 1)

계약의 각 당사자가 전혀 수행되지 않은 계약에 대해 상대방에게 보상하지 않고(예 : 위약금 없이 계약 해지가능) 종료할 수 있는 일방적이고 집행 가능한 권리를 갖는다면, 기준서 제1115호의 목적상 그 계약은 존재하지 않는 것으로 본다.

한편, 고객과의 계약에서 식별되는 수행의무는 계약에 분명히 기재한 재화나 용역에만 한정되지 않을 수 있다.

다음의 기준을 모두 충족하는 때에만 계약으로 회계처리 한다.

문단 9

- 계약당사자들이 계약을 승인하고 각자의 의무를 수행하기로 확약한다.
- 이전할 재화나 용역과 관련된 각 당사자의 권리를 식별할 수 있다.
- 이전할 재화나 용역의 지급조건을 식별할 수 있다.
- 계약에 상업적 실질이 있다.
- 고객에게 이전할 재화나 용역에 대하여 받을 권리를 갖게 될 대가의 회수 가능성이 높다.

① 회수가능성을 판단할 때는 변동대가를 고려해야 한다. 즉, 가격할인 등을 제공함으로써 고객으로부터 받을 대가가 변동될 수 있는 경우 당초 계약에 표시된 가격보다 낮은 금액에 기초하여 회수가능성을 판단한다.

② 고객의 대가 지급 능력이 유의적으로 악화된다면 고객에게 이전할 나머지 재화나 용역에 대하여 받을 권리를 갖게 될 대가를 회수할 가능성이 높은지를 재검토할 것이다.
즉, 계약 개시 후에 고객의 대가 지급능력이 유의적으로 악화되더라도 이미 인식했던 매출을 취소하지는 않으며, 이후 추가로 이전할 재화나 용역이 있다면 이 부분에 대해서만 회수가능성을 재검토한 후 매출을 인식할 것인지 판단하여야 한다.

예제 2 고객과의 계약 식별

갑회사는 고객 A에게 상품 100개를 1,000,000에 판매하는 계약을 체결하였다. 갑회사는 과거에도 몇 차례 고객 A에게 상품을 판매하였는데, 고객 A는 제대로 대금을 결제하지 않았으며, 주문 수령 후에도 가격할인을 요구하는 경우가 많았다. 이에 갑회사는 이번 계약과 관련하여 고객 A로부터 판매금액 중 70% 정도만 회수할 가능성이 높다고 판단하였다(암묵적으로 30% 가격할인 제공).

풀이

회수가능성을 판단할 때 변동대가를 고려하여야 한다. 암묵적이기는 하지만 판매대금 중 30%를 할인해 주기로 결정하였고, 이를 제외한 나머지 70%의 판매대금은 회수가능성이 높다고 판단하였으므로 문단 9의 회수가능성 조건을 충족한다.
(만약에 갑회사가 5%의 가격할인을 제공하기로 하였다면 할인을 반영한 950,000에 대하여 회수가능성을 판단한다. 갑회사는 700,000 정도만 회수할 가능성이 높다고 판단하였으므로 문단 9의 회수가능성 조건을 충족하지 않는다.)
당초 회수가능성이 높다고 예상했던 700,000을 초과하여 회수할 것으로 예상되는 경우에는 초과액을 수익으로 인식하고, 미달하여 회수할 것으로 예상되는 경우에는 미달액을 매출채권의 손상차손으로 인식한다.
만일 고객이 50,000의 추가적인 할인을 요구하여 이에 응하였다면 거래가격의 감소에 해당되므로 수익에서 차감한다.

③ 고객과의 계약이 계약 개시시점에 문단 9의 기준을 충족하는 경우에는 사실과 상황에 유의적 변동 징후가 없는 한 이러한 기준들을 재검토하지 않는다. 그러나 고객의 대가 지급 능력이 유의적으로 악화되었다면 고객에게 이전할 나머지 재화나 용역에 대해서만 회수가능성을 재검토한다.

예제 3 고객과의 계약 식별

갑회사는 20×1년 초에 향후 5년 동안 사용기준 로열티를 받는 조건으로 특허권을 고객에게 라이선스 하였다. 계약 개시시점에 회수가능성을 포함한 문단 9의 모든 조건을 충족하였으며, 갑회사는 기준서 제1115호에 따라 고객이 특허권을 사용할 때 수익을 인식하기로 하였다.
20×2년 중에 고객의 재무상태가 악화되어 20×2년 말 현재 3분기와 4분기의 로열티를 수취하지 못한 상태이나, 고객의 지급능력이 유의적으로 악화된 것은 아니라고 판단하였다.
20×3년도에 고객의 재무상태는 더욱 악화되어 1분기부터 로열티를 수취하지 못하였으며, 고객의 지급능력이 유의적으로 악화되었다고 판단하였다.

풀이

고객의 지급능력이 유의적으로 악화된 것은 아니므로 정상적으로 20×2년도의 로열티 수익을 인식하되 3분기와 4분기의 수취채권에 대해서 손상차손을 인식할 것을 고려하여야 한다.
계약 개시시점과 비교할 때 사실과 상황이 유의적으로 변동되었다는 징후가 있으므로 문단 9의 회수가능성 기준을 재검토한다. 재검토 결과 고객으로부터 대가를 회수할 가능성이 높다고 판단할 수 없으므로 더 이상 문단 9를 충족하지 못한다고 결론을 내린다. 따라서 20×3년부터 수익을 인식하지 않으며, 이미 인식한 수취채권이 있다면 손상차손의 인식을 고려하여야 한다.

④ 고객과의 계약 개시시점에 문단 9의 기준을 충족하지 않으면 나중에 충족하는지 판단하기 위하여 그 계약을 지속적으로 검토한다.

⑤ 문단 9의 기준을 충족하지 못하지만 고객으로부터 대가(현금)를 받은 경우, 다음의 두 가지 사건 중 하나가 일어났다면 받은 대가를 수익으로 인식하고 그렇지 않으면 부채로 인식한다.

문단 15, 16

- 고객에게 재화나 용역을 이전해야 하는 의무가 남아 있지 않고, 고객이 약속한 대가를 기업이 모두(또는 대부분) 받았으며, 그 대가는 환불되지 않음
- 계약이 종료되었고, 고객에게서 받은 대가는 환불되지 않음

⑥ 같은 고객(또는 그 고객의 특수관계자)과 동시에 또는 가까운 시기에 둘 이상의 계약을 체결한 경우 다음 기준 중 하나를 충족하면 단일 계약으로 회계처리한다.

문단 17

- 복수의 계약을 하나의 상업적 목적으로 일괄 협상한다.
- 한 계약에서 지급하는 대가(금액)는 다른 계약의 가격이나 수행에 따라 달라진다.
- 복수의 계약에서 약속한 재화나 용역(또는 각 계약에서 약속한 재화나 용역의 일부)이 단일 수행의무에 해당한다.

2.2 수행의무의 식별(단계 2)

① 수행의무란 고객과의 계약에서 재화나 용역을 이전하기로 한 약속을 말한다.

② 기업은 수행의무를 이행하여야 수익을 인식할 수 있으므로 기업이 이행해야 할 수행의무가 무엇인지 식별하는 것은 중요하다.

③ 수익은 계약별로 인식하는 것이 아니라 식별된 수행의무별로 인식한다. 따라서 기업이 고객에게 재화나 용역을 이전하기로 계약을 체결하였을 때 계약 내에 다수의 재화나 용역이 있다면 이것이 하나의 수행의무인지, 아니면 여러 개의 수행의무로 식별될 수 있는지, 또는 수행의무 자체가 아닌지를 판단해야 한다.

④ 고객의 고객에 대한 약속도 수행의무가 될 수 있다.

⑤ 계약을 이행하기 위해 해야 하지만, 고객에게 재화나 용역을 이전하는 활동이 아니라면 그 활동은 수행의무에 포함되지 않는다. 따라서 관리업무를 수행하더라도 여기에 대해서 수익을 인식하지 않는다.

⑥ 일반적으로 고객과의 계약에는 기업이 고객에게 이전하기로 약속하는 재화나 용역을 분명히 기재한다. 그러나 고객과의 계약에서 식별되는 수행의무는 계약에 분명히 기재한 재화나 용역에만 한정되지 않을 수 있다. 이는 계약 체결일에 기업의 사업 관행, 공개한 경영방침, 특정 성명(서)에서 암시되는 약속이 기업이 재화나 용역을 고객에게 이전할 것이라는 정당한 기대를 하도록 한다면, 이러한 약속도 고객과의 계약에 포함될 수 있기 때문이다.

⑦ 수행의무의 식별과 관련된 문단

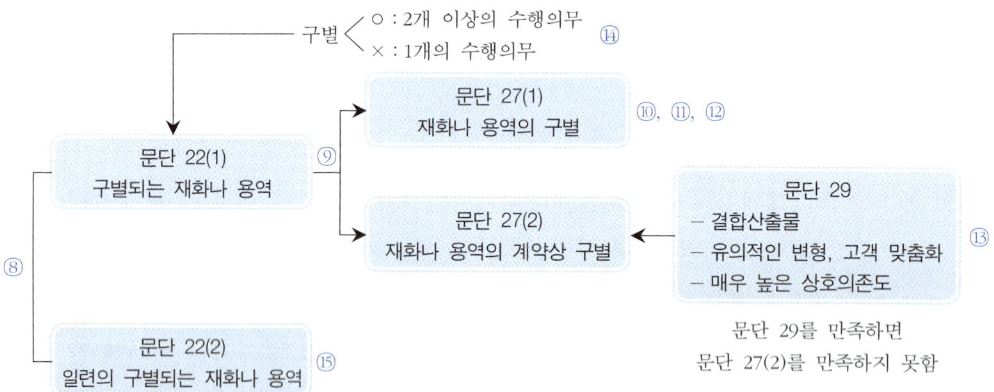

⑧ 고객에게 다음 중 어느 하나를 이전하기로 한 각각의 약속(each promise)을 하나 하나의 수행의무로 식별한다.

문단 22

- 구별되는 재화나 용역(또는 재화나 용역의 묶음)
- 실질적으로 서로 같고 고객에게 이전하는 방식도 같은 '일련의 구별되는 재화나 용역'

⑨ 다음의 기준을 모두 충족한다면 고객에게 약속한 재화나 용역은 구별되는 것이다(문단 22 첫 번째 점).

문단 27

- 고객이 재화나 용역 그 자체에서 효익을 얻거나 고객이 쉽게 구할 수 있는 다른 자원과 함께하여 그 재화나 용역에서 효익을 얻을 수 있다(그 재화나 용역이 구별될 수 있다).
- 고객에게 재화나 용역을 이전하기로 하는 약속을 계약 내의 다른 약속과 별도로 식별해 낼 수 있다(그 재화나 용역을 이전하기로 하는 약속은 계약상 구별된다).

⑩ 고객이 재화나 용역을 사용할 수 있거나, 소비할 수 있거나, 폐물가치보다 큰 금액으로 매각할 수 있거나, 그 밖에 달리 경제적 효익을 창출하는 방법으로 보유할 수 있다면, 고객은 재화나 용역에서 효익을 얻을 수 있다(구별 ○)(문단 27 첫 번째 점).

→ TV를 팔면서 함께 설치도 제공한다면 고객 입장에서는 재화와 설치 용역을 따로 사용하거나, 매각할 수 없다.

∴ TV 이전과 설치 용역은 하나의 수행의무(∵ 구별 ×)

⑪ 고객이 재화나 용역 그 자체에서 효익을 얻을 수 있는지에 대한 판단은 고객이 재화나 용역을 사용할 수 있는 방법이 아니라 재화나 용역 자체의 특성에 기초하여야 한다. 따라서 기업 외의 원천에서 쉽게 구할 수 있는 자원을 고객이 획득하지 못하도록 방해하는 어떠한 계약상 제한도 무시한다.

⑫ 기업이 보통 재화나 용역을 별도로 판매한다는 사실은 고객이 재화나 용역 그 자체에서 효익을 얻거나 쉽게 구할 수 있는 다른 자원과 함께하여 효익을 얻을 수 있음을 보여주는 예이다(문단 27 첫 번째 점).

⑬ 고객에게 재화나 용역을 이전하기로 하는 둘 이상의 약속을 별도로 식별해 낼 수 없음을 나타내는 요소에는 다음이 포함되지만, 이에 한정되지는 않는다(문단 27 두 번째 점).

문단 29

- 기업은 해당 재화나 용역과 그 계약에서 약속한 다른 재화나 용역을 통합하는 유의적인 용역을 제공한다. 다시 말해서, 기업은 고객이 특정한 결합산출물(들)을 생산하거나 인도하기 위한 투입물로서 그 재화나 용역을 사용하고 있다.
- 하나 이상의 해당 재화나 용역은 그 계약에서 약속한 하나 이상의 다른 재화나 용역을 유의적으로 변형하거나 고객 맞춤화하거나, 계약에서 약속한 하나 이상의 다른 재화나 용역에 의해 변형되거나 고객 맞춤화된다.
- 해당 재화나 용역은 상호의존도나 상호관련성이 매우 높다. 다시 말해서 각 재화나 용역은 그 계약에서 하나 이상의 다른 재화나 용역에 의해 유의적으로 영향을 받는다.

⑭ 문단 27을 충족하지 못하여 약속한 재화나 용역이 구별되지 않는다면, 문단 22의 두 번째 점이 적용되는 것이 아니라 구별되는 재화나 용역의 묶음을 식별할 수 있을 때까지 그 재화나 용역을 약속한 다른 재화나 용역과 결합한다. 경우에 따라서는 그렇게 함으로써 기업이 계약에서 약속한 재화나 용역 모두를 단일 수행의무로 회계처리하는 결과를 가져올 수도 있다.

⑮ 문단 22의 두 번째 점은 모형을 단순하게 적용하고, 기업이 일정 기간에(기간에 걸쳐) 같은 재화나 용역을 연속적으로 제공하는 상황(예 : 반복적인 용역 약정)에서 수행의무를 식별할 때 일관성을 높이기 위하여 필요하다. 또한 너무 많은 수행의무를 식별하면 회계처리가 복잡해질 수 있으므로 회계처리를 단순화할 필요도 있다. 즉, 일련의 구별되는 재화나 용역이 기간에 걸쳐 이행하는 수행의무의 기준을 충족하고, 같은 방법을 사용하여 진행률을 측정한다면, 여러 개의 수행의무로 보지 않고 단일 수행의무로 본다. 이러한 경우 단일 수행의무는 기간에 걸쳐 이행하는 것이므로 기간에 걸쳐 수익을 인식한다.

⑯ 문단 22의 (1)에 해당하는 경우 그 수행의무를 기간에 걸쳐 이행하는지, 아니면 한 시점에 이행하는지 판단해야 한다(문단 22 첫 번째 점).
반면, 문단 22의 (2)에 해당하는 경우에는 기간에 걸쳐 수익을 인식한다(문단 22 두 번째 점).

예제 4 수행의무의 식별 (1)

운송주선회사인 갑회사는 고객의 국내 생산 공장에서 미국에 소재하는 창고까지 화물을 운송하는 계약을 체결하였다. 갑회사는 고객과의 화물운송계약에 따라 의뢰받은 화물의 특성, 일정, 배송지, 무역조건 등을 확인한 후 직접 항공사와 육상운송회사를 선정하여 예약을 진행하였다. 계약에 따르면 갑회사는 고객을 대신하여 통관업무와 보험가입업무도 수행한다. 항공운송, 육상운송, 통관업무와 보험가입업무는 하나로 합쳐서 유의적인 통합용역으로 제공되거나 상호관련성이 매우 높은 용역은 아니다.

풀이

고객은 항공운송, 육상운송, 통관업무와 보험가입업무 그 자체로부터 각각 효익을 얻을 수 있으므로 문단 27 첫 번째 점의 기준(재화나 용역의 자체구별)을 충족한다.
갑회사는 계약에 포함된 각각의 용역들을 함께 결합하여 제공하는 것이 아니며, 유의적인 고객 맞춤화가 필요한 것도 아니고, 상호의존성이나 상호관련성이 매우 높은 것도 아니므로 문단 27 두 번째 점의 기준(재화나 용역의 계약상 구별)도 충족한다.
따라서 4가지의 용역(항공운송, 육상운송, 통관업무와 보험가입업무)을 구별하여 회계처리한다.

예제 5 수행의무의 식별 (2)

갑회사는 고객에게 병원을 건설해 주는 계약을 체결하였다. 갑회사는 그 프로젝트 전체를 책임지고 있으며, 엔지니어링, 부지 정리, 기초공사, 조달, 구조물 건설, 배관 및 배선, 장비 설치, 마무리 등을 포함한 여러 가지 약속한 재화와 용역을 식별한다. 갑회사는 다른 고객에게도 건설 관련 재화나 용역을 판매하고 있다.

풀이

고객은 재화나 용역 자체에서 효익을 얻거나 쉽게 구할 수 있는 다른 자원과 함께 하여 효익을 얻을 수 있다. 이것은 갑회사가 다른 고객에게 별도 판매한다는 사실로 입증된다. 따라서 문단 27의 첫 번째 점을 충족한다.
재화와 용역은 문단 27의 두 번째 점에 따라 별도로 식별할 수 없다. 이는 고객과 체결한 계약에 따라 재화와 용역(투입물)을 통합하여 병원(결합산출물)을 건설하는 유의적인 용역을 제공하기 때문이다. 따라서 문단 27의 두 가지 기준을 모두 충족하지 못하므로 재화와 용역은 구별되지 않으며, 갑회사는 이 계약의 모든 재화와 용역을 단일 수행의무로 회계처리한다.

추가문제 수행의무의 식별

다음의 각 경우는 독립적이다.

〈경우 1〉
소프트웨어 개발업체인 갑회사는 2년 동안 소프트웨어 라이선스를 이전하고, 설치용역을 수행하며, 특정되지 않은 소프트웨어의 갱신과 기술지원(온라인과 전화)을 제공하는 계약을 고객과 체결하였다. 갑회사는 라이선스, 설치용역 및 기술지원을 별도로 판매한다. 설치용역은 각 이용자 유형(예 : 마케팅, 재고관리, 기술정보)에 맞추어 웹 스크린을 변경하는 것을 포함한다. 설치용역은 일상적으로 다른 기업이 수행하는데, 소프트웨어를 유의적으로 변형하지는 않는다. 그리고 소프트웨어는 갱신과 기술지원이 없이도 가동되는 상태이다.

〈경우 2〉
고객 맞춤화 설치용역을 추가로 제공하는 것을 제외하고 〈경우 1〉과 같다. 즉, 계약에서 설치용역의 일부로 고객이 사용하고 있는 다른 고객맞춤 소프트웨어 어플리케이션에 접근할 수 있도록 소프트웨어에 유의적인 새로운 기능성을 추가하기 위해 실질적인 고객 맞춤화를 규정하는데, 그 고객 맞춤화 설치용역은 다른 기업이 제공할 수도 있다.

〈경우 3〉
을회사는 장비를 판매하고 설치용역을 제공하는 계약을 고객과 체결한다. 그 장비는 어떠한 고객 맞춤화나 변형 없이 가동될 수 있으며, 필요한 설치는 복잡하지 않고 몇몇 대체 용역제공자가 수행할 수도 있다.

〈경우 4〉

계약에 따라 고객이 타회사(을회사의 하청업체)의 설치용역을 사용해야 한다는 점을 제외하고는 〈경우 3〉과 동일하다.

〈경우 5〉

병회사는 기성품 장비(어떤 유의적인 고객 맞춤화나 변형 없이 작동할 수 있음) 한 대와 다음 3년에 걸쳐 미리 정해진 기간마다 장비에 사용할 특수 소모품을 제공하기로 하는 계약을 고객과 체결한다. 병회사만이 그 소모품을 생산하는데, 병회사는 그 소모품을 별도로 판매하기도 한다.

풀이

〈경우 1〉

갑회사의 수행의무는 ① 소프트웨어 라이선스, ② 설치용역, ③ 소프트웨어 갱신 및 ④ 기술지원의 4가지로 식별할 수 있다.

〈경우 2〉

갑회사의 수행의무는 ① 소프트웨어 고객맞춤화(소프트웨어 라이선스와 고객 맞춤화 설치용역으로 구성), ② 소프트웨어 갱신 및 ③ 기술지원의 3가지로 식별할 수 있다.

〈경우 3〉

을회사는 계약에서 ① 장비 판매와 ② 설치용역 두 가지 수행의무를 식별한다.

〈경우 4〉

타회사의 설치용역을 사용하도록 하는 계약상 요구는 재화나 용역의 특성 자체를 바꾸는 것이 아니며, 고객에 대한 기업의 약속을 바꾸는 것도 아니므로 약속된 재화와 용역이 구별되는지의 판단을 바꾸지 않는다. 따라서 〈경우 3〉에서의 결론과 동일하다.

〈경우 5〉

병회사는 ① 장비 이전과 ② 소모품 제공의 두 가지 수행의무를 식별한다.

추가문제 수행의무의 식별

참고

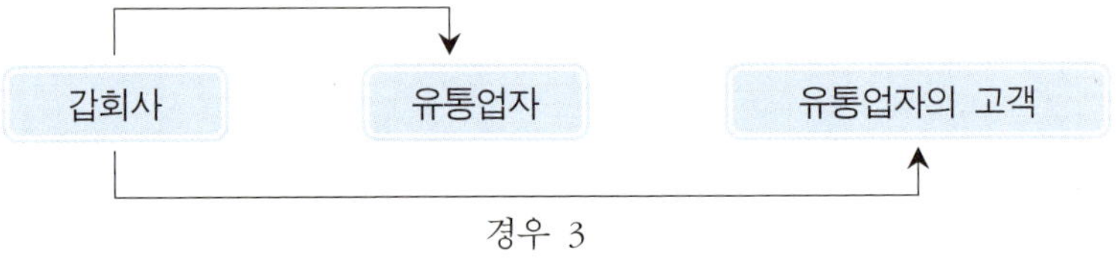

갑회사(제조업자)는 최종 고객에게 재판매하는 유통업자(갑회사의 고객)에게 제품을 판매한다. 다음의 각 경우는 독립적이다.

〈경우 1〉

갑회사는 유통업자와의 계약에서 제품을 구매하는 최종 고객에게 무료로 유지보수용역을 제공하기로 약속하였다. 갑회사는 유통업자에게 유지보수용역을 수행하도록 외주하고, 갑회사를 대신하여 제공되는 그 용역에 대해 합의한 금액을 유통업자에게 지급한다. 최종 고객이 유지보수용역을 사용하지 않으면 갑회사는 유통업자에게 지급할 의무가 없다.

〈경우 2〉

갑회사는 과거부터 유통업자에게서 기업의 제품을 구매한 최종 고객에게 무료로 유지보수용역을 제공해 왔다. 갑회사는 유통업자와 협상하는 동안에 유지보수용역을 분명하게 약속하지 않았고 갑회사와 유통업자 간 최종 계약에 그 용역 조건을 규정하지도 않았다.

〈경우 3〉

갑회사는 유통업자와의 계약에서 유지보수용역을 제공하지 않기로 약속하였다. 그리고 갑회사는 보통 유지보수용역을 제공하지 않으므로 계약 체결 시점에 유지보수용역 제공에 대한 암묵적 약속도 생기지 않는다. 갑회사는 유통업자에게 제품에 대한 통제를 이전함으로써 계약이 완료된다. 그러나 최종 고객에게 판매하기 전에, 갑회사는 유통업자에게서 제품을 구매하는 모든 당사자에게 무료로 유지보수용역을 제공하겠다고 제안하였다.

풀이

〈경우 1〉

갑회사는 제품과 유지보수용역을 각각 수행의무로 식별한다.

〈관련 회계처리〉

	차변	금액	대변	금액
• 판매시점	현금	×××	매출	×××
			이연수익	×××
• 용역제공시	이연수익	×××	매출	×××
	비용	×××	현금	×××

〈경우 2〉

사업관행에 기초하여 갑회사는 계약 개시시점에 유통업자와 협상한 교환의 일부로 유지보수용역을 제공하기로 하는 암묵적 약속을 하였다고 판단한다. 즉, 이 용역을 제공하는 기업의 과거 관행도 유통업자와 최종 고객 모두 정당한 기대를 하게 된다. 따라서 갑회사는 〈경우 1〉과 같은 이유로 제품과 유지보수용역이 별도 수행의무라고 판단한다.

관련 회계처리는 〈경우 1〉과 동일하다.

〈경우 3〉

유지보수 약속은 계약 개시시점에 갑회사와 유통업자 사이의 계약에 포함되지 않았다. 따라서 갑회사는 유지보수용역을 제공하기로 한 약속을 수행의무로 식별하지 않는다. 그 대신에 유지보수용역을 제공하기로 한 의무를 충당부채로 회계처리한다.

〈관련 회계처리〉

	차변		대변	
• 판매시점	현금	×××	매출	×××
	비용	×××	충당부채	×××

2.3 거래가격의 산정(단계 3)

거래가격은 고객에게 약속한 재화나 용역을 이전하고 그 대가로 기업이 받을 권리를 갖게 될 것으로 예상하는 금액이며, 제3자를 대신해서 회수한 금액(예 : 판매세)은 제외한다. 거래가격은 궁극적으로 기업이 수익으로 인식할 금액인데, 다음의 사항이 미치는 영향을 모두 고려하여 거래가격을 산정한다.

i) 변동대가

ii) 변동대가 추정치의 제약

iii) 계약에 있는 유의적인 금융요소

iv) 비현금 대가

v) 고객에게 지급할 대가

거래가격을 산정하기 위하여 기업은 재화나 용역을 현행 계약에 따라 약속대로 고객에게 이전할 것이고 이 계약은 취소·갱신·변경되지 않을 것이라고 가정한다.

i) 변동대가

① 계약에서 약속한 대가에 변동금액이 포함된 경우 거래가격은 고정된 금액이 아니기 때문에 거래가격을 추정해야 한다. 대가는 할인, 리베이트, 환불, 공제, 가격할인, 장려금, 성과보너스, 위약금이나 그 밖의 비슷한 항목 때문에 변동될 수 있다.

② 계약에 표시된 가격이 고정되더라도 기업이 대가를 받을 권리가 미래 사건의 발생 여부에 달려 있는 경우에도 약속한 대가는 변동될 수 있다. 예를 들어 반품권을 부여하여 제품을 판매하거나, 특정 단계에 도달하여야 고정금액의 성과보너스를 주기로 약속한 경우 대가는 변동될 것이다.

③ 항공기의 연착, 운항 취소, 탑승 거부 등에 대해 고객이 항공사로부터 보상을 받을 권리가 법률에 규정되어 있는 경우, 항공사는 고객에 대한 보상을 변동대가로 회계처리해야 하는지, 아니면 고객에게 항공서비스를 제공해야 하는 수행의무와 별도로 기준서 제1037호 '충당부채, 우발부채, 우발자산'에 따라 회계처리해야 하는지에 대해서 IFRS 해석위원회가 질의를 받았다.

질의 내용에 따르면 항공사는 고객을 특정 기간동안 특정 장소에서 다른 장소로 이동시켜 주기로 약속하였으며, 이 약속을 이행하지 못하면 고객은 보상받을 권리를 갖는다. 따라서 연착이나 운항 취소 등에 따른 보상은 약속된 용역을 고객에게 제공한 대가로 기업이 수령할 것으로 예상하는 대가의 일부를 구성(음수)하는 것이지, 기업의 제품이 손해나 피해를 끼치는 것을 의미하는 것은 아니다(충당부채 ×).

이에 IFRS 해석위원회는 항공기의 연착이나 운항 취소에 따른 보상을 변동대가라고 결론을 내렸다.

④ 변동대가 추정방법

방 법	내 용
기 댓 값	기댓값은 가능한 대가의 범위에 있는 모든 금액에 각 확률을 곱한 금액의 합이다. 특성이 비슷한 계약이 많은 경우 기댓값은 변동대가의 적절한 추정치일 수 있다.
가능성이 가장 높은 금액	가능성이 가장 높은 금액은 가능한 대가의 범위에서 가능성이 가장 높은 단일 금액이다. 계약에서 가능한 결과치가 두 가지뿐일 경우에는 가능성이 가장 높은 금액이 변동대가의 적정한 추정치가 될 수 있다.

추가문제 변동대가의 추정 (1)

① 갑회사는 주문제작 자산을 건설하기로 고객과 계약을 체결하였다. 자산을 이전하기로 한 약속은 기간에 걸쳐 이행하는 수행의무이다. 약속된 대가는 10,000이지만 계약서상 건설을 완료하기로 한 20×1년 7월 31일까지 자산을 완성하지 못하면 약속된 대가는 그 다음날부터 매일 50씩 감소하며, 20×1년 7월 31일 전에 자산을 완성하면 약속된 대가는 그 전날부터 매일 50씩 증가한다. ② 그리고 자산이 완성된 후 제3자가 그 자산을 검사하고 계약에 규정된 척도에 기초하여 평점을 매기는데, 특정 평점을 받으면 갑회사는 장려금 800을 받을 권리를 갖는다.

풀이

① 조기 또는 지연 완성에 따른 변동대가를 반영한 거래가격은 10,000±50/일인데, 기댓값 방법을 사용하는 것이 합리적이다. 기댓값 방법이 갑회사가 받을 권리를 갖게 될 금액을 더 잘 예측하는 방법이다.

② 특정 평점을 받으면 받게 될 장려금 800의 변동대가는 가능성이 가장 높은 금액을 사용하여 추정한다. 이는 가능한 결과가 800과 0의 두 가지 뿐이므로 가능성이 가장 높은 금액으로 추정하는 방법이 받을 권리를 갖게 될 대가를 더 잘 예측하는 방법이기 때문이다.

예제 7 변동대가의 추정 (2)

건설업을 주업으로 하는 갑회사는 총 200,000을 수취하기로 하고, 빌딩을 건설하는 계약을 고객과 체결하였다. 계약에 따르면 갑회사가 빌딩의 건설을 1년 내에 완료하지 못하면 대가 중 10%를 감액한 금액을 수취하기로 하였다. 다음은 관련 자료이다.

기한 내의 건설 완료 여부	대 가	확 률
건설 완료	200,000	95%
건설 미완료	180,000	5%

풀이

계약에서 가능한 결과치가 두 가지뿐이므로 가능성이 가장 높은 금액으로 변동대가를 추정하는 것이 가장 적절하다. 따라서 이 경우 거래가격은 200,000이다.

ii) 변동대가 추정치의 제약

① 일부 변동대가의 추정치가 너무 불확실하거나, 기업이 고객에게 재화나 용역을 이전하고 그 대가로 받을 권리를 갖게 될 금액을 충실하게 나타내지 못하는 경우에는 이를 거래가격에 포함시키지 않는다. 이를 변동대가 추정치의 제약이라고 하는데, 변동대가 추정치를 제약하면 그 만큼 수익을 덜 인식하게 된다.

② 변동대가와 관련된 불확실성이 나중에 해소될 때, 이미 인식한 누적 수익 금액 중 유의적인 부분을 되돌리지(환원하지) 않을 가능성이 매우 높은 정도까지만 변동대가를 추정하여 거래가격에 포함한다(문단 56).

③ 이를 다른 말로 표현하면, 나중에 불확실성이 해소될 때 이미 인식한 누적 수익금액 중 유의적으로 되돌릴 것으로 예상되는 금액이 있다면 처음부터 이를 거래가격에 포함시키지 말라는 것이다.

④ 다음의 항목들이 있는 경우 변동대가 추정치를 거래가격에 포함시키지 않는다.

문단 57

- 대가(금액)가 기업의 영향력이 미치지 못하는 요인(예 : 시장의 변동성, 제3자의 판단이나 행동, 날씨 상황, 약속한 재화나 용역의 높은 진부화 위험)에 매우 민감하다.
- 대가(금액)에 대한 불확실성이 장기간 해소되지 않을 것으로 예상된다.
- 비슷한 유형의 계약에 대한 기업의 경험이 제한적이거나, 제한된 예측치만 제공한다.
- 폭넓게 가격할인을 제공하거나, 비슷한 상황에 있는 비슷한 계약의 지급조건을 변경하는 관행이 있다.
- 계약에서 생길 수 있는 대가가 다수이고 그 범위도 넓다.

⑤ 변동대가 추정치를 거래가격에 포함할 경우 각 보고기간 말의 상황과 보고기간의 상황 변동을 충실하게 표현하기 위하여 보고기간 말마다 추정 거래가격을 새로 수정한다. 여기에는 변동대가 추정치가 제약되는지를 다시 평가하는 것을 포함한다.

예제 8 가격할인

갑회사는 20×1년 12월 1일에 고객(유통업자)과 계약을 체결하였다. 계약에 따르면 갑회사는 계약 개시시점에 계약에 표시된 제품 1,000개를 개당 100에 이전하기로 되어있다. 제품에 대한 통제는 20×1년 12월 1일에 고객에게 이전한다. 과거 실무에 기초하고 고객 관계를 유지하기 위하여 갑회사는 고객에게 가격할인을 부여할 것으로 예상하고 있다. 따라서 계약의 대가는 변동될 수 있다. 다음의 두 가지 경우는 독립적이다.

〈경우 1〉 변동대가 추정치에 제약이 없는 경우

관측 가능한 자료에 따르면 갑회사는 과거에 이러한 제품에 대해 판매가격의 약 20%의 가격할인을 부여하였으며, 여러 해 동안 20% 보다 유의적으로 큰 가격할인을 부여한 적은 없다. 현행 시장정보는 가격을 20% 낮춘다면 유통망을 통해 제품을 유통시키기에 충분할 것으로 판단한다.
갑회사는 기댓값 방법을 사용하여 거래가격을 80,000(1,000개×80)으로 추정하였다.

〈경우 2〉 변동대가 추정치에 제약이 있는 경우

관측 가능한 자료에 따르면 갑회사가 과거에 비슷한 제품에 부여한 가격할인은 판매가격의 20~60%로 그 범위가 넓었으며, 현행 시장정보도 제품을 유통망에 유통시키려면 가격을 15~50% 정도 낮추는 것이 필요할 수 있음을 암시한다.
갑회사는 기댓값 방법을 사용하여 40% 할인을 제공할 것으로 보고 거래가격을 60,000(1,000개×60)으로 추정하였다.

풀이

〈경우 1〉

갑회사는 불확실성이 해소될 때(즉, 가격할인 총액이 산정될 때) 이미 인식한 누적수익 금액 80,000 중 유의적인 부분을 되돌리지 않을 가능성이 매우 높다고 결론지을 수 있으므로 변동대가 추정액 80,000을 거래가격에 포함시키고, 20×1년 12월 1일에 80,000의 수익을 인식한다.

〈경우 2〉

갑회사는 이미 인식한 누적 수익금액 중 유의적인 부분을 되돌리지 않을 가능성이 매우 높다고 결론지을 수 없기 때문에 추정치 60,000을 거래가격에 포함시키지 않는다.
비록 기업의 과거 가격할인이 20~60%의 범위에 있었더라도 현행 시장정보는 15~50%의 가격할인이 필요하다는 것을 암시하고 있다. 따라서 갑회사는 50%의 가격할인을 반영한 50,000의 변동대가가 이미 인식한 누적 수익 금액 중 유의적인 부분을 되돌리지 않을 가능성이 매우 높다고 결론지을 수 있다. 그 결과 갑회사는 20×1년 12월 1일에 50,000의 수익을 인식한다.

⑥ 반품권이 있는 판매에서 수익금액을 산정할 때 변동대가의 인식 및 측정원칙을 사용한다. 즉, 반품과 관련된 불확실성이 나중에 해소될 때, 이미 인식한 누적 수익 금액 중 유의적인 부분을 되돌리지 않을 가능성이 매우 높은 정도까지만 수익을 인식한다. 따라서 반품될 가능성이 매우 높을 것으로 예상되는 금액에 대해서는 수익을 인식하지 않고, 환불부채를 인식한다. 또한 고객이 반품권을 행사할 때 기업이 재화를 회수할 수 있는 권리를 별개의 자산(반환재고회수권)으로 인식한다.

⑦ 환불부채를 결제할 때 고객에게서 제품을 회수할 기업의 권리에 대해 인식하는 자산은 처음 측정할 때 제품의 장부금액에서 그 제품 회수에 예상되는 원가(반환된 제품이 기업에 주는 가치의 잠재적인 감소를 포함)를 차감한다. 보고기간 말마다 반품될 제품에 대한 예상의 변동을 반영하여 자산의 측정치를 새로 수정한다.

⑧ 반품권이 있는 제품의 이전을 회계처리하기 위하여 다음 사항을 모두 인식한다.

- 기업이 받을 권리를 갖게 될 것으로 예상하는 대가(금액)를 수익으로 인식(반품이 예상되는 제품에 대해서는 수익을 인식하지 않음)
- 환불부채 인식
- 환불부채를 결제할 때 고객에게서 제품을 회수할 기업의 권리에 대하여 자산(과 이에 상응하는 매출원가 조정) 인식
- 만일 반품으로 해당 자산의 잠재적 가치 감소, 회수 비용 등이 예상된다면 이를 반환재고회수권가액에서 차감하고 별도 비용으로 인식

⑨ 반품기간에 언제라도 반품을 받기로 하는 기업의 약속은 수행의무로 회계처리하지 않는다. 즉, 환불부채는 수행의무로 보지 않으므로 거래가격을 배분하지 않는다.

⑩ 보고기간 말마다, 기업은 제품을 이전하고 그 대가로 권리를 갖게 될 것으로 예상하는 금액을 다시 평가하고 이에 따라 거래가격과 인식된 수익 금액을 바꾼다. 그리고 보고기간 말마다 반품 예상량의 변동에 따라 환불부채의 측정치를 새로 수정하고, 이에 따라 생기는 조정액을 수익(또는 수익의 차감)으로 인식한다.

예제 9 반품권이 있는 판매(계속기록법) (객관식 7과 유사)

갑회사는 제품 100개를 1개당 100에 판매하는 계약을 고객과 체결하였다. 갑회사는 제품에 대한 반품이 확정되고 1개월 후 현금을 받는다. 갑회사의 사업 관행은 고객이 사용하지 않은 제품을 30일 이내에 반품하면 전액 환불받을 수 있도록 허용한다. 각 제품의 원가는 60이다. 갑회사는 변동대가를 기댓값 방법을 사용하여 97개의 제품이 반환되지 않을 것으로 추정하였다.

비록 반품은 갑회사의 영향력이 미치지 못하지만 갑회사는 반품 추정에 상당한 경험이 있으며, 불확실성은 단기간(30일 이내)에 해소될 것으로 판단하였다. 따라서 갑회사는 불확실성이 해소될 때(즉, 반품기한이 종료될 때) 이미 인식한 누적 수익 금액(97개×100=9,700) 중 유의적인 부분을 되돌리지 않을 가능성이 매우 높다고 결론지었다.

풀이

〈제품의 통제 이전 시점〉

계약자산	100개×100	매출	97개×100
		환불부채	3개×100
매출원가	97개×60	재고자산	100개×60
반환재고회수권	3개×60		

계약자산은 고객에게 재화나 용역을 이전하고 고객에게서 대가를 받을 권리를 말한다. 이에 반해 수취채권은 대가를 받을 무조건적인 권리를 말한다. 갑회사는 고객에게 제품을 이전하면서 30일 이내에 반품을 허용했으므로 제품의 통제이전 시점에서 대가를 받을 무조건적인 권리를 갖지 못한다. 따라서 수취채권 대신 계약자산으로 회계처리한다.

〈30일 이내에 제품 3개가 반품된 경우〉

환불부채	3개×100	계약자산	3개×100
재고자산	3개×60	반환재고회수권	3개×60
수취채권	97개×100	계약자산	97개×100

〈30일 이내에 반품이 전혀 없는 경우〉

환불부채	3개×100	매출	3개×100
매출원가	3개×60	반환재고회수권	3개×60
수취채권	100개×100	계약자산	100개×100

〈30일 이내에 제품 1개만이 반품된 경우〉

환불부채	3개×100	매출	2개×100
		계약자산	1개×100
매출원가	2개×60	반환재고회수권	3개×60
재고자산	1개×60		
수취채권	99개×100	계약자산	99개×100

〈30일 이내에 제품 4개가 반품된 경우〉

반품가능 판매시점과 실제반품 시점이 동일 회계연도라면 문제될 것이 없지만 만일 서로 다른 회계연도라면 오류수정으로 보는 것이 타당할 것이다.

환불부채	3개×100	계약자산	4개×100
매출	1개×100		
재고자산	4개×60	반환재고회수권	3개×60
		매출원가	1개×60
수취채권	96개×100	계약자산	96개×100

참고

〈모두 반품될 것으로 예상되는 경우〉

차변	금액	대변	금액
계약자산	100개×100	환불부채	100개×100
반환재고회수권	100개×60	재고자산	100개×60

또는

반품기한이 종료되어 판매수량이 확정될 때까지 아무런 회계처리를 하지 않을 수도 있다.

참고 반품권이 있는 판매 (실지재고조사법)

갑회사의 20×1년 매출은 총 10,000이며, 이 중에는 반품을 추정할 수 없는 판매 1,000(원가 700)이 있다. 한편, 갑회사의 20×1년 기초 재고는 500, 당기 매입은 11,500, 그리고 20×1년 말 창고 실지재고액은 4,300이다.

갑회사는 실지재고조사법을 사용하며, 당기중 재고자산과 관련한 감모와 평가손실은 발생하지 않았다.

〈기중 매출 시〉

차변	금액	대변	금액
현금	10,000	매출	9,000
		환불부채	1,000

〈12월 31일〉

차변	금액	대변	금액
상품(기말)	4,300	상품(기초)	500
매출원가	7,700	매입	11,500
&			
반환재고회수권*	700	매출원가	700

* 반환재고회수권을 향후 재고자산이 반품될 때 이를 수령할 권리로 보고 무형자산으로 볼 수도 있으나, 저자의 견해로는 기말 재고자산의 가산항목으로 보는 것이 적절하다고 판단된다. 재무상태표에 표시될 기말재고자산은 보고기간 말에 실제 보유하고 있는 재고자산 이외에 타처에 보관 중인 재고자산, 운송중인 재고자산(미착품), 고객이 매입의사표시를 하지 않은 재고자산 등이 모두 포함되어야 한다. 반품권이 있는 판매의 경우 보고기간 말 현재 아직 반품되지 않은 재고자산은 타처에 보관 중인 재고자산과 그 실질이 다르지 않으므로 기말재고자산에 포함시키는 것이 타당할 것이다.

예제 10 가격차이 보상제도

갑회사는 고객에게 상품을 판매하면서 판매 후 1개월 동안 가격차이 보상제도를 실시하고 있다. 이 제도에 따르면 다른 경쟁회사가 동일한 상품을 갑회사보다 싼 가격으로 판매할 경우 갑회사의 상품을 구매한 고객에게 갑회사의 판매가격과 경쟁회사의 판매가격의 차이만큼 환불해준다. 갑회사는 과거 경험에 따라 판매가격의 5%를 판매 후 1개월 내에 환불할 것으로 예상하며, 이러한 변동대가 추정치와 관련된 불확실성이 나중에 해소될 때 이미 인식한 누적 수익금액 중 유의적인 부분을 되돌리지 않을 가능성이 매우 높다고 판단하였다.

풀이

갑회사는 상품 판매 시 판매액의 95%에 해당되는 금액만 수익으로 인식하고, 판매액의 5%에 해당되는 금액은 환불부채로 인식한다. 그러나 상품을 반품 받는 것은 아니므로 반품재고회수권을 인식하지는 않는다.

iii) 계약에 있는 유의적인 금융요소

① 거래가격을 산정할 때 계약 당사자들 간에 합의한 지급시기 때문에 고객에게 재화나 용역을 이전하면서 유의적인 금융 효익이 고객이나 기업에 제공되는 경우 화폐의 시간가치가 미치는 영향을 반영하여 약속된 대가를 조정한다. 이와 같은 조정의 목적은 고객이 그 재화나 용역 대금을 현금으로 결제했다면 지급하였을 가격을 반영하는 금액(현금판매가격)으로 수익을 인식하기 위해서이다. 따라서 금융효과(이자수익이나 이자비용)는 고객과의 계약에서 생기는 수익과 구분하여 표시한다.

② 고객과의 계약에 다음의 요인 중 어느 하나라도 존재한다면 유의적인 금융요소는 없을 것이다.

문단 62

- 고객이 재화나 용역의 대가를 선급하였고, 그 재화나 용역의 이전 시점은 고객의 재량에 따른다.
  → 미인도청구판매
- 고객이 약속한 대가 중 상당한 금액이 변동될 수 있으며, 그 대가의 금액과 시기는 고객이나 기업이 실질적으로 통제할 수 없는 미래 사건의 발생 여부에 따라 달라진다.
  → 대가가 판매기준 로열티인 경우
- 약속한 대가와 재화나 용역의 현금판매가격 간의 차이가 고객이나 기업에 대한 금융제공 외의 이유로 생기며, 그 금액 차이는 그 차이가 나는 이유에 따라 달라진다.
  → 기업이 약속한 재화나 용역을 제공하면서 고객이 계약상 이행해야 할 의무를 제대로 이행하지 못할 경우 기업이 부담하게 될 위험을 보상받기 위해 현금판매가격보다 10% 더 높은 대가를 받기로 약정하였다면 약속한 대가와 현금판매가격 간의 차이는 금융 제공 외의 이유로 생긴 것이다.

③ 계약을 개시할 때 기업이 고객에게 약속한 재화나 용역을 이전하는 시점과 고객이 그에 대한 대가를 지급하는 시점 간의 기간이 1년 이내일 것이라고 예상한다면 유의적인 금융요소의 영향을 조정하지 않는 실무적 간편법을 쓸 수 있다.

④ 유의적인 금융요소를 반영하여 약속한 대가(금액)를 조정할 때, 계약 개시시점에 기업과 고객이 별도 금융거래를 한다면 반영하게 될 할인율(고객의 신용특성을 반영한 이자율)을 사용한다.

⑤ 계약 개시 후에는 이자율이나 그 밖의 상황이 달라져도(예 : 고객의 신용위험 평가의 변동) 그 할인율을 새로 수정하지 않는다.

⑥ 대가를 먼저 수령하는 조건일 경우에도 유의적인 금융요소를 반영하여 거래가격을 산정한다. 예를 들어 20×1년 초에 고객으로부터 1,000을 수령하고, 제품의 통제이전은 2년 후에 이루어진다고 할 때 2년 후에 인식할 매출액은 1,000보다 큰 금액이 될 것이다. 즉, 계약 개시시점에 기업과 고객이 별도 금융거래를 한다면 반영하게 될 할인율을 이용하여 계산한 금액으로 2년 후에 매출을 인식한다.

참고

②의 첫 번째 점 : 판매자 입장에서 현금은 수령하였으나 고객의 요청으로 물건의 이전은 이연된 상황

⑥ : 판매자 입장에서 판매 물건이 준비되지 않아 이전이 불가능하지만 고객이 먼저 판매대가를 지급한 상황

예제 11 할인율 산정

갑회사는 20×1년 초에 고객에게 기계장치를 판매하는 계약을 체결하였다. 기계장치에 대한 통제는 계약에 서명할 때 고객에게 이전된다. 계약에 표시된 가격은 1,000,000이며, 20×1년부터 20×5년까지 매년 말에 224,627씩 총 1,123,135를 수령할 예정이다. 할부금은 연 4%의 계약 이자율에 의하여 계산된 금액(A×(5, 4% 연금)=1,000,000 ∴ A=224,627)이다. 즉, 갑회사 고객 평균 신용반영 이자율은 4%이다.

→ 회사는 개별 고객의 신용과 무관하게 전체 고객 평균 신용을 반영하여 할부금을 미리 결정한다.

〈계약 이자율 4%가 별도 금융거래의 이자율을 반영하는 경우(평균의 신용위험 고객인 경우)〉

계약 이자율 4%가 계약 개시시점에 갑회사와 고객 간의 별도 금융거래에서 사용될 이자율을 반영할 경우 금융의 시장조건은 기계장치의 현금판매가격이 1,000,000임을 의미한다.

매출액=224,627×4.45182(기간 5, 4%, 연금현가계수)=1,000,000
할부금 총액−매출액=1,123,135−1,000,000=123,135

123,135는 5년 동안 유효이자율법을 적용하여 이자수익으로 인식한다.

〈회계처리〉

	차변	금액	대변	금액
×1초	매출채권	1,000,000	매출	1,000,000
×1말~×5말	현금	224,627×5	매출채권	1,000,000
			이자수익	123,135

〈계약 이자율 4%는 계약 개시시점에 갑회사와 고객 간의 별도 금융거래에서 고객의 신용특성을 반영한 이자율 10%보다 상당히 낮다고 판단할 경우(**평균보다 높은 신용위험 고객인 경우**)〉

계약 이자율 4%는 계약 개시시점에 갑회사와 고객 간의 별도 금융거래에서 고객의 신용특성을 반영한 이자율 10%보다 상당히 낮다고 판단할 경우 이는 기계장치의 현금판매가격이 1,000,000보다 낮음을 의미한다. 따라서, 할부금을 10%로 할인한 금액으로 매출을 인식한다.

매출액＝224,627×3.79079(기간 5, 10%, 연금현가계수)＝851,514
할부금 총액－매출액＝1,123,135－851,514＝271,621

271,621은 5년 동안 유효이자율법을 적용하여 이자수익으로 인식한다.

〈회계처리〉

	차변		대변	
×1초	매 출 채 권	851,514	매 출	851,514
×1말～×5말	현 금	224,627×5	매 출 채 권	851,514
			이 자 수 익	271,621

예제 12 장기할부매출의 수익인식

갑회사는 20×1년 1월 1일 총수취액 10,000,000의 할부매출을 하면서 인도금으로 4,000,000을 즉시 수령하고, 잔금 6,000,000은 20×1년부터 20×3년까지 매년 12월 31일에 2,000,000씩 3년에 걸쳐서 수령하기로 하였다. 이 거래에는 유의적인 금융요소가 포함되어 있으며, 계약 할인율은 연 10%로서 계약 개시시점에 갑회사와 고객이 별도 금융거래를 한다면 반영하게 될 할인율로 판단된다.

풀이

1. 매 출 액＝4,000,000(인도금)＋2,000,000×2.48685(기간 3, 10%, 연금현가계수)
   ＝8,973,700

   이자수익＝총수취액 － 매출액
   ＝10,000,000－8,973,700
   ＝1,026,300

2. 매출채권 장부금액 조정

일자	현금	이자수익(10%)	원금회수액	장부금액
20×1. 1. 1.	4,000,000		4,000,000	4,973,700
20×1. 12. 31.	2,000,000	497,370	1,502,630	3,471,070
20×2. 12. 31.	2,000,000	347,107	1,652,893	1,818,177
20×3. 12. 31.	2,000,000	181,823	1,818,177	0
합 계	10,000,000	1,026,300	8,973,700	

3.

일 자	회 계 처 리					
20×1. 1. 1.	현	금	4,000,000	매	출	8,973,700
	장 기 매 출 채 권		4,973,700			
20×1. 12. 31.	현	금	2,000,000	이 자 수 익		497,370
				장 기 매 출 채 권		1,502,630
20×2. 12. 31.	현	금	2,000,000	이 자 수 익		347,107
				장 기 매 출 채 권		1,652,893
20×3. 12. 31.	현	금	2,000,000	이 자 수 익		181,823
				장 기 매 출 채 권		1,818,177

예제 13 선수금과 할인율 평가 (객관식 8과 유사)

갑회사는 20×1년 초에 자산을 판매하기로 고객과 계약을 체결하였는데, 자산에 대한 통제는 20×2년 말에 고객에게 이전된다. 계약에 따르면 대금은 고객이 계약에 서명할 때 4,000을 지급하는 방법과 20×2년 말에 고객이 자산을 통제할 때 5,000을 지급하는 방법 중 선택할 수 있다. 고객은 계약에 서명할 때 4,000을 지급하는 방법을 선택하였다.
갑회사는 계약 개시시점에 기업과 고객이 별도 금융거래를 한다면 반영하게 될 할인율이 6%라고 판단하였다.

풀이

〈계약 개시시점〉

차변		금액	대변		금액
현	금	4,000	계 약 부 채		4,000
예	금	4,000	현	금	4,000

〈계약부채에 대한 20×1년도 이자비용 인식〉

차변	금액	대변	금액
이 자 비 용	240	계 약 부 채	240

* 4,000×6%=240

차변		금액	대변	금액
예	금	240	이 자 수 익	240

〈계약부채에 대한 20×2년도 이자비용 인식〉

차변		금액	대변	금액
이 자 비 용		254	계 약 부 채	254
예	금	254	이 자 수 익	254

* (4,000+240)×6%=254

〈20×2년 말 수익 인식〉

차변		금액	대변		금액
계 약 부 채		4,494	매	출	4,494
현	금	4,494	예	금	4,494

만일 고객이 20×2년 말 5,000을 지급하는 방법을 선택하였다면 20×2년 말 현금 수령 시 매출 5,000을 인식하는 회계처리만 하면 된다.

iv) 비현금 대가

① 고객이 현금 외의 형태로 대가를 약속한 계약의 경우에 거래가격을 산정하기 위하여 비현금 대가를 공정가치로 측정한다.

② 비현금 대가의 공정가치를 합리적으로 추정할 수 없는 경우에는 그 대가와 교환하여 고객에게 약속한 재화나 용역의 개별 판매가격을 참조하여 간접적으로 그 대가를 측정한다.

③ 기업이 계약을 쉽게 이행할 수 있도록 고객이 재화나 용역을 제공하는 경우에 기업이 그 제공받은 재화나 용역을 통제한다면 이를 고객에게서 받은 비현금 대가로 회계처리한다.

④ 비현금대가의 공정가치는 대가의 형태(예 : 대가가 주식일 경우 그 주식의 가격변동)때문에 변동될 수 있는데, 이 경우에는 변동대가 추정치의 제약 규정을 적용하지 않는다. 그러나 고객이 약속한 비현금 대가의 공정가치가 대가의 형태만이 아닌 이유로 변동된다면(예 : 공정가치가 기업의 성과에 따라 달라질 수 있음) 변동대가 추정치의 제약과 관련된 요구사항을 적용한다.

예 1 중고차 보상 판매

갑회사는 차량을 제작하여 고객에게 판매하는데, 고객이 신차를 구매하면서 사용하던 갑회사 제작 중고차를 갑회사에 반납하면 신차 가격에서 일정 금액을 할인해 주는 판촉활동을 시행하고 있다. 신차의 판매가격이 10,000인데, 고객이 사용하던 중고차의 공정가치를 500으로 측정하고 9,500의 현금을 수령하기로 하였다.

풀이

갑회사는 신차를 판매하면서 고객으로부터 현금 이외에 비현금 대가인 중고차도 받는데, 현금 9,500과 중고차의 공정가치 500을 합한 10,000으로 수익을 인식한다.

v) 고객에게 지급할 대가

① 기업이 유통업자에게 상품을 판매하고, 후속적으로 그 유통업자의 고객에게 대가를 지급할 수 있다. 그 대가는 고객에게서 받은 재화나 용역의 대가를 지급하는 형태이거나, 고객에게 제공한 재화나 용역의 할인 또는 환불의 형태일 수 있다.

② 고객에게 지급할 대가가 고객에게서 받은 구별되는 재화나 용역에 대한 지급이 아니라면, 그 대가는 거래가격 즉, 수익에서 차감하여 회계처리한다.

③ 고객에게 지급할 대가가 고객에게서 받은 구별되는 재화나 용역에 대한 지급이라면, 다른 공급자에게서 구매한 경우와 같은 방법으로 회계처리한다.

④ 고객에게 지급할 대가가 고객에게서 받은 구별되는 재화나 용역의 공정가치를 초과한다면, 그 초과액을 거래가격에서 차감하여 회계처리한다.

⑤ 고객에게서 받은 재화나 용역의 공정가치를 합리적으로 추정할 수 없다면, 고객에게 지급할 대가 전액을 거래가격에서 차감하여 회계처리한다.

예 2 고객에게 지급할 대가 (리베이트의 선급)

갑회사는 대형 소매체인점인 고객에게 1년 동안 재화를 판매하기로 계약을 체결하였는데, 동 계약에 따르면 고객은 1년 동안 적어도 100,000의 제품을 사기로 약속하였다. 계약에서는 갑회사가 고객에게 환불되지 않는 10,000을 지급하도록 되어 있는데, 이 금액은 고객이 갑회사의 제품을 선반에 진열하는 데 필요한 변경에 대한 보상이다.

풀이

갑회사는 고객의 선반에 대한 어떠한 권리도 통제하지 못하기 때문에 고객에게 지급한 10,000이 갑회사에게 이전되는 구별되는 재화나 용역의 대가가 아니다. 따라서 10,000을 거래가격의 감액으로 회계처리한다. 결국 갑회사는 100,000에서 10,000을 차감한 금액만큼 수익을 인식해야 하므로 고객에게 재화를 이전하는 대로 거래가격을 10%씩 감소시킨다. 만약에 첫째 달에 갑회사가 20,000의 제품을 고객에게 이전하였다면 10% 감소금액인 18,000을 수익으로 인식한다.
참고로 갑회사의 회계처리를 제시하면 다음과 같다.

〈환불되지 않는 10,000 지급 시〉

차변	금액	대변	금액
선급금	10,000	현금	10,000

〈100,000의 제품 이전 시〉

차변	금액	대변	금액
현금, 수취채권	100,000	매출	90,000
		선급금	10,000

〈20,000의 제품 이전 시〉

차변	금액	대변	금액
현금, 수취채권	20,000	매출	18,000
		선급금	2,000

2.4 거래가격의 수행의무 배분(단계 4)

단일의 수행의무만 있는 계약의 경우에는 거래가격의 배분이 필요하지 않으나, 수행의무가 여러 개일 경우 거래가격을 각 수행의무에 배분해야 한다. 이때 상대적 개별 판매가격을 기준으로 거래가격을 계약에서 식별된 각 수행의무에 배분한다.

거래가격을 배분하는 목적은 기업이 고객에게 약속한 재화나 용역을 이전하고 그 대가로 받을 권리를 갖게 될 금액을 나타내는 금액으로 각 수행의무에 거래가격을 배분하는 것이다.

i) 개별 판매가격의 결정

① 계약 개시시점에 계약상 각 수행의무의 대상인 구별되는 재화나 용역의 개별 판매가격을 산정하고, 이 개별 판매가격에 비례하여 거래가격을 배분한다. 이때 개별 판매가격이란 기업이 고객에게 약속한 재화나 용역을 별도로 판매할 경우의 가격을 말한다.

② 개별 판매가격의 최선의 증거는 기업이 비슷한 상황에서 비슷한 고객에게 별도로 재화나 용역을 판매할 때 그 재화나 용역의 관측 가능한 가격이다. 재화나 용역의 계약상 표시가격이나 정가는 그 재화나 용역의 개별 판매가격일 수 있지만, 개별 판매가격으로 간주되어서는 안 된다.

③ 재화나 용역의 개별 판매가격을 직접 관측할 수 없다면 아래 표의 방법으로 적절하게 추정한다.

〈표〉 개별 판매가격의 추정방법

방 법	내 용
시장평가 조정 접근법	기업이 재화나 용역을 판매하는 시장을 평가하여 그 시장에서 고객이 그 재화나 용역에 대해 지급하려는 가격을 추정
예상원가 이윤 가산 접근법	수행의무를 이행하기 위한 예상원가를 예측하고, 여기에 그 재화나 용역에 대한 적절한 이윤을 더하는 방법
잔여접근법	총 거래가격에서 계약에서 약속한 그 밖의 재화나 용역의 관측 가능한 개별 판매가격의 합계를 차감하여 추정

④ 잔여접근법은 같은 재화나 용역을 서로 다른 고객들에게 광범위한 금액으로 판매하거나(즉, 대표적인 개별 판매가격을 분간할 수 없어 판매가격이 매우 다양), 재화나 용역의 가격을 아직 정하지 않았고 과거에 그 재화나 용역을 따로 판매한 적이 없는 경우(즉, 판매가격이 불확실)에만 사용이 가능하다.

예 3 개별 판매가격의 추정 – 잔여접근법

갑회사는 제품 A, B와 C를 100,000에 고객에게 판매하는 계약을 체결하였다. 갑회사는 제품 A, B 및 C를 이전하는 것을 별개의 수행의무로 식별하였다. 제품 A와 제품 B의 시장에서의 관측 가능한 판매가격은 각각 40,000과 35,000이나, 제품 C는 관측 가능한 판매가격이 없으며 시장평가 조정 접근법이나 예상원가 이윤 가산 접근법 등 개별 판매가격을 추정할 수 없는 상황이다.

풀이

제 품	배분된 거래가격	
A	관측 가능한 판매가격	40,000
B	관측 가능한 판매가격	35,000
C	잔여접근법으로 추정 100,000－40,000－35,000＝	25,000
합 계		100,000

예 4 거래가격의 배분

갑회사는 고객에게 컴퓨터와 프린터를 패키지로 하여 60,000에 판매하는 계약을 체결하였는데, 컴퓨터 판매와 프린터 판매는 별개의 수행의무로 식별되었다. 갑회사는 보통 컴퓨터와 프린터를 각각 70,000과 10,000에 판매하고 있다. 전체 할인액 20,000은 특정 수행의무와 관련되어 있지 않다.

풀이

수행의무	개별 판매가격	배분된 거래가격	
컴퓨터 판매	70,000	60,000×(70,000/80,000)＝	52,500
프린터 판매	10,000	60,000×(10,000/80,000)＝	7,500
합계	80,000		60,000

ii) 할인액의 배분

① 계약에서 약속한 재화나 용역의 개별 판매가격 합계가 계약에서 약속한 대가를 초과하면 고객은 재화나 용역의 묶음을 구매하면서 할인을 받은 것이다.

② 할인액 배분의 초점은 할인액을 모든 수행의무에 비례하여 배분하는가, 아니면 일부 수행의무에만 배분하는가에 있다. 할인액 전체가 계약상 하나 이상의 일부 수행의무에만 관련된다는 관측 가능한 증거가 있는 때 외에는 할인액을 계약상 모든 수행의무에 비례하여 배분한다.

③ 그러나 다음 기준을 모두 충족하면 할인액 전체를 계약상 하나 이상이나 전부는 아닌 일부 수행의무들에만 배분한다.

문단 82

㉠ 기업이 계약상 각각 구별되는 재화나 용역을 보통 따로 판매한다.

㉡ 또 기업은 ㉠의 재화나 용역 중 일부를 묶고 그 묶음 내의 재화나 용역의 개별 판매가격보다 할인하여 그 묶음을 보통 따로 판매한다.

㉢ ㉡에서 기술한 재화나 용역의 각 묶음의 할인액이 계약의 할인액과 실질적으로 같고, 각 묶음의 재화나 용역을 분석하면 계약의 전체 할인액이 귀속되는 수행의무(들)에 대한 관측 가능한 증거를 제공한다.

④ 문단 82에 따라 할인액을 배분하는 경우, 잔여접근법을 사용하여 재화나 용역의 개별 판매가격을 추정하기 전에 그 할인액을 배분한다(문단 83).

왜냐하면 잔여접근법으로 개별 판매가격을 추정한 후 할인액을 배분하면 잔여접근법으로 추정한 재화에 대해서 할인액이 배분되기 때문이다.

((예 6)의 〈경우 2〉의 경우 제품 B, C에 대하여 할인액을 우선 배분한 후에 제품 D에 대해서 잔여접근법을 적용하였다.)

예 5 할인액의 배분

갑회사는 1,200에 제품 A, B, C를 판매하기로 고객과 계약을 체결하였다. 갑회사는 서로 다른 시점에 각 제품에 대한 수행의무를 이행할 것이다. 갑회사는 보통 제품 A를 별도로 판매하므로 개별 판매가격 600을 직접 관측할 수 있으나, 제품 B와 C의 개별 판매가격은 직접 관측할 수 없으므로 추정하기로 하였다. 갑회사는 제품 B에는 시장평가 조정 접근법을 사용하여 300으로 개별 판매가격을 추정하였고, 제품 C에는 예상원가 이윤 가산법을 사용하여 700으로 개별 판매가격을 추정하였다.

풀이

제품 A, B, C의 개별 판매가격의 합계액 1,600(600+300+700)이 약속된 대가 1,200을 초과하므로 고객은 제품 묶음을 구매하면서 400의 할인을 받는다. 전체 할인이 귀속되는 수행의무에 대한 관측 가능한 증거가 없기 때문에(즉, 할인이 특정한 수행의무와 관련되어 있는 것이 아니기 때문에) 갑회사는 할인액 400을 제품 A, B, C에 비례적으로 배분하여 다음과 같이 거래가격을 결정한다.

제 품	배분된 거래가격	
A	600−400×(600/1,600)=	450
B	300−400×(300/1,600)=	225
C	700−400×(700/1,600)=	525
합 계		1,200

결국 할인된 금액 1,200을 제품 A, B, C에 600 : 300 : 700의 비율로 배분한 결과와 동일하다.

예 6 할인액의 배분

갑회사는 보통 제품 A, B, C를 개별 판매하는데, 개별 판매가격은 다음과 같다.

제 품	개별 판매가격
A	40
B	55
C	45
합 계	140

갑회사는 보통 제품 B와 C를 함께 60에 판매한다.

풀이

〈경우 1〉 하나 이상의 수행의무에 할인액 배분

갑회사는 100에 제품 A, B, C를 판매하기로 고객과 계약을 체결하였다. 그런데 갑회사는 보통 제품 B와 C를 함께 60에 판매하고 있기 때문에 할인액 40을 제품 A, B, C 모두에 비례하여 배분하지 않고 제품 B와 C를 이전하는 약속에 배분한다.

같은 시점에 제품 B와 C의 통제 이전시			다른 시점에 제품 B와 C의 통제 이전시		
제 품	배분된 거래가격		제 품	배분된 거래가격	
A		40	A		40
B, C		60	B	60 × (55/100) =	33
			C	60 × (45/100) =	27
합 계		100	합 계		100

〈경우 2〉 잔여접근법이 적절한 경우

갑회사는 〈경우 1〉에 제품 D를 이전하는 추가 약속을 포함하기로 하였으며 계약의 총 대가는 130이다. 갑회사는 제품 D를 넓은 범위의 금액(15~45)으로 서로 다른 고객에게 판매하기 때문에 제품 D의 판매가격 변동성이 매우 높다고 보고 제품 D의 개별 판매가격을 잔여접근법으로 추정하기로 하였다. 그런데 잔여접근법을 사용하기 전에 갑회사는 문단 83에 따라 할인액을 먼저 배분해야 한다.

〈경우 1〉에서 갑회사는 보통 제품 B와 C를 함께 60에 판매하고 제품 A를 40에 판매하므로 100을 제품 A, B, C에 배분해야 하고, 40의 할인액은 제품 B와 C를 이전하기로 한 약속에 배분한다. 따라서 잔여 접근법을 사용하여 다음과 같이 제품 D의 개별 판매가격이 30(130−100)이라고 추정한다.

제품	배분된 거래가격	
A	40	직접 관측 가능
B, C	60*	할인액 우선배분, 직접 관측 가능
D	30	잔여접근법 적용
합 계	130	

* 제품 B와 C의 통제 이전 시점이 다르면 배분 필요(〈경우 1〉 참조)

그리고 제품 D에 배분한 결과인 30은 관측 가능한 판매가격의 범위(15~45)에 있다.

〈경우 3〉 잔여접근법이 부적절한 경우

〈경우 2〉에서 거래가격이 130이 아니라 105라면 잔여접근법을 적용하여 추정한 제품 D의 개별 판매가격은 5(105−100)가 된다. 이는 관측 가능한 판매가격의 범위(15~45)에 가깝지 않기 때문에 갑회사가 제품 D를 이전하는 수행의무를 이행하고 그 대가로 받을 권리를 갖게 될 것으로 예상하는 금액을 5가 충실하게 표현하지 못한다고 결론짓는다. 따라서 갑회사는 다른 적절한 방법을 사용하여 제품 D의 개별 판매가격을 추정하고, 각 제품의 상대적인 개별 판매가격을 사용하여 제품 A, B, C, D에 거래가격 105를 배분한다.

iii) 변동대가의 배분

① 서로 다른 시기에 두 제품을 제공하면서 두 번째 제품의 적시 인도 여부에 따라서만 결정되는 보너스를 받는 계약을 체결했을 때 거래가격에 포함된 변동대가를 두 제품에 모두 귀속시키는 것은 부적절할 수 있다.

② 다음의 기준을 모두 충족하면 변동금액(과 후속 변동액) 전부를 하나의 수행의무에 배분하거나, 단일 수행의무의 일부를 구성하는 일련의 구별되는 재화나 용역에 배분한다. 문단 85

- 수행의무를 이행하거나 구별되는 재화나 용역을 이전하는 기업의 노력과 변동 지급조건이 명백하게 관련되어 있다.
- 계약상 모든 수행의무와 지급조건을 고려할 때, 변동대가(금액)를 전부 그 수행의무나 구별되는 재화 또는 용역에 배분하는 것이 거래가격의 배분 목적에 맞는다.

③ 변동대가의 후속 변동은 거래가격의 후속 변동으로 이어진다.

iv) 거래가격의 변동

① 거래가격의 후속 변동은 계약 개시시점과 같은 기준(즉, 계약 개시시점에 정한 개별 판매가격 기준)으로 계약상 수행의무에 배분한다. 따라서 계약을 개시한 후의 개별 판매가격의 변동을 반영하기 위해 거래가격을 다시 배분하지는 않는다.

② 이행된 수행의무에 배분되는 금액은 거래가격이 변동되는 기간에 수익으로 인식하거나 수익에서 차감한다.

예제 14 거래가격의 변동–변동대가 추정의 변동

갑회사는 고객에게 구별되는 제품 A와 B를 이전하기로 20×1년 10월 1일에 약속하였다. 제품 A는 계약 개시 시점에 고객에게 이전하고, 제품 B는 20×2년 3월 31일에 이전하며 두 제품의 판매가격은 같다. 고객이 약속한 대가는 고정대가 1,000과 불확실성이 해소될 때 이미 인식한 누적 수익 금액 중 유의적인 부분을 되돌리지 않을 가능성이 매우 높다고 결론지은 변동대가 추정액 200을 포함한다.

풀이

두 제품의 개별 판매가격이 같고, 변동대가를 일부의 수행의무에만 배분하도록 요구하는 문단 85의 기준을 충족하지 못하므로 변동대가 200을 제품 A와 B에 100씩 배분한다. 따라서 제품 A와 B를 고객에게 이전할 때 각각 600씩 수익을 인식한다.

20×1년 12월 31일에 갑회사는 불확실성이 해소될 때 이미 인식한 누적 수익 금액 중 유의적인 부분을 되돌리지 않을 가능성이 매우 높다고 결론지은 변동대가 추정액을 200에서 240(150)으로 수정하였다.

풀이

거래가격의 후속 변동은 계약 개시 시점과 같은 기준으로 계약상 수행의무에 배분하며, 이행된 수행의무에 배분되는 금액은 거래가격이 변동되는 기간에 수익으로 인식하거나 수익에서 차감한다. 따라서 20×1년 10월 1일에 거래가격을 배분한 방법과 동일하게 20×1년 12월 31일에 변동대가 수정액 40(−50)을 제품 A와 B에 20(−25)씩 배분한다. 그 결과 제품 A에 대해서 20(−25)의 매출을 추가 인식한다. 한편 20×2년에 제품 B를 고객에게 이전할 때 매출 620(575)을 인식한다.
(변동대가 수정을 20×2년 1월 31일에 했다고 가정하면 이미 이전한 제품 A에 대한 매출 20(−25)의 추가 인식은 거래가격이 변동되는 기간에 이루어져야 하므로 20×2년 1월 31일에 인식한다.)

예제 15 거래가격의 변동–대량 할인 장려금 (객관식 5와 유사)

갑회사는 제품 A를 개당 100에 판매하기로 20×1년 1월 1일에 고객과 계약을 체결하였다. 고객이 제품 A를 1년 동안 1,000개를 초과하여 구매하면 개당 가격을 90으로 소급하여 낮추기로 계약에서 정하였다.

〈20×1년 1분기〉 또는 〈20×1년 4분기〉
20×1년 3월 31일로 종료되는 1분기에, 갑회사는 고객에게 제품 A를 75개 판매하였다. 갑회사는 고객이 20×1년에 대량 할인을 받을 수 있는 1,000개를 초과하여 구매하지는 않을 것으로 추정하였다.

〈20×1년 2분기〉 또는 〈20×2년 1분기〉
20×1년 2분기에 고객은 다른 회사를 합병하였고, 이로 인하여 고객은 2분기에 제품 A를 500개 구매하였다. 갑회사는 합병이라는 새로운 사실에 기초하여, 고객이 20×1년에 1,000개를 초과하여 제품 A를 구매할 것으로 추정하였다.

풀이

20×1년 1분기 수익(또는 20×1년 4분기)=75개×100=7,500

〈회계처리〉

현 금	75개×100	매 출	75개×100

20×1년 2분기 수익(또는 20×2년 1분기)=500개×90−75개×10(가격할인분)=44,250

〈회계처리〉

현 금	500개×100	매 출	500개×90
		부 채	500개×10

&

매 출	75개×10	부 채	75개×10

v) **계약변경의 결과로 생기는 거래가격의 변동**

① 계약변경이란 계약 당사자들이 승인한 계약범위나 계약가격(또는 둘 다)의 변경을 의미한다. 계약 당사자가 집행 가능한 권리와 의무를 새로 설정하거나 기존의 집행 가능한 권리와 의무를 변경하기로 승인할 때 계약변경이 발생한다.

② 계약 당사자들이 계약범위의 변경을 승인하였으나, 아직 이에 상응하는 가격 변경을 결정하지 않는 경우, 계약변경으로 생기는 거래가격의 변동은 변동대가 추정과 변동대가 추정치의 제약에 따라 추정한다.

③ 다음의 두 조건을 모두 충족하는 경우에 계약변경은 별도 계약으로 회계처리한다 문단 20

- 구별되는 약속한 재화나 용역이 추가되어 계약의 범위가 확장된다.
- 추가로 약속한 재화나 용역의 개별 판매가격에 특정 계약 상황을 반영하여 적절히 조정* 한 대가(금액)만큼 계약가격이 상승한다.

* 예를 들어 공장건물을 신축하는 건설용역을 제공하고 있는데, 창고건물도 추가로 신축하기로 고객과 합의하고 총 계약금액을 증액하는 계약변경을 하였다고 가정하자. 개별적으로 창고건물을 신축한다면 1,000만큼 계약금액을 증액하였을 것이나, 이미 공장건물 신축에 투입된 장비와 인력을 창고건물 신축에 투입할 수 있어 원가를 절감할 수 있다고 보고 200을 할인한 800만큼 계약금액을 증액하였다면 문단 20(2)를 충족하는 것이므로 별도계약으로 회계처리한다. 그러나 200의 계약금액 할인에 고객과의 관계 유지를 위한 할인 100을 추가하여 700만큼 계약금액을 증액하였다면 문단 20(2)를 충족하지 못하므로 별도계약으로 회계처리하지 않는다.

④ 계약변경에 따라 추가로 약속한 재화나 용역이 구별되고, 재화나 용역의 가격이 개별 판매가격을 반영한다면 이는 별도로 계약을 체결한 것이나 다름없다. 따라서 기존 계약은 기존 계약대로 회계처리하고, 계약변경된 부분은 새로운 계약으로 보고 별도로 회계처리한다.

⑤ 그러나 계약의 변경이 문단 20에 따라 별도 계약으로 회계처리하는 계약변경이 아니라면, 계약변경일에 아직 이전되지 않은 약속한 재화나 용역(즉, 나머지 약속한 재화나 용역)의 구별 여부에 따라 표와 같이 회계처리한다.

〈표〉 계약변경의 회계처리(문단 21)

구 분	계약변경의 회계처리
나머지 재화나 용역이 계약변경일이나 그 전에 이전한 재화나 용역과 구별되는 경우(문단 21(1))	기존 계약을 종료하고 새로운 계약을 체결한 것처럼 회계처리한다. 나머지 수행의무에 배분하는 대가는 다음의 ①과 ②의 합계로 한다. ① 고객이 약속한 대가 중 거래가격 추정치에는 포함되었으나 아직 수익으로 인식되지 않은 금액 ② 계약변경의 일부로 약속한 대가
나머지 재화나 용역이 구별되지 않아서 계약변경일에 부분적으로 이행된 단일 수행의무의 일부를 구성한 경우(문단 21(2))	기존 계약의 일부인 것처럼 회계처리(누적효과 일괄조정기준 적용)

⑥ 계약변경의 회계처리를 요약하면 다음과 같다.

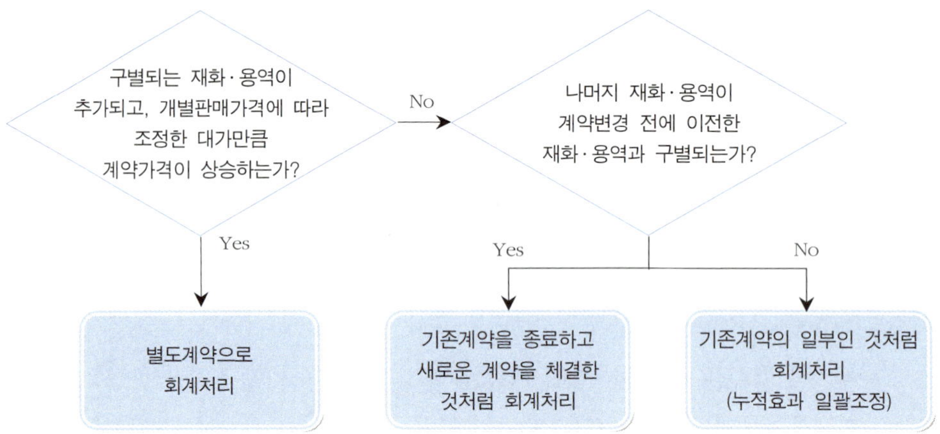

⑦ 계약변경의 회계처리는 모두 3가지인데, 이를 정리하면 다음과 같다.

㉠ 별도계약으로 회계처리 (B 따로, C 따로)

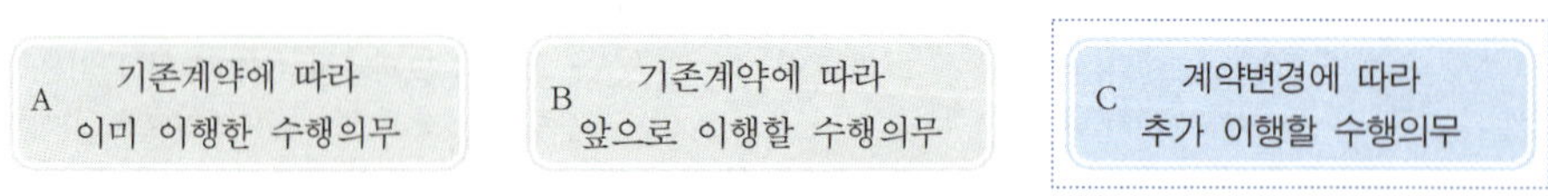

㉡ 기존 계약 종료, 새로운 계약을 체결한 것처럼 회계처리 (B와 C를 하나로)

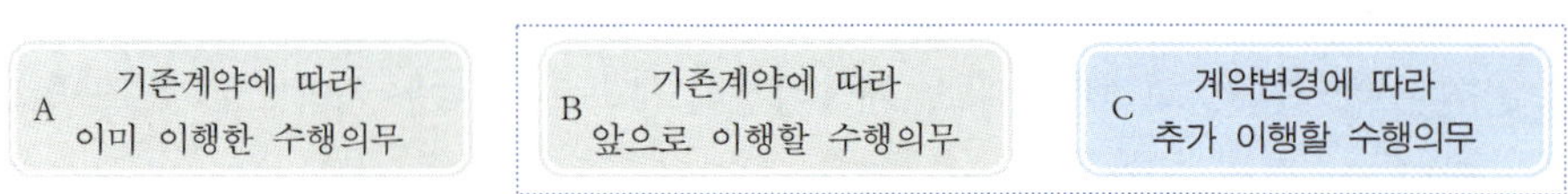

㉢ 기존 계약의 일부인 것처럼 회계처리 (A, B, C를 하나로)

A 기존계약에 따라 이미 이행한 수행의무	B 기존계약에 따라 앞으로 이행할 수행의무	C 계약변경에 따라 추가 이행할 수행의무

㉠에서 별도 계약으로 회계처리하라는 것은 기존 계약과 별개로 계약변경에 따른 수행의무를 회계처리함을 의미한다. ㉡에서 기존 계약을 종료하고, 새로운 계약을 체결한 것처럼 회계처리하라는 것은 기존 계약에 따라 앞으로 이행할 수행의무와 계약변경에 따라 추가 이행할 수행의무를 한 묶음으로 보고 회계처리함을 의미한다. 그리고 ㉢에서 기존 계약의 일부인 것처럼 회계처리하라는 것은 기존계약과 변경된 계약을 한 묶음으로 보고 회계처리(누적효과 일괄조정)함을 의미한다.

예제 24 계약변경 및 수행의무의 식별

갑회사는 공장을 신축하는 계약(총 계약금액 20,000)을 고객과 체결하고 공사를 진행 중인 상황에서 공장 옆에 고객의 종업원 사택을 추가로 신축하기로 하고 기존 계약을 변경하였다. 이로 인하여 당초 계약금액은 21,000으로 변경되었다.

풀이

문단 20의 두 가지 조건의 충족 여부에 따라 회계처리를 달리 한다. 문단 20 첫 번째 점은 추가되는 수행의무가 구별되어야 함을 조건으로 하는데, 문단 27의 두 가지 조건을 모두 충족하기 때문에 구별된다고 판단한다. 즉, 고객이 공장이나 사택을 사용함으로써 효익을 얻을 수 있으며(문단 27 첫 번째 점), 추가되는 사택 신축이 공장 신축과 결합해서 함께 이루어져야 하는 것이 아니고, 유의적인 고객 맞춤화가 필요하지도 않으며, 상호의존도나 상호관련성이 매우 높다고 볼 수 없으므로(문단 27 두 번째 점) 추가되는 수행의무는 구별된다고 판단한다.

문단 20 두 번째 점은 추가로 약속한 재화나 용역의 개별 판매가격에 특정 계약 상황을 반영하여 적절히 조정한 대가만큼 계약가격이 상승함을 조건으로 한다. 만약 종업원 사택 추가 신축으로 증가되는 계약금액 1,000이 개별 판매가격에 근거하여 적절히 조정한 금액이라면 문단 20의 두 가지 조건을 모두 만족하기 때문에 별도 계약으로 회계처리한다. 그러나 사택 추가 신축으로 증가되는 계약금액 1,000이 개별 판매가격에 근거하여 적절히 조정한 금액이 아니라면 문단 20 두 번째 점을 충족하지 못하므로 기존 계약을 종료하고 새로운 계약을 체결한 것처럼 회계처리한다.

예제 25 계약변경 – 재화 (객관식 11, 12와 유사)

갑회사는 제품 120개를 고객에게 12,000(개당 100)에 판매하기로 약속하였는데, 이 제품은 6개월에 걸쳐 고객에게 이전된다. 갑회사는 한 시점에 각 제품에 대한 통제를 이전한다. 갑회사가 제품 60개에 대한 통제를 고객에게 이전한 다음에, 계약을 변경하여 동일한 제품 30개를 추가로 고객에게 납품하기로 하였다. 이로 인하여 총 150개의 제품이 고객에게 이전되는데, 추가 제품 30개는 최초 계약에 포함되지 않았다.

〈경우 1〉
계약 변경 시 추가 제품 30개에 대한 가격은 2,850(개당 95)으로 결정하였다. 추가 제품은 계약변경 시점에 그 제품의 개별 판매가격을 반영하여 가격이 책정되었는데 원래 제품과 구별된다.

〈경우 2〉
제품 30개의 추가 납품 협상을 진행하면서, 양 당사자는 처음에 2,400(개당 80)에 합의하였는데, 개당 80의 가격은 추가 제품의 개별 판매가격을 반영하지 않은 것이다. 고객은 이전받은 최초 제품 60개에 제품 특유의 사소한 결함이 있음을 알게 되었고, 갑회사는 제품의 낮은 질에 대한 보상으로 고객에게 개당 15씩 총 900(60개×15)의 공제를 약속하였으며, 양 당사자는 900을 추가 제품 30개에 부과하는 가격에서 공제하기로 합의하였다. 따라서 계약변경에서는 추가 제품 30개의 가격을 1,500(2,400에서 900을 뺀 금액으로 개당 50임)으로 정하였다.

풀이

〈경우 1〉 추가 제품의 가격이 개별 판매가격을 반영하는 경우
제품 30개를 추가하는 계약변경은 기존 계약의 회계처리에 영향을 미치지 않는, 사실상 미래 제품에 대한 별도의 새로운 계약이다. 따라서 갑회사는 제품 120개에 대해서는 개당 100씩 수익을 인식하고, 새로운 계약의 제품 30개에 대해서는 개당 95씩 수익을 인식한다.
기존 계약의 수익=120개×100=12,000
별도 계약의 수익=30개×95=2,850

〈경우 2〉 추가 제품의 가격이 개별 판매가격을 반영하지 않는 경우
추가 제품 30개의 가격 80이 개별 판매가격을 반영하지 않기 때문에 계약변경을 별도 계약으로 회계처리하기 위한 조건을 충족하지 못한다. 그러나 향후 인도할 제품(모두 90개)이 이미 이전한 제품(60개)과 구별되기 때문에 계약변경을 원래 계약이 종료되고 새로운 계약이 체결된 것으로 회계처리한다. 나머지 수행의무(90개의 제품 이전)에 배분하는 대가는 ① 거래가격 추정치에는 포함되었으나 아직 수익으로 인식되지 않은 금액과 ② 계약변경의 일부로 약속한 대가의 합계로 한다.
즉, 나머지 재화에 대한 수익=① 60개×100+② 30개×80=8,400
따라서 나머지 제품 각각의 수익으로 인식하는 금액은 평균 93.33(8,400/90개=93.33/개)
한편, 제품 30개의 추가납품 가격에서 공제하기로 합의한 900은 나머지 수행의무와 무관하므로 이미 이전한 제품 60개에 대한 수익에서 차감한다.
이미 이전한 재화에 대한 수익=60개×100−900=5,100

참고

예제 14의 경우는 하나의 계약에서 발생한 거래이므로 거래가격이 변동하는 기간의 수익에 가감
그러나 예제 25의 〈경우 2〉는 기존의 계약에서 발생한 결함에 대한 보상을 새로운 계약에 부담지우는 것은 합리적이지 않으므로 기존 계약의 수익에서 차감

참고

재화 판매의 경우 추가로 약속한 재화가 이미 이전한 제품(60개)과 구별되지 않는 경우는 드물 것이다. 그러나 〈경우 2〉에서 추가로 약속한 재화가 이미 이전한 제품(60개)과 구별되지 않는다고 가정하면, 다음과 같이 기존 계약의 일부인 것처럼 회계처리(누적효과 일괄조정기준)한다.

제품 150개에 대한 총 수익(공제액 900 제외)＝120개×100＋30개×80＝14,400
단위당 수익＝14,400÷150개＝96
이미 이전한 제품 60개에 대한 수익의 조정＝60개×(100－96)＝240

즉, 이미 인식했던 수익을 계약변경 시점에 240만큼 감소시키는 조정을 하며, 이후 90개의 제품을 이전할 때마다 단위당 96의 수익을 인식한다.
한편 이 경우에도 제품 30개의 추가납품 가격에서 공제하기로 합의한 900은 계약변경 이후 이행할 수행의무와 무관하므로 이미 이전한 제품 60개에 대한 수익에서 차감한다.

이미 이전한 재화에 대한 수익＝60개×100－240－900＝4,860
(별해) 60개×96－900＝4,860

예제 26 계약변경 – 용역 (객관식 미와 유사)

갑회사는 20×1년 초부터 3년간 고객의 사무실을 일주일 단위로 청소하는 계약을 체결하였다. 고객은 1년마다 10,000을 지급하기로 하였는데, 이는 청소용역의 개별 판매가격이다. 갑회사는 용역을 제공한 첫 2년 동안 매년 10,000씩 수익을 인식하였다.
갑회사는 20×2년 말에 계약을 변경하여 20×3년의 용역대가를 10,000에서 8,000(개별 판매가격과 동일)으로 감액 조정하였다. 또한 갑회사와 고객은 3년을 더 추가하여 청소용역계약을 연장하기로 합의하였으며, 3년간 총 대가 20,000을 20×4년부터 20×6년까지 매년 초에 6,667씩 지급하기로 하였다. 20×3년부터 20×6년까지 4년간 용역대가 총액은 28,000인데, 이는 4년간 개별 판매가격 32,000(8,000×4년)을 반영하지 않는다.

풀이

매주의 청소용역이 실질적으로 서로 같고 고객에게 이전하는 방식이 같은 용역을 기간에 걸쳐 이전하면서 진행률 측정에 같은 방법(시간기준 진행률 측정)을 사용하는 일련의 구별되는 용역이기 때문에 단일 수행의무로 회계처리한다.
계약 변경일에 갑회사는 제공할 나머지 용역이 구별된다고 결론짓지만 나머지 대가로 지급받을 28,000이 개별 판매가격 32,000을 반영하지 않으므로 계약변경을 원래 계약이 종료되고 4년의 청소용역 대가가 28,000인 새로운 계약이 체결된 것처럼 회계처리한다. 따라서 갑회사는 20×3년부터 매년 7,000(28,000÷4년)의 수익을 인식한다.

예제 27 계약변경 – 누적효과 일괄조정(1)

갑회사는 1,000,000의 약속된 대가로 고객 소유의 토지에 상업용 건물을 건설해주는 계약을 체결하였다. 계약에 따르면 갑회사가 건물을 24개월 이내에 완공할 경우 200,000의 보너스를 받기로 되어 있다. 건물 건설의 예상원가는 700,000이다. 갑회사는 발생원가에 기초한 투입측정방법으로 진행률을 추정한다.

〈계약 개시시점〉

고객은 건물을 건설하는 동안 통제하므로 갑회사는 약속된 재화와 용역의 묶음을 기간에 걸쳐 이행하는 단일 수행의무로 처리한다. 건물의 완공은 날씨와 규제 승인을 포함하여 갑회사의 영향력이 미치지 못하는 요인에 매우 민감하며, 갑회사는 비슷한 유형의 계약에 대한 경험도 적다. 갑회사는 이러한 점을 고려하여 거래가격에 보너스 200,000을 제외하였다. 이미 인식한 누적 수익 금액 중 유의적인 부분을 되돌리지 않을 가능성이 매우 높다고 결론지을 수 없기 때문이다.

〈1차년도〉

1차년도에 발생한 원가는 420,000이다. 갑회사는 수행의무의 60%(420,000÷700,000)를 이행했다고 추정한다. 갑회사는 200,000의 변동대가를 다시 평가하고, 변동대가 추정치의 제약에 따라 제약을 받는다고 결론짓는다. 따라서 1차년도 말에 인식한 누적 수익과 누적 원가는 다음과 같다.

누적 수익=1,000,000×60%=600,000

누적 원가=420,000

〈2차년도〉

2차년도 1분기에 갑회사와 고객은 건물의 설계를 바꾸는 계약변경에 합의하였으며, 그 결과 고정대가는 150,000, 예상원가는 120,000 증액되었다(이는 추가된 부분의 개별 판매가격을 반영하지 않은 것이다). 그리고 보너스 200,000의 획득 허용기간이 원래 계약 개시시점부터 30개월로 6개월 연장되었다. 계약변경일에 갑회사는 경험과 나머지 업무(주로 건물 안에서 수행되며 날씨 상황에 구애받지 않음)를 고려할 때 거래가격에 보너스를 포함하더라도 이미 인식한 누적 수익 금액 중 유의적인 부분을 되돌리지 않을 가능성이 매우 높다고 결론지었다. 따라서 변경된 거래가격을 1,350,000(1,000,000+150,000+200,000)으로 한다. 그리고 건설의 특성상 수행의무의 식별에 기초하여 변경 계약에 따라 제공할 나머지 재화와 용역이 계약변경일 전에 이전한 재화와 용역과 구별되지 않는다고 판단하였다. 따라서 이 계약은 여전히 단일 수행의무이다. 갑회사는 계약변경을 기존 계약의 일부인 것처럼 회계처리한다. 즉, 계약변경일에 다음과 같이 누적효과 일괄조정 91,200의 추가 수익을 인식한다(소급재작성 ×, 전진법).

수정 진행률=420,000÷(700,000+120,000)=51.2%

누적효과 일괄조정=1,350,000×51.2%−600,000(지금까지 인식한 수익)=91,200

즉, 계약변경일에 91,200의 공사수익을 추가 인식한다. 91,200은 계약변경일에 추가로 인식하는 공사수익이며, 2차년도에 발생한 공사원가 자료가 제시된다면 2차년도 누적진행률에 기초하여 91,200을 포함하여 2차년도에 인식할 전체 공사수익을 계산할 수 있다.

⑧ 계약 범위가 축소되거나 거래가격이 하락하는 계약변경의 경우에는 나머지 재화·용역이 그 전에 이전한 재화·용역과 구별되면 기존 계약을 종료하고 새로운 계약을 체결한 것처럼 회계처리하고, 나머지 재화·용역이 그 전에 이전한 재화·용역과 구별되지 않으면 기존계약의 일부인 것처럼 회계처리(누적효과 일괄조정)한다.

예제 29 계약 범위의 축소(1)

갑회사는 제품 100개(개당 500)를 고객에게 판매하는 계약을 체결하였으며, 이 제품은 6개월에 걸쳐 고객에게 이전된다. 갑회사는 한 시점에 각 제품에 대한 통제를 고객에게 이전한다. 갑회사가 제품 50개를 이전한 후 계약을 변경하여 남은 제품 50개 중 30개(개당 400)만 이전하기로 계약을 변경하였다.

풀이

만일 계약변경 전에 이전한 제품 50개와 계약변경 후 이전할 제품 30개가 구별된다면 기존 계약을 종료하고 새로운 계약을 체결한 것처럼 회계처리한다.
기존에 이전한 제품 50개의 수익=50개×500=25,000
계약변경 후 이전할 제품 30개의 수익=30개×400=12,000

만약 나머지 제품 30개와 이미 이전한 제품 50개가 구별되지 않으면 기존계약의 일부인 것처럼 회계처리한다.
제품 80개의 단위당 판매가=(50개×500+30개×400)÷80개=462.5
기존에 이전한 제품 50개의 수익=50개×462.5=23,125
계약변경 후 이전할 제품 30개의 수익=30개×462.5=13,875

예제 30 계약 범위의 축소(2)

갑회사는 20×1년 초에 고객에게 기계장치를 납품하고 2년간 유지보수용역도 함께 제공하기로 약속하였다. 갑회사와 고객은 거래가격을 90,000으로 합의하였으며, 변동대가는 포함되어 있지 않다. 기계장치와 2년간 유지보수용역의 개별판매가격은 각각 60,000과 40,000이다. 기계장치는 20×1년 초에 고객에게 통제를 이전하였으며, 20×1년 말까지 유지보수용역도 계약대로 이행되었다.
20×2년 초에 갑회사와 고객은 잔여 1년 동안 제공할 유지보수용역의 빈도와 범위를 축소하기로 합의하고, 20×2년의 유지보수용역을 10,000으로 결정하였다.

풀이

〈20×1년〉
고객이 납품받은 기계장치 및 유지보수용역으로부터 효익을 얻을 수 있고, 계약상으로도 기계장치와 유지보수용역이 결합산출물의 투입물로 사용되는 것도 아니므로 문단 27을 충족한다. 따라서 기계장치의 납품과 유지보수용역은 구별되는 2가지 수행의무이다.

거래가격 90,000은 기계장치와 유지보수용역의 개별판매가격의 합계 100,000보다 10,000 할인된 금액이다. 따라서 할인액도 모든 수행의무에 비례하여 배분한다.

기계장치에 배분된 거래가격=90,000×60,000/100,000=54,000
유지보수용역에 배분된 거래가격=90,000×40,000/100,000=36,000(2년)
기계장치는 통제가 이전되는 한 시점에 수익을 인식하고 유지보수용역은 기간에 걸쳐 수익을 인식한다.
20×1년도 수익=54,000+36,000×1/2=72,000

〈20×2년〉
계약변경으로 계약의 범위가 축소되었으므로 별도계약으로 회계처리하지 않는다. 계약변경일 이후에 제공할 유지보수용역은 기계장치 납품과 구별되며, 계약변경 전에 제공한 유지보수용역과도 구별된다. 따라서 이러한 계약변경은 기존 계약을 종료하고 새로운 계약을 체결한 것처럼 회계처리한다. 따라서 20×2년에 10,000의 수익을 기간이 경과하는 대로 인식한다.

〈정리〉

	A		B → b
×1년	54,000	×2년	0
	18,000		~~18,000~~ → 10,000

⑨ 계약변경 후에 거래가격의 변동이 생기는 경우(거래가격의 증액)에는 다음과 같이 회계처리한다.

〈표〉 계약변경 후 거래가격의 변동

경 우	회계처리
거래가격 변동이 계약변경 전에 약속했던 변동대가 때문이고, 그 정도까지는 계약변경을 문단 21(1)에 따라 회계처리(B와 C를 하나로)하는 경우	계약변경 전에 계약에서 식별된 수행의무에 거래가격 변동액을 배분(기존 A, B에 배분)
계약변경을 문단 20에 따른 별도 계약으로 회계처리하지 않는 다른 모든 경우(A, B, C를 하나로 등)의 거래가격 변동액	변경된 계약상 수행의무(계약변경 직후 이행되지 않은 수행의무나 부분적으로 이행되지 않은 수행의무)에 배분(B 또는 C에 배분)

예제 31 계약변경 후 변동대가 추정의 변동 (예제 14 참고)

다음의 각 상황은 연속되는 상황이다.

〈상황 1〉

갑회사는 고객에게 구별되는 제품 2개(제품A와 제품B)를 이전하기로 20×1년 7월 1일에 약속하였다. 제품A는 계약 개시시점에, 제품B는 20×2년 3월 31일에 각각 이전한다. 고객이 약속한 대가는 총 1,200으로 고정대가 1,000과 갑회사가 추정한 변동대가 200이 포함되어 있다. 이는 불확실성이 해소될 때 이미 인식한 누적수익 금액 중 유의적인 부분을 되돌리지 않을 가능성이 매우 높다고 결론지었기 때문이다.

〈상황 2〉

갑회사는 20×1년 11월 30일에 아직 고객에게 인도하지 않은 제품B에 추가하여 제품C를 20×2년 6월 30일에 이전하기로 계약의 범위를 변경하고, 계약가격을 300(고정대가) 증액하였다. 그러나 이 금액은 제품C의 개별 판매가격을 나타내지는 않는다. 제품C의 개별 판매가격은 제품A와 제품B의 개별 판매가격과 같다.

〈상황 3〉

갑회사는 20×1년 12월 1일에 제품B와 제품C를 인도하기 전에 권리를 갖게 될 것으로 예상하는 변동대가 추정치 200을 240으로 수정하였다. 갑회사는 변동대가 추정치의 변동분 40을 거래가격에 포함할 수 있다고 결론지었는데, 불확실성이 해소될 때 이미 인식한 누적 수익 금액 중 유의적인 부분을 되돌리지 않을 가능성이 매우 높다고 결론지었기 때문이다.

풀이

〈상황 1〉

갑회사는 1,200의 거래가격을 제품A의 수행의무와 제품B의 수행의무에 동일하게 배분한다. 왜냐하면 거래가격을 하나의 수행의무에만 배분하도록 요구하는 문단 85의 기준을 충족하지 못하기 때문이다. 따라서 갑회사는 계약 개시시점에 제품A를 고객에게 이전할 때 600의 수익을 인식한다.

〈상황 2〉

갑회사는 이 계약변경을 기존 계약이 종료되고 새로운 계약이 체결된 것처럼 회계처리한다. 왜냐하면 나머지 제품B와 제품C가 계약변경 전에 고객에게 이전한 제품A와 구별되고, 추가 제품C의 약속된 대가가 제품C의 개별 판매가격을 나타내지 않기 때문이다.

따라서 문단 21(1)에 따라 나머지 수행의무에 배분될 대가는 당초 제품B의 수행의무에 배분되었던 대가 600과 계약변경에서 약속한 고정대가 300의 합계액인 900으로 구성된다. 변경된 계약의 거래가격 900을 제품B의 수행의무와 제품C의 수행의무에 동일하게 450씩 배분한다.

〈상황 3〉

계약변경을 문단 21(1)에 따라 기존 계약이 종료되고 새로운 계약이 체결된 것처럼 회계처리하더라도 거래가격 증가분 40은 계약변경 전에 약속된 변동대가에 귀속시킨다. 그리고 거래가격 증가분 40을 계약 개시시점과 같은 기준으로 배분한다. 따라서 거래가격이 변동된 기간에 제품A의 수익 20을 인식한다.

제품B는 계약변경 전에 고객에게 이전하지 않았기 때문에 제품B에 속하는 거래가격 변동 20은 계약변경 시점에 나머지 수행의무(제품B와 제품C의 이전)에 각각 10씩 동일하게 배분한다. 왜냐하면 두 제품의 개별 판매가격이 같고, 변동대가를 양쪽의 수행의무가 아닌 한쪽에만 배분하도록 요구하는 문단 85의 기준을 충족하지 못하기 때문이다.
그 결과 제품B와 제품C에 배분된 거래가격은 각각 460(450+10)이다. 20×2년 3월 31일에 제품B를 고객에게 이전하고 460의 수익을 인식하고, 20×2년 6월 30일에 제품C를 고객에게 이전하고 460의 수익을 인식한다.

〈정리〉

	거래가격	A	B	C
×1. 7/1	1,200	600	600	
×1. 11/30	1,200+300	600	600	300
			900÷2=450 (B, C)	
×1. 12/1	1,200+40+300	600	600	300
		20	20	
			920÷2=460 (B, C)	

⑩ 거래가격 변동의 회계처리를 요약하면 다음과 같다.

〈표〉 거래가격 변동의 회계처리 요약

구 분	회계처리
단순한 거래가격의 변동	계약 개시시점과 같은 기준으로 계약상 수행의무에 배분
재화나 용역이 추가되는 계약변경의 결과로 생기는 거래가격의 변경	① 별도 계약으로 회계처리(B 따로, C 따로), ② 기존계약을 종료하고 새로운 계약을 체결한 것처럼 회계처리(B와 C를 하나로), ③ 누적효과 일괄조정 중 하나로 회계처리(A, B, C를 하나로)
계약변경으로 인한 계약 범위의 축소 또는 거래가격의 하락	나머지 재화·용역이 그 전에 이전한 재화·용역과 구별되면 기존계약을 종료하고 새로운 계약을 체결한 것처럼 회계처리하고, 나머지 재화·용역이 그 전에 이전한 재화·용역과 구별되지 않으면 기존계약의 일부인 것처럼 회계처리(누적효과 일괄조정)
계약변경 후 거래가격의 변동	계약변경 전에 약속했던 변동대가 때문에 거래가격이 증액되고 계약변경을 기존 계약을 종료하고 새로운 계약을 체결한 것처럼 회계처리 한다면, 계약변경 전 계약에서 식별된 수행의무에 거래가격 변동액을 배분(A와 B에 배분)
	계약변경을 문단 20에 따른 별도 계약으로 회계처리하지 않는 다른 모든 경우에 거래가격 변동은 변경된 계약상 수행의무에 배분(B 또는 C에 배분)

2.5 수행의무의 이행 시기 판단 및 수익의 인식(단계 5)

기준서 제1115호에서는 재화의 판매인지 용역의 제공인지를 구분하지 않고, 기간에 걸쳐 수행의무를 이행하면 기간에 걸쳐 수익을 인식하고, 한 시점에 수행의무를 이행하면 한 시점에 수익을 인식한다.

수행의무는 고객에게 약속한 재화나 용역 즉, 자산을 이전함으로써 이행되며, 자산은 고객이 통제할 때(또는 기간에 걸쳐 통제하게 되는 대로, 고객의 관점에서 판단) 이전 된다.

고객이 자산을 통제할 수 있다면 자산이 이전된 것이며, 이는 기업이 수행의무를 이행한 것이므로 수익을 인식한다.

자산에 대한 통제란 자산을 사용하도록 지시하고 자산의 나머지 효익의 대부분을 획득할 수 있는 능력과 다른 기업이 자산의 사용을 지시하고 그 자산에서 효익을 획득하지 못하게 하는 능력이 포함된다.

고객이 자산을 통제하는지를 판단할 때 그 자산을 재매입하는 약정을 고려한다. 예를 들어 기업이 자산을 판매하면서 미래 특정일에 특정 가격으로 그 자산을 재매입하는 계약을 체결했다면, 고객은 당해 자산을 통제하지 못하므로 기업은 자산의 판매로 회계처리하지 못하고, 그 자산을 계속 인식하여야 한다.

결국 재화나 용역에 대한 통제를 기간에 걸쳐 이전하면, 기간에 걸쳐 수행의무를 이행한 것으로 보고 기간에 걸쳐 수익을 인식한다.

i) 기간에 걸쳐 통제 이전

① 다음 기준 중 어느 하나를 충족하면 기업은 재화나 용역에 대한 통제를 기간에 걸쳐 이전한 것으로 본다.

문단 35

- 고객은 기업이 수행하는 대로 기업의 수행에서 제공하는 효익을 동시에 얻고 소비한다.
- 기업이 수행하여 만들어지거나 가치가 높아지는 대로 고객이 통제하는 자산(예 : 재공품)을 기업이 만들거나 그 자산 가치를 높인다.*

  * the entity's performance creates or enhances an asset(for example, work in progress) that the customer controls as the asset is created or enhanced.

- 기업이 수행하여 만든 자산이 기업 자체에는 대체 용도가 없고, 지금까지 수행을 완료한 부분에 대해 집행가능한 지급청구권*이 기업에 있다.

  * 회사가 사업관행상 지급청구권을 행사하지 않기로 선택했다고 하더라도 그러한 사업관행이 지급청구권의 존재나 행사능력을 부정하지는 못한다.

② 만일 기업이 지금까지 이행하던 수행의무를 중단하고 다른 기업이 고객에게 나머지 수행의무를 이행한다고 가정할 때, 기업이 지금까지 수행을 완료한 부분을 다른 기업이 실질적으로 다시 수행할 필요가 없을 것이라고 판단되면 고객은 이미 기업이 제공하는 효익을 동시에 얻고 소비한 것이므로 그 수행의무는 기간에 걸쳐 이행하는 것이다(문단 35 첫 번째 점).

③ 기업이 고객의 토지 위에 건물을 건설하는 경우 기업의 수행에서 생기는 모든 재공품(즉, 건설중인 건물)은 일반적으로 고객이 통제하므로 기업의 수행의무는 기간에 걸쳐 이행되는 것이다(문단 35 두 번째 점).

④ 기업이 만들고 있는 자산이 기업에 대체 용도가 없다면 기업은 사실상 고객의 지시에 따라 자산을 만들고 있는 것이므로(예 : 특별주문제작 등) 고객은 그 자산을 통제할 수 있다(문단 35 세 번째 점).

⑤ 고객이 기업의 수행분에 대하여 지급할 의무가 있다면(그 수행에 대하여 지급을 회피할 수 없다면) 고객은 기업의 수행에서 효익을 얻었음을 의미한다(문단 35 세 번째 점).

⑥ 계약을 개시한 다음에는 계약 당사자들이 수행의무를 실질적으로 변경하는 계약변경을 승인하지 않는 한, 자산이 기업에 대체 용도가 있는지를 다시 판단하지 않는다.

ii) 한 시점에 통제 이전

① 수행의무가 기간에 걸쳐 이행되지 않는다면 그 수행의무는 한 시점에 이행되는 것이다.

② 고객이 약속된 자산을 통제하고 기업이 수행의무를 이행하는 시점을 판단하기 위하여 통제의 요구사항(즉, 고객이 자산을 통제할 때 그 자산은 이전된다)과 다음과 같은 통제 이전의 지표(이에 한정되지는 않음)를 참고하여야 한다.

문단 38

- 기업은 자산에 대해 현재 지급청구권이 있다.
- 고객에게 자산의 법적 소유권이 있다.
- 기업이 자산의 물리적 점유를 이전하였다.
- 자산의 소유에 따른 유의적인 위험과 보상이 고객에게 있다.
- 고객이 자산을 인수하였다.

→ 고객에게 제공된 재화나 용역이 계약에서 합의한 규격에 따른 것인지를 객관적으로 판단할 수 있다면, 인수라는 형식적 행위가 있기 전이라도 재화나 용역의 통제가 고객에게 이전되었다고 볼 수 있다.

한편, 시험평가 목적으로 제품을 고객에게 인도하고 고객이 시험기간이 경과할 때까지 어떠한 대가도 지급하지 않기로 확약한 경우에는 고객이 제품을 인수하기 전까지 또는 시험기간이 경과하기 전까지 제품에 대한 통제가 고객에게 이전되지 않는 것이다.

iii) 수행의무의 식별과 수익의 인식

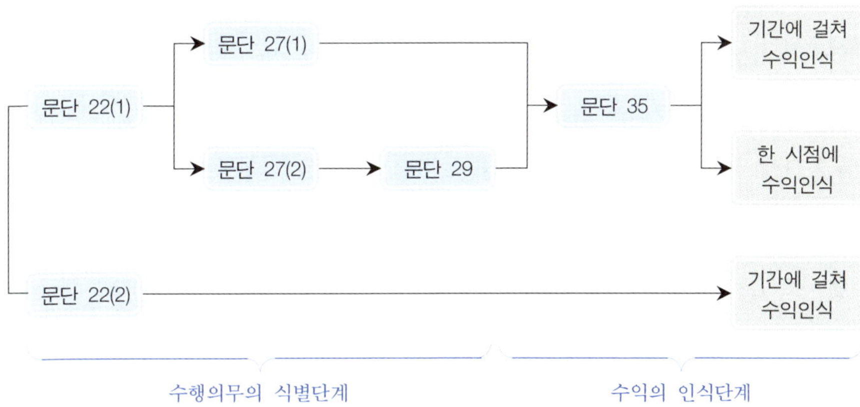

예제 16 수행의무의 이행 시기

다음의 각 경우는 독립적이다.

〈경우 1〉
갑회사는 고객에게 1년 동안 매월 급여처리 용역을 제공하기로 계약을 체결하였다. 약속한 급여처리 용역은 단일 수행의무로 식별되었다.

〈경우 2〉
을회사는 고객에게 전문가 의견을 제공하는 컨설팅 용역을 제공하기로 계약을 체결하였다. 전문가 의견은 고객에게 특정된 사실 및 상황과 관련된다. 을회사가 약속한 대로 수행하지 못하는 경우 외의 사유로 고객이 컨설팅 용역계약을 종료한다면 고객은 계약에 따라 을회사의 발생원가에 15%의 이윤을 더하여 보상해야 하며, 이는 을회사가 비슷한 계약에서 벌어들이는 이윤과 가깝다.

풀이

〈경우 1〉
고객은 각 거래가 처리될 때 각 급여거래 처리의 수행에서 효익을 동시에 얻고 소비하기 때문에, 갑회사의 수행의무는 기간에 걸쳐 이행된다(문단 35 첫 번째 점 충족). 갑회사가 지금까지 제공한 급여처리 용역을 다른 기업이 다시 수행할 필요가 없다는 사실은 갑회사가 수행하는 대로 고객이 갑회사의 수행에서 효익을 동시에 얻고 소비한다는 것을 보여준다. 따라서 갑회사는 수행의무의 진행률을 측정하여 기간에 걸쳐 수익을 인식한다.

〈경우 2〉
을회사가 자신의 의무를 이행할 수 없어서, 고객이 다른 컨설팅 회사를 고용하는 경우 다른 컨설팅 회사는 을회사가 지금까지 완료한 작업을 실질적으로 다시 수행할 필요가 있다(문단 35 첫 번째 점 충족 ×). 왜냐하면 을회사가 수행한 진행 중인 작업의 효익을 다른 컨설팅 기업이 이용할 수 없을 것이기 때문이다. 이는 을회사가 수행하는 대로 고객이 을회사의 수행에서 효익을 동시에 얻고 소비한다는 것을 보여주지 못한다. 또한 을회사가 중도에 컨설팅 용역을 더 이상 이행할 수 없다면 전문가 의견이 제공되지 않을 것이므로 을회사가 컨설팅 용역을 제공하는 대로 고객이 자산을 통제하지도 못한다(문단 35 두 번째 점 충족 ×). 그러나 전문가 의견은 고객에게 특정된 사실 및 상황에 관련되기 때문에 을회사에 대체 용도가 있는 자산을 창출하지 못하고 을회사가 지금까지 수행을 완료한 부분에 대해 원가에 적정한 이윤을 더한 금액만큼 집행 가능한 지급청구권이 있으므로 기간에 걸쳐 통제 이전 기준을 충족한다(문단 35 세 번째 점 충족). 따라서 을회사의 수행의무는 기간에 걸쳐 이행된다.

예제 17 수행의무가 한 시점에 이행되는지 또는 기간에 걸쳐 이행되는지 판단

갑회사는 공동주택단지를 개발하고 있다. 갑회사는 건설 중인 특정 단위에 대해 고객과 구속력 있는 판매계약을 체결하였다. 각 단위는 평면도와 크기가 비슷하지만, 각 단위의 그 밖의 속성(예 : 공동주택단지 내에서 각 단위의 위치)은 서로 다르다.
다음의 각 경우는 독립적이다.

〈경우 1〉
고객은 계약 체결시점에 계약금을 지급하는데, 계약금은 계약에 따라 갑회사가 그 단위의 건설을 완료하지 못하는 경우에만 환불된다. 거래가격의 나머지는 고객이 그 단위를 물리적으로 점유하게 되는 때인 계약 완료시점에 지급된다. 그 단위가 완성되기 전에 고객이 계약을 이행하지 못하면 갑회사가 그 계약금을 차지할 권리가 있다.

〈경우 2〉
고객은 계약을 체결하면서 환불되지 않는 계약금을 지급하고, 그 단위가 건설되는 동안에 기성금을 지급할 예정이다. 계약에는 갑회사가 다른 고객에게 그 단위를 넘기지 못하게 하는 실질적인 조건이 있다. 그리고 고객은 갑회사가 약속한 대로 이행하지 못하는 경우가 아니라면 계약을 종료할 권한이 없다. 고객이 지급기한에 기성금을 지급하지 못하여 의무를 이행하지 못할 경우 갑회사가 그 단위의 건설을 완료하면, 갑회사는 계약에 따라 약속된 대가 전부를 받을 권리를 갖게 된다. 법원은 기업이 계약상 의무를 이행하였다면 고객에게 의무 수행을 요구할 권리가 개발업자에게 있다고 과거 비슷한 권리에 대해 판결한 사례가 있다.

〈경우 3〉
고객이 의무를 이행하지 못하는 경우에 갑회사는 계약에서 요구하는 대로 고객이 변제하도록 요구하거나 계약을 취소하면서 그 대가로 건설 중인 자산과 계약가격의 일부인 위약금을 받을 권리를 가질 수 있다는 것을 제외하고 다른 사항은 〈경우 2〉와 동일하다.

풀이

〈경우 1〉

갑회사는 그 단위의 건설을 완료할 때까지 고객이 지급한 계약금에 대해서만 권리가 있기 때문에 지금까지 수행을 완료한 부분에 대해 집행 가능한 지급청구권이 없다. 따라서 갑회사의 수행의무는 문단 35(3)에 따라 기간에 걸쳐 이행하는 수행의무가 아니므로 한 시점에 이행하는 수행의무로 회계처리한다.

〈경우 2〉

갑회사는 계약에서 특정 단위를 다른 고객에게 이전하지 못하도록 했기 때문에 수행으로 창출한 자산은 갑회사에 대체 용도가 없다. 또한 고객이 의무를 수행하지 못하는 경우 갑회사가 약속한 대로 의무를 수행하면 계약에 따라 약속된 대가 전부에 대해 집행할 수 있는 권리가 있으므로 갑회사는 수행을 완료한 부분에 대해 지급청구권이 있다. 따라서 문단 35(3)을 충족하므로 갑회사는 그 수행의무에 대해서 기간에 걸쳐 수익을 인식한다.

〈경우 3〉

갑회사가 계약을 취소할 수 있더라도 지금까지 수행을 완료한 부분에 대한 지급청구권을 가지기 때문에 문단 35(3)에 따라 기간에 걸쳐 이행하는 수행의무로 회계처리한다.

예제 18 수행의무의 이행 시기 판단

을회사는 특수장비를 제작하기로 고객과 계약을 체결하였다. 계약의 지급 일정에 따르면 고객은 계약 개시시점에 계약가격의 10%를 선급금으로 지급하고, 제작기간에 정기적으로 계약가격의 50%에 해당하는 금액을 지급하며, 제작이 완료되어 특수장비가 규정된 성능 시험을 통과하면 계약가격의 40%를 최종 지급하기로 되어 있다. 을회사가 약속한 대로 수행하지 못하는 경우가 아니라면 이미 지급받은 금액은 환불되지 않는다. 고객이 계약을 종료할 경우 기업은 고객에게서 받은 기성금(계약가격의 60% 해당액)만 보유할 권리가 있으며, 고객에게서 보상받을 권리가 더는 없다.

풀이

을회사는 지금까지 수행을 완료한 부분에 대하여 집행 가능한 지급청구권이 있는지 고려하여야 한다. 고객의 지급액이 환불되지 않더라도 계약의 모든 기간 중에 지급받은 누적 금액이 적어도 지금까지 수행을 완료한 부분에 대해 기업에 보상해야 할 금액에 상당한다고 예상되지 않는다. 왜냐하면 제작하는 동안 여러 차례 고객이 지급한 대가의 누적 금액이 그 시점에 부분적으로 완료된 장비의 판매가격보다 적을 것이며, 고객에게 더는 보상을 요구할 수 없기 때문이다. 따라서 을회사는 지금까지 수행을 완료한 부분에 대해서 지급청구권이 없다. 지급청구권이 없으므로 장비가 을회사에 대체 용도가 있는지를 파악할 필요가 없다. 한편, 문단 35(1) 및 35(2)의 기준도 충족할 것으로 기대하기 어렵기 때문에 특수장비 제작을 한 시점에 이행하는 수행의무로 회계처리하는 것이 타당하다.

갑회사는 수도권에서 1,200 가구가 들어가는 아파트 단지를 건설하려고 한다. 갑회사는 분양과 시공을 모두 수행하는데, 고객과 분양계약을 체결하면 수분양자(분양을 받은자, 고객)는 계약금을 지급하고 이후 계약서에 기재된 대로 5차례에 걸쳐 중도금을 납부하고 소유권 이전 등기를 위해서 잔금을 납부하여야 한다. 수분양자는 1차 중도금을 납부하기 전까지는 계약을 해지할 수 있으나, 1차 중도금을 납부한 후에는 갑회사의 동의 없이 분양계약을 해지할 수 없으며, 계약대로 중도금 및 잔금을 지급하지 않을 경우 갑회사는 수분양자에게 지급을 청구할 수 있다. 또한 갑회사는 계약일부터 수분양자가 소유권 이전 등기를 신청할 수 있는 날로부터 2개월 이내의 기간까지 수분양자의 동의 없이 담보물권의 설정, 양도나 증여 등의 행위를 할 수 없다.

풀이

문단 35 첫 번째 점은 주로 도급공사와 같은 용역제공에 적용되므로 갑회사 소유의 용지 위에 아파트를 건설하여 분양하는 경우에는 적용하기 곤란하다. 또한 건설 중인 아파트의 법적 소유권은 고객에게 이전되지 않고, 고객이 건설 중인 아파트를 물리적으로 통제할 수도 없으며, 미완성 상태의 아파트를 고객이 인수하지도 않을 것이므로 문단 35 두 번째 점을 충족한다고 볼 수 없다.

갑회사가 건설하는 아파트에 대해서 특정 고객과 분양계약을 체결한 후 그 아파트를 다른 고객에게 분양하면 이는 법적으로 계약 위반에 해당되므로 대체 용도는 없다고 보는 것이 타당하다. 한편, 고객이 계약금만 납부한 상태에서 계약해지를 청구할 경우 갑회사가 계약금을 반환해야 하므로 계약을 체결하는 시점에서는 갑회사가 집행가능한 지급청구권을 가지고 있다고 보기는 어렵다(문단 35 세 번째 점을 충족한다고 볼 수 없다). 그러나 고객이 1차 중도금을 납부한 후에는 고객이 계약 해지를 청구하더라도 갑회사는 이를 거절하고 건설용역의 이행에 대한 대가의 지급을 청구할 수 있는 집행가능한 지급청구권이 있으므로 분양공사를 기간에 걸쳐 이행하는 수행의무로 볼 수는 있다.

iv) 진행률의 측정

① 진행률을 측정하는 목적은 고객에게 약속한 재화나 용역에 대한 통제를 이전하는 과정에서 기업의 수행 정도를 나타내기 위한 것이다.

② 수행의무가 기간에 걸쳐 이행되는 것으로 판단되면 수행의무 각각에 대해 그 수행의무 완료까지의 진행률을 측정하여 기간에 걸쳐 수익을 인식한다.

③ 시간이 흐르면서 상황이 바뀜에 따라 수행의무의 산출물 변동을 반영하기 위해 진행률을 새로 수정한다. 이러한 진행률 변동은 회계추정치 변경으로 회계처리(전진적 회계처리)한다.

④ 진행률 측정방법에는 산출법과 투입법이 있으며, 이를 요약하면 다음과 같다.

〈표〉 산출법과 투입법의 비교

구 분	산출법	투입법
의 의	계약에서 약속한 재화나 용역의 나머지 부분의 가치와 비교하여 지금까지 이전한 재화나 용역이 고객에 주는 가치의 직접 측정에 기초하여 수익 인식	해당 수행의무의 이행에 예상되는 총 투입물 대비 수행의무를 이행하기 위한 기업의 노력이나 투입물에 기초하여 수익 인식
측정 방법	지금까지 수행을 완료한 정도를 조사, 달성한 결과에 대한 평가, 도달한 단계, 경과한 시간, 생산한 단위, 인도한 단위 등	소비한 자원, 사용한 노동시간, 발생원가, 경과한 시간, 사용한 기계시간 등
단 점	산출물을 직접 관측하지 못할 수 있고, 과도한 원가를 들이지 않고서는 산출법 적용을 위해 필요한 정보를 구하지 못할 수 있음	기업의 투입물과 고객에게 재화나 용역에 대한 통제를 이전하는 것 사이에 직접적인 관계가 없을 수 있음

⑤ 국제회계기준위원회는 산출법이 이전된 재화나 용역의 가치를 직접 측정하기 때문에 산출법이 기업의 수행 정도를 가장 충실하게 나타낸다고 결정하였다. 그러나 투입법이 원가가 덜 들고 진행률 측정에 상당히 가까운 값을 제공한다면 기업이 투입법을 사용하는 것이 적절할 것이라고 보았다.

⑥ 진행률 측정방법을 적용할 때 고객에게 통제를 이전하지 않은 재화나 용역은 진행률 측정에서 제외한다. 반대로 수행의무를 이행할 때 고객에게 통제를 이전하는 재화나 용역은 모두 진행률 측정에 포함한다.

⑦ 원가기준 투입법을 사용할 때 다음의 상황에서는 진행률 측정에 조정이 필요할 수 있다. (기업의 수행정도를 나타내지 못하는 투입물의 영향은 제외)

- 발생원가가 기업이 수행의무를 이행할 때 그 진척도에 이바지 않는 경우. 예를 들어 계약가격에 반영되지 않았고, 기업의 수행상 유의적인 비효율 때문에 든 원가 제외
- **발생원가가 기업이 수행의무를 이행할 때 그 진척도에 비례하지 않는 경우. 이 상황에서 기업의 수행정도를 나타내는 최선의 방법은 발생원가의 범위까지만 수익을 인식하도록 투입법 조정**(예 8 참고)

⑧ 어떤 상황(예 : 계약 초기단계)에서는 수행의무의 산출물을 합리적으로 측정할 수 없으나, 수행의무를 이행할 때 든 원가가 회수될 것으로 예상된다면, 수행의무의 산출물을 합리적으로 측정할 수 있을 때까지 발생원가의 범위에서만 수익을 인식한다. 이후 합리적으로 진행률을 측정할 수 있게 되면 누적진행률을 이용하여 누적효과 일괄조정 기준으로 당해 연도 수익을 인식한다.

추가문제 헬스클럽 용역제공의 수익인식

헬스클럽을 소유하는 갑회사는 고객이 1년 동안 헬스클럽을 사용할 수 있게 하는 계약을 체결하였다. 고객은 헬스클럽 사용에 제한이 없으며 매월 1,000을 지급한다.

풀이

갑회사는 헬스클럽을 사용할 수 있도록 하는 대로 갑회사의 수행에서 고객이 효익을 동시에 얻고 소비한다고 결론을 짓는다. 따라서 갑회사의 수행의무는 기간에 걸쳐 이행된다. 그리고 갑회사는 헬스클럽을 연중 고르게 사용할 수 있게 하는 기업의 용역에서 고객이 효익을 얻는다고 판단하므로 기간에 걸쳐 시간기준으로 수행의무의 진행률을 측정하는 것이 최선이라고 결론짓고, 연중 매월 1,000씩 정액기준으로 수익을 인식한다.

예 8 진행률의 측정

갑회사는 총 대가 50,000에 3층 건물을 개조하고, 새로운 엘리베이터를 설치하기로 20×1년 11월에 고객과 계약하였다. 엘리베이터 설치를 포함한 개조 용역은 기간에 걸쳐 이행하는 단일 수행의무이다. 총 예상원가는 40,000(엘리베이터 조달원가 15,000, 기타 원가 25,000)이다. 갑회사는 엘리베이터를 고객에게 이전하기 전까지는 엘리베이터에 대한 통제를 획득하기 때문에 본인으로서 행동한다. 그러나 엘리베이터가 20×2년 6월까지 설치되지 않더라도 20×1년 12월에 현장으로 인도될 때 고객이 엘리베이터를 통제한다. 갑회사는 발생원가에 기초한 투입법을 사용하여 진행률을 측정한다.

풀이

갑회사는 엘리베이터를 조달하기 위해 들인 원가가 진행률에 비례적이지 않다고 판단한다. 왜냐하면 엘리베이터가 20×2년 6월까지 설치되지 않더라도 20×1년 12월에 현장으로 인도될 때 고객이 엘리베이터를 통제하기 때문이다. 갑회사가 진행률을 측정할 때 엘리베이터 조달원가를 포함하면 기업의 수행정도를 과대평가하므로 엘리베이터 조달원가를 발생원가 측정치와 거래원가에서 제외하여 진행률을 조정한다. 즉, 사용한 재화의 원가(15,000)와 동일한 금액을 수익으로 인식(이익은 0이 됨)한다. 20×1년도에 발생한 기타원가가 5,000일 경우 20×1년 말에 인식할 매출 및 매출원가는 다음과 같다.

20×1년 말 현재 진행률=5,000÷25,000(엘리베이터 원가 제외)=20%

매　　출=(50,000−15,000)×20%+15,000(엘리베이터 원가)=22,000

매출원가=5,000+15,000(엘리베이터 원가)=20,000

참고

건물 개조		E/V
35,000	+	15,000
25,000	+	15,000
기간에 걸쳐 수익 인식		한 시점에 수익 인식

v) 진행기준 적용 시 회계처리

① 건설계약에 대한 진행기준의 회계처리는 다음과 같다.

거 래	회계처리			
원 가 발 생 시	미 성 공 사	×××	현 금 등	×××
대 금 청 구 시	공 사 미 수 금	×××	진 행 청 구 액	×××
대 금 회 수 시	현 금	×××	공 사 미 수 금	×××
매 결 산 시	공 사 원 가 미 성 공 사	××× ×××	공 사 수 익	×××

예제 20 건설계약의 수익인식(1)

갑회사는 고객의 토지 위에 5층 건물을 건설해주는 계약을 체결하였다. 건설은 20×1년에 시작하여 20×3년 중에 종료되었으며, 총 계약금액은 10,000이다. 갑회사는 건설 용역에 대한 통제가 기간에 걸쳐 이전한 것으로 판단하였다. 갑회사는 발생원가에 기초한 투입법으로 진행률을 측정한다. 다음은 3개년 동안 발생한 건설용역과 관련된 자료이다.

	20×1년도	20×2년도	20×3년도
당기 발생 공사원가	1,200	3,700	2,300
공사완료시까지 추가소요원가	4,800	2,100	–

풀이

연도별 총예상원가=누적발생원가+완료시까지 추가소요원가

20×1년 : 1,200+4,800=6,000

20×2년 : 1,200+3,700+2,100=7,000

20×3년 : 1,200+3,700+2,300=7,200

	20×1년도	20×2년도	20×3년도	합 계
누적진행률	$\frac{1,200}{6,000}$=20%	$\frac{4,900}{7,000}$=70%	$\frac{7,200}{7,200}$=100%	
누적공사수익(①)	10,000×20%	10,000×70%	10,000×100%	
=계약금액×누적진행률	=2,000	=7,000	=10,000	
전기누적공사수익(②)	–	(2,000)	(7,000)	
당기공사수익(①–②)	2,000	5,000	3,000	10,000
공사원가*	(1,200)	(3,700)	(2,300)	(7,200)
공사이익	800	1,300	700	2,800

* 발생원가에 기초한 투입법으로 진행률을 측정할 경우 당기발생 공사원가를 공사원가로 인식하면 된다.
6,000(총공사예정원가)×20%=1,200
7,000(총공사예정원가)×70%−1,200=3,700
7,200(총공사예정원가)×100%−4,900=2,300

참고

만일 20×2년 초 계약변경으로 계약금액을 12,000으로 조정하기로 합의하였고, 계약변경에 따른 나머지 재화나 용역이 계약변경 전에 이전한 재화나 용역과 구별되지 않는다면 다음과 같은 수익과 비용을 인식한다(예제 28, 객관식 10과 유사).

	20×1년도	20×2년도	20×3년도	합 계
누적진행률	$\frac{1,200}{6,000}$=20%	$\frac{4,900}{7,000}$=70%	$\frac{7,200}{7,200}$=100%	
누적공사수익(①) =계약금액×누적진행률	10,000×20% =2,000	12,000×70% =8,400	12,000×100% =12,000	
전기누적공사수익(②)	−	(2,000)	(8,400)	
당기공사수익(①−②)	2,000	6,400	3,600	12,000
공사원가*	(1,200)	(3,700)	(2,300)	(7,200)
공사이익	800	2,700	1,300	4,800

* 발생원가에 기초한 투입법으로 진행률을 측정할 경우 당기발생 공사원가를 공사원가로 인식하면 된다.

참고

만약에 20×1년 말에 공사완료시까지 추가소요원가를 추정할 수 없어 합리적으로 진행률 측정이 곤란하였으나, 20×2년 말에는 공사완료시까지 추가소요원가를 2,100으로 추정할 수 있다고 가정한다면 20×1년에는 진행기준을 적용하지 않고 발생원가 만큼 공사수익을 인식하며, 20×2년부터 진행기준을 적용한다.

	20×1년도	20×2년도	20×3년도	합 계
누적진행률	−	$\frac{4,900}{7,000}$=70%	$\frac{7,200}{7,200}$=100%	
누적공사수익(①) =계약금액×누적진행률	−	10,000×70% =7,000	10,000×100% =10,000	
전기누적공사수익(②)	−	(1,200)	(7,000)	
당기공사수익(①−②)	1,200	5,800	3,000	10,000
공사원가	(1,200)*	(3,700)	(2,300)	(7,200)
공사이익	0	2,100	700	2,800

* 20×1년 말 현재 이미 발생한 원가 1,200은 모두 회수할 수 있다고 가정

예제 21 건설계약의 수익인식(2) (투입법)

다음은 갑회사의 공사계약과 관련된 자료이다. 당해 공사는 20×1년 초에 시작되어 20×3년 말에 완성되었으며, 동 공사의 계약금액은 1,500,000이다.

	20×1년도	20×2년도	20×3년도
당기발생원가	200,000	400,000	700,000
완성시까지 추가소요원가	800,000	600,000	–
대금청구액	250,000	530,000	720,000
대금회수액	200,000	400,000	800,000

풀이

추정총공사원가가 매년 변동되기 때문에 누적진행률을 기준으로 공사수익을 계산하여야 한다.

연도별 총예상원가=누적발생원가+완성 시까지 추가소요원가

20×1년도 : 200,000+800,000=1,000,000

20×2년도 : 200,000+400,000+600,000=1,200,000

20×3년도 : 200,000+400,000+700,000=1,300,000

	20×1년도	20×2년도	20×3년도	합 계
누적진행률	$\frac{200,000}{1,000,000}$=20%	$\frac{600,000}{1,200,000}$=50%	$\frac{1,300,000}{1,300,000}$=100%	
누적공사수익	1,500,000×20% =300,000	1,500,000×50% =750,000	1,500,000×100% =1,500,000	
과년도공사수익	–	(300,000)	(750,000)	
당기공사수익	300,000	450,000	750,000	1,500,000
공사원가*	(200,000)	(400,000)	(700,000)	(1,300,000)
공사이익	100,000	50,000	50,000	200,000

* 3개년도 공사원가는 자료에서 제시한 당기발생원가를 표시한 것이다.

거 래	과 목	금 액					
		20×1년도		20×2년도		20×3년도	
원가발생 시	(차) 미성공사	200,000		400,000		700,000	
	(대) 현 금		200,000		400,000		700,000
대금청구 시	(차) 공사미수금	250,000		530,000		720,000	
	(대) 진행청구액		250,000		530,000		720,000
대금회수 시	(차) 현 금	200,000		400,000		800,000	
	(대) 공사미수금		200,000		400,000		800,000

		20×1년도		20×2년도		20×3년도	
결 산 시	(차) 공사원가	200,000		400,000		700,000	
	미성공사	100,000		50,000		50,000	
	(대) 공사수익		300,000		450,000		750,000
공사완료 시	(차) 진행청구액	–		–		1,500,000	
	(대) 미성공사		–		–		1,500,000

	20×1년도	20×2년도	20×3년도
미성공사 잔액 (쓴 돈+이익)	300,000*	750,000**	1,500,000***
진행청구액 잔액	250,000	250,000+530,000 =780,000	780,000+720,000 =1,500,000
재무상태표 표시	계약자산(미청구공사) 50,000	계약부채(초과청구공사) 30,000	없 음

* 200,000(쓴 돈)+(1,500,000−1,000,000)×20%(누적 이익)=300,000

** 600,000(쓴 돈)+(1,500,000−1,200,000)×50%(누적 이익)=750,000

*** 1,300,000(쓴 돈)+(1,500,0000−1,300,000)×100%(누적 이익)=1,500,000

예제 22 건설계약의 수익인식(3) (산출법)

다음은 갑회사의 공사계약과 관련된 자료이다. 당해 공사는 20×1년 초에 시작되어 20×3년 말에 완성되었으며, 동 공사의 계약금액은 1,500,000이다. 갑회사는 산출법으로 진행률을 측정하기로 하였다.

	20×1년도	20×2년도	20×3년도
당기발생원가	200,000	400,000	700,000
완성 시까지 추가소요원가	800,000	600,000	–
산출법에 따른 누적진행률	18%	53%	100%
대금청구액	250,000	530,000	720,000
대금회수액	200,000	400,000	800,000

풀이

1. 연도별 총예상원가=누적발생원가+완성 시까지 추가소요원가
   20×1년도 : 200,000+800,000=1,000,000
   20×2년도 : 200,000+400,000+600,000=1,200,000
   20×3년도 : 200,000+400,000+700,000=1,300,000

	20×1년도	20×2년도	20×3년도	합 계
누적진행률	18%	53%	100%	
공 사 수 익	1,500,000×18% =270,000	1,500,000×53% −270,000 =525,000	1,500,000×100% −270,000−525,000 =705,000	1,500,000
공 사 원 가	1,000,000×18% =180,000	1,200,000×53% −180,000 =456,000	1,300,000×100% −180,000−456,000 =664,000	(1,300,000)
공 사 이 익	90,000	69,000	41,000	200,000

2.

거 래	과 목	금 액					
		20×1년도		20×2년도		20×3년도	
원가발생 시	(차) 미성공사	200,000		400,000		700,000	
	(대) 현 금		200,000		400,000		700,000
대금청구 시	(차) 공사미수금	250,000		530,000		720,000	
	(대) 진행청구액		250,000		530,000		720,000
대금회수 시	(차) 현 금	200,000		400,000		800,000	
	(대) 공사미수금		200,000		400,000		800,000
결 산 시	(차) 공사원가	180,000		456,000		664,000	
	미성공사	90,000		69,000		41,000	
	(대) 공사수익		270,000		525,000		705,000
공사완료 시	(차) 진행청구액	−		−		1,500,000	
	(대) 미성공사		−		−		1,500,000

3.

	20×1년도	20×2년도	20×3년도
미성공사 잔액 (쓴 돈+이익)	290,000*	759,000**	1,500,000***
진행청구액 잔액	250,000	250,000+530,000 =780,000	780,000+720,000 =1,500,000
재무상태표 표시	계약자산(미청구공사) 40,000	계약부채(초과청구공사) 21,000	

* 200,000(쓴 돈)+(1,500,000−1,000,000)×18%(누적 이익)=290,000

** 600,000(쓴 돈)+(1,500,000−1,200,000)×53%(누적 이익)=759,000

*** 1,300,000(쓴 돈)+(1,500,0000−1,300,000)×100%(누적 이익)=1,500,000

참고

진행기준

i) 수익 = 도급금액 × 진행률 → 되게 하라

ii) 비용 = 총공사 예정원가 × 진행률 → 되게 하라

iii) 이익 = (도급금액 − 총공사 예정원가) × 진행률 → 되게 하라

B/S상 자산, 부채(미청구, 초과청구)

미성공사 = 누적 쓴 돈 + 누적 이익 = 청구할 수 있는 최대 금액
= 누적 쓴 돈 + (도급금액 − 총공사 예정원가) × 진행률

− 진행청구액 = 누적 청구액

+자산(미청구), −부채(초과청구)

② 손실부담계약이란 계약상 의무이행에 필요한 회피 불가능한 원가가 그 계약에 의하여 받을 것으로 기대되는 경제적 효익을 초과하는 계약을 말한다. 이때 회피 불가능한 원가란 계약을 해지하기 위한 최소 순원가로서 ① 계약을 이행하기 위하여 필요한 원가와 ② 계약을 이행하지 못했을 때 지급해야 할 보상금 또는 위약금 중 적은 금액을 말한다.

> 손실=계약에 의하여 받을 것으로 기대되는 경제적 효익−회피 불가능한 원가
> 회피 불가능한 원가=Min[계약 이행에 필요한 원가, 계약 불이행 시 지급해야 할 위약금]

→ 손실=Min
- 이행 → 손실(경제적효익−이행원가)
- 해지 → 위약금(해지로 인한 경제적효익은 없음)

예제 23 손실이 예상되는 공사계약

다음은 갑회사의 공사계약과 관련된 자료이다. 당해 공사는 20×1년 초에 시작되어 20×3년 말에 완성되었으며, 동 공사의 계약금액은 1,000,000이다. 단, 진행률은 발생원가에 기초한 투입법으로 측정한다. 다음은 연도별 공사 관련 자료이다.

	20×1년도	20×2년도	20×3년도
당기발생원가	270,000	280,000	570,000
완성시까지 추가소요원가	630,000	550,000	−
대금청구액	300,000	300,000	400,000
대금회수액	280,000	270,000	450,000

풀이

1. 연도별 총예상원가=누적발생원가+완성 시까지 추가소요원가

20×1년도 : 270,000+630,000=900,000

20×2년도 : 270,000+280,000+550,000=1,100,000 > 1,000,000(계약금액)

20×3년도 : 270,000+280,000+570,000=1,120,000

20×2년 말 현재 총예상원가는 1,100,000으로 계약금액을 100,000만큼 초과한다. 즉, 회피 불가능한 원가(총예상원가)가 기대되는 경제적효익(계약금액)을 초과하므로 손실부담계약에 해당한다. 따라서 20×2년 말에 손실과 충당부채를 추가로 인식한다. 이때 20×1년 말에는 손실을 예상하지 않았으므로 공사이익(A이라고 가정)을 인식하였을 것인데, 20×2년 말 현재 누적손실은 100,000이어야 하므로 20×2년 말에 손실부담계약과 관련하여 추가로 인식할 손실과 충당부채 금액은 100,000이 아니라 'A+100,000'이어야 한다는 점에 유의하여야 한다.

	20×1년도	20×2년도	20×3년도	합 계
누 적 진 행 률	$\frac{270,000}{900,000}$=30%	$\frac{550,000}{1,100,000}$=50%	$\frac{1,120,000}{1,120,000}$=100%	
누적공사수익	1,000,000×30% =300,000	1,000,000×50% =500,000	1,000,000×100% =1,000,000	
과년도공사수익	–	(300,000)	(500,000)	
당기공사수익	300,000	200,000	500,000	1,000,000
공 사 원 가	(270,000)	(280,000)	(570,000)	(1,120,000)
조정전공사손익	30,000	① (80,000)	(70,000)	(120,000)
충당부채설정	–	② (50,000)	–	(50,000)
충당부채환입	–	–	50,000	50,000
공 사 이 익	30,000	③ (130,000)	(20,000)	(120,000)

① ×1 : (1,000,000−900,000)×30%=30,000 ∴ 30,000
　×2 : (1,000,000−1,100,000)×50%=(50,000) ∴ (80,000)

② (1,000,000−1,100,000)×50%(남은 진행률)=(50,000)

③ ×1 : (1,000,000−900,000)×30%=30,000 ∴ 30,000
　×2 : (1,000,000−1,100,000)×100%=(100,000) ∴ (130,000)

20×1년에 30,000의 공사이익을 인식하고, 20×2년 말에 80,000의 공사손실을 인식하면 20×2년 말 누적 공사손실은 50,000 밖에 되지 않는다. 전술한 바와 같이 20×2년 말 현재 예상손실이 100,000이므로 20×1년 공사이익과 20×2년 공사손실을 합한 누적액이 공사손실 100,000이 되어야 한다.
당기말 누적 공사손실((−)100,000)=과년도 인식 공사이익(30,000)+당기 인식 공사손실(x)
위의 식에서 20×2년 공사손실(x)은 130,000인데, 진행기준을 적용한 공사손실(조정전 공사손익)이 80,000이므로 추가로 50,000만큼 손실(공사원가 가산)과 충당부채를 인식한다.

3. 기타의 고려사항

3.1 계약 원가

i) 계약체결 증분원가

① 계약체결 증분원가란 고객과 계약을 체결하기 위해 들인 원가로서 계약을 체결하지 않았다면 들지 않았을 원가(예 : 판매수수료)이다. 계약체결 증분원가가 회수될 것으로 예상된다면 이를 자산으로 인식한다.

② 계약체결 여부와 무관하게 드는 계약체결원가는 계약체결 여부와 관계없이 고객에게 그 원가를 명백히 청구할 수 있는 경우가 아니라면 발생시점에 비용으로 인식한다.

③ 자산으로 인식한 계약체결 증분원가는 그 자산과 관련된 재화나 용역을 고객에게 이전하는 방식과 일치하는 체계적 기준으로 상각한다.

④ 계약체결 증분원가를 자산으로 인식하더라도 상각기간이 1년 이하라면, 그 계약체결 증분원가는 발생시점에 비용으로 인식하는 실무적 간편법을 쓸 수 있다. 그러나 자산으로 인식한 계약이행원가에 대해서는 실무적 간편법을 적용하지 않는다.

ii) 계약이행원가

① 고객과의 계약을 이행할 때 드는 원가가 다른 기준서의 적용범위(예 : 재고자산, 유형자산, 무형자산 기준서 등)에 포함되지 않는다면, 그 원가는 다음의 기준을 모두 충족해야만 자산으로 인식한다.

문단 95

- 원가가 계약이나 구체적으로 식별할 수 있는 예상 계약에 직접 관련된다.
- 원가가 미래 수행의무를 이행할 때 사용할 기업의 자원을 창출하거나 가치를 높인다.
- 원가는 회수될 것으로 예상된다.

② 그러나 다음의 원가는 발생시점에 비용으로 인식한다.

문단 98

- 일반관리원가
- 계약을 이행하는 과정에서 낭비된 재료원가, 노무원가, 그 밖의 자원의 원가로서 계약가격에 반영되지 않은 원가
- 이미 이행한 계약상 수행의무와 관련된 원가
- 이행하지 않은 수행의무와 관련된 원가인지, 이미 이행한 수행의무와 관련된 원가인지 구별할 수 없는 원가

③ 자산으로 인식한 계약체결 증분원가와 계약이행원가는 그 자산과 관련된 재화나 용역을 고객에게 이전하는 방식과 일치하는 체계적 기준으로 상각한다.

iii) 손상

① 자산으로 인식한 계약체결 증분원가와 계약이행원가의 장부금액이 다음의 ㉠에서 ㉡을 뺀 금액을 초과하는 정도까지 손상차손을 인식한다.

㉠ 그 자산과 관련된 재화나 용역의 대가로 기업이 받을 것으로 예상하는 나머지 금액

㉡ 그 재화나 용역의 제공에 직접 관련되는 원가로서 아직 비용으로 인식하지 않은 원가

② 계약체결 증분원가와 계약이행원가 장부금액 : 쓴 돈

㉠ 앞으로 받을 돈 − ㉡ 앞으로 쓸 돈 = 앞으로 받을 돈(순액)

∴ 쓴 돈 > 앞으로 받을 돈(순액) → 손상 발생

③ 손상 상황이 사라졌거나 개선된 경우에는 과거에 인식한 손상차손의 일부나 전부를 환입하여 당기손익으로 인식한다. 단, 증액된 자산의 장부금액은 과거에 손상차손을 인식하지 않았다면 산정되었을 금액을 초과해서는 안된다.

예제 32 계약원가의 자산화 여부

갑회사는 20×1년 초에 4년 동안 고객의 정보기술자료센터를 관리하는 용역계약을 체결하였다. 4년 이후에 계약을 1년 단위로 갱신할 수 있는데, 평균 고객기간은 6년이다. 갑회사는 계약체결과정에서 다음과 같은 원가가 들었다. 영업사원 수수료는 계약체결에 성공한 대가로 지급하는 것이며, 회수될 것으로 예상된다.

실사를 위한 외부 법률수수료	20,000
제안서 제출을 위한 교통비	8,000
영업사원 수수료	10,000
합 계	38,000

갑회사는 고객에게 용역을 제공하기 전에, 고객의 시스템에 접근할 수 있는 기술플랫폼을 기업 내부에서 사용하기 위해 설계하고 구축하였다. 기술플랫폼 설치를 위하여 들인 최초 원가는 다음과 같으며, 모두 회수될 것으로 예상된다.

설계용역	50,000
하드웨어	200,000
소프트웨어	180,000
네이터센터 이전 및 시험	30,000
합 계	460,000

갑회사는 기술플랫폼 설치를 위한 최초 원가에 추가하여, 고객에게 용역을 제공하는 업무를 담당할 직원 2명을 배정하였으며, 연간 20,000의 급여가 발생할 것으로 예상하였다.

풀이

계약체결과정에서 발생한 원가 38,000 중 계약을 체결하지 않았다면 들지 않았을 원가는 영업사원 수수료 10,000이다. 영업사원 수수료는 컨설팅 용역에 대한 미래 수수료로 그 원가가 회수될 것으로 예상되므로 자산으로 인식한다. 반면에 실사를 위한 외부 법률 수수료와 제안서 제출을 위한 교통비는 계약체결을 시도하기 위해 발생한 비용으로서 계약체결 여부와 관계없이 발생하였을 것이므로 발생시점에 비용으로 인식한다.

기술플랫폼 설치를 위하여 들인 최초 원가 중 하드웨어 원가 200,000은 유형자산으로 회계처리하고, 소프트웨어 원가 180,000은 무형자산으로 회계처리한다.
설계용역 원가 50,000과 데이터센터 이전 및 시험 관련 원가 30,000은 계약이행원가로 자산화한다. 왜냐하면 당해 원가가 고객과 체결한 계약에 직접 관련되며, 미래 수행의무를 이행할 때 사용할 기업의 자원을 창출하고, 미래에 원가 회수가 예상되므로 문단 95의 기준을 모두 충족하기 때문이다. 그러나 **고객에게 용역 제공을 담당할 직원의 급여는 자원을 창출하거나 가치를 높인다고 볼 수 없으므로 자산으로 인식하지 않고, 급여 발생시점에 비용으로 인식한다.**

자산으로 인식한 계약체결증분원가 10,000과 계약이행원가 80,000은 4년의 계약기간에 고객에게 이전하는 용역과 관련되고, 4년 후 1년 단위로 두 번 갱신될 것으로 예상하기 때문에 6년에 걸쳐 상각한다.

3.2 계약자산, 수취채권 및 계약부채

① 계약 당사자 중 어느 한 편이 계약을 수행했을 때, 기업의 수행 정도와 고객의 지급과의 관계에 따라 그 계약을 계약자산이나 계약부채로 재무상태표에 표시한다.

② 재화를 이전하였는데, 그 다음 재화를 이전하여야만 처음에 이전한 재화에 대한 대가를 수취할 수 있는 권리가 생긴다면 처음에 재화를 이전한 수행의무에 대해서는 수취채권을 인식하지 않고 계약자산을 인식한다.

③ 대가를 받을 무조건적인 권리는 수취채권으로 구분하여 표시한다.

④ 어떤 경우에는 기업이 수행의무를 이행하더라도 대가를 받을 무조건적인 권리를 갖지 않을 수 있다. 예를 들어 재화를 이전하였는데 그 다음 재화를 이전하여야만 처음에 이전한 재화에 대한 대가를 수취할 수 있는 권리가 생긴다면, 처음에 재화를 이전한 수행의무에 대해서는 수취채권을 인식하지 않고 계약자산을 인식한다.

⑤ 어떤 경우에는 기업이 수행의무를 이행하기 전에 대가를 받을 무조건적인 권리를 가질 수도 있다. 예를 들어 기업은 재화나 용역을 공급하기 한 달 전에 고객이 대가를 지급하도록 요구하는 취소불능계약을 체결할 수 있다. 이 경우에 기업은 지급기일이 되면 대가를 받을 무조건적인 권리를 갖는다.

⑥ 계약자산과 수취채권을 구별하는 목적은 그렇게 함으로써 재무제표 이용자에게 계약상 기업의 권리와 관련된 위험에 대한 목적적합한 정보를 제공할 수 있기 때문이다. 비록 계약자산과 수취채권 모두 신용위험에 노출되겠지만, 계약자산은 수행위험과 같은 다른 위험에 노출되기도 한다.

⑦ 계약부채는 기업이 고객에게 재화나 용역을 이전하기 전에 고객에게서 받은 대가(또는 지급받을 권리가 있는 대가)로서 고객에게 재화나 용역을 이전해야 하는 기업의 의무를 말한다. (선수금 → 계약부채)

⑧ 고객에게서 선수금을 받지 않아도 계약부채를 인식하는 경우도 있으므로 계약부채는 선수금보다 더 넓은 의미로 사용되는 계정이다.

예 9 계약자산

갑회사는 고객에게 제품 A와 B를 이전하고 그 대가로 1,000을 받기로 20×1년 1월 1일에 계약을 체결하였다. 계약에서는 제품 A를 먼저 인도하고, 이후 제품 B를 인도하여야 대가 1,000을 받을 수 있도록 되어 있다. 갑회사는 제품 A와 B를 이전하기로 한 약속을 수행의무로 식별하고, 제품의 상대적 개별 판매가격에 기초하여 제품 A에 대한 수행의무에 400을, 제품 B에 대한 수행의무에 600을 배분하였다.

풀이

〈제품 A의 이전시점〉

차변	금액	대변	금액
계약자산	400	수익	400

제품 A와 B를 모두 고객에게 이전하기 전까지는 대가를 받을 무조건적인 권리가 없으므로 수취채권을 인식하지 않는다.

〈제품 B의 이전시점〉

차변	금액	대변	금액
수취채권	1,000	수익	600
		계약자산	400

예 10 계약부채와 수취채권

〈경우 1〉 취소할 수 있는 계약

갑회사는 20×1년 3월 31일에 고객에게 제품을 이전하는 취소 가능 계약을 20×1년 1월 1일에 체결하였다. 계약에 따르면 고객은 20×1년 1월 31일에 대가 1,000을 지급하여야 하나, 실제 고객은 20×1년 3월 1일에 1,000을 지급하였다. 갑회사는 20×1년 3월 31일에 제품을 이전하였다.

〈20×1. 1. 31.〉

회계처리 없음

〈20×1. 3. 1.〉

현 금	1,000	계 약 부 채	1,000

〈20×1. 3. 31.〉

계 약 부 채	1,000	매 출	1,000

〈경우 2〉 취소할 수 없는 계약

계약을 취소할 수 없다는 점을 제외하고 〈경우 1〉가 동일하다.

〈20×1. 1. 31.〉

수 취 채 권	1,000	계 약 부 채	1,000

20×1년 1월 31일에 갑회사는 대가를 받을 무조건적인 권리를 갖기 때문에 수취채권을 인식한다. 갑회사가 대금지급기일인 20×1년 1월 31일 이전에 송장을 발행했더라도 대가를 받을 무조건적인 권리를 갖지 못하기 때문에 수취채권과 계약부채를 재무상태표에 표시하지 못한다.

〈20×1. 3. 1.〉

현 금	1,000	수 취 채 권	1,000

〈20×1. 3. 31.〉

계 약 부 채	1,000	매 출	1,000

예 11 기업의 수행정도에 대해 인식하는 수취채권

갑회사는 제품을 개당 150에 이전하기로 20×1년 1월 1일에 고객과 계약을 체결하였다. 고객이 1년 이내에 제품을 10,000개 이상 구매하면 계약에 따라 개당 가격을 소급하여 125으로 낮추어야 한다. 거래가격을 산정할 때 갑회사는 계약 개시시점에 고객이 임계치인 제품 10,000개 구매 조건을 충족할 것이므로 거래가격이 제품 개당 125으로 추정된다고 결론지었다.

〈제품 100개 이전 시〉

수 취 채 권	15,000*	수 익	12,500**
		환불부채(계약부채)	2,500***

* 제품에 대한 통제를 고객에게 이전할 때 대가를 받을 권리가 생긴다. 따라서 가격 감액을 소급적용하기 전(제품 10,000개 판매 전)까지 개당 150의 대가를 받을 무조건적인 권리가 생기며, 이를 수취채권으로 인식한다.
100개×150=15,000

** 100개×125=12,500

*** 환불부채는 제품 개당 25의 환불금으로서 수량기준 리베이트로 고객에게 제공될 것으로 예상하는 것이다.

객관식 13

다음은 ㈜대한의 20×1년과 20×2년의 수취채권, 계약자산, 계약부채에 대한 거래이다.

- ㈜대한은 고객에게 제품을 이전하기로 한 약속을 수행의무로 식별하고, 제품을 고객에게 이전할 때 각 수행의무에 대한 수익을 인식한다.
- ㈜대한은 20×2년 1월 31일에 ㈜민국에게 제품A를 이전하는 취소 불가능 계약을 20×1년 10월 1일에 체결하였다. 계약에 따라 ㈜민국은 20×1년 11월 30일에 대가 1,000 전액을 미리 지급하여야 하나 300만 지급하였고, 20×2년 1월 15일에 잔액 700을 지급하였다. ㈜대한은 20×2년 1월 31일에 제품A를 ㈜민국에게 이전하였다.
- ㈜대한은 ㈜만세에게 제품B와 제품C를 이전하고 그 대가로 1,000을 받기로 20×1년 10월 1일에 계약을 체결하였다. 계약에서는 제품B를 먼저 인도하도록 요구하고, 제품B의 인도 대가는 제품C의 인도를 조건으로 한다고 기재되어 있다. ㈜대한은 제품의 상대적 개별 판매가격에 기초하여 제품B에 대한 수행의무에 400을, 제품C에 대한 수행의무에 600을 배분한다. ㈜대한은 ㈜만세에게 20×1년 11월 30일에 제품B를, 20×2년 1월 31일에 제품C를 각각 이전하였다.

상기 거래에 대하여, 20×1년 12월 31일 현재 ㈜대한의 수취채권, 계약자산, 계약부채 금액은 각각 얼마인가?

풀이

〈㈜민국 : 취소할 수 없는 계약〉

일자	차변	금액	대변	금액
×1. 11/30	현금	300	계약부채	1,000
	수취채권	700		
×2. 1/15	현금	700	수취채권	700
1/31	계약부채	1,000	매출	1,000

〈㈜만세 : 계약자산〉

일자	차변	금액	대변	금액
×1. 11/30	계약자산	400	매출	400
×2. 1/31	수취채권	1,000	계약자산	400
			매출	600

* 재화를 이전하였는데, 그 다음 재화를 이전하여야만 처음에 이전한 재화에 대한 대가를 수취할 수 있는 권리가 생긴다면 처음에 재화를 이전한 수행의무에 대해서는 수취채권을 인식하지 않고 계약자산을 인식한다.

3.3 보증(warranties)

① 어떤 보증은 관련 제품이 합의된 규격에 부합하므로 당사자들이 의도한 대로 작동할 것이라는 확신을 고객에게 주는데, 이러한 유형의 보증을 확신 유형의 보증이라고 한다.

② 다른 보증은 제품이 합의된 규격에 부합한다는 확신에 더하여 고객에게 용역을 제공하는데, 이러한 유형의 보증을 용역 유형의 보증이라고 한다.

〈표〉 보증의 유형에 따른 회계처리

보증의 유형	회계처리
확신 유형의 보증	수행의무가 아니므로 충당부채로 회계처리
용역 유형의 보증*	수행의무이므로 그 수행의무에 거래가격을 배분

* 용역 유형의 보증은 제품이 합의된 규격에 부합한다는 확신에 더하여 고객에게 용역을 제공하는 것이므로 그 보증은 구별되는 용역이다. 따라서 거래가격을 배분하는 수행의무로 회계처리한다.

③ 고객이 보증을 별도로 구매할 수 있는 선택권이 있다면 그 보증은 구별되는 용역이다.

④ 기업이 확신 유형의 보증과 용역 유형의 보증을 모두 약속하였으나, 이를 합리적으로 구별하기 어려울 수도 있다. 이러한 경우에는 두 가지 보증을 단일 수행의무(용역 유형의 의무)로 회계처리한다.

⑤ 보증의 별도구매 가능 여부와 보증이 제공하는 범위에 따른 회계처리를 요약하면 다음과 같다.

〈표〉 보증의 회계처리 요약

구 분		회계처리
별도 구매 선택권이 있는 보증		수행의무로 회계처리
별도 구매 선택권이 없는 보증	합의된 규격에 부합한다는 확신을 주는 범위까지	충당부채로 인식
	확신의 범위를 초과하는 부분	수행의무로 회계처리

⑥ 제품이 손해나 피해를 끼치는 경우에 기업이 보상하도록 요구하는 법률(제조물 책임법) 때문에 수행의무가 생기지는 않는다. 따라서 법률에서 요구하는 보증은 충당부채를 인식할 사항이다.

⑦ 기업이 제공하는 보증기간이 길수록 약속한 보증이 수행의무일 가능성이 높다.

⑧ 기업이 수행하기로 약속한 업무가 제품이 합의된 규격에 부합한다는 확신을 주기 위해 필요하다면, 그 업무는 수행의무에 해당되지 않는다.

예 12 보증

제품을 제조, 판매하는 갑회사는 고객에게 제품 구매에 따른 보증을 제공한다. 보증은 제품이 약정된 규격에 따르고 구매일로부터 1년 동안 약속된 대로 작동할 것이라고 보장한다. 그 계약에서는 고객에게 추가 원가 없이 그 제품의 작동 방법에 대한 20시간의 훈련용역을 받을 권리도 제공한다.

갑회사는 제품을 이전하기로 하는 약속과 훈련용역을 제공하기로 하는 약속은 결합 품목의 투입물이 아니므로 각각 별도로 식별될 수 있다고 결론을 내렸다. 즉, 제품과 훈련용역이라는 두 가지의 수행의무가 생긴다. 마지막으로 제품이 1년 동안 작동될 것이라는 보증에 추가하여 재화나 용역을 고객에게 제공하는 것은 아니므로 이는 확신 유형의 보증으로서 수행의무에 해당되지 않는다. 따라서 충당부채의 요구사항에 따라 회계처리한다.

예제 33 제품보증의 회계처리 (객관식 15와 유사)

갑회사는 제품을 100,000에 판매하면서 동일 업계에서 적용하고 있는 3년의 무상보증을 제공하고 있다(300으로 추정). 그런데 갑회사는 고객이 판매가의 1%(1,000)를 추가 부담하면 3년의 보증기간이 경과한 후 추가로 2년 동안 제품보증을 제공한다. 특정 고객에게 101,000(100,000+1,000)에 판매한 경우 회계처리는 다음과 같다.

〈제품판매 시〉

차변	금액	대변	금액
현금	101,000	매출	100,000
		계약부채	1,000
제품보증비	300	제품보증충당부채	300

〈제품판매 후 3년간 무상보증의무 이행 시〉

차변	금액	대변	금액
제품보증충당부채	×××	현금	×××

〈제품판매 후 4년부터 2년 동안 매년 보증의무 이행 시〉

차변	금액	대변	금액
계약부채	500	용역수익	500
용역비용	×××	현금	×××

만일 업계의 통상적인 보증기간이 3년인데, 갑회사가 2년의 추가 보증(별도로 구매하는 것은 아님, 3년+2년=5년)을 제공하면서 제품을 100,000에 판매하였다면 3년 보증은 확신 유형의 보증으로, 2년 추가 보증은 용역 유형의 보증으로 구분되므로 결국 수행의무는 제품의 이전과 2년 추가 보증으로 나뉜다. 따라서 판매금액 100,000을 다음과 같이 수행의무에 배분하여야 한다.
(2년 추가 보증의 공정가치를 1,000으로 가정)
제품 판매 : 100,000×100,000/101,000=99,010 → 제품 인도 즉시 수익 인식
2년 추가 보증 : 100,000×1,000/101,000=990 → 4년째와 5년째 「990÷2」씩 수익 인식

3.4 추가 재화나 용역에 대한 고객의 선택권－고객충성제도

① 무료나 할인된 가격으로 추가 재화나 용역을 취득할 수 있는 고객의 선택권(고객충성제도 등)은 그 형태(예 : 판매 인센티브, 고객보상점수(points), 계약갱신 선택권, 미래의 재화나 용역에 대한 그 밖의 할인)가 다양하다.

② 선택권이 고객에게 중요한 권리를 제공한다면, 고객은 사실상 미래 재화나 용역의 대가를 기업에 미리 지급한 것이므로 판매대가 중 일부를 선택권이라는 수행의무에 배분하고 그 미래 재화나 용역이 이전되거나 선택권이 만료될 때 수익을 인식한다.

③ 재화나 용역의 개별 판매가격을 반영하는 가격으로 추가 재화나 용역을 취득할 수 있는 선택권을 고객에게 부여하였다면 그 선택권은 고객에게 중요한 권리를 제공하지 않는다.

④ 기업은 고객에게 이전하는 재화나 용역과 고객 선택권의 상대적 개별 판매가격에 기초하여 거래가격을 배분한다. 고객 선택권의 개별 판매가격을 직접 관측할 수 없다면 이를 추정한다. 그 추정에는 고객이 선택권을 행사할 때 받을 할인을 반영하되, 고객이 선택권을 행사하지 않고도 받을 수 있는 할인액과 선택권이 행사될 가능성을 모두 조정한다.

예제 34 고객에게 중요한 권리를 제공하는 선택권

갑회사는 제품 A를 1,000에 판매하기로 계약을 체결하였다. 이 계약의 일부로 갑회사는 앞으로 30일 이내에 1,000 한도의 구매에 대해 40% 할인권을 고객에게 주었다. 한편 갑회사는 계절 판촉활동의 일환으로 앞으로 30일 동안 모든 판매에 10% 할인을 제공할 계획인데, 10% 할인은 40% 할인권에 추가하여 사용할 수 없다.

모든 고객이 앞으로 30일 동안 구매금액의 10% 할인을 받을 수 있으므로, 고객에게 중요한 권리를 제공하는 할인은 40%의 할인이 아니라 10%에 증분되는 할인 즉, 30%의 추가 할인이다. 갑회사는 증분할인을 제공하기로 한 약속을 제품 A의 판매계약에서 수행의무로 회계처리한다. 갑회사가 할인권의 개별 판매가격을 추정하기 위해, 고객의 80%가 할인권을 사용하고, 추가 제품을 평균 500만큼 구매할 것이라고 추정하였다면 할인권의 추정 개별 판매가격은 120(500×30%×80%)이다. 따라서 제품 A와 할인권의 개별 판매가격인 1,000과 120에 비례하여 다음과 같이 1,000의 거래가격을 배분한다.

수행의무	배분된 거래가격	
제 품A	893	(1,000 × 1,000/1,120)
할인권	107	(1,000 × 120/1,120)
합 계	1,000	

풀이

갑회사는 제품 A에 대한 통제를 이전할 때 893의 수익을 인식한다. 할인권에 배분한 107은 고객이 재화나 용역으로 교환하거나 할인권이 소멸될 때 수익으로 인식한다.

참고로 갑회사와 고객 간에 1,000의 제품 판매거래가 발생하였고, 이후 30일 내에 고객이 할인권을 사용하여 300에 판매하는 제품을 40% 할인한 180에 판매하였으며, 나머지 할인권은 소멸하였을 때 회계처리를 제시하면 다음과 같다.

〈제품 이전시점〉

차변		대변	
현금	1,000	수익	893
		계약부채	107

〈할인권 사용시점〉

차변		대변	
현금	180	수익	260
계약부채	80*		

* 할인권으로 평균 400에 판매하는 제품을 구매할 것으로 추정하였으나, 300에 판매하는 제품을 구매하였으므로 그 부분만큼 계약부채를 감소시키고 수익으로 대체한다. 107×300/400(500×80%)=80

〈할인권 소멸 시점〉

차변		대변	
계약부채	27	수익	27

예제 35 고객충성제도 (객관식 14와 유사)

갑회사는 구매금액 10당 고객충성포인트 1점을 고객에게 보상하는 고객충성제도를 운영한다. 각 포인트는 갑회사의 제품을 미래에 구매할 때 1의 할인과 교환할 수 있다. 보고기간에 고객은 제품을 100,000에 구매하고 미래에 구매에 교환할 수 있는 10,000포인트를 얻었다. 갑회사는 9,500포인트가 교환될 것으로 예상하고, 교환될 가능성에 기초하여 포인트 당 개별 판매가격을 0.95(총액 10,000포인트×0.95×₩1=9,500)으로 추정하였다.

포인트는 고객이 계약을 체결하지 않고는 받을 수 없는 중요한 권리를 고객에게 제공하므로 갑회사는 고객에게 포인트를 제공하는 약속을 수행의무라고 결론지었다. 갑회사는 다음과 같이 상대적 개별 판매가격에 따라 거래가격을 제품과 포인트에 배분한다.

구 분	거래가격의 배분	
제 품	91,324	(100,000 × 100,000/109,500)
포인트	8,676	(100,000 × 9,500/109,500)
합 계	100,000	

풀이

〈1차 연도 중 제품 판매 시〉

수취채권, 현금	100,000	매 출	91,324
		계 약 부 채	8,676

〈1차 연도말〉

4,500포인트가 교환되었고, 갑회사는 전체적으로 9,500포인트가 교환될 것으로 계속 예상할 경우 회계처리는 다음과 같다.

계 약 부 채	4,110	매 출	4,110

* 8,676 × 4,500/9,500 = 4,110

〈2차 연도말〉

4,000포인트(누적 8,500포인트)가 교환되었고, 갑회사는 전체적으로 9,700포인트가 교환될 것으로 예상을 수정한 경우 회계처리는 다음과 같다.

계 약 부 채	3,493	매 출	3,493

* 8,676 × 8,500/9,700 − 4,110 = 3,493

계약부채 잔액은 1,073이다.

3.5 라이선싱

i) 지적재산 접근권 또는 사용권

① 라이선스는 기업의 지적재산에 대한 고객의 권리를 정한다.

② 고객에게 라이선스를 부여하는 약속에 더하여, 고객에게 다른 재화나 용역을 이전하기로 약속할 수 있다. 예를 들어 신기술 특허권에 대한 라이선스를 이전하면서 관련 제조용역도 이전하기로 약속할 수 있다.

③ 라이선스를 부여하는 약속이 그 밖에 약속한 재화나 용역과 계약에서 구별되지 않는다면, 라이선스를 부여하는 약속과 그 밖에 약속한 재화나 용역을 함께 단일 수행의무로 회계처리한다.

④ 그리고 그 수행의무(약속한 라이선스 포함)가 기간에 걸쳐 이행되는 수행의무인지, 한 시점에 이행되는 수행의무인지 판단한다.

⑤ 라이선스를 부여하는 약속이 계약에서 그 밖에 약속한 재화나 용역과 구별되는 별도의 수행의무일 경우, 라이선스의 성격(접근권 또는 사용권)을 판단하여야 한다.

⑥ 지적재산 접근권이란 라이선스 기간 전체에 걸쳐 존재하는 지적재산에 접근할 권리를 말하며, 지적재산 사용권이란 라이선스를 부여하는 시점에 존재하는 지적재산을 사용할 권리를 말한다.

⑦ 다음의 문단 B58에서 언급하는 기준을 모두 충족한다면, 라이선스를 부여하는 기업의 약속의 성격은 기업의 지적재산권에 접근권을 제공하는 것이다.

문단 B58

㉠ 고객이 권리를 갖는 지적재산에 유의적으로 영향을 미치는 활동을 기업이 할 것을 계약에서 요구하거나 고객이 합리적으로 예상한다.

㉡ 라이선스로 부여한 권리 때문에 고객은 ㉠에서 식별되는 기업 활동이 미치는 긍정적 또는 부정적 영향에 직접 노출된다.

㉢ 그 활동(들)이 행해짐에 따라 재화나 용역을 고객에게 이전하는 결과를 가져오지 않는다.

⑧ 문단 B58의 ㉠과 ㉡ 관련 예를 들면 프로축구팀이 자신이나 소속 선수들의 이름 및 로고를 2년 동안 고객에게 라이선스하고, 고객은 그 이름과 로고를 티셔츠나 머그컵 등에 사용하여 판매하는 계약을 체결한 경우 프로축구팀이 명성 유지를 위하여 특정 활동을 수행하도록 계약에서 요구하거나, 그러한 활동을 할 것이라고 고객이 합리적으로 예상할 것이다. 그리고 이러한 프로축구팀의 활동은 고객의 효익에 긍정적 또는 부정적 영향을 미칠 수 있다. 프로축구팀의 활동으로 경기 성적이 전년도에 비해 유의하게 상승한다면 프로축구팀의 이름이나 로고가 들어간 상품의 판매가 유의하게 증가하여 고객의 효익도 증가할 것이다. 그러나 기업이 고객에게 소프트웨어를 라이선스한 경우 소프트웨어의 기능성은 라이선스 기간 동안 기업이 어떤 활동을 하는지와 무관할 것이다. 제조비법이나 완성된 미디어콘텐츠 또한 라이선스 기간 동안 기업이 어떤 활동을 하는지에 따라 영향을 받지 않는다.

참고

〈표〉 라이선스 부여 약속의 구분

그룹 Ⅰ	그룹 Ⅱ
브랜드, 로고, 프랜차이즈 등	소프트웨어, 생물학적 화합물이나 약물의 제조법, 특허권, 완성된 미디어 콘텐츠(예 : 영화, TV쇼, 음악) 등

요약하면, 그룹 Ⅰ의 라이선스는 라이선스 기간에 기업의 활동이 고객이 갖는 지적재산에 지속적으로 유의적인 영향을 미치는 반면, 그룹 Ⅱ의 라이선스는 라이선스 기간에 기업의 활동이 고객이 갖는 지적재산에 유의적인 영향을 미치지 않는다. 이와 같은 관점에 기초하여 국제회계기준은 다음의 문단 B58의 조건을 모두 충족할 경우 라이선스를 지적재산에 대한 접근권으로 구분(표의 그룹 Ⅰ에 속하는 라이선스)하고, 그렇지 않으면 지적재산에 대한 사용권으로 구분(표의 그룹 Ⅱ에 속하는 라이선스)한다.

⑨ 라이선스를 부여하는 약속이 지적재산권에 대한 접근권에 해당된다면, 기업은 라이선스를 부여하는 약속을 기간에 걸쳐 이행하는 수행의무로 회계처리한다.

⑩ 지적재산권에 대한 접근권에 해당하지 않는다면, 기업이 한 약속의 성격은 라이선스를 고객에게 부여하는 시점에 그 라이선스가 존재하는 대로, 지적재산의 사용권을 제공하는 것이므로 한 시점에 이행하는 수행의무로 회계처리한다.

⑪ 라이선스에 대한 수익은 고객이 라이선스를 사용하여 효익을 얻을 수 있는 기간이 시작되기 전에는 인식할 수 없다. 예를 들어 소프트웨어의 라이선스 사용기간은 7월 1일에 시작되는데, 고객이 소프트웨어를 사용할 수 있게 하는 접속번호를 8월 1일에 제공했다면 8월 1일 전에 수익을 인식할 수 없다.

⑫ 라이선스가 지적재산의 접근권인지 아니면 사용권인지를 판단할 때 시간 제약, 지리적 지역 제약 및 사용 제약은 고려하지 않는다. 예를 들어 고객에게 라이선스를 3년 동안만 부여하는 것으로 제약하는 경우, 이와 같은 기간 제약이 있다고 하여 3년에 걸쳐 수익을 인식하는 것은 아니다. 기간 제약은 라이선스의 속성을 정하는 것이지 이러한 제약의 유무에 따라 라이선스가 접근권인지 아니면 사용권인지를 구분하는 것은 아니기 때문이다.

⑬ 기업이 지적재산에 유효한 특허권이 있고 이 특허권의 무단사용을 금지하는 보증을 제공하더라도 이를 접근권과 사용권 판단 시 고려하지 않는다. 왜냐하면 특허권을 보호하는 약속은 수행의무가 아니라 기업의 지적재산의 가치를 보호하고 이전된 라이선스가 계약에서 약속한 라이선스의 규격을 충족한다는 확신을 고객에게 주는 것이기 때문이다.

→ 타인의 무단사용금지 보증과 함께 특허권을 라이선스하는 경우 특허권의 경제적 가치에 대한 확신이 추가된 것 뿐 해당 라이선스 분류에는 영향을 미치지 않음

ii) 판매기준 로열티와 사용기준 로열티

① 라이선스 대가가 판매기준 또는 사용기준 로열티에 해당될 경우 라이선스 계약기간 동안 기업이 인식할 수익은 고객이 라이선스를 이용하여 특정 재화를 얼마나 판매하였는지, 또는 라이선스 권리를 얼마나 사용하였는지에 따라 변동한다. 이와 같은 상황에서 변동대가의 요구사항을 적용한다면 기업은 라이선스 계약기간 동안 변동대가 추정치를 지속적으로 조정해야 하는 번거로움이 있다.

② 라이선스 대가가 판매기준 또는 사용기준 로열티에 해당되는 경우 문단 B63A를 충족하면 변동대가의 요구사항을 적용하지 않고 수익 인식의 예외(문단 B63)를 허용한다.

문단 B63의 수익인식의 예외 규정은 로열티가 다음의 문단 B63A의 요구사항 중 하나에 해당하는 경우에 적용한다.

문단 B63A

- 지적재산의 라이선스에만 관련된다.
- 지적재산의 라이선스는 로열티가 관련되는 지배적인 항목이다.

③ 판매기준 또는 사용기준 로열티의 수익은 다음 중 나중의 사건이 일어날 때(또는 일어나는 대로) 인식한다.

문단 B63

- 후속 판매나 사용
- 판매기준 또는 사용기준 로열티의 일부나 전부가 배분된 수행을 이행함(또는 일부 이행함)

④ 문단 B63A를 충족하지 않는다면 변동대가 요구사항을 적용하여 수익을 인식한다.

Con

판매기준 또는 사용기준 로열티의 경우 그 본질이 여전히 라이선스라면(즉, 문단 B63A를 충족) 계약에 따라 수익 금액이 명확해지는 시점에 수익을 인식(문단 B63)한다. 하지만 그 본질이 라이선스가 아니라면(문단 B63A 충족 ×) 변동대가 추정(또는 변동대가 추정의 제약)의 규정을 적용하여 수익을 인식하여야 한다.

iii) 라이선스의 회계처리

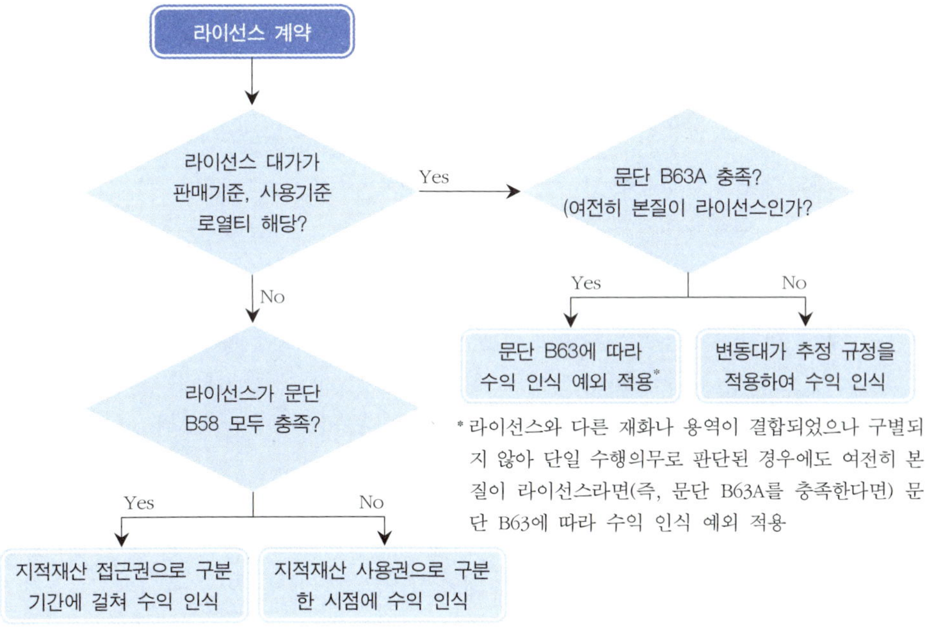

예제 36 구별되는 라이선스의 식별

갑회사(제약회사)는 승인된 제약화합물에 대한 특허권을 고객에게 10년 동안 라이선스하고 약의 제조도 약속한다. 이 약은 성숙기 제품이므로 기업은 약에 대한 어떠한 지원활동도 하지 않을 것이며, 이는 기업의 사업관행과 일관된다.

〈경우 1〉 라이선스가 구별되지 않음
이 약의 제조과정이 매우 특수하기 때문에 이 약을 제조할 수 있는 다른 기업은 없다고 가정하자. 이 경우 라이선스는 제조 용역과 별도로 구매할 수 없다.

라이선스와 제조용역은 구별되지 않고, 라이선스와 제조용역을 단일 수행의무로 회계처리한다.

〈경우 2〉 라이선스가 구별됨
이 약을 생산하기 위해 사용되는 제조과정이 유일하거나 특수하지 않고 몇몇 다른 기업도 고객을 위해 이 약을 제조할 수 있다고 가정하자.

라이선스를 부여하는 약속과 제조용역을 제공하는 약속은 구별되며, ㉠ 특허권의 라이선스와 ㉡ 제조용역의 두 가지 수행의무가 있다고 결론짓는다.

예제 37 지적재산 접근권 또는 사용권

〈경우 1〉
음반회사인 갑회사는 유명 오케스트라 클래식 교향곡 1975년 녹음판을 고객에게 라이선스한다. 고객은 특정 국가에서 2년 동안 TV, 라디오, 온라인 광고를 포함한 모든 상업적 매체에서 녹음된 교향곡을 사용할 권리가 있으며, 갑회사는 라이선스 제공 대가로 매달 10,000의 고정대가를 받는다. 계약에 따르면 갑회사가 제공해야 하는 그 밖의 어떠한 재화나 용역은 없으며, 계약은 취소할 수 없다.

라이선스를 부여한 그 시점에 존재하는 대로 지적재산을 사용할 권리를 고객에게 부여하는 것이므로 (문단 B58 ㉠ 충족 ×) 라이선스를 부여하는 약속을 한 시점에 이행되는 수행의무로 본다. 갑회사는 고객이 라이선스된 지적재산의 사용을 지시할 수 있고 그 지적재산에서 나머지 효익의 대부분을 얻을 수 있는 한 시점에 모든 수익을 인식한다.

〈경우 2〉
한국FC 프로축구팀인 을회사는 고객에게 자신의 이름과 로고를 사용할 수 있도록 라이선스한다. 의류디자이너인 고객은 1년 동안 티셔츠, 모자, 머그컵, 타월 등의 품목에 축구팀의 이름과 로고를 사용할 권리가 있다. 을회사는 라이선스를 제공한 대가로 고정대가 20,000과 팀 이름이나 로고를 사용한 품목의 판매가격의 5%를 로열티로 받는다.

을회사는 고객에게 지적재산에 접근할 수 있는 권리를 부여하는 것이므로 고정대가에 대한 수행 정도에 대해서 기간에 걸쳐 수익을 인식한다. 그러나, 판매기준 로열티 형태의 대가는 문단 B63을 적용하여 팀 이름 또는 로고를 사용한 품목이 판매되는 대로 수익을 인식한다.

추가문제 지적재산 접근권 또는 사용권

〈경우 1〉

연재만화 창작자인 갑회사는 만화 작품 속의 캐릭터 이미지와 이름을 고객(유람선 운영자)에게 4년 동안 사용하도록 라이선스한다. 연재만화의 특성 상 새롭게 창작된 캐릭터가 자주 등장하고, 그 캐릭터의 이미지는 시간에 따라 발전한다. 고객은 합당한 지침 내에서 쇼나 퍼레이드와 같은 다양한 방법으로 캐릭터를 사용할 수 있으며, 캐릭터의 가장 최근 이미지를 사용하여야 한다. 갑회사는 라이선스를 부여하고 그 대가로 4년 동안 매년 10,000의 고정금액을 받는다.

갑회사의 고객은 계약에 따라 고정된 기간에 라이선스 캐릭터를 제한 없이 사용할 수 있기 때문에(접근권이므로) 시간기준으로 수행의무의 진행률을 측정하는 것이 가장 적절하다고 판단한다.

〈경우 2〉

영화 배급사인 갑회사는 고객에게 영화 AB를 라이선스한다. 고객은 6주 동안 자신의 영화관에서 이 영화를 상영할 권리가 있다. 그 대가로 갑회사는 영화관 운영자의 영화 AB의 관람권 판매액 중 일부를 받을 것이다.

갑회사가 부여한 라이선스에 대한 대가는 판매기준 로열티이므로 라이선스를 부여하는 약속이 지적재산에 대한 접근권인지, 아니면 지적재산의 사용권인지를 구분할 필요가 없다. 따라서 갑회사는 문단 B63을 적용하여 관람권이 판매되는 대로 수익을 인식한다(문단 B63A 충족 가정).

추가문제 프랜차이즈 권리

갑회사는 고객과 계약을 체결하여 고객이 10년 동안 갑회사의 상호를 사용하고 갑회사의 제품을 판매할 권리를 제공하는 프랜차이즈 라이선스를 부여하기로 약속하였다. 라이선스 부여 대가로 갑회사는 고객의 월 매출액 중 5%를 판매기준 로열티로 받기로 한다.

풀이

접근권이기 때문에 기간에 걸쳐 수익을 인식해야 하나, 예외적으로 불확실성이 해소될 때까지 수익을 인식하지 않는 것이다. 즉, 문단 B63을 적용하여 수익을 인식한다(문단 B63A 충족 가정).

고객이 공급자의 서버에서 운영되는 소프트웨어에 접근하고 대가를 지급하는 계약을 체결하는 경우가 많다. 공급자의 소프트웨어는 클라우드(cloud) 기반으로 운영되며, 공급자가 이를 관리하고 통제한다. 고객은 인터넷이나 지정된 회선을 통해서 필요 시 소프트웨어에 접근하며, 유형의 자산에 대한 어떠한 권리도 고객에게 이전하지는 않는다. 이러한 계약이 ① 소프트웨어 리스, ② 소프트웨어 무형자산의 취득 또는 ③ 용역계약 중 어느 것으로 회계처리해야 하는지에 대한 질의에 대해서 IFRS 해석위원회의 회신(2019.3.)을 요약하면 다음과 같다.

IFRS 해석위원회는 공급자의 클라우드 기반에서 운영되는 공급자의 소프트웨어에 접근할 권리를 받는 것 자체가 소프트웨어의 사용 방법 및 목적을 결정할 수 있는 권리를 고객에게 이전하는 것은 아니라고 보았다. 공급자는 소프트웨어의 업데이트나 변경의 방법과 시기를 결정하거나 소프트웨어가 운영되는 하드웨어(또는 기반)를 결정함으로써 운영을 지시할 수 있는 권리를 가질 수 있다(즉, 고객이 지시할 권리를 가지지 못한다.). 따라서 해당 계약은 소프트웨어 리스를 포함하지 않는다.
공급자의 소프트웨어에 접근할 수 있는 권리는 계약 개시시점에 고객에게 소프트웨어 자체로부터 유입되는 미래경제적효익을 확보하게 하거나 그러한 효익에 대한 제3자의 접근을 제한할 수 있는 권리를 고객에게 부여하지 않으므로 고객은 무형자산을 이전받는 것이 아니다.
IFRS 해석위원회는 미래에 공급자의 응용소프트웨어에 접근할 수 있는 권리만을 고객에게 이전하는 계약은 용역계약이라고 결론을 내렸다. 고객은 계약기간에 걸쳐 소프트웨어에 접근할 수 있는 용역을 제공받는 것이다.

3.6 재매입약정

재매입약정은 자산을 판매하고, 그 자산을 다시 사기로 약속하거나 다시 살 수 있는 선택권을 갖는 계약이다. 재매입약정은 자산을 다시 사야 하는 기업의 의무(선도), 자산을 다시 살 수 있는 기업의 권리(콜옵션), 그리고 고객이 요청하면 자산을 다시 사야 하는 기업의 의무(풋옵션)의 3가지 형태로 나타난다.

i) 선도나 기업이 보유하는 콜옵션

① 기업이 자산을 다시 사야 하는 의무나 다시 살 수 있는 권리가 있다면, 고객은 당해 자산을 통제하지 못한다.
② 고객이 자산을 통제하지 못하므로, 기업은 자산을 판매할 때 수익을 인식하지 못한다.
③ 선도나 콜옵션의 재매입약정은 표와 같이 회계처리한다.

구 분	회계처리
기업이 자산을 원래 판매가격보다 낮은 금액으로 다시 살 수 있거나, 다시 사야 하는 경우	리스로 회계처리
기업이 자산을 원래 판매가격 이상의 금액으로 다시 살 수 있거나, 다시 사야 하는 경우	금융약정으로 회계처리

④ 재매입약정이 금융약정이라면 기업은 자산을 계속 인식하고 고객에게서 받은 대가는 금융부채로 인식한다. 그리고 고객에게서 받은 대가(금액)와 고객에게 지급해야 하는 대가(금액)의 차이를 이자비용으로 인식한다.

⑤ 한편 발행한 옵션이 행사되지 않은 채 소멸된다면 부채를 제거하고 수익을 인식한다.

ii) 상대기업이 보유하는 풋옵션

① 재매입약정의 결과로 고객의 요청에 따라 기업이 자산을 다시 사야 할 의무(풋옵션)가 있다면 고객은 자산을 통제하는 것이다.

② 그러나 고객이 요청하면 기업이 원래 판매가격보다 낮은 가격으로 다시 자산을 사야하는지 아니면 높은 가격으로 사야하는지, 그리고 고객이 풋옵션을 행사할 경제적 유인이 유의적인지의 여부에 따라 고객이 자산을 통제하는지를 판단하여 표와 같이 회계처리한다.

구 분	회계처리
고객이 요청하면 원래 판매가격보다 낮은 가격으로 자산을 다시 사야 하는데, 계약 개시시점에 고객이 그 권리를 행사할 경제적 유인이 유의적인 경우	리스로 회계처리
고객이 요청하면 원래 판매가격보다 낮은 가격으로 자산을 다시 사야 하는데, 계약 개시시점에 고객이 그 권리를 행사할 경제적 유인이 유의적이지 않은 경우	반품권이 있는 제품의 판매처럼 회계처리
자산을 다시 사는 가격이 원래 판매가격 이상이고 자산의 예상 시장가치보다 높은 경우	금융약정으로 회계처리
자산을 다시 사는 가격이 원래 판매가격 이상이고, 자산의 예상 시장가치 이하이며, 고객이 풋옵션을 행사할 유인이 유의적이지 않음	반품권이 있는 제품의 판매처럼 회계처리

추가문제 상대방이 보유하는 풋옵션

㈜세무는 20×1년 1월 1일 ㈜한국에게 원가 100,000의 제품을 200,000에 현금 판매하였다. 판매계약에는 20×1년 6월 30일 이전에 ㈜한국이 요구할 경우 ㈜세무가 판매한 제품을 210,000에 재매입해야 하는 풋옵션이 포함된다. 풋옵션이 행사될 유인은 판매시점에서 유의적일 것으로 판단하였으나 실제로 20×1년 6월 30일까지 풋옵션이 행사되지 않은 채 권리가 소멸하였다. 단, 20×1년 1월 1일 기준으로 재매입일 예상 시장가치는 210,000 미만이다.

풀이

재매입가격이 원래 판매가격 이상이고, 재매입가격이 예상 시장가치보다 높으므로 금융약정으로 회계 처리한다.

	㈜세무				㈜한국			
×1초	현 금	200,000	차 입 금	200,000	금융자산	200,000	현 금	200,000
×1. 6/30	이자비용	10,000	차 입 금	10,000	금융자산	10,000	이자수익	10,000
	차 입 금	210,000	매 출	210,000	재고자산	210,000	금융자산	210,000
	매출원가	100,000	재고자산	100,000				

〈if ㈜한국이 풋옵션 행사 ○〉

	㈜세무				㈜한국			
	이자비용	10,000	차 입 금	10,000	금융자산	10,000	이자수익	10,000
	차 입 금	210,000	현 금	210,000	현 금	210,000	금융자산	210,000

3.7 기업은 본인인가, 대리인인가?

① 고객에게 재화나 용역이 이전되기 전에 기업이 그 정해진 재화나 용역을 통제한다면 기업은 본인이다.

② 기업이 본인인 경우에 수행의무를 이행할 때(또는 이행하는 대로) 기업은 이전되는 정해진 재화나 용역과 교환하여 받을 권리를 갖게 될 것으로 예상하는 대가의 총액을 수익으로 인식한다.

③ 기업이 대리인인 경우에는 수행의무를 이행할 때(또는 이행하는 대로), 이 기업은 다른 당사자가 그 정해진 재화나 용역을 제공하도록 주선하고 그 대가로 받을 권리를 갖게 될 것으로 예상하는 보수나 수수료 금액을 수익으로 인식한다.

④ 본인임을 나타내는 지표에는 다음의 사항이 포함되지만 이에 한정되지는 않는다.

- 정해진 재화나 용역을 제공하기로 하는 약속을 이행할 주된 책임이 기업에 있다.
- 정해진 재화나 용역이 고객에게 이전되기 전이나, 고객에게 통제가 이전된 후에 이 기업에 재고위험이 있다(예 : 반품권이 있는 경우).
- 정해진 재화나 용역의 가격을 결정할 재량이 기업에 있다.

⑤ 예를 들어 여행사의 약속이 비행을 제공하는 것이 아니라 비행할 권리(항공권)를 제공하는 것이라고 판단할 경우 고객에게 판매하기 위하여 항공권을 미리 구입하였다면 항공권을 고객에게 이전하기 전에 통제하였기 때문에 고객과의 계약에서 본인일 수 있다.

3.8 고객이 행사하지 아니한 권리

① 고객이 환불받을 수 없는 선급금을 기업에 지급하면 고객은 미래에 재화나 용역을 받을 권리를 얻게 되는데, 고객은 자신의 계약상 권리를 모두 행사하지 않을 수 있다. 이와 같이 행사되지 않은 권리를 흔히 미행사 부분이라고 부른다.

② 기업이 계약부채 중 미행사 금액을 받을 권리를 갖게 될 것으로 예상한다면, 고객이 권리를 행사하는 방식에 따라 그 예상되는 미행사 금액을 수익으로 인식한다.

③ 기업이 미행사 금액을 받을 권리를 갖게 될 것으로 예상하지 않는다면, 고객이 그 남은 권리를 행사할 가능성이 희박해질 때 예상되는 미행사 금액을 수익으로 인식한다.

예 14 상품권의 회계처리

갑 백화점은 고객에게 상품권을 판매하고 있다. 상품권은 발행일로부터 5년간 유효하다. 갑 백화점은 20×1년 중에 총 100,000의 상품권을 판매하였고, 고객은 20×1년 말까지 72,000의 상품권을 사용하였다. 갑 백화점은 상품권 판매를 어떻게 회계처리하는가?

풀이

상품권 판매 시 다음과 같이 계약부채를 인식한다.

현 금	100,000	계 약 부 채	100,000

갑 백화점은 고객이 20×1년 중에 사용한 72,000의 상품권에 대해서 수익을 인식할 뿐만 아니라 미행사 예상 금액 중 일부도 수익으로 인식해야 하는데, 수익으로 인식할 미행사 예상 금액은 갑 백화점이 과거 경험 등에 기초하여 미행사될 것으로 예상한 금액이 얼마인지에 따라 다음과 같이 다르다.

(1) 상품권 판매금액 중 20%가 미행사될 것으로 예상

기업은 상품권 판매금액 100,000 중 80,000을 사용할 것으로 예상하고 있으므로 기업이 이행할 수행의무에 대해서 인식할 총 수익은 80,000이다. 고객이 20×1년 중에 총 72,000의 상품권을 사용하였다면 기업은 80,000의 수행의무 중 90%(72,000/80,000)를 이행한 것이다. 따라서 미행사 예상 금액 20,000 중 90%인 18,000도 함께 수익으로 인식한다.

수익=72,000+18,000=90,000

계 약 부 채	90,000	수 익	90,000

(2) 상품권 판매금액 중 10%가 미행사될 것으로 예상

기업은 상품권 판매금액 100,000 중 90,000을 사용할 것으로 예상하고 있으므로 기업이 이행할 수행의무에 대해서 인식할 총 수익은 90,000이다. 고객이 20×1년 중에 총 72,000의 상품권을 사용하였다면 기업은 90,000의 수행의무 중 80%(72,000/90,000)를 이행한 것이다. 따라서 미행사 예상 금액 10,000 중 80%인 8,000도 함께 수익으로 인식한다.

수익=72,000+8,000=80,000

계 약 부 채	80,000	수 익	80,000

(3) 상품권 판매금액 중 미행사될 금액을 예상 불가

기업은 상품권 판매금액 100,000 중 미행사 금액을 예상할 수 없으므로 고객이 그 권리를 행사할 가능성이 희박해질 때 수익을 인식한다. 따라서 실제 고객이 사용한 72,000만 수익으로 인식한다.

계 약 부 채	72,000	수 익	72,000

고객이 상품권을 사용할 가능성이 희박해질 때 미행사된 상품권(즉, 고객이 사용하지 않은 상품권) 금액을 수익을 인식하는데, 예를 들어 백화점의 과거 경험에 기초하여 볼 때 상품권 발행 후 5년이 경과하면 고객이 더 이상 그 상품권을 사용하지 않는다고 판단할 경우 상품권 발행 후 5년이 경과하는 시점에서 미행사된 상품권 금액을 수익으로 인식하면 될 것이다.

3.9 환불되지 않는 선수수수료

① 어떤 계약에서 기업은 환불되지 않는 선수수수료를 계약 개시시점이나 그와 가까운 시기에 고객에게 부과하기도 한다. 예를 들어 헬스클럽 회원계약 가입수수료, 통신계약 가입수수료, 일부 용역계약 준비수수료, 일부 공급계약 개시수수료 등이 이에 해당한다.

② 환불되지 않는 선수수수료는 고객에게 약속한 재화나 용역의 이전과 관련되는지에 따라 회계처리를 달리한다. 만약 선수수수료가 고객에게 약속한 재화나 용역의 이전과 관련된다면 선수수수료를 약속한 재화나 용역의 이전대가에 포함하여 한 시점 또는 일정 기간에 걸쳐 수익으로 인식한다.

→ 별도의 수행의무에 해당한다면 별도의 수익 인식 절차를 진행하라는 뜻

③ 그러나 많은 경우 환불되지 않는 선수수수료는 고객에게 약속한 재화나 용역의 이전과 관련이 없다. 오히려 선수수수료는 미래 재화나 용역에 대한 선수금이므로 그 미래 재화나 용역을 제공할 때 수익으로 인식한다.

→ 다른 수행의무의 수익 인식 절차대로 종속적으로 수익 인식을 진행하라는 뜻

추가문제 환불되지 않는 선수수수료의 회계처리

20×1년 초에 갑회사는 1년 동안 IPTV 서비스를 제공하는 계약을 체결하였다. 계약에 따르면 고객은 월 2,000의 사용료와 환불되지 않는 가입수수료 600을 지급해야 한다. 1년이 경과된 후 고객은 1년의 계약기간 연장을 선택할 수 있는데, 계약을 연장하더라도 연장기간에 대한 가입수수료를 다시 지급하지는 않는다. 갑회사의 과거 경험에 따르면 고객들의 평균 가입기간은 3년이다.

풀이

가입수수료 600이 갑회사의 계약 연장과 관련하여 중요한 권리를 고객에게 제공하지 않으면 최초 계약기간 1년에 걸쳐 수익을 인식하고, 중요한 권리를 고객에게 제공한다고 판단되면 평균적인 가입기간 3년에 걸쳐 수익을 인식한다.

3.10 위탁약정

① 최종 고객에게 판매하기 위해 기업이 제품을 다른 당사자(예: 중개인이나 유통업자)에게 인도하는 경우, 그 다른 당사자가 그 시점에 제품을 통제하게 되었는지를 평가한다.

② 만약에 그 다른 당사자가 그 제품을 통제한다면 이는 일반적인 판매에 해당되지만, 다른 당사자가 그 제품을 통제하지 못하는 경우에는 다른 당사자에게 인도한 제품을 위탁약정에 따라 보유하는 것이다.

③ 따라서 인도된 제품이 위탁물로 보유된다면 제품을 다른 당사자에게 인도할 때 수익을 인식하지 않는다.

④ 위탁약정 시 위탁자의 회계처리를 요약하면 다음과 같다.

〈수탁자에게 제품 발송 시〉

제품이나 상품 계정을 적송품이라는 다른 재고자산 계정으로 대체하여 수탁자에게 발송한 재고자산을 구분한다.

차변	금액	대변	금액
적송품	×××	제품	×××

〈수탁자가 고객에게 제품의 통제 이전 시〉

수탁자로부터 판매 보고를 받으면 수익을 인식하면서 판매매수수료를 제외한 나머지 금액을 수취채권으로 인식한다. 수탁자가 수익으로 인식할 수수료수익이 위탁자에게는 판매비와 관리비에 해당한다. 그리고 판매된 부분만큼 적송품을 매출원가로 대체한다. 보고기간 말까지 수탁자가 판매하지 않은 적송품은 위탁자의 기말재고자산에 포함된다.

차변	금액	대변	금액
수취채권	×××	매출	×××
판매수수료	×××		

차변	금액	대변	금액
매출원가	×××	적송품	×××

〈수탁자로부터 수취채권 수령 시〉

차변	금액	대변	금액
현금	×××	수취채권	×××

3.11 미인도청구약정

① 미인도청구약정이란 기업이 고객에게 제품의 대가를 청구하지만 미래 한 시점에 고객에게 이전할 때까지 기업이 제품을 물리적으로 점유하는 계약을 말한다.

② 미인도청구약정의 경우에는 고객이 언제 제품을 통제하게 되는지 파악하여 수익을 인식한다.

다음 기준을 모두 충족하여야 미인도청구약정에서 고객이 제품을 통제하는 것으로 본다.

- 미인도청구약정의 이유가 실질적이어야 한다(예 : 고객이 그 약정을 요구하였다).
- 제품은 고객의 소유물로 구분하여 식별하여야 한다.
- 고객에게 제품을 물리적으로 이전할 준비가 현재 되어 있어야 한다.
- 기업이 제품을 사용할 능력을 가질 수 없거나, 다른 고객에게 이를 넘길 능력을 가질 수 없다.

예 15 미인도청구약정

갑회사는 기계와 예비부품을 판매하기로 20×1년 1월 1일에 고객과 계약을 체결하였다. 기계와 예비부품의 제작 소요기간은 2년이다. 제작이 완료되면 갑회사는 기계와 예비부품이 계약에서 약정한 규격인지 증명한다. 20×2년 12월 31일에 고객은 기계와 예비부품에 대한 대가를 지급하였으나, 기계만을 물리적으로 점유한다. 고객이 예비부품을 검사하고 인수하였지만 고객은 갑회사의 창고가 고객의 공장과 인접하기 때문에 예비부품을 갑회사의 창고에 보관하도록 요청하였다. 갑회사는 예비부품을 2년에서 4년까지 보유할 것으로 예상하고 있으나, 예비부품을 갑회사가 사용하거나 다른 고객에게 넘길 능력은 없다.

풀이

갑회사는 예비부품의 보관용역이 고객에게 제공되는 용역이고, 기계 및 예비부품과 구별되므로 별개의 수행의무로 식별한다. 갑회사는 기계, 예비부품, 보관용역의 3가지 수행의무에 거래가격을 배분하고, 고객에게 통제를 이전할 때 수익을 인식한다.

기계에 대한 통제는 고객이 물리적으로 점유하는 때인 20×2년 12월 31일에 고객에게 이전된다. 또한 예비부품은 20×2년 12월 31일에 고객에게 통제를 이전하였다고 판단(미인도청구판매)하고 수익을 인식한다.

한편 보관용역을 제공하는 수행의무는 용역이 제공되는 기간에 걸쳐 이행되는 것으로 본다. 다만, 지급조건에 유의적인 금융요소가 포함되어 있는지 고려한다.

Chapter 13 종업원급여

1. 종업원급여의 의의

종업원이 제공한 근무용역과 교환하거나, 해고하면서 기업이 제공하는 모든 종류의 대가로 기준서에서는 종업원급여를 단기종업원급여, 퇴직급여, 기타장기종업원급여 및 해고급여로 구분한다.

2. 단기종업원급여

i) 범위

① 정의 : 종업원이 근무용역을 제공하는 연차보고기간 말 이후 12개월 이전에 전부 결제될 것으로 예상되는 급여

② 임금, 유급휴가, 이익분배금·상여금, 비화폐성급여(의료, 주택, 자동차 등)

③ 결제시기에 대한 예정이 일시적으로 변동된다면 단기종업원급여를 재분류할 필요는 없다.

④ 다른 기준서(재고자산, 유형자산 기준서)에 따라 해당 급여를 자산의 원가에 포함하는 경우가 아니라면 비용으로 인식한다.

ii) 인식과 측정

① 단기유급휴가

- 당기에 사용되지 않았을 때

  누적 유급휴가 : 이월되어 차기 이후에 사용 ○

  비누적 유급휴가 : 차기 이후로 이월 ×

구 분	유급휴가의 예상원가 인식
누적 유급휴가	종업원이 미래 유급휴가 권리를 증가시키는 근무용역을 제공하는 때에 인식(연도 말 추정을 통한 인식)
비누적 유급휴가	휴가가 실제로 사용되는 때에 인식

- 누적 휴가의 예상원가 : 보고기간 말 현재 미사용 유급휴가가 누적된 결과 기업이 지급할 것으로 예상되는 추가금액으로 측정

- 누적 유급휴가가 아직 가득*되지 않은 경우에도 관련 채무를 인식한다.
  (∵ 기업의 채무는 종업원이 미래 유급휴가에 대한 권리를 증가시키는 근무용역을 제공함에 따라 발생한다.)
  * 종업원이 퇴사하는 경우 미사용 유급휴가에 상응하는 현금을 수령할 자격이 있음을 의미
- 비누적 유급휴가는 종업원이 실제로 유급휴가를 사용하기 전에는 부채나 비용을 인식하지 않는다.

예제 1 유급휴가의 인식

100명의 종업원에게 1년에 7일의 유급휴가를 제공한다. 미사용 시 1년 동안 이월 가능하다. 유급휴가는 당해 연도에 부여된 권리가 먼저 사용된 다음 직전연도에서 이월된 권리가 사용되는 것으로 본다. (LIFO)
20×1년 미사용유급휴가는 종업원당 3일이며, 20×2년 중 90명은 7일 이하, 나머지 10명은 평균 9일의 유급휴가를 사용할 것으로 예상된다. 단, 유급휴가에 대해서 1일당 200의 급여가 지급될 예정이다.
×1말 유급휴가 관련 회계처리는?

풀이 ×2년 입장

기초 3일 ↑ 사용 ∵ 후입선출법 적용
당기 7일

(×1말) 종업원 100명 → 미사용 3일
예상
- 90명 : 7일 이하 → 3일 사용 × → 부채 ×
- 10명 : 9일 → 2일 사용 × 10명 × 200 = 4,000(부채)

∴ ×1말 회계처리 : 단기종업원급여 4,000 | 미 지 급 급 여 4,000

② 이익분배제도 및 상여금제도
- 이익분배제도란 종업원이 특정 기간 계속 근무하는 조건으로 이익을 분배받는 제도를 말한다.
- 다음의 요건이 모두 충족되는 경우 이익분배금 및 상여금의 예상원가를 인식한다.
  ㉠ 과거 사건의 결과로 현재의 지급의무(법적의무 또는 의제의무)가 발생한다.
  ㉡ 채무금액을 신뢰성 있게 추정할 수 있다.
- 주주와의 거래에서 발생하는 것이 아니라 종업원이 제공하는 근무용역에서 발생하는 것이므로 이익잉여금의 감소가 아니라 당기비용으로 회계처리한다. 또한 일부 종업원이 이익분배금이나 상여금을 받지 못하고 퇴사할 가능성을 고려한다.

3. 퇴직급여

i) 퇴직급여제도의 종류

구 분	특 징
확정기여제도	① 기업의 법적의무나 의제의무는 기업이 기금에 출연하기로 약정한 금액으로 한정 ② 종업원이 받을 퇴직급여액은 기업과 종업원이 퇴직급여제도나 보험회사 등에 출연하는 기여금과 그 기여금에서 발생하는 투자수익에 따라 결정되므로 보험수리적 위험과 투자위험은 종업원이 부담
확정급여제도	① 기업의 의무는 약정한 급여를 전·현직종업원에게 지급하는 것임 ② 보험수리적 위험과 투자위험은 기업이 부담

ii) 확정기여제도

〈확정기여 : DC〉

	차변		대변	
기중 :	비 용	××	현 금	××
12/31 :	비 용	××	미지급비용	××
		또는		
	선급비용	××	비 용	××

- 확정기여제도에 대한 기여금이 종업원의 근무용역을 제공하는 연차보고기간 말 이후 12개월 이전에 전부 결제될 것으로 예상되지 않는 경우에는 할인율을 사용하여 할인한다.

예제 3 확정기여제도의 퇴직급여

확정기여제도에 따라 회사가 ×1년도 종업원 근무용역과 교환하여 확정기여제도에 납부해야 할 기여금은 100,000이며 회사는 20×1년 중 60,000의 기여금을 이미 납부하였다.

×1말 회계처리는?

풀이

〈20×1년 말〉

차변		대변	
퇴 직 급 여	40,000	미 지 급 비 용	40,000

* 미지급비용 = 100,000 − 60,000 = 40,000

만일 납부기일이 20×3년 이후라면 20×1년 말로부터 12개월이 되기 전에 결제될 것이 아니므로 할인율을 적용한 할인금액으로 퇴직급여를 인식한다.

iii) 확정급여제도

① 기업이 확정급여제도를 도입한 경우 미래에 종업원이 퇴직할 경우 지급해야 할 퇴직급여채무에 상응하는 금액을 사외기금(사외적립자산)에 출연하고, 사외기금을 운용하는 보험회사 등은 출연받은 금액을 운용하여 투자수익을 실현할 것이다. 이후 종업원이 퇴직하면 기업이 아니라 사외기금이 종업원에게 퇴직급여를 일시금 또는 연금형태로 직접 지급한다.

〈기본적인 회계처리〉

i) 확정급여채무, 당기근무원가 및 이자비용의 인식

차변		대변	
① 퇴직급여 (당기근무원가)	××	확정급여채무	××

(차변 ××와 대변 ×× : PV)

차변		대변	
② 퇴직급여 (이자비용)	××	확정급여채무	××

ii) 사외적립자산의 출연 및 이자수익의 인식

차변		대변	
① 사외적립자산	××	현금	××

(현금 → 기여금/출연금/납부)

차변		대변	
② 사외적립자산	××	퇴직급여 (이자수익)	××

(이자수익 → 기대수익)

iii) 과거근무원가

차변		대변	
퇴직급여 (과거근무원가)	××	확정급여채무	××

또는

차변		대변	
확정급여채무	××	퇴직급여 (과거근무원가)	××

iv) 퇴직금의 지급

차변		대변	
확정급여채무	××	사외적립자산	××

v) ① 확정급여채무의 재측정(보험수리적손익)

	채무
1/1	기초
i) ┌	① +
└	② +
iii)	+
iv)	−
12/31	×× ──────→ 재측정

재 측 정 요 소	××	확 정 급 여 채 무	××
확 정 급 여 채 무	××	재 측 정 요 소	××

참고 차이원인

보험수리적 가정의 변화

기초 확정급여채무원가+근무원가+이자비용−퇴직금 지급 ≠ 기말 확정급여채무

- 보험수리적손익은 보험수리적 가정의 변동과 경험조정으로 인한 확정급여채무 현재가치의 증감에 따라 생긴다. 그러나 보험수리적손익은 확정급여제도의 도입, 개정, 축소 또는 정산으로 인한 확정급여채무의 현재가치의 변동 또는 확정급여제도하에서 지급될 급여의 변동을 포함하지 않는다. 그러한 변동은 과거근무원가나 정산으로 인한 손익에 해당된다.

v) ② 사외적립자산의 재측정

	자산
1/1	기초
ii) ┌	① +
└	② +(기대수익)
iv)	−
12/31	×× ──────→ 재측정

사 외 적 립 자 산	××	재 측 정 요 소	××
재 측 정 요 소	××	사 외 적 립 자 산	××

참고 차이원인

기대수익과 실제수익간의 차이

기초 공정가치+당기 사외적립자산 출연금−퇴직금 지급+이자수익
≠ 기말 사외적립자산 공정가치*

* 사외적립자산 운용금융기관의 실제 투자 실적(실제수익)이 반영되었음

② 확정급여채무 Vs. 확정급여부채

- 채무 : 종업원이 근무용역을 제공하여 발생한 채무를 결제하는 데 필요한 예상 미지급액의 현가
- 부채 : 확정급여채무에서 사외적립자산를 차감한 후의 금액

③ "사외적립자산 > 확정급여채무"인 경우 (순)확정급여자산이 표시될 수 있다. 이 경우 자산인식상한까지만 인식 가능

④ 손익 항목은 '퇴직급여'로 집계하여 표시하고, 재무상태표 항목은 순액화하여 표시

i) 모든 손익 ⇒ 퇴직급여(비용)　　ii) 순액화(B/S)

i) ① ＋　　1,000　700

② ＋　　채무 − 자산 ⇒ 확정급여부채 300(대변)

ii) ② −　　700　1,000

iii) ＋　　채무 − 자산 ⇒ 확정급여자산 300(차변)

한도 존재(if 한도 200)

재측정요소 100 | 사외적립자산 100

iv) 확정급여제도의 구체적 회계처리

① 확정급여채무, 당기근무원가 및 이자비용의 인식 → i) ①, ②

예 1 예측단위적립방식

퇴직시점에 일시불급여(=퇴직전 최종 연간 임금×1%×근속연수)를 지급함. 1차년도 연간 임금은 10,000이며 매년 복리 7%씩 상승함. 연간 할인율은 10%, 5년후 퇴사 가정

풀이

5차년도 말 최종 연간임금=10,000×$(1.07)^4$=13,108

일시불 퇴직급여 총액=13,108×1%×5년=655

연간 퇴직급여 배분액=655÷5년=131

연간 퇴직급여 배분액의 현재가치 계산 및 기말 확정급여채무의 결정

	1	2	3	4	5
기초 확정급여채무	−	89	196	324	476
이자원가(10%)	−	9*2	20	33	48
당기근무원가	89*1	98*3	108	119	131
기말 확정급여채무	89	196	324	476	655

* 1. 131÷$(1.1)^4$=89 즉, 1년도 말 현재 4년 후(5년도 말)에 지급할 131의 현재가치이다.
  2. 89(기초 확정급여채무잔액)×10%=9
  3. 131÷$(1.1)^3$=98 즉, 2년도 말 현재 3년 후(5년도 말)에 지급할 131의 현재가치이다.

- 확정급여채무의 현재가치와 당기근무원가를 결정하기 위해서는 예측단위적립방식을 사용하며, 적용할 수 있다면 과거근무원가를 결정할 때에도 동일한 방식을 사용한다.
- 당기근무원가와 이자비용을 '퇴직급여' 계정과목으로 인식

② 사외적립자산의 출연 및 이자수익의 인식 → ii) ①, ②

- 인식한 이자수익은 기대수익으로 사외적립자산에서 발생한 실제수익과는 다른 금액
- 이자수익, 이자비용 할인율의 문제(동일한 할인율 적용)

  확정급여채무를 할인하기 위해 사용하는 할인율은 보고기간 말 현재 우량회사채의 시장이자율을 참조하여 결정한다. 만일 거래층이 두터운 우량회사채 시장이 없는 경우 국공채 시장수익률을 사용한다. 사외적립자산의 이자수익을 인식할 때에도 이 할인율을 적용한다.

  할인율을 결정할 때 기업 자신의 신용등급을 반영하지 않는다. 왜냐하면 신용등급이 낮다는 이유로 높은 할인율을 적용하면 부채를 더 적게 인식할 수 있기 때문이다.

  이자비용과 이자수익을 구하기 위해 적용하는 할인율은 연차 보고기간 초(직전연도 말)에 결정한 것을 이용한다(땡긴대로 밀기).

참고

〈×1〉

채무
⋮
―――
×× → 재측정(A)
↓
미래현금
―――
×1말 할인율

〈×2〉

채무
기초
i)−1
i)−2 A××1말 할인율
iii)
iv)
―――
×× → 재측정(B)
↓
미래현금
―――
×2말 할인율

③ 보고기간 중 퇴직금을 지급하거나 기여금을 납부할 경우 확정급여채무나 사외적립자산이 변동될 수 있으므로 이자비용이나 이자수익을 결정할 때 이러한 기중 변동을 고려해야 한다.

예제 5 할인율 변동 및 확정급여채무와 사외적립자산의 기중 변동

20×1년에 확정급여제도 도입함

20×1년 : 당기근무원가 90,000, 기말에 사외적립자산에 88,000 현금으로 출연함

20×2년 : 기초 할인율은 8%, 당기근무원가 125,000, 9월 30일에 2,000 퇴직금 지급, 12월 1일에 사외적립자산 70,000 출연함, 보험수리적 가정의 변화는 없으며, 기말 사외적립자산 공정가치는 장부금액과 동일함

풀이

채무		자산	
1/1	90,000	1/1	88,000
i)	① 125,000	ii)	① 70,000
	② 89,500*1×8%		② 93,333*2×8%
iii)	0	iv)	(2,000)
iv)	(2,000)		163,467 → 163,467
	220,160 → 220,160		① 실제수익 7,467
	보험수리적 가정의 변화 ×		② 기대수익=실제수익

* 1. 90,000×9/12+(90,000−2,000)×3/12=89,500

2. 88,000×9/12+(88,000−2,000)×2/12+(88,000−2,000+70,000)×1/12=93,333

확정급여부채=220,160−163,467=56,693

퇴직급여=125,000+89,500×8%+0−93,333×8%=124,693

④ 퇴직금의 지급 → iv)

- 사외적립자산에서 퇴직금이 지급됨
- 사외적립자산과 확정급여채무가 각각 감소함

⑤ 과거근무원가 → iii)

- 제도의 개정이나 축소로 인해 발생하는 확정급여채무 현재가치의 변동
- 정(+)의 금액(확정급여채무의 현재가치가 증가함)이 될 수도 있고, 부(−)의 금액(기존 급여가 철회되거나 변동되어 확정급여채무의 현재가치가 감소함)이 될 수도 있다.

예제 6 재측정요소의 인식

20×1년 말에 확정급여제도를 도입함. 20×1년도 할인율은 10%이며 이후 변동 없음.

〈20×1년〉

- 20×1년 말 확정급여채무 장부금액은 90,000이다.
- 20×1년 말에 사외적립자산에 88,000을 현금으로 출연하였다.

〈20×2년〉

- 당기근무원가는 125,000이다.
- 20×2년 말에 퇴직종업원에게 2,000의 현금이 사외적립자산에서 지급되었다.
- 20×2년 말에 사외적립자산에 70,000을 현금으로 출연하였다.
- 20×2년 말 현재 사외적립자산의 공정가치는 170,000이다.
- 할인율을 제외한 보험수리적 가정의 변동을 반영한 20×2년 말 확정급여채무는 230,000이다.

풀이

(×2) 채무

1/1 90,000

i) ① 125,000

② 90,000×10%

iii) 0

iv) (2,000)

222,000 ~⊖~> 230,000

⊖ 재측정요소 8,000 | 확정급여채무 8,000

(×2) 자산

1/1 88,000

ii) ① 70,000

② 88,000×10%

iv) (2,000)

164,800 ~⊕~> 170,000

⊕ 사외적립자산 5,200 | 재측정요소 5,200

↳ 실제수익 14,000

확정급여부채=230,000−170,000=60,000

퇴직급여=125,000+90,000×10%+0−88,000×10%=125,200

OCI=−8,000+5,200=−2,800

추가문제 1

확정급여제도를 운용하고 있는 을회사의 20×1년도 관련 자료는 다음과 같다. 단, 확정급여채무 계산 시 적용하는 할인율은 연 8%이다.

기초 확정급여채무 현재가치	200,000
기초 사외적립자산 공정가치	185,000
당기근무원가	28,000
퇴직금 지급(×1말)	15,000
과거근무원가(×1말)	6,000
사외적립자산 현금출연(×1말)	40,000
기말 확정급여채무 현재가치	240,000
기말 사외적립자산 공정가치	200,000

과거근무원가는 20×1년 말에 제도의 개정으로 인한 확정급여채무 현재가치의 변동이다. 을회사의 20×1년 말 재무상태표에 표시될 순확정급여부채와 기타포괄손익(순액)은 각각 얼마인가? 단, 법인세 효과는 고려하지 않는다.

풀이

채무

1/1	200,000
i)	① 28,000
	② 200,000×8%
iii)	6,000
iv)	(15,000)
12/31	235,000 → 240,000 (−5,000)

자산

1/1	185,000
ii)	① 40,000
	② 185,000×8%
iv)	(15,000)
	224,800 → 200,000 (−24,800)

∴ 부채 40,000, 기타포괄손익 −29,800

추가문제 2

다음은 확정급여제도와 관련된 자료이다.

전기말 확정급여채무 장부금액	350,000
전기말 사외적립자산 공정가치	320,000
당기근무원가	30,000
확정급여채무의 보험수리적이익	2,000
사외적립자산의 실제 수익	20,000

당기에 사외적립자산에 대한 출연금 및 퇴직금 지급은 없으며, 확정급여채무의 할인율은 5%이다. 당기말 순확정급여부채는 얼마인가?

풀이

채무

1/1 350,000

i) ┌ ① 30,000
   └ ② 350,000×5%

iii) 0

iv) 0

12/31 397,500 ⟶ 395,500
+2,000

자산

1/1 320,000

ii) ┌ ① 0
    └ ② 320,000×5%

iv) 0

336,000 ⟶ 340,000
+4,000
(실제수익 20,000)

∴ 부채 55,500

객관식 3

다음은 ㈜한국이 채택하고 있는 퇴직급여제도와 관련한 20×1년도 자료이다.

> 가. 20×1년 초 확정급여채무의 현재가치와 사외적립자산의 공정가치는 각각 4,500,000과 4,200,000이다.
> 나. 20×1년 말 확정급여채무의 현재가치와 사외적립자산의 공정가치는 각각 5,000,000과 3,800,000이다.
> 다. 20×1년 말 일부 종업원의 퇴직으로 퇴직금 1,000,000을 사외적립자산에서 지급하였으며, 20×1년 말에 추가로 적립한 기여금 납부액은 200,000이다.
> 라. 20×1년에 종업원이 근무용역을 제공함에 따라 증가하는 예상미래퇴직급여지급액의 현재가치(당기근무원가)는 500,000이다.
> 마. 20×1년 말 확정급여제도의 일부 개정으로 종업원의 과거근무기간의 근무용역에 대한 확정급여채무의 현재가치(과거근무원가)가 300,000 증가하였다.
> 바. 20×1년 초와 20×1년 말 현재 우량회사채의 연 시장수익률은 각각 8%, 10%이며, 퇴직급여채무의 할인율로 사용한다.

㈜한국의 확정급여제도로 인한 20×1년도 포괄손익계산서의 당기순이익과 기타포괄이익에 미치는 영향은 각각 얼마인가?

풀이

채무

1/1		4,500,000
i)	①	500,000
	②	4,500,000×8%
iii)		300,000
iv)		(1,000,000)
		4,660,000 → 5,000,000
		−340,000 OCI

자산

1/1		4,200,000
ii)	①	200,000
	②	4,200,000×8%
iv)		(1,000,000)
		3,736,000 → 3,800,000
		+64,000 OCI

퇴직급여

i)	①	500,000
	②	4,500,000×8%
ii)	②	(4,200,000×8%)
iii)		300,000
		824,000

추가문제 3

20×1년 1월 1일에 설립된 ㈜나무는 20×1년 말에 확정급여제도를 도입하였다. 확정급여채무 계산 시 적용한 할인율은 연 10%이며, 20×1년 이후 할인율의 변동은 없다. 다음은 연도별 관련 자료이다.

〈20×1년〉
- 20×1년 말 확정급여채무 장부금액은 150,000이다.
- 20×1년 말에 사외적립자산에 110,000을 현금으로 출연하였다.

〈20×2년〉
- 20×2년 말에 퇴직종업원에게 5,000의 현금이 사외적립자산에서 지급되었다.
- 당기근무원가는 190,000이다.
- 20×2년 말에 제도 개정으로 인한 과거근무원가는 20,000이다.
- 20×2년 말에 사외적립자산에 145,000을 현금으로 출연하였다.
- 20×2년 말 현재 사외적립자산의 공정가치는 270,000이다.
- 보험수리적 가정의 변동을 반영한 20×2년 말 확정급여채무는 373,000이다.

〈20×3년〉
- 20×3년 말에 퇴직종업원에게 12,000의 현금이 사외적립자산에서 지급되었다.
- 당기근무원가는 130,000이다.
- 20×3년 말에 제도 정산으로 인한 자료는 다음과 같다.
  - 정산일에 결정되는 확정급여채무의 현재가치 70,000
  - 정산가격 73,000 (이전되는 사외적립자산 48,000과 정산과 관련하여 기업이 직접 지급하는 금액 25,000)
- 20×3년 말에 사외적립자산에 95,000을 현금으로 출연하였다.
- 20×3년 말 현재 사외적립자산의 공정가치는 325,000이다.
- 보험수리적 가정의 변동을 반영한 20×3년 말 확정급여채무는 457,500이다.

풀이

〈×2년〉

채무

1/1		150,000
i)	①	190,000
	②	150,000×10%
iii)		20,000
iv)		(5,000)
		370,000 ⟶ 373,000
		−3,000 OCI

자산

1/1		110,000
ii)	①	145,000
	②	110,000×10%
iv)		(5,000)
		261,000 ⟶ 270,000
		+9,000 OCI

확정급여부채=373,000−270,000=103,000

퇴직급여

i)	①	190,000
	②	150,000×10%
ii)	②	(110,000×10%)
iii)		20,000
		214,000

OCI=−3,000+9,000=+6,000

〈×3년〉

〈정산 회계처리〉

확정급여채무	70,000	사외적립자산	48,000
퇴직급여	3,000	현금	25,000

채무

1/1		373,000
i)	①	130,000
	②	373,000×10%
iii)		0
iv)		(12,000)
제도정산		(70,000)
		458,300 → 457,500
		+800 OCI

자산

1/1		270,000
ii)	①	95,000
	②	270,000×10%
iv)		(12,000)
제도정산		(48,000)
		332,000 → 325,000
		−7,000 OCI

확정급여부채=457,500−325,000=132,500

퇴직급여

i)	①	130,000
	②	373,000×10%
ii)	②	(270,000×10%)
iii)		0
제도정산		3,000(70,000−73,000)
		143,300

OCI(발생)=+800−7,000=−6,200

OCI(누적)=+6,000−6,200=−200

v) 자산인식의 상한(확정급여제도)

① 초과적립액(사외적립자산의 공정가치가 확정급여채무보다 더 많은 상황)이 있는 경우 이를 무조건 순확정급여자산으로 인식하는 것이 아니라 자산인식상한(asset ceiling)*을 한도로 하여 순확정급여자산을 인식한다.

* 초과적립액에 대해서 기업이 무조건부 환급권을 갖는 것이 아니라 불확실한 미래사건의 발생 여부에 좌우된다면 환급의 미래경제적효익은 감소될 수 있다. 자산인식상한은 제도로부터의 환급이나 제도에 대한 미래기여금 절감의 형태로 이용가능한 경제적효익의 현재가치를 말한다. 이와 같이 재무상태표에 인식할 순확정급여자산이 자산인식상한을 초과하지 않도록 하는 것은 기업이 이용가능한 미래경제적효익보다 더 많은 자산을 인식하는 것을 막기 위해서이다.

② 초과적립액과 자산인식상한의 차이를 기타포괄손익으로 인식한다(되게 하라).

〈회계처리〉

차변	금액	대변	금액
재 측 정 요 소 (OCI)	××	자산인식상한효과 (차감평가계정)	××

③ 자산인식상한효과에 대한 이자 : 자산인식상한을 현재가치로 측정하였기 때문에 이자비용 인식한다(당기손익). → 순확정급여부채(자산)의 순이자에 포함

④ 순확정급여부채(자산)의 순이자 : (㉠, ㉡, ㉢)의 순액이며, 모두 퇴직급여에 반영

㉠ 확정급여채무의 이자비용

㉡ 사외적립자산의 이자수익

㉢ 자산인식상한효과의 이자(비용)

vi) 기타포괄손익으로 인식하는 재측정요소(확정급여제도)

① 기타포괄손익으로 인식하는 재측정요소는 다음 항목으로 구성된다.

㉠ 보험수리적손익

㉡ 순확정급여부채(자산)의 순이자에 포함된 금액을 제외한 사외적립자산의 수익
→ 결국 실제수익과 기대수익의 차이를 의미

㉢ 순확정급여부채(자산)의 순이자에 포함된 금액을 제외한 자산인식상한효과의 변동
→ 자산인식상한효과에 대한 이자는 퇴직급여에 반영하므로 자산인식상한효과 전체의 변동에서 제외하여야 함

EX 예제 7 자산인식상한효과

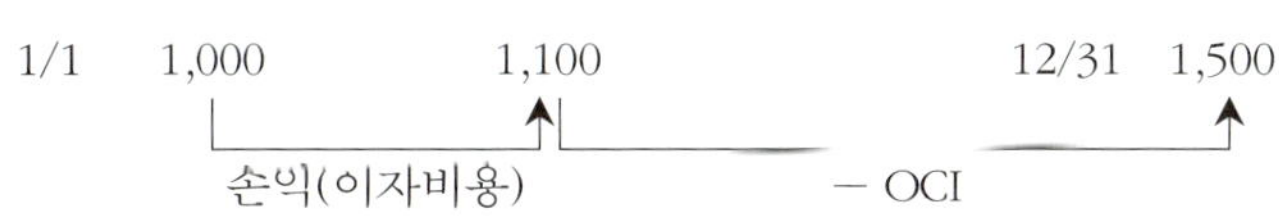

총변동 500 중 400만 – OCI로 처리, 100은 손익(이자비용)으로 처리

② 재측정요소(기타포괄손익)는 재무상태표에 통합표시/구분표시 모두 가능하다. 재측정요소는 후속기간 당기손익 재분류 불가함. 자본 내의 다른 항목으로 대체하는 것은 가능하다.

추가문제 4

확정급여제도를 운용하고 있는 A회사의 20×1년도 관련 자료는 다음과 같다. 단, 확정급여채무 계산 시 적용하는 할인율은 연 10%이다.

기초 확정급여채무 현재가치	500,000
기초 사외적립자산 공정가치	490,000
당기근무원가	45,000
퇴직금 지급(×1말)	15,000
사외적립자산 현금출연(×1말)	70,000
자산인식 상한	10,000

을회사가 20×1년 말 재무상태표에 기타포괄손익으로 인식할 자산인식상한효과는 얼마인가? 단, 20×1년 말 확정급여채무의 현재가치와 사외적립자산의 공정가치는 기말 장부금액과 동일하며, 법인세효과는 고려하지 않는다.

풀이

채무			자산		
1/1	500,000		1/1	490,000	
i)	① 45,000		ii)	① 70,000	
	② 500,000×10%			② 490,000×10%	
iii)	0		iv)	(15,000)	
iv)	(15,000)			594,000	→ 594,000
	580,000	→ 580,000			

∴ 자산 14,000(인식의 상한 10,000) → 자산 10,000(기타포괄손익 −4,000 발생)

객관식 4

확정급여제도를 도입하고 있는 ㈜한국의 20×1년 퇴직급여와 관련된 정보는 다음과 같다.

• 20×1년 초 확정급여채무의 장부금액	150,000
• 20×1년 초 사외적립자산의 공정가치	120,000
• 당기근무원가	50,000
• 20×1년 말 제도변경으로 인한 과거근무원가	12,000
• 퇴직급여지급액(사외적립자산에서 연말 지급)	90,000
• 사외적립자산에 대한 기여금(연말 납부)	100,000
• 20×1년 말 보험수리적 가정의 변동을 반영한 확정급여채무의 현재가치	140,000
• 20×1년 말 사외적립자산의 공정가치	146,000
• 20×1년 초 할인율	연 6%

위 퇴직급여와 관련하여 인식할 기타포괄손익은? 단, 20×1년 말 순확정급여 자산인식상한은 5,000이다.

풀이

채무

1/1		150,000
i)	①	50,000
	②	150,000×6%
iii)		12,000
iv)		(90,000)
		131,000 → 140,000
		−9,000 OCI

자산

1/1		120,000
ii)	①	100,000
	②	120,000×6%
iv)		(90,000)
		137,200 → 146,000
		+8,800 OCI

∴ 자산 6,000 (한도 5,000)

−1,000 OCI

객관식 6

다음은 ㈜대한이 채택하고 있는 확정급여제도와 관련한 자료이다.

- 순확정급여부채(자산) 계산 시 적용한 할인율은 연 5%이다.
- 20×1년 초 사외적립자산의 공정가치는 550,000이고, 확정급여채무의 현재가치는 500,000이다.
- 20×1년도 당기근무원가는 700,000이다.
- 20×1년 말에 퇴직종업원에게 100,000의 현금이 사외적립자산에서 지급되었다.
- 20×1년 말에 사외적립자산에 650,000을 현금으로 출연하였다.
- 20×1년 말 사외적립자산의 공정가치는 1,350,000이다.
- 보험수리적 가정의 변동을 반영한 20×1년 말 확정급여채무는 1,200,000이다.
- 20×1년 초와 20×1년 말 순확정급여자산의 자산인식상한금액은 각각 50,000과 100,000이다.

㈜대한의 확정급여제도 적용이 20×1년도 포괄손익계산서의 당기순이익과 기타포괄이익에 미치는 영향은?

풀이

채무

1/1		500,000
i)	①	700,000
	②	500,000×5%
iii)		0
iv)		(100,000)
		1,125,000 → 1,200,000
		−75,000 OCI

자산

1/1		550,000
ii)	①	650,000
	②	550,000×5%
iv)		(100,000)
		1,127,500 → 1,350,000
		+222,500 OCI

∴ 자산 150,000 (한도 100,000)
−50,000 OCI

참고 기초 자산 50,000(=550,000−500,000)의 한도는 50,000이므로 기초 자산은 한도를 초과하지 않았다.

퇴직급여

i)	①	700,000
	②	500,000×5%
ii)	②	(550,000×5%)
iii)		0
		697,500

예제 7 자산인식상한효과

20×1년 말에 확정급여제도 도입. 할인율 10%(변동 없음)

〈20×1년〉
- 20×1년 말 확정급여채무 장부금액은 90,000이다.
- 20×1년 말에 사외적립자산에 95,000을 현금으로 출연하였다.
- 자산인식상한은 4,000이다.

〈20×2년〉
- 당기근무원가는 125,000이다.
- 20×2년 말에 퇴직종업원에게 2,000의 현금이 사외적립자산에서 지급되었다.
- 20×2년 말에 사외적립자산에 130,000을 현금으로 출연하였다.
- 20×2년 말 현재 사외적립자산의 공정가치는 240,000이다.
- 보험수리적 가정의 변동을 반영한 20×2년 말 확정급여채무는 230,000이다.
- 자산인식상한은 8,500이다.

×1말과 ×2말 자산인식상한과 관련된 회계처리는?

풀이

〈20×1년〉

채무

1/1 0
i) ① 90,000
② 0
iii)
iv)
―――――
90,000 → 90,000
보험수리적 가정의 변화 ×

자산

1/1 0
ii) ① 95,000
② 0
iv) 0
―――――
95,000 → 95,000
① 실제수익 0
② 기대수익=실제수익

자산인식상한

1/1 0
vi) 0
―――――
0 → 1,000
−1,000 OCI

∴ 자산 5,000−1,000

재 측 정 요 소	1,000	자산인식상한효과(충당금)	1,000

퇴직급여

i) ① 90,000
② 0
ii) ② 0
iii) 0
vi) 0
―――――
90,000

〈20×2년〉

채무

1/1	90,000
i)	① 125,000
	② 90,000 × 10%
iii)	0
iv)	(2,000)
	222,000 → 230,000
	−8,000 OCI

자산

1/1	95,000
ii)	① 130,000
	② 95,000 × 10%
iv)	(2,000)
	232,500 → 240,000
	+7,500 OCI

자산인식상한

1/1	1,000
vi)	1,000 × 10%
	1,100 → 1500
	−400 OCI

∴ 자산 10,000−1,500

이 자 비 용	100	자산인식상한효과(충당금)	100	1,100
재 측 정 요 소	400	자산인식상한효과(충당금)	400	1,500

퇴직급여

i)	①	125,000
	②	9,000
ii)	②	(9,500)
iii)		0
vi)		100
		124,600

참고

×1말 채무 90,000, 자산 95,000, 한도 4,000

↳ O C I	1,000	충 당 금	1,000

×2말 자산 95,000 & 충당금 1,000의 이자수익 계산

본질 : 자 산	9,400	이 자 수 익	9,400
* (95,000−1,000)×10%=9,400			
형식 : 자 산	9,500	이 자 수 익	9,500
& 이 자 비 용(이자수익)	100	충 당 금	100

참고 예제 7 자산인식상한효과

1/1 1,000 → 1,100 → 12/31 1,500

손익(이자비용): 1,000 → 1,100

− OCI: 1,100 → 1,500

총변동 500 중 400만 − OCI로 처리, 100은 손익(이자비용)으로 처리

vii) 제도의 정산(확정급여제도)

① 확정급여제도는 개정되거나 축소되기도 한다. 제도의 개정은 확정급여제도를 도입 또는 철회하거나 기존의 확정급여제도 하에서 지급될 급여를 변경할 때 일어나며, 제도의 축소는 제도의 대상이 되는 종업원 수를 유의적으로 감소시킬 때 발생한다.
보고기간 중에 제도의 개정이나 축소가 발생하면, 사건발생일에 다음과 같이 3가지의 순확정급여부채를 측정한다.
㉠ 기초의 보험수리적 가정 적용, 사건 반영 전 순확정급여부채
㉡ 사건발생일 현재 보험수리적 가정 적용, 사건 반영 전 순확정급여부채
㉢ 사건발생일 현재 보험수리적 가정 적용, 사건 반영 후 순확정급여부채

기초부터 사건발생일까지는 기초의 보험수리적 가정을 적용하고 당기근무원가와 순이자(이자비용과 이자수익)를 계산하여 사건발생일 현재 순확정급여부채의 장부금액(㉠)을 결정한다. 그리고 사건발생일 현재 갱신된 보험수리적 가정(현행 시장이자율과 현행 시장가격 포함)을 적용하여 제도의 개정이나 축소를 반영하기 전 순확정급여부채(㉡)와 반영한 후의 순확정급여부채(㉢)를 재측정한다. 이때 ㉠과 ㉡의 차이를 재측정요소로 하여 기타포괄손익으로 인식하고, ㉡과 ㉢의 차이를 과거근무원가로 하여 당기손익으로 인식한다. 결국 과거근무원가란 제도의 개정이나 축소로 인해 발생하는 확정급여채무의 현재가치 변동으로 측정된다.

예제 8 제도의 개정 및 축소

갑회사의 20×1년 말 순확정급여부채는 10,000(확정급여채무 70,000, 사외적립자산 60,000)이다. 갑회사는 20×2년 초 현재 확정급여채무의 현재가치 계산 시 적용할 할인율을 연 8%로 결정하였다.
갑회사는 20×2년 7월 1일에 확정급여제도의 일부를 개정(지급될 급여의 증가)하고, 축소(제도 대상 종업원 수 감소)도 하였다. 20×2년 7월 1일 현재 할인율을 연 7%로 다시 결정하였고, 할인율 이외의 보험수리적가정도 일부 변경하였다.
20×2년 7월 1일 현재 보험수리적가정을 적용한 확정급여채무는 73,200이고, 여기에 제도의 개정 및 축소까지 반영한 확정급여채무는 74,000이다. 한편 20×2년 7월 1일 현재 사외적립자산의 공정가치는 63,000이다.

제도의 개정 및 축소와 관련한 회계처리는?

풀이

구 분	확정급여채무	사외적립자산	순확정급여부채	
20×2. 1. 1.	70,000	60,000	10,000	
20×2. 7. 1.까지 이자비용(수익)	70,000×8%×6/12 =2,800	60,000×8%×6/12 =2,400		
20×2. 7. 1. 기초 보험수리적가정 적용, 사건반영 전	72,800	62,400	10,400	… ㉠
사건발생일 현재 보험수리적가정 적용, 사건반영 전	73,200	63,000	10,200	… ㉡
사건발생일 현재 보험수리적가정 적용, 사건반영 후	74,000	63,000	11,000	… ㉢

㉠－㉡: 재측정요소
㉡－㉢: 과거근무원가

〈7월 1일〉

보험수리적손실	400	확정급여채무	400*
사외적립자산	600**	재측정요소	600
퇴직급여	800	확정급여채무	800***

* 73,200－72,800=400
** 63,000－62,400=600
*** 74,000－73,200=800

20×2년 상반기 이자비용=2,800
20×2년 상반기 이자수익=2,400
20×2년 하반기 이자비용=74,000×7%×6/12=2,590
20×2년 하반기 이자수익=63,000×7%×6/12=2,205
따라서 20×2년 순이자비용=2,800－2,400+2,590－2,205=785

② 제도의 정산 : 확정급여제도에 따라 발생한 의무를 기업이 더 이상 부담하지 않기로 하는 거래

정산으로 인한 손익 : ㉠－㉡

㉠ 정산일에 결정되는 확정급여채무 현재가치

㉡ 정산가격(이전되는 사외적립자산＋기업이 직접 지급하는 금액)

〈정산으로 인한 손익 회계처리〉

차변	금액	대변	금액
㉠ 확정급여채무	××	사외적립자산	×× ㉡
퇴직급여	××	현금	××

③ 확정급여채무보다 사외적립자산이 더 많아 자산인식상한효과를 인식한 상황에서 제도의 개정, 축소 및 정산이 일어날 경우에는 자산인식상한효과를 고려하지 않고 과거근무원가나 정산손익을 측정하고 인식한다. 그리고 과거근무원가나 정산손익을 인식한 후, 제도의 개정, 축소 및 정산 후의 자산인식상한효과를 결정하여 그 변동분을 기타포괄손익으로 인식한다.

4. 기타장기종업원급여

① 종업원이 관련 근무용역을 제공하는 연차보고기간 말 이후 12개월 이전에 전부 결제될 것으로 예상되지 않는 급여

② 퇴직급여의 회계처리와 달리 순확정급여부채(자산)에 대한 재측정요소를 기타포괄손익으로 인식하지 않고, 당기손익으로 인식

5. 해고급여

① 해고급여는 채무를 발생시키는 사건이 종업원의 근무가 아니라 해고이므로 다른 종업원급여와 구별하여 규정하고 있다.

② 기업의 요청에 의한 해고의 경우, 종업원 요청에 의한 해고보다 더 많은 급여를 제공할 수 있다. 이 때 더 많이 지급하는 급여(종업원 요청에 의한 해고보다 초과하여 지급하는 급여)가 해고급여

③ 종업원의 요청으로 인한 해고나 의무적인 퇴직규정으로 인한 급여 : 해고급여가 아니라 퇴직급여에 해당

④ 회사에서 희망퇴직 제안 : 기업의 제안이므로 추가로 지급하는 희망퇴직금은 해고급여

⑤ 정년 이전에 자진 퇴직 시 지급하는 특별퇴직금 : 퇴직급여

Chapter 14 주식기준보상

1. 주식기준보상거래(share-based payment transactions)

i) 의의

① 주식기준보상거래 : 재화나 용역을 제공받는 대가로 ㉠ [기업의 지분상품(주식 또는 주식 선택권 등)]이나 ㉡ [기업의 지분상품가격에 기초한 금액만큼 부채]를 부담하는 거래
이 경우에 기업이 제공받는 재화에는 재고자산, 소모품, 유형자산, 무형자산, 그 밖의 비금융자산 등이 있다.
따라서 현물 출자의 경우 주식기준보상 기준서를 적용하는 것이 타당하다.

② 특정하여 식별할 수 있는 재화나 용역이 없더라도 다른 정황에 비추어 제공받았다고(또는 앞으로 제공받을 것이라고) 볼 수 있다면(제공받은 재화나 용역이 자산의 인식요건을 충족하지 않더라도) 이 기준서를 적용한다.
또한 제공받는 식별 가능한 대가의 가치가 부여한 지분상품의 공정가치보다 적다면, 이런 상황은 다른 대가를 이미 제공받았음을 나타낸다.

③ 종업원(또는 다른 거래상대방)이 기업의 지분상품 보유자 자격(주주 자격)으로 참여한다면 해당 거래를 주식기준보상거래로 보지 않는다.

④ 합병과 같은 사업결합 과정에서 피취득자로부터 자산과 부채를 취득·인수하고 그 대가로 지분상품을 발행하는 거래는 주식기준보상거래에 해당되지 않는다. 그러나 피취득자의 종업원에게 종업원으로서의 자격(예 : 계속 근무에 대한 대가)에 대해 부여한 지분상품은 주식기준보상거래에 해당한다.

⑤ 연결실체 내 다른 기업 또는 연결실체 내 기업의 주주가 재화나 용역을 제공받거나 취득하는 기업을 대신하여 해당 주식기준보상 거래를 결제할 수 있는데, 그 기업에 제공된 재화나 용역에 대한 지급 이외의 목적이 명확히 아니라면, 주식기준보상의 회계처리를 적용한다. 예를 들어 기업의 대주주가 보유하는 회사 주식을 임직원에게 증여한 경우 이는 기업이 주주로부터 주식을 증여받고, 이 주식으로 임직원에게 용역에 대한 대가를 지급하는 거래로 회계처리해야 한다.

ii) 종류

구 분	내 용
주식결제형 주식기준보상거래	기업이 재화나 용역을 제공받는 대가로 기업의 지분상품(주식 또는 주식선택권 등)을 부여하는 거래
현금결제형 주식기준보상거래	기업이 재화나 용역을 제공받는 대가로 기업의 주식이나 다른 지분상품의 가격(또는 가치)에 기초한 금액만큼의 부채를 재화나 용역의 공급자에게 부담하는 거래
선택형 주식기준보상거래	기업이 제공받는 재화나 용역에 대한 대가의 결제방식으로, 기업 또는 재화나 용역의 공급자가 약정에 따라 현금(또는 그 밖의 자산)지급이나 지분상품발행 중 하나를 선택할 수 있는 거래

2. 주식결제형 주식기준보상거래

i) 회계처리

EX 3년 근무조건, 옵션의 공정가 150

×1초 ×

×1말 주식보상비용 50 | 주식선택권(자본) 50

×2말 주식보상비용 50 | 주식선택권(자본) 50

×3말 주식보상비용 50 | 주식선택권(자본) 50 ⌋ 150

주식선택권(자본) → 되게하라

×1초 0

×1말 공정가 × $\frac{1}{n}$ ×갯수(×1) → ×1

×2말 공정가 × $\frac{2}{n}$ ×갯수(×2) → ×2

⋮

n말 공정가 × $\frac{n}{n}$ ×갯수(n)

정액법

주식보상비용(비용)

×1 ← 비 용 ××× | 주식선택권 ×××

또는

주식선택권 ××× | 수 익 ×××

- ×4년~

i) 행사 ○

현 금 행사가 | ┌자 본 금 액면가
주식선택권 공정가 | └(주 발 초 ×××)
×갯수

ii) 행사 ×

주식선택권	공정가	기타자본항목	공정가

선택

갠관식 1

행사가 2,000, 부여일 기준 주식선택권 공정가치 500, 액면가 1,000이고 가득 후 행사되었다. 행사 시 인식할 주식발행초과금은?

풀이

차변		대변	
현금	2,000	자본금	1,000
주식선택권	500	주발초	1,500

×162,000개
=243,000,000

참고 총 퇴사예정 인원(추정)

	×1	×2	×3
퇴사인원	3	2	5
추가예정	8	4	0
총 퇴사예정 인원	11	9	10

ii) 제공받는 재화나 용역의 측정

재화나 용역의 제공자		재화·용역의 측정금액	측정기준일
종업원이 아닌 거래상대방	제공받는 재화나 용역의 공정가치를 신뢰성 있게 추정할 수 있는 경우	제공받는 재화나 용역의 공정가치	재화나 용역을 제공받는 날
	제공받는 재화나 용역의 공정가치를 신뢰성 있게 추정할 수 없는 경우	부여한 지분상품의 공정가치	
종업원 및 유사용역 제공자		부여한 지분상품의 공정가치	부여일

- 현물출자도 주식보상거래 적용하여 회계처리(4장 유형자산 참고)

iii) 가득조건과 보상비용의 인식

① 가득조건

주식기준보상약정에 따라 거래상대방이 현금, 그 밖의 자산이나 기업의 지분상품을 받을 자격을 획득하기 위해 충족해야 하는 조건

부여한 지분상품이 즉시 가득되는 경우도 있으나 일정기간 동안 의무적으로 기업에 근무를 하거나, 특정 목표를 달성해야 가득되는 조건으로 주식기준보상 약정을 하는 것이 일반적임

구 분		사 례
용역제공조건		종업원이 3년 이상 계속 근무하면 주식선택권 행사가능
성과조건	비시장조건	회사의 영업이익이 주식선택권 부여일부터 연 평균 10% 이상 증가하면 주식선택권 행사가능
	시장조건	회사의 주가가 주식선택권 부여일로부터 15% 이상 증가하면 주식선택권 행사가능

② 보상비용 인식과 인식기간

구 분		인식기간
지분상품 부여 즉시 가득되는 경우		부여일에 전부 인식
용역제공조건		**용역제공조건기간에 걸쳐** 보상비용 인식
성과조건*	비시장조건	**미래 기대가득기간에 걸쳐** 보상비용 인식. 후속적으로 미래 기대가득기간 **변경 가능**
	시장조건	**미래 기대가득기간에 걸쳐** 보상비용 인식. 후속적으로 미래 기대가득기간 **변경 불가능**

* 성과조건이 가득조건에 부합되기 위해서는 성과목표를 달성하는 기간이 용역제공기간의 종료일을 초과하지 않아야 한다. 예를 들어 20×1년 1월 1일부터 20×2년 12월 31일까지 근무하는 조건인 종업원에게 20×1년 1월 1일부터 20×3년 12월 31일까지 3년간 평균영업이익 상승률이 10% 이상이 되면 가득되는 주식선택권을 부여할 경우, 성과목표의 달성기간(3년)이 용역제공기간(2년)을 초과하기 때문에 동 주식선택권의 성과조건은 가득조건에 부합되지 않는다. 이와 같은 조건은 기업이나 거래상대방 누구도 조건의 충족여부를 결정하지 못하므로 후술하는 비가득조건에 해당된다.

iv) 부여한 지분상품의 공정가치를 신뢰성 있게 측정할 수 있는 경우

① 부여한 지분상품의 공정가치 결정

> 당기말 누적보상비용 = 가득될 지분상품 수량 × 공정가치 × (당기말까지 누적기간/가득기간)
> 당기 보상비용 = 당기말 누적보상비용 − 전기말 누적보상비용

② 측정기준일 현재 공정가치 추정 시 용역제공조건이나 비시장조건은 고려되지 않으므로 가득될 지분상품의 수량이나 기대가득기간을 매 보고기간 말에 조정한다.

③ 궁극적으로 인식할 누적 보상비용
= 최종 가득된 지분상품의 수량 × 당초 추정 지분상품 공정가치

④ 용역제공기간이나 비시장조건을 충족하지 못하여 가득되지 못한 경우 누적인식금액이 '0'이 되어야 한다. 즉, 모두 환입(수익)하여야 한다.

예제 1 용역제공조건

×1초 종업원 500명에게 각각 주식선택권 100개 부여
3년 용역조건 부과
부여일 현재 주식선택권의 공정가치 150
행사가격 600, 주식의 액면금액 500

×1말 : 종업원 중 75명이 퇴사할 것으로 예상
×2말 : 종업원 중 60명이 퇴사할 것으로 예상
×3말 : 종업원 중 57명이 퇴사 또는 종업원 중 300명이 퇴사

이와 관련된 회계처리는?

풀이

연 도	주식선택권(재무상태표)
20×1년 초	0
20×1년 말	150×1/3×(500−75)명×100개
20×2년 말	150×2/3×(500−60)명×100개
20×3년 말	150×3/3×(500−57)명×100개
	150×3/3×(500−300)명×100개

〈회계처리〉

	차변	금액	대변	금액
×1말	주식보상비용	2,125,000	주식선택권	2,125,000
×2말	주식보상비용	2,275,000	주식선택권	2,275,000

×3말	〈최종 57명 퇴사〉			
	주식보상비용	2,245,000	주식선택권	2,245,000
	〈최종 300명 퇴사〉			
	주식선택권	1,400,000	주식선택권환입(수익)	1,400,000
×4초	현금	600	자본금	500
(행사시)	주식선택권	150	주식발행초과금	250
선택 (미행사시)	주식선택권	150	기타자본항목	150

참고

본 예제는 부여한 주식선택권이 특정기간 말에 모두 동시에 가득되는 조건인데, 경우에 따라서는 부여한 주식선택권이 가득기간에 분할하여 가득될 수도 있다. 예를 들어 종업원에게 부여한 100개의 주식선택권이 향후 4년 동안 매년 말에 25개씩 가득되는 경우를 들 수 있다. 이러한 경우에는 분할하여 가득되는 각 부분을 별도의 주식선택권으로 회계처리한다(가득기간 1년, 25개 부여, 가득기간 2년, 25개 부여…). 왜냐하면 분할되는 각 부분의 가득기간이 상이하고 공정가치도 다를 것이기 때문이다.

예제 2 비시장조건 – 기대가득기간 수정 (객관식 2와 유사)

×1초 종업원 500명에게 각각 주식선택권 100개 부여
연평균 이익성장률이 13% 이상이면 20×2년 말에 가득 : 즉, 2년의 용역조건
연평균 이익성장률이 10% 이상이면 20×3년 말에 가득 : 즉, 3년의 용역조건
부여일 현재 주식선택권의 공정가치 300

×1말 : 13%이상 예상, 종업원 중 60명이 퇴사할 것으로 예상
×2말 : 10%이상 예상, 종업원 중 83명이 퇴사할 것으로 예상
×3말 : 10%이상 달성, 종업원 중 81명이 퇴사

이와 관련된 회계처리는?

풀이

연 도	주식선택권(재무상태표)
20×1년 초	0
20×1년 말	300×1/2×(500−60)명×100개
20×2년 말	300×2/3×(500−83)명×100개
20×3년 말	300×3/3×(500−81)명×100개

〈회계처리〉

	차변	금액	대변	금액
×1말	주식보상비용	6,600,000	주식선택권	6,600,000
×2말	주식보상비용	1,740,000	주식선택권	1,740,000
×3말	주식보상비용	4,230,000	주식선택권	4,230,000

〈×3년 말 최종적인 이익성장률이 10% 미만이 되어 가득되지 않은 경우〉

차변	금액	대변	금액
주식선택권	8,340,000	주식선택권환입(수익)	8,340,000

예제 3 비시장조건 – 지분상품의 수량 수정

×1초 종업원 100명에게 각각 주식선택권 부여
3년의 용역조건 부과
연평균 판매증가율이 5% 미만이면 0개 부여
연평균 판매증가율이 10% 미만이면 100개 부여
연평균 판매증가율이 15% 미만이면 200개 부여
연평균 판매증가율이 15% 이상이면 300개 부여
부여일 현재 주식선택권의 공정가치 200

×1말 : 15%미만 예상, 종업원 중 20명이 퇴사할 것으로 예상
×2말 : 15%이상 예상, 종업원 중 15명이 퇴사할 것으로 예상
×3말 : 15%이상 달성, 종업원 중 14명이 퇴사

이와 관련된 회계처리는?

풀이

연 도	주식선택권(재무상태표)
20×1년 초	0
20×1년 말	200×1/3×(100−20)명×200개
20×2년 말	200×2/3×(100−15)명×300개
20×3년 말	200×3/3×(100−14)명×300개

〈회계처리〉

	차변	금액	대변	금액
×1말	주식보상비용	1,066,667	주식선택권	1,066,667
×2말	주식보상비용	2,333,333	주식선택권	2,333,333
×3말	주식보상비용	1,760,000	주식선택권	1,760,000

〈×3년 말 최종적인 판매증가율이 5% 미만이 되어 가득되지 않은 경우〉

차변	금액	대변	금액
주식선택권	3,400,000	주식선택권환입(수익)	3,400,000

보론 예 1 행사가격을 좌우하는 비시장조건이 부과된 경우

×5초 경영자에게 주식선택권 10,000개 부여
3년 용역조건 부과
연평균 이익성장률이 10% 이상이면 행사가 300 → 공정가 120
연평균 이익성장률이 10% 미만이면 행사가 400 → 공정가 20
(위 두 줄: → ×5초에 이미 계산)

×5말 : 12% 성장 예상
×6말 : 13% 성장 예상
×7말 : 10% 미만 성장

이와 관련된 회계처리는?

풀이

연 도	주식선택권(재무상태표)
20×5년 초	0
20×5년 말	120×1/3×10,000개
20×6년 말	120×2/3×10,000개
20×7년 말	20×3/3×10,000개

* ×5초에 이미 계산한 금액을 ×7말에 적용한 것 뿐!(재측정 ×)

〈회계처리〉

	차변	금액	대변	금액
×5말	주식보상비용	400,000	주식선택권	400,000
×6말	주식보상비용	400,000	주식선택권	400,000
×7말	주식선택권	600,000	주식선택권환입(수익)	600,000

예 1 제공받은 재화나 용역을 식별할 수 없는 주식기준보상거래

갑회사는 기업 이미지 제고를 위해 종업원이 아닌 지역사회의 특정 계층(역사적으로 소외되었던 사람들)에게 총 공정가치 1,000에 달하는 주식을 부여하였다. 기업 이미지 제고로 인한 경제적효익은 고객기반 증가, 종업원 유치 또는 유지, 사업계약 관련 입찰능력의 향상이나 유지 등 다양할 수 있다. 갑회사는 어떠한 현금도 받지 않았고, 어떠한 용역제공조건도 부과하지 않았기 때문에 제공받는 대가를 특정하여 식별할 수 없다. 따라서 식별 가능한 대가는 0이며, 이는 부여한 지분상품의 공정가치 1,000보다 적다. 이와 같은 경우 기준서 제1102호를 적용하는가?

풀이

갑회사는 제공받는 재화나 용역을 특정하여 식별할 수 없더라도 해당 상황은 재화나 용역을 이미 제공받았거나 앞으로 제공받을 것을 나타내므로 기준서 제1102호를 적용한다. 갑회사는 제공받는 재화나 용역을 식별할 수 없기 때문에 제공받는 재화나 용역의 공정가치를 신뢰성 있게 측정할 수 없다. 따라서 대신 부여한 지분상품의 공정가치 1,000에 기초하여 제공받는 재화나 용역의 공정가치를 측정한다. 결국 부여일에 비용과 주식선택권을 각각 1,000씩 인식하면 된다.

⑤ 시장조건

- 최초 공정가치 추정 시 향후 가득되지 못할 가능성 및 가득될 기간의 연장 여부 등이 이미 고려되었으므로 시장조건의 달성 여부와 관계없이 가득될 수량이나 기대가득기간을 조정하지 않는다.
- 다른 모든 조건(예 : 용역제공조건)이 충족되는 한 제공받는 재화나 용역은 시장조건의 충족여부와 관계없이 인식한다.
- 최종적으로 목표주가를 달성하지 못했더라도 이미 인식한 보상비용을 수정하지 않는다. (보상비용환입 ×)

구 분	공정가치 결정 시 가득조건 고려 여부	가득할 지분상품 수량의 조정 여부	미래 기대가득기간의 조정 여부	가득조건을 충족하지 못한 경우 이미 인식한 보상비용의 환입 여부
용역제공조건	고려하지 않음	상실가능성을 고려하여 조정	해당 없음 확정된 용역제공 기간 적용	환 입
비시장조건			조정	
시 장 조 건	고려함	조정하지 않음	조정하지 않음	환입하지 않음

예제 4 시장조건

×1초 종업원 20명에게 각각 주식선택권 100개 부여

3년의 용역조건 부과

×3말에 주가가 650이상으로 상승하지 않는다면 주식선택권을 행사할 수 없음

×3말에 주가가 650이상이 될 가능성과 그렇지 않을 가능성을 고려한 주식선택권의 공정가치(이항모형 적용) 240

×1말 : 아무도 퇴사하지 않을 것으로 예상
×2말 : 종업원 중 3명이 퇴사할 것으로 예상
×3말 : 종업원 중 5명이 퇴사

이와 관련된 회계처리는?

풀이

연 도	주식선택권(재무상태표)
20×1년 초	0
20×1년 말	240×1/3×(20−0)명×100개
20×2년 말	240×2/3×(20−3)명×100개
20×3년 말	240×3/3×(20−5)명×100개

〈회계처리〉

	차변	금액	대변	금액
×1말	주식보상비용	160,000	주식선택권	160,000
×2말	주식보상비용	112,000	주식선택권	112,000
×3말	주식보상비용	88,000	주식선택권	88,000

〈×3년 말 주가가 650에 미달하여 가득되지 않은 경우〉

차변	금액	대변	금액
주식보상비용	88,000	주식선택권	88,000
주식선택권	360,000	기타자본항목	360,000

(주식선택권의 행사가 불가능하므로, 선택 회계처리)

〈if ×2말 현재 주가가 650 이상이 될 가능성=0〉

회계처리 동일

〈if ×2말 종업원 전원 퇴사(용역조건 충족 ×)〉

차변	금액	대변	금액
주식선택권	160,000	주식선택권환입(수익)	160,000

⑥ 비가득조건의 고려

- 비가득조건 : 기업이나 거래상대방 누구도 조건의 충족여부를 결정하지 못하는 조건
  EX 종합주가지수가 특정 수준 이상일 경우 가득되는 주식선택권 (기업의 성과와 관련이 없음)
- 비가득조건은 시장조건과 유사하게 부여한 지분상품의 공정가치를 추정할 때 고려함, 즉, 주식선택권이 가득될 가능성과 가득되지 못할 가능성을 고려하여 공정가치를 추정. 부여일 후 가득기간에 조건을 충족하지 못하더라도 회계처리에는 영향이 없음

⑦ 재부여특성이란 주식선택권 보유자가 기존에 부여받은 주식선택권을 행사할 때 현금이 아니라 해당 기업의 주식으로 행사가격을 지급할 경우, 자동적으로 추가 주식선택권에 대한 권리를 획득할 수 있는 것을 말한다. 일반적으로 종업원이 기존 주식선택권을 행사하면서 제공한 주식 1주마다 재부여주식선택권 1개가 부여되는데, 재부여주식선택권의 행사가격은 보통 재부여일의 시장주가수준으로 정해진다.
부여한 주식선택권의 공정가치를 측정기준일에 추정할 때, 그 주식선택권에 재부여특성이 있다면 재부여특성은 고려하지 않는다. 대신 사후적으로 재부여주식선택권을 부여할 때 그 재부여주식선택권을 새로운 주식선택권으로 회계처리한다.

⑧ 가득일 이후의 회계처리
- 가득기간이 끝난 후 주식선택권이 상실되거나 만기소멸 되더라도 이미 인식한 금액은 환입하지 않는다.
- 다만, 자본 내에서 계정대체는 가능하다.

ⅴ) 부여한 지분상품의 공정가치를 신뢰성 있게 추정할 수 없는 경우

① 재화나 용역을 제공받는 날을 기준으로 지분상품을 내재가치(현재 주식 공정가치－행사가격)로 최초 측정하고, 이후 매 보고기간 말과 최종결제일에 내재가치를 재측정하고 변동액을 당기손익으로 인식한다.

② 가득일 이후에도 최종결제일까지의 내재가치의 변동을 당기손익으로 인식한다. 따라서 가득일 후 주식선택권이 상실되거나 만기소멸되면 제공받는 재화나 용역에 대하여 인식한 금액을 환입한다.

③ 옵션의 공정가치는 내재가치와 시간가치(만기에 가까워질수록 시간가치는 작아진다)로 구성된다.

예제 5 내재가치로 측정하는 주식선택권

- ×1초 종업원 50명에게 각각 주식선택권 100개 부여
- 3년의 용역조건 부과
- 주식선택권의 행사가격 600, 주식의 액면금액 500
- 부여일 현재 주식선택권의 공정가치를 신뢰성 있게 측정할 수 없음

×1말 : 종업원 중 10명이 퇴사할 것으로 예상
×2말 : 종업원 중 7명이 퇴사할 것으로 예상
×3말 : 종업원 중 7명이 퇴사

회계연도	회계연도 말 주가	행사한 종업원 수
20×1년	630	–
20×2년	650	–
20×3년	750	–
20×4년	900	15명
20×5년	840	6명
20×6년	960	22명

이와 관련된 회계처리는?

풀이

연 도	주식선택권(재무상태표)
20×1년 초	0
20×1년 말	30×1/3×(50－10)명×100개＝40,000
20×2년 말	50×2/3×(50－ 7)명×100개＝143,333
20×3년 말	150×3/3×(50－7)명×100개＝645,000
20×4년 말	300×1×(50－7)명×100개＝1,290,000
	300×1×(50－7－15)명×100개＝840,000
20×5년 말	240×1×(50－7－15)명×100개＝672,000
	240×1×(50－7－15－6)명×100개＝528,000
20×6년 말	360×1×(50－7－15－6)명×100개＝792,000
	360×1×(50－7－15－6－22)명×100개＝0

〈회계처리〉

	차변	금액	대변	금액
×1말	주식보상비용	40,000	주식선택권	40,000
×2말	주식보상비용	103,333	주식선택권	103,333
×3말	주식보상비용	501,667	주식선택권	501,667
×4말	주식보상비용	645,000	주식선택권	645,000
	현금	600×15×100	자본금	500×15×100
	주식선택권	300×15×100	주식발행초과금	400×15×100
×5말	주식선택권	168,000	주식선택권환입(수익)	168,000
	현금	600×6×100	자본금	500×6×100
	주식선택권	240×6×100	주식발행초과금	340×6×100

×6말 주식보상비용	264,000	주식선택권	264,000
현금	600×22×100	자본금	500×22×100
주식선택권	360×22×100	주식발행초과금	460×22×100

〈×6년 말 현재 일부 미행사 부분이 존재하여 만기 소멸한 경우〉

주식선택권	×××	주식선택권환입(수익)	×××

참고

① 자본은 한번 결정되면 재측정 ×

② 내재가치로 측정하는 주식선택권(예제 5) → 재측정 ×, 정답을 찾아 헤매는 과정(일종의 오류수정)

③ 현금결제형 주식기준보상거래의 부채 → 재측정 ○

vi) 공정가치 측정과 내재가치 측정의 비교

① 부여한 지분상품의 공정가치를 신뢰성 있게 추정할 수 있는 경우(공정가치 측정)와 부여한 지분상품의 공정가치를 신뢰성 있게 추정할 수 없는 경우(내재가치 측정)의 회계처리를 정리하면 다음과 같다.

구분	부여한 지분상품의 공정가치를 신뢰성 있게 추정할 수 있는 경우	부여한 지분상품의 공정가치를 신뢰성 있게 추정할 수 없어 내재가치로 측정하는 경우
측정기준일과 지분상품의 측정	부여일의 지분상품의 공정가치로 보상비용 인식	재화와 용역을 제공받는 날을 기준으로 지분상품을 내재가치로 측정
보상비용 인식기간	부여일부터 가득일까지 인식. 가득일이 지난 뒤에는 자본을 수정하지 않음	부여일부터 최종 결제일까지 내재가치 변동을 당기손익으로 인식
가득된 지분상품의 추후 상실 등	가득된 지분상품이 추후 상실되거나 행사되지 않더라도 이미 인식한 금액을 환입하지 않음	가득일이 지난 뒤 주식선택권이 상실되거나 만기소멸일 경우 이미 인식한 금액을 환입*

* 가득기간 종료 후에도 손익으로 평가하기 때문에 만기 소멸의 경우 가득기간 종료 후 인식한 손익의 환입의 취지로 환입하여 수익으로 인식

vii) **부여한 지분상품의 조건변경, 취소 및 중도청산**

① 내재가치로 측정하는 주식선택권에 대해서는 조건변경을 적용하지 않는다. 왜냐하면 부여된 지분상품의 조건은 내재가치를 측정할 때 이미 고려되기 때문이다.

② 종업원에게 유리한 조건변경의 회계처리

구 분	회계처리
행사가격의 인하(A)	행사가격 인하로 인한 증분공정가치를 조건변경일부터 변경된 지분상품이 가득되는 날까지 인식하는 보상비용에 포함
부여한 지분상품의 수량 증가(B)	조건변경일에 추가 부여한 지분상품의 공정가치를 조건변경일부터 추가 지분상품이 가득되는 날까지 인식하는 보상비용에 포함
가득기간의 축소, 성과조건의 제거 등(C)	변경한 가득조건을 고려하여 보상비용 인식

A. ① 당초 지분상품 부여일에 측정한 공정가치는 조건변경에 관계없이 잔여기간에 걸쳐 보상비용을 인식하고, ② 증분공정가치는 조건변경일부터 가득되는 날까지 보상비용을 인식한다. 가득일 후에 조건변경이 있는 경우에는 증분공정가치를 즉시 인식한다.

B. ① 부여일에 측정한 당초 지분상품의 공정가치는 당초 가득기간의 잔여기간에 걸쳐 인식하며, ② 이에 추가하여 조건변경일에 부여한 추가 지분상품의 공정가치를 조건변경일부터 추가 지분상품이 가득되는 날까지 제공받는 근무용역에 대해 인식할 금액의 측정치에 포함한다.

C. 비시장 조건의 회계처리처럼 변경한 가득조건을 고려하여 이후 회계처리를 한다.

③ 조건변경이 주식기준보상약정의 총공정가치를 감소시키거나 종업원에게 불리하게 이루어지는 경우 조건변경이 없는 것으로 보고 부여한 지분상품의 대가로 제공받는 근무용역을 계속 인식한다.

④ 부여한 지분상품(주식선택권)의 수량 감소의 경우 부여한 지분상품의 일부가 취소된 것으로 보아 「취소 및 중도청산」의 회계처리(잔여가득기간 동안 인식할 비용을 즉시 인식)를 적용한다.

예제 6 주식선택권의 조건변경(1)

×1초 종업원 100명에게 각각 주식선택권 100개 부여
3년 용역조건 부과
부여일 현재 주식선택권의 공정가치 60

×1말 : 종업원 중 2명이 퇴사할 것으로 예상
×2말 : 종업원 중 5명이 퇴사할 것으로 예상
×3말 : 종업원 중 7명이 퇴사

각 상황별 회계처리는?

〈상황 1〉
×1말 주식선택권 행사가격을 낮추는 조건변경 실시, 주식선택권의 공정가치 10 증가

연 도	주식선택권(재무상태표)
20×1년 초	0
20×1년 말	60×1/3×(100－2)명×100개＋0＝196,000
20×2년 말	60×2/3×(100－5)명×100개＋10×1/2×(100－5)명×100개＝427,500
20×3년 말	60×3/3×(100－7)명×100개＋10×2/2×(100－7)명×100개＝651,000

	차변	금액	대변	금액
×1말	주식보상비용	196,000	주식선택권	196,000
×2말	주식보상비용	231,500	주식선택권	231,500
×3말	주식보상비용	223,500	주식선택권	223,500

〈상황 2〉
×1말 주식선택권 행사가격을 낮추는 조건변경 실시, 주식선택권의 공정가치 10 증가
& 종업원 1명당 주식선택권 10개 추가 부여(변경일 현재 주식선택권의 공정가 64)

연 도	주식선택권(재무상태표)
20×1년 초	0
20×1년 말	60×1/3×(100－2)명×100개＋0＝196,000
20×2년 말	60×2/3×(100－5)명×100개＋10×1/2×(100－5)명×100개 ＋64×1/2×(100－5)명×10개＝457,900
20×3년 말	60×3/3×(100－7)명×100개＋10×2/2×(100－7)명×100개 ＋64/2/2×(100－7)명×10개＝710,520

×1말 주식보상비용	196,000	주식선택권	196,000
×2말 주식보상비용	261,900	주식선택권	261,900
×3말 주식보상비용	252,620	주식선택권	252,620

〈상황 3〉

×1말 주식선택권 행사가격을 높이는 조건변경 실시, 주식선택권의 공정가치 10 감소

연 도	주식선택권(재무상태표)
20×1년 초	0
20×1년 말	60×1/3×(100−2)명×100개+영향없음=196,000
20×2년 말	60×2/3×(100−5)명×100개+영향없음=380,000
20×3년 말	60×3/3×(100−7)명×100개+영향없음=558,000

×1말 주식보상비용	196,000	주식선택권	196,000
×2말 주식보상비용	184,000	주식선택권	184,000
×3말 주식보상비용	178,000	주식선택권	178,000

예제 7 주식선택권의 조건변경(ㄹ)

갑회사는 20×1년 초에 판매부서 종업원에게 4년간 근무할 것과 4년 동안 판매부서의 특정 제품의 판매수량이 5,000개 이상이 될 것을 조건으로 각각 주식선택권 100개를 부여하였다. 부여일 현재 주식선택권의 단위당 공정가치는 150이다.

갑회사는 20×2년 초에 판매목표를 5,000개에서 10,000개로 증가시켰다. 20×4년 말까지 판매부서 종업원이 판매한 특정 제품의 수량은 5,500개이며, 주식선택권은 상실되었다. 매년 말에 추정한 4년간 근무할 종업원은 12명이다.

각 상황별 매년 인식할 보상비용은?

풀이

성과조건의 변경으로 인해 주식선택권이 가득될 가능성이 당초보다 낮아지고 이는 종업원에게 불리하기 때문에 갑회사가 제공받는 근무용역을 인식할 때 변경된 성과조건은 고려하지 않는다. 가득할 것으로 예상되는 종업원 수가 변동하지 않으므로 매년 말에 인식할 보상비용은 다음과 같다.

150×1/4×12명×100개=45,000(고려 ×)

〈갑회사가 20×2년 초에 판매목표를 변경하지 않고, 대신 가득에 필요한 근무용역 기간을 4년에서 6년으로 증가시키는 조건변경을 하였다고 가정〉

가득에 필요한 근무용역기간을 증가시키는 조건변경으로 인해 주식선택권이 가득될 가능성이 당초보다 낮아지고, 이는 종업원에게 불리하기 때문에 갑회사는 제공받는 근무용역을 인식할 때 변경된 용역제공기간을 고려하지 않는다. 따라서 매년 말에 인식할 보상비용은 다음과 같이 당초 가득기간인 4년에 걸쳐 매년 45,000씩 인식한다.

150×1/4×12명×100개=45,000(고려 ×)

〈20×2년 초에 판매목표를 변경하지 않고, 대신 가득에 필요한 근무용역 기간을 4년에서 3년으로 단축시키는 조건변경을 하였다고 가정〉

×1말 보상비용=150×1/4×12명×100개=45,000

×2말 보상비용=150×2/3×12명×100개−45,000=75,000

×3말 보상비용=150×3/3×12명×100개−45,000−75,000=60,000

보론 예 3 주식선택권의 조건변경 – 행사가격 조정

×5초 종업원 500명에게 각각 주식선택권 100개 부여

3년 용역조건 부과

부여일 현재 주식선택권의 공정가치 150

×5말 행사가의 하향조정

조정직전 주식선택권의 공정가치 50

조정직후 주식선택권의 공정가치 80

×5말 : 종업원 중 110명이 퇴사할 것으로 예상

×6말 : 종업원 중 105명이 퇴사할 것으로 예상

×7말 : 종업원 중 103명이 퇴사

매년 말 재무상태표에 표시될 주식선택권 잔액은?

풀이

연 도	주식선택권(재무상태표)
20×5년 초	0
20×5년 말	150×1/3×(500−110)명×100개+0
20×6년 말	150×2/3×(500−105)명×100개+30×1/2×(500−105)명×100개
20×7년 말	150×3/3×(500−103)명×100개+30×2/2×(500−103)명×100개

⑤ 취소 및 중도청산

- 취소나 중도청산으로 인해 부여한 지분상품이 일찍 가득된 것으로 보아 취소나 중도청산이 없다면 잔여가득기간에 제공받을 용역에 대해 인식될 금액을 즉시 인식한다.
- 취소나 중도청산으로 종업원에게 지급하는 금액은 자기지분상품의 재매입으로 보아 자본에서 차감하되, 지급액 중 재매입일 현재 지분상품 공정가치 초과분은 비용으로 인식한다.
- 주식기준보상약정에 부채요소가 포함되어 있다면 취소일·중도청산일에 당해 부채의 공정가치를 재측정하고, 부채요소를 결제하기 위해 지급한 금액이 있다면 부채의 상환으로 회계처리한다.
- 기업이 종업원에게 새 지분상품을 부여하면서, 그 새 지분상품을 부여한 날에, 부여한 지분상품이 취소한 지분상품을 대체한다고 본다면, 원래 부여했던 지분상품의 조건을 변경하는 회계처리처럼 대체지분상품을 부여하는 회계처리를 한다. 이때 부여한 증분공정가치는 대체지분상품을 부여한 날 현재 대체지분상품의 공정가치와 취소한 지분상품의 순공정가치의 차이이다. 그리고 취소한 지분상품의 순공정가치는 취소 직전 공정가치에서 자본의 감소로 회계처리하는 지급액을 차감한 금액을 말한다.

예제 8 주식선택권의 중도청산

- ×1초 종업원 100명에게 각각 주식선택권 50개 부여
- 3년의 용역조건 부과
- 3년 동안 퇴사할 종업원은 없다고 가정
- 부여일 현재 주식선택권의 공정가치 120

×2초 주식선택권 1개당 150을 지급하고 중도청산
중도청산일(×2초) 현재 주식선택권의 공정가치 130

이와 관련된 회계처리는?

풀이

×1말	주식보상비용	200,000	주식선택권	200,000

* 120×1/3×100명×50개

×2초 i) 잔여가득기간에 대한 보상비용의 조기 인식

주식보상비용	400,000	주식선택권	400,000

* 120×3/3×100명×50개 → 되게 하라

ii) 현금지급

주식선택권	120* ×100×50	현금	150*** ×100×50
주식보상비용	20** ×100×50		
자본항목	10×100×50		

* 부여일의 옵션 공정가
** 현금 지급액－청산일의 옵션 공정가
*** 현금 지급액

〈거래 분석〉

① 주식보상비용 ××│주식선택권 ×× → 자본 ××│자본 ××

② 주식선택권 ××│현금 ×× → 자본 ××│현금 ××
주식보상비용 ××
자본항목 ××

결국 현금지급액만큼 자본 감소

viii) 주식선택권의 재무제표 분류

① 주식기준보상 : 주식결제형 주식기준보상거래에서 인식하는 주식선택권
→ 자본으로 분류

② 금융부채 : 자기지분상품으로 결제되거나 결제될 수 있는 계약이 다음 중 하나에 해당될 경우 → 부채로 분류

- 인도할 자기지분상품의 수량이 확정되지 않은 비파생상품
- 확정수량의 자기지분상품에 대하여 확정금액의 현금 등 금융자산을 교환하여 결제하는 방법이 아닌 방법으로 결제되거나 결제될 수 있는 파생상품

③ 특정 성과목표 달성 여부에 따라 종업원이 가득하는 주식의 수량이 변동될 수 있도록 주식선택권 부여
→ 자본 vs 부채 ?　　　　∴ 자본(이 경우 금융부채 규정 적용 ×)

3. 현금결제형 주식기준보상거래

i) 보상비용과 부채의 인식

① 향후 현금유출을 수반하기 때문에 부채로 인식해야 한다.

보상비용	×××	장기미지급비용	×××

② 제공받는 재화나 용역과 그 대가로 부담하는 부채를 부채의 공정가치로 측정하여 비용과 부채를 인식한다.

③ 현금결제형 주식기준보상거래의 보상비용 인식

가득조건	보상비용 인식방법
부여 즉시 가득되는 경우	이미 근무용역을 제공받은 것으로 보기 때문에 제공받은 용역과 그 대가로 부담하는 부채를 즉시 인식
특정 용역제공기간 동안 근무해야 가득되는 경우	제공받은 용역과 그 대가로 부담하는 부채를 용역제공기간 동안 종업원이 근무용역을 제공할 때 인식

④ 부여일부터 가득일까지 의무근로제공기간 동안 매 보고기간 말에 누적기준으로 부채의 공정가치 변동금액을 측정하여 보상비용을 인식한다.

⑤ 주식결제형과 달리 가득일 이후에도 결제시점까지 부채의 공정가치 변동액을 당기손익으로 인식한다.

⑥ 현금결제형 주식기준보상거래에 대해서도 이익성장이나 주가상승과 같은 성과조건을 가득조건으로 부과할 수 있다. 다만, 비시장조건은 측정기준일 현재 현금결제형 주식기준보상의 공정가치를 추정할 때 고려하지 않는다. 대신 비시장조건은 거래에서 생기는 부채의 측정에 포함하는 권리의 수량을 조정하는 방식으로 고려한다. 이에 반해 시장조건과 비가득조건은 현금결제형 주식기준보상의 공정가치를 추정할 때, 그리고 매 보고기간 말과 결제일에 권리의 공정가치를 재측정할 때 고려한다.

예제 9 현금결제형 주가차액보상권

×1초 종업원 500명에게 각각 현금결제형 주가차액보상권 100개 부여
3년의 용역조건 부과

×1말 : 종업원 중 95명이 퇴사할 것으로 예상
×2말 : 종업원 중 100명이 퇴사할 것으로 예상
×3말 : 종업원 중 97명이 퇴사

회계연도	공정가치	내재가치	행사한 종업원 수
20×1년	144	–	–
20×2년	155	–	–
20×3년	182	150	150명
20×4년	214	200	140명
20×5년	250	250	113명

이와 관련된 회계처리는?

풀이

연 도	미지급비용(재무상태표)
20×1년 초	0
20×1년 말	144×1/3×(500−95)명×100개=1,944,000
20×2년 말	155×2/3×(500−100)명×100개=4,133,333
20×3년 말	182×3/3×(500−97)명×100개=7,334,600
	182×3/3×(500−97−150)명×100개=4,604,600
20×4년 말	214×1×(500−97−150)명×100개=5,414,200
	214×1×(500−97−150−140)명×100개=2,418,200
20×5년 말	250×1×(500−97−150−140)명×100개=2,825,000
	0(남은 인원 113명 전원 행사)

〈회계처리〉

	차변		대변	
×1말	주식보상비용	1,944,000	미지급비용	1,944,000
×2말	주식보상비용	2,189,333	미지급비용	2,189,333
×3말	주식보상비용	3,201,267	미지급비용	3,201,267
	미지급비용	182×150×100	현금	150×150×100
			주식보상비용	32×150×100
×4말	주식보상비용	809,600	미지급비용	809,600
	미지급비용	214×140×100	현금	200×140×100
			주식보상비용	14×140×100
×5말	주식보상비용	406,800	미지급비용	406,800
	미지급비용	250×113×100	현금	250×113×100

〈또는 평가하지 않고 바로 행사 회계처리를 하여도 결과 동일〉

차변		대변	
미지급비용	214×113×100	현금	250×113×100
주식보상비용	36×113×100		

참고

	차변		대변		
×3말	주식보상비용	3,201,267	미지급비용	3,201,267	₩182, 403명=253명+150명
	미지급비용	182×150×100	현금	150×150×100	
			주식보상비용	32×150×100	₩182, 253명

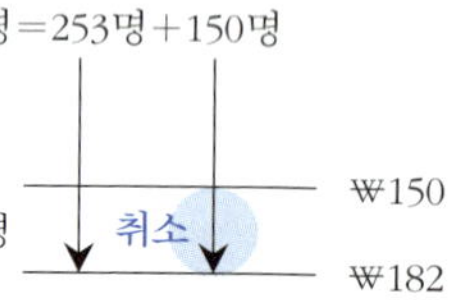

	차변		대변		
×4말	주식보상비용	809,600	미지급비용	809,600	₩214, 253명=113명+140명
	미지급비용	214×140×100	현금	200×140×100	
			주식보상비용	14×140×100	₩214, 113명

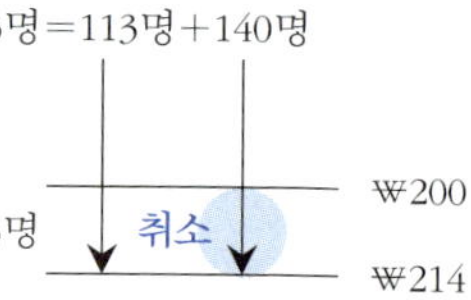

보론 예 6 성과조건이 있는 현금결제형 주식기준보상거래

〈배경정보〉

기업은 종업원 500명에게 앞으로 3년간 근무하고 기업의 매출액이 3차년도 말까지 목표액 10억 원을 달성할 것을 조건으로 주가차액보상권을 100개씩 부여하였다.

1차년도 말에 기업은 3차년도 말까지 목표 매출액을 달성하지 못할 것으로 예상하였다. 그러나 2차년도에 기업의 매출액은 유의적으로 증가하였고 이후에도 계속 증가할 것으로 예상되어 2차년도 말에 기업은 3차년도 말까지 목표 매출액을 달성할 것으로 예상하였다.

3차년도 말에 목표 매출액을 달성하여 150명의 종업원이 주가차액보상권을 행사하였고, 4차년도 말에 추가로 150명이, 나머지 200명은 5차년도 말에 각각 주가차액보상권을 행사하였다.

매 회계연도 말에 추정한 주가차액보상권의 공정가치와 행사일의 주가차액보상권 내재가치(현금지급액과 일치)는 다음과 같다.

〈주가차액보상권의 공정가치와 내재가치〉

회계연도	공정가치	내재가치
20×1	144	–
20×2	155	–
20×3	182	150
20×4	214	200
20×5	250	250

용역제공조건을 충족할 것으로 예상되는 종업원 수는 3년 동안 500명으로 변동 없다.

이와 관련된 회계처리는?

풀이

연 도	미지급비용(재무상태표)
20×1년 초	0
20×1년 말	0
20×2년 말	155×2/3×500명×100개=5,166,667
20×3년 말	182×3/3×500명×100개=9,100,000
	182×3/3×(500－150)명×100개=6,370,000
20×4년 말	214×1×(500－150)명×100개=7,490,000
	214×1×(500－150－150)명×100개=4,280,000
20×5년 말	250×1×(500－150－150)명×100개=5,000,000
	0(남은 인원 200명 전원 행사)

〈회계처리〉

	차변	금액	대변	금액
×1말	주 식 보 상 비 용	0	미 지 급 비 용	0
×2말	주 식 보 상 비 용	5,166,667	미 지 급 비 용	5,166,667

	차변		대변	
×3말	주식보상비용	3,933,333	미지급비용	3,933,333
	미지급비용	182×150×100	현금	150×150×100
			주식보상비용	32×150×100
×4말	주식보상비용	1,120,000	미지급비용	1,120,000
	미지급비용	214×150×100	현금	200×150×100
			주식보상비용	14×150×100
×5말	주식보상비용	720,000	미지급비용	720,000
	미지급비용	250×200×100	현금	250×200×100

〈또는 평가하지 않고 바로 행사 회계처리를 하여도 결과 동일〉

차변		대변	
미지급비용	214×200×100	현금	250×200×100
주식보상비용	36×200×100		

객관식 3

×7초에 종업원 100명에 현금결제형 주가차액보상권 100개 부여하고 2년의 용역제공조건을 부과함

연 도	실제 퇴사인원	추가 퇴사 추정인원
20×7	5	4
20×8	7	0

연 도	주가차액보상권 공정가치	내재가치(현금지급액)
20×7	300	–
20×8	320	310

×8말 50명이 주가차액보상권을 행사함. ×8년에 인식할 보상비용은?

풀이

	×7	×8
퇴사인원	5	7
추가예정	4	0
총 퇴사예정 인원	9	12

연 도	미지급비용(재무상태표)
20×7년 초	0
20×7년 말	300×1/2×(100−9)명×100개
20×8년 말	320×2/2×(100−12)명×100개
	320×2/2×(100−12−50)명×100개

〈회계처리〉

	차변	금액	대변	금액
×7말	주 식 보 상 비 용	1,365,000	미 지 급 비 용	1,365,000
×8말	주 식 보 상 비 용	1,451,000	미 지 급 비 용	1,451,000
	미 지 급 비 용	320×50×100	현 금	310×50×100
			주 식 보 상 비 용	10×50×100

∴ 주식보상비용=1,401,000

=320×2/2×(100−12)×100−300×1/2×(100−9)×100−10(시간가치)×50×100

=1,401,000

ii) 현금결제형에서 주식결제형으로 분류를 바꾸는 조건변경

① 회계처리

차변	금액	대변	금액
미 지 급 비 용	××(장부가)	주 식 선 택 권	××(공정가)
	조건변경손익		

② 만일 조건변경의 결과로 가득기간이 연장되거나 단축된다면, 위 회계처리에서 변경된 가득기간을 반영

예제 10 현금결제형에서 주식결제형으로 분류를 바꾸는 조건변경

×1초 종업원 100명에게 각각 주가차액보상권 100개 부여
4년 용역조건 부과

×1말 : 종업원 중 2명이 퇴사, 추가 퇴사 없을 것으로 추정
×2말 : 종업원 중 3명이 퇴사(누적 5명 퇴사), 추가 퇴사 없을 것으로 추정

	주가차액보상권의 공정가
×1말	200
×2말	240

×3년 초 기존의 주가차액보상권 취소
×3년 초 현재 재직 중인 종업원 95명과 향후 2년 근무조건으로 각각 주식선택권 100개 부여
×3년 초 주식선택권의 공정가 250

이와 관련된 회계처리는?

풀이

연 도	미지급비용/주식선택권
20×1년 초	0
20×1년 말	200×1/4×(100－2)명×100개 ＝ 490,000
20×2년 말	240×2/4×(100－5)명×100개 ＝ 1,140,000
20×3년 초	250×2/4×(100－5)명×100개 ＝ 1,187,500

〈회계처리〉

	차변	금액	대변	금액
×1말	주 식 보 상 비 용	490,000	미 지 급 비 용	490,000
×2말	주 식 보 상 비 용	650,000	미 지 급 비 용	650,000
×3초	미 지 급 비 용	240×2/4×(100－5)×100	주 식 선 택 권	250×2/4×(100－5)×100
	조 건 변 경 손 실	47,500		

만일 조건변경의 결과 주식선택권을 100개가 아니라 130개씩 부여하면서 가득기간을 총 4년에서 5년으로 연장하였다면 20×3년 초 주식선택권은 250×2/5×(100－5)명×130개＝1,235,000이 되어야 하므로 회계처리는 다음과 같다.

	차변	금액	대변	금액
×3초	미 지 급 비 용	240×2/4×(100－5)×100	주 식 선 택 권	250×2/5×(100－5)×130
	조 건 변 경 손 실	95,000		

iii) 보상비용과 부채 인식에 대한 추가 논의

① 가득일 전의 부채 인식

종업원이 무조건부로 현금지급에 대한 권리를 획득하기 위한 조건을 모두 이행하기 전에는 기업이 종업원에게 현금을 지급할 현재의무가 없기 때문에 가득일 전에 부채를 인식할 수 없고, 우발부채만 존재한다는 주장이 있을 수 있다. 이러한 문제에 대해서 국제회계기준위원회는 제13장에서 설명한 퇴직급여의 회계처리와 일관된 회계처리를 하도록 주문하였다. 즉, 퇴직급여에 대한 수급권이 미래 근무를 조건으로 하더라도 종업원이 근무용역을 제공할 때 기업은 퇴직급여에 대한 의무가 존재하는 것과 일관되도록 현금결제형 주식기준보상거래에 대해서도 종업원이 근무용역을 제공할 때 기업이 부채를 인식해야 한다고 결론을 내렸다.

② 부채(장기미지급비용)의 측정기준

부채를 공정가치로 측정하든 내재가치로 측정하든 현금결제형 주식기준보상거래를 결제할 때에는 그 부채(따라서 그 비용)가 실제 지급하는 현금액과 같아지도록 재측정될 것이므로 측정이 용이한 내재가치로 부채를 측정하자는 주장이 있을 수 있다. 여기에 대해서 국제회계기준위원회는 내재가치 측정이 국제회계기준의 다른 분야에서 대부분 적용되고 있는 공정가치 측정기준과 일관되지 않을 뿐만 아니라 내재가치 측정치에는 시간가치가 포함되지 않아 관련 부채나 원가에 대한 적절한 측정치가 되지 못한다고 지적하였다.

4. 현금결제선택권이 있는 주식기준보상거래(선택형 주식기준보상거래)

i) 거래상대방이 결제방식을 선택할 수 있는 경우

<table>
<tr><th colspan="2">구 분</th><th>측정방법</th></tr>
<tr><td rowspan="2">종업원이 아닌 자와의 주식기준보상거래</td><td>제공받은 재화나 용역의 공정가치를 직접 측정하는 경우</td><td>재화나 용역이 제공되는 날 현재 재화나 용역의 공정가치와 부채요소의 공정가치의 차이로 자본요소 측정</td></tr>
<tr><td>제공받는 재화나 용역의 공정가치를 직접 측정할 수 없는 경우</td><td rowspan="2">현금이나 지분상품에 대해 부여된 권리의 조건을 고려하여 측정기준일 현재 복합금융상품의 공정가치 측정. 즉, 부채요소의 공정가치를 측정한 다음 자본요소의 공정가치를 측정하여 두 요소의 공정가치 합계액을 복합상품의 공정가치로 측정</td></tr>
<tr><td colspan="2">종업원과의 주식기준보상거래</td></tr>
</table>

부채요소에 대해서는 현금결제형 주식기준보상거래의 회계처리를 적용하고, 자본요소에 대해서는 주식결제형 주식기준보상거래의 회계처리를 적용한다.

만일 결제일에 현금을 지급하는 대신 지분상품을 발행하는 경우에는 부채를 발행되는 지분상품의 대가로 보아 자본으로 직접 대체한다.

그러나 기업이 결제 시 지분상품을 발행하는 대신 현금을 지급하는 경우에는 현금지급액을 부채의 상환액으로 보며, 이미 인식한 자본요소는 계속 자본으로 분류한다.

예제 11 거래상대방(종업원)이 현금결제선택권이 있는 경우 (객관식 6과 유사)

〈배경정보〉

기업은 종업원에게 가상주식 1,000주(주식 1,000주에 상당하는 현금지급에 대한 권리)와 주식 1,200주(액면 30)를 선택할 수 있는 권리를 부여하였다. 각 권리는 종업원이 3년간 근무할 것을 조건으로 한다. 종업원이 주식 1,200주를 제공받는 결제방식을 선택하는 경우에는 주식을 가득일 이후 3년간 보유하여야 하는 제한이 있다.

부여일에 기업의 주가는 단위당 50이다. 1, 2 및 3차년도 말의 주가는 각각 52, 55 및 60이다. 기업은 부여일 이후 3년 동안 배당금을 지급할 것으로 예상하지 않는다. 기업은 가득이후 양도제한의 효과를 고려할 때 주식 1,200주를 제공받는 결제방식의 부여일 공정가치가 주당 48이라고 추정하였다.

3차년도 말에 종업원은 다음을 선택할 수 있다.

〈상황 1〉－현금결제방식

〈상황 2〉－주식결제방식

이와 관련된 회계처리는?

풀이

주식결제방식의 공정가치는 57,600(1,200주×48)이고, 현금결제방식의 공정가치는 50,000(1,000주×50)이다. 따라서 복합금융상품 내 자본요소의 공정가치는 7,600(57,600−50,000)이다.
기업이 인식할 금액은 다음과 같다.

연 도	계 산	비 용	자 본	부 채
1	부채요소 : (1,000×52×1/3)	17,333		17,333
	자본요소 : (7,600×1/3)	2,533	2,533	
2	부채요소 : (1,000×55×2/3)−17,333	19,333		19,333
	자본요소 : (7,600×1/3)	2,533	2,533	
3	부채요소 : (1,000×60)−36,666	23,334		23,334
	자본요소 : (7,600×1/3)	2,534	2,534	
		67,600	7,600	60,000

차변	금액	대변	금액
Σ매년 말 주식보상비용	67,600	미지급비용	60,000
		주식선택권	7,600

〈현금결제형 선택〉

차변	금액	대변	금액
미지급비용	60,000	현금	60,000
주식선택권	7,600	기타자본항목	7,600

〈주식결제형 선택〉

차변	금액	대변	금액
현금	0	자본금	36,000(=1,200주×30)
미지급비용	60,000	주발초	31,600
주식선택권	7,600		

ii) 기업이 결제방식을 선택할 수 있는 경우

① 기업이 결제방식을 선택할 수 있는 권리가 있는 경우에는 현금을 지급해야 하는 의무가 있는지의 여부에 따라 회계처리를 달리 한다.

② 현금을 지급해야 하는 현재의 의무가 있으면* 현금결제형 주식기준보상거래로 회계처리한다.

* 다음 중 어느 하나에 해당하는 경우에는 현금을 지급해야 하는 현재의무가 있는 것으로 본다.

- 지분상품을 발행하여 결제하는 선택권에 상업적 실질이 없는 경우(예 : 법률에 따른 주식발행의 금지)
- 현금으로 결제한 과거의 실무관행이 있거나 현금으로 결제한다는 방침이 명백한 경우
- 거래상대방이 현금결제를 요구할 때마다 일반적으로 기업이 이를 수용하는 경우

③ 현금을 지급해야 하는 현재의 의무가 없으면 주식결제형 주식기준보상거래로 회계처리한다. 한편, 주식결제형 주식기준보상거래로 회계처리하는 경우 결제 시 아래 표와 같이 회계처리한다.

구 분	회계처리
기업이 현금결제를 선택한 경우	자기지분상품의 재매입으로 보아 현금지급액을 자본에서 차감 자 본 항 목 ××	현 금 ××
기업의 지분상품의 발행으로 결제하는 것을 선택한 경우	별도의 추가 회계처리 없음 현 금 ××	자 본 금 ×× 주 식 선 택 권 ××	주 발 초 ××
기업이 결제일에 더 높은 공정가치를 가진 결제방식을 선택한 경우	초과 결제가치를 추가비용으로 인식 〈현금결제형 선택〉 자 본 항 목 ××	현 금 ×× 비 용 ×× | 〈주식결제형 선택〉 현 금 ××	자 본 금 ×× 주 식 선 택 권 ××	주 발 초 ×× 비 용 ××	

객관식 4, 5

㈜갑은 20×1년 1월 1일에 영업부서 종업원 10명에게 2년간 근무하는 조건으로 종업원 1인당 10단위의 주식선택권을 부여하였다. 부여일의 주식선택권 공정가치는 단위당 20이고, 단위당 행사가격은 10이다. ㈜갑은 이들 종업원 모두가 20×2년 말까지 근무할 것으로 예측하였고, 이 예측은 실현되었다. 주식선택권을 부여받은 종업원 중 5명은 20×3년 1월 1일 주식선택권을 전부 행사하였고, 나머지 5명은 20×4년 1월 1일 주식선택권을 전부 행사하였다. ㈜갑의 주식선택권 단위당 공정가치 및 주가흐름은 다음과 같다.

일 자	주식선택권 단위당 공정가치	1주당 주가
20×1년 1월 1일	20	10
20×1년 12월 31일 및 20×2년 1월 1일	30	20
20×2년 12월 31일 및 20×3년 1월 1일	25	30
20×3년 12월 31일 및 20×4년 1월 1일	35	40

㈜갑이 주식선택권의 대가로 제공받는 근무용역에 대하여 20×1년, 20×2년, 20×3년에 인식할 보상비용(순액)은 각각 얼마인가?

상기 자료에서 ㈜갑이 부여한 주식기준보상이 주식결제형이 아닌 주가와 행사가격의 차이를 현금으로 지급하는 현금결제형 주가차액보상권이라면, ㈜갑이 해당 근무용역에 대하여 20×1년, 20×2년, 20×3년에 인식할 보상비용(순액)은 각각 얼마인가?

풀이

i) 주식결제형

	B/S		
×1초	0		
		×1	1,000
×1말	$20\times\frac{1}{2}\times(10-0)\times10$		
		×2	1,000
×2말	$20\times\frac{2}{2}\times(10-0)\times10$		

ii) 현금결제형

	B/S		차변		대변		
×1초	0						
		×1	비 용	1,500	부 채	1,500	
×1말	$30\times\frac{1}{2}\times(10-0)\times10$						
		×2	비 용	1,000	부 채	1,000	25, 10명
×2말	$25\times\frac{2}{2}\times(10-0)\times10$						
×3초	$25\times1\times(10-0-5)\times10$	×3초	부 채	$25\times5\times10$	현 금	$20\times5\times10$	
					비 용	$5\times5\times10$	25, 5명
×3말	$35\times1\times(10-0-5)\times10$	×3말	비 용	500	부 채	500	35, 5명

∴ 매년 인식할 보상비용

	×1	×2	×3
주식결제형	1,000	1,000	0
현금결제형	1,500	1,000	250

Chapter 15 법인세

1. GAAP vs TAX

i)

	GAAP		TAX
목적	정확한 기록		과세
계산구조	수익	~~~~~~~~~~~~〉	익금
	− 비용	~~~~~~~~~~~~〉	손금
	세전이익		과세소득
	(회계이익)		× 세율
			납부세금

ii) **TAX → 계산구조**

수익 → 익금

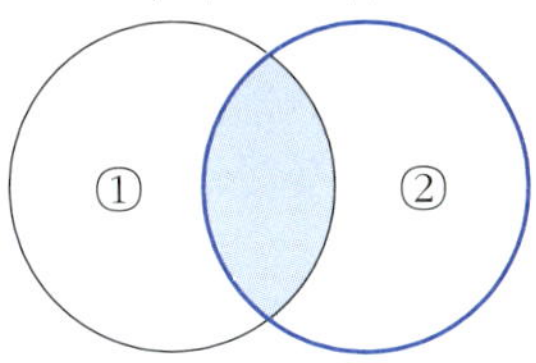

비용 → 손금

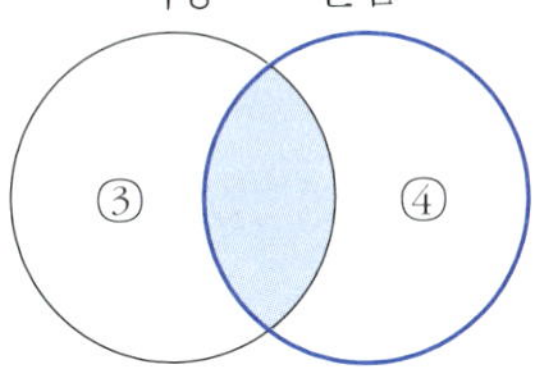

(세무조정)

세전이익(=수익−비용)
+ ②(익금산입), ③(손금불산입)
− ④(손금산입), ①(익금불산입)

과세소득(=익금−손금)
×세율

=납부세금

iii) **'차이'의 종류**

① ┌ +
   └ −

② ┌ 일시적차이 : 특정 연도 과세소득 산출 시 차감(또는 가산)하였으나, 차기 이후 과세소득 산출 시 가산(또는 차감)하여 소멸될 차이(기간적차이)
   └ 일시적차이 아님 : 특정 연도 과세소득 산출 시 차감 또는 가산하였으나, 차기 이후 과세소득 산출 시 아무런 조정을 하지 않는 차이

〈표〉 일시적차이와 그 이외의 차이의 예

구 분	예 시
일시적차이	주식이나 채권 등 금융자산의 평가손익, 재평가모형 적용 시 인식하는 재평가잉여금, 정기예금 등의 미수이자, 재고자산평가손실, 감가상각비 한도초과, 주식선택권에 대한 보상비용, 제품보증충당부채 등
일시적차이 이외의 차이	접대비 한도초과, 국세과오납 환급금이자, 벌금 및 과태료, 자기주식처분손익

iv) 일시적차이 vs 일시적차이 아님

① 일시적차이 아님(손익을 바라보는 관점의 차이)

Ex 접대비 1,000 → (세법상 한도 : 700)

(GAAP)

차변		대변	
접 대 비	1,000	현 금	1,000

(TAX)

차변		대변	
접 대 비	700	현 금	1,000
?	300		

∴ ③번 차이 +

② 일시적차이(손익의 기간 귀속에 대한 차이)

Ex
- ×1초 건물 1,000 구입 (동의)
- GAAP $n=2$
- TAX $n=4$

(GAAP)				(TAX)				차이
×1말 감가비	500	감·누	500	×1말 감가비	250	감·누	250	+250 ③ 손금불산입
×2말 감가비	500	감·누	500	×2말 감가비	250	감·누	250	+250 ③ 손금불산입
×3말		×		×3말 감가비	250	감·누	250	−250 ④ 손금산입
×4말		×		×4말 감가비	250	감·누	250	−250 ④ 손금산입
								Σ ⇒ 0

Con

① 차이
- 일시적차이
  - +
  - −
- 일시적차이 아님
  - +
  - −

②

	현재	미래	합	이름	성격	계정과목	금액
일시적차이	−	+	0	가산할 일시적차이	미지급(부채)	이연법인세부채	일시적차이
	+	−	0	차감할 일시적차이	선급(자산)	이연법인세자산	× tf
	tp	tf					

법인세비용 = 당기법인세 + 이연법인세

당기법인세 = (회계이익 ± 일시적차이 ± 기타의 차이) × 당기세율

- 당기말 현재 미소멸된 가산할 일시적차이 × 미래 세율 = 이연법인세부채 기말잔액
- 당기말 현재 미소멸된 차감할 일시적차이 × 미래 세율 = 이연법인세자산 기말잔액

Con

법인세비용 = 당기법인세 − 이연법인세자산 증가 + 이연법인세부채 증가
= 당기법인세 − (당기말 이연법인세자산 − 전기말 이연법인세자산)
+ (당기말 이연법인세부채 − 전기말 이연법인세부채)

예제 2 법인세비용의 계산(2)

- 20×1년 초 설립

〈20×1년도 세무조정 내역〉
가산 조정 1,500 (20×2년부터 매년 1/3씩 소멸)
차감 조정 4,000 (20×2년부터 매년 1/4씩 소멸)

- 20×1년 세율 : 30%
- 20×1년 말 세법개정 내용 : 20×2, 20×3 : 25%, 20×4 이후 : 20%
- 회계이익 : 20×1년 10,000, 20×2년 12,000
- 20×2년의 추가적인 세무조정은 발생하지 않았다.
- 일시적차이에 사용될 수 있는 과세소득의 발생가능성은 높다.

풀이

① 납부액(×1) 발생

세전이익 10,000
일 × [+ 0, − 0]
일 ○ + 1,500
− 4,000
7,500
× 30%(tp)
2,250

② 자산, 부채 (잔액) (→ 되게 하라)

	25%	25%	20%	20%
×1	×2	×3	×4	×5
1,500	(500)	(500)	(500)	
(4,000)	1,000	1,000	1,000	1,000

tf(×1)

기초 : 0 (∵ ×1초 설립)
기말 [(500)×25%×2+(500)×20%=(350)자산, 1,000×25%×2+1,000×20%×2=900부채]

③ 회계처리

3			1		
비	용	×××	당기법인세부채		2,250
자	산	350	부	채	900
2					

① 납부액(×2) 발생

세전이익 12,000

일 × ┌ + 0
　　　└ − 0

일 ○	+	1,000
	−	500
		12,500
	×	25%(tp)
		3,125

② 자산, 부채 (잔액) ↱ 되게 하라

	×1	×2	×3	×4	×5	
			25%	20%	20%	→ tf(×2)
		25%	25%	20%	20%	→ tf(×1)
	1,500	(500)	(500)	(500)		
	(4,000)	1,000	1,000	1,000	1,000	

기초 ┌ (500)×25%×2+(500)×20%= (350)자산
　　 └ 1,000×25%×2+1,000×20%×2= 900부채

기말 ┌ (500)×25%+(500)×20%= (225)자산
　　 └ 1,000×25%+1,000×20%×2= 650부채

③ 회계처리

3			1		
비	용	×××	당기법인세부채		3,125
부	채	250	자	산	125
2					

Con 법인세 비용 ┌ ① 당기법인세부채의 변동
　　　　　　　　 └ ② 이연법인세자산, 부채의 변동

참고

- 보고기간 말까지 제정되었거나 실질적으로 제정된 세율에 근거하여 당해 자산이 실현되거나 부채가 결제될 회계기간에 적용될 것으로 기대되는 세율을 사용하여 이연법인세자산과 부채를 측정한다.
- 과세소득의 수준별로 적용세율이 다른 경우에는 평균세율(average tax rate)을 사용한다.
- 평균세율을 어떻게 계산하는지에 대해서는 기준서에서 언급하고 있지 않다. 다만, 평균유효세율을 공시하도록 규정하고 있는데, 법인세비용(수익)을 회계이익으로 나눈 값을 평균유효세율로 계산하도록 규정하고 있다.

예제 3 법인세비용 계산(3)

법인세비용차감전순이익	3,000,000
세무조정항목	
제품보증충당부채(일 ○, +)	15,000
접대비 한도초과(일 ×, +)	80,000
당기 정기예금 미수이자(일 ○, −)	(50,000)
국세과오납 환급금이자(일 ×, −)	(20,000)
과세소득	3,025,000

〈추가자료〉

(1) 제품보증충당부채는 20×2년부터 매년 1/3씩 소멸된다.

(2) 미수이자가 발생한 정기예금의 만기는 20×2년 4월 말이다.

(3) 20×1년 말 세법 개정으로 인하여 다음과 같이 연도별 적용세율이 변경되었다.
20×1년과 20×2년 : 30%, 20×3년 이후 : 25%

〈20×2년 자료〉

(1) 20×2년 법인세비용차감전순이익 : 2,500,000

(2) 당기 세무조정 : 전기 발생 일시적차이 소멸, FVPL 평가이익 40,000(일 ○, −)(20×3년 중 처분 예정), 감가상각비 한도 초과 8,000(일 ○, +)(20×3년부터 매년 1/4씩 소멸 예정)

(3) 20×2년 말 세법 개정 : 20×4년부터 세율 22%로 하향

〈공통자료〉

(1) 일시적차이에 사용될 수 있는 과세소득의 발생가능성은 높다.

풀이

① 납부액(×1)

세전이익		3,000,000
일 ×	+	80,000
	−	20,000
일 ○	+	15,000
	−	50,000
		3,025,000
	×	30%(tp)
		907,500

② 자산, 부채

	30%	25%	25%	
×1	×2	×3	×4	tf(×1)
15,000	(5,000)	(5,000)	(5,000)	
(50,000)	50,000			

기초 : 0 (∵ 기초=0)

기말 (5,000)×30%+(5,000)×25%×2= (4,000)자산
　　 50,000×30%= 15,000부채

③ 회계처리

[3] 비 용	×××	[1] 당기법인세부채	907,500
[2] 자 산	4,000	부 채	15,000

① 납부액(×2)

세전이익 2,500,000

일 × [+ 0 / − 0]

일 ○	50,000
	8,000
	(5,000)
	(40,000)
	2,513,000
	× 30%(tp)
	753,900

② 자산, 부채

	×1	×2	×3	×4	×5	×6	
			25%	22%	22%	22%	tf(×2)
		30%	25%	25%	25%	25%	tf(×1)
	15,000	(5,000)	(5,000)	(5,000)			
	(50,000)	50,000					
		(40,000)	40,000				
		8,000	(2,000)	(2,000)	(2,000)	(2,000)	

기초 ┌ (5,000)×30%+(5,000)×25%×2 = (4,000)자산
└ 50,000×30% = 15,000부채

기말 ┌ (5,000)×25%+(5,000)×22%+(2,000)×25%+(2,000)×22%×3 = (4,170)자산
└ 40,000×25% = 10,000(부채)

③ 회계처리

3 비	용	×××	1 당기법인세부채	753,900
2 ┌ 자	산	170		
└ 부	채	5,000		

v) 이연법인세 회계의 유용성

① 일시적차이로 인하여 법인세부담액은 변동되더라도 포괄손익계산서상 법인세비용은 일시적차이가 없을 경우 인식할 금액으로 표시되어야 한다는 것이 법인세회계의 기본 개념이다.

② 일시적차이에 대한 효과를 법인세비용에 반영하면, 법인세부담액의 변동으로 인한 당기순이익의 왜곡표시를 피할 수 있다. 또한 재무상태표에 미래의 법인세 추가부담액(이연법인세부채)에 대한 정보를 표시함으로써 미래 현금흐름예측에 유용한 정보도 제공할 수 있다. 이연법인세회계를 적용하면 재무상태표와 포괄손익계산서 모두 회계정보의 유용성이 높아진다.

2. 이연법인세자산의 자산성

↳ 차감할 일시적차이(미사용 세무상결손금과 세액공제 포함)

현재	미래	합
+	⊖	0

↳ 충분한 과세소득 또는 충분한 가산할 일시적차이

① 차감할 일시적차이가 사용될 수 있는 과세소득의 발생가능성이 높은 경우에만 이연법인세자산을 인식한다.

② 차감할 일시적차이가 소멸되는 회계기간에 소멸이 예상되는 충분한 가산할 일시적차이가 있는 경우는 과세소득의 발생가능성이 높은 경우에 해당되므로 이연법인세자산을 인식할 수 있다.

③ 이연법인세자산의 장부금액은 매 보고기간 말에 재검토한다. 이연법인세자산의 일부 또는 전부에 대한 혜택이 사용되기에 충분한 과세소득이 발생할 가능성이 더 이상 높지 않다면 이연법인세자산의 장부금액을 감액시킨다. 이렇게 감액된 금액은 사용되기에 충분한 과세소득이 발생할 가능성이 높아지면 그 범위 내에서 환입한다.

예제 4 차감할 일시적차이에 대한 이연법인세자산의 인식

20×1년에 설립한 법인

구 분	20×1년	20×2년
법인세비용차감전순이익	1,000,000	2,000,000
세무조정		
일시적차이 A	(100,000)	100,000
일시적차이 B	–	150,000
과세소득	900,000	2,250,000
적용세율	30%	20%

- 일시적차이 A는 20×2년에 모두 소멸되었다.
- 20×1년 중 세법 개정 : 20×2년 이후 세율 20%

이연법인세자산의 자산성 여부에 따른 각각의 회계처리는?

풀이

① 납부액(×1)

세전이익 1,000,000
일 × → 0
일 ○ (100,000)
900,000
× 30%(tp)
270,000

② 자산, 부채

×1	×2~
(100,000)	100,000

→ tf(×1)=20%

기초 : 0 (∵ ×1초 설립)
기말 : 100,000×20%=+20,000부채

③ 회계처리

3 비 용	×××	당기법인세부채	270,000 1
		부 채	20,000 2

① 납부액(×2)

세전이익 2,000,000
일 × → 0
일 ○ 100,000
150,000
2,250,000
× 20%(tp)
450,000

② 자산, 부채

tf(×2)=20%
tf(×1)=20%

×1	×2	×3~
(100,000)	100,000	
	150,000	(150,000)

기초 : 100,000×20%=20,000부채
기말 : i) 자산성 ○ : (150,000)×20%=(30,000)자산
ii) 자산성 × : 0

③ 회계처리

ㄱ) 자산성 ○ :

3 비 용	×××	1 당기법인세부채	450,000
2 부 채	20,000		
2 자 산	30,000		

ㄴ) 자산성 × :

3 비 용	×××	1 당기법인세부채	450,000
2 부 채	20,000		

예제 5 세무상결손금에 대한 이연법인세자산의 인식

구 분	20×1년	20×2년
법인세비용차감전순이익	500,000	(400,000)
세무조정		
일시적차이 A	(80,000)	80,000
일시적차이 B	–	(50,000)
과세소득	420,000	(370,000)
적용세율	30%	25%

- 20×1년 초 현재 전기이월 일시적차이는 없다.
- 일시적차이 A는 20×2년에 모두 소멸하였다.
- 일시적차이 B는 20×3년에 모두 소멸하였다.
- 20×1년 중 세법 개정 : 20×2년 세율 25%, 20×3년 이후 세율 20%

세무상 이월결손금이 사용될 수 있는 과세소득의 발생가능성이 높은 경우와 그렇지 않은 경우의 회계처리는?

풀이

① 납부액(×1)

세전이익	500,000
일 ×	→ 0
일 ○	(80,000)
	420,000
	× 30%(tp)
	126,000

② 자산, 부채

	×1	×2	×3~
		25%	20% → tf(×1)
	(80,000)	80,000	0

기초 : 0
기말 : 80,000×25%=20,000부채

③ 회계처리

3 비 용	×××	당기법인세부채	126,000 1
		부 채	20,000 2

① 납부액(×2)

세전이익	(400,000)
일 ×	→ 0
일 ○	80,000
	(50,000)
	(370,000)
	× 25%(tp)
	0

② 자산, 부채

×1	×2	×3
	25% → tf(×1)	20% → tf(×1)
		20% → tf(×2)
(80,000)	80,000	
	(50,000)	50,000
		(370,000)

기초: 80,000×25%=20,000부채
기말: 50,000×20%=10,000부채

자산성 ○ : (370,000)×20%=(74,000)자산
자산성 × : (50,000)×20%=(10,000)자산

차감할 일시적차이의 자산성 검토 시 미래 과세소득 발생가능성이 높지 않더라도 가산할 일시적차이만큼 세무상 결손금의 실현을 기대할 수 있으므로 가산할 일시적차이의 범위 내에서 이연법인세자산을 인식한다.

③ 회계처리

ㄱ) 자산성 ○ :

차변	금액	대변	금액
2 부 채	10,000	1 당기법인세부채	0
자 산	74,000	3 비 용 (법인세 수익)	84,000

I/S	
세전이익	(400,000)
비용	+84,000
N/I	(316,000)

ㄴ) 사산성 × :

차변	금액	대변	금액
2 부 채	10,000	1 당기법인세부채	0
자 산	10,000	3 비 용 (법인세 수익)	20,000

세전이익	(400,000)
비용	+20,000
N/I	(380,000)

객관식 5

- 20×6년도 법인세비용차감전순손실 4,000,000
- 가산할 일시적차이 4,000,000 발생(20×7년과 20×8년에 각각 2,000,000씩 소멸할 예정)
- 20×5년도까지 발생한 일시적차이는 없다.
- 20×6년 법인세율 24%이며 20×7년부터는 20%로 인하된다.
- 이월결손금은 20×7년에 5,000,000, 20×8년에 3,000,000 실현될 것이다.
- 이월결손금의 실현가능성은 확실하다.

포괄손익계산서상 당기순손실은?

풀이

① 납부액(×6)

세전이익	(4,000,000)
일 ×	→ 0
일 ○	(4,000,000)
	(8,000,000)
	× 24%(tp)
	0

② 자산, 부채

tf(×6)=20%

×6	×7	×8
(4,000,000)	2,000,000	2,000,000
	(5,000,000)	(3,000,000)

기초 : 0

기말 : ┌ 2,000,000×20%×2=800,000 부채
└ (5,000,000)×20%+(3,000,000)×20%
=(1,600,000) 자산

③ 회계처리

차변		대변	
		1 당기법인세부채	0
2 자산	1,600,000	부채	800,000
		3 비용 (법인세 수익)	800,000

I/S

세전이익	(4,000,000)
비용	+800,000
N/I	(3,200,000)

3. 자본에 가감하는 법인세 효과

이연법인세자산·부채를 인식할 때 상대계정이 항상 법인세비용(당기손익)인 것은 아니다. 예를 들어 재평가모형을 적용하는 토지의 기말 공정가치가 1,000만큼 증가하여 재평가잉여금(기타포괄손익)을 인식하였는데 세법에서 원가법만 허용할 경우, 1,000의 가산할 일시적차이에 대해서 이연법인세부채(미래세율을 20%라고 가정) 200을 인식한다. 이때 상대계정으로 법인세비용(당기손익)을 인식하면, 애초에 토지에서 발생한 일시적차이가 당기손익에 영향을 미치지 않았음에도 불구하고 여기에 대해서 인식하는 이연법인세 때문에 당기순손익이 변동되는 문제가 발생한다. 따라서 일시적차이가 기타포괄손익에 영향을 미치는 경우 여기에 대해서 인식하는 이연법인세자산·부채의 상대계정을 기타포괄손익으로 인식함으로써 당기손익에 영향을 미치지 않도록 한다. 이렇게 회계처리하면 일시적차이에 「1－미래법인세율」을 곱한 금액만큼 기타포괄손익에 영향을 미친다.

당기법인세부채(미지급법인세)를 인식할 때에도 상대계정이 항상 법인세비용(당기손익)이어야 하는 것은 아니다. 예를 들어 자기주식을 취득원가보다 높은 금액으로 처분할 경우 자기주식처분이익을 인식하는데, 회계기준에서는 이를 자본잉여금으로 구분하는 반면 세법에서는 과세소득에 포함하도록 규정하고 있다. 따라서 자기주식처분이익 때문에 당기세율을 곱한 만큼 당기법인세부채(미지급법인세)가 증가하는데, 이를 인식하면서 상대계정을 법인세비용(당기손익)으로 회계처리하면 자본거래 때문에 당기순손익이 영향을 받는 문제가 발생한다. 따라서 자기주식처분이익에 대하여 당기법인세부채(미지급법인세)를 인식할 때 상대계정으로 법인세비용(당기손익)을 인식하지 않고, 자본잉여금을 직접 감소시키는 회계처리를 한다.

Ex 기초 자산, 부채=0

세전이익=10,000, tp=30%, tf=20%

i) **자기주식처분이익 1,000** (+기타 ~~~~〉 일 ×, +)

① 납부액

세전이익		10,000
일 ×	→	1,000
		11,000
		×30%(tp)
		3,300

② 자산, 부채 ⇒ ×

③ 회계처리

차변	금액	대변	금액
비 용	3,300	당기법인세부채	3,300
& 자기주식처분이익	300	비 용	300

* 1,000×30%(tp)

자기주식처분이익은 일시적차이에 해당되지 않으므로 미래 세율을 고려할 필요가 없다.

〈자본〉

자본잉여금

자기주식처분이익+1,000

⋮

이익잉여금 ┌ ⋮

└ 미처분 ┌ 전기이월 ××

└ N/I 10,000−3,000−(300)

ii) **토지의 재평가잉여금** 1,000 ┌ △유보 ~~~~〉 일 ○, −

&

└ +기타 ~~~~〉 일 ×, +

① 납부액

세전이익		10,000
일 ×	→	1,000
일 ○	→	(1,000)
		10,000
		×30%(tp)
		3,000

② 자산, 부채

×1	×2
(1,000)	1,000

tf(×1)=20%

┌ 기초 : 0

└ 기말 : 1,000×20%=+200부채

③ 회계처리

비용[3]	3,200	당기법인세부채[1]	3,000
		부채[2]	200

&

재평가잉여금	200	비용	200

* 1,000×20%(tf)

〈자본〉

기타포괄손익누계액

재평가잉여금 1,000

이익잉여금 ⋮

미처분 전기이월 ××

N/I 10,000−3,000−200

참고

비용	3,000	당기법인세부채	3,000
비용	200	부채	200

&

재평가잉여금	200	비용	200

iii) FVOCI 금융자산 평가손익과 FVOCI 선택 금융자산 평가손익

① FVOCI 선택 금융자산에 대해서 OCI로 인식한 금융자산평가손익은 후속적으로 당기손익으로 재분류되지 않으므로 관련되는 이연법인세의 회계처리는 '재평가잉여금'에 대한 이연법인세의 회계처리와 동일(재평가잉여금 또한 후속적으로 재분류되지 않음)

→ 자본에 가감하는 법인세 효과 고려 ○(이론적 측면)

② 한편, FVOCI 금융자산평가손익은 후속적으로 재분류되기 때문에 '재평가잉여금'에 대한 이연법인세의 회계처리와는 달라야 함

→ 자본에 가감하는 법인세 효과 고려 ×(이론적 측면)

③ 그러나 여러 중급회계 교재 및 공인회계사, 세무사 기출문제에서는 둘 모두를 구별하지 않고 자본에 가감하는 법인세 효과를 고려함(현실)

∴ 수험생일 때만 시험문제에 별도의 언급이 없다면 구별하지 않고 자본에 가감하는 법인세 효과를 둘 다 고려

iv) **자본에 가감하는 법인세 효과**

	발생	소멸	회계처리
재평가잉여금(토지) FVOCI 선택 평가이익 전환권대가	△유보&+기타	+유보(추인)	전기 OCI 100 발생, 세율 20% → 100−20 당기 OCI 50 발생, 세율 30% → 150−45 ∴ OCI 25 | 법인세비용 25
FVOCI 평가이익	△유보&+기타	+유보(추인)&△기타	'기초 자본×전기 세율 → 기말 자본×당기 세율'의 취소 Ex '기초 부채 100×20% → 기말 부채 150×30%'(부채의 증가 → 법인세비용의 증가)의 취소는 법인세비용의 감소 ∴ OCI 25 | 법인세비용 25
자기주식처분이익	+기타	N/A	자기주식처분이익을 세후 금액으로 만들기 자기주식처분이익 ×× | 법인세비용 ×× * 당기 발생액×당기 세율(tp)

v) **전환사채의 전환권대가**

×1초

차변		대변	
현금	××	사채	××
조정	××	할증금	××
(△유보, 일 ○, −)		대가	××
		(+기타, 일 ×, +)	

&

차변		대변	
대가	××	부채	××

×1말

차변		대변	
이자비용	××	현금	××
		조정	××
		(상각)	

&

차변		대변	
부채	××	비용	××

예 8 복합금융상품의 자본요소에 대한 이연법인세

갑회사는 20×1년 1월 1일에 액면금액 1,000,000의 전환사채를 액면발행하였다. 전환비율은 발행 시부터 확정되어 있으며, 전환사채의 만기는 20×3년 12월 31일이고, 전환기간 동안 전환되지 않은 전환사채는 액면금액으로 상환된다. 전환사채의 표시이자율은 연 5%(매년 12월 31일 지급)이며, 일반사채 시장수익률 연 10%이다. 전환사채 발행 시 세무기준액은 액면금액이다.

이연법인세를 고려하여 20×1년 1월 1일 전환사채 발행과 20×1년 12월 31일 이자비용 인식의 회계처리는 다음과 같다. 단, 20×1년 중에 전환사채의 전환은 없었고, 법인세율은 30%이다.

부채요소(일반사채 현재가치)=50,000×2.48685+1,000,000×0.75131=875,653

자본요소(전환권대가)=1,000,000(발행가액)−875,653=124,347

〈발행 시 회계처리〉

차변	금액	대변	금액
현 금	1,000,000	전 환 사 채	1,000,000
전 환 권 조 정 (△유보)	124,347	전 환 권 대 가 (+기타)	124,347

차변	금액	대변	금액
전 환 권 대 가	37,304	이연법인세부채	37,304

* 전환사채의 세무기준액이 회계상 장부금액보다 124,347 많으므로 이 금액만큼 가산할 일시적차이가 발생한다. 따라서 이연법인세부채를 인식하고, 상대계정을 전환권대가로 회계처리한다.
124,347×30%=37,304

〈20×1년 말 이자비용 인식의 회계처리〉

차변	금액	대변	금액
이 자 비 용	87,565	현 금	50,000
		전 환 권 조 정 (+유보, 추인)	37,565

차변	금액	대변	금액
이연법인세부채	11,270	법인세비용(PL)	11,270

* 37,565×30%(법인세율)=11,270. 전환권조정 상각액만큼 회계상 전환사채의 장부금액이 증가하므로 그 결과 가산할 일시적차이가 감소한다. 일시적차이 37,565이 감소하면서 이자비용을 인식하였기 때문에 이연법인세부채를 감소시키고 상대계정을 당기손익인 법인세비용으로 인식한다.

추가문제 1

20×5년 말 현재 미소멸 일시적차이

일시상각충당금 설정(일 ㅇ, −)	(3,000,000)
20×6년도 법인세비용차감전순이익	5,000,000
20×6년도 세무조정 사항	
일시상각충당금 환입(일 ㅇ, +)	1,000,000
자기주식처분이익(일 ×, +)	300,000
접대비 한도초과(일 ×, +)	100,000

(1) 자기주식처분이익은 회계장부에 자본잉여금으로 처리하였다.
(2) 20×5년 말 현재 일시상각충당금에 대한 일시적차이는 20×6년부터 매년 1/3씩 환입될 예정이다.
(3) 20×5년 말 법인세부담액 계산 시 적용한 세율은 30%이며, 20×6년도에도 동일한 30%를 적용한다. 다만, 20×6년 말 세법개정으로 인하여 20×7년부터 적용할 세율은 25%로 인하되었다.

×6 법인세 비용은?

풀이

① 납부액(×6)

세전이익	5,000,000
일 × →	100,000
	300,000
일 ㅇ	1,000,000
	6,400,000
	× 30%(tp)
	1,920,000

② 자산, 부채

tf(×6)=25%
tf(×5)=30%

~×5	×6	×7	×8
(3,000,000)	1,000,000	1,000,000	1,000,000

기초 : 1,000,000×30%×3=+900,000부채
기말 : 1,000,000×25%×2=+500,000부채

③ 회계처리

차변	금액	대변	금액
3 비용	1,520,000	1 당기법인세부채	1,920,000
2 부채	400,000		
& 자기주식처분이익	90,000	비용	90,000

* 300,000×30%(tp)

∴ 법인세비용=1,520,000−90,000=1,430,000

객관식 4

아래 자료는 ㈜한국의 20×1년도 법인세와 관련된 거래 내용이다.

- 20×1년 말 접대비 한도초과액(일 ×, +)은 30,000이다.
- 20×1년 말 재고자산평가손실(일 ○, +)은 10,000이다.
- 20×1년 말 FVOCI 금융자산평가손실(일 ○, + & 일 ×, −) 250,000을 기타포괄손익으로 인식하였다. 동 FVOCI 금융자산평가손실은 20×3년도에 소멸된다고 가정한다.
- 20×1년도 법인세비용차감전순이익은 1,000,000이다.
- 20×1년까지 법인세율이 30%이었으나, 20×1년 말에 세법개정으로 인하여 20×2년 과세소득 분부터 적용할 세율은 20%로 미래에도 동일한 세율이 유지된다.
- 단, 일시적차이에 사용될 수 있는 과세소득의 발생가능성은 높으며, 전기이월 일시적차이는 없는 것으로 가정한다.

×1 법인세비용은?

풀이

① 납부액(×1)

세전이익 1,000,000

일 × [+30,000 / △250,000]

일 ○ [10,000 / +250,000]

1,040,000

× 30%(tp)

312,000

② 자산, 부채

×1	×2	×3
+10,000	(10,000)	
+250,000		(250,000)

tf(×1)=20%

기초 : 0

기말 : (10,000)×20%+(250,000)×20%

=(52,000) 자산

③ 회계처리

차변	금액	대변	금액
[3] 비 용	260,000	당 기 법 인 세 부 채 [1]	312,000
[2] 자 산	52,000		
& 비 용	50,000	F V O C I 평 가 손 실	50,000

* 250,000×20%(tf)

∴ 법인세비용=260,000+50,000=310,000

추가문제 2

아래 자료는 ㈜한국의 20×1년도 법인세와 관련된 거래내용이다.

> (가) 20×1년도 ㈜한국의 접대비 한도초과액(일 ×, +)은 300,000이다.
>
> (나) ㈜한국은 20×1년 6월 7일에 35,000에 취득한 자기주식을 20×1년 9월 4일에 60,000에 처분(일 ×, +)했다.
>
> (다) ㈜한국이 20×1년 9월 7일 사옥을 건설하기 위하여 70,000에 취득한 토지의 20×1년 12월 31일 현재 공정가치는 80,000이다. ㈜한국은 유형자산에 대하여 재평가모형을 적용하고 있으나, 세법에서는 이를 인정하지 않는다(일 ○, − & 일 ×, +).

㈜한국의 20×1년도 법인세비용차감전순이익은 3,000,000이다. 당기 과세소득에 적용될 법인세율은 30%이고, 향후에도 세율이 일정하다면 ㈜한국이 20×1년도 포괄손익계산서에 인식할 법인세비용과 20×1년 말 재무상태표에 계상될 이연법인세 자산·부채는 각각 얼마인가? (단, ㈜한국의 향후 과세소득은 20×1년과 동일한 수준이며, 전기이월 일시적차이는 없다고 가정한다.)

풀이

(×1)

i) 납부액

세전이익		3,000,000
차이	일×	300,000
		25,000
		10,000
	일○	(10,000)
		3,325,000
		30%(tp)
		997,500

ii) 자산, 부채

×1	×2 → tf(×1)=30%
(10,000)	10,000

기초 : 0
기말 : 10,000×30%=3,000 부채

iii) 회계처리

차변		대변	
③ 비용	1,000,500	① 미지급법인세	997,500
		② 부채	3,000

&

차변		대변	
자기주식처분이익 25,000×30%(tp)	7,500	비용	7,500

&

차변		대변	
재평가잉여금 10,000×30%(tf)	3,000	비용	3,000

∴ 법인세비용=1,000,500−7,500−3,000=990,000

이연법인세부채=3,000

예 6 토지의 재평가에 따른 이연법인세 인식 – 재평가잉여금

갑회사는 20×1년에 토지를 1,000에 취득하고 재평가모형을 적용하기로 하였다. 20×1년 말 토지의 공정가치는 1,200이며, 갑회사는 동 토지를 20×2년 초에 1,200에 모두 처분하였다. 당기 및 차기 이후 세율은 모두 20%이다.

풀이

〈20×1년 말〉 (일 ○, − & 일 ×, +)

토지	200	재평가잉여금	200
법인세비용(OCI)	40	이연법인세부채	40

〈20×2년 초〉 (일 ○, +)

현금	1,200	토지	1,200

&

재평가잉여금	200	법인세비용(OCI)	40
		이익잉여금	160

* 재평가모형을 적용하는 경우 유형자산을 처분하더라도 재평가잉여금은 제거하지 않는다(즉, 당기손익으로 재분류하지 않는다). 다만, 회사의 선택에 따라 이익잉여금으로 대체할 수 있다.

〈20×2년 말〉

이연법인세부채	40	당기법인세부채	40 ⇒ 사실상 필요 ×

→ 1단계, 2단계를 통해 자연스럽게 해결

→ 추가 회계처리 ×

예 7 FVOCI 금융자산과 FVOCI 선택 금융자산

다음의 두 가지 경우를 예로 들어본다.

〈경우 1〉

20×1년에 지분상품을 10,000에 취득하고 이를 FVOCI 선택 금융자산으로 분류하였으며, 20×1년 말 공정가치는 11,000이다. 20×2년 초에 지분상품을 11,000에 모두 처분하였다.

〈경우 2〉

20×1년에 채무상품(액면금액 10,000)을 10,000에 취득하고 이를 FVOCI 금융자산으로 분류하였으며, 20×1년 말 공정가치는 11,000이다. 20×2년 초에 채무상품을 11,000에 모두 처분하였다. 단, 채무상품은 액면금액으로 취득하였으므로 표시이자와 유효이자가 동일하며, 보고기간 말에 표시이자를 모두 수취하였다.

채무상품을 액면금액으로 취득하였으므로 표시이자와 유효이자는 동일하며, 이자수익에 대해서는 회계기준과 세법이 일치하므로 분개를 생략한다. 그리고 세율은 모든 기간에 20%를 적용한다.

풀이

〈경우 1〉 FVOCI 선택 지분상품

〈20×1년 말〉 (일 ○, － & 일 ×, ＋)

차변	금액	대변	금액
FVOCI 선택 금융자산	1,000	금융자산평가이익(OCI)	1,000
법인세비용(OCI)	200	이연법인세부채	200

〈20×2년 초〉 (일 ○, ＋)

차변	금액	대변	금액
현금	11,000	FVOCI 선택 금융자산	11,000

&

차변	금액	대변	금액
금융자산평가이익(OCI)	1,000	법인세비용(OCI)	200
		이익잉여금	800

* 회사의 선택에 따라 이익잉여금으로 대체할 수 있다.

〈20×2년 말〉

차변	금액	대변	금액	
이연법인세부채	200	당기법인세부채	200	⇒ 사실상 필요 ×

→ 1단계, 2단계를 통해 자연스럽게 해결

→ 추가 회계처리 ×

〈경우 2〉 FVOCI 채무상품

〈20×1년 말〉 (일 ○, － & 일 ×, ＋)

차변	금액	대변	금액
FVOCI 금융자산	1,000	금융자산평가이익(OCI)	1,000
법인세비용(OCI)	200	이연법인세부채	200

〈20×2년 초〉 (일 ○, ＋ & 일 ×, －)

차변	금액	대변	금액
현금	11,000	FVOCI 금융자산	11,000
금융자산평가이익(OCI)	1,000	금융자산처분이익(PL)	1,000

〈20×2년 말〉

차변	금액	대변	금액	
이연법인세부채	200	당기법인세부채	200	⇒ 사실상 필요 ×
법인세비용(PL)	200	법인세비용(OCI)	200	

→ 1단계, 2단계를 통해 자연스럽게 해결

→ 추가 회계처리 ×

→ 단, 관련 OCI(200)를 법인세비용(PL)로 재분류조정

4. 이연법인세자산/부채의 의미

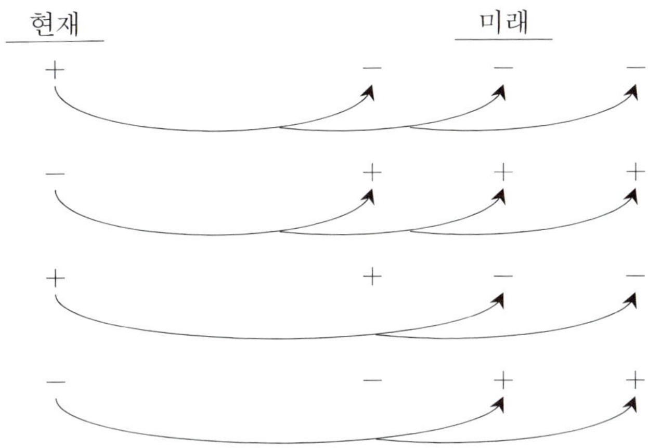

현재의 + 또는 −가 미래 어떤 시점에 소멸되는가를 확인하여 그에 맞게 이연법인세자산/부채를 인식

객관식 6

- 접대비 한도 초과(일 ×, +) 55,000
- 취득원가 240,000(내용연수 4년, 잔존가액 0)인 기계장치를 20×3년 초에 취득하여 연수합계법으로 감가상각하고 있으나 세법상 정액법을 사용해야 한다(일 ○, +/−).
- 법인세비용차감전순이익 : 20×3년 600,000, 20×4년 이후 650,000 실현될 것이 확실하다.
- 법인세율 : ×3년 25%, ×4년 28%, ×5년 이후부터는 30%가 적용될 것으로 확정되었다.
- 20×3년도 초 현재 장부상 이연법인세자산(부채)은 없다.

×3 법인세비용은?

풀이

① 납부액(×3)

세전이익	600,000
일 ×	55,000
일 ○	36,000
	691,000
	× 25%(tp)
	172,750

② 자산, 부채

	×3	×4 (28%)	×5 (30%)	×6 (30%)
Co	96,000	72,000	48,000	24,000
TAX	60,000	60,000	60,000	60,000
유보	36,000	12,000	(12,000)	(36,000)

→ tf(×3)

기초 : 0

기말 : (12,000)×30%+(24,000)×30%
=(10,800) 자산

③ 회계처리

차변		금액	대변	금액
비	용	161,950	당기법인세부채	172,750
자	산	10,800		

객관식 2

- 20×2년 법인세비용차감전순이익 : 200,000

세무조정 사항	금 액	손익(금)의 인식기준	
		재무보고목적	세무신고목적
FVPL 금융자산평가손실 (일 ○, +)	40,000	발 생 기 준	현 금 기 준
미 수 이 자 (일 ○, −)	20,000	발 생 기 준	현 금 기 준
벌 금 과 과 태 료 (일 ×, +)	5,000	발생 시 인식	손금 불인정

- FVPL 금융자산 : 20×3년에 처분
- 미수이자 : 50%가 20×3년도에 회수
- 20×3년에 새로 발생한 세무조정사항은 없다.
- 모든 연도의 법인세율은 20%이고 법인세는 회계기말 후 3개월 이내에 납부된다.

20×3년 말 현재 재무상태표에 보고할 이연법인세자산/부채의 잔액은 얼마인가?

풀이

② 자산, 부채

×2	×3	×4 → tf(×3)=20%
40,000	(40,000)	
(20,000)	10,000	10,000

∴ ×3말 현재 10,000×20%=2,000 부채

5. 예상되는 자산·부채의 회수·결제 방식에 따른 세효과 반영

이연법인세자산 또는 부채를 측정할 때 보고기간 말에 기업이 관련 자산과 부채의 장부금액을 회수하거나 결제할 것으로 예상되는 방식에 따른 세효과를 반영한다. 자산의 장부금액을 회수하는 방식에는 자산의 사용과 자산의 매각이 있다. 그런데 자산의 사용으로 발생하는 과세소득과 자산의 매각으로 발생하는 과세소득에 다른 세율을 적용하는 국가도 있다(우리나라 법인세법은 같은 세율 적용). 이러한 경우 장부금액이 회수될 것으로 예상되는 방식(즉, 사용 또는 매각)에 따라 다르게 적용한 세율을 고려하여 이연법인세자산 또는 부채를 측정한다.

6. 이연법인세의 변동

① 이연법인세자산/부채의 장부금액은 관련된 일시적차이의 금액에 변동이 없더라도 다음과 같은 원인으로 변동될 수 있으며, 변동된 이연법인세자산/부채는 당기손익으로 인식한다.

- 세율이나 세법이 변경되는 경우
- 이연법인세자산의 회수가능성을 재검토하는 경우
- 예상되는 자산의 회수 방식이 변경되는 경우

② 회사는 매 보고기간 말에 인식되지 않은 이연법인세자산에 대한 재검토를 해야 한다. 미래 과세소득에 의해 이연법인세자산이 회수될 가능성이 높아졌다면 그 범위까지 과거에 인식하지 않은 이연법인세자산을 인식한다. 미래 과세소득의 발생가능성이 높지 않다면 이미 인식한 이연법인세자산이 감액될 수도 있다. (회계추정치 변경)

7. 이연법인세 인식의 예외

i) 합병 시 발생하는 영업권

합병 시 발생하는 영업권에 대해서 이연법인세부채를 인식하면 차변과 대변을 일치시키기 위한 잔여금액인 영업권이 변동되는 순환문제가 발생한다. 따라서 영업권의 장부금액과 세무기준액이 다르더라도 영업권에 대해서는 이연법인세부채를 인식하지 않는다.

ii) 회계이익이나 과세소득에 영향을 미치지 않는 자산·부채의 최초 인식

자산이나 부채를 최초로 인식하는 거래(사업결합거래 제외)에서 거래 당시 회계이익이나 과세소득(세무상결손금)에 영향을 미치지 않고, 동일한 금액으로 가산할 일시적차이와 차감할 일시적차이를 생기게 하지 않는다면* 최초 인식시점 및 그 이후에 이연법인세부채나 이연법인세자산을 인식하지 않는다. 또한 최초 인식의 예외를 적용한 경우에는 후속기간에도 이연법인세부채나 이연법인세자산의 변동을 인식하지 않는다.

예를 들어 공정가치 1,000의 무형자산을 1,200에 취득한 경우(세법상 공정가치 초과 취득의 경우) −유보 200과 +사외유출 200의 세무조정이 발생하여 과세소득에 영향을 미치지 않는다. 이후 회사가 1,200에 대해 상각비를 계상함에 따라 −유보를 +유보로 추인하여 결국 회사는 1,000에 대해서만 상각비를 인식한 것과 동일한 결과가 된다.

이처럼 사업결합거래가 아니고 처음부터 그 존재가 부인되고 이후 세무조정을 통해 과세소득에 미치는 영향이 없다면 자산이나 부채를 최초 인식하는 시점에서 이연법인세부채(또는 자산)를 인식하지 않는다.

* 만일 동일한 금액으로 가산할 일시적차이와 차감할 일시적차이가 발생하면 이연법인세부채와 이연법인세자산을 동시에 인식해야 한다. 이러한 예는 복구충당부채를 인식하고 같은 금액을 자산 장부금액에 가산한 경우이다.

〈표〉 최초 인식 시 발생하는 일시적차이의 회계처리

구 분	일시적차이에 대한 회계처리
사업결합거래에서 최초 인식하는 경우	이연법인세자산·부채를 인식하고 영업권 또는 염가매수차익에 반영
사업결합거래가 아니고, 최초 인식거래가 회계이익이나 과세소득에 영향을 미치지 않으며, 동일한 금액으로 가산할 일시적차이와 차감할 일시적차이가 생기게 하지 않는 경우	이연법인세자산·부채를 인식하지 않음
최초 인식 거래가 회계이익이나 과세소득에 영향을 미치는 경우	이연법인세자산·부채를 인식하고 법인세비용에서 조정

iii) **종속기업 투자자산 등**

① 종속기업 투자자산 등에 대한 가산할 일시적차이와 관련하여 지배기업 등이 일시적차이의 소멸시점을 통제할 수 있고, 예측가능한 미래에 일시적차이가 소멸하지 않을 가능성이 높다는 두 가지 조건을 모두 충족할 경우 가산할 일시적차이에 대해서 이연법인세부채를 인식하지 않는다.

② 종속기업 투자자산 등에 대한 차감할 일시적차이에 대해서도 일시적차이가 예측가능한 미래에 소멸할 가능성이 높고 일시적차이가 사용될 수 있는 과세소득이 발생할 가능성이 높다는 두 가지 조건을 모두 만족하는 정도까지만 이연법인세자산을 인식하고, 그렇지 않은 경우에는 이연법인세자산을 인식하지 않는다.

③ 관계기업에 대한 투자자는 그 기업을 지배하지 않으며 일반적으로 배당정책을 결정할 수 없다. 따라서 관계기업으로부터 이익을 예측가능한 미래에 배당받지 않는다는 약정이 없다면 투자자는 관계기업에 대한 투자자산과 관련된 일시적차이에 대해 이연법인세자산/부채를 인식한다.

8. 재무제표 표시 및 공시

① ㉠과 ㉡을 모두 충족하는 경우에만 당기법인세자산과 부채를 재무상태표에 상계표시한다.

㉠ 기업이 인식된 금액에 대한 법적으로 집행가능한 상계권리를 가지고 있다.

㉡ 기업이 순액으로 결제하거나, 자산을 실현하는 동시에 부채를 결제할 의도가 있다.

② ㉠과 ㉡을 모두 충족하는 경우에만 이연법인세자산과 이연법인세부채를 재무상태표에 상계표시한다.

㉠ 기업이 당기법인세자산과 당기법인세부채를 상계할 수 있는 법적으로 집행가능한 상계권리를 가지고 있다.

㉡ 이연법인세자산과 이연법인세부채가 다음의 각 경우에 동일한 과세당국에 의해서 부과되는 법인세와 관련되어 있다.

- 과세대상기업이 동일한 경우
- 과세대상기업은 다르지만 당기법인세 부채와 자산을 순액으로 결제할 의도가 있거나, 중요한 금액의 이연법인세부채가 결제되거나 이연법인세자산이 회수될 미래의 각 회계기간마다 자산을 실현하는 동시에 부채를 결제할 의도가 있는 경우

③ 기업이 유동/비유동 구분법을 선택한 경우에는 이연법인세자산·부채를 비유동항목으로 분류하여야 한다.

④ 이연법인세자산·부채는 할인하지 않는다.(소멸시점을 실무적으로 추정하기 어려움)

⑤ 기업은 정상활동 손익과 관련된 법인세비용(수익)을 포괄손익계산서에 표시한다. 중단영업과 관련된 손익은 관련 법인세비용을 차감한 후의 순액으로 별도 표시한다.

⑥ 재평가잉여금 등의 기타포괄손익은 관련 이연법인세를 차감한 순액으로 표시하거나, 기타포괄손익을 총액으로 표시하고 그 하단에 관련 이연법인세를 차감하는 형식으로 표시할 수 있다(포괄손익계산서).

⑦ 자본에 직접 가감되는 항목 및 기타포괄손익과 관련된 법인세를 주석으로 공시하도록 규정하고 있다(3장 포괄손익계산서 참고).

⑧ 자기주식처분손익 등의 자본항목은 당기법인세가 차감된 후의 순액으로 보고된다(재무상태표).

⑨ 자산의 세무기준액은 자산의 장부금액이 회수될 때 기업에 유입될 과세대상 경제적효익에서 세무상 차감될 금액을 말한다.

EX 장부가 1,000(세무기준액 700)의 자산을 1,500에 매각

→ 회계상 이익=1,500−1,000

세법상 이익=1,500−700

⑩ 부채의 세무기준액은 장부금액에서 미래 회계기간에 당해 부채와 관련하여 세무상 공제될 금액을 차감한 금액이다. 수익을 미리 받은 경우, 이로 인한 부채의 세무기준액은 당해 장부금액에서 미래 회계기간에 과세되지 않을 수익을 차감한 금액이다.

EX 선수금(부채) 1,000(세무기준액 700) 관련 용역을 모두 제공

→ 회계상 이익=1,000

세법상 이익=1,000−300=700

9. 기타 고려 사항

① 불확실성이 있는 법인세부채를 당기법인세나 이연법인세로 표시해야 하는지, 아니면 충당부채와 같은 다른 부채 항목으로 표시할 수 있는지에 대해서 IFRS 해석위원회는 불확실성이 있는 법인세 자산(부채)를 당기법인세자산(부채) 및 이연법인세자산(부채)로 표시해야 한다고 결론을 내렸다.

객관식 3

- 20×1년도 각사업연도소득에 대한 법인세부담액은 70,000이며, 20×1년 중 당기 법인세 관련 원천징수·중간예납으로 30,000을 현금으로 지급하고 당기법인세자산 차변에 기입하였다. 나머지 40,000은 20×2년 3월 말에 관련 세법규정을 준수하여 납부한다.
- 세무조정에 따른 유보 처분액(일시적차이)의 증감내용을 나타내는 20×1년도 자본금과적립금조정명세서(을)는 다음과 같다.

구 분	기초잔액	당기 중 증감		기말잔액
		감소	증가	
매출채권 손실충당금	90,000	18,000	13,000	85,000
정기예금 미수이자	△50,000		△10,000	△60,000
건물 감가상각누계액	120,000		30,000	150,000
당기손익－공정가치측정금융자산			△5,000	△5,000
합 계	160,000	18,000	28,000	170,000

- 이연법인세자산의 실현가능성은 거의 확실하며, 20×0년 말과 20×1년 말 미사용 세무상결손금과 세액공제는 없다.
- 연도별 법인세율은 20%로 일정하다.

20×1년도 포괄손익계산서에 표시할 법인세비용은? (단, 제시된 사항 외의 세무조정 사항은 없으며, 자본금과적립금조정명세서(을)에 나타난 △는 (－)유보를 나타낸다.)

풀이

i) 납부액

⋮

70,000

ii) 자산, 부채

기초 → tf(기초)=20%

⋮

160,000 | (160,000) ∴ (32,000) 자산

기말 → tf(기말)=20%

⋮

170,000 | (170,000) ∴ (34,000) 자산

iii) 회계처리

차변	금액	대변	금액
비 용	68,000	선 급 법 인 세	30,000
자 산	2,000	미지급법인세	40,000

Chapter 16

IFRS Intermediate Accounting

주당이익

1. 주당이익의 의의

$$EPS = \frac{N/I - 우선주배당금}{가중평균\ 유통\ 보통주식\ 수}$$

참고

$$\left(\bullet\ PER = \frac{P}{EPS} \qquad \bullet\ 배당성향 = \frac{주당배당}{EPS} \right)$$

기본주당이익	실제 유통 중인 보통주식수에 기초하여 계산한 주당이익
희석주당이익	특정 회계기간에 잠재적보통주*가 모두 보통주로 전환(행사)되었다고 가정하고 다시 계산한 주당이익

* 잠재적보통주 : 아직 유통보통주에 포함되지는 않았지만 언제든지 보통주로 전환(행사)될 경우 유통보통주를 증가시켜 기본주당이익을 감소시킬 수 있는 금융상품(예 : 전환우선주, 전환사채, 신주인수권 등)

2. 기본주당이익

i) 보통주 귀속 당기순이익(분자계산)

구 분	당기순손익에 대한 조정 방법
비누적적 우선주	당해 회계기간과 관련하여 배당결의 된 세후 배당금을 차감한다.
누적적 우선주*	배당결의 여부와 관계없이 당해 회계기간과 관련한 세후 배당금을 차감한다. 따라서 전기 이전 기간과 관련하여 당기에 지급 또는 결의된 배당금은 제외한다.
할증배당우선주**	할인발행차금 상각액은 우선주배당금에 가산하고, 할증발행차금 상각액은 우선주배당금에서 차감한다.
우선주 재매입시	우선주주에게 지급한 대가의 공정가치가 우선주의 장부금액을 초과할 때 초과액은 당기순손익에서 차감하고, 우선주 매입을 위하여 지급한 대가의 공정가치가 우선주 장부금액에 미달하는 경우 그 차액은 당기순손익에 가산한다.
전환우선주의 유도전환	조기전환을 유도하기 위하여 처음의 전환조건에 따라 발행될 보통주의 공정가치를 초과하여 지급하는 보통주나 그 밖의 대가의 공정가치는 당기순손익에서 차감한다.
부채로 분류되는 상환우선주	부채로 분류되는 누적적 상환우선주에 대한 배당금 : 금융비용으로 처리하므로 이미 당기순손익에서 차감된 상태 → 별도 조정 × 부채로 분류되는 비누적적 상환우선주에 대한 배당금 : 배당결의가 된 경우에만 당기순손익에서 차감

* 누적적 우선주의 경우에는 배당결의가 없더라도 당해연도분 우선주 배당금을 차감하는 반면, 비누적적 우선주의 경우에는 배당결의가 있어야만 우선주 배당금을 차감한다는 점에 유의한다(문제 풀이 시 배당을 결의하지 않았다는 명백한 언급이 없는 한 배당 결의가 있다고 간주하고 풀면 된다).

** 할증배당우선주를 할인발행한 경우 배당이 일반적인 경우보다 적으므로 이를 보정하기 위해 할인발행차금 상각액을 배당에 가산한다. 이와 반대로 할증발행한 경우 배당은 일반적인 경우보다 많으므로 이를 보정하기 위해 할증발행차금 상각액을 배당에서 차감한다.

예제 1 보통주 귀속 당기순이익의 계산

다음 상황별 보통주귀속 당기순이익을 제시하시오(당기순이익 2,000,000).

〈상황 2-1〉 할증배당우선주 할인발행차금 당기분 상각액 : 100,000, 배당금 : 500,000

우선주를 시가보다 낮게 발행 ~~~~〉 배당도 낮게 지급

	차변		대변		
발행)	현 금	××	우 · 자 본 금	××	
	할 인	××			→ 정상적인 배당 ∴ 600,000
배당지급)	이 잉	500,000	현 금	500,000	
	&				
	이 잉	100,000	할 인	100,000	

∴ 2,000,000 − 600,000 = 1,400,000

〈상황 2-2〉 할증배당우선주 할증발행차금 당기분 상각액 : 100,000, 배당금 : 500,000

우선주를 시가보다 높게 발행 ~~~~〉 배당도 높게 지급

	차변		대변		
발행)	현 금	××	우 · 자 본 금	××	
			주 발 초	××	
배당지급)	이 잉	500,000	현 금	500,000	정상적인 배당 ∴ 400,000
	&				
	주 발 초	100,000	이 잉	100,000	

∴ 2,000,000 − 400,000 = 1,600,000

〈상황 3〉 장부금액 500,000인 우선주를 공개시장에서 900,000에 재매입함

	차변		대변	
발행)	현 금	500,000	우 · 자 본 금	300,000
			우 · 주 발 초	200,000
상환)	이 잉	900,000	현 금	900,000

초과액 400,000 → 배당으로 간주

∴ 2,000,000 − 400,000 = 1,600,000

〈상황 4〉 전환우선주 1,000주에 대한 조기전환 유도

기존 전환비율 1 : 1, 조기전환 유도 전환비율 1 : 1.2

보통주 주당 공정가치 3,000

유도 전환 시 우선주주에게 더 지급한 금액

원래 조건 : 1,000주×1=1,000주

변경 조건 : 1,000주×1.2=1,200주

∴ 200주×3,000=600,000

↳ 우선주배당금으로 간주

∴ 2,000,000−600,000=1,400,000

〈상황 5〉 부채로 분류되는 누적적 상환우선주의 배당금 300,000 관련 이자비용 420,000

이 경우 배당금 지급도 이자비용으로 회계처리하므로 배당금을 포함한 420,000의 이자비용은 이미 당기순이익에서 차감된 상태임

∴ 별도 조정 ×

참고				
	이 자 비 용	420,000	현 금	300,000
			상환우선주(부채)	120,000

∴ 2,000,000−0=2,000,000

ii) 가중평균유통보통주식수(분모 계산)

1/1	5/1	7/1	12/31
1,000	300	(100)	

방법 1 : $1{,}000\times\frac{4}{12}+1{,}300\times\frac{2}{12}+1{,}200\times\frac{6}{12}$

방법 2 : $\boxed{1{,}000+300\times\frac{8}{12}-100\times\frac{6}{12}}$

$=1{,}000+300\times\frac{2}{12}+300\times\frac{6}{12}-100\times\frac{6}{12}$

$=1{,}000+300\times\frac{2}{12}+200\times\frac{6}{12}$

$=1{,}000\times\frac{4}{12}+1{,}000\times\frac{2}{12}+1{,}000\times\frac{6}{12}+300\times\frac{2}{12}+200\times\frac{6}{12}$

$=1{,}000\times\frac{4}{12}+1{,}300\times\frac{2}{12}+1{,}200\times\frac{6}{12}$

① 기준서에서는 일수에 기초하여 가중평균을 하되, 합리적 근사치도 사용할 수 있도록 규정하고 있다.

② 보통은 계산의 편의를 위해 월수에 기초하여 가중평균하는 방법을 사용한다.

③ 보통주 유통일수 계산의 기산일

상 황	기산일
현금납입의 경우(일반적인 유상증자)	현금을 받을 권리가 발생하는 날
채무상품의 전환으로 인하여 보통주를 발행하는 경우	최종이자발생일의 다음날
사업결합 이전대가의 일부로 발행된 보통주의 경우	사업 취득일
보통주로 반드시 전환해야 하는 전환 금융상품	당해 금융상품의 계약체결시점
조건부발행보통주	모든 필요조건이 충족된 날

④ 단순히 일정기간이 경과한 후 보통주를 발행하기로 하는 계약 등의 경우에는 기간 경과에 대한 불확실성이 없으므로 조건부발행보통주로 보지 않는다.(실질에 따라 실제 발행일 또는 계약체결일부터 가중평균에 포함)

⑤ 보통주로 반드시 전환해야 하는 전환금융상품은 계약체결 시점부터 기본주당이익을 계산하기 위한 보통주식수에 포함한다.

⑥ 조건부로 재매입할 수 있는 보통주를 발행한 경우 이에 대한 재매입 가능성이 없어질 때까지는 보통주로 간주하지 않고, 기본주당이익 계산을 위한 보통주식수에 포함하지 않는다.

⑦ 상응하는 자원의 변동 없이 주식수만 변동되는 경우

- 자본금전입이나 무상증자, 주식배당
- 공정가치보다 낮은 금액으로 증자 시 포함되어 있는 무상증자 요소
- 주식분할
- 주식병합

변동된 날부터 가중평균하지 않고, 당해 기간 및 비교표시되는 모든 기간에 이를 반영하여 조정한다.(소급수정)

참고

특별배당과 결합된 주식병합 등과 같이 전반적으로 주식을 공정가치로 매입한 효과가 있는 경우에는 실질적으로 자원의 유출을 수반하기 때문에 특별배당이 인식된 날부터 보통주식수 감소를 가중평균에 반영한다.

⑧ 공정가치 미만 유상증자의 경우

- 무상증자 간주 주식수를 구분하고, 기초 유통보통주식수와 공정가치 유상증자 주식수에 비례하여 안분한 후 가중평균한다.

> 공정가치 유상증자 주식수 = 유상증자로 유입된 현금 ÷ 증자직전 주당 공정가치
> 무상증자 간주 주식수 = 총유상증자 주식수 − 공정가치 유상증자 주식수

예제 2 가중평균유통보통주식수의 계산

갑회사의 결산일은 12월 31일이며, 기초 유통보통주식수는 10,000주이다. 다음의 각 상황은 상호 독립적이다.

각 상황별 가중평균 유통보통주식수는?

〈상황 1〉

4월 1일 자기주식 1,000주 취득
7월 1일 취득한 자기주식 중 800주 처분
10월 1일 취득한 자기주식 중 200주 소각

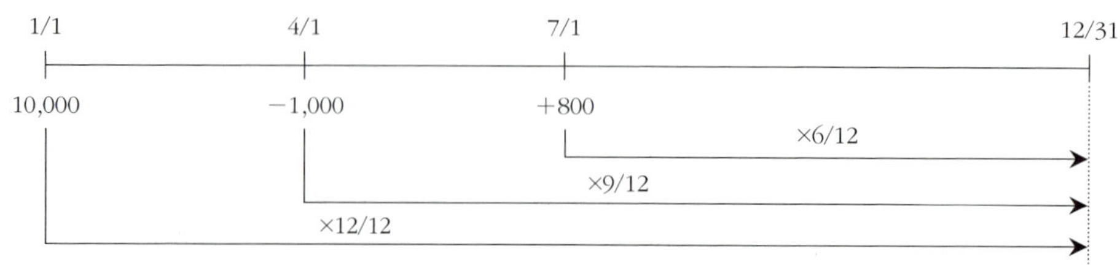

유통보통주식수=10,000주×12/12−1,000×9/12+800×6/12=9,650주

〈상황 2〉

4월 1일 무상증자 10%(1,000주)
10월 1일 유상증자 10%(1,100주, 공정가치 발행)

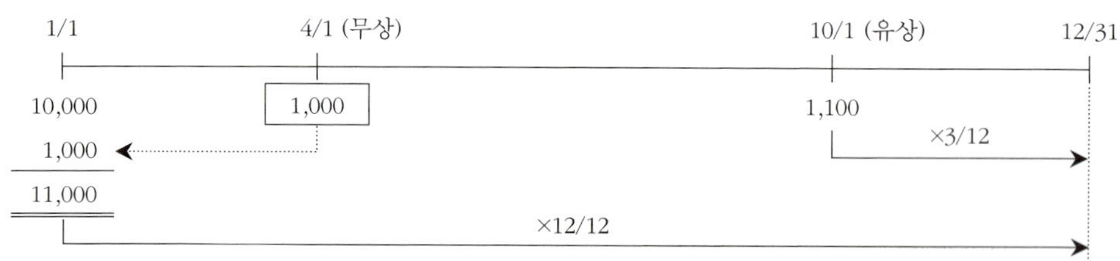

유통보통주식수=11,000주×12/12+1,100×3/12=11,275주

〈상황 3〉

4월 1일　유상증자 10%(1,000주, 공정가치 발행)

10월 1일　무상증자 10%(1,100주)

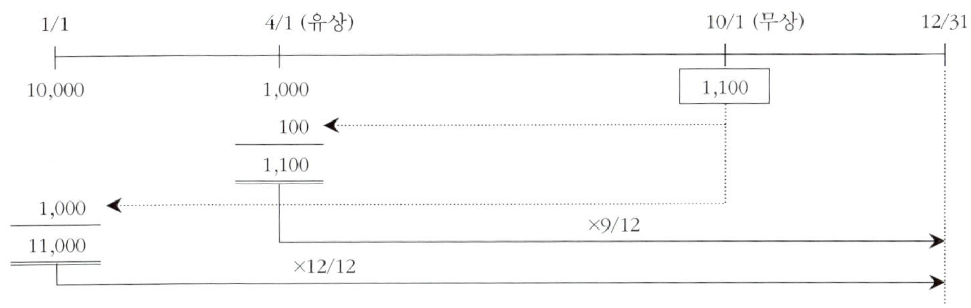

유통보통주식수＝11,000주×12/12＋1,100×9/12＝11,825주

〈상황 4〉

4월 1일　유상증자 10%(1,000주, 공정가치 발행)

10월 1일　1주를 2주로 분할

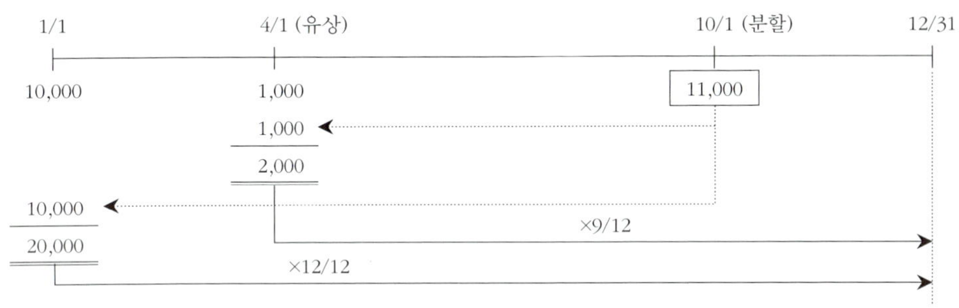

유통보통주식수＝20,000주×12/12＋2,000×9/12＝21,500주

예제 4 공정가치 미만 유상증자

4월 1일 보통주 2,500주 유상증자 실시, 유상증자 시 주당 발행가액은 1,600이고, 유상증자 직전 주당 공정가치는 2,000

무상증자 간주 보통주식수는?

풀이

회사 :　2,500주 ×1,600＝　4,000,000

유상 :　2,000주③ ×2,000②＝　4,000,000①

무상 :　500주④ ×0

iii) 잠재적보통주의 전환 시 기본주당이익

① 전환우선주나 전환사채 등 잠재적보통주가 회계기간 중에 보통주로 전환된 경우에는 전환일부터 변동된 주식수를 가중평균 계산에 포함시킨다.

	배당간주일(언제 보통주 배당을 지급하는가?)		
	기초	기말	가중평균 유통 보통주식수
전환사채	보통주 배당금 지급	이자 지급	전환일부터 포함
전환우선주	보통주 배당금 지급	우선주 배당금 지급	전환일부터 포함

예제 5 기본주당이익 계산 종합

〈기초 자본 관련 자료〉

보통주자본금 (액면금액 1,000, 발행주식수 8,000주)	8,000,000
우선주자본금 (액면금액 1,000, 발행주식수 3,000주, 연배당율 5%)	3,000,000
자기주식 (보통주, 1,000주)	(1,500,000)

* 우선주 : 전환우선주(전환비율 1 : 1.2)

〈당기 중 자본 관련 발생 거래〉

4월 1일 : 보통주 4,000주 유상증자, 증자직전 주당 공정가치 4,000, 주당 발행가액 3,000
7월 1일 : 자기주식 600주 처분
11월 1일 : 전환우선주 1,000주가 보통주로 전환(기중 전환된 우선주에 대해서는 보통주 배당금 지급)
12월 31일 : 당기순이익 300,000

당기 기본주당이익은?

풀이

$$EPS=\frac{300{,}000-\text{ㄴ)우선주배당금 }100{,}000}{\text{ㄱ) } n \rightarrow 10{,}675}$$
$=18.7$

ㄱ)

1/1	4/1	7/1	11/1	12/31
8,000				
(1,000)	~~4,000~~*	600	1,200	
700	3,000(유상)			
	~~1,000(무상)~~ → 0			
	300			

$$n=8{,}000-1{,}000+700+(3{,}000+300)\times\frac{9}{12}+600\times\frac{6}{12}+1{,}200\times\frac{2}{12}=10{,}675$$

참고 공정가 미만 유상증가

회사 : 4,000주×3,000=12,000,000

유상 : 3,000주×4,000=12,000,000

무상 : 1,000주×0

ㄴ) 우선주배당금

(3,000주−1,000주)×1,000×5%=100,000(배당간주일 : 기초)

if 배당간주일 : 기말 → 마지막으로 모든 우선주에 대해 배당금 지급

∴ (3,000주−0주)×1,000×5%=150,000

3. 희석주당이익

i) 의의

① 잠재적보통주가 모두 보통주로 바뀌었다고 가정하고 다시 계산한 가상의 주당이익

$$\text{희석 EPS}=\frac{\text{N/I}-\text{우선주배당금}+\text{조정액}}{n \qquad +\text{조정주식수}}$$

② 기업의 기본주당이익이 과대표시될 수 있음을 보여주는 경고메시지

→ 정보이용자가 기업의 수익력을 보다 정확하게 비교평가할 수 있다.

③ 반희석효과 : 희석주당이익이 기본주당이익보다 더 커지는 효과

→ 희석주당이익은 기본주당이익보다 적어야 하므로 반희석효과가 있는 잠재적보통주는 제외해야 한다.

[잠재적보통주]

전환우선주, 전환사채 —"전환"→ 전환가정법 → +조정액 / +조정주식수

신주인수권부사채, 신주인수권(Call), 주식선택권, ⋮ —"행사"→ 자기주식법 → +조정액 / +조정주식수 (현금 고려)

ii) 보통주 귀속 당기순이익 조정(분자 조정)

① 기초부터 보통주로 전환되었다면 배당금, 사채 이자비용 등을 인식하지 않았을 것이므로 분자에서 그 영향을 제거하는 조정을 한다.

- 전환우선주 : 배당금 가산
- 전환사채 : 세후 이자비용 가산

- 신주인수권부사채 : 상환할증금 관련 현할차 상각액의 세후 금액 가산
- 종업원 주식선택권 : 세후 보상비용 가산
- 신주인수권 : 당기순이익 조정 × (∵ 관련 손익이 원래 없음)

iii) **조정주식수 계산(분모 조정)**

① 전환가정법

- 기초에 보통주로 전환된 것으로 보고 증가되었을 주식수를 가산한다. 단, 당기에 발행한 경우에는 그 발행일에 전환된 것으로 보고 조정주식수를 계산한다.

② 자기주식법

$$\text{조정주식수}^{*} = \text{권리행사 시 증가주식수} - \text{권리행사 시 증가주식수} \times \frac{\text{행사가격}}{\text{평균시가}}$$

* 양수(+) → 희석주당이익 계산 시 고려
음수(−) → 희석주당이익 계산 시 제외(∵ 반희석 효과)

- 행사되지 않은 것을 행사되었다고 가정하고, 행사되면 현금의 유입이 있어야 하지만 현금의 유입이 없는 이유는 유입 현금만큼 자기주식을 취득하였다고 가정하는 방법을 자기주식법이라고 한다.

예제 6 전환우선주가 있는 경우 희석주당이익

- 기초유통보통주식수 : 10,000주(액면금액 1,000)
- 기초유통우선주식수 : 2,000주(전환우선주, 액면금액 1,000, 전환비율 1:1)
- 회계연도 말까지 미전환된 부분에 대해서 액면금액의 5%를 배당하는데, 전년도에는 배당가능이익이 부족하여 배당금을 지급하지 못하였으나, 당기에는 전년도 배당금까지 포함하여 지급할 예정이다.
- 당기순이익 : 1,000,000

당기 중 전환우선주의 전환이 없을 경우, 기본주당이익과 희석주당이익은?

풀이

$$\text{기본 EPS} = \frac{1{,}000{,}000 - \underbrace{2{,}000\text{주} \times 1{,}000 \times 5\%}_{=100{,}000}}{10{,}000} = 90$$

↓

$$\text{희석 EPS} = \frac{1{,}000{,}000 - 100{,}000 + 100{,}000}{10{,}000 + 2{,}000} = 83$$

if 희석 EPS=95
→ 희석 EPS는 기본 EPS와 동일

예제 7 전환사채가 있는 경우 희석주당이익

- 기초유통보통주식수 : 10,000주
- 전기에 발행한 전환사채 액면금액 5,000,000(전환가격 : 5,000)
- 당기순이익 : 4,000,000
- 포괄손익계산서상 전환사채 이자비용 : 250,000
- 세율 : 20%

당기 중 전환사채의 전환이 없을 경우, 기본주당이익과 희석주당이익은?

풀이

$$\text{기본 EPS} = \frac{4,000,000 - 0}{10,000} = 400$$

↓

$$\text{희석 EPS} = \frac{4,000,000 - 0 + 250,000 \times 0.8}{10,000 + 1,000^{*}} = 382$$

* 5,000,000÷5,000=1,000주
(전환가격)

예제 8 신주인수권이 있는 경우 희석주당이익

- 기초유통보통주식수 : 10,000주
- 기초미행사 신주인수권 : 1,000매(신주인수권 1매당 보통주 1주 인수)
- 신주인수권 행사가격 : 주당 8,000
- 기중 보통주 평균시가 : 주당 10,000
- 당기순이익 : 10,000,000

당기 중 신주인수권 행사가 없을 경우, 기본주당이익과 희석주당이익은?

풀이

$$\text{기본 EPS} = \frac{10,000,000 - 0}{10,000} = 1,000$$

↓

$$\text{희석 EPS} = \frac{10,000,000 - 0 + 0}{10,000 \quad + 200^{*}} = 980$$

(0: 행사와 무관하게 원래부터 관련손익=0)

* 자기주식법

행사가정 → 현금유입 :	1,000주	×8,000=	① 8,000,000
	④ (800)	③ ×10,000=	② (8,000,000)
	+200주		0

예제 9 신주인수권부사채가 있는 경우 희석주당이익

- 기초유통보통주식수 : 4,000주
- 전기발행 신주인수권부사채(상환할증금 미지급조건) : 액면금액 600,000, 행사가격 400
- 당기 신주인수권부사채 이자비용 : 45,000
- 당기 보통주 평균시가 : 주당 600
- 당기순이익 : 1,000,000

당기 중 신주인수권부사채의 신주인수권 행사가 없을 경우, 기본주당이익과 희석주당이익은?

풀이

$$\text{기본 EPS} = \frac{1,000,000-0}{4,000} = 250$$

↓

$$\text{희석 EPS} = \frac{1,000,000-0+\textcircled{0}}{4,000 \quad +500^{*}} = 222$$

(할증금 ×)

* 자기주식법

```
행사가정 → 현금유입 : 1,500주* ×400=     600,000 ①
                       ④          ③
                    (1,000)   ×600=    (600,000) ②
                    ─────────          ─────────
                     +500주                 0
```

* 600,000÷400(행사가)=1,500주

iv) 잠재적보통주 일부가 기중에 전환(행사)되고 나머지는 미전환(미행사)되었을 때 조정주식수 계산

① 기중 전환으로 발행된 보통주×(기초*부터 전환 직전일까지의 가중치)

② 미전환된 권리에 대하여 발행하였을 보통주×(기초*시점부터 당기말까지의 가중치)

③ 조정주식수 = ①에서 계산한 주식수 + ②에서 계산한 주식수

* 단, 당기에 발행한 잠재적보통주라면 기초가 아니라 발행일부터 가중치 계산

예제 10 전환우선주의 기중 전환 시 희석주당이익

- 기초유통보통주식수 : 10,000주 (액면금액 1,000)
- 기초유통우선주식수 : 2,000주 (전환우선주, 액면금액 1,000, 전환비율 1 : 1)
- 회계연도 말까지 미전환된 부분에 대해서 액면금액의 5%를 배당하는데, 전년도에는 배당가능이익이 부족하여 배당금을 지급하지 못하였으나, 당기에는 전년도 배당금까지 포함하여 지급할 예정이다.
- 당기순이익 1,000,000

당기 4월 1일 전환우선주가 2,000주 모두 전환한 경우와 500주만 전환한 경우 각각의 기본주당이익과 희석주당이익은?

풀이

① 4/1, 2,000주 모두 전환

$$\text{기본 EPS}=\frac{1{,}000{,}000-0}{11{,}500}=87$$

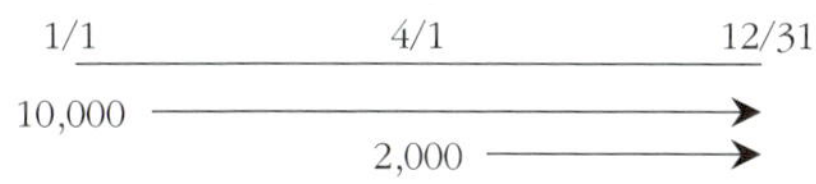

$$n=10{,}000+2{,}000\times\frac{9}{12}=11{,}500$$

$$\text{희석 EPS}=\frac{1{,}000{,}000-0\boxed{+0}}{11{,}500\boxed{+500}}=83$$

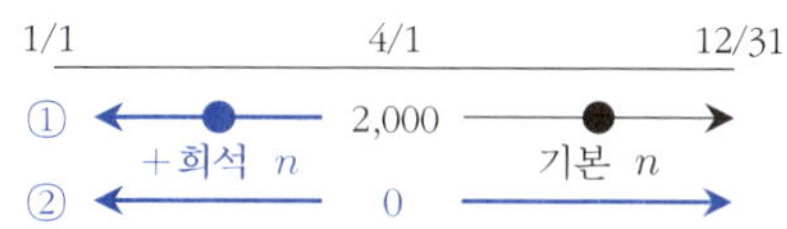

$$①\ 2{,}000\times\frac{3}{12}+②\ 0\times\frac{12}{12}=500$$

② 4/1, 500주 전환

$$\text{기본 EPS}=\frac{1{,}000{,}000-1{,}500\text{주}\times1{,}000\times5\%}{10{,}375}=89$$

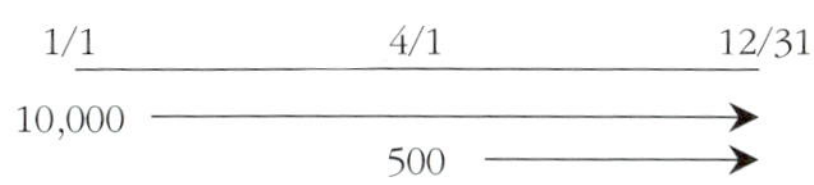

$$n=10{,}000+500\times\frac{9}{12}=10{,}375$$

$$\text{희석 EPS}=\frac{1{,}000{,}000-75{,}000\boxed{+75{,}000}}{10{,}375\boxed{+1{,}625}}=83$$

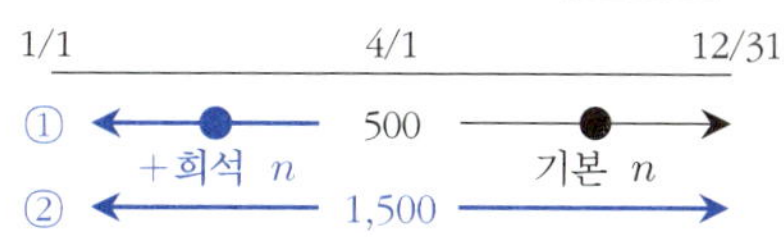

$$①\ 500\times\frac{3}{12}+②\ 1{,}500\times\frac{12}{12}=1{,}625$$

예제 11 전환사채의 기중 전환 시 희석주당이익

- 기초유통보통주식수 10,000주
- 전기 발행 전환사채 액면금액 5,000,000(전환가격 : 5,000)
- 4월 1일 전환사채 액면금액 60%가 전환되었다.
- 포괄손익계산서상 전환사채 이자비용 : 140,000
- 당기순이익 : 4,100,000
- 세율 : 20%

당기 기본주당이익과 희석주당이익은?

풀이

기본 EPS $=\dfrac{4,100,000-0}{10,450}=392$

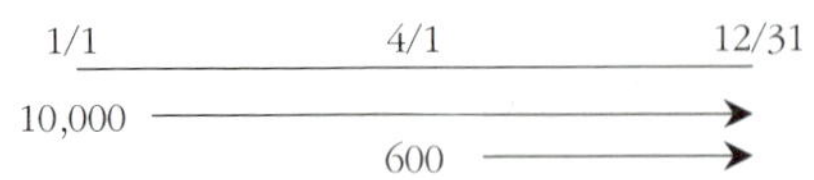

$n=10,000+600\times\dfrac{9}{12}=10,450$

희석 EPS $=\dfrac{4,100,000-0+140,000\times 0.8}{10,450+550}=383$

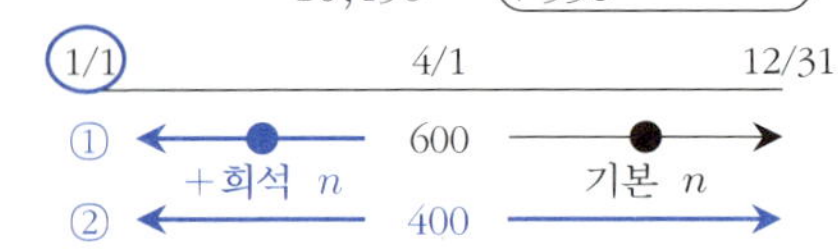

① $600\times\dfrac{3}{12}$ + ② $400\times\dfrac{12}{12}=550$

예제 12 신주인수권의 기중 행사 시 희석주당이익

- 기초유통보통주식수 : 10,000주
- 기초미행사 신주인수권 : 1,000매(신주인수권 1매당 보통주 1주 인수)
- 신주인수권 행사가격 : 주당 8,000
- 기중 보통주 평균시가 : 주당 10,000
- 당기순이익 : 10,000,000
- 4월 1일 신주인수권 600매 행사

당기 기본주당이익과 희석주당이익은?

풀이

$$\text{기본 EPS}=\frac{10,000,000-0}{10,450}=957$$

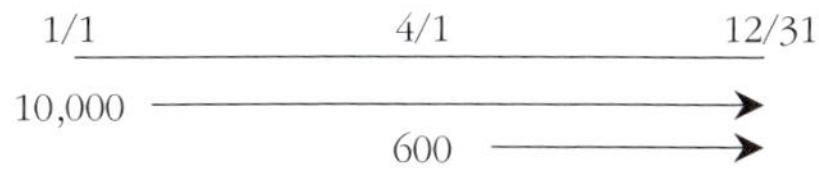

$$n=10,000+600\times\frac{9}{12}=10,450$$

(별해)

$$600\times\frac{3}{12}+400=550$$

550주	×8,000=	4,400,000
(440)	×10,000=	(4,400,000)
110주		0

$$\text{희석 EPS}=\frac{10,000,000-0\boxed{+0}}{10,450\boxed{+110}}=947$$

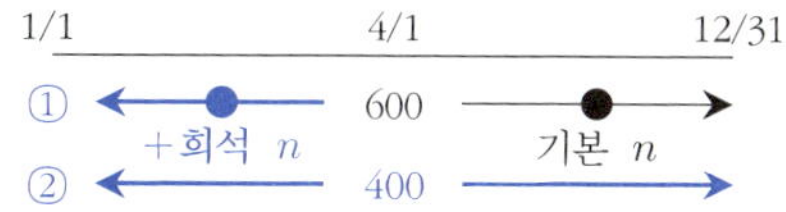

① 600주	×8,000=	4,800,000
(480)	×10,000=	(4,800,000)
+120주		$\therefore\ 120\times\frac{3}{12}=30$

② 400주	×8,000=	3,200,000
(320)	×10,000=	(3,200,000)
80주		$\therefore\ 80\times\frac{12}{12}=80$

예제 13 신주인수권부사채의 기중 행사 시 희석주당이익

- 기초 유통보통주식수 : 4,000주
- 전기발행 신주인수권부사채(상환할증금 미지급조건) : 액면금액 600,000, 행사가격 400
- 당기 신주인수권부사채 이자비용 : 45,000
- 당기 보통주 평균시가 : 주당 600
- 당기순이익 : 1,000,000
- 10월 1일 신주인수권 67%(2/3) 행사

당기 기본주당순이익과 희석주당이익은?

풀이

$$\text{기본 EPS}=\frac{1,000,000-0}{4,250}=235$$

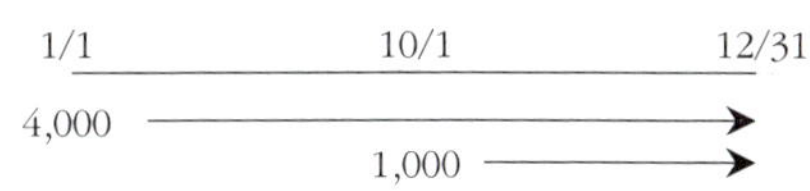

$$n=4,000+1,000\times\frac{3}{12}=4,250$$

(별해)

$$1,000\times\frac{9}{12}+500=1,250$$

1,250주	×400=	500,000
(833)	×600=	(500,000)
417주		0

$$\text{희석 EPS}=\frac{1,000,000-0\boxed{+0}}{4,250\boxed{+417}}=214$$

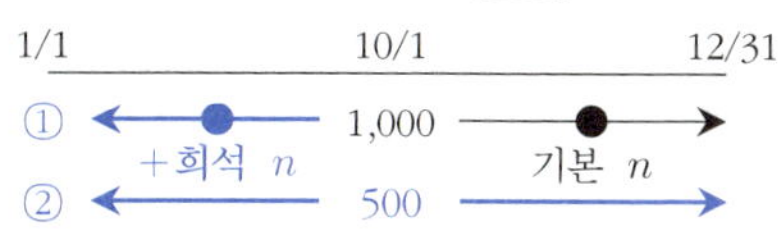

① 1,000주	×400=	400,000
(667)	×600=	(400,000)
+333주		$\therefore\ 333\times\frac{9}{12}=250$

② 500주	×400=	200,000
(333)	×600=	(200,000)
+167주		$\therefore\ 167\times\frac{12}{12}=167$

v) 여러 종류의 잠재적 보통주를 발행한 경우 희석주당이익의 계산

통합하여 희석주당이익을 계산하는 것이 아니라 잠재적보통주별로 희석효과의 크기를 계산하고, 희석효과가 큰 순서대로 하나씩 잠재적보통주를 추가하면서 가장 낮게 산출되는 주당이익을 희석주당이익으로 결정한다.

예제 14 잠재적보통주가 여러 개일 경우 희석주당이익

〈기초자본〉

- 기초유통보통주식수 : 100,000주
- 기초유통우선주식수 : 20,000주(액면금액 1,000)
  전환우선주(우선주 2주당 보통주 1주로 전환, 배당률 7%)

* 전환우선주는 비누적적이고 당기 배당은 지급하기로 결의하였다.

〈당기 발행한 잠재적 보통주〉

- 전 환 사 채 : 당기 4월 1일 액면발행
  액면금액 10,000,000(액면금액 10,000당 보통주 1주로 전환)
  당기 전환사채 이자비용 900,000
- 신주인수권 : 당기 7월 1일 1,000매 발행(신주인수권 1매당 보통주 1주 인수)
  행사가격 매당 8,000

* 전환사채와 신주인수권은 당기에 모두 전환, 행사되지 않았음

당기 보통주식 평균시가 10,000, 기말종가 12,000

당기순이익 60,000,000, 법인세율 20%

당기 기본주당이익과 희석주당이익은?

풀이

$$\text{EPS}=\frac{60{,}000{,}000-\underbrace{20{,}000주\times1{,}000\times7\%}_{=1{,}400{,}000}\ +\ 0\ +\ 1{,}400{,}000\ +\ 720{,}000}{100{,}000\ +\ 100\ +\ 10{,}000\ +\ 750}$$

=586(기본) =585 =545(희석) =548(반희석)

	① 전환우선주(2순위)	② 전환사채(3순위)	③ 신주인수권(1순위)
분자	1,400,000	900,000×0.8	0
분모	10,000	$1{,}000주\times\frac{9}{12}$	$200주\times\frac{6}{12}$

* 10,000,000÷10,000=1,000주

* 1,000주 ×8,000= 8,000,000
(800주) ×10,000= (8,000,000)
200주 0

4. 희석주당이익 계산 시 추가 고려사항

i) 반희석효과의 판단

① 잠재적보통주가 희석효과를 가지는지 여부는 계속영업손익에 대한 희석효과의 유무로 판단한다. 따라서 계속영업이익이 발생하였으나, 중단영업손실이 있어 당기순이익이 계속영업이익보다 적을 경우에는 계속영업이익을 기준으로 잠재적 보통주의 희석효과 유무를 판단해야 한다.

$$\text{EPS}(\text{계속영업이익}) = \frac{\text{계속영업이익}-\text{우선주 배당금} \quad +E \quad +A \quad +C}{n \quad +F \quad +B \quad +D}$$

=××(기본) =×× =××(희석) =××

$$\text{EPS}(\text{N/I}) = \frac{\text{N/I}-\text{우선주 배당금} \quad +E \quad +A \quad +C}{n \quad +F \quad +B \quad +D}$$

=××(기본) =×× =×× =××(희석)

	전환우선주(2순위)	전환사채(3순위)	신주인수권(1순위)
분자	A	C	E
분모	B	D	F

② EPS(계속영업이익)의 경우 2순위까지만 희석, EPS(N/I)의 경우 3순위까지 모두 희석 → EPS(계속영업이익)을 기준으로 삼아야 하므로 EPS(N/I) 또한 2순위까지만 고려한 값을 희석으로 간주하여야 함

ii) 주식기준보상

① 주식기준보상이 적용되는 주식선택권의 경우 잔여가득기간 동안 추가적으로 제공받는 용역 등에 대한 보상원가(보상비용)가 발생하며, 이러한 보상원가(미래에 유입될 재화나 용역의 공정가치, 기준서 1033호 문단 47A)는 행사가격에 포함되는 추가적인 대가로 볼 수 있다. 따라서 보상원가를 행사가격에 가산하여 조정행사가격을 산정한 후 조정주식수를 계산한다. 행사가격을 상향 조정하면 조정주식수는 조정하기 전에 비해 감소한다.

② 조건은 확정되었거나 결정할 수 있지만 아직 가득되지 않은 종업원 주식선택권은 미래 가득여부에 대한 불확실성에도 불구하고 희석주당이익을 계산할 때 옵션으로 보며, 부여일부터 유통되는 것으로 취급한다.

③ 성과조건이 부과된 종업원 주식선택권은 시간의 경과 외에 특정 조건이 충족되는 경우에 발생되기 때문에 조건부발행보통주로 취급한다.

예제 15 주식기준보상이 있는 경우 희석주당이익

다음은 갑회사의 주식선택권과 관련된 자료이다.

- 가득되지 않은 주식선택권의 수량 : 100개
- 주식선택권의 대가로 제공하는 종업원 용역에 대하여 잔여가득기간에 인식할 보상원가 : 4,000
- 가득되지 않은 주식선택권 행사가격 : 2,000
- 갑회사 주식의 당기 평균시가 : 3,000
- 갑회사 당기 가중평균유통보통주식수는 1,000주이고 주식선택권 이외의 잠재적 보통주는 없으며, 당기중 주식선택권의 행사는 없다.
- 당기순이익 : 30,000, 주식보상비용(당기 비용) : 800, 세율 : 20%

당기 기본주당이익과 희석주당이익은?

풀이

기본 EPS$=\dfrac{30,000-0}{1,000}=30$

희석 EPS$=\dfrac{30,000-0\boxed{+800\times0.8}}{1,000\boxed{+32}}=29.7$

조정행사가$=2,000+4,000\div100$개$=2,040$

* 100주 ×2,040(조정행사가)=	204,000
(68주) ×3,000=	(204,000)
32주	0

iii) 조건부발행보통주가 있는 경우 희석 EPS

① 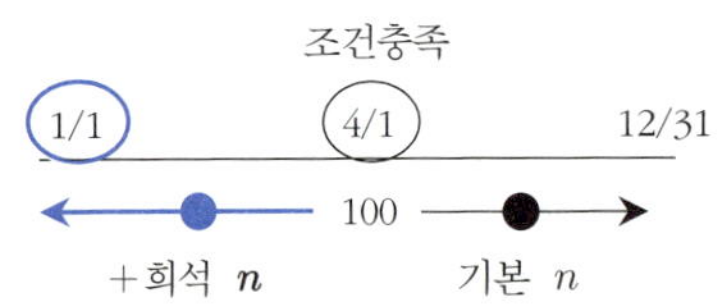

② ×2말 N/I 1,000초과 → 100주 발행

×1말 N/I=1,500

×1말 현재 조건충족 × : 기본 n 불포함

그러나 희석 EPS : 포함

③ ×1말과 ×2말 N/I 평균이 1,000 초과

→ 초과액 10원당 2주 발행

×1말 N/I=1,500

×1말 현재 조건충족 ×: 기본 n 불포함

그러나 희석 EPS: 포함(500(초과액)÷10×2=100주)

④ ×2말 주가가 1,000 초과

→ 초과액 50원당 3주 발행

×1말 주가 1,500

×1말 현재 조건충족 ×: 기본 n 불포함

그러나 희석 EPS: 포함(500(초과액)÷50×3=30주)

⑤

조건1	&	조건2	기본EPS	희석EPS
○		○	고려 ○	추가고려 ×
○		×	고려 ×	추가고려○
×		○	고려 ×	추가고려○
×		×	고려 ×	고려 ×

〈표〉 희석주당이익 계산 시 조건부발행보통주의 주식수 조정

상 황	희석주당이익 계산 시 주식수 조정방법
이미 조건을 충족한 경우	기본주당이익 계산 시 조건 충족일부터 기말까지 가중평균주식수에 포함되어 있으므로 기초부터 조건 충족일 전일까지의 가중치를 곱한 조정주식수를 가산
조건이 충족되지 않은 상태인 경우	그 회계기간 말이 조건기간의 만료일이라면 발행할 보통주식수만큼 희석주당이익을 계산하기 위한 보통주식수의 계산에 포함. 그러나 실제로 조건기간이 만료될 때까지 조건이 충족되지 않은 경우에도 그 계산결과를 수정하지 않음
일정기간 동안 특정한 목표이익을 달성 또는 유지할 경우 보통주 발행 조건	보고기간 말의 이익수준이 조건기간 말의 이익수준과 같다면 발행할 보통주식수를 희석성 잠재적보통주식수에 포함. 그러나 이익수준이 미래의 기간에 변동할 수 있기 때문에 모든 필요조건이 아직 충족된 것은 아니므로 이러한 조건부발행보통주를 조건기간말까지 기본주당이익의 계산에는 포함하지 않음
조건부발행보통주식수가 보통주의 미래 시장가격에 따라 결정되는 경우	보고기간 말의 시장가격이 조건기간 말의 시장가격과 같다면 발행될 보통주식수를 희석성 잠재적보통주식수에 가산. 만약 조건이 보고기간 말 후의 일정 기간의 평균시장가격에 기초하고 있는 때에는 이미 경과된 기간의 평균시장가격을 사용
조건부발행보통주식수가 미래 이익과 미래 시장가격 모두에 의해 결정되는 경우	두 가지 조건(즉, 회계기간의 이익과 회계기간 말 현재의 시장가격) 모두가 충족되지 않은 경우라면, 희석주당이익의 계산에 조건부발행보통주를 포함하지 않음
조건부발행보통주식수가 이익이나 보통주의 시장가격 이외의 조건에 의해 결정되는 경우	현재의 조건 상태가 조건기간이 만료할 때까지 변동하지 않을 것으로 가정하고 조건부발행보통주를 보고기간 말의 상태에 기초하여 희석주당이익의 계산에 고려

예제 3 조건부발행보통주

갑회사(결산일 12월 31일)의 20×1년도 기초유통보통주식수는 10,000주이다. 갑회사는 사업결합과 관련하여 다음과 같은 조건에 따라 각각 보통주를 추가로 발행하기로 합의하였다.

> (1) 영업점 조건 : 당기 중에 새로 개설되는 영업점 1개당 보통주 100주 발행
> (2) 이익 조건 : 20×1년도와 20×2년도의 당기순이익 평균이 50,000을 초과하면 매 초과액 10에 대해서 보통주 1주 발행
> (3) 4월 1일과 7월 1일에 각각 1개의 영업점을 개점하였으며, 당기순이익은 60,000이다.

당기 기본주당이익과 희석주당이익은?

풀이

기본 EPS$=\frac{60,000-0}{10,125}=5.9$

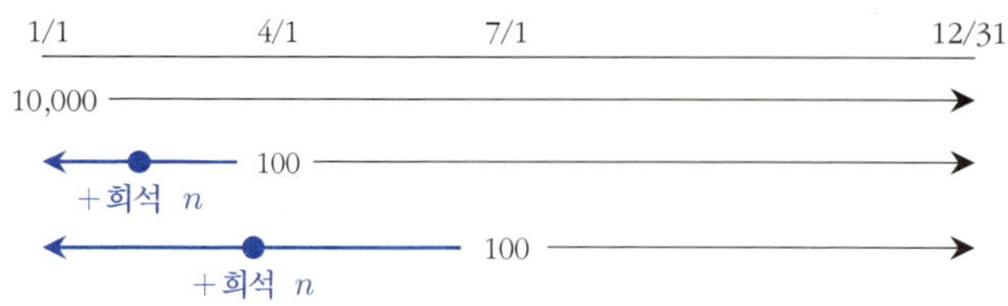

$n=10,000+100\times\frac{9}{12}+100\times\frac{6}{12}=10,125$

희석 EPS$=\frac{60,000-0+0}{10,125\quad+1,075}=5.4$

- 희석 시 추가되는 n

① $100\times\frac{3}{12}+100\times\frac{6}{12}=75$

② 10,000(초과액)÷10×1=1,000

5. 소급수정

① 유통보통주식수나 잠재적보통주식수가 자본금 전입, 무상증자, 주식분할로 증가하거나 주식병합으로 감소하였다면, 비교표시하는 모든 기본주당이익과 희석주당이익을 소급하여 수정한다. 무상증자 등에 의한 주식수 변동은 상응하는 자원의 변동이 없는 것이므로 비교표시되는 재무제표의 기간별 비교가능성을 제고하기 위해서는 비교표시되는 과년도 재무제표의 주당이익 수치를 소급하여 수정할 필요가 있다.

② 변동이 보고기간 후와 재무제표 발행이 승인된 날 사이에 발생하였다면, 당기와 표시되는 이전 기간의 주당이익을 새로운 유통보통주식수에 근거하여 재계산한다. 또한 오류의 수정과 회계정책 변경을 소급적용하는 경우에도 그 효과를 반영하여 비교표시하는 모든 기본주당이익과 희석주당이익을 수정한다.

㈜나무의 회계연도는 1월 1일부터 12월 31일까지이다. 20×5년 1월 1일 ㈜나무의 발행주식은 보통주 9,000주(주당 액면금액 1,000)와 우선주 5,000주(배당률 10%, 비누적적, 비참가적, 주당 액면금액 1,000)이다. 다음은 20×5년도 중 ㈜나무의 보통주와 우선주의 변동사항이다.

				보통주	우선주
20×5년	1월 1일	유통주식수		9,000주	5,000주
	4월 1일	유상증자	20%	1,800	1,000
	7월 1일	무상증자	10%	1,080	600
	10월 1일	자기주식 취득		(2,000)	
				9,880주	6,600주

보통주 유상신주의 주당 발행가액은 1,000이며 3월 31일의 종가는 주당 1,800이다. 우선주 유상신주의 주당 발행가액은 1,000이며 3월 31일의 종가는 주당 1,400이다. 20×5년도의 당기순이익은 1,672,000이다.

당기 기본주당이익은?

풀이

$$EPS = \frac{1,672,000 - \text{우선주배당금} \rightarrow 632,500}{n \rightarrow 11,083} = 94$$

①

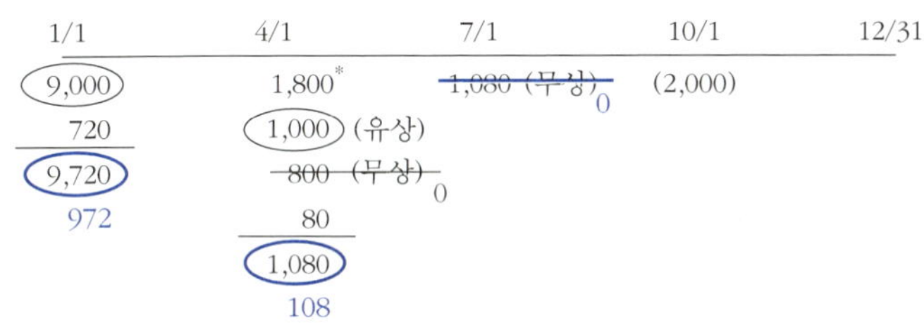

* 회사 : 1,800주×1,000=1,800,000

유상 : 1,000주×1,800=1,800,000 (3, 2, 1)

무상 : 800주×0 (4)

$$n = 9,720 + 972 + (1,080 + 108) \times \frac{9}{12} - 2,000 \times \frac{3}{12} = 11,083$$

②

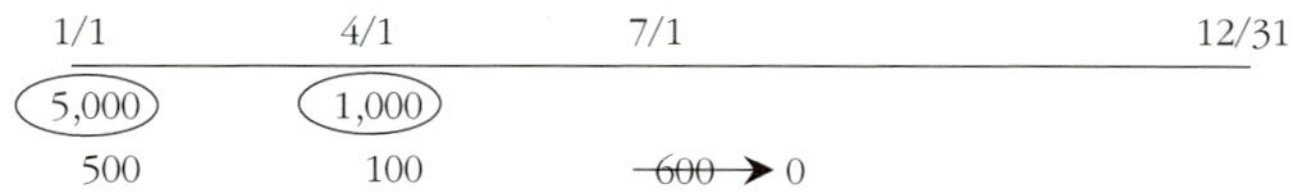

$$n = 5{,}000 + 500 + (1{,}000 + 100) \times \frac{9}{12} = 6{,}325$$

$$6{,}325\text{주} \times 1{,}000 \times 10\% = 632{,}500$$

참고

우선주에 대해서는 공정가치 미만의 유상증자 논리를 적용하지 않는다.
(∵ 유상증자든 무상증자든 우선주라면 모두 배당을 지급해야 한다는 점에서는 차이 없음
→ EPS 계산 시 우선주는 우선주 배당금 계산에만 고려)

객관식 4

㈜세무의 20×1년 초 유통보통주식수는 2,000주이다. ㈜세무는 20×1년 4월 1일 처음 전환사채(액면금액 50,000, 전환가격 100)를 발행하였고, 동 전환사채는 당기 중 전환되지 않았다. 20×1년 당기순이익이 1,500,000, 전환사채 이자비용은 120,000, 법인세율이 20%일 때, 희석주당이익은?

풀이

$$\text{기본 EPS} = \frac{1{,}500{,}000 - 0}{2{,}000} = 750$$

$$\text{희석 EPS} = \frac{1{,}500{,}000 - 0 + 120{,}000 \times 0.8}{2{,}000 + 500^{*} \times \frac{9}{12}} = 672$$

* 50,000÷100=500주

객관식 5

다음은 ㈜대한의 20×1년도 주당이익과 관련한 자료이다.

- 20×1년 중 보통주 변동내용은 다음과 같다. 7월 1일 유상증자는 주주우선배정 신주발행에 해당하며, 유상증자 전일의 보통주 공정가치는 주당 800이고, 유상증자 시점의 발행가액은 주당 500이다.

일 자	변동내용	유통주식수
20×1. 1. 1.	전기 이월	1,000주
20×1. 7. 1.	유상증자 400주	1,400주

- 20×1년 초 신주인수권 800개를 부여하였는데, 동 신주인수권 1개로 보통주 1주를 인수할 수 있다. 신주인수권의 개당 행사가격은 600이고, 20×1년 중 (주)대한이 발행한 보통주식의 평균주가는 주당 750이다.
- 20×1년도 당기순이익으로 919,800을 보고하였다.

㈜대한의 20×1년도 희석주당순이익은 얼마인가?

풀이

$$\text{기본 EPS} = \frac{919{,}800-0}{n=1{,}260} = 730$$

① n

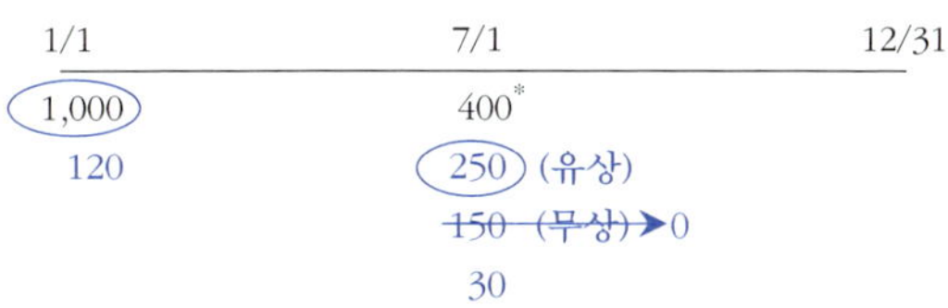

* 공정가치 미만 유상증자

회사 400주×500=200,000 ↓①

유상 250주③×800②=200,000

무상 150주④×0

$$n = 1{,}000+120+(250+30)\times\frac{6}{12} = 1{,}260$$

$$\text{희석 EPS} = \frac{919{,}800-0+0(\text{무조건})}{1{,}260 \quad +160^{*}} = 648$$

* 자기주식법

행사가정 → 현금유입 800주×600=480,000①

(640)④×750③=(480,000)②

160

객관식 7

㈜한국의 20×1년 1월 1일 현재 보통주자본금은 5,000,000(주당 액면금액 5,000)이고, 자기주식과 우선주자본금은 없다. 20×1년도 주당이익을 계산하기 위한 자료는 다음과 같다.

- ㈜한국은 20×1년도 당기순이익으로 7,200,000을 보고하였다.
- ㈜한국은 20×1년 4월 1일 20% 무상증자를 실시하였다.
- ㈜한국은 20×0년 1월 1일에 액면금액이 10,000(만기 3년, 이자 연말 후급, 행사가액 주당 2,000)인 상환할증조건이 없는 신주인수권부사채를 100매 액면발행하였다. 20×1년 말 현재까지 신주인수권의 행사는 없었으나, 만기전까지 언제든지 사채 1매당 보통주 1주를 행사가액에 매입할 수 있는 신주인수권을 행사할 수 있다.

㈜한국의 20×1년도 희석주당이익이 5,760이라면, ㈜한국 보통주 1주의 20×1년도 평균시가는 얼마인가? 단, ㈜한국이 동 신주인수권부사채와 관련하여 20×1년도 포괄손익계산서에 인식한 이자비용은 180,000이고, 법인세율은 20%로 가정한다.

풀이

기본 EPS$=\dfrac{7,200,000-0}{n=1,200}=6,000$

① n

1/1	4/1	12/31
1,000	200 (무상)	

$n=1,200$

(∵ 할증금=0)

희석 EPS$=\dfrac{7,200,000-0+0}{1,200+n}=5,760$

$+$희석 $n=50$

〈자기주식법〉

100주×2,000=200,000

(50)×4,000=(200,000)

50

보론

1. 조건부발행보통주가 있는 경우 중간 재무제표의 주당이익

예 1

×1초 유통보통주식수 10,000주, ×1중에 새로 개점하는 지점 1개당 보통주 300주 발행
6월 1일과 8월 1일에 1개씩 지점 개점

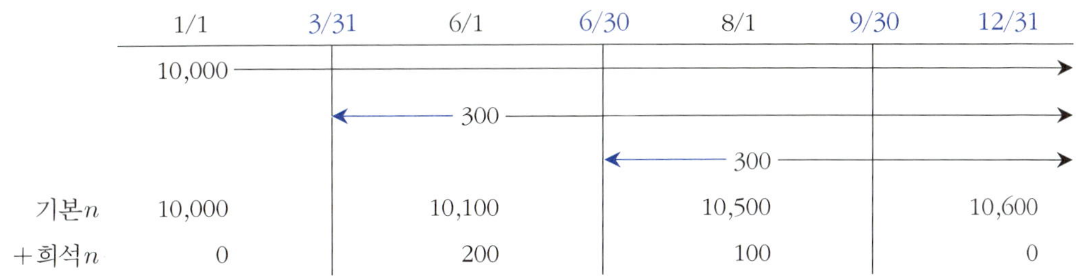

2. 보통주 또는 현금으로 결제할 수 있는 계약

결제방법 선택권자	희석주당이익 계산 방법
발행자인 경우	그 계약이 보통주로 결제될 것으로 가정하고 희석성 잠재적보통주식수에 포함한다. 만일 이러한 계약이 자산이나 부채로 표시되거나, 자본요소와 부채요소를 모두 가지는 경우 그 계약 전체가 지분상품으로 분류되어 왔다면 그 기간 동안 발생하였을 손익의 변동액을 조정하여 희석주당이익을 계산한다.
보유자인 경우	주식결제와 현금결제 중 희석효과가 더 큰 방법으로 결제된다고 가정하여 희석주당이익을 계산한다.

3. 매입옵션

기업이 자신의 보통주에 기초한 옵션(풋옵션이나 콜옵션)을 매입하여 보유하는 경우에는 반희석효과가 있으므로 희석주당이익의 계산에 포함하지 않는다.

4. 매도풋옵션

매도풋옵션과 선도매입계약과 같이 기업이 자기주식을 매입하도록 하는 계약이 희석효과가 있다면(내가격 상태라면) 희석주당이익 계산에 반영한다.

Chapter 17 환율변동효과

1. 기능통화, 외화, 표시통화

기능통화 : 주된 경제 환경의 통화로서 기업이 장부를 기록할 때 사용하는 통화

외　　화 : 기능통화 이외의 다른 통화

표시통화 : 재무제표를 표시할 때 사용하는 통화

참고 기능통화를 결정하는 지표들이 서로 다른 결과를 제시하여 기능통화가 분명하지 않은 경우 경영진이 판단하여 실제 거래, 사건과 상황의 경제적 효과를 가장 충실하게 표현하는 기능통화를 결정한다.

2. 개별거래의 환산

i) 최초인식

: \$ × 거래일 환율(현물 환율)

거래빈번 & 환율변동이 크지 않다 → 평균환율(일주일 또는 한 달) 사용 가능

ii) 기말 평가

〈표〉 보고기간 말 외화자산·부채의 환산

항목 구분	환산방법	외환차이의 회계처리
화폐성 외화항목	마감환율로 환산	당기손익으로 인식
역사적 원가로 측정하는 비화폐성 외화항목	거래일의 환율로 환산	외환차이가 발생하지 않음
공정가치로 측정하는 비화폐성 외화항목	공정가치가 결정된 날의 환율로 환산	비화폐성 외화항목에서 생긴 손익(평가, 처분)을 당기손익(또는 기타포괄손익)으로 인식하면 그 손익에 포함된 외환차이도 당기손익(또는 기타포괄손익)으로 인식

화폐성 항목 : 환산 → 손익

비화폐성 항목
- 평가 × → 환산 ×
- 평가 ○ → 환산 ○
  - 손익
  - 기타포괄손익

→ 환산은 없다. 단지 우리에게 필요한 것은 ₩ 금액일 뿐!

* 화폐성 항목 환산 : 마감환율

비화폐성 항목 환산 : 공정가치가 결정된 날의 환율

참고

비화폐성

- 화폐성 항목 : 현금, 각종 채권, 채무(선급금, 선수금 제외)
- 비화폐성 항목 : 나머지
- → 금융자산 : FVPL ┌ 주식 → 비화폐성
  - └ 사채 → 화폐성
  - FVOCI → 사채 → 화폐성
  - FVOCI 선택 → 주식 → 비화폐성
  - AC → 사채 → 화폐성

iii) 사례

① 매출채권 (화폐성)

시점	차변	금액	대변	금액
×1초	매 출 채 권	10,000	매 출	10,000
	* $10×1,000=10,000			
×1말	매 출 채 권	2,000	손 익	2,000
	* $10×1,200=12,000			

② 토지(재평가모형)−비화폐성

시점	차변	금액	대변	금액
×1초	토 지	10,000	현 금	10,000
	* $10×1,000=10,000			
×1말	토 지	800	재평가잉여금	800
	* $9×1,200=10,800			
×2말	재평가잉여금	800	토 지	1,200
	손 실	400		
	* $12×800=9,600			
×3말	손 실	600	토 지	600
	* $15×600=9,000			

③ FVOCI 선택(주식)−비화폐성

시점	차변	금액	대변	금액
×1초	FVOCI 선택	10,000	현 금	10,000
	* $10×1,000=10,000			
×1말	FVOCI 선택	800	O C I	800
	* $9×1,200=10,800			

④ FVPL(주식)－비화폐성

×1초	F V P L	10,000	현 금	10,000
	* $10×1,000=10,000			
×1말	F V P L	800	손 익	800
	* $9×1,200=10,800			

⑤ 재고(저가법)－비화폐성

×1말 ┌ 장부 : $10×1,000=10,000
　　　└ 시가 : $9×1,200=10,800

∴ 저가 × → 여전히 10,000

외화기준과 관계없이 기능통화기준으로 평가손실 인식여부를 판단

iv) 외화선급금 또는 외화선수금의 회계처리

① 자산, 비용, 수익 등의 최초 인식에 적용할 환율을 결정하기 위한 거래일은 대가의 선지급이나 선수취로 인해 비화폐성자산(예 : 선급금)이나 비화폐성부채(예 : 선수금)를 최초로 인식하는 날로 하도록 규정

→ 당초 인식한 선급금이나 선수금을 자산이나 수익으로 대체하고 별도의 외환차이는 인식하지 않는다.

예 3 외화선급금 지급 후 자산 취득

갑회사는 20×1년 4월 1일에 기계장치를 취득하는 계약을 체결하고 $100를 선급하였다. 갑회사는 20×1년 5월 1일에 기계장치를 인수하고 사용하기 시작하였다. 20×1년 4월 1일과 5월 1일의 환율은 각각 ₩1,100/$과 ₩1,150/$이다.

풀이

〈20×1. 4. 1.〉

선 급 금	110,000	현 금	110,000

* $100×₩1,100=₩110,000

〈20×1. 5. 1.〉

기 계 장 치	110,000	선 급 금	110,000

* 결국 기계장치는 당초 선급금을 지급한 날의 환율로 최초 인식하는 결과가 된다.

v) 해외사업장 순투자의 일부인 화폐성항목에서 생기는 외환차이

① 해외사업장으로부터 수취하거나 해외사업장에 지급할 화폐성항목 중에서 예측할 수 있는 미래에 결제할 계획이 없고 결제될 가능성이 낮은 항목은 실질적으로 그 해외사업장에 대한 순투자의 일부로 본다.

→ 해외사업장에 대한 대여금($) ⇒ '투자주식'으로 간주

② 해외 종속기업에 대한 투자주식($) → 비화폐성 항목 & 평가 × → 환산 ×

③ 해외사업장에 대한 대여금($) → 화폐성 항목 & 환산 ○ → 환산손익(PL) 발생

④ 연결 F/S 작성 시 해외사업장에 대한 대여금에서 발생하는 환산손익(PL)을 OCI로 대체

→ 종속기업에 대한 투자주식처럼 환산손익 발생 ×

→ 일관성 확보

3. 외화 채무상품의 환산

i) AC 금융자산(사채)

시점	차변	금액	대변	금액	장부금액
×1초	AC	95,026 ××1초	현금	95,026 ××1초	95,026××1초
×1말	현금	8,000 ××1말	이자수익	9,503 ××1평균	
	AC	1,503 ××1초	○손익		96,529××1초
	AC	96,529 ×△	수익	××	△ ↓
	비용	××	AC	96,529 ×△	96,529××1말
×2말	현금	8,000 ××2말	이자수익	9,653 ××2평균	
	AC	1,653 ××1말	○손익		98,182××1말
	AC	98,182 ×△	수익	××	△ ↓
	비용	××	AC	98,182 ×△	98,182××2말
×3말	현금	8,000 ××3말	이자수익	9,818 ××3평균	
	AC	1,818 ××2말	○손익		100,000××2말
	현금	100,000 ××3말	AC	100,000 ××2말	0
			○손익		

ii) FVOCI 금융자산(사채)

기업이 채무증권과 같은 금융자산은 화폐성항목으로 본다. 따라서 FVOCI 금융자산에 대해서 유효이자율법을 적용하여 인식한 상각후원가에 대한 외환차이는 당기손익으로 인식한다. 그 밖의 FVOCI 금융자산의 장부금액의 변동은 모두 공정가치평가손익(기타포괄손익)에 포함하여 인식한다.

시점	차변	금액	대변	금액	비고
×1초	FVOCI	95,026 × ×1초	현금	95,026 × ×1초	┘95,026× ×1초
×1말	현금	8,000 × ×1말	이자수익	9,503 × ×1평균	
	FVOCI	1,503 × ×1초	(손익)		┘96,529× ×1초(상각)
	FVOCI	96,529 × △	수익	96,529 × △	△ ↓
	비용	96,529 × △	FVOCI	96,529 × △	┘96,529× ×1말(환산)
	OCI	529 × ×1말	FVOCI	529 × ×1말	┘96,000× ×1말(설정)
×2말	FVOCI	529 × ×1말	OCI	529 × ×1말	┘96,529× ×1말(취소)
	현금	8,000 × ×2말	이자수익	9,653 × ×2평균	
	FVOCI	1,653 × ×1말	(손익)		┘98,182× ×1말(상각)
	FVOCI	98,182 × △	수익	98,182 × △	△ ↓
	비용	98,182 × △	FVOCI	98,182 × △	┘98,182× ×2말(환산)
	FVOCI	818 × ×2말	OCI	818 × ×2말	┘99,000× ×2말(설정)
×3말	OCI	818 × ×2말	FVOCI	818 × ×2말	┘98,182× ×2말(취소)
	현금	8,000 × ×3말	이자수익	9,818 × ×3평균	
	FVOCI	1,818 × ×2말	(손익)		┘100,000× ×2말(상각)
	현금	100,000 × ×3말	FVOCI	100,000 × ×2말	┘0
			(손익)		

4. F/S의 환산(기능통화 → 표시통화)

i) 손익계산서 환산

수익 / 비용 → 거래일 환율(평균환율 적용 가능*)

당기순이익 NI($) × 평균환율 = ₩A

* 해당 기간의 평균환율을 사용할 수 있도록 허용하고 있으나, 환율이 중요하게 변동하는 경우에는 일정기간의 평균환율의 사용이 부적절할 수 있다.

ii) 재무상태표 환산

자산 × 기말 환율(마감)	부채 × 기말 환율(마감)
	자본금 등 자본 → 거래일 환율 이익잉여금 ┌ 전기이월 → 전기 ₩ 환산금액 └ N/I → ₩A
	ⓞ기타포괄손익(외환차이)

iii) F/S 환산과정에서 발생하는 외환차이(OCI)의 발생요인

① 수익과 비용은 해당 거래일의 환율(또는 평균환율)로 환산하고, 자산과 부채는 마감환율로 환산한다.

② 순자산(자산과 부채)의 기초 잔액을 전기의 마감환율과 다른 마감환율로 환산한다.
(기초 잔액, 당기 증감을 구분하지 않고 기말 잔액을 기준으로 당기 마감환율로 환산한다.)

추가문제

1. 현지법인(20×5년 초 설립)의 20×5년 말(결산일) 재무상태표 관련 자료는 다음과 같으며, 이익잉여금은 전부 당기순이익이다.

(단위 : $)

자 산	500	부 채	200
		자 본 금	100
		이 익 잉 여 금	200

2. 현지법인의 20×5년 포괄손익계산서 관련 자료는 다음과 같으며, 모든 항목은 연평균 균등하게 발생하였다.

(단위 : $)

매 출 액	1,000
매 출 원 가	(700)
매 출 총 이 익	300
판 관 비	(100)
당 기 순 이 익	200

3. 20×5년 환율 자료는 다음과 같다.

기초 $1 : ₩1,000	평균 $1 : ₩950	기말 $1 : ₩900

풀이

i) ×5년

① 수익
비용
N/I $200×950(×5 평균)=₩190,000

②

자산 500×900(×5말)	부채 200×900(×5말)
	자본금 100×1,000 (×5초)
20,000 기타포괄손익	이·잉 ┌ 전기이월 0 └ N/I $200 → ₩190,000

③ 포괄손익계산서 상 OCI : −20,000

ii) ×6년(N/I $100 가정)

① 수익
비용
N/I $100× ×6년 평균=₩A

②

자산 × ×6말	부채 × ×6말
	자본금 100 × 1,000 (×5초)
	이·잉 ┌ 전기이월 $200 → ₩190,000 └ N/I $100 → ₩A
	○ 기타포괄손익

③ 포괄손익계산서 상 OCI : −20,000(×5말 B/S 상 기타포괄손익 잔액)

→●→ ×6말 B/S 상 기타포괄손익 잔액 ∴ ×6 발생액
발생

참고

×1초, 기존 외국회사(자본금 \$1,000, 이익잉여금 \$500)의 주식 80% 취득

→ "연결 → 양사 F/S 합산"

→ 외국 회사 외화 F/S의 원화환산 필요

i) ×1말

① 수익

비용

N/I \$150 × ×1 평균 = ₩B

②

자산 × ×1말	부채 × ×1말
	자본금 \$1,000 × ×1초 → 최초 자본
	이 · 잉 ┌ 전기이월 \$500 → ×1초 → 최초 자본
	└ N/I \$150 → ₩B
	기타포괄손익

③ 포괄손익계산서 상 OCI : ×1년 OCI 잔액(∵ 환산 첫 해)

ii) ×2말

① 수익

비용

N/I \$120 × ×2 평균 = ₩C

②

자산 × ×2말	부채 × ×2말
	자본금 \$1,000 × ×1초 → 최초 자본
	이 · 잉 ┌ 전기이월 \$500 × ×1초 → 최초 자본
	전기이월 \$150 → ₩B
	└ N/I \$120 → ₩C
	기타포괄손익

③ 포괄손익계산서 상 OCI : ×1말 B/S 상 OCI 잔액 →(발생)→ ×2말 B/S 상 OCI 잔액

5. 환율변동효과에서 주의할 점

① 기능통화를 변경하는 경우 이는 회계정책의 변경에 해당되지 않기 때문에 새로운 기능통화에 의한 환산절차를 변경한 날부터 전진적용한다.
즉, 기능통화가 변경된 날의 환율을 사용하여 모든 항목을 새로운 기능통화로 환산한다. 비화폐성항목의 경우에는 새로운 기능통화로 환산한 금액이 역사적원가가 된다.

② 표시통화로 환산하는 과정에서 발생하는 외환차이는 당기손익으로 인식하지 않고 기타포괄손익으로 인식한다. 다만, 해외사업장을 처분하는 경우 기타포괄손익으로 인식한 해외

사업장관련 외환차이의 누계액은 해외사업장의 처분손익을 인식하는 시점에 자본에서 당기손익으로 재분류한다.

③ 표시통화의 변경은 회계정책의 변경(소급법)에 해당한다.

④ 기능통화가 초인플레이션 경제의 통화인 경우 모든 금액(포괄손익계산서, 재무상태표)을 최근 보고기간 말의 마감환율로 환산한다. 다만, 전기금액이 초인플레이션이 아닌 경제의 통화로 환산된 경우 비교표시되는 금액은 전기에 보고한 금액(즉, 전기 이후의 물가수준 변동효과나 환율변동효과를 반영하지 않은 금액)으로 한다.

객관식 2

해외사업장이 없는 ㈜갑의 기능통화는 원(₩)화이며, 20×1년 말 현재 외화자산·부채와 관련된 자료는 다음과 같다.

계정과목	외화 금액	최초 인식금액
매출채권	$20	22,000
FVOCI 선택 금융자산	50	44,000
선급금	10	9,000
매입채무	30	28,000
선수금	40	43,000
차입금	80	85,000

• FVOCI 선택 금융자산은 지분증권으로 $40에 취득하였고, 20×1년 말 공정가치는 $50이다.

20×1년 말의 마감환율은 $1당 1,000이다. 위 외화자산·부채와 관련하여 발생하는 외환차이가 ㈜갑의 20×1년도 포괄손익계산서의 당기순이익에 미치는 영향은 얼마인가?

풀이

계정과목	외화 금액	최초 인식금액		
매출채권	$20	22,000	→ 20,000	△2,000
FVOCI 선택 금융자산	50	44,000		
선급금	10	9,000		
매입채무	30	28,000	→ 30,000	△2,000
선수금	40	43,000		
차입금	80	85,000	→ 80,000	+5,000
				+1,000

• FVOCI 선택 금융자산은 지분증권으로 $40에 취득하였고, 20×1년 말 공정가치는 $50이다.

↳ 만일 FVPL 금융자산이라면 44,000을 50,000으로 6,000 증가시켜야 함 ⇒ +6,000(추가)

객관식 4

20×1년 초에 설립된 ㈜한국의 기능통화는 미국달러화($)이며 표시통화는 원화(₩)이다. ㈜한국의 기능통화로 작성된 20×2년 말 요약재무상태표와 환율변동정보 등은 다음과 같다.

요약재무상태표

㈜한국 20×2. 12. 31 현재 (단위 : $)

자산		부채	
자산	2,400	부채	950
		자본금	1,000
		이익잉여금	450
	2,400		2,400

- 자본금은 설립 당시의 보통주 발행금액이며 이후 변동은 없다.
- 20×1년과 20×2년의 당기순이익은 각각 $150와 $300이며, 수익과 비용은 연중 균등하게 발생하였다.
- 20×1년부터 20×2년 말까지의 환율변동정보는 다음과 같다.

	기초(₩/$)	평균(₩/$)	기말(₩/$)
20×1년	900	940	960
20×2년	960	980	1,000

- 기능통화와 표시통화는 모두 초인플레이션 경제의 통화가 아니며, 위 기간에 환율의 유의한 변동은 없었다.

㈜한국의 표시통화로 환산된 20×2년 말 재무상태표상 환산차이(기타포괄손익누계액)는?

풀이

i) N/I 300×980(평균)=294,000

ii) B/S

자산	부채 및 자본
자산 2,400 × 1,000(기말)	부채 950 × 1,000(기말) 자본금 1,000 × 900(최초 (×1. 1/1)) 이잉 ┌ 전기이월 150 × 940(×1 평균) └ N/I 300 → 294,000 OCI 115,000

보론 F/S 환산과정에서 발생하는 외화차이(OCI)의 발생원인

〈가정〉

×1초　$1,000　자산 회사 설립(환율 1,000)

×1말　$100　현금 수익 발생(환율 1,200)

×2말　$200　현금 수익 발생(환율 1,300)

×1말 B/S

자산	자본
자산 1,100 × 1,200 = 1,320,000	자본금 1,000 × 1,000 = 1,000,000
	이잉 ┌ 0
	└ 100 × 1,200 = 120,000
	OCI = 200,000

→ 기초 자산 1,000 × 환율 변동 20

×2말 B/S

자산	자본
자산 1,300 × 1,300 = 1,690,000	자본금 1,000 × 1,000 = 1,000,000
	이잉 ┌ 120,000
	└ 200 × 1,300 = 260,000
	OCI = 310,000

→ 200,000(전기이월)

+110,000

→ 기초 자산 1,100 × 환율 변동 100

주의 : 본 사례에서의 손익은 모두 연도 말에 발생하였으며, 거래일 환율(연도 말 환율)을 적용하였으므로 외환차이(OCI)의 발생원인 중 ① (수익과 비용은 거래일의 환율로 환산하고, 자산과 부채는 마감환율로 환산)에 해당하는 차이는 발생하지 않음

Con ×2말 B/S 상 외환차이(OCI) 잔액 310,000은 전기 이월된 외환차이(OCI) 200,000과 기초(순)자산 1,100에 전기 마감환율과 당기 마감환율의 차이 100을 곱한 110,000으로 구성

Chapter 18 리스

1. 리스의 의의

i) 리스거래의 절차

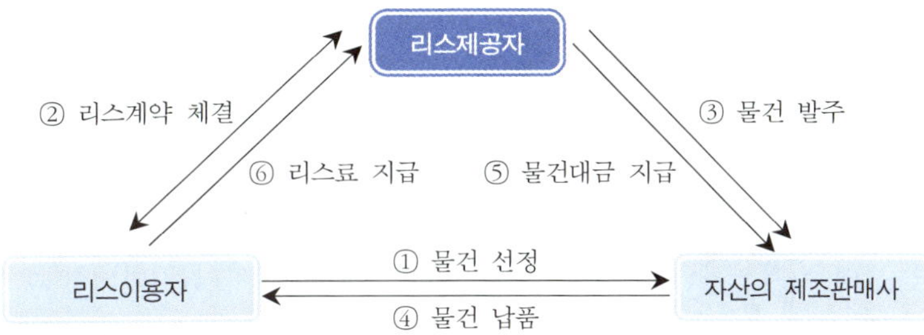

참고 도로나 교량 등 사회기반시설을 민간기업이 건설하고 소유권을 국가나 지방자치단체에 이전한 후에 당해 자산을 리스하는(Built-Transfer-Lease, BTL) 방식으로 운영하는 경우, 당해 투자시설에 대해서 리스 기준서를 적용하지 않고, 별도로 제정된 해석서 제2112호를 적용한다.

ii) 리스의 실질

① 리스이용자

- 리스를 통해서 경제적 효익을 얻을 수 있는 권리를 보유하므로 이를 사용권자산으로 인식하고, 자산 사용에 대한 대가의 지급의무를 부담하므로 이를 리스부채로 인식
- 운용리스 또는 금융리스의 구분을 적용하지 않음

② 리스제공자

- 자산의 소유에 따른 위험과 보상의 대부분을 계속 보유하고 있다면 운용리스로 분류
- 자산의 소유에 따른 위험과 보상의 대부분을 리스이용자에게 이전하면 금융리스로 분류

Con 리스이용자와 리스제공자의 회계처리는 대칭적이지 않다.

iii) 포트폴리오 적용 및 계약의 결합

① 포트폴리오에 적용하는 경우와 포트폴리오 안에 있는 개별 리스에 적용하는 경우에 재무제표에 미치는 영향이 중요하게 다르지 않을 것으로 합리적으로 예상된다면, 실무적 간편법으로 특성이 비슷한 리스 포트폴리오에 이 기준서를 적용할 수 있다.

② 기준서 제1116호를 적용할 때 다음 기준 중 하나 이상을 충족하면, 같은 상대방(또는 그 상대방의 특수관계자)과 동시에 또는 가까운 시기에 체결한 둘 이상의 계약을 결합하여 단일 계약으로 회계처리한다.

- 복수의 계약을 하나의 전체적인 상업적 목적으로 일괄 협상하며 그 목적은 복수의 계약을 함께 고려하지 않으면 이해할 수 없다.
- 한 계약에서 지급하는 대가(금액)는 다른 계약의 가격이나 수행에 따라 달라진다.
- 복수의 계약에서 이전하는 기초자산 사용권(또는 각 계약에서 이전하는 기초자산 사용권의 일부)은 단일 리스요소를 구성한다.

iv) **인식 면제**

① 모든 리스에 대해서 리스 회계처리를 요구하는 것이 실무상 부담이 될 수 있으므로 다음의 리스에 대해서는 사용권자산과 리스부채를 인식하지 않는 회계처리를 선택할 수 있다.

㉠ 단기리스

- 리스개시일 기준으로 리스기간이 12개월 이하인 리스
- 매수선택권이 있는 리스는 단기리스에 해당되지 않음
- 리스기간은 해지불능기간을 포함한다. 약간의 불이익만 감수하면 리스이용자와 리스제공자가 각각 다른 당사자의 동의없이 리스를 종료할 권리를 가진다면 그러한 리스는 더이상 집행가능하지 않으므로 해지가능하다.

㉡ 소액 기초자산 리스

- 소액이 얼마를 의미하는지 기준서에는 명시적으로 언급되어 있지 않음
- 리스대상 자산의 연식에 관계없이 새것의 가치에 기초하여 기초자산의 가치를 절대적 기준에 따라 평가
- 어떤 리스계약이 개별적으로 소액인 여러 기초자산으로 구성되어 있는 경우, 각각의 기초자산이 인식 면제에 해당되는 소액이더라도 총액은 중요할 수 있다. 이때 다음 조건을 모두 충족하는 경우에만 소액 기초자산이 될 수 있다.
  a. 리스이용자가 기초자산 그 자체를 사용하여 효익을 얻거나 리스이용자가 쉽게 구할 수 있는 다른 자원과 함께 그 자산을 사용하여 효익을 얻을 수 있다.
  b. 기초자산은 다른 자산에 대한 의존도나 다른 자산과의 상호관련성이 매우 높지는 않다.
  → 서로 별개의 자산이므로 합쳐서 소액 여부를 확인하는 것은 무의미

② 리스 회계처리를 적용하지 않기로 선택하였다면, 해당 리스에 관련되는 리스료를 리스기간에 걸쳐 정액 기준이나 다른 체계적인 기준에 따라 비용으로 인식한다. 다른 체계적인 기준이 리스이용자의 효익의 형태를 더 잘 나타내는 경우에는 그 기준을 적용한다.

또한, 리스이용자는 소액자산 리스와 단기리스에 관련하여 인식된 비용을 공시해야 한다.

예 1 소액 기초자산 리스

갑회사는 20×1년 초에 사무실 비품(소액 기초자산에 해당됨)을 5년 동안 리스하였다. 리스료는 매년 말에 다음과 같이 지급하기로 하였으며, 리스개시일에 리스제공자가 500의 리스 인센티브를 제공하였다.

- 20×1년 : 없음
- 20×2년부터 20×4년까지 : 연 3,000
- 20×5년 : 연 2,000

갑회사가 소액 기초자산 리스에 대한 인식면제 규정을 적용할 경우 어떤 회계처리를 해야 하는가?

풀이

리스기간 전체 리스료=3,000×3+2,000−500(리스 인센티브 차감)=10,500

10,500을 정액기준이나 다른 체계적인 기준에 따라 비용으로 인식한다. 다른 체계적인 기준이 없다면 정액기준에 따라 매년 2,100(10,500÷5년)을 비용으로 인식한다.

〈회계처리〉

	차변		대변	
×1초	현 금	500	부 채	500
×1말	리 스 료	2,100	부 채	2,100
×2말	리 스 료	2,100	현 금	3,000
	부 채	900		
×3말	리 스 료	2,100	현 금	3,000
	부 채	900		
×4말	리 스 료	2,100	현 금	3,000
	부 채	800		
	자 산	100		
×5말	리 스 료	2,100	현 금	2,000
			자 산	100

③ 리스이용자가 단기리스에 대해서 사용권자산과 리스부채를 인식하지 않기로 선택한 경우, 다음 중 하나에 해당하면 그 리스를 새로운 리스로 본다.

- 리스변경이 있는 경우
- 리스기간에 변경이 있는 경우

⇒ 단기리스라서 인식을 면제하였는데 리스변경이나 리스기간 변경 등이 발생하면 다시 인식 면제 규정을 적용할 수 있는지 판단하라는 의미

예제 18 리스기간 연장 – 인식면제 규정 적용 여부

갑회사는 20×1년 초에 생산과정에 필요한 설비자산을 1년 동안 리스하는 계약을 체결하였다. 리스계약에는 계약이 종료되기 2개월 전에 리스이용자의 요구에 따라 당초 계약기간을 1년 연장할 수 있다. 갑회사는 20×1년 초에 설비자산 리스가 단기리스에 해당되므로 인식 면제 규정을 적용하기로 하였다. 갑회사는 리스로 이용하고 있는 설비자산의 사용기간을 연장하기 위하여 20×1년 10월 31일에 리스제공자와 당초 계약기간의 1년 연장을 합의하였다.

풀이

리스변경 시점에 설비자산의 잔여 리스기간은 14개월이므로 단기리스에 해당되지 않으므로 더 이상 인식 면제 규정을 적용할 수 없다. 따라서 갑회사는 리스변경 시점에 향후 14개월 동안의 리스료에 대하여 사용권자산과 리스부채를 인식하여야 한다.

④ 단기리스에 대한 선택은 사용권이 관련되어 있는 기초자산의 유형별로 한다. 기초자산의 유형은 기업의 영업에서 특성과 용도가 비슷한 기초자산의 집합이다.
소액 기초자산 리스에 대한 선택은 리스별로 할 수 있다.

v) 리스의 식별

계약에서 대가와 교환하여, 식별되는 자산의 사용 통제권을 일정 기간 이전한다면, 그 계약은 리스이거나 리스를 포함한다.

① 식별되는 자산의 사용으로 생기는 경제적 효익의 대부분을 얻을 권리

- 공급자가 그 자산을 실질적으로 대체할 권리(대체권)를 사용기간 내내 가지면*(리스이용자가 사용하고 있는 자산을 리스제공자가 아무때나 다른 자산으로 대체할 수 있다는 뜻), 고객은 식별되는 자산의 사용권을 가지지 못한다.

* 공급자가 실질적인 대체권을 가지는지 쉽게 판단할 수 없는 경우 고객은 그 대체권이 실질적이지 않다고 본다. 즉, 이 경우 고객은 식별되는 자산의 사용권을 가진다.

- 사용기간 내내 그 자산을 배타적으로 사용할 수 있어야 한다.
- 자산의 용량 일부가 물리적으로 구별된다면(예 : 건물의 한 층) 자산의 해당 부분은 식별되는 자산이다.

② 식별되는 자산의 사용을 지시할 권리(통제권)

- 고객이 사용기간 내내 자산을 사용하는 방법 및 목적을 지시할 권리를 갖는다.
- 자산을 사용하는 방법 및 목적에 관련되는 결정이 미리 내려지고 다음 중 어느 하나에 해당한다.
  - 고객이 사용기간 내내 자산을 운용할 권리를 가지며, 공급자는 그 운용 지시를 바꿀 권리가 없다.
  - 고객이 사용기간 내내 자산을 사용할 방법 및 목적을 미리 결정하는 방식으로 자산을 설계하였다.
- 공급자가 가지고 있는 방어권만으로는 고객이 자산의 사용을 지시할 권리를 가지는 것을 막지는 못한다.

예제 1 리스의 식별

〈사례 1〉

갑회사는 공급자와 5년간 특정 선박을 사용하는 계약을 체결하였다. 이 선박은 계약에 분명히 특정되어 있고, 공급자는 대체권이 없다. 갑회사는 계약에 규정된 제약에 따라 사용기간 5년 내내 어떤 화물을 운송할지 정하고, 항해 여부와 언제, 어느 항구로 출항할지를 정한다. 또한 계약에 규정된 제약에 따르면 해적의 위험이 높은 해역으로 선박을 운행하거나 위험한 물질을 운반하는 것을 금지하고 있다.

이 계약에는 식별되는 자산 즉, 선박이 계약에 분명히 특정되어 있고, 공급자는 그 특정 선박을 대체할 권리가 없다. 갑회사는 사용기간 5년 내내 선박을 독점적으로 사용할 수 있기 때문에 선박의 사용으로 생기는 경제적 효익의 대부분을 얻을 권리를 가진다. 또한 계약에 제약들이 규정되어 있더라도 이는 공급자의 방어권에 해당되며, 갑회사가 항해 여부 및 운송화물에 대한 결정을 할 수 있기 때문에 사용기간 5년 내내 선박의 사용을 지시할 권리를 가진다. 따라서 이 계약은 리스를 포함한다.

〈사례 2〉

갑회사는 공급자와 특정 선박으로 부산에서 LA까지 화물을 운송하는 계약을 체결한다. 선박은 계약에 분명히 특정되어 있고, 공급자는 대체권이 없다. 화물은 선박 용량의 대부분을 차지할 것이며, 계약에서 선박으로 운용될 화물과 인수 및 배달 일정을 정한다. 공급자는 선박을 운행하고 유지하며, 선박에 실린 화물을 안전하게 운반할 책임을 진다. 갑회사는 계약기간에 그 선박에 다른 운행자를 고용하거나 직접 선박을 운행하는 것이 금지되어 있다.

이 계약에는 식별되는 자산 즉, 선박이 계약에 분명히 특정되어 있고, 공급자는 그 특정 선박을 대체할 권리가 없다. 갑회사는 사용기간에 걸쳐 그 선박의 사용으로 생기는 경제적 효익의 대부분을 얻을 권리를 가진다. 왜냐하면 갑회사의 화물은 선박 용량의 대부분을 차지할 것이므로, 다른 당사자가 그 선박의 사용으로 생기는 경제적 효익을 얻는 것을 막는다. 그러나 갑회사는 그 선박의 사용을 지시할 권리가 없다. 즉, 선박의 사용 방법 및 목적(부산에서 LA까지 화물 운송)은 계약에 미리 정해져 있으므로 갑회사는 사용기간에 선박의 사용 방법 및 목적을 변경할 권리가 없다. 따라서 이 계약은 리스를 포함하지 않는다.

참고

〈사례 2〉의 「공급자는 선박을 운용하고 유지하며, 선박에 실린 화물을 안전하게 운반할 책임을 진다. 갑회사는 계약기간에 그 선박에 다른 운행자를 고용하거나 직접 선박을 운행하는 것이 금지되어 있다.」는 문구는 리스제공자(공급자)의 방어권에 해당하므로 리스 여부를 판단하는데 영향을 미치지 않는다.
→ 선박이나 항공기 등을 공급하면서 어느 정도 숙련된 자 또는 공급자가 지정하는 자가 운행(운전)을 해야한다는 조건을 추가하는 것은 어찌보면 당연하다.

vi) 리스요소와 비리스요소의 분리

〈리스이용자〉

① 다음의 조건을 모두 충족하는 경우에 기초자산 사용권은 별도 리스요소에 해당한다.
- 리스이용자가 기초자산 그 자체를 사용하여 효익을 얻거나 리스이용자가 쉽게 구할 수 있는 다른 자원을 함께 사용하여 효익을 얻을 수 있다.
- 계약에서 그 기초자산은 다른 기초자산에 대한 의존도나 다른 기초자산과의 상호관련성이 매우 높지는 않다.

② 리스이거나 리스를 포함하는 계약을 식별하였다면, 동 계약에서 계약의 각 리스요소를 리스가 아닌 요소(비리스요소)와 분리하여 리스로 회계처리한다. 예를 들어 차량의 리스와 수선유지용역을 결합한 리스의 경우 수선유지용역은 비리스요소에 해당된다.

③ 하나의 리스요소와 하나 이상의 추가 리스요소나 비리스요소를 포함하는 계약의 경우 리스이용자는 리스요소의 상대적 개별 가격과 비리스요소의 통합 개별 가격에 기초하여 계약 대가를 각 리스요소에 배분한다.

④ 리스 계약은 리스이용자에게 재화나 용역을 이전하지는 않는 활동 및 원가(일반적인 관리 업무에 대한 요금)에 대하여 리스이용자가 부담할 지급액을 포함할 수 있다. 이러한 지급액 때문에 계약의 별도 구성요소가 생기지는 않으나 총 대가의 일부로 본다.

⑤ 실무적 간편법으로, 리스이용자는 비리스요소를 리스요소와 분리하지 않고, 각 리스요소와 이에 관련되는 비리스요소를 하나의 리스요소로 회계처리하는 방법을 기초자산의 유형별로 선택할 수 있다.

〈리스제공자〉

⑥ 리스제공자는 하나의 리스요소와, 하나 이상의 추가 리스요소나 비리스요소를 포함하는 계약의 경우 거래가격의 수행의무 배분 방법을 적용하여 계약 대가를 배분한다.

예 2 리스요소와 비리스요소의 분리

갑회사는 트럭과 지게차를 리스하는 계약을 체결하였다. 계약에는 트럭과 지게차의 유지보수용역과 관리업무도 포함되어 있으며, 연간리스료는 9,600이다. 트럭과 지게차 리스의 연간 개별가격은 각각 6,000과 3,000이고, 트럭과 지게차 유지보수의 연간 개별가격은 1,000이며, 관리업무의 연간 요금은 500이다.

풀이

갑회사가 리스요소와 비리스요소를 분리하는 선택을 했다면 다음과 같이 연간리스료 9,600을 배분한다.

배분대상	개별가격	연간리스료의 배분액
트럭 리스	6,000	9,600×6,000/10,000=5,760
지게차 리스	3,000	9,600×3,000/10,000=2,880
유지보수용역	1,000	9,600×1,000/10,000=960
계	10,000	9,600

관리업무는 별도의 구성요소가 생기지 않는다. 다만, 관리업무 요금을 포함하는 연간 리스료 9,600을 식별한 두 개의 리스요소와 통합한 하나의 비리스요소로 배분한다. 트럭과 지게차에 배분된 5,760과 2,880에 기초하여 각각 리스부채를 인식한다. 관리업무 요금은 리스요소와 비리스요소에 이미 배분되었으므로 별도로 비용을 인식하지는 않는다.
유지보수용역은 제공받는 시점을 특정하기 어려우므로 매월 균등하게 비용을 인식하는 것이 타당하다고 판단된다.

vii) 리스기간

① 리스기간은 해지불능기간과 다음 기간을 포함하여 산정한다.

- 리스이용자가 리스 연장선택권을 행사할 것이 상당히 확실한 경우에 그 선택권의 대상 기간
- 리스이용자가 리스 종료선택권을 행사하지 않을 것이 상당히 확실한 경우에 그 선택권의 대상 기간

EX

– 리스기간이 5년이고 리스이용자가 2년 연장할 수 있으며 행사가 확실한 경우 → 7년

– 리스기간이 10년이고 8년 경과한 후 리스이용자가 종료 할 수 있으며 행사하지 않을 것이 확실한 경우 → 10년

② 리스기간을 산정하고 리스의 해지불능기간의 길이를 평가할 때, 계약의 정의를 적용하여 계약이 집행가능한 기간을 산정한다. 약간의 불이익만 감수하면 리스이용자와 리스제공자가 각각 다른 당사자의 동의없이 리스를 종료할 권리를 가지는 경우에 그러한 리스는 더이상 집행가능하지 않다.

③ 리스의 해지불능기간이 달라지는 경우 리스기간을 변경한다.

- 리스기간을 산정할 때 포함되지 않았던 선택권을 리스이용자가 행사하거나, 전에 리스기간을 산정할 때 포함되었던 선택권을 리스이용자가 행사하지 않는 경우
- 리스기간을 산정할 때 포함되지 않았던 선택권을 리스이용자가 계약상 의무적으로 행사하게 하는 사건이 일어나거나, 전에 리스기간을 산정할 때 포함되었던 선택권을 리스이용자가 행사하는 것을 계약상 금지하는 사건이 일어나는 경우

④ 리스의 해지불능기간이 짧을수록 리스이용자가 리스 연장선택권을 행사하거나 리스 종료선택권을 행사하지 않을 가능성이 더 높다.

2. 리스이용자의 회계처리

i) 리스부채의 최초 측정

① 리스료의 현재가치를 측정할 때, 그 리스의 내재이자율을 쉽게 산정할 수 있는 경우에는 그 이자율로 리스료를 할인하며, 내재이자율을 쉽게 산정할 수 없는 경우에는 리스이용자의 증분차입이자율을 사용한다.

② 리스부채의 최초 측정에 포함되는 리스료는 리스기간에 걸쳐 기초자산을 사용하는 권리에 대한 지급액 중 그날 현재 지급되지 않은 다음의 금액으로 구성된다.

- 고정리스료(향후 받을 리스 인센티브 차감)
- 지수나 요율(이율)에 따라 달라지는 변동리스료*
- 잔존가치보증에 따라 리스이용자가 지급할 것으로 예상되는 금액
- 리스이용자가 매수선택권을 행사할 것이 상당히 확실한 경우 그 매수선택권의 행사가격
- 리스기간이 리스이용자의 종료선택권 행사를 반영하는 경우에 그 리스를 종료하는 데 드는 위약금

* 소비자 물가지수에 연동되는 지급액, 시장대여요율의 변동을 반영하기 위하여 변동되는 지급액, 기준금리에 연동되는 지급액 등

예 3 고정리스료

갑회사는 기계장치를 리스하였다. 리스료는 기계장치 사용시간 당 100을 지급하되, 1년에 최소 300,000은 지급하기로 되어 있다. 갑회사는 기계장치의 연간 사용시간을 3,500시간으로 예상하고 있다. 이 경우 리스부채의 최초 측정에 포함되는 고정리스료는 얼마인가?

풀이

갑회사의 리스계약에는 300,000의 실질적인 고정리스료가 포함되어 있으며, 이를 리스부채의 최초 측정에 포함시킨다. 갑회사가 예상하는 50,000(3,500시간×100−300,000)은 지수나 요율에 따라 변동되는 것이 아니므로 변동리스료가 아니다. 따라서 리스부채의 최초 측정에 포함시키지 않고 실제 3,000시간을 초과 사용할 때 비용으로 인식한다.

예 4 변동리스료

〈상황 1〉

갑회사는 상품 판매를 위하여 건물을 리스하였다. 갑회사는 매월 매출액의 1%를 리스료로 지급하기로 계약하였으며, 최소 지급해야 할 리스료는 없다. 이 경우 리스부채의 최초 측정에 포함되는 변동리스료는 얼마인가?

갑회사가 지급하기로 한 리스료는 매출액에 따라 변동되는 것이지 지수나 요율에 따라 달라지는 것이 아니므로 변동리스료에 해당되지 않는다. 또한 고정리스료도 없으므로 이 경우 리스부채의 최초 측정액은 없다(실제 지급 시 비용 처리).
만약에 갑회사가 매월 10,000에 매월 매출액의 1%를 가산한 금액으로 리스료를 지급하기로 계약했다면 월 10,000의 고정리스료에 기초하여 리스부채를 최초 측정한다.

〈상황 2〉

을회사는 10년 동안 건물을 리스하면서 1차년도 리스료는 10,000이나, 2차년도부터 매년 초에 전년도 대비 소비자 물가지수 변동을 반영하여 해당 연도의 리스료를 조정하기로 하였다. 이 경우 리스부채의 최초 측정액은 어떻게 계산하는가?

매년 리스료가 소비자 물가지수 변동에 따라 달라지므로 변동리스료가 포함되어 있다. 리스개시일에는 10년 동안 지급할 연간 리스료를 10,000으로 보고 그 금액의 현재가치로 리스부채를 최초 인식한다. 만약에 2차년도 초에 계산한 전기대비 소비자 물가지수가 6% 상승했다면 2차년도 리스료는 10,600으로 결정될 것이며, 9년 동안 지급할 연간리스료를 10,600으로 보고 그 금액의 현재가치로 리스부채를 재평가하여야 한다.

〈상황 3〉

병회사는 10년 동안 건물을 리스하면서 1차연도 리스료는 10,000이나 2차년도부터 매년 직전년도 리스료의 1%씩 리스료를 증액하기로 합의하였다. 이 경우 리스부채의 최초 측정액은 어떻게 계산하는가?

리스료를 매년 1%씩 증액하기로 리스계약이 체결되었다면 이는 지수나 요율에 따라 달라지는 것이 아니므로 10년간의 리스료는 모두 고정리스료이다. 즉, 1차년도 리스료는 10,000, 2차년도 리스료는 10,100, 3차년도 리스료는 10,201 등으로 고정되어 있으므로 이 금액의 현재가치로 리스부채를 최초 측정한다.

③ 리스료가 다음에 연동되는 경우 변동될 수 있다.

- 지수(index)나 요율(rate)의 변동(예 : 기준금리나 소비자물가지수의 변동에 따라 리스료 조정)
- 기초자산에서 생기는 리스이용자의 성과(예 : 부동산 리스의 경우 부동산에서 생기는 매출의 특정 비율에 기초하여 리스료 결정)
- 기초자산의 사용 정도(예 : 차량 리스에서 리스이용자가 특정 주행거리를 초과하면 추가 리스료를 지급하도록 리스료 조정)

기준서는 지수나 요율의 변동에 따른 변동리스료만 리스부채의 측정에 포함하도록 규정하고 있다. 그 이유는 리스료 지급액이 지수나 요율(이율)에 따라 변동될 경우 리스이용자가 지급을 회피할 수 없고, 리스이용자의 미래 행위에 따라 리스료가 달라지지 않기 때문이다.

예제 2 사용권자산과 리스부채의 최초 측정

리스기간 : 20×1년 1월 1일 ~ 20×5년 12월 31일까지

리스료 : 연간 고정리스료 100,000

할인율 : 5%(내재이자율을 알 수 없으면 증분차입이자율 적용)

각 상황별 리스부채와 사용권자산 관련 회계처리는?

풀이

1. 리스료 지급시점에 따라 현재가치가 달라진다.

(1) 고정리스료를 매년 12월 31일에 지급하는 경우

0	1	2	3	4	5
	10	10	10	10	10

리스부채＝100,000×4.32948(기간 5, 5%)＝432,948

사용권자산	432,948	리스부채	432,948

(2) 고정리스료를 매년 1월 1일에 지급하는 경우

0	1	2	3	4	5
10	10	10	10	10	

리스부채=100,000+100,000×3.54595(기간 4, 5%)=454,595

사 용 권 자 산	454,595	리 스 부 채	454,595
리 스 부 채	100,000	현 금	100,000

2. 행사가능성이 상당히 확실한 매수선택권(행사가격 50,000)이 부여된 경우

(1) 고정리스료를 매년 12월 31일에 지급하는 경우

0	1	2	3	4	5
	10	10	10	10	10
					5

리스부채=432,948+50,000×0.78353(기간 5, 5%)=472,125

사 용 권 자 산	472,125	리 스 부 채	472,125

(2) 고정리스료를 매년 1월 1일에 지급하는 경우

0	1	2	3	4	5
10	10	10	10	10	
					5

리스부채=454,595+50,000×0.78353(기간 5, 5%)=493,772

사 용 권 자 산	493,772	리 스 부 채	493,772
리 스 부 채	100,000	현 금	100,000

3. 20×5년 12월 31일에 연장선택권(2년 추가)을 행사할 것이 상당히 확실한 경우

(1) 고정리스료를 매년 12월 31일에 지급하는 경우

0	1	2	3	4	5	6	7
	10	10	10	10	10	10	10

리스부채=100,000×5.78637(기간 7, 5%)=578,637

사 용 권 자 산	578,637	리 스 부 채	578,637

(2) 고정리스료를 매년 1월 1일에 지급하는 경우

0	1	2	3	4	5	6	7
10	10	10	10	10	10	10	

리스부채=100,000+100,000×5.07569(기간 6, 5%)=607,569

사 용 권 자 산	607,569	리 스 부 채	607,569
리 스 부 채	100,000	현 금	100,000

4. 20×4년 12월 31일에 행사가능성이 상당히 확실한 리스 종료선택권(행사가격 80,000)이 부여된 경우

(1) 고정리스료를 매년 12월 31일에 지급하는 경우

0	1	2	3	4
	10	10	10	10
				8

리스부채=100,000×3.54595(기간 4, 5%)+80,000×0.82270(기간 4, 5%)=420,411

사 용 권 자 산	420,411	리 스 부 채	420,411

(2) 고정리스료를 매년 1월 1일에 지급하는 경우

0	1	2	3	4
10	10	10	10	
				8

리스부채=100,000+100,000×2.72325(기간 3, 5%)+80,000×0.82270(기간 4, 5%)=438,141

사 용 권 자 산	438,141	리 스 부 채	438,141
리 스 부 채	100,000	현 금	100,000

ii) 사용권자산의 최초 측정

① 리스이용자는 리스개시일에 사용권자산을 다음의 원가로 측정한다.

- 리스부채 최초 측정금액
- 리스개시일이나 그 전에 지급한 리스료(받은 리스 인센티브는 차감)
- 리스이용자가 부담하는 리스개설직접원가
- 리스 기초자산의 원상복구에 소요될 원가 추정치

② 리스료의 현재가치로 리스부채를 최초 측정하였다면, 이 금액으로 사용권자산을 최초 측정한다. 다만 몇 가지 항목으로 인해 리스부채의 최초 측정금액과 사용권자산의 최초 측정금액이 일치하지 않을 수 있다.

- 선급한 리스료 또는 받은 리스 인센티브
  - 리스개시일이나 그 전에 지급한 리스료가 있다면 이를 사용권자산으로 인식
  - 받은 리스 인센티브가 있다면 사용권자산에서 차감
- 리스이용자가 부담하는 리스개설직접원가
- 원상복구에 소요될 원가 추정치

③ 어떤 리스에서는 기초자산을 건설하거나 다시 설계할 필요가 있을 수 있으며, 계약조건에 따라 리스이용자가 자산의 건설이나 설계에 관련되는 금액을 지급할 수도 있다. 이러한 경우 리스이용자가 부담한 원가는 다른 기준서(예 : 기준서 제1016호 '유형자산')를 적용

하여 회계처리한다. 즉, 리스이용자가 자산의 건설이나 설계에 관련되는 금액을 지급할 경우 이는 리스개설직접원가에 포함되지 않기 때문에 사용권자산에 포함하지 않고 리스개량자산 등 별도의 자산으로 회계처리한다.

④ 리스기간 종료 시 리스이용자가 리스제공자에게 기초자산을 반환해야 하는 경우 이것도 개념체계의 부채의 정의를 충족하는가?
리스이용자가 기초자산을 물리적으로 점유하더라도 리스기간이 만료되면 기초자산에 관련되는 나머지 경제적효익을 얻을 권리가 없으며, 종료시점에서 리스이용자의 지위는 자산 관리인과 같다. 즉, 리스이용자는 리스제공자에게 반환하는 자산에 관련되는 경제적효익을 통제하지 못하기 때문에 기초자산 반환 시 리스이용자에게서 경제적효익이 이전되지 않는다. 따라서 기초자산을 반환할 의무는 부채의 정의를 충족하지 않는다.

예제 3 사용권자산의 최초 측정

리스기간 : 20×1년 1월 1일 ~ 20×5년 12월 31일까지
리스대상 : 토지
리 스 료 : 연간 고정리스료 100,000을 매년 1월 1일에 지급
할 인 율 : 6%(내재이자율을 알 수 없으면 증분차입이자율 적용)
추가 정보 :

- 회사는 리스개시일 전에 리스제공자로부터 40,000의 리스인센티브를 수령하여 선수금으로 인식
- 리스개시일에 갑회사가 부담한 리스개설직접원가 10,000을 현금지급
- 리스기간 종료 후 토지의 원상회복에 소요될 원가 추정액은 50,000이며, 관련 할인율은 연 6%
- 토지 이용을 위한 설계 관련 원가 20,000 지급(리스개량자산)

리스개시일 현재 사용권자산 금액과 관련 회계처리는?

풀이

사용권자산의 최초 측정금액
=리스부채 최초 측정금액－리스인센티브+리스개설직접원가+복구추정원가 현재가치
=100,000+100,000×3.46511(기간 4, 6%)－40,000+10,000+50,000×0.74726(기간 5, 6%)
=453,874

〈인센티브 수령 시〉

차변	금액	대변	금액
현 금	40,000	선 수 금	40,000

〈리스개시일〉

차변	금액	대변	금액
사 용 권 자 산	446,511	리 스 부 채	446,511

리 스 부 채	100,000	현 금	100,000
선 수 금	40,000	사 용 권 자 산	40,000
사 용 권 자 산	10,000	현 금	10,000
사 용 권 자 산	37,363	복 구 충 당 부 채	37,363
리 스 개 량 자 산	20,000	현 금	20,000

iii) 후속 측정

① 리스부채

- 리스부채를 최초 측정한 후에는 유효이자율법에 따라 리스부채의 이자비용을 인식하고 장부금액을 조정하는 회계처리를 한다.
- 유효이자율은 당초 리스부채를 최초 측정할 때 사용한 할인율(내재이자율 또는 리스이용자의 증분차입이자율)을 말한다.

② 사용권자산

- 리스이용자는 리스개시일 후에 원가모형을 적용하여 사용권자산을 측정한다.
- 재평가모형을 적용하는 유형자산의 유형에 관련되는 경우에, 리스이용자는 그 유형자산의 유형에 관련되는 모든 사용권자산에 재평가모형을 적용하기로 선택할 수 있다.
- 투자부동산에 대해서 공정가치모형(원가모형)을 적용하는 경우, 모든 투자부동산에 대해서 공정가치모형(원가모형)을 적용해야 하므로 투자부동산의 정의를 충족하는 사용권자산에 대해서도 공정가치모형(원가모형)을 적용한다.
- 공정가치모형을 적용하는 투자부동산으로 분류되는 사용권자산에 대해서는 상각을 하지 않으나, 유형자산으로 분류되는 사용권자산에 대해서는 감가상각과 손상차손(환입)의 회계처리를 한다.

③ 사용권자산의 상각기간은 다음과 같다.

구 분	상각기간
리스기간 종료시점까지 리스이용자에게 기초자산의 소유권을 이전하는 경우 또는 사용권자산의 원가에 리스이용자가 매수선택권을 행사할 것임이 반영되는 경우	리스개시일부터 기초자산의 내용연수 종료시점까지 상각
그 밖의 경우	리스개시일부터 기초자산의 내용연수 종료일과 리스기간 종료일 중 이른 날까지 상각

- 그 밖의 경우란 리스기간이 종료되면 당해 자산을 리스제공자에게 반환한다는 것을 말하므로 내용연수와 리스기간 중 짧은 기간 동안 상각한다. 일반적으로 기초자산을 반환하는 조건의 경우 리스기간 종료일이 당해 기초자산의 내용연수 종료일보다 더 이를 것이다.

④ 사용권자산의 최초 인식 후 예상되는 지급액의 추정치를 변경하지 않는다면 리스종료 시 리스부채의 장부금액은 보증으로 인해 지급할 것으로 예상되는 금액과 동일할 것이므로 이 금액만큼 현금을 지급하면서 리스부채를 제거한다.

⑤ 사용권자산의 상각비를 인식할 경우에는 반환할 리스자산의 잔존가치를 고려할 필요 없이 장부금액 전부를 리스기간에 걸쳐 상각한다.

⑥ 리스부채는 리스기간 동안 유효이자율법을 적용하여 장부금액을 조정하고 지급한 리스료 중 원금 해당액만큼 리스부채의 장부금액을 감소시킨다. 반면에 사용권자산은 계약 조건에 따라 기초자산의 내용연수 또는 리스기간 동안 상각을 하고 손상차손을 인식하는 경우도 있으므로 리스개시일 후에는 매 보고기간 말에 사용권자산과 리스부채의 장부금액은 다를 것이다.

참고

	n	s
반환 ×	내용연수	잔존가치
반환 ○	Min[내용연수, 리스기간]	0

예제 6 리스부채와 사용권자산의 후속 측정 (2)

갑회사는 20×1년 초에 다음과 같은 조건으로 리스계약을 체결하고 기계장치를 리스(정액법)하였다.

리스기간 : 20×1년 1월 1일 ~ 20×5년 12월 31일까지
리스료 : 연간 고정리스료 100,000을 매년 12월 31일 지급
할인율 : 5%(내재이자율을 알 수 없으면 증분차입이자율 적용)
내용연수 : 7년(잔존가치 0)
리스기간 종료 시 갑회사는 50,000에 기계장치를 매수할 수 있는 매수선택권을 행사할 것이 상당히 확실하다.

관련 회계처리는?

풀이

1. 리스부채 최초 측정금액=100,000×4.32948(기간 5, 5%)+50,000×0.78353(기간 5, 5%)
=472,125

2. 사용권자산 최초 측정금액=472,125
연간 사용권자산 상각비=(472,125−0(내용연수 말 잔존가치))÷7년(내용연수)=67,446
〈20×1. 12. 31.〉

차변	금액	대변	금액
이 자 비 용	23,606*	현 금	100,000
리 스 부 채	76,394		

* 472,125×5%=23,606

차변	금액	대변	금액
사용권자산상각비	67,446	사 용 권 자 산	67,446

3. 리스 종료 시
〈20×5. 12. 31.〉

차변	금액	대변	금액
리 스 부 채	50,000	현 금	50,000
기 계 장 치	134,895*	사 용 권 자 산	134,895

* 472,125−67,446×5년=134,895

예제 7 리스부채와 사용권자산의 후속 측정 (3)

갑회사는 20×1년 초에 다음과 같은 조건으로 리스계약을 체결하고 기계장치를 리스(정액법)하였다.

리스기간 : 20×1년 1월 1일부터 20×5년 12월 31일까지
리스료 : 연간 고정리스료 100,000을 매년 12월 31일 지급
할인율 : 5%(내재이자율을 알 수 없으면 증분차입이자율 적용)
갑회사 부담 리스개설직접원가 : 20,000
내용연수 : 6년
리스기간 종료 시 기계장치는 리스제공자에게 반환한다.

관련 회계처리는?

풀이

1. 리스부채 최초 측정금액=100,000×4.32948(기간 5, 5%)=432,948

2. 사용권자산 최초 측정금액=432,948+20,000(리스개설직접원가)=452,948
연간 사용권자산 상각비=(452,948−0)÷5년(리스기간과 내용연수 중 짧은 기간)=90,590

〈20×1. 1. 1.〉

차변	금액	대변	금액
사 용 권 자 산	452,948	리 스 부 채	432,948
		현 금	20,000

〈20×1. 12. 31.〉

차변		대변	
이 자 비 용	21,647*	현 금	100,000
리 스 부 채	78,353		

* 432,948×5%=21,647

차변		대변	
사용권자산상각비	90,590	사 용 권 자 산	90,590

예제 4 리스요소와 비리스요소의 분리

갑회사는 특수 건설장비를 운전할 수 있는 기술자를 포함하여 특수 건설장비를 3년 동안 리스하였다. 계약에 따르면 리스제공자가 특수 건설장비의 유지보수를 담당하며, 보험(관리업무에 해당)도 가입한다. 연간 리스료는 30,000(매년 말 지급)이다.
갑회사는 유사한 특수 건설장비의 유지보수 용역과 보험료를 제3자로부터 각각 2,000과 300에 제공받을 수 있다. 또한 운전 기술자를 제외한 특수 건설장비의 리스계약을 제3자와 연간 리스료 26,000에 체결할 수 있으며, 특수 건설장비 운전 기술자를 고용하는 데 소요되는 비용을 연 4,000으로 추정하였다.
할인율 : 5%(내재이자율을 알 수 없으면 증분차입이자율 적용)

관련 회계처리는?

풀이

1. 특수 건설장비 리스가 리스요소이며, 유지보수 및 운전 기술자의 용역 제공은 비리스요소이다.
   보험(관리업무에 해당)은 재화나 용역을 이전하지 않으므로 별도의 구성요소가 아니다.

2.

	관측가능한 개별가격	리스료 30,000의 배분	
〈리스요소〉			
건설장비 리스	26,000	30,000×26,000/32,000=	24,375
〈비리스요소〉			
유지보수용역	2,000	30,000×2,000/32,000=	1,875
운전 기술자 고용	4,000	30,000×4,000/32,000=	3,750
	32,000		30,000

3. 리스부채 최초 인식금액=24,375×2.72325(기간 3, 5%)
   =66,379 → 이후 24,375씩 지급 시 부채의 상환과 이자비용 인식 회계처리

   비리스요소에 배분된 5,625은 매월 균등하게 배분된 금액을 비용으로 인식하는 것이 적절하다고 판단된다.
   연간리스료 30,000에는 보험료 300이 포함되어 있는데, 보험료와 같은 관리업무에 대한 요금은 계약의 별도 구성요소가 생기지는 않으나 이를 계약에서 별도로 식별되는 구성요소에 배분하는 총대가의 일부로 본다. 따라서 보험료를 별도의 비용으로 인식하지는 않는다.

〈회계처리〉

〈20×1. 1. 1.〉

사 용 권 자 산	66,379	리 스 부 채	66,379

〈20×1. 12. 31.〉

이 자 비 용	3,319	현 금	24,375
리 스 부 채	21,056		
유지보수비,인건비	5,625	현 금	5,625
사용권자산상각비	22,126	사 용 권 자 산	22,126

* 66,379÷3년=22,126

4. 한편 갑회사는 리스요소와 비리스요소를 분리하지 않고 전체를 하나의 리스요소로 처리하는 실무적 간편법을 적용할 수 있다. 이 경우에는 연간 리스료 30,000의 현재가치로 리스부채를 최초 인식한다.

리스부채 최초 인식금액=30,000×2.72325(기간 3, 5%)

=81,698 → 이후 30,000씩 지급 시 부채의 상환과 이자비용 인식 회계처리

〈회계처리〉

〈20×1. 1. 1.〉

사 용 권 자 산	81,698	리 스 부 채	81,698

〈20×1. 12. 31.〉

이 자 비 용	4,085	현 금	30,000
리 스 부 채	25,915		
사용권자산상각비	27,233	사 용 권 자 산	27,233

* 81,698÷3년=27,233

iv) 리스부채의 재평가

리스개시일 후에 리스기간이나 리스료에 변동이 생길 수 있다. 연장선택권이나 매수선택권에 대한 당초의 판단이 바뀌어 리스기간이 변동되거나, 잔존가치 보증으로 인해 지급할 것으로 예상하는 금액의 변동 또는 변동리스료의 지수나 요율이 변동되는 경우 미래에 지급할 리스료가 변동된다. 이러한 경우 리스이용자는 수정 리스료를 산정하여 리스부채를 다시 측정한다. 리스부채를 재평가한 금액으로 리스부채의 장부금액을 조정하면서 사용권자산의 장부금액을 조정한다.

<table>
<tr><th>구 분</th><th>수정 리스료의 산정</th><th>적용할 할인율</th></tr>
<tr><td>연장선택권 또는 종료선택권의 행사여부에 따라 리스기간에 변경이 있는 경우</td><td>변경된 리스기간에 기초하여 수정 리스료 산정</td><td rowspan="2">수정 할인율로서 남은 기간의 내재이자율을 적용하되, 내재이자율을 쉽게 산정할 수 없는 경우 재평가시점의 증분차입이자율로 산정</td></tr>
<tr><td>기초자산의 매수선택권 평가에 변동이 있는 경우</td><td>매수선택권에 따라 지급할 금액의 변동을 반영하여 수정 리스료 산정</td></tr>
<tr><td>잔존가치보증에 따라 지급할 것으로 예상되는 금액에 변동이 있는 경우</td><td>잔존가치보증에 따라 지급할 것으로 예상되는 금액의 변동을 반영하여 수정 리스료 산정</td><td rowspan="2">리스료의 변동이 변동이자율의 변동으로 생긴 경우가 아니라면 변경되지 않은 원래 할인율을 사용하고, 리스료의 변동이 변동이자율의 변동으로 생긴 경우라면 그 이자율 변동을 반영한 수정 할인율 사용</td></tr>
<tr><td>리스료를 산정할 때 사용한 지수나 요율(이율)의 변동으로 생기는 미래 리스료에 변동이 생기는 경우</td><td>변경된 계약상 지급액에 기초하여 남은 리스기간의 수정 리스료 산정</td></tr>
</table>

① 재평가(재측정)시 할인율(수정 할인율)을 사용하여야 하는 경우
- 연장선택권 또는 종료선택권의 행사여부에 따라 리스기간에 변경이 있는 경우
- 기초자산의 매수선택권 평가에 변동이 있는 경우
- 리스료의 변동이 변동이자율의 변동으로 생긴 경우

② 원래 할인율을 사용하여야 하는 경우
- 잔존가치보증에 따라 지급할 것으로 예상되는 금액에 변동이 있는 경우
- 리스료의 변동이 변동이자율의 변동으로 생긴 경우가 아닌 경우(지수나 요율의 변동으로 리스료가 변동하는 경우)

③ 리스부채의 재평가금액으로 리스부채의 장부금액을 조정하면서 사용권자산의 장부금액을 조정하며, 사용권자산의 장부금액이 0으로 줄어들고 리스부채의 측정치가 그보다 많이 줄어드는 경우에는 나머지 재측정 금액을 당기손익으로 인식한다.

EX

재측정 직전 사용권자산 600

재측정 직전 리스부채 1,000

재측정 후 리스부채 300

리 스 부 채	700	사 용 권 자 산	600
		리스부채조정이익	100

④ 리스이용자의 매출액에 일정 금액을 추가 리스료로 수수할 경우, 이는 지수나 요율(이율)의 변동으로 인하여 리스료가 변동되는 것이 아니므로 리스부채를 재평가하지 않고, 변동금액을 당기손익으로 인식한다.

예제 8 리스기간 변동 – 리스부채의 재평가

갑회사는 20×1년 1월 1일에 다음과 같은 조건으로 을회사 소유 빌딩 1개 층을 리스(정액법)하였다.

리스기간 : 20×1년 1월 1일~20×5년 12월 31일

리스료 : 매년 12월 31일에 100,000씩 지급

할인율 : 4%(내재이자율을 알 수 없으면 증분차입이자율 적용)

연장선택권 : 리스종료 후 2년간 리스기간 연장 가능, 연장 기간 동안 리스료는 매년 12월 31일에 90,000씩 지급

갑회사 부담 리스개설직접원가 : 10,000

리스개시일 현재 갑회사는 리스기간의 연장선택권을 행사할 것이 상당히 확실하지 않았으나, 20×4년 초 연장선택권 행사가 확실하게 되었다. 20×4년 초 현재 적용할 할인율은 5%이다.

관련 회계처리는?

풀이

1. 리스부채 최초 측정금액=100,000×4.45182(기간 5, 4%)=445,182
   사용권자산 최초 측정금액=445,182+10,000(리스개설직접원가)=455,182

   〈리스개시일〉

차변		대변	
사 용 권 자 산	455,182	리 스 부 채	445,182
		현 금	10,000

   연간 사용권자산 상각비=(455,182−0)÷5년=91,036

2. 20×4년 초 리스기간 변경 전 리스부채 장부금액=188,609(상각후원가)
   20×4년 초 리스기간 변경 전 사용권자산 장부금액=455,182×2/5(잔여 리스기간)=182,073
   20×4년 초 리스부채 재측정 금액(수정 할인율 적용)
   =100,000×1.85941(기간 2, 5%)+90,000×(3.54595(기간 4, 5%)−1.85941(기간 2, 5%))
   =337,730
   리스부채 조정액=337,730−188,609=149,121

   〈20×4. 1. 1.〉

차변		대변	
사 용 권 자 산	149,121	리 스 부 채	149,121

   조정후 사용권자산 장부금액=182,073+149,121=331,194(이 금액에 기초하여 전진법 상각)
   연간 사용권자산 상각비=(331,194−0)÷4년(2+2)=82,799

   〈20×4. 12. 31.〉

차변		대변	
사용권자산상각	82,799	사 용 권 자 산	82,799
이 자 비 용	16,887*	현 금	100,000
리 스 부 채	83,113		

   * 337,730×5%=16,887

참고

×4초	×4말	×5말	×6말	×7말
	100,000	100,000	90,000	90,000

$$PV(5\%) = \frac{100{,}000}{1.05} + \frac{100{,}000}{1.05^2} + \frac{90{,}000}{1.05^3} + \frac{90{,}000}{1.05^4}$$

$$=100{,}000\times\left(\frac{1}{1.05} + \frac{1}{1.05^2}\right)+90{,}000\times\left(\frac{1}{1.05^3} + \frac{1}{1.05^4}\right)$$

=100,000×(2, 5% 연금)+90,000×(4, 5% 연금−2, 5% 연금)

예제 9 매수선택권 평가의 변동 – 리스부채의 재평가

갑회사는 20×1년 1월 1일에 기계장치 1대를 사용하기 위하여 다음과 같은 조건으로 리스(정액법)하였다.

리스기간 : 20×1년 1월 1일부터 20×3년 12월 31일
리스료 : 매년 12월 31일에 100,000씩 지급
매수선택권 : 리스종료 후 50,000의 현금을 지급하고 매수선택권 행사가능
할인율 : 4%(내재이자율을 알 수 없으면 증분차입이자율 적용)
리스개시일 현재 갑회사는 매수선택권을 행사할 것이 상당히 확실하지 않았으나, 20×1년 말 매수선택권 행사가 확실하게 되었다. 20×1년 말 현재 적용할 할인율은 5%이다.

관련 회계처리는?

풀이

1. 리스부채 최초 측정금액=100,000×2.77509(기간 3, 4%)=277,509
   사용권자산 최초 측정금액=277,509

   〈리스개시일〉

사 용 권 자 산	277,509	리 스 부 채	277,509

   연간 사용권자산 상각비=(277,509−0)÷3년=92,503

2. 20×1년 말 변경 전 리스부채 장부금액=188,609(상각후원가)
   20×1년 말 변경 전 사용권자산 장부금액=277,509×2/3(잔여리스기간)=185,006
   20×1년 말 리스부채 재측정 금액=100,000×1.85941(기간 2, 5%)+50,000×0.90703(기간 2, 5%)
   (수정 할인율 적용) =231,293
   리스부채 조정액=231,293−188,609=42,684

〈20×1. 12. 31.〉

사 용 권 자 산	42,684	리 스 부 채	42,684

조정후 사용권자산 장부금액=185,006+42,684=227,690(이 금액에 기초하여 전진법 상각)

이후 감가상각은 잔존 내용연수와 잔존 내용연수 말 추정잔존가치를 이용하여 계산(∵ 소유권 이전)

예제 10 잔존가치 보증의 변동 – 리스부채의 재평가

갑회사는 20×1년 초에 다음과 같은 조건으로 리스계약을 체결하고 기계장치를 리스(정액법)하였다.

리스기간 : 20×1년 1월 1일 ~ 20×3년 12월 31일까지

리 스 료 : 연간 고정리스료 100,000. 매년 12월 31일 지급

할 인 율 : 5%(내재이자율을 알 수 없으면 증분차입이자율 적용)

내용연수 : 5년(잔존가치 0)

리스기간 종료 시 기계장치를 리스제공자에게 반환하되, 반환 시 실제 잔존가치가 150,000에 미달할 경우 미달한 금액에 대해서 보증한다.

리스개시일 현재 잔존가치 보증으로 인하여 리스기간 종료 시 지급할 것으로 예상되는 금액이 없을 것으로 예상하였으나, 20×1년 말 잔존가치 보증으로 리스기간 종료 시 20,000을 지급할 것으로 예상하였다.

관련 회계처리는?

풀이

1. 리스개시일 현재 잔존가치 보증으로 인하여 리스기간 종료 시 지급할 것으로 예상되는 금액이 없는 경우

   리스부채 최초 측정금액=100,000×2.72325(기간 3, 5%)=272,325

2. 20×1년 말 잔존가치 보증으로 리스기간 종료 시 20,000을 지급할 것으로 예상한 경우

   〈20×1. 12. 31.〉

이 자 비 용	13,616*	현 금	100,000
리 스 부 채	86,384		

   * 272,325×5%=13,616

사용권자산상각비	90,775	사 용 권 자 산	90,775

   * 사용권자산 상각비=(272,325−0)÷3년=90,775

   20×1년 말 현재 재측정전 리스부채=185,941(상각후원가)

   20×1년 말 리스부채 재측정 금액=100,000×1.85941(기간 2, 5%)+20,000×0.90703(기간 2, 5%)
   (원래 할인율 적용) =204,082

   리스부채 조정액=204,082−185,941=18,141

〈20×1. 12. 31.〉

사 용 권 자 산	18,141	리 스 부 채	18,141

조정후 사용권자산 장부금액=181,550(=272,325−90,775)+18,141
=199,691(이 금액에 기초하여 전진법 상각)

연간 사용권자산 상각비=(199,691−0)÷2년=99,846

3. 리스종료 시 반환 회계처리

〈20×3. 12. 31.〉

리 스 부 채	20,000	현 금	20,000

리스종료일에 사용권자산은 상각이 완료되어 장부금액은 0이다. 한편 실제 지급한 잔존가치보증에 대한 현금이 20,000을 초과하거나 미달하면 그 차액만큼 당기손익으로 인식한다.

예제 11 변동리스료 _ 리스부채의 재평가

갑회사는 20×1년 1월 1일에 다음과 같은 조건으로 을회사 소유 빌딩 1개 층을 리스(정액법)하였다.

리스기간 : 20×1년 1월 1일 ~ 20×6년 12월 31일까지

리 스 료 : 매년 12월 31일에 리스료 지급. 20×1년과 20×2년에는 연간 60,000 지급. 이후 2년 단위로 소비자물가지수의 변동을 반영하여 리스료 조정. 20×3년과 20×4년의 리스료는 20×3년 초의 소비자물가지수를 반영하여 산정하고, 20×5년과 20×6년의 리스료는 20×5년 초의 소비자물가지수를 반영하여 산정

할인율 :

20×1 초	20×2 초	20×3 초	20×4 초	20×5 초
6%	N/A	7%	N/A	5%

소비자물가지수 :

20×1 초	20×2 초	20×3 초	20×4 초	20×5 초
120	N/A	130	N/A	125

리스로 사용하는 건물은 리스기간 종료 시 리스제공자에게 반환한다.

관련 회계처리는?

풀이

1. 리스부채 최초 측정금액=60,000×4.91732(기간 6, 6%)=295,039
   사용권자산 최초 측정금액=295,039
   〈리스개시일〉

사 용 권 자 산	295,039	리 스 부 채	295,039

   20×1년과 20×2년 연간 상각비=(295,039−0)÷6년=49,173

2. 20×3년 이후 연간 리스료=60,000×130/120=65,000
   20×3년 초 현재 재평가전 리스부채=207,905(상각후원가)
   리스료 변동을 반영하여 재평가한 20×3년 초 현재 리스부채=65,000×3.46511(기간 4, 6%)
   (원래 할인율 적용) =225,232
   리스부채 조정액=225,232−207,905=17,327
   〈리스부채 재평가〉

사 용 권 자 산	17,327	리 스 부 채	17,327

   20×3년 초 사용권자산 조정후 장부금액=295,039×4/6+17,327=214,020
   20×3년과 20×4년 연간 상각비=(214,020−0)÷4년=53,505(전진법 상각)

3. 20×5년 이후 연간 리스료=60,000×125/120=62,500 또는 65,000×125/130=62,500
   20×5년 초 현재 재평가전 리스부채=119,171(상각후원가)
   리스료 변동을 반영하여 재평가한 20×5년 초 현재 리스부채=62,500×1.83339(기간 2, 6%)
   (원래 할인율 적용) =114,587
   리스부채 조정액=114,587−119,171=(4,584)
   〈리스부채 재평가〉

리 스 부 채	4,584	사 용 권 자 산	4,584

   20×5년 초 사용권자산 조정후 장부금액=214,020×2/4−4,584=102,426
   20×5년과 20×6년 연간 상각비=(102,426−0)÷2년=51,213(전진법 상각)

참고 갑회사가 리스한 부동산에 대해서 발생한 매출액의 1%를 해당 연도 리스료로 추가 지급하기로 했으며, 20×1년도 갑회사가 리스한 부동산에 대해서 700,000의 매출이 발생한 경우

리스이용자의 매출액에 일정 금액을 추가 리스료로 지급할 경우, 이는 지수나 요율(이율)의 변동으로 인하여 리스료가 변동되는 것이 아니기 때문에 리스부채를 재평가하지 않는다. 따라서 20×1년도 추가지급액 7,000(700,000의 1%)을 20×1년의 비용으로 인식한다.

예제 12 변동이자율의 변동으로 인한 리스료의 변동

갑회사는 20×1년 초에 업무용 자동차를 3년간 리스하였다.
리스료는 매년 말에 지급하는데, 리스개시일 현재 자동차의 공정가치(100,000)에 그 시점의 LIBOR를 곱하여 결정한다(매년 초 '100,000에 그 시점 LIBOR를 곱해' 리스료를 계산한 후 매년 말 지급).
리스개시일 현재 LIBOR는 3%이고 리스제공자의 내재이자율은 4%이다.
20×2년 초 현재 LIBOR는 4.5%이고, 20×2년 초의 관련 할인율은 6%이다.

관련 회계처리는?

풀이

1. 리스개시일 현재 연간리스료=100,000×3%=3,000
   리스부채 최초 측정금액=3,000×2.77509(기간 3, 4%)=8,325
   사용권자산 최초 측정금액=8,325

   〈리스개시일〉

차변	금액	대변	금액
사용권자산	8,325	리스부채	8,325

2. 〈20×1. 12. 31.〉

차변	금액	대변	금액
이자비용	333*	현금	3,000
리스부채	2,667		
사용권자산상각비	2,775**	사용권자산	2,775

   * 8,325×4%=333
   ** (8,325−0)÷3년=2,775

3. 변동이자율의 변동에 따라 리스료가 변동하므로 수정 할인율을 적용하여 리스부채를 재평가한다.
   20×2년 초 현재 연간리스료=100,000× 4.5%=4,500
   20×2년 초 현재 재평가한 리스부채(수정 할인율 적용)=4,500×1.83339(기간 2, 6%)=8,250
   20×2년 초 현재 리스부채 장부금액=8,325−2,667=5,658(상각후원가)
   리스부채 조정액=8,250−5,658=2,592

   〈20×2. 1. 1.〉

차변	금액	대변	금액
사용권자산	2,592	리스부채	2,592

4. 〈20×2. 12. 31.〉

차변	금액	대변	금액
이자비용	495*	현금	4,500
리스부채	4,005		
사용권자산상각비	4,071**	사용권자산	4,071

   * 8,250×6%=495
   ** (8,325−2,775+2,592−0)÷2년=4,071

v) **리스변경**

① 리스변경이란 리스 범위가 변경되거나(예 : 하나 이상의 기초자산 사용권의 추가 또는 종료, 계약상 리스기간의 연장 또는 단축) 리스대가가 변경되는 것을 말한다.

② 아래 두 조건을 모두 충족하면 추가된 기초자산 사용권을 별도의 리스로 보고, 사용권자산과 리스부채를 인식하며 기존의 리스에 대해서는 아무런 조정을 하지 않는다. 따라서 기존 리스와 별도 리스 각각에 대해서 이자비용 및 사용권자산 상각비를 인식한다.

- 하나 이상의 기초자산 사용권이 추가되어 리스의 범위가 넓어진다.
- 넓어진 리스 범위의 개별 가격에 상응하는 금액과 특정한 계약의 상황을 반영하여 그 개별 가격에 적절한 조정액만큼 리스대가가 증액된다.

③ 리스 범위가 넓어졌으나 개별 가격에 상응하는 리스대가 증액이 이루어지지 않은 경우와 리스기간의 연장 또는 리스대가의 변동이 발생한 경우 리스부채를 재측정하고 사용권자산에 반영한다.

④ 기초자산 사용권이 축소되어 리스의 범위가 좁아지는 리스변경(리스기간 단축 포함)에 대해서는 사용권자산과 리스부채의 장부금액을 감소되는 비율만큼 감액하고, 차액을 당기손익으로 인식한다. 그 후 수정 할인율로 리스부채 재측정 회계처리를 한다.

⑤ 리스부채를 다시 측정할 때 적용할 수정 할인율은 남은 기간의 내재이자율로 하되, 내재이자율을 쉽게 산정할 수 없는 경우에는 리스변경 유효일 현재 리스이용자의 증분차입이자율로 산정한다.

〈리스변경 시 리스이용자의 회계처리〉

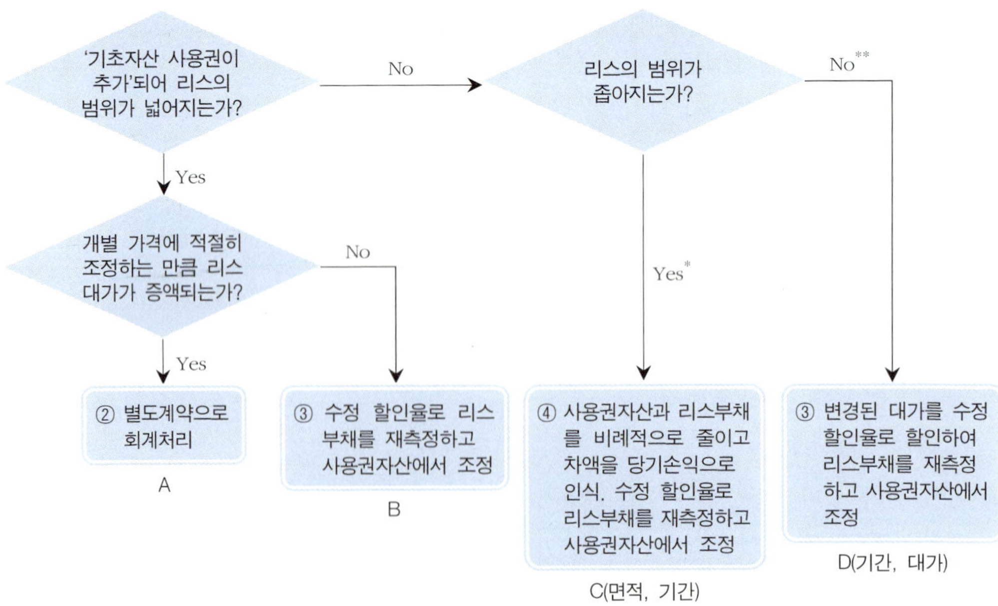

* 리스기간의 단축을 포함한다.

** 이러한 경우는 리스기간의 연장 또는 리스대가의 변동에 해당된다.

예제 13 리스범위의 변경 – 기초자산 사용권의 추가와 리스기간 연장

갑회사는 20×1년 1월 1일에 사무실 공간 2,000 제곱미터를 5년 동안 리스(정액법)하는 계약을 체결하였다.

리스료 : 매년 12월 31일에 100,000씩 지급
할인율 : 6%(내재이자율을 알 수 없으면 증분차입이자율 적용)

〈상황 1〉
20×3년 초에 갑회사는 리스기간 중 남은 3년 동안 사무실의 공간 1,000 제곱미터를 추가하도록 기존 리스계약을 수정하였다. 추가 공간에 대한 리스료는 매년 12월 31일에 45,000을 지급하는데, 이 금액은 추가 사용권자산의 개별 가격에 상응하는 금액이다. 20×3년 초 관련 할인율은 5%다.

〈상황 2〉
20×3년 초에 갑회사는 리스제공자와 협의하여 기존 리스의 계약상 리스기간을 2년 연장하고, 연장기간의 리스료는 변동되지 않는 것으로 하였다. 20×3년 초 관련 할인율은 5%다.

〈상황 3〉
20×3년 초에 갑회사는 리스제공자와 협의하여 기존 리스의 계약상 리스기간을 2년 연장하고, 연장기간(20×6년과 20×7년) 동안의 리스료는 연간 120,000으로 결정하였다. 20×3년 초 관련 할인율은 5%이다.

각 상황별 관련 회계처리는?

풀이

〈상황 1〉

1. 20×1년 초 리스개시일에 인식할 리스부채=100,000×4.21236(기간 5, 6%)=421,236
   동액만큼 사용권자산을 인식한다.

   〈리스개시일〉

사 용 권 자 산	421,236	리 스 부 채	421,236

2. 20×3년 초 리스변경은 추가 사용권자산의 개별 가격에 상응하는 금액으로 리스대가가 증액되기 때문에 기존의 리스와 구분되는 별도의 리스로 회계처리(A)
   별도 리스의 리스부채
   =45,000×2.72325(기간 3, 5%)=122,546

   〈20×3년 초, 리스변경일〉

사 용 권 자 산	122,546	리 스 부 채	122,546

   〈20×3년 말〉

사 용 권 자 산 상 각	84,247	사 용 권 자 산	84,247

   * (421,236−0)÷5년=84,247

이 자 비 용	16,038*	현 금	100,000
리 스 부 채	83,962		

* 20×3년 초 기존 리스의 리스부채 장부금액(상각후원가) 267,301×6%=16,038

사용권자산상각	40,849	사 용 권 자 산	40,849

* (122,546−0)÷3년=40,849

이 자 비 용	6,127*	현 금	45,000
리 스 부 채	38,873		

* 20×3년 초 별도 리스의 리스부채 장부금액 122,546×5%=6,127

3. 20×3년 초 리스변경이 추가 사용권자산의 개별 가격에 상응하는 금액으로 리스대가가 증액되지 않은 경우(B)
   20×3년 초 기존 리스의 리스부채 장부금액=267,301(상각후원가)
   20×3년 초 재측정한 리스부채(수정 할인율 적용)=145,000×2.72325(기간 3, 5%)=394,871
   리스부채 조정액=394,871−267,301=127,570

   〈20×3년 초, 리스변경일〉

사 용 권 자 산	127,570	리 스 부 채	127,570

   20×3년도 사용권자산 상각비
   =(421,236(기존 사용권자산)−0)÷5년+(127,570(추가 인식 사용권자산)−0)÷3년=126,771
   =(421,236×3/5+127,570−0)÷3년=126,771

   〈20×3년 말〉

사용권자산상각	126,771	사 용 권 자 산	126,771
이 자 비 용	19,744*	현 금	145,000
리 스 부 채	125,256		

* 20×3년 초 재측정한 리스부채 장부금액 394,871×5%=19,744

〈상황 2〉

1. 20×1년 초 리스개시일에 인식할 리스부채=100,000×4.21236(기간 5, 6%)=421,236
   동액만큼 사용권자산을 인식한다.

   〈리스개시일〉

사 용 권 자 산	421,236	리 스 부 채	421,236

2. 리스기간만 연장되었으므로 기존 리스의 리스부채를 재측정(D(기간))
   20×3년 초 기존 리스의 리스부채 장부금액=267,301(상각후원가)
   20×3년 초 재측정한 리스부채(수정 할인율 적용)=100,000×4.32948(기간 5, 5%)=432,948
   리스부채 조정액=432,948−267,301=165,647

〈20×3년 초, 리스변경일〉

사 용 권 자 산	165,647	리 스 부 채	165,647

〈20×3년 말〉

사용권자산상각	83,678	사 용 권 자 산	83,678

* 20×3년도 사용권자산 상각비=(421,236×3/5+165,647−0)÷5년(5−2+2)=83,678

이 자 비 용	21,647*	현 금	100,000
리 스 부 채	78,353		

* 20×3년 초 재측정한 리스부채 장부금액 432,948×5%=21,647

〈상황 3〉

1. 20×1년 초 리스개시일에 인식할 리스부채=100,000×4.21236(기간 5, 6%)=421,236
   동액만큼 사용권자산을 인식한다.

   〈리스개시일〉

사 용 권 자 산	421,236	리 스 부 채	421,236

2. 리스기간이 연장되고 리스료도 증액되었으나, **기초자산 사용권이 추가된 것은 아니므로 리스변경에 해당되기는 하지만 별도 리스로 보지 않는다.** 따라서 수정 리스료를 수정할인율로 할인하여 리스부채를 재측정한다.(D(기간, 대가))

   20×3년 초 기존 리스의 리스부채 장부금액=267,301(상각후원가)

   20×3년 초 재측정한 리스부채=100,000×2.72325(기간 3, 5%)
   (수정 할인율 적용) +120,000×1.60623(기간 5, 5%−기간 3, 5%)
   =465,072

   리스부채 조정액=465,072−267,301=197,771

   〈20×3년 초, 리스변경일〉

사 용 권 자 산	197,771	리 스 부 채	197,771

〈20×3년 말〉

사용권자산상각	90,103	사 용 권 자 산	90,103

* 20×3년도 사용권자산 상각비=(421,236×3/5+197,771−0)÷5년(5−2+2)=90,103

이 자 비 용	23,254*	현 금	100,000
리 스 부 채	76,746		

* 20×3년 초 재측정한 리스부채 장부금액 465,072×5%=23,254

참고 예제 8과 예제 13의 상황 2, 3

〈예제 8〉 리스부채의 재측정

리스기간(5년) 후 2년간 리스기간 연장선택권 보유

↳ 처음에는 연장하지 않으려고 했다가 나중에 연장하기로 함

〈예제 13의 상황 2, 3〉 리스변경

연장선택권 없음

↳ 나중에 제공자와 협의하여 연장하기로 함

Con

서로 규정하는 기준은 다르지만 결국 리스부채를 수정 할인율로 재측정한 후 리스부채와 사용권자산 금액을 조정 → 결국 회계처리는 동일

예제 14 리스의 범위를 좁히는 변경 (다(면적))

갑회사는 20×1년 1월 1일에 사무실 공간 2,000 제곱미터를 5년 동안 리스(정액법)하는 계약을 체결하였다.

리스료 : 12월 31일에 100,000씩 지급

할인율 : 5%(내재이자율을 알 수 없으면 증분차입이자율 적용)

20×3년 초에 갑회사는 리스기간 중 남은 3년 동안 사무실의 공간을 2,000 제곱미터에서 1,000 제곱미터로 줄이기로 리스제공자와 합의하였다. 남은 3년 동안 리스료는 매년 12월 31일에 60,000씩 지급한다. 20×3년 초 관련 할인율은 6%다.

관련 회계처리는?

풀이

20×1년 초 리스부채 최초 측정금액=100,000×4.32948(기간 5, 5%)=432,948

20×3년 초 리스부채 장부금액=20×3년 초 현재 미래에 3번 지급할 리스료의 현재가치

=100,000×2.72325(기간 3, 5%)=272,325(상각후원가)

20×3년 초 사용권자산의 장부금액=432,948×3/5=259,769

〈리스변경일의 회계처리〉

① 사무실 공간을 2,000 제곱미터에서 1,000 제곱미터로 감소하므로 사용권자산과 리스부채의 장부금액을 50% 만큼 감소 조정하고, 차액을 당기손익으로 인식

사용권자산 감소액=259,769×50%=129,885

리스부채 감소액=272,325×50%=136,163

차변	금액	대변	금액
리스부채	136,163	사용권자산	129,885
		리스변경이익	6,278

② 리스부채 장부금액을 재측정 금액으로 조정
20×3년 초 현재 재측정한 리스부채(수정 할인율 적용)=60,000×2.67301(기간 3, 6%)=160,381
리스부채 조정액=160,381-(272,325-136,163)=24,219

차변	금액	대변	금액
사 용 권 자 산	24,219	리 스 부 채	24,219

사용권자산 상각비=(259,769-129,885+24,219-0)÷3년=51,368

예제 15 리스기간만 연장 (D(기간)) 또는 단축 (C(기간))

갑회사는 20×1년 1월 1일에 사무실 공간 2,000 제곱미터를 5년 동안 리스하는 계약을 체결하였다.
리스료 : 12월 31일에 100,000씩 지급
할인율 : 5%(내재이자율을 알 수 없으면 증분차입이자율 적용)

각 상황별 관련 회계처리는?

1. 갑회사는 20×2년 초에 리스료 변동 없이 리스기간만 당초 5년에서 7년으로 연장하는 리스변경을 리스제공자와 합의하였다. 20×2년 초 관련 할인율은 6%이다.

20×1년 초 리스개시일에 인식할 리스부채
=100,000×4.32948(기간 5, 5%)
=432,948 동액만큼 사용권자산을 인식한다.

20×2년 초 리스변경 전 리스부채의 장부금액(상각후원가)
=432,948+432,948×5%-100,000=354,595
20×2년 초 리스변경 후 리스부채의 장부금액(리스부채의 재측정, 수정 할인율 6% 사용)
=100,000×4.91732(기간 6, 6%)=491,732
리스부채 조정액=491,732-354,595=137,137

〈리스변경일〉

차변	금액	대변	금액
사 용 권 자 산	137,137	리 스 부 채	137,137

〈20×2년 말〉

차변	금액	대변	금액
이 자 비 용	29,504*	현 금	100,000
리 스 부 채	70,496		

* 491,732×6%=29,504

차변	금액	대변	금액
사용권자산상각비	80,583	사 용 권 자 산	80,583

* 리스변경일 현재 사용권자산=432,948×4/5+137,137=483,495
(483,495-0)÷6년(5-1+2)=80,583

2. 갑회사는 20×2년 초에 리스기간을 당초 5년에서 4년으로 단축하는 리스변경을 리스제공자와 합의하였다. 20×2년 초 관련 할인율은 6%이다.

20×2년 초 리스변경 전 리스부채의 장부금액(상각후원가)=354,595
20×2년 초 리스변경 후 리스부채의 장부금액(원래 할인율 5% 적용)
=100,000×2.72325(기간 3, 5%)=272,325
리스부채 조정액=354,595−272,325=82,270(100,000×(기간 4, 5%)=82,270)
사용권자산 조정액=(432,948×4/5)×1/4(잔여상각기간 4년에서 3년으로 축소)=86,590

〈리스변경일〉

① 리스기간 단축에 따른 조정

차변	금액	대변	금액
리스부채	82,270	사용권자산	86,590
리스변경손실	4,320		

② 할인율 수정에 따른 리스부채 조정
20×2년 초 현재 재측정한 리스부채(수정 할인율 적용)
=100,000×2.67301(기간 3, 6%)=267,301
리스부채 조정액=267,301−272,325=(−)5,024

차변	금액	대변	금액
리스부채	5,024	사용권자산	5,024

〈20×2년 말〉

차변	금액	대변	금액
이자비용	16,038*	현금	100,000
리스부채	83,962		

* 267,301×6%=16,038

차변	금액	대변	금액
사용권자산상각비	84,915	사용권자산	84,915

* 리스변경일 현재 사용권자산=432,948×4/5×3/4−5,024=254,745
(254,745−0)÷3년(5−1−1)=84,915

참고

면적 감소의 경우 남은 전 기간에 대해 비례적으로 면적이 감소하였으므로 리스부채를 면적 감소 부분만큼 제거하면 되지만, 기간 감소의 경우 남은 전 기간에 대한 리스료의 현재가치가 다르게 리스부채에 포함되어 있으므로 감소된 기간의 리스료 현재가치만큼만 직접 제거해야 한다.
반면, 사용권자산은 면적 감소 부분 또는 기간 감소 부분만큼 비례적으로 제거하면 된다.

예제 16 리스의 범위를 넓히면서 좁히는 변경

갑회사는 20×1년 1월 1일에 사무실 공간 2,000 제곱미터를 10년 동안 리스(정액법)하는 계약을 체결하였다.

리스료 : 12월 31일에 100,000씩 지급
할인율 : 5%(내재이자율을 알 수 없으면 증분차입이자율 적용)
갑회사는 20×6년 1월 1일에 같은 건물에서 1,000 제곱미터의 사무실 공간을 추가하고, 리스기간을 10년에서 8년으로 줄이기로 리스제공자와 합의하였다. 20×6년부터 리스료로 매년 12월 31일에 160,000씩 지급한다. 1,000 제곱미터 사무실 공간의 범위 확장에 대한 대가는 계약 상황을 반영하기 위하여 조정한 증분의 개별 가격에 상응하지 않는다. 20×6년 초 관련 할인율은 6%다.

관련 회계처리는?

풀이

리스개시일에 인식할 리스부채=100,000×7.72174(기간 10, 5%)=772,174
리스개시일에 인식할 사용권자산=772,174
20×6년 초 리스변경 직전 리스부채의 장부금액=100,000×4.32948(기간 5, 5%)
=432,948(상각후원가)
20×6년 초 리스변경 직전 사용권자산의 장부금액=772,174×5/10=386,087

〈리스변경일의 회계처리〉

① 리스기간 단축에 따른 조정(C(기간))
20×6년 초 리스변경 전 리스부채의 장부금액(상각후원가)=432,948
20×6년 초 리스변경 후 리스부채의 장부금액(원래 할인율 5% 적용)
=100,000×2.72325(기간 3, 5%)=272,325
리스기간 단축에 따른 리스부채 감소 조정액=432,948−272,325=160,623
리스기간 단축에 따른 사용권자산 장부금액 감소 조정액=386,087×2/5(남은 5년 중 단축한 2년)
=154,435

〈리스기간 단축에 따른 조정분개〉

차변	금액	대변	금액
리스부채	160,623	사용권자산	154,435
		리스변경이익	6,188

② 할인율 수정에 따른 리스부채 조정
20×6년 초 현재 재측정한 리스부채(수정 할인율 적용)
=100,000×2.67301(기간 3, 6%)=267,301
리스부채 조정액=272,325−267,301=5,024 감소

〈할인율 수정에 따른 조정분개〉

차변	금액	대변	금액
리스부채	5,024	사용권자산	5,024

③ 리스하는 사무실 공간 추가에 대한 조정(B)

20×6년부터 20×8년까지 매년 60,000씩 늘어나는 리스료의 현재가치
=60,000×2.67301(기간 3, 6%)=160,381

〈리스공간 추가에 대한 조정분개〉

사 용 권 자 산	160,381	리 스 부 채	160,381

위의 조정분개를 모두 반영하면 리스부채의 리스변경 직후 장부금액은 427,682가 되는데, 이 금액은 20×6년 초 현재 리스변경에 따라 다음과 같이 리스부채를 재평가한 금액과 동일하다.
리스부채 재평가 금액=160,000 × 2.67301(기간 3, 6%)=427,682

예제 17 대가만 달라지는 리스 변경 (D(대가))

갑회사는 사무실 공간 2,000 제곱미터를 20×1년 1월 1일부터 10년간 리스하는 계약을 체결하였다.

리스료 : 12월 31일에 100,000씩 지급
할인율 : 5%(내재이자율을 알 수 없으면 증분차입이자율 적용)
갑회사는 20×6년 초에 연 리스료를 100,000에서 90,000으로 줄이기로 리스제공자와 합의하였다. 20×6년 초 관련 할인율은 6%다.

관련 회계처리는?

풀이

20×6년 초 리스변경 직전 리스부채 장부금액=100,000×4.32948(기간 5, 5%)=432,948(상각후원가)
20×6년 초 리스변경을 반영한 후 리스부채 장부금액=90,000×4.21236(기간 5, 6%)=379,112
리스부채 조정액=379,112−432,948=(−)53,836

〈리스부채 조정분개〉

리 스 부 채	53,836	사 용 권 자 산	53,836

vi) 재무제표 표시

① 재무상태표

리스이용자는 재무상태표에 사용권자산을 다른 자산과 구분하여 표시하거나, 그 내용을 주석으로 공시한다.

리스이용자가 재무상태표에서 사용권자산을 구분하여 표시하지 않으면 다음과 같이 한다.

- 리스이용자가 대응하는 기초자산을 보유하였을 경우에 표시하였을 항목과 같은 항목에 사용권자산을 포함한다.

• 재무상태표의 어떤 항목에 그 사용권자산이 포함되어 있는지를 공시한다.

예를 들어 갑회사가 건물을 리스하여 이를 사용권자산으로 인식하고 재무상태표에 다른 자산과 구분하여 표시하지 않기로 했다면, 갑회사는 자가사용 건물을 유형자산으로 분류하여 표시하였을 것이므로 사용권자산도 유형자산으로 분류하여 표시한다.
한편 갑회사는 사용권자산을 건물에 포함시켜 재무상태표에 표시할 수도 있는데, 이 경우에는 건물에 사용권자산이 포함되어 있다는 것을 주석으로 공시한다.
그러나 사용권자산이 투자부동산의 정의를 충족한다면 그 사용권자산은 재무상태표에 투자부동산으로 표시한다.
사용권자산과 마찬가지로 리스부채도 다른 부채와 구분하여 표시하거나 공시한다. 리스이용자가 재무상태표에서 리스부채를 구분하여 표시하지 않으면 재무상태표의 어떤 항목에 그 부채가 포함되어 있는지를 공시한다.

② 포괄손익계산서
리스이용자는 리스부채에 대한 이자비용과 사용권자산의 감가상각비를 구분하여 포괄손익계산서에 표시한다.

③ 현금흐름표
리스부채 원금에 해당되는 현금 지급액은 재무활동으로 분류하고, 이자에 해당되는 현금 지급액은 영업활동 또는 재무활동으로 분류한다. 리스부채 측정치에 포함되지 않은 단기리스료, 소액자산 리스료 및 변동리스료의 현금 지급액은 영업활동으로 분류한다.

3. 리스제공자의 회계처리

i) 리스의 분류

① 기초자산의 소유에 따른 위험과 보상의 대부분을 리스이용자에게 이전하지 않는 리스는 운용리스로 분류하고, 기초자산의 소유에 따른 위험과 보상의 대부분을 리스이용자에게 이전하는 리스를 금융리스로 분류한다.

② 일반적으로 금융리스로 분류되는 상황(개별적으로나 결합되어)의 예는 다음과 같다.

- 리스기간 종료시점까지 기초자산의 소유권이 리스이용자에게 이전되는 리스
  – 리스개시시점에서 기초자산의 소유권이 리스이용자에게 이전되지 않더라도 리스기간 종료시점까지 그 소유권이 리스이용자에게 이전된다면 기초자산의 소유에 따른 위험과 보상은 처음부터 리스이용자에게 이전된 것으로 볼 수 있다.
- 리스이용자가 선택권 행사일의 공정가치보다 충분히 낮을 것으로 예상되는 가격으로 기초자산을 매수할 수 있는 선택권을 가지고 있으며, 그 선택권을 행사할 것이 리스약정일 현재 상당히 확실한 경우

- 기초자산의 소유권이 이전되지 않더라도 리스기간이 기초자산의 경제적 내용연수의 상당 부분을 차지하는 경우
  – 기준서에서 언급하고 있는 '상당 부분'이 어느 정도의 기간을 의미하는 지는 주관적 판단이 개입될 수밖에 없기 때문에 동일한 조건의 리스계약에 대해서 다르게 분류될 가능성이 있다.
- 리스약정일 현재, 리스료의 현재가치가 적어도 기초자산 공정가치의 대부분에 해당하는 경우
  – 기준서에서 언급하고 있는 '대부분'이 어느 정도의 금액을 의미하는 지는 주관적 판단이 개입될 수밖에 없기 때문에 동일한 조건의 리스계약에 대해서 다르게 분류될 가능성이 있다.
- 기초자산이 특수하여 해당 리스이용자만이 중요한 변경 없이 사용할 수 있는 경우

③ 리스가 금융리스로 분류될 수 있는 상황의 지표(개별적으로나 결합되어)는 다음과 같다.

- 리스이용자가 리스를 해지할 수 있는 경우에 리스이용자가 해지에 관련되는 리스제공자의 손실을 부담하는 경우
- 잔존자산의 공정가치 변동에서 생기는 손익이 리스이용자에게 귀속되는 경우(예: 리스종료시점에 매각대가의 대부분에 해당하는 금액이 리스료 환급의 형태로 리스이용자에게 귀속되는 경우)
- 리스이용자가 시장리스료보다 현저하게 낮은 리스료로 다음 리스기간에 리스를 계속할 능력이 있는 경우

④ 계약의 다른 속성들을 고려할 때 기초자산의 소유에 따른 위험과 보상의 대부분을 이전하지 않는다는 점이 분명하다면 그 리스는 운용리스로 분류한다.

- 리스기간 종료시점에 기초자산의 소유권을 그 시점의 공정가치에 해당하는 변동 지급액으로 이전하는 경우
- 변동리스료가 있고 그 결과로 리스제공자가 기초자산의 소유에 따른 위험과 보상의 대부분을 이전하지 않는 경우

⑤ 리스는 리스약정일에 분류하며, 리스변경이 있는 경우에만 다시 판단한다. 따라서 추정의 변경(예 : 기초자산의 내용연수 또는 잔존가치 추정치의 변경)이나 상황의 변화(예 : 리스이용자의 채무불이행)가 있더라도 회계 목적상 리스를 새로 분류하지 않는다.

⑥ 리스가 토지 요소와 건물 요소를 모두 포함할 때, 리스제공자는 각 요소를 금융리스와 운용리스 중 무엇으로 분류할지 판단한다. 토지 요소가 운용리스인지, 금융리스인지를 판단할 때 중요한 고려사항은 보통 토지의 경제적 내용연수가 한정되지 않는다는 점이다.

- 토지 및 건물의 리스를 분류하고 회계처리를 하기 위해서 리스제공자는 약정일에 리스의 토지 요소와 건물 요소에 대한 임차권의 상대적 공정가치에 비례하여 토지 및 건물 요소의 리스료(일괄 지급된 선수리스료 포함)를 배분한다.
- 두 요소에 리스료를 신뢰성 있게 배분할 수 없는 경우에는 두 요소가 모두 운용리스임이 분명하지 않다면 전체 리스를 금융리스로 분류한다.
- 토지 및 건물의 리스에서 토지 요소의 금액이 중요하지 않은 경우 리스제공자는 토지와 건물 전체를 하나의 단위로 처리하고 운용리스 또는 금융리스로 분류할 수 있다. 그 경우에 리스제공자는 건물의 경제적 내용연수를 전체 기초자산의 내용연수로 본다.

ii) 리스료의 구성요소

리스순투자에는 리스료의 현재가치가 포함되는데, 리스료는 다음의 금액으로 구성된다.

① 고정리스료

② 지수나 요율(이율)에 따라 달라지는 변동리스료

③ 잔존가치보증에 따라 리스이용자, 리스이용자의 특수관계자, 리스제공자와 특수 관계에 있지 않고 보증의무를 이행할 재무적 능력이 있는 제3자가 리스제공자에게 제공하는 잔존가치보증

④ 리스이용자가 매수선택권을 행사할 것이 상당히 확실한 경우에 그 매수선택권의 행사가격

⑤ 리스기간이 리스이용자의 종료선택권 행사를 반영하는 경우에 그 리스를 종료하는 데 드는 위약금

참고

기준에 명시되어 있지는 않지만 리스료(①~⑤)의 현재가치와 무보증잔존가치의 현재가치의 합계액을 리스순투자라고 부르고, 이 금액을 리스채권으로 인식한다.
한편, 제공자 입장에서 리스개설비가 발생하면 이 또한 리스채권에 포함한다.

iii) 금융리스의 회계처리

① 반환 ×

* 제공자

	차변		대변	
×1초)	선급리스자산	××	현금	××(공정가)
	리스개설직접원가	××	현금	××(개설비)
	금융리스채권	××	선급리스자산	××
			리스개설직접원가	××

공정가+개설비=PV(고정)+PV(행사가)
(제공자)

	차변		대변	
×1말~ ×3말)	현금 (고정리스료)	××	금융리스채권	××
			이자수익	××

×3말) 채권 잔액=행사가
\+

	차변		대변	
×3말)	현금	××	금융리스채권	××

행사가

② 반환 ○

* 제공자

	차변		대변	
×1초)	선급리스자산	××	현금	××(공정가)
	리스개설직접원가	××	현금	××(개설비)
	금융리스채권	××	선급리스자산	××
			리스개설직접원가	××

공정가+개설비=PV(고정)+PV(보증)+PV(무보증)
(제공자)

	차변		대변	
×1말~ ×3말)	현금 (고정리스료)	××	금융리스채권	××
			이자수익	××

×3말) 채권 잔액=보증+무보증
\+

반환 회계처리

Ex 반환 회계처리

×3말(=리스기간 말)

보증 70,000 / 무보증 30,000

	차변		대변	
기본	금융리스자산	100,000	금융리스채권	100,000

공정가

100,000 ↑	×	
80,000	회수손실 20,000	금융리스자산 20,000
45,000	회수손실 55,000 현금 25,000	금융리스자산 55,000 보증이익 25,000

③ 금융리스채권 = 리스순투자
= 리스료의 현재가치 + 무보증잔존가치의 현재가치
= 기초자산의 공정가치 + 리스개설직접원가

④ 리스채권 측정에 무보증잔존가치가 포함되어 있는 경우 추정 무보증잔존가치를 정기적으로 검토한다. 추정 무보증잔존가치가 줄어든 경우에 리스제공자는 리스기간에 걸쳐 수익 배분액을 조정하고, 발생된 감소액을 즉시 인식한다. 기준서에는 명확한 언급이 없지만 무보증잔존가치 추정의 변경에 따른 리스채권의 감소를 손상차손(최초 할인율 적용)으로 인식하는 회계처리를 하면 될 것이다.

⑤ 기초자산 취득일과 리스개시일 간의 차이가 커서 그 기간 동안 기초자산의 공정가치 변동이 유의하거나, 기초자산이 이미 리스제공자가 과거에 취득하여 보유하고 있는 중고자산이라면 리스개시일 현재 기초자산의 장부금액과 공정가치가 동일하지 않을 수 있다. 여기에 대해서 기준에는 아무런 언급이 없으나, 일반기업회계기준(제13장 리스, 문단 실13.15)에서는 양자의 차이를 리스자산처분손익 등의 과목으로 당기손익에 반영하도록 규정하고 있다. 즉, 금융리스의 경우 리스제공자가 기초자산을 공정가치로 매각한 후에 다시 공정가치로 구입하여 리스한다고 보고 회계처리하는 것이다.

예를 들어 리스제공자가 보유하고 있는 건물의 1개 층을 리스이용자에게 금융리스할 경우 건물 1개 층의 장부금액(3,000)과 공정가치(3,500)가 동일하지 않으며 50의 리스개설직접원가가 발생하였다면, 리스제공자는 다음과 같이 회계처리한다.

〈리스개설직접원가 발생〉

차변	금액	대변	금액
리스개설직접원가	50	현금, 미지급금	50

〈리스개시일〉

차변	금액	대변	금액
리스채권	3,550	건물	3,000
		리스자산처분이익	500*
		리스개설직접원가	50

* 3,500−3,000=500

을회사는 기계장치 1대(공정가치 284,093)를 다음과 같은 조건으로 갑회사에게 금융리스한다.

- 리스순투자 : 리스료의 현재가치와 동일
- 리 스 기 간 : 20×1년 1월 1일부터 20×3년 12월 31일까지
- 고정리스료 : 리스이용자는 리스기간 동안 매년 12월 31일에 100,000씩 지급
- 매수선택권 : 리스종료 시 갑회사는 기계장치를 20,000에 매수할 수 있는 선택권 보유
- 내재이자율 : 연 6%

관련 회계처리는?

풀이

1. 리스순투자 = 리스료(연간리스료 및 매수선택권 행사가액)
 = 100,000×2.67301(기간 3, 6%, 연금현가계수)
 + 20,000(매수선택권 행사가액)×0.83962(기간 3, 6%, ₩1의 현가계수)
 = 284,093

리스종료 시 매수선택권을 행사하면 기초자산을 을회사에게 반환할 이유가 없으므로 잔존가치의 보증이나 무보증 조건이 적용될 여지가 없다.

〈리스개시일〉

차변	금액	대변	금액
선급리스자산	284,093	현금	284,093
리스채권	284,093	선급리스자산	284,093

2. 리스채권의 장부금액 조정표

일 자	연간리스료	이자수익(6%)	원금 회수액	리스채권 장부금액
20×1. 1. 1.				284,093
20×1. 12. 31.	100,000	17,046	82,954	201,139
20×2. 12. 31.	100,000	12,068	87,932	113,207
20×3. 12. 31.	100,000	6,793	93,207	20,000
계	300,000	35,907	264,093	

〈20×1년 말〉

차변	금액	대변	금액
현금	100,000	이자수익	17,046
		리스채권	82,954

리스종료 시에 리스채권 잔액 20,000은 갑회사가 매수선택권을 행사할 때 을회사가 현금 20,000을 수취하면서 장부에서 제거한다.

예제 20 리스제공자의 금융리스 회계처리 — 소유권이 이전되지 않는 경우

을회사는 기계장치 1대(공정가치 288,240)를 다음과 같은 조건으로 갑회사에게 금융리스했다.

리스기간 : 20×1년 1월 1일 ~ 20×3년 12월 31일까지

리 스 료 : 매년 12월 31일에 100,000씩 지급

할 인 율 : 연 5%(내재이자율)

잔존가치 보증 : 리스종료 시 반환하되, 예상 잔존가치 30,000 중 20,000을 리스이용자가 보증

을회사 부담 리스개설직접원가 : 10,000

각 상황별 관련 회계처리는?

풀이

1. 리스순투자 = 리스료(연간리스료 및 보증잔존가치)와 무보증잔존가치의 현재가치

= 100,000×2.72325(기간 3, 5%)

+20,000(보증잔존가치)×0.86384(기간 3, 5%)

+10,000(무보증잔존가치)×0.86384(기간 3, 5%)

= 298,240

〈리스개시일〉

차변	금액	대변	금액
선급리스자산	288,240	현금	288,240
리스개설직접원가	10,000	현금	10,000
리스채권	298,240	선급리스자산	288,240
		리스개설직접원가	10,000

〈20×1년 말〉

차변	금액	대변	금액
현금	100,000	이자수익	14,912*
		리스채권	85,088

* 298,240×5%=14,912

〈반환 시 회계처리〉

① 실제 잔존가치가 30,000 이상인 경우

차변	금액	대변	금액
(리스)자산	30,000	리스채권	30,000

② 실제 잔존가치가 23,000인 경우

차변	금액	대변	금액
(리스)자산	30,000	리스채권	30,000
자산회수손실	7,000	(리스)자산	7,000

③ 실제 잔존가치가 15,000인 경우

차변	금액	대변	금액
(리스)자산	30,000	리스채권	30,000
자산회수손실	15,000	(리스)자산	15,000
현금	5,000	잔존가치보증이익	5,000

2. 20×2년 초 무보증잔존가치의 추정이 7,000로 변경된 경우

20×2년 초 추정의 변경을 반영하기 전 리스채권=213,152(상각후원가)

20×2년 초 추정의 변경을 반영한 리스순투자=100,000×1.85941(기간 2, 5%)
(최초 할인율, 8장 회수가능액)
+20,000(보증잔존가치)×0.90703(기간 2, 5%)
+7,000(무보증잔존가치)×0.90703(기간 2, 5%)
=210,431

리스채권 조정액=213,152−210,431=2,721

〈20×2년 초 리스채권 조정〉

차변	금액	대변	금액
손 상 차 손	2,721	리 스 채 권	2,721

* 무보증 잔존가치 손상 3,000×0.90703(기간 2, 5%)=2,721

iv) 제조자 또는 판매자인 리스제공자(=판매형 리스, 금융리스 전제)

- 제조자 & 리스제공자 → 판매형 리스
- 판매형 리스 규정은 리스제공자의 회계처리
- 리스이용자는 이 경우에도 '사용권자산 ×× | 리스부채 ××'의 회계처리

시점	차변	금액	대변	금액
×1초	금융리스채권	A +PV(무보증)	매 출	A
	매 출 원 가	B	재 고	B +PV(무보증)=장부가
	& 비용(개설비)	××	현 금	××

A : Min[공정가, PV(리스료)]

B : 재고 장부가−PV(무보증)

PV는 회사가 인위적으로 낮은 이자율을 제시한 경우라면 시장이자율로 계산

시점	차변	금액	대변	금액
×1말	현 금	××	금융리스채권	××
			이 자 수 익	×× (1설 : A×이자율 / 2설 : (A+PV(무보증))×이자율)

- 일반적인 금융리스 : '이자수익'으로만 구성
- 판매형 리스 ┌ 매출총이익(매출−매출원가)
  └ 이자수익

객관식 9

갑회사는 제조한 설비자산을 다음과 같은 조건으로 을회사에게 금융리스 방식으로 판매하였다. 갑회사가 20×1년 1월 1일에 인식할 매출액과 매출원가는 각각 얼마인가?

- 설비자산 : 취득원가 200,000, 공정가치 300,000
- 을회사의 사용기간 : 20×1년 1월 1일부터 3년동안 사용하고 갑회사에게 반환
- 을회사의 사용료 지급 : 사용기간 동안 매년 12월 31일에 100,000씩 지급
- 잔존가치의 보증 : 예상잔존가치 50,000 중 30,000을 을회사가 보증
- 20×1년 초 시장이자율은 연 6%이며, 갑회사가 제시한 할인율은 연 3%로서 시장이자율보다 인위적으로 낮은 이자율임
- 갑회사가 부담할 리스계약단계에서 발생한 비용 : 10,000

현가계수표

할인율 / 기 간	단일금액 (기말지급)		정상연금	
	3%	6%	3%	6%
2	0.94260	0.89000	1.91347	1.83339
3	0.91514	0.83962	2.82861	2.67301

풀이

매출 : Min[300,000, 100,000×(3, 6% 연금)+30,000×(3, 6%, 현가)]=292,490

매출원가 : 200,000−20,000×(3, 6% 현가)=183,208

참고

공정가 + ~~개설비(제공자)~~ = PV(고정) + PV(보증) + PV(무보증)

　　　　　　　　　　　PV(리스료)

→ 공정가 = PV(리스료) + PV(무보증)

∴ Min[공정가, PV(리스료)] → Min[PV(리스료)+PV(무보증), PV(리스료)] → PV(리스료)

결국 PV(무보증)만큼 수익을 인식하지 않겠다는 의도

→ 변동대가 추정치의 제약에 해당(∵ 무보증 가액은 고객의 리스자산 사용 상황에 따라 달라짐 → 기업이 영향을 미칠 수 없는 요소 → 수익 인식 시 제외)

① 매출은 기초자산의 공정가치와 리스료를 시장이자율로 할인한 현재가치 중 적은 금액으로 인식한다. 시장이자율을 적용하도록 하는 이유는 리스제공자가 의도적으로 낮은 이자율을 사용하여 거래에서 생기는 전체 이익 중 과도한 부분을 리스개시일에 인식할 수 없도록 하기 위함이다.

② 리스료에는 보증잔존가치는 포함되지만 무보증잔존가치는 포함되지 않는다. 매출을 인식할 때 무보증잔존가치를 제외하기 때문에 매출원가를 인식할 때에도 판매하는 기초자산의 원가(원가와 장부금액이 다를 경우에는 장부금액)에서 무보증잔존가치의 현재가치를 뺀 금액으로 매출원가를 인식한다.

③ 제조자 또는 판매자인 리스제공자는 금융리스 체결과 관련하여 부담하는 원가를 리스개시일에 비용으로 인식한다(판매관리비).

v) 운용리스의 회계처리

차변	금액	대변	금액
선급리스자산	××	현금	××
리스개설직접원가	××	현금	××
운용리스자산	××	선급리스자산 리스개설직접원가	×× ××
현금	××	수익리스료	××
감가상각비	××	감·누	××

(리스자산 취득원가−잔존가)÷내용연수+개설비÷리스기간

① 정액기준이나 다른 체계적인 기준으로 운용리스의 리스료를 수익으로 인식한다.

② 운용리스 체결 과정에서 부담하는 리스개설직접원가를 기초자산의 장부금액에 더하고, 리스료 수익과 같은 기준으로 리스기간에 걸쳐 비용으로 인식한다.

③ 운용리스 대상 기초자산의 감가상각 정책은 리스제공자가 소유한 다른 비슷한 자산의 보통 감가상각 정책과 일치하여야 하며 운용리스 대상 기초자산이 손상되었는지 판단하고 식별된 손상차손을 인식한다.

④ 제조자 또는 판매자인 리스제공자는 운용리스를 체결할 때 매출이익을 인식하지 않는다.

⑤ 리스제공자는 운용리스의 변경을 변경 유효일부터 새로운 리스로 회계처리한다. 다만 변경 전 리스에 관련되는 선급 또는 발생 리스료를 새로운 리스의 리스료의 일부로 고려한다.

참고 리스개설직접원가의 회계처리 요약

구분		회계처리
리스제공자	제조자 또는 판매자인 경우	리스개시일에 비용으로 인식
	일반적인 금융리스인 경우	리스개설직접원가를 금융리스채권에 반영
	운용리스인 경우	운용리스자산에 반영한 후 리스기간동안 비용으로 인식
리스이용자		사용권자산에 반영

예제 22 운용리스의 회계처리

갑회사는 소유 건물 중 1개를 리스이용자에게 다음과 같은 조건으로 리스하였으며, 이는 운용리스에 해당한다.

리스기간 : 20×1년 1월 1일부터 5년 간
리스료 : 20×1년의 리스료는 면제, 20×2년부터 매년 12월 31일에 100,000씩 지급
갑회사의 리스개설직접원가 : 10,000
건물의 장부금액은 2,000,000(공정가치 2,300,000)이며, 잔존 내용연수는 20년이다.
갑회사는 소유하고 있는 모든 건물과 투자부동산(원가모형)에 대해서 잔존가치 없이 정액법으로 감가상각을 한다.

관련 회계처리는?

풀이

[건물 → 투자부동산(원가모형), 투자부동산 계정 대체 ⅰ)]
본 예제는 건물을 리스하는 문제이므로 해당 운용리스 자산을 투자부동산으로 분류해야 한다.
매 연도에 인식할 리스료 수익=100,000×4회÷5년=80,000
리스개설직접원가를 건물에 포함하여 인식하더라도 리스개설직접원가 10,000은 5년 간 정액 상각하고, 운용리스 기초자산인 건물(투자부동산)의 장부금액은 잔존가치 없이 20년 간 정액법으로 상각한다.
건물 감가상각비=(2,000,000−0)÷20년+10,000÷5년=102,000

〈리스개시일〉

차변	금액	대변	금액
건물	10,000	현금	10,000
운용리스자산(투자부동산)	2,010,000	건물	2,010,000

* 이미 건물 2,000,000은 장부에 인식되어 있음

〈20×1. 12. 31.〉

차변	금액	대변	금액
미수수익	80,000	리스료수익	80,000
감가상각비	102,000	감가상각누계액	102,000

〈20×2 12. 31.〉

차변	금액	대변	금액
현금	100,000	미수수익	20,000
		리스료수익	80,000
감가상각비	102,000	감가상각누계액	102,000

[건물 → 투자부동산(공정가치모형), 투자부동산 계정 대체 ⅲ)]
자가사용부동산을 공정가치모형 적용 투자부동산으로 대체할 경우 자가사용부동산의 장부금액과 대체시점의 공정가치의 차액을 유형자산 재평가회계와 동일한 방식으로 회계처리한다. 리스개설직접

원가를 포함한 운용리스자산(투자부동산)의 최초 인식금액이 공정가치와 같아야 하므로 재평가잉여금을 290,000 인식한다.

운용리스자산(투자부동산)	2,300,000	건 물	2,000,000
		현 금	10,000
		재 평 가 잉 여 금	290,000

리스개시일 이후 리스료수익은 매 연도 80,000씩 인식하며, 운용리스자산(투자부동산)에 대해서는 감가상각을 하지 않고(∵ 투자부동산 공정가치모형) 매 보고기간 말에 공정가치평가손익을 당기손익으로 인식한다.

참고

건물(유형자산) → 운용리스(임대수익 발생)

∴ 유형자산의 투자부동산 대체 ┌ 원가모형
└ 공정가치모형

vi) **리스변경**(제공자 측면)

〈금융리스의 변경〉

리스제공자는 다음 조건을 모두 충족하는 금융리스의 변경을 별도 리스로 회계처리한다.

① 하나 이상의 기초자산 사용권이 추가되어 리스의 범위가 넓어진다.

② 넓어진 리스 범위의 개별 가격에 상응하는 금액과 특정한 계약의 상황을 반영하여 그 개별 가격에 적절히 조정하는 금액만큼 리스대가가 증액된다.

별도 리스로 회계처리하지 않는 금융리스의 변경에 대하여 리스제공자는 다음과 같이 그 변경을 회계처리한다.

① 변경이 리스약정일에 유효하였다면 그 리스를 운용리스로 분류하였을 경우에, 리스제공자는 다음과 같이 처리한다.

- 리스변경을 변경 유효일부터 새로운 리스로 회계처리한다.
- 기초자산의 장부금액을 리스변경 유효일 직전의 리스순투자로 측정한다.
  → 결국 금융리스채권 잔액을 운용리스자산으로 대체하라는 뜻

② 그 밖에는 기업회계기준서 제1109호의 요구사항을 적용한다.

→ 금융리스의 변경이 있더라도 금융리스를 유지하는 경우를 말하며, 이 경우 기존 리스채권을 리스변경에 따른 새로운 리스채권(기존 채권의 연속이므로 최초 할인율 적용)으로 조정하고 그 차이는 당기손익으로 인식한다.

〈운용리스의 변경〉

리스제공자는 운용리스의 변경을 변경 유효일부터 새로운 리스로 회계처리한다. 이 경우 변경 전 리스에 관련하여 선수하였거나 발생한(미수) 리스료를 새로운 리스의 리스료의 일부로 본다. 따라서 운용리스의 변경을 변경 유효일부터 새로운 리스로 회계처리하므로 변경된 리스가 운용리스로 분류된다면 운용리스로, 금융리스로 분류된다면 금융리스로 회계처리한다.

변경 유효일에 새로운 리스가 운용리스라면 별도의 회계처리가 필요하지 않지만, 새로운 리스가 금융리스라면 변경 유효일에 리스순투자 해당액을 리스채권으로 인식하고, 운용리스자산의 장부금액을 제거하는 회계처리를 한다. 만약에 인식하는 리스채권과 제거하는 운용리스자산의 장부금액이 다르다면 차액을 당기손익으로 인식하는 것이 적절할 것이다.

4. 보증금의 회계처리

리스이용자가 리스제공자에게 지급한 보증금은 리스기간 종료 후 돌려받을 것이므로 금융자산의 정의에 부합한다. 리스이용자는 보증금을 공정가치로 최초 인식해야 하는데, 시장이자율로 할인한 미래 현금수취액의 현재가치로 보증금의 공정가치를 측정한다. 이러한 실제 보증금으로 지급한 가액(거래가격)과 현재가치의 차이는 해당 금융자산 이외의 대가 즉, 리스계약에 대한 대가로 보아야 한다.

리스제공자는 수취한 보증금을 리스기간 종료 후 돌려주어야 하므로 금융부채의 정의에 부합한다. 리스제공자도 보증금을 시장이자율로 할인한 미래 현금지급액의 현재가치로 측정하는데, 수취한 금액과 현재가치의 차이는 리스의 분류에 따라 회계처리를 다르게 해야 한다.

예 5 리스 보증금의 회계처리

갑회사는 20×1년 1월 1일에 을회사로부터 건물을 5년 동안 리스하기로 계약하고, 즉시 리스하기 시작하였다. 갑회사는 연간 고정리스료 이외에 보증금으로 현금 1,000을 을회사에게 지급하였는데, 보증금은 리스기간 종료 시 반환받는다. 20×1년 1월 1일 현재 건물의 장부금액은 5,500(공정가치 6,000), 연간 고정리스료의 현재가치는 6,000이며, 보증금의 현재가치는 800이다.

관련 리스이용자와 리스제공자의 회계처리는?

풀이

〈갑회사(리스이용자)의 회계처리〉

보증금의 공정가치 800을 금융자산(임차보증금)으로 인식한다. 지급한 현금 1,000과 임차보증금의 공정가치 800의 차이 200은 리스개시일이나 그 전에 지급한 리스료의 성격이므로 사용권자산의 최초 측정에 포함한다. 따라서 리스개시일에 인식할 사용권자산은 200만큼 증가하며, 이후 리스기간 동안 사용권자산을 상각하면서 소멸된다.

차변	금액	대변	금액
임 차 보 증 금	800	현 금	1,000
사 용 권 자 산	200		

이후 임차보증금 800은 5년간 「임차보증금 ×× ǀ 이자수익 ××」의 회계처리를 통해 1,000이 될 것이다. 5년 후 「현금 1,000 ǀ 임차보증금 1,000」의 회계처리를 통해 제거될 것이다.

〈을회사(리스제공자)의 회계처리〉

① 금융리스로 분류되는 경우

금융부채로 인식하는 보증금의 공정가치와 수취한 현금의 차이 200은 리스이용자로부터 선수취한 리스료의 성격이므로 리스순투자의 일부에 해당한다. 따라서 보증금 수취 시점에 리스채권의 일부를 회수한 것으로 회계처리한다.

차변	금액	대변	금액
리 스 채 권	6,000	건 물	5,500
		리 스 계 약 이 익	500
현 금	1,000	임 대 보 증 금	800
		리 스 채 권	200

이후 임대보증금 800은 5년간 「이자비용 ×× ǀ 임대보증금 ××」의 회계처리를 통해 1,000이 될 것이다. 5년 후 「임대보증금 1,000 ǀ 현금 1,000」의 회계처리를 통해 제거될 것이다.

② 운용리스로 분류되는 경우

금융부채로 인식하는 보증금의 공정가치와 수취한 현금의 차이 200은 리스이용자로부터 선수취한 리스료의 성격이므로 선수수익(선수임대료)으로 회계처리하고, 리스기간에 걸쳐 정액기준 또는 다른 체계적인 기준에 따라 수익으로 인식한다.

차변	금액	대변	금액
현 금	1,000	임 대 보 증 금	800
		선 수 수 익	200

이후 임대보증금 800은 5년간 「이자비용 ×× ǀ 임대보증금 ××」의 회계처리를 통해 1,000이 될 것이다. 5년 후 「임대보증금 1,000 ǀ 현금 1,000」의 회계처리를 통해 제거될 것이다.

Con

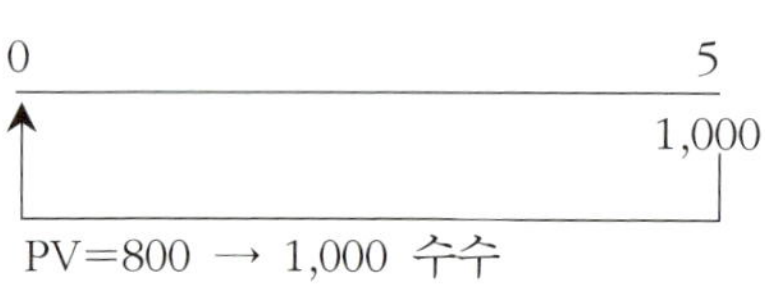

200 ┌ 이용자 : 사용권자산에 가산
　　└ 제공자 ┌ 금융리스 : 채권에서 차감
　　　　　　└ 운용리스 : 리스료의 선수

5. 판매후 리스(리스이용자 입장)

① 판매후 리스 거래란 기업이 보유하는 자산을 상대방에게 판매하고, 그 자산을 즉시 리스하여 계속 사용하는 거래를 말한다.

② 기초자산의 법적 소유권이 리스제공자(구매자)에게 이전되고 그 자산이 리스이용자(판매자)에게 리스되기 전에, 리스이용자(판매자)가 기초자산의 법적 소유권을 획득하는 경우가 있다. 이 또한 판매후 리스이다.

→ 리스이용자 입장에서 자산을 취득하자마자 판매후 리스를 한 경우

〈표〉 판매후리스 거래의 회계처리

구 분	자산 이전이 판매인 경우	자산 이전이 판매가 아닌 경우
판매자 (리스이용자)	계속 보유하는 사용권에 관련되는 자산의 종전 장부금액에 비례하여 판매후리스에서 생기는 사용권자산 측정. 구매자(리스제공자)에게 이전한 권리에 관련되는 차손익을 인식	이전된 자산을 계속 인식하고, 이전 대가와 같은 금액으로 금융부채 인식
구매자 (리스제공자)	자산의 매입에 적용할 수 있는 기준서를 적용하고, 리스제공자 회계에 대한 요구사항 적용	이전된 자산을 인식하지 않고, 이전 대가와 같은 금액으로 금융자산 인식
추가 고려사항	판매대가의 FV > 이전 자산의 FV 구매자(리스제공자)가 판매자(리스이용자)에게 제공한 추가 금융으로 회계처리	해당 없음
	판매대가의 FV < 이전 자산의 FV 리스료의 선급으로 회계처리	

〈자산 이전이 판매인 경우〉

차변	금액	대변	금액
현금	×××*1	건물	×××*2
사용권자산	×××*4	금융부채	×××*3
		이전된 권리에 대한 차익	×××*5

* 1. 자산의 판매대금　　2. 판매 자산의 장부금액　　3. 리스료의 현재가치
4. 판매 자산의 장부금액×(리스부채로 볼 수 있는 금액 / 판매 자산 공정가치)
5. 대차일치 금액

〈자산 이전이 판매가 아닌 경우〉

판매후리스 거래에서 자산의 이전이 기준서 제1115호(수익)의 규정을 충족하지 못하여 판매가 아닌 것으로 구분된다면 판매자는 자산을 장부에서 제거하지 않고 계속 인식하여야 한다(담보차입). 다만 구매자로부터 수령한 판매대금은 차입금 등의 금융부채로 인식하고, 이후 리스료를 지급할 때 금융부채의 이자비용과 원금의 상환으로 회계처리한다.

참고

리스제공자는 리스물건을 사서 리스하는 것이 본업

→ 단, 리스물건을 사서 동일한 사람에게 리스

→ 리스제공자의 회계처리는 일반적인 리스제공자 회계처리와 동일

예제 25 판매후 리스 거래

갑회사는 소유하고 있는 건물(장부금액 1,000,000, 공정가치 1,500,000)을 20×1년 1월 1일에 을회사에게 판매하고, 동일자로 건물을 10년 동안 리스하였다. 리스료는 매년 12월 31일에 100,000씩 지급하기로 하였다. 리스의 내재이자율은 연 5%이며, 갑회사가 쉽게 산정할 수 있다.
단, 건물의 이전은 기준서 제1115호의 통제 이전의 조건을 충족한다.

각 상황별 회계처리는?

풀이

1. 건물의 판매대가가 1,500,000일 경우

차변		대변		내역	
현금	1,500,000	건물	1,000,000		
사용권자산	514,783*2	금융부채	772,174*1	리스부채	772,174
				기타	0
		이전된 권리차익	242,609*3		

* 1. 연간 리스료의 현재가치=100,000×7.72174(기간 10, 5%)=772,174
2. 사용권자산=1,000,000×(772,174/1,500,000)=514,783
3. 대차일치 금액

2. 건물의 판매대가가 1,700,000일 경우

200,000은 판매자(리스이용자)가 구매자(리스제공자)로부터 추가 금융을 제공받은 것으로 인식한다. 따라서 리스료의 현재가치의 공정가치를 572,174로 보고 사용권자산과 이전된 권리차익을 계산한다.

연간 리스료 100,000을 추가 금융과 관련된 부분과 리스 관련 부분으로 구분하면 다음과 같다.
추가 금융 : 200,000÷7.72174(기간 10, 5%)=25,901
리스 관련 : 572,174÷7.72174(기간 10, 5%)=74,099

차변		대변		내역	
현금	1,700,000	건물	1,000,000		
사용권자산	381,449*2	금융부채	772,174*1	리스부채	572,174
				차입금	200,000
		이전된 권리차익	309,275*3		

* 1. 연간 리스료의 현재가치=100,000×7.72174(기간 10, 5%)=772,174
2. 사용권자산=1,000,000×(572,174/1,500,000)=381,449
3. 대차일치 금액

3. 건물의 판매대가가 1,300,000일 경우
미달 판매가격 200,000은 리스료를 선급한 것으로 본다. 즉, 리스료의 현재가치가 772,174이지만, 리스료의 현재가치의 공정가치를 972,174로 보고 사용권자산과 이전된 권리차익을 계산한다.

차변	금액	대변	금액	
현 금	1,300,000	건 물	1,000,000	
사 용 권 자 산	648,116*2	금 융 부 채	772,174*1	리스부채 972,174 조기상환 (200,000)
		이 전 된 권 리 차 익	175,942*3	

* 1. 연간 리스료의 현재가치=100,000×7.72174(기간 10, 5%)=772,174
2. 사용권자산=1,000,000×(972,174/1,500,000)=648,116
3. 대차일치 금액

6. 전대리스

i) 전대리스의 의의

전대리스란 리스이용자(중간리스제공자)가 기초자산을 제3자에게 다시 리스하는 거래를 말한다.

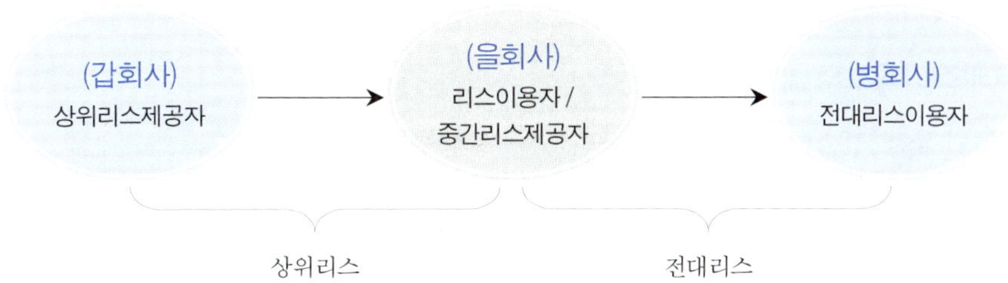

ii) 중간리스제공자의 회계처리

① 중간리스제공자는 상위리스에 대해서는 리스이용자이고, 전대리스에 대해서는 리스제공자가 되는데, 상위리스와 전대리스를 두 개의 별도 계약으로 회계처리한다.

② 전대리스를 분류할 때 중간리스제공자는 기초자산이 아니라 상위리스에서 생기는 사용권자산에 따라 리스의 분류를 판단한다. 왜냐하면 중간리스제공자는 기초자산을 소유하는 것이 아니라 사용권자산을 통제하기 때문이다. 예를 들어 을회사가 내용연수 5년의 기계장치를 갑회사로부터 2년간 리스하였는데, 이 리스는 갑회사의 입장에서 운용리스로 분류되었다고 가정하자. 을회사가 이 기계장치를 다시 병회사에게 전대리스로 2년간 리스했다면, 을회사는 기계장치가 아니라 기계장치를 사용할 권리를 병회사에게 이전하면서 사용권자산 소유에 따른 위험과 보상의 대부분을 이전한 것으로 결론을 내릴 수 있다. 따라서 이 경우에 상위리스에서 갑회사가 운용리스로 분류한 것과 관계없이 을회사(리스제공자)는 전대리스를 금융리스로 분류해야 한다.

③ 중간리스제공자는 다음과 같은 방법으로 전대리스를 금융리스 또는 운용리스로 분류한다.

- 상위리스가 단기리스이고, 여기에 대해서 리스이용자인 기업이 인식면제 규정을 적용하여 회계처리하는 경우에 그 전대리스는 운용리스로 분류
- 그 밖의 경우에는 기초자산(예 : 리스 대상인 유형자산)이 아니라 상위리스에서 생기는 사용권자산에 따라 전대리스 분류

④ 리스이용자가 자산을 전대리스하거나 전대리스할 것으로 예상하는 경우에 상위리스는 소액자산 리스에 해당하지 않는다. 즉, 인식 면제를 선택할 수 없다.

→ 상위리스가 단기리스인 경우에는 전대리스 또한 단기리스일 것이므로 리스 회계처리를 하든 인식 면제 회계처리를 하든 그 차이가 크지 않을 것이므로 이 경우에 대한 제한은 굳이 필요하지는 않을 것이다.

⑤ 전대리스를 금융리스로 분류할 경우 중간리스제공자가 리스순투자를 최초 측정할 때 전대리스의 내재이자율을 쉽게 산정할 수 없다면, 중간리스제공자는 상위리스에 사용된 할인율(전대리스에 관련되는 리스개설직접원가를 조정함)을 사용할 수 있다.

iii) 전대리스이용자의 회계처리

① 일반적인 리스이용자의 회계처리와 동일하게 사용권자산과 리스부채를 인식한다.

예제 26 전대리스의 분류

갑회사는 편의점 가맹사업을 하고 있다. 갑회사는 을(가맹점주)과 편의점 가맹계약을 체결한 후 을이 입점할 건물을 임차하고, 이를 다시 을에게 전대리스하였다. 상위리스와 전대리스의 조건은 다음과 같다.

(1) 상위리스
- 리스기간 : 20×1년 초부터 20×5년 말까지
- 리 스 료 : 매월 1,000

(2) 전대리스
- 리스기간 : 20×1년 초부터 20×5년 말까지
- 리 스 료 : 매월 점포 매출액의 10%

해당 전대리스는 운용리스와 금융리스 중 무엇으로 분류해야 하는가?

풀이

갑회사는 상위리스의 전체기간을 전대리스로 제공하더라도 매출액에 연동된 리스료를 수취하기 때문에 사용권자산과 관련된 위험과 보상을 계속 부담한다고 보아야 한다. 따라서 갑회사는 전대리스를 운용리스로 분류하는 것이 적절하다.

예제 27 전대리스의 회계처리

(1) 상위리스

을회사는 20×1년 초에 갑회사가 소유하는 사무실 공간 1,000m^2를 5년간 리스하기로 계약을 체결하였다. 을회사는 20×1년부터 매년 말에 100,000씩 리스료를 지급한다.

(2) 전대리스

20×3년 초에 을회사는 상위리스계약에 따라 사용하고 있던 사무실 공간 1,000m^2를 나머지 3년간 병회사에게 전대리스하였다. 병회사는 20×3년부터 매년 말에 90,000씩 리스료를 지급한다.

전대리스제공자(금융리스로 분류된 경우, 운용리스로 분류된 경우)와 이용자의 회계처리는?

풀이

〈전대리스가 금융리스로 분류된 경우〉

상위리스 개시일에 인식할 리스부채와 사용권자산

=100,000×4.32948(기간 5, 5% 연금)=432,948

20×2년 말 리스부채 장부금액(상각후원가)=272,325

20×2년 말 사용권자산 장부금액=432,948×3/5=259,769

20×3년 초 전대리스 리스채권=90,000×2.67301(기간 3, 6% 연금)=240,571

〈20×3. 1. 1.〉

차변	금액	대변	금액
리스채권	240,571	사용권자산	259,769
리스계약손실	19,198		

〈20×3. 12. 31.〉

차변	금액	대변	금액
이자비용	13,616*	현금	100,000
리스부채(상위리스)	86,384		
현금	90,000	이자수익	14,434**
		리스채권(전대리스)	75,566

* 272,325(20×2년 말 상위리스 리스부채 장부금액)×5%=13,616

** 240,571(20×3년 초 전대리스 리스채권)×6%=₩14,434

〈전대리스가 운용리스로 분류된 경우〉

〈20×3. 1. 1.〉

회계처리 없음.

〈20×3. 12. 31.〉

이자비용	13,616*	현금	100,000
리스부채(상위리스)	86,384		

사용권자산상각비	86,590**	사용권자산(상위리스)	86,590

현금	90,000	리스료수익	90,000***

* 272,325(20×2년 말 상위리스 리스부채 장부금액)×5%=13,616

** 432,948÷5=86,590

*** 운용리스로 분류된 전대리스의 리스료수익

〈전대리스 이용자의 회계처리〉

〈20×3. 1. 1.〉

사용권자산	240,571	리스부채	240,571

* 90,000×2.67301(기간 3, 6% 연금)=240,571

〈20×3. 12. 31.〉

이자비용	14,434*	현금	90,000
리스부채	75,566		

* 240,571×6%=14,434

(차) 사용권자산상각비 80,190 (대) 사용권자산 80,190

* 240,571÷3=80,190

Chapter 19 회계변경과 오류수정

1. 회계변경과 오류수정

i) 회계정책의 변경(소급법)

① 회계정책의 변경이란 지금까지 기업이 적용하여 오던 회계정책을 바꾸는 것

② 기업의 회계정책은 임의로 변경할 수 없으며 다음 중 하나에 해당하는 경우에만 가능

㉠ 한국채택국제회계기준에서 회계정책의 변경을 요구하는 경우

㉡ 회계정책의 변경을 반영한 재무제표가 특정 거래, 기타 사건 또는 상황이 재무상태, 재무성과 또는 현금흐름에 미치는 영향에 대하여 신뢰성 있고 더 목적적합한 정보를 제공하는 경우

③ 다음은 회계정책의 변경에 해당하지 않는다.

㉠ 과거에 발생한 거래와 실질이 다른 거래, 기타 사건 또는 상황에 대하여 다른 회계정책을 적용하는 경우

㉡ 과거에 발생하지 않았거나 발생하였어도 중요하지 않았던 거래, 기타 사건 또는 상황에 대하여 새로운 회계정책을 적용하는 경우

④ 기업이 적용하고 있는 회계정책이 한국채택국제회계기준에서 허용하는 방법이 아닌 경우, 이를 한국채택국제회계기준에서 허용하는 방법으로 변경하는 것 → 오류수정

회계정책 변경으로 구분되기 위해서는 변경 전과 변경 후의 회계정책이 모두 한국채택국제회계기준에서 허용하는 방법이어야 함

⑤ 회계정책의 변경 사례

- 재고자산의 단가결정방법을 선입선출법에서 평균법으로 변경
- 탐사평가자산으로 인식되는 지출을 규정하는 회계정책의 변경
- 투자부동산 평가방법을 원가모형에서 공정가치모형으로 변경
- 표시통화의 변경
- 현금흐름표의 현금및현금성자산의 구성요소를 결정하는 정책의 변경

⑥ 회계정책 변경의 회계처리

구 분	회계처리
경과규정이 없는 한국채택국제회계기준을 최초 적용하는 경우에 발생하는 회계정책의 변경이나 자발적인 회계정책의 변경	소급적용*
경과규정이 있는 한국채택국제회계기준을 최초 적용하는 경우에 발생하는 회계정책의 변경	해당 경과규정에 따라 회계처리

* 변경 후의 회계정책을 처음부터 적용한 것처럼 회계처리를 하고 비교표시되는 과거기간의 재무제표를 재작성함을 의미

- 한국채택국제회계기준을 조기 적용하는 것은 자발적인 회계정책의 변경에 해당하지 않는다(어차피 개정된 기준을 단지 조기 적용한 것 뿐이므로(즉, 개정된 기준에 의해 언젠가는 적용해야 하는 기준을 단지 조기 적용한 것 뿐이므로) 자발적 회계정책의 변경은 아니다. 그러나 이 경우에도 소급법을 적용해야 한다).
- 거래, 기타 사건 또는 상황에 구체적으로 적용되는 한국채택국제회계기준이 없는 경우, 경영진은 유사한 개념체계를 사용하여 회계기준을 개발하는 그 밖의 회계기준제정기구가 가장 최근에 발표한 회계기준에 기초한 회계정책을 적용할 수 있다. 만약, 이후 그러한 회계기준의 개정에 따라 회계정책을 변경하기로 하였다면, 이 경우의 회계변경은 자발적인 회계정책의 변경으로 회계처리하고 공시한다.
- 유형자산이나 무형자산을 원가모형으로 측정하다가 재평가모형을 최초로 적용하는 경우도 회계정책의 변경에 해당하나, 이는 소급적용을 하지 않고 최초 적용시점부터 전진적으로 회계처리한다.
- 유형자산으로 분류되어 원가모형을 적용하던 사무용 건물을 타인에게 임대하고 이를 투자부동산으로 재분류한 후 공정가치모형을 적용하기 시작하였다면, 이는 부동산의 용도변경이지 회계정책의 변경은 아니다. 따라서 유형자산을 투자부동산으로 변경하는 시점부터 투자부동산과 관련된 회계기준을 적용하며, 소급재작성이 요구되지 않는다.
- 유형자산 재평가모형에서 원가모형으로의 변경, 투자부동산 공정가치 모형에서 원가모형으로의 변경은 더욱 목적적합하게 표시될 가능성이 매우 낮을 것이다.

ii) 회계추정치 변경(전진법)

① 회계정책은 측정불확실성을 고려하여 재무제표의 항목을 측정하도록 요구할 수 있다. 즉, 회계정책은 직접 관측할 수 없어 추정해야 하는 화폐금액으로 재무제표의 항목을 측정하도록 요구할 수 있다. 이때 기업은 회계정책에서 정한 목적을 이루기 위해 회계추정치(추정의 결과인 화폐금액)를 개발한다.

② 회계추정치의 개발은 이용할 수 있고 신뢰성 있는 가장 최근 정보에 기초한 판단이나 가정이 수반된다. 기준서에서 예시하는 회계추정치는 다음과 같다.

- 기대신용손실에 대한 손실충당금
- 재고자산 항목의 순실현가능가치
- 자산이나 부채의 공정가치
- 유형자산 항목의 감가상각비
- 보증의무에 대한 충당부채

③ 기업은 회계추정치를 개발하기 위해 측정기법과 투입변수를 사용한다. 측정기법에는 추정기법(예 : 수취채권의 기대신용손실에 대한 손실충당금을 측정하는 데 사용하는 기법)과 평가기법(예 : 공정가치모형을 적용하는 투자부동산의 공정가치를 측정하는 데 사용하는 기법)이 포함된다.

④ 기업이 개발한 회계추정치는 이후에 변경될 수 있다. 회계추정치의 근거가 되었던 상황의 변화, 새로운 정보의 획득, 새로운 상황의 전개나 추가 경험의 축적이 있는 경우에 회계추정치의 변경이 필요할 수 있다. 성격상 회계추정치 변경은 과거기간과 연관되지 않으며 오류수정으로 보지 않는다. 따라서 측정기법이나 투입변수의 변경이 회계추정치에 미치는 영향은 전기오류수정에서 비롯되지 않는 한 회계추정치 변경으로 본다. 즉, 당초에 회계추정치를 개발할 때 사용한 측정기법과 투입변수가 그 당시 이용가능하고 신뢰성 있는 가장 최근 정보에 기초한 것이라면, 이후 회계추정치를 변경하는 것을 오류의 수정으로 보지 않는다.

⑤ 측정기준의 변경(예 : 역사적원가에서 공정가치로의 변경)은 회계추정치 변경이 아니라 회계정책의 변경에 해당한다. 회계정책의 변경과 회계추정치 변경을 구분하기 어려운 경우에는 이를 회계추정치 변경으로 본다.

⑥ 회계추정치 변경의 회계처리
회계추정치 변경으로 인한 효과는 다음의 회계기간의 당기손익에 포함하여 전진적으로 인식한다.

- 변경이 발생한 기간에만 영향을 미치는 경우에는 변경이 발생한 기간
- 변경이 발생한 기간과 미래기간에 모두 영향을 미치는 경우에는 변경이 발생한 기간과 미래 기간

⑦ 회계추정치 변경이 자산 및 부채의 장부금액을 변경하거나 자본의 구성요소에 관련되는 경우, 회계추정치를 변경한 기간에 관련 자산, 부채 또는 자본 구성요소의 장부금액을 조정하여 회계추정치 변경효과를 인식한다.

예를 들어 유형자산 복구비용 추정치를 변경하는 경우 자산과 부채가 동시에 변동될 수 있다. 한편 주식기준보상거래에서 미래가득기간의 추정을 변경하면 보상비용과 주식선택권(자본)이 변동된다.

iii) 오류수정(소급법)

① 재무상태표 또는 포괄손익계산서에서만 영향을 미치는 오류 — 계정분류상의 오류

② 재무상태표와 포괄손익계산서 모두에 영향을 미치는 오류 ┬ 자동조정(상쇄)오류
└ 비자동조정(상쇄)오류

③ 중요한 오류가 발견되는 경우에만 전기 재무제표를 소급하여 재작성

Con

- 회계변경
  - 정책의 변경 → 소급법(선입선출법 ↔ 평균법)
  - 추정치 변경 → 전진법(상각방법, n, s 변경)
- 오류수정 → 소급법(Non-GAAP → 선입선출법, 평균법)

④ 중요한 전기오류가 발견된 경우 다음의 방법으로 전기오류를 소급하여 수정하도록 규정하고 있다.

구 분	회계처리
오류가 발생한 과거기간의 재무제표가 비교표시되는 경우	그 재무정보를 재작성
오류가 비교표시되는 가장 이른 과거기간 이전에 발생한 경우	비교표시되는 가장 이른 과거기간의 자산, 부채 및 자본의 기초금액을 재작성

⑤ 오류수정은 회계추정치 변경과 구별된다. 회계추정치는 성격상 추가 정보가 알려지는 경우에 변경이 필요할 수도 있는 근사치이다. 예를 들어, 우발상황의 결과에 따라 인식되는 손익은 오류수정에 해당하지 않는다.

iv) 소급법의 회계처리

① 소급적용에 한계가 있는 오류수정(정책변경)의 회계처리는 다음과 같다.

구 분	회계처리
비교표시되는 하나 이상의 과거기간의 비교정보에 대해 특정기간에 미치는 오류(정책변경)의 영향을 실무적으로 결정할 수 없는 경우	실무적으로 소급재작성할 수 있는 가장 이른 회계기간(당기 가능)의 자산·부채 및 자본의 기초금액을 재작성
당기 기초시점에 과거기간 전체에 대한 오류(정책변경)의 누적효과를 실무적으로 결정할 수 없는 경우	실무적으로 적용할 수 있는 가장 이른 날부터 전진적으로 오류를 수정(정책변경의 효과를 반영)하여 비교정보 재작성

2. 소급법의 일반원칙

i)

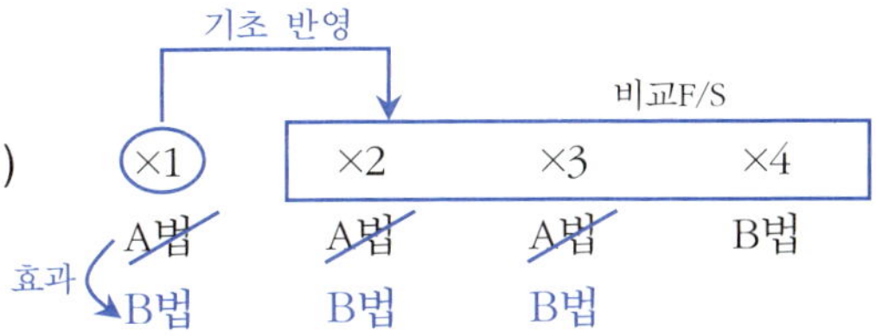

ii)

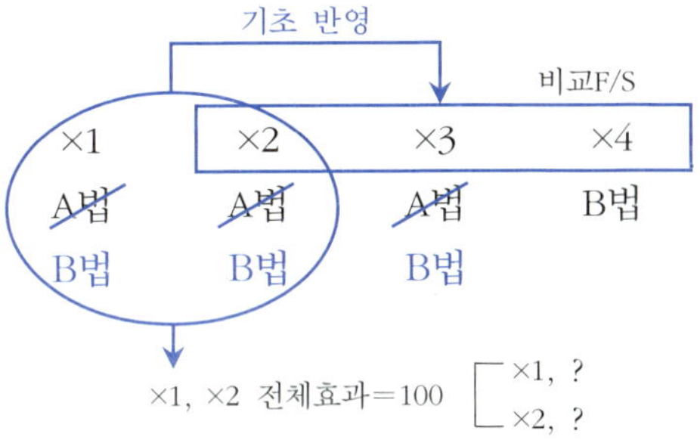

iii)

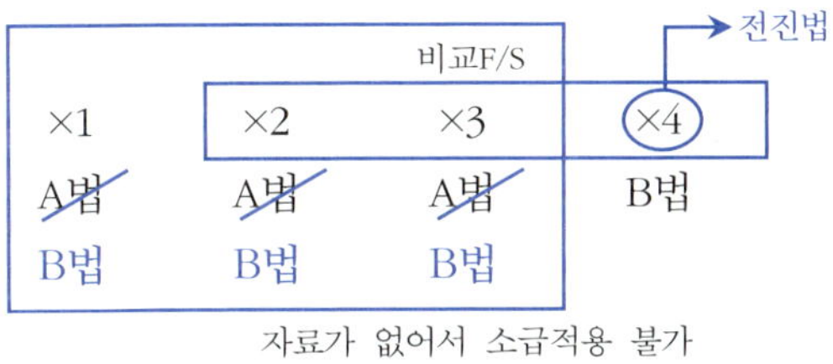

3. 추정의 변경

예제 4 회계추정치 변경 (감가상각)

×1초 기계장치 1,000,000 취득(내용연수 5년, 잔존가치 100,000, 이중체감법)
×2초 150,000의 자본적 지출로 잔존가치 50,000 증가, 내용연수 2년 연장
×3초 정액법으로 감가상각방법 변경

관련 회계처리는?

풀이

	차변		대변	
×1초	기 계	1,000,000	현 금	1,000,000
×1말	감 가 비	400,000	감 · 누	400,000

* $1,000,000 \times \frac{1}{5} \times 2 = 400,000$

	차변		대변	
×2초	기 계	150,000	현 금	150,000

$c' = 750,000$
$n' = 5 - 1 + 2 = 6$ & 이중체감법
$s' = 150,000$

×2말 감　가　비　250,000 | 감　·　누　250,000

* $750{,}000 \times \frac{1}{6} \times 2 = 250{,}000$

$c' = 500{,}000$
$n' = 6-1=5$　& 정액법
$s' = 150{,}000$

×3말 감　가　비　70,000 | 감　·　누　70,000

* $(500{,}000-150{,}000) \times \frac{1}{5} = 70{,}000$

객관식 4

×1초 건물 100,000 취득(내용연수 10년, 잔존가치 0, 정액법)
×3초 30,000의 자본적 지출로 내용연수 2년 연장 & 연수합계법으로 감가상각방법 변경

관련 회계처리는?

풀이

×1초　건　물　100,000 | 현　금　100,000

×1말~×2말 감　가　비　20,000 | 감　·　누　20,000

* $(100{,}000-0) \times \frac{1}{10} \times 2 = 20{,}000$

×3초
$c' = 80{,}000+30{,}000$(자본적지출)
$n' = 10-2+2$　& 연수합계법
$s' = 0$

×3말　감　가　비　20,000 | 감　·　누　20,000

* $(110{,}000-0) \times \frac{10}{55} = 20{,}000$

객관식 5

×5초 기계장치 10,000,000 취득(내용연수 5년, 잔존가치 1,000,000, 연수합계법)
×7초 잔존가치 700,000, 감가상각방법은 정액법으로 변경
×7초(=×6말) 전기이월 이익잉여금 12,000,000
잔존가치와 감가상각방법에 대한 추정치 변경이 없었을 경우 ×7년 당기순이익 7,000,000

회계추정의 변경 후의 ×7년 당기순이익과 차기이월미처분이익잉여금?

풀이

×5초 ┌ $c=10,000,000$
│ $n=5$ & 연수합계법
└ $s=1,000,000$

×5말 $(10,000,000-1,000,000)\times\frac{5}{15}$ ┐
 5,400,000
×6말 $(10,000,000-1,000,000)\times\frac{4}{15}$ ┘

×7말 ┌ 변경 ×: $(10,000,000-1,000,000)\times\frac{3}{15}=1,800,000$
└ 변경 ○: ┌ $c'=4,600,000$
│ $n'=5-2$ & 정액법
└ $s'=700,000$

$(4,600,000-700,000)\times\frac{1}{3}=1,300,000$

변경 +500,000

×7말 미처분이·잉 ┌ 전기이월 12,000,000+0
└ N/I 7,000,000+500,000

19,500,000

4. 오류수정

구분 (수정 전 상황 ↔ 오류수정)

수정 전 상황	오류수정	⟶ N/I 효과
자산↑, 부채↓	자산↓, 부채↑	N/I↓
자산↓, 부채↑	자산↑, 부채↓	N/I↑

ⅰ) 자동조정오류

↳ **EX** 미수수익, 선수수익, 선급비용, 미지급비용, 선수금…

① 자동조정오류란 오류가 발생한 회계연도의 다음 회계연도말까지 오류가 발견되지 않았을 경우 두 회계기간의 재무제표에 미치는 오류의 영향이 자동상쇄되는 오류를 말한다.

② 자동조정오류의 수정 회계처리는 당해 오류가 발견된 시점이 언제인가에 따라 다르다.

ii) **오류수정(정책변경) 회계처리의 진화**－재고자산을 중심으로

×1말	상 품 (기 말)	①	×× ↑	상 품 (기 초)	××
	매 출 원 가	②	×× ↓	매 입	××

• 목표 : 기말재고 1,000을 늘려야 함

×1말	(1 단계) : 상 품 (기말)	1,000	매 출 원 가	1,000	
×2초	(2 단계) : 상 품 (기초)	1,000	이 · 잉	1,000	
×2말	(3 단계) : 매 출 원 가	1,000	이 · 잉	1,000	
×3초 ~	(4 단계) : 이 · 잉	1,000	이 · 잉	1,000	∴ 자동조정

iii) **비자동조정오류**

① 비자동조정오류란 별도의 수정절차를 취하지 않는 한 회계기간이 경과되더라도 발생한 오류가 자동상쇄되지 않는 오류를 말한다. 이러한 오류는 발견된 회계연도의 장부마감 여부에 관계없이 소급해서 수정하는 회계처리를 해야 한다.

객관식 3

×4년 선입선출법에서 평균법으로 회계정책 변경
정책 변경으로 인해 ×4년 기초 재고 22,000 감소, 기말 재고 18,000 감소
만일 회계정책 변경을 하지 않았다면 ×4년 N/I=160,000이고, ×4년 말 이익잉여금은 540,000이 된다.

회계정책 변경 후 ×4년 N/I와 ×4년 말 이익잉여금은?

풀이

오류수정	정책변경		×4초(=×3말)	×4말
Non-GAAP	선입	A법	××	××
↓	↓	↓		
GAAP(선입, 평균)	평균	B법	××	××
	기말 재고효과		22,000 ↓	18,000 ↓
	N/I 효과		(22,000)	22,000
				(18,000)

∴ 전기이월이잉 : 22,000 ↓
당기순이익 : 4,000 ↑
매출원가 : 4,000 ↓
기말이잉 : 18,000 ↓

×4년 N/I=160,000+4,000=164,000

×4년 말 이익잉여금=540,000−18,000=522,000

참고 오류수정 회계처리

(×4말 현재)　　if ①: 매출원가 22,000 | 상품(기말) 22,000

↓

×3말 22,000↓③ → ③: 이·잉 22,000 | 매출원가 22,000

×4말 18,000↓① → ①: 매출원가 18,000 | 상품(기말) 18,000

∴ 전기이월이잉 : 22,000↓
당기순이익 : 4,000↑
매출원가 : 4,000↓
기말이잉 : 18,000↓

객관식 7

1. 법인세비용차감전순이익(오류 수정전)
   20×2년 : 200,000　　　20×3년 : 150,000

2. 회계오류
   (1) 기말재고자산 20×2년 10,000 과대계상, 20×3년 4,000 과대계상
   (2) 유동자산으로 처리해야 할 선급비용을 당기비용으로 처리
   20×2년 : 2,000, 20×3년 : 3,000
   → 선급비용 20×2년 2,000 과소계상, 20×3년 3,000 과소계상을 의미
   (3) 20×2년 초 기계장치(정액법)를 30,000(잔존가치 5,000, 내용연수 5년)에 취득 후 전액 비용으로 계상

×3 수정후 법인세비용차감전순이익은?

풀이

		×2	×3
수정 전 N/I		200,000	150,000
재고	×2	(10,000)	10,000
	×3		(4,000)
선급비용*	×2	2,000	(2,000)
	×3		3,000
유형**		30,000	
		(5,000)	(5,000)
			152,000

*

	×2	×3	×4
회사	(2,000)		
오류수정	2,000	(2,000)	
수정결과	0	(2,000)	
회사		(3,000)	
오류수정		3,000	(3,000)
수정결과		0	(3,000)

** 비자동 → "손익 기준"

	×2	×3	…
Co.	(30,000)		
	×	×	
GAAP	0		
	(5,000)	(5,000)	
	30,000		
	(5,000)	(5,000)	

참고 객관식 7 관련 오류수정 회계처리

	차변	금액	대변	금액	
재고자산	이 · 잉	10,000	매 출 원 가	10,000	⇒ 3단계
	매 출 원 가	4,000	재 고(기말)	4,000	⇒ 1단계
선급비용	비 용	2,000	이 · 잉	2,000	⇒ 3단계
	선 급 비 용	3,000	비 용	3,000	⇒ 1단계
기계장치	기 계 장 치	30,000	이 · 잉	30,000	
	감 가 상 각 비	5,000	감 · 누	10,000	
	이 · 잉	5,000			

객관식 8

㈜대한의 회계담당자는 20×2년도 장부를 마감하기 전에 다음과 같은 오류사항을 발견하였으며, 모두 중요한 오류에 해당한다.

(1) ㈜대한은 20×1년 초에 사무실을 임차하고 2년어치 임차료 360,000을 미리 지급하면서 선급임차료로 기록하였다. 이와 관련하여 ㈜대한은 20×2년 말에 다음과 같이 수정분개하였다.

차변	금액	대변	금액
임 차 료	360,000	선 급 임 차 료	360,000

(2) ㈜대한은 실지재고조사법을 적용하면서 선적지인도조건으로 매입하여 매기말 현재 운송중인 상품을 기말재고자산에서 누락하였다. 이로 인해 20×0년 말의 재고자산이 150,000 과소계상되었으며, 20×1년 말의 재고자산도 200,000 과소계상되었다. 과소계상된 재고자산은 모두 그 다음 연도에 판매되었다.

(3) 20×1년 초 ㈜대한은 정액법으로 감가상각하고 있던 기계장치에 대해 100,000의 지출을 하였다. 동 지출은 기계장치의 장부금액에 포함하여 인식하여야 하는데, ㈜대한은 이를 전액 수선비로 회계처리하였다. 20×2년 말 현재 동 기계장치의 잔존내용연수는 3년이다.

위 오류사항에 대한 수정효과가 ㈜대한의 20×2년 전기이월이익잉여금과 당기순이익에 미치는 영향은 얼마인가?

풀이

	×0	×1	×2
선급임차료		(180,000)	180,000
재고	150,000	(150,000)	
		200,000	(200,000)
기계		100,000	
		(20,000)	(20,000)
	150,000	(50,000)	(40,000)
	전기이월이잉		N/I

← N/I

	×1	×2
Co.	(100,000)	
	0	0
GAAP	0	
	(20,000)*	(20,000)
조정	100,000	
	(20,000)	(20,000)

* $n=5$ 적용

- ×1년 초 2년치 임차료를 지급하고 선급임차료로 기록한 후 ×2년 말 모두 비용(임차료)으로 수정분개
  ↳ ×1년 말 현재 선급임차료 180,000(1년치) 과대계상을 의미

	×1	×2
• 회사	0	(360,000)
오류수정	(180,000)	180,000
수정결과	(180,000)	(180,000)

객관식 6

×1년 초 건물 수리비 500,000 발생

수익적 지출이었으나 회사는 장부금액에 가산($n=10$, $s=0$, 정액법), 감가상각 실시

오류수정 전 부분 재무상태표는 다음과 같다.

	×0년 말	×1년 말	×2년 말
건물(장부금액)	2,500,000	2,700,000	2,400,000

⇒ 불필요 정보

×2년 말 오류수정으로 인해 회사의 순자산 장부금액은 얼마나 변동되는가?

풀이

	×1	×2
건물	(500,000)	
	+50,000	+50,000
	(450,000)	+50,000

N/I	×1	×2
Co.	0	
	(50,000)	(50,000)
GAAP	(500,000)	
	0	0
조정	(500,000)	
	+50,000	+50,000

×2년 말 현재 이익잉여금 (450,000)+50,000=(400,000)

∴ 400,000 감소

5. 회계정책의 선택 및 적용

① 기업은 거래나 기타 사건 또는 상황에 대하여 한국채택국제회계기준을 적용하여야 한다. 한국채택국제회계기준은 회계정책의 적용대상인 거래, 기타 사건 및 상황에 관한 정보가 목적적합하고 신뢰성 있게 재무제표에 반영될 수 있도록 한다. 그러나 이러한 회계정책의 적용효과가 중요하지 않은 경우에는 그 회계정책을 적용하지 않을 수 있다.
그러나 기업의 재무상태, 재무성과 또는 현금흐름을 특정한 의도대로 표시하기 위하여 한국채택국제회계기준에 위배된 회계정책을 적용하는 것은 그것이 중요하지 않더라도 적절하다고 할 수 없다.

② 거래, 기타 사건 및 상황에 대하여 구체적으로 적용할 수 있는 한국채택국제회계기준이 없는 경우 경영진은 판단에 따라 회계정책을 개발 및 적용하여 회계정보를 작성할 수 있으며, 이 때 회계정보는 다음의 특성을 모두 보유하여야 한다.

㉠ 이용자의 경제적 의사결정 요구에 목적적합하다.

㉡ 신뢰할 수 있다. 신뢰할 수 있는 재무제표는 다음의 속성을 포함한다.

- 기업의 재무상태, 재무성과 및 현금흐름을 충실하게 표현한다.
- 거래, 기타 사건 및 상황의 단순한 법적 형태가 아닌 경제적 실질을 반영한다.
- 중립적이다. 즉, 편의가 없다.
- 신중하게 고려한다.
- 중요한 사항을 빠짐없이 고려한다.

③ 한국채택국제회계기준이 없는 경우, 경영진은 다음 사항을 순차적으로 참조하여 적용가능성을 고려한다.

㉠ 내용상 유사하고 관련되는 회계논제를 다루는 한국채택국제회계기준의 규정과 지침

㉡ 자산, 부채, 수익, 비용에 대한 '개념체계'의 정의, 인식기준 및 측정개념

④ 또한 경영진은 다음 사항을 고려할 수 있으나, 이러한 고려사항은 위의 고려사항과 상충되지 않아야 한다.

㉠ 유사한 개념체계를 사용하여 회계기준을 개발하는 국제회계기준위원회 이외의 회계기준제정기구가 가장 최근에 발표한 회계기준

㉡ 기타의 회계문헌과 인정된 산업관행

⑤ 한국채택국제회계기준에서 특정 범주별로 서로 다른 회계정책을 적용하도록 규정하거나 허용하는 경우를 제외하고는 유사한 거래, 기타 사건 및 상황에는 동일한 회계정책을 선택하여 일관성 있게 적용한다. → 기간별 비교가능성↑

Chapter 20 IFRS Intermediate Accounting

현금흐름표

1. 현금흐름표의 의의 및 필요성

현금흐름표란 일정기간 동안 기업의 현금유입액과 현금유출액에 대한 정보를 제공하는 재무제표이다. 현금흐름표는 현금기준에 기초하여 작성된 재무제표로서 발생기준에 기초하여 작성된 재무상태표 및 포괄손익계산서를 보완하여 미래 현금흐름을 예측하는 데 도움을 준다.

2. 현금및현금성자산

① 현금흐름표상 현금이란 현금및현금성자산을 의미

② 현금성자산이란 투자나 다른 목적이 아닌 단기의 현금수요를 충족하기 위한 목적으로 보유하는 자산으로서 확정된 금액의 현금으로 전환이 용이하고, 가치변동의 위험이 경미해야 한다.

EX

- 취득일로부터 만기일이 3개월 이내인 투자자산 : 현금성자산
- 지분상품(주식) : 현금성자산 × (∵ 전환될 현금 확정 ×)
- 상환일이 정해져 있고 취득일로부터 상환일까지의 기간이 단기인 우선주 등 실질이 현금성자산인 경우 : 현금성자산

③ 당좌차월은 차입금의 성격을 갖기 때문에 당좌차월과 관련된 현금흐름은 재무활동으로 간주된다. 그러나 금융회사의 요구에 따라 즉시 상환해야 하는 당좌차월은 기업의 현금관리의 일부를 구성하는 것으로 보아야 하므로 현금및현금성자산에 포함한다.

④ 현금및현금성자산을 구성하는 항목 간 이동은 현금관리의 일부이므로 이러한 항목 간의 변동은 현금흐름에서 제외한다.

→ ×1년 12월 15일 환매채(만기 : ×2년 1월 31일)를 취득(큰 거래비용 없이 현금으로 전환 가능, 이자율의 변동 거의 없음)

∴ 환매채의 취득은 현금및현금성자산의 변동을 발생시키지 않음

⑤ 현금흐름표상의 현금은 재무상태표상의 현금및현금성자산과 다소 차이가 있을 수 있다. 따라서 기업은 현금및현금성자산의 구성요소를 공시해야 한다.

⑥ 현금및현금성자산의 구성요소를 결정하는 정책을 변경하는 것은 회계정책의 변경에 해당되므로 비교표시되는 과년도 현금흐름표를 소급·재작성하여야 한다.

3. 현금흐름 유형의 구분

i) 영업활동 현금흐름

영업활동 현금유입	영업활동 현금유출
• 재화의 판매와 용역 제공에 따른 현금유입 • 로열티, 수수료, 중개료 및 기타수익에 따른 현금유입 • 법인세의 환급. 다만, 재무·투자활동에 명백히 관련되는 것은 제외 • 단기매매목적으로 보유하는 계약에서 발생하는 현금유입	• 재화와 용역의 구입에 따른 현금유출 • 종업원과 관련하여 직·간접으로 발생하는 현금유출 • 법인세의 납부. 다만, 재무·투자활동에 명백히 관련되는 것은 제외 • 단기매매목적으로 보유하는 계약에서 발생하는 현금유출

① 단기매매목적(FVPL)으로 보유하는 계약에서 발생하는 현금흐름은 투자활동이 아닌 "영업활동 현금흐름"으로 구분한다.

② 단기매매 목적이 아닌 금융자산의 매매와 관련된 현금흐름은 투자활동으로 구분한다.

ii) 투자활동 현금흐름

투자활동 현금유입	투자활동 현금유출
• 유형자산, 무형자산 및 기타 장기성 자산의 처분에 따른 현금유입 • 다른 기업의 지분상품, 채무상품, 공동기업 투자지분 처분(현금성자산과 단기매매금융자산에 속하는 것은 제외) • 제3자에 대한 선지급금 및 대여금의 회수(금융회사의 현금 선지급과 대출채권은 제외) • 선물계약, 선도계약, 옵션계약 및 스왑계약에 따른 현금유입(단기매매목적으로 계약을 보유하거나 현금유입이 재무활동으로 분류되는 경우는 제외)	• 유형자산, 무형자산 및 기타 장기성 자산의 취득에 따른 현금유출. 자본화된 개발원가와 자가건설 유형자산에 대한 지출포함 • 다른 기업의 지분상품, 채무상품, 공동기업 투자지분 취득(현금성자산과 단기매매금융자산에 속하는 것은 제외) • 제3자에 대한 선지급금 및 대여금의 지급(금융회사의 현금 선지급과 대출채권은 제외) • 선물계약, 선도계약, 옵션계약 및 스왑계약에 따른 현금유출(단기매매목적으로 계약을 보유하거나 현금유출이 재무활동으로 분류되는 경우는 제외)

① 파생상품계약에서 식별가능한 거래에 대하여 위험회피회계를 적용하는 경우, 그 계약과 관련된 현금흐름은 위험회피대상 거래의 현금흐름과 동일하게 분류한다.

② 정상적인 활동과정에서 타인에게 임대할 목적으로 보유하다가 후속적으로 판매목적으로 보유하고자 하는 자산을 제조·취득하기 위한 현금 지급액은 투자활동 현금흐름이 아니라 영업활동 현금흐름으로 구분한다. 또한 이러한 자산의 임대 및 후속적인 판매로 수취하는 현금도 영업활동 현금흐름으로 구분한다.

③ 연구단계의 지출은 영업활동 현금흐름으로 분류하고, 무형자산의 인식조건을 충족하는 개발단계의 지출은 투자활동 현금흐름으로 분류한다. 물론 개발단계의 지출이더라도 무형자산의 인식조건을 충족하지 못하면 관련 지출은 영업활동으로 분류한다.

iii) 재무활동 현금흐름

재무활동 현금유입	재무활동 현금유출
• 주식이나 기타 지분상품의 발행에 따른 현금유입 • 담보·무담보부사채 및 어음의 발행과 기타 장·단기차입에 따른 현금유입	• 주식의 취득(자기주식의 취득)이나 상환에 따른 소유주에 대한 현금유출 • 차입금의 상환에 따른 현금유출 • 리스이용자의 리스부채 상환에 따른 현금유출

① 자기주식의 취득 및 처분거래는 소유주와 관련된 자본거래이므로 관련 현금흐름을 재무활동으로 구분한다.

② 법적의무나 의제의무를 충당부채(제품보증충당부채 등)로 인식한 후, 의무를 이행할 때 현금을 지출하면서 충당부채를 감소시킨다. 이 때 현금유출액은 재무활동 현금흐름이 아니라 영업활동 현금흐름으로 분류한다.

4. 현금흐름의 활동구분에서 주의해야 할 항목

i) 이자와 배당금 수취 및 지급

① 국제회계기준에서는 이자 및 배당금과 관련된 현금흐름의 구분은 회사가 선택하여 일관성 있게 적용하도록 규정하고 있다.

② 이자지급, 이자수취 및 배당금수취는 당기순손익의 결정에 영향을 미치므로 영업활동 현금흐름으로 분류할 수 있다. 대체적인 방법으로 이자지급, 이자수취 및 배당금수취는 재무활동 현금흐름이나 투자활동 현금흐름으로 분류할 수도 있다.

③ 배당금의 지급은 재무활동으로 분류할 수 있다. 대체적인 방법으로 재무제표 이용자가 영업활동 현금흐름에서 배당금을 지급할 수 있는 기업의 능력을 판단하는데 도움을 주기 위하여 영업활동 현금흐름의 구성요소로 분류할 수도 있다.

④ 참고로 일반기업회계기준에서는 이자와 배당금 수취 및 이자지급은 영업활동 현금흐름으로 분류하고, 배당금 지급은 재무활동 현금흐름으로 분류한다.

⑤ 이자비용 중 유형자산 등에 자본화시킨 금액은 투자활동 현금흐름으로 분류한다.

Ex				
	이 자 비 용	××	현 금	××
	유 형 자 산	××	이 자 비 용	××

ii) 법인세

① 법인세로 인한 현금흐름은 별도로 공시하며, 재무활동과 투자활동에 명백히 관련되지 않는 한 영업활동 현금흐름으로 분류한다.

② 투자활동이나 재무활동으로 분류한 현금흐름을 유발하는 개별 거래와 관련된 법인세 현금흐름을 실무적으로 식별할 수 있다면, 그 법인세 현금흐름은 투자활동이나 재무활동으로 적절히 분류한다.

③ 법인세 현금흐름이 둘 이상의 활동에 배분되는 경우에는 법인세의 총지급액을 공시한다.

iii) 리스료의 지급 및 수취

① 리스이용자가 지급하는 리스료는 인식면제 대상이 아니라면 리스부채의 상환과 이자비용으로 구분하여 회계처리한다. 따라서 현금지출 중 리스부채의 상환부분은 재무활동 현금흐름으로 분류하고, 이자비용 해당부분은 기업이 그 분류(영업활동 또는 재무활동)를 선택할 수 있다.

② 리스계약에 대해서 리스부채와 사용권자산을 인식하지 않는 인식면제 대상으로 회계처리 했다면 지급하는 리스료는 모두 판매비와 관리비로 회계처리하므로 현금흐름표에는 영업활동 현금흐름으로 분류한다.

③ 리스제공자가 수취하는 운용리스료의 수취는 영업활동 현금흐름으로 분류한다. 그러나 금융리스의 경우에는 수취하는 리스료 중 리스채권 회수부분을 투자활동 현금흐름으로, 이자수익 해당부분은 기업이 그 분류(영업활동 또는 투자활동)를 선택할 수 있다.

iv) 순증감액에 의한 현금흐름의 보고가 가능한 경우

① 현금흐름이 기업의 활동이 아닌 고객의 활동을 반영하는 경우로서 고객을 대리함에 따라 발생하는 현금유입과 현금유출(대리인인 경우)

② 회전율이 높고 금액이 크며 만기가 짧은 항목과 관련된 현금유입과 현금유출(현금이 자주 드나드는 경우)

v) 현금흐름의 분류에 대한 추가 고려

① 현금흐름의 분류에 대한 설명은 획일적으로 적용하는 것은 아니다. 기업의 사업특성에 따라서 분류를 달리할 수 있다. 예를 들어 투자자산의 매매로 인한 현금흐름의 경우 금융회사라면 영업활동으로 분류하지만, 제조회사라면 투자활동으로 분류한다. 또한 부동산개발회사가 부동산 개발을 위해서 부동산을 매매할 경우 현금흐름은 영업활동으로 분류하지만, 일반회사가 부동산을 매매할 경우에는 투자활동으로 분류한다.

② 하나의 계정과목과 관련된 현금흐름도 다르게 분류할 수 있다. 예를 들어 영업활동에서 발생한 미지급금(문방구류의 외상 구입 등)의 지급은 영업활동 현금흐름으로 분류하지만, 유형자산의 취득과 관련된 미지급금의 지급은 투자활동 현금흐름으로 분류한다. 따라서 유형자산을 외상 취득하면서 미지급금(장기미지급금 포함)을 인식한 거래는 현금흐름표에 포함되지 않지만, 그 미지급금을 현금으로 결제하였다면 이는 투자활동 현금흐름으로 분류한다(그러나 이 경우 많은 회계학 교과서에서는 미지급금의 상환이라는 부분에 초점을 두어 단순히 재무활동 현금흐름으로 분류한다).

vi) 비현금거래

① 현금의 사용을 수반하지 않는 투자활동과 재무활동 거래는 현금흐름표에서 제외한다. 그러한 거래는 투자활동과 재무활동에 대하여 모든 목적적합한 정보를 제공할 수 있도록 재무제표의 다른 부분(즉, 주석)에 공시한다.

② 비현금거래의 예를 들면 다음과 같다.

- 자산 취득 시 직접 관련된 부채를 인수하거나 리스를 통하여 자산을 취득하는 경우

→	기 계	××	미 지 급 금	××
	사 용 권 자 산	××	리 스 부 채	××

- 주식 발행을 통한 기업의 인수

→	유 형 자 산	××	자 본 금	××
			주 발 초	××

- 채무의 지분전환
- 유형자산 등 비화폐성자산 간의 교환
- 건설중인자산의 다른 유형자산으로의 대체
- 무상증자나 주식배당 등

5. 현금흐름표 작성논리

i) 기본논리

B/S

	기초	기말		기초	기말
현금	10	15	부채	60	55
자산	90	100	자본	40	60
	100	115		100	115

I/S

⋮

N/I＝20

$$\frac{\triangle 차변}{\triangle 현금+\triangle 자산} = \frac{\triangle 대변}{\triangle 부채+\triangle 자본}$$

△현금＝⊖ △자산 ⊕ △부채 ⊕ △자본

- ＋ : 그대로
- － : 반대로
- △ ＝ 기말－기초

△자산	－10	N/I＝	＋20
△부채	－5	△자산	－10
△자본	＋20	△부채	－5
△현금	＋5		＋5

ii) 현금흐름표 양식

		증감(B/S)	가감(I/S)
영업활동	N/I(①, ②, ③)	××	－② －③ ⇒ ①
	관련 B/S 항목 ①	××	나가
투자활동	관련 B/S 항목 ②	××	＋②
재무활동	관련 B/S 항목 ③	××	＋③ 들어가
	△ 현금	××	

참고

B/S

영업 · 투자	영업 · 재무
	재무

⇒ I/S 계정과목은 관련 B/S 계정과목의 활동 분류를 따른다.

iii) 현금흐름표 논리의 구체적 적용

① 대손상각비

→ 대여금, 미수금(투자)

⋮	기초	기말
매출채권	1,000	1,000
충 당 금	(100)	(300)
⋮		

대손비 200 | 충당금 200

		B/S		I/S
1.	N/I	(200)	①	~~+200~~
	B/S	+200	①	~~(200)~~
2.		0		
3.		0		
△현금		0		

		B/S		I/S
1.	N/I	(200)	②	+200
	B/S	0		
2.	B/S	+200	②	(200)
3.		0		
△현금		0		

② 외화 환산손익

→ 차입금, 미지급금, 사채(재무)

⋮	기초	기말
매입채무	1,000	700
⋮		

매입채무 300 | 환산이익 300

		B/S		I/S
1.	N/I	+300	①	~~(300)~~
	B/S	(300)	①	~~+300~~
2.		0		
3.		0		
△현금		0		

		B/S		I/S
1.	N/I	+300	③	(300)
	B/S	0		
2.		0		
3.		(300)	③	+300
△현금		0		

③ 현할차 상각

			조정
현할차 상각	채권관련 : 이자수익	영업관련(매출채권)	×
		기타(대여금, 미수금) : 투자	⊖ 나가
	채무관련 : 이자비용	영업관련(매입채무)	×
		기타(차입금, 미지급금, 사채) : 재무	⊕ 나가

→ 대여금, 미수금(투자)

⋮	기초	기말
매출채권	1,000	1,000
현 할 차	(300)	(100)
⋮		

현할차 200 | 이자수익 200

		B/S		I/S
1.	N/I	+200	①	~~(200)~~
	B/S	(200)	①	~~+200~~
2.		0		
3.		0		
△현금		0		

		B/S		I/S
1.	N/I	+200	②	(200)
	B/S	0		
2.	B/S	(200)	②	+200
3.		0		
△현금		0		

→차입금, 미지급금, 사채(재무)

⋮	기초	기말
매입채무	1,000	1,000
현 할 차	(300)	(100)
⋮		

이자비용 200 | 현할차 200

		B/S		I/S
1.	N/I	(200)	①	+200
	B/S	+200	①	(200)
2.		0		
3.		0		
	△현금	0		

		B/S		I/S
1.	N/I	(200)	③	+200
	B/S	0		
2.		0		
3.		+200	③	(200)
	△현금	0		

참고

현　　금 ×× | 이 자 수 익 ×× ⇒ 영업활동

현 할 차 ×× | 이 자 수 익 ×× ⇒ ①: 조정 ×, ②: 나가(−)

- 매출채권 관련 ①
- AC / FVOCI / 대여금 / 미수금 관련 ②

이 자 비 용 ×× | 현　　금 ×× ⇒ 영업활동

이 자 비 용 ×× | 현 할 차 ×× ⇒ ①: 조정 ×, ②: 나가(+)

- 매입채무 관련 ①
- 미지급금 / 차입금 / 사채 관련 ②

④ 주식보상비용

		조정
〈주식결제형〉		
비　용 ××	주식선택권(자본) ××	⊕나가
재무활동 관련		
〈현금결제형〉		
비　용 ××	장기미지급비용 ××	×
영업활동 관련		

⑤ FVOCI (선택) 평가손익(OCI)

N/I에 포함되지 않았으므로 나가(조정)할 것도 없음

iv) 영업활동 현금흐름(간접법)

〈영업활동 : 간접법〉

		부호
N/I & 투자/재무활동 관련 손익	수익	－
	비용	＋

→ 투자/재무활동 관련 손익 → 나가

& 관련 B/S 항목(증감)	부호
→ 자산 : '기말－기초'	반대로
부채 : '기말－기초'	그대로

영업활동 현금흐름

참고

자산의
- 증가 : 증가니까 ＋, 자산이니까 반대로 ⇒ －
- 감소 : 감소니까 －, 자산이니까 반대로 ⇒ ＋

부채의
- 증가 : 증가니까 ＋, 부채니까 그대로 ⇒ ＋
- 감소 : 감소니까 －, 부채니까 그대로 ⇒ －

객관식 3

을회사의 당기순이익은 200,000이다. 다음은 당기 현금흐름표 작성에 필요한 자료이다.

금융자산처분이익	20,000	－(투자)	감가상각비	50,000	＋(투자)
매출채권 순감소	20,000	＋	매입채무 증가	10,000	＋
유형자산처분이익	25,000	－(투자)	유상증자	150,000	×(재무)
사채상환	100,000	×(재무)	기계장치 취득	20,000	×(투자)
매출채권손상차손	10,000	×(영업관련손익)	대여금 손상차손	20,000	＋(투자)

을회사의 20×1년도 영업활동 현금흐름은 얼마인가?

객관식 4

다음은 유통업을 영위하는 ㈜대한의 20×1년 현금흐름표를 작성하기 위한 자료이다. ㈜대한은 간접법으로 현금흐름표를 작성하며, 이자지급 및 법인세납부는 영업활동현금흐름으로 분류한다. ㈜대한이 20×1년 현금흐름표에 보고할 영업활동순현금흐름은 얼마인가?

N/I : 427,200

- 법인세비용차감전순이익 : 534,000
- 건물 감가상각비 : 62,000 +(투자)
- 이자비용 : 54,000(유효이자율법에 의한 사채할인발행차금상각액 10,000 포함) +10,000(재무)
- 법인세비용 : 106,800
- 매출채권 감소 : 102,000 +
- 재고자산 증가 : 68,000 −
- 매입채무 증가 : 57,000 +
- 미지급이자 감소 : 12,000 −
- 당기법인세부채 증가 : 22,000 +

v) **영업활동 현금흐름(간접법, 직접법)**

① 영업활동 현금흐름은 직접법과 간접법의 두 가지 방법 중 한 가지 방법을 적용하여 표시할 수 있다.

② 직접법 : 주요 영업활동을 각각 구분하여 각 활동별로 현금유입액과 현금유출액을 표시하는 방법

③ 간접법 : 현금유입액과 현금유출액을 유형별로 구분하지 않고, 발생기준 손익에서 전체 영업자산과 영업부채의 변동을 한꺼번에 조정하여 영업활동 현금흐름을 도출하는 방법

1. N/I (①, ②, ③)−②−③ ⇒ ①
   B/S ①

영업활동(간접법)

(직접법)

① 매출 → 현금유입

★B/S		증감
	매출채권	××
	선수금	××
&		
I/S	매출	+
	대손비	−
	환산손익	+,−
	⋮	
		+

② 매입 → 현금유출

★B/S		증감
	매입채무	××
	재고	××
	선급금	××
&		
I/S	매출원가	−
	환산손익	+,−
	감모/평가손실	−
	광고선전비(재고사용)	−
	기부금/접대비(재고사용)	−
	채무면제이익	+
	⋮	
		−

③ ~수익 → 현금유입

B/S		증감
	미수수익	××
	선수수익	××
&		
I/S	~수익	+
	트로이목마 ⊖나가	
		+

④ ~비용 → 현금유출

B/S		증감
	선급비용	××
	미지급비용	××
&		
I/S	~비용	−
	트로이목마 ⊕나가	
		−

참고 직접법과 간접법의 비교

① 직접법

- 어떤 영업활동을 통해서 현금을 수령하고, 현금을 사용했는지 명확하게 알 수 있기 때문에 미래 영업활동 현금흐름을 예측하는 데 도움
- 영업활동 현금흐름의 순액만 제시하는 간접법에 비해 현금흐름의 원천과 용도를 구분함으로써 정보의 유용성이 더 높다

② 간접법

- 당기순이익과 영업활동 현금흐름 간의 연계를 파악하는 데 도움
- 현금흐름의 유형별로 일일이 현금유입액과 현금유출액을 추적하지 않아도 되므로 직접법에 비해 작성 절차가 간단

추가문제

다음은 ㈜나무의 당기 상품매입과 관련된 자료이다.

기초상품재고액	40,000	기말상품재고액	37,000
기초매입채무	20,000	기말매입채무	21,000
매출원가	314,000	매입환출	2,000
매입할인	5,000		

상기 자료를 이용하여 ㈜나무의 공급자에 대한 현금유출액을 계산하면 얼마인가?

풀이

			증감	
정방향 문제 ↓	B/S	매입채무	+1,000	↑ 역방향 문제
		재고	+3,000	
		선급금	0	
	I/S	매출원가	−314,000	
			−310,000	

객관식 5

다음은 ㈜세이의 20×5년도 재무제표의 일부 자료이다.

(1) 재무상태표의 일부 자료

	기 초	기 말
매출채권	250,000	200,000
재고자산	200,000	100,000
매입채무	150,000	130,000
미지급급여	20,000	50,000
주식선택권	120,000	140,000

(2) 포괄손익계산서의 일부 자료

매출액	3,000,000
매출원가	1,200,000
급여	400,000
외환차익	60,000(매출채권에서 발생함)
외화환산이익	20,000(매출채권에서 발생함)
외화환산손실	10,000(매입채무에서 발생함)

당기에 부여한 주식선택권과 관련한 보상비용은 급여에 포함되어 있다.

종업원에 대한 현금유출은?

풀이

〈급여 → 유출〉

B/S	미지급급여	+30,000
	선급급여	0
&		
I/S	급여	−400,000
	나가	+20,000
		−350,000

← 급 여 20,000 | 주식선택권 20,000

나가(재무) +20,000 | 자본 → 재무

추가문제

다음의 자료를 이용하여 직접법으로 현금흐름표를 작성할 경우 이자수익으로 인한 현금유입액에 표시될 금액은 얼마인가? 단, 이자수익은 영업활동으로 분류한다.

기초 미수이자	400,000
기말 미수이자	500,000
당기 포괄손익계산서상 이자수익	3,260,000

포괄손익계산서에 계상되어 있는 이자수익에는 다음과 같은 거래들이 포함되어 있다.
(1) 연불판매로 인하여 계상한 장기미수금의 현재가치할인차금에 대한 상각 200,000
(2) 투자채권에 대한 유효이자 440,000(표시이자는 300,000)

풀이

B/S ┌ 미수이자 −100,000
└ 선수이자 ×
&
I/S ┌ 이자수익 +3,260,000
└ 차감항목 ┌ 미수금 현할차 상각 −200,000
└ 'AC/FVOCI' 상각액 −140,000

2,820,000

참고

현 금	300,000	이 자 수 익	300,000	⇒ 영업활동
AC/FVOCI	140,000	이 자 수 익	140,000	⇒ 투자활동 → 나가(−)

추가문제

다음은 ㈜대한의 20×1년도 이자지급과 관련된 자료이다.

- 포괄손익계산서에 인식된 이자비용 20,000에는 사채할인발행차금 상각액 2,000이 포함되어 있다.
- 재무상태표에 인식된 이자 관련 계정과목의 기초 및 기말잔액은 다음과 같다.

계정과목	기초잔액	기말잔액
미지급이자	2,300	3,300
선급이자	1,000	1,300

㈜대한의 20×1년도 이자지급으로 인한 현금유출액은 얼마인가?

풀이

B/S ┌ 미지급이자 +1,000
  └ 선급이자 −300

&

I/S ┌ 이자비용 −20,000
  └ 가산항목 사할차 상각 +2,000

−17,300

참고

이 자 비 용	10,000	현 금	10,000 ⇒ 영업활동
이 자 비 용	2,000	사할차(사채)	2,000 ⇒ 재무활동 → 나가(+)

추가문제

다음은 ㈜나무의 영업활동과 관련된 현금흐름을 계산하기 위한 자료이다.

매　출　액	1,710,000
매 출 원 가	1,190,000
판매비와관리비	392,500

〈추가정보〉

1. 판매비와관리비에는 감가상각비 24,000, 무형자산상각비 28,000, 대손상각비 3,500이 포함되어 있다.
2. 재무상태표의 선급비용과 미지급비용은 모두 판매비와관리비이며 선급비용은 당기에 10,000 감소되었고, 미지급비용은 20,000 증가하였다.
3. 대손충당금은 당기에 1,000 증가하였고, 재고자산은 당기에 20,000 감소하였다.
4. 당기에 매출채권과 매입채무는 각각 7,500 및 15,000 증가하였다.

각 영업활동별 현금 유출·입은?

풀이

i) 매출 → 현금유입

B/S	매출채권	(6,500)
	선수금	0
&		
I/S	매출	1,710,000
	* 대손비 (3,500) 들어가	
		1,700,000

ii) 매입 → 현금유출

B/S	매입채무	+15,000
	재고	+20,000
	선급금	0
&		
I/S	매출원가	−1,190,000
		−1,155,000

iii) 판관비 → 현금유출

B/S	선급비용	+10,000
	미지급비용	+20,000
&		
I/S	판관비	−392,500
트로이목마	감가비	+24,000
	상각비	+28,000
	나가(투자)	
	* 오류정정 대손비+3,500 나가 (다른 영업 활동으로)	
		−307,000

객관식 6

㈜바다의 재무담당자는 20×1년도 영업활동 유형별로 현금의 흐름내역을 살펴보고자 한다. 다음에 제시된 ㈜바다의 20×1년도 재무제표의 일부 자료에 근거하여 20×1년도 직접법에 의한 영업활동현금흐름상 공급자에 대한 현금유출액과 종업원에 대한 현금유출액을 구하면 얼마인가? 단, 주식보상비용은 당기 중 부여한 주식결제형 주식기준보상거래에 따른 용역의 대가로 모두 급여에 포함되어 있으며, 외화환산이익은 모두 외화매입채무의 기말환산과 관련하여 발생하였다.

Ⅰ. 포괄손익계산서

계정과목	금 액
매출액	6,000,000
매출원가	(3,200,000)
급여	(1,200,000)
감가상각비	(890,000)
매출채권손상차손	(120,000)
유형자산처분이익	570,000
외화환산이익	320,000
이자비용	(450,000)
재고자산감모손실	(250,000)
법인세비용	(180,000)
당기순이익	600,000

Ⅱ. 간접법에 의한 영업활동현금흐름

당기순이익	600,000
주식보상비용	140,000
이자비용	450,000
감가상각비	890,000
유형자산처분이익	(570,000)
법인세비용	180,000
매출채권(순액)의 증가	(890,000)
선급금의 증가	(120,000)
선급급여의 감소	210,000
재고자산의 감소	390,000
매입채무의 증가	430,000
미지급급여의 감소	(170,000)
영업에서 창출된 현금	1,540,000
이자지급	(420,000)
법인세납부	(80,000)
영업활동순현금흐름	1,040,000

풀이

Ⅰ. 포괄손익계산서

	계정과목	금 액
	매출액	6,000,000
V	매출원가	(3,200,000)
O	급여	(1,200,000)
	감가상각비	(890,000)
	매출채권손상차손	(120,000)
	유형자산처분이익	570,000
V	외화환산이익	320,000
	이자비용	(450,000)
V	재고자산감모손실	(250,000)
	법인세비용	(180,000)
	당기순이익	600,000

Ⅱ. 간접법에 의한 영업활동현금흐름

	당기순이익	600,000
O	주식보상비용	140,000
	이자비용	450,000
	감가상각비	890,000
	유형자산처분이익	(570,000)
	법인세비용	180,000
	매출채권(순액)의 증가	(890,000)
V	선급금의 증가	(120,000)
O	선급급여의 감소	210,000
V	재고자산의 감소	390,000
V	매입채무의 증가	430,000
O	미지급급여의 감소	(170,000)
	영업에서 창출된 현금	1,540,000
	이자지급	(420,000)
	법인세납부	(80,000)
	영업활동순현금흐름	1,040,000

ΣV=(2,430,000) → 매입으로 인한 현금유출(공급자에 대한 현금유출)

ΣO=(1,020,000) → 종업원에 대한 현금유출

예제 1 영업활동 현금흐름 (4가지 직접법 & 나머지 간접법)

다음은 갑회사의 당기포괄손익계산서와 당기와 전기의 비교재무상태표이다.

포괄손익계산서

과 목	금 액
매출액	8,000,000
매출원가	(5,000,000)
종업원급여	(650,000)
영업비용	(1,280,000)
매출채권손상차손	(5,000)
감가상각비	(420,000)
이자수익	55,000
이자비용	(75,000)
유형자산처분이익	40,000
사채상환손실	(10,000)
법인세비용차감전순이익	655,000
법인세비용	(150,000)
당기순이익	505,000

재무상태표

과 목	기초잔액	기말잔액
매출채권	800,000	900,000
손실충당금	(10,000)	(12,000)
재고자산	600,000	550,000
미수이자	15,000	10,000
선급이자	10,000	8,000
매입채무	700,000	620,000
미지급급여	30,000	25,000
미지급영업비용	40,000	52,000
미지급이자	12,000	20,000
미지급법인세	120,000	130,000
이연법인세부채	16,000	10,000

영업활동 현금흐름은?

풀이

- 세전이익 655,000

~~N/I=505,000~~ (①, ②, ③)

			−②		−③	
	B/S 매출채권	(98,000)	감가비	420,000	사채상환손실	10,000
	재고	+50,000	유형·처분이익	(40,000)		
★	미수이자	+5,000				
○	선급이자	+2,000				
	매입채무	(80,000)				
	미지급급여	(5,000)				
	미지급영업비용	+12,000				
○	미지급이자	+8,000				
△	미지급법인세	+10,000				
△	이연법인세부채	(6,000)				

영업활동 현금흐름 793,000

나가		
이자수익	(55,000)	
배당금수익	(0)	
이자비용	75,000	
~~법인세비용~~	~~150,000~~	

들어가		
이자수익	55,000	★
배당금수익	0	
이자비용	(75,000)	○
법인세비용	(150,000)	△

세전이익	655,000
B/S 매출채권	(98,000)
재고	50,000
매입채무	(80,000)
미지급급여	(5,000)
미지급영업비용	12,000

(나가1)	감가비	420,000
	유형·처분이익	(40,000)
	사채상환손실	10,000
(나가2)	이자수익	(55,000)
	배당금수익	(0)
	이자비용	75,000

영업에서 창출된 현금 944,000

이자수익	→ 현금유입	+60,000
배당금수익	→ 현금유입	+0
이자비용	→ 현금유출	(65,000)
법인세	→ 현금유출	(146,000)
	영업활동 현금흐름	793,000

현금흐름표(간접법)

당기순이익=	영업활동손익±투자·재무활동손익	+이자수익	+배당금수익	−이자비용	−법인세비용
조정항목	∓투자·재무활동손익	−이자수익	−배당금수익	+이자비용	+법인세비용
	−Δ나머지 영업 관련 자산				
	+Δ나머지 영업 관련 부채				
	영업에서 창출한 현금	+ 이자수익	+ 배당금수익	− 이자비용	− 법인세비용
		±Δ이자수익 관련 자산/부채	±Δ배당금수익 관련 자산/부채	±Δ이자비용 관련 자산/부채	±Δ법인세비용 관련 자산/부채
		이자 수취	배당금 수취	이자 지급	법인세 납부
	영업활동 현금흐름				

1. N/I 중 영업활동 관련 손익 (영업활동손익+이자수익+배당금수익−이자비용−법인세비용) ← 4가지 손익

   관련 B/S 항목 증감

   영업활동 현금흐름

1. N/I 중 영업활동 관련 손익 − 4가지 손익 (나가) = 영업활동손익

   관련 B/S 항목 증감 → 나머지 B/S 항목 증감

   영업에서 창출된 현금

   4가지 관련 B/S 항목 증감 + 4가지 손익 (들어가)

   ⇒ 4가지 직접법

   영업활동 현금흐름

객관식 7

다음 자료는 ㈜코리아의 20×0년 말과 20×1년 말 재무상태표와 20×1년 포괄손익계산서 및 현금흐름표에서 발췌한 회계자료의 일부이다. ㈜코리아는 이자의 지급을 영업활동으로 분류하고 있다. 다음의 자료만을 이용할 때 20×1년도 '법인세비용차감전순이익' 및 '영업에서 창출된 현금'을 계산하면 각각 얼마인가?

(1) 감가상각비	40,000
(2) 유형자산처분손실	20,000
(3) 이자비용	25,000
(4) 이자지급액	25,000
(5) 법인세비용	30,000
(6) 당기법인세부채의 감소액	5,000
(7) 이연법인세부채의 증가액	10,000
(8) 매출채권의 증가액	15,000
(9) 대손충당금의 증가액	5,000
(10) 재고자산의 감소액	4,000
(11) 매입채무의 감소액	6,000
(12) 영업활동순현금흐름	200,000

풀이

1. N/I ? (①, ②, ③) ⇒ 147,000

B/S			−②		−③
	△ 미지급법인세	(5,000)	감가비	+40,000	
	△ 이연법인세부채	+10,000	유형·처분손실	+20,000	
	매출채권	(10,000)			
	재고자산	+4,000			
	매입채무	(6,000)			

	나가	들어가	
이자비용	+25,000	(25,000)	○
법인세비용	+30,000	(30,000)	△

200,000

1.

세전이익		177,000	(나가1)	감가비	+40,000
B/S	매출채권	(10,000)		유형·처분손실	+20,000
	재고자산	+4,000	(나가2)	이자비용	+25,000
	매입채무	(6,000)			

• 영업에서 창출된 현금	250,000
이자비용 → 현금유출	(25,000)
법인세 → 현금유출	(25,000)
• 영업활동순현금흐름	200,000

(별해)

영업에서 창출된 현금		? ⇒ 250,000
이자비용 → 현금유출		(25,000)
법인세비용 → 현금유출		(25,000)
┌ 법인세비용	(30,000)	
│ 미지급법인세	(5,000)	
└ 이연법인세부채	10,000	
영업활동순현금흐름		200,000

vi) **투자활동 현금흐름과 재무활동 현금흐름**

투자활동 현금흐름과 재무활동 현금흐름은 당해 거래로 인하여 유입·유출된 현금을 현금흐름표에 각각 구분표시

① 투자활동 현금흐름

〈감가상각비 회계처리〉

(차) 감 가 비 100 (대) 감 · 누 (건 물) 100

〈현금흐름 분석〉

		증감(B/S)	가감(I/S)	현금흐름
영업활동	┌ N/I(−100)		+100(나가)	⇒ 0
	└ 관련 B/S항목	−		
투자활동	관련 B/S항목	+100(건물 감소)	−100(들어가)	⇒ 0

② 재무활동 현금흐름

〈차입금상환 회계처리〉

(차) 부 채 100 (대) 현 금 70
상 환 이 익 30

〈현금흐름 분석〉

		증감(B/S)	가감(I/S)	현금흐름
영업활동	┌ N/I(+30)		−30(나가)	⇒ 0
	└ 관련 B/S항목	−		
재무활동	관련 B/S항목	−100(부채 감소)	+30(들어가)	⇒ −70

③ 투자활동과 재무활동 현금흐름은 일반적으로 계정과목 증감을 회계처리를 이용하여 분석한다.

④ 유형자산을 외상(미지급금)으로 구입한 후 해당 미지급금을 동일 회계기간에 상환하였다면 유형자산의 취득은 투자활동으로 분류되지만, 해당 미지급금을 이후 회계기간에 상환하였다면 일반적으로 취득 시점에서는 비현금 거래이므로 주석으로 공시하고 상환 시점에서는 미지급금의 상환을 재무활동으로 분류한다.

객관식 8

㈜한국은 20×1년도 현금흐름표를 작성 중이다. 기계장치 관련 내역은 다음과 같으며, 당기 중 취득 및 처분 거래는 모두 현금으로 이루어졌다.

계정과목	기초금액	기말금액
기계장치	300,000	320,000
감가상각누계액	55,000	60,000

㈜한국은 당기 중 기계장치를 100,000에 취득하였으며, 포괄손익계산서에는 기계장치처분이익 5,000과 감가상각비(기계장치) 35,000이 보고되었다. ㈜한국의 기계장치 관련 거래가 20×1년도의 투자활동 현금흐름에 미치는 영향은?

풀이

i) 유형 [300,000 → 320,000 / 55,000 → 60,000]

	차변		대변		
	기계	100,000	현금	100,000	400,000
	감가비	35,000	감누	35,000	90,000
추정)	현금	55,000	유형	80,000	
	감누	30,000	처분이익	5,000	320,000/ 60,000

객관식 9

㈜세무의 현금흐름표 작성을 위한 20×1년 자료가 다음과 같을 때, ㈜세무의 20×1년도 투자활동순현금흐름과 재무활동순현금흐름은? (단, ㈜세무는 이자의 지급, 이자 및 배당금의 수입은 영업활동으로, 배당금의 지급은 재무활동으로 분류하고 있다.)

- 유상증자로 250,000, 장기차입금으로 300,000을 조달하였다.
- 20×1년 초 매출채권 잔액은 300,000이었고, 여기에 대손충당금 잔액이 20,000 설정되어 있다. 20×1년 말 매출채권 잔액은 500,000이며, 대손추정을 통하여 기말 대손충당금 잔액이 50,000으로 증가하였다.
- 20×0년 경영성과에 대해 20×1년 3월 주주총회 결의를 통해 주주들에게 배당금으로 200,000을 지급하였다.
- 기초와 기말의 법인세 부채는 각각 300,000과 400,000이었다.
- 당기에 유형자산을 총원가 1,500,000에 취득하였으며, 이 중에서 900,000은 리스계약을 통한 사용권자산(유형자산)이다. 나머지 600,000은 현금으로 지급하였다. 리스부채의 상환은 20×2년 초부터 이루어진다.
- 취득원가가 800,000이고 감가상각누계액이 500,000인 공장 설비를 현금매각하고, 유형자산처분이익 100,000을 인식하였다.

풀이

i) 투자활동 : 400,000*(공장설비 처분)−600,000(유형자산 취득)=(200,000)

* 장부금액 300,000+처분이익 100,000=처분가액 400,000

ii) 재무활동 : 250,000(유상증자)+300,000(장기차입)−200,000(현금배당)=350,000

- 첫 번째 점과 세 번째 점 : 재무활동
- 두 번째 점과 네 번째 점 : 영업활동
- 나머지 점 : 투자활동

vii) 외화현금흐름

① 기준서에서는 외화로 표시된 현금및현금성자산의 환율변동효과는 기초와 기말의 현금및현금성자산을 조정하기 위해 현금흐름표에 보고하도록 규정하고 있다. 다만, 이 금액은 실제 발생한 현금흐름이 아니므로 영업활동, 투자활동 및 재무활동 현금흐름과 구분하여 다음과 같이 별도로 표시한다.

현금흐름표

영업활동 현금흐름		
…	×××	×××
투자활동 현금흐름		
…	×××	×××
재무활동 현금흐름		
…	×××	×××
현금및현금성자산에 대한 환율변동효과		×××
현금및현금성자산의 순증가		×××
기초 현금및현금성자산		×××
기말 현금및현금성자산		×××

×1초	현 금	$1×1,000	매 출	$1×1,000
×1말	현 금	$1×△200	환 산 이 익	$1×△200

$1×1,000(기초) → $1×1,200(기말)

→ 현금 200의 변화는 진정한 현금의 유입 ×
∴ 별도 표기

② 참고로 정부보조금을 수령하였을 경우에도 별도로 표시한다.

③ 또한 중단영업의 영업활동, 투자활동 및 재무활동으로부터 발생한 순현금흐름은 주석이나 재무제표 본문에 표시한다.

6. 현금흐름표의 유용성 및 한계점

i) 현금흐름표의 유용성

① 미래현금 흐름에 대한 정보의 제공

포괄손익계산서와 함께 이용하면 미래의 현금흐름액, 시기 및 불확실성을 예측하는 데 유용하다.

② 이익의 질에 대한 정보 제공

발생기준에 의한 포괄손익계산서는 많은 가정, 추정 및 평가가 개입되므로 신뢰성 측면에서 문제가 있으나 현금흐름표는 이러한 문제가 제거되어 신뢰성 높은 정보가 제공되며, 순손익과 현금흐름을 비교함으로써 이익의 질을 평가할 수 있다.

③ 현금흐름 조절능력평가를 위한 정보의 제공

다른 재무제표와 같이 사용되는 경우 순자산의 변화, 재무구조, 그리고 변화하는 상황과 기회에 적응하기 위하여 현금흐름의 금액과 시기를 조절하는 능력을 평가하는 데 유용한 정보를 제공한다.

④ 비교가능성 제고를 위한 정보의 제공

동일한 거래와 사건에 대하여 서로 다른 회계처리를 적용함에 따라 발생하는 영향을 제거하기 때문에 영업성과에 대한 기업 간의 비교가능성을 제고한다.

⑤ 예측한 미래현금흐름에 대한 피드백 정보의 제공

역사적 현금흐름정보는 미래현금흐름의 금액, 시기 및 확실성에 대한 지표로 자주 사용되며 과거에 추정한 미래현금흐름의 정확성을 검증하고, 수익성과 순현금흐름간의 관계 및 물가 변동의 영향을 분석하는 데 유용하다.

ii) 현금흐름표의 한계점

① 현금흐름의 정의

현금흐름표의 자금개념인 현금의 정의가 명확하지 않을 수 있다.

② 자금의 개념

현금보다 순운전자본 또는 총재무자원이 더 유용할 수도 있다.

Chapter 21

IFRS Intermediate Accounting

기타의 재무보고

1. 정부보조금

i) 정부보조금의 의의

① 영업활동과 관련한 일정 조건을 충족한 경우 기업에게 자원을 이전하는 형식의 정부지원* (재무제표에 인식함)

* 정부지원 : 일정 기준 충족하는 기업에게 경제적효익을 제공하기 위한 정부의 행위(주석 공시 대상)

② 정부보조금의 구분

구 분	내 용
자산관련보조금	장기성 자산을 매입, 건설하거나 다른 방법으로 취득해야 하는 일차적 조건이 있는 정부보조금
수익관련보조금	자산관련보조금 이외의 정부보조금

③ 특정 지역이나 산업영역에서 사업활동을 장려하거나 장기적으로 지원하는 것을 목적으로 정부지원이 이루어질 때 이러한 지원을 받기 위한 조건이 기업의 영업활동과 특별히 관련되지 않더라도 정부보조금의 정의를 충족

ii) 인식 및 측정

① ㉠과 ㉡ 요건에 대한 합리적 확신이 있을 때 인식한다.

㉠ 정부보조금에 부수되는 조건의 준수

㉡ 보조금의 수취

② 보조금의 수취 방법(현금 수취 또는 정부에 대한 부채 감소)에 관계없이 동일한 방법으로 회계처리한다.

③ 상환면제가능대출 : 상환면제조건을 충족할 것이라는 합리적 확신이 있을 때 정부보조금으로 처리한다.

④ 보조금의 수취 자체가 보조금에 부수되는 조건이 이행되거나 이행될 것이라는 결정적인 증거를 제공하지는 않았다.

⑤ 시장이자율보다 낮은 이자율의 정부대여금 효익도 정부보조금으로 처리한다.

추가문제

시장이자율은 7%인 상황에서 정부에서 표시이자율 4%, 만기 4년, 원금 100,000의 조건으로 정부대출

풀이

%=7	0	1	2	3	4
		4,000	4,000	4,000	4,000
					100,000

PV(7%)=89,839

	차변	금액	대변	금액
×1초	현 금	89,839	차 입 금	89,839
	현 금	10,161	정부보조금	10,161
×1말	이 자 비 용	6,289	현 금	4,000
			차 입 금	2,289
&	정부보조금	××	수 익	××

iii) 정부보조금의 회계처리

① 수익인식

- 자본접근법과 수익접근법 비교

구 분	논 거
자본접근법	① 상환이 예상되지 않기 때문에 정부보조금은 재무상태표의 주주지분에 직접 인식한다. ② 정부보조금은 수익을 창출한 것이 아니라 관련원가 없이 정부로부터 받은 장려금이기 때문에 당기손익으로 인식하는 것이 부적절하다.
수익접근법	① 정부보조금은 주주 이외의 원천으로부터 수취한 것이기 때문에 주주지분에 직접 인식할 수 없고, 적절한 기간 동안 수익으로 인식한다. ② 정부보조금은 무상으로 지급되는 경우가 거의 없고, 일정 조건을 준수하고 부여된 의무를 충족함으로써 얻게 된다. 따라서 정부보조금을 수익으로 인식하여 보전하려고 하는 관련원가와 대응시켜야 한다. ③ 법인세 등 세금은 수익에 따라 부과되므로 재정정책의 일환인 정부보조금도 당기손익에 포함시키는 것이 타당하다. → 세금의 납부 : 비용 처리 정부보조금은 납부 세금의 환급 측면 존재 ∴ 수익 처리

→ 이 중 수익접근법을 적용한다.

• 정부보조금의 수익인식 방법(수익인식 시점)

구 분	수익인식 방법
관련원가와 대응되는 정부보조금	정부보조금으로 보전하려는 관련원가를 비용으로 인식하는 기간에 걸쳐 체계적인 기준에 따라 당기손익으로 인식
이미 발생한 비용이나 손실에 대한 보전 또는 향후의 관련원가가 없는 정부보조금	정부보조금을 수취할 권리가 발생하는 기간에 당기손익으로 인식

• 감가상각자산의 취득과 관련된 정부보조금은 자산의 상각기간과 비율에 따라 인식기간에 걸쳐 수익으로 인식한다.

• 비상각자산 취득과 관련된 정부보조금이 일정한 의무의 이행도 요구한다면 그 의무를 충족시키기 위한 원가를 부담하는 기간에 그 정부보조금을 당기손익으로 인식한다.

  EX 건물을 건설하는 조건으로 토지를 보조금으로 받은 경우 건물의 내용연수 동안 당기손익으로 인식하는 것이 적절할 수 있다.

• 정부보조금이 토지 등 비화폐성자산인 경우 해당 자산의 공정가치로 회계처리한다. 그러나 경우에 따라서 명목금액으로 기록하기도 한다.

② 정부보조금의 표시(방법)

구 분	재무제표 표시
재무상태표	재무상태표에 이연수익으로 표시하는 방법과 관련자산에서 차감하는 방법 중 선택
포괄손익계산서	포괄손익계산서에 별도 수익으로 표시하는 방법과 관련비용에서 차감하는 방법 중 선택

[자산관련보조금의 표시 방법 비교]

• 이연수익으로 표시 : 부채로 분류한 뒤 내용연수에 걸쳐 이연수익을 수익으로 대체한다.
• 관련 자산에서 차감 : 내용연수에 걸쳐 감가상각비를 감소시키는 방식으로 당기손익을 인식한다.
• 이연수익 방법은 수익과 관련 비용이 각각 인식되는 반면, 관련자산차감 방법은 수익을 차감한 순비용을 인식한다. 어떤 방법을 적용하든 당기순이익에 미치는 영향은 동일하다. 그러나 이연수익 방법을 적용하면 관련자산차감 방법에 비해 부채 총액이 더 많이 계상된다.

③ 자산의 취득과 이와 관련된 보조금의 수취는 기업의 현금흐름에 중요한 변동을 일으키므로 재무상태표에 보조금이 관련 자산에서 차감하여 표시되는지와 관계없이 자산의 총투자를 보여주기 위해 이러한 변동을 현금흐름표에 별도 항목으로 표시한다.

• 자산관련 보조금의 회계처리 비교

구 분	이연수익 방법	관련자산차감 방법
정부보조금 수령	(차) 현 금 ×× (대) 정 부 보 조 금 ××[*1]	(차) 현 금 ×× (대) 정 부 보 조 금 ××[*2]
관련자산 취득	(차) 기 계 장 치 ×× (대) 현 금 ××	(차) 기 계 장 치 ×× (대) 현 금 ××
관련자산 감가상각비 인식	(차) 감 가 상 각 비 ×× (대) 감가상각누계액 ××	(차) 감 가 상 각 비 ×× (대) 감가상각누계액 ××
정부보조금 수익 인식	(차) 정 부 보 조 금 ×× (대) 정부보조금수익 ××	(차) 정 부 보 조 금 ×× (대) 감 가 상 각 비 ××
재무상태표 표시	〈자 산〉 기계장치 ××[*3] 〈부 채〉 정부보조금 ××[*4]	〈자 산〉 기계장치 ××[*5]
포괄손익계산서 표시	감가상각비 ×× 정부보조금수익 ××	감가상각비 ××[*6]

*1. 이연수익에 해당되므로 부채로 구분
2. 현금 등 수취한 자산에서 차감표시하고, 기계장치를 취득했으면 기계장치에서 차감표시
3. 기계장치의 취득원가에서 감가상각누계액을 차감한 장부금액
4. 정부보조금 중 수익으로 인식하지 않은 잔여금액
5. 기계장치의 취득원가에서 감가상각누계액과 정부보조금 잔여액을 차감한 장부금액
6. 감가상각비 총액에서 정부보조금 중 수익으로 인식한 금액을 차감한 금액

예제 1 자산관련 보조금의 회계처리

100,000의 정부보조금 수취하여 ×1초에 150,000의 기계장치를 취득하였다. 내용연수 5년, 잔존가치는 없다. 정액법으로 감가상각한다.

관련 회계처리는?

풀이

	차변		대변	
×1초	현 금	100,000	정부보조금	100,000
&	자 산	150,000	현 금	150,000
×1말	감 가 비	30,000	감 · 누	30,000
	정부보조금	20,000	i) 감가비 ii) 수 익	20,000

정부보조금 100,000 ⟨ i) 자산차감 항목 / ii) 이연 항목

$(150,000-0)\times\frac{1}{5}=30,000$

감가상각대상금액 : 정부보조금 = 당해 감가비 : 당해 상각비

(150,000−0) : 100,000 = 30,000 : ?

(자산차감 항목)

×1말 B/S 차변

자산	150,000
정부보조금	(80,000)
감·누	(30,000)
	40,000

×1말 I/S 감가비 10,000

(이연 항목)

×1말 B/S 차변 대변

차변		대변	
자산	150,000	정부보조금	80,000
감·누	(30,000)		
	120,000		

×1말 I/S 감가비 30,000

별도 수익 20,000

$?=30,000\times\frac{100,000}{(150,000-0)}=20,000$

(별해)

정부보조금 100,000 ÷ 5 = 20,000

(∵ 정액법)

$(150,000-0)\times\frac{1}{5}\times\frac{100,000}{(150,000-0)}$

$=100,000\times\frac{1}{5}=20,000$

참고

※ 정부보조금의 상각

└→ '감가상각비×정부보조금/감가상각대상금액' → 정액법과 연수합계법이 아닐 땐 이 식으로!⟨절대식⟩

⟨if 정액법 → 정부보조금 상각비＝정부보조금×1/n⟩

∵ 감가상각대상금액×1/n×정부보조금/감가상각대상금액

정액법 감가비

⟨if 연수합계법 → 정부보조금 상각비＝정부보조금×n↓/$\Sigma 1\sim n$⟩

∵ 감가상각대상금액×n↓/$\Sigma 1\sim n$×정부보조금/감가상각대상금액

연수합계법 감가비

④ 정부보조금 상환

- 회계추정치 변경에 해당한다.

구 분	회계처리
자산관련보조금	상환금액만큼 자산의 장부금액을 증가시키거나 이연수익에서 차감 보조금이 없었다면 현재까지 당기손익으로 인식했어야 하는 감가상각누계액을 즉시 당기손익으로 인식
수익관련보조금	미상각 이연계정을 우선 감소시키고, 이를 초과하는 금액이 있거나 이연계정이 없는 경우에는 초과금액 또는 상환금액을 즉시 당기손익으로 인식

2. 매각예정비유동자산과 중단영업

i) 매각예정비유동자산

"매우 높다"

* 매각예정 ~~~~~> 감가상각 ×, Min[순공정가치, 최초 장부금액] → 손상 또는 환입

손상의 개념
(계속사업손익에 포함)

① 매각예정의 분류

- 기업이 사용하던 비유동자산의 장부금액을 계속사용이 아닌 매각거래를 통해 주로 회수할 것(현재의 상태에서 통상적이고 관습적인 거래조건만으로 즉시 매각가능해야 하며, 매각될 가능성이 매우 높아야 함)이라면 이를 매각예정비유동자산으로 분류한다.
- 매각될 가능성이 매우 높으려면 적절한 지위의 경영진이 자산(또는 처분자산집단)의 매각계획을 확약하고, 매수자를 물색하고 매각계획을 이행하기 위한 적극적인 업무진행을 이미 시작하였어야 한다. 또한 당해 자산(또는 처분자산집단)의 현행 공정가치에 비추어 볼 때 합리적인 가격 수준으로 적극적으로 매각을 추진하여야 한다. 또한 일반적으로는 분류시점에서 1년 이내에 매각완료요건이 충족될 것으로 예상되며, 계획을 이행하기 위하여 필요한 조치로 보아 그 계획이 유의적으로 변경되거나 철회될 가능성이 낮아야 한다. 매각될 가능성이 매우 높은지에 대한 평가의 일환으로 주주의 승인(그러한 승인이 요구되는 국가의 경우) 가능성이 고려되어야 한다.
- 자산을 유동자산과 비유동자산으로 구분 표시하는 경우에 비유동자산이 매각예정 분류기준을 충족하지 못하면 유동자산으로 재분류할 수 없다. 통상적으로 비유동자산으로 분류되는 자산을 매각만을 목적으로 취득한 경우라 하더라도 매각예정 분류기준을 충족하지 못한다면 유동자산으로 분류할 수 없다.
- 종속기업에 대한 지배력의 상실을 포함하는 매각계획을 확약하는 기업은 매각 후 종전

종속기업에 대한 (비지배)지분의 보유 여부에 관계없이 그 종속기업의 모든 자산과 부채를 매각예정으로 분류한다.

→ A사 주식 80% 보유
  내년에 전체 지분율 기준 70% 매각 예정
  내년 A사 주식 10% 보유 예정
  10% 주식을 보유하더라도 연결 자체가 불가능

- 사건이나 상황에 따라서는 매각을 완료하는 데 소요되는 기간이 연장되어 1년을 초과할 수도 있다. 만약 기업이 통제할 수 없는 사건 또는 상황 때문에 매각기간이 연장되었지만 기업이 여전히 해당 자산(또는 처분자산집단)의 매각계획을 확약한다는 충분한 증거가 있다면 매각이 완료되기까지의 기간이 연장된다고 하더라도 해당 자산(또는 처분자산집단)을 매각예정으로 분류할 수 없는 것은 아니다.
- 폐기될 비유동자산은 매각예정으로 분류할 수 없다. 왜냐하면 폐기될 비유동자산은 원칙적으로 계속 사용함으로써 장부금액을 회수하기 때문이다. 폐기될 비유동자산에는 경제적 내용연수가 끝날 때까지 사용될 비유동자산과 매각되지 않고 폐쇄될 비유동자산이 포함된다.
- 일시적으로 사용을 중단한 비유동자산에 대해 폐기될 자산으로 회계처리할 수 없다.
- 매각예정 분류 요건이 보고기간 후에 충족된 경우 당해 비유동자산은 보고기간 후 발행되는 당해 재무제표에서 매각예정으로 분류할 수 없다.
- 상업적 실질이 있는 교환거래는 매각거래에 해당되므로 교환거래 대상 비유동자산이 매각예정분류기준을 충족하면 매각예정으로 분류할 수 있다.
- 매각예정으로 분류된 비유동자산은 다른 자산과 별도로 표시한다.
- 처분자산집단은 현금창출단위의 일부이거나 단일 현금창출단위 또는 현금창출단위집단인 경우가 있다. 만약 처분자산집단에 매각예정비유동자산이 포함되어 있다면 당해 자산집단 전체에 대해 순공정가치와 장부금액 중 작은 금액으로 측정한다.

② 매각예정비유동자산의 측정

- 다음의 자산에 대해서는 기준서 제1105호의 측정 규정(순공정가치와 장부금액 중 작은 금액으로 측정)을 적용하지 않는다(즉, 매각예정으로 분류되기 전에 적용하였던 기준서를 계속 적용하여 측정).

  ㉠ 이연법인세자산
  ㉡ 종업원급여에서 발생하는 자산
  ㉢ 기준서 제1109호 '금융상품'이 적용되는 금융자산
  ㉣ 기준서 제1040호 '투자부동산'에 따라 공정가치모형을 적용하는 비유동자산
  ㉤ 기준서 제1041호 '농림어업'에 따라 순공정가치로 측정되는 비유동자산

㉥ 기준서 제1104호 '보험계약'에서 정의되는 보험계약의 계약상 권리

위에서 열거한 자산이 매각예정으로 분류되거나 처분자산집단의 일부를 구성하는 경우에 기준서 제1105호의 측정 규정만 적용하지 않을 뿐 분류와 표시규정은 모두 적용한다.

- 매각예정으로 분류된 비유동자산은 순공정가치와 장부금액 중 작은 금액으로 측정한다. 이때 자산을 매각예정으로 최초 분류하기 직전에 해당 자산의 장부금액은 적용가능한 한국채택국제회계기준에 따라 측정해야 한다. 따라서 매각예정으로 분류되는 자산이 재평가모형을 적용하는 유형자산이라면 매각예정 분류 직전에 공정가치로 재평가 회계처리를 먼저 해야 한다.
- 신규로 취득한 자산이 매각예정분류기준을 충족한다면 최초 인식시점에 순공정가치와 매각예정으로 분류되지 않았을 경우의 장부금액(원가) 중 작은 금액으로 측정한다. 따라서 자산 취득 시 손실을 인식할 수도 있다.
- 순공정가치는 공정가치에서 매각부대원가를 차감한 금액이다. 자산이 1년 이후에 매각될 것으로 예상된다면 매각부대원가는 현재가치로 측정하며, 기간 경과에 따라 발생하는 매각부대원가의 현재가치 증가분은 금융원가로서 당기손익으로 회계처리한다.
- 매각예정으로 최초 분류하는 시점에서 자산의 장부금액이 순공정가치를 초과하면 그 차이를 손상차손으로 인식한다.
- 순공정가치 측정은 매각예정으로 최초 분류되는 시점뿐만 아니라 향후 보고기간 말에도 이루어져야 한다. 따라서 후속적인 순공정가치의 하락을 손상차손으로 인식한다.
- 매각예정으로 분류된 이후 순공정가치가 증가하는 경우 과거에 인식했던 손상차손누계액을 한도로 손상차손환입을 당기이익으로 인식한다.
- 매각예정으로 분류된 자산에 대해서는 감가상각을 하지 않는다. 반면에 폐기될 자산은 매각예정으로 분류될 수 없으므로 감가상각을 한다.

매각예정 분류 직전	매각예정 분류일	이후 보고기간 말
적용가능한 한국채택국제회계기준을 적용하여 회계처리(상각, 재평가, 손상 등 포함)	분류일 현재 순공정가치와 장부금액 중 작은 금액으로 측정(손상차손 인식 가능)	매각이 완료되지 않은 자산에 대해서 손상차손(환입) 인식. 상각대상자산에 대해서는 감가상각 무인식

- 매각예정비유동자산에 대해서 인식하는 손상차손 및 손상차손환입은 계속영업이익에 포함된다. 그러나 매각예정비유동자산이 중단영업에 해당하는 경우 중단영업손익에 포함한다.
- 매각예정으로 분류되던 자산이 매각예정분류기준을 더 이상 충족하지 못하는 경우에는 다음 중 작은 금액으로 측정한다.
  - 당해 자산(또는 처분자산집단)을 매각예정으로 분류하기 전 장부금액에 감가상각, 재평가 등 매각예정으로 분류하지 않았더라면 인식하였을 조정사항을 반영한 금액

– 매각하지 않기로 결정한 날의 회수가능액

- 더 이상 매각예정으로 분류할 수 없는 비유동자산의 장부금액에 반영하는 조정금액은 분류요건을 더 이상 충족하지 않게 된 기간의 계속영업손익에 포함한다. 즉, 더 이상 매각예정으로 분류할 수 없는 경우, 매각예정으로 분류한 기간 동안의 재무제표는 수정되어야 한다.

③ 매각예정 분류 처분자산집단의 측정

- 처분자산집단을 매각예정으로 최초 분류하기 직전까지 처분자산집단 내의 모든 자산과 부채의 장부금액을 적용가능한 한국채택국제회계기준에 따라 측정한다. 따라서 감가상각, 공정가치 평가손익, 손상차손(환입) 등을 인식하여 장부금액을 확정한다.
- 매각예정 분류일에는 매각예정으로 분류된 처분자산집단의 순공정가치와 장부금액 중 작은 금액으로 측정한다. 이때 손상차손은 현금창출단위의 손상차손 인식을 준용하여 처분자산집단을 구성하는 항목에 배분한다. 즉, 손상차손을 처분자산집단의 영업권에 우선 배분하고, 잔여액을 기준서 제1105호의 측정규정을 적용하는 비유동자산의 장부금액에 비례하여 배분한다. 따라서 기준서 제1105호의 측정규정을 적용하지 않는 비유동자산(FVOCI (선택) 금융자산 등)에 대해서는 손상차손을 배분하지 않는다.
- 매각예정 분류일 이후에는 기준서 제1105호의 측정규정 적용범위에서 제외되는 자산과 부채에 대해서 적용가능한 한국채택국제회계기준에 따라 우선 측정하며, 이러한 재측정을 반영한 후 처분자산집단의 순공정가치를 재측정한다. 이렇게 재측정한 처분자산집단의 순공정가치가 장부금액에 미달하면 손상차손을 인식한다.
  물론 처분자산집단의 순공정가치가 증가하면 손상차손환입을 인식한다. 처분자산집단에 대해서 손상차손을 인식했을 때와 마찬가지로 기준서 제1105호의 측정규정을 적용하는 비유동자산의 장부금액에 비례하여 손상차손환입을 인식하되, 과거에 인식했던 손상차손누계액을 초과할 수 없다. 다만, 과거에 손상차손을 인식하면서 감액했던 영업권이 있더라도 영업권에 대해서는 손상차손환입을 인식하지 않는다.

④ 매각예정비유동자산의 재무상태표 표시

- 매각예정으로 분류된 비유동자산은 다른 자산과 별도로 재무상태표에 표시한다.
- 매각예정으로 분류된 비유동자산과 관련하여 기타포괄손익으로 인식한 손익누계액도 별도로 표시한다.
- 과거 재무상태표에 매각예정으로 분류된 비유동자산 또는 처분자산집단에 포함된 자산과 부채의 금액은 최근 재무상태표의 분류를 반영하기 위하여 재분류하거나 재작성하지 않는다.

예제 3 매각예정비유동자산의 회계처리

갑회사는 20×1년 10월 1일에 사용하던 건물을 매각하기로 결정했으며, 동 건물은 매각예정 분류기준을 충족한다. 매각예정 분류 직전 적용가능한 한국채택국제회계기준에 따라 측정한 건물의 취득원가는 100,000, 감가상각누계액은 30,000이며, 손상 징후를 발견하여 추정한 회수가능액(사용가치)은 60,000이다. 매각예정 분류 시점의 순공정가치는 56,000이다.

상황별 회계처리는?

풀이

〈매각예정 분류시점 회계처리〉

차변	금액	대변	금액
감가상각누계액	30,000	건물	100,000
손상차손누계액	10,000*		
매각예정비유동자산	56,000		
손상차손	4,000		

⌋ 56,000

* 장부가 70,000 → 회수가능액 60,000

〈20×1년 말 현재 건물의 매각을 완료하지 못하였으나, 매각예정 분류기준은 충족한다. 20×1년 말(보고기간 말) 현재 건물의 순공정가치가 52,000일 때〉

차변	금액	대변	금액
손상차손	4,000	매각예정비유동자산	4,000

⌋ 52,000

순공정가치 감소액=52,000−56,000=(−)4,000(손상차손)
감가상각비는 인식하지 않는다.
이와 같이 회계처리하면 매각예정비유동자산의 20×1년 말 장부금액은 52,000이다.

〈20×1년 말 현재 건물의 순공정가치가 72,000이라고 가정〉

차변	금액	대변	금액
매각예정비유동자산	14,000	손상차손환입	14,000

⌋ 70,000

순공정가치 증가액=72,000−56,000=16,000
과거에 인식했던 손상차손누계액=10,000+4,000=14,000
따라서 14,000의 손상차손환입만 인식할 수 있다.
이와 같이 회계처리하면 매각예정비유동자산의 20×1년 말 장부금액은 70,000이다.

객관식 6

㈜한국은 20×1년 12월 말에 다음의 자산집단을 매각방식으로 처분하기로 하였고, 이는 매각예정의 분류기준을 충족한다. 처분자산집단에 속한 자산은 다음과 같이 측정한다.

구 분	매각예정으로 분류하기 전 12월 말의 장부금액	매각예정으로 분류하기 직전에 재측정한 장부금액
영업권	100,000	100,000
유형자산 I (재평가액으로 표시)	1,200,000	1,000,000
유형자산 II (원가로 표시)	2,000,000	2,000,000
재고자산	1,100,000	1,050,000
FVOCI 금융자산	1,300,000	1,250,000
합 계	5,700,000	5,400,000

한편, ㈜한국은 매각예정으로 분류하는 시점에서 처분자산집단의 순공정가치를 5,000,000으로 추정하였다. 20×1년 12월 말에 ㈜한국이 처분자산집단에 대하여 인식할 총포괄손익(A)과 손상차손 배분 후 유형자산 I 의 장부금액(B)은 각각 얼마인가?

풀이

영업권	100,000	100,000	
유형 I (재평가모형)	1,200,000	1,000,000	△200,000(OCI 또는 비용)
유형 II (원가모형)	2,000,000	2,000,000	
재고	1,100,000	1,050,000	△50,000(비용)
FVOCI	1,300,000	1,250,000	△50,000(OCI)
	5,700,000	5,400,000	

개별 평가

영업권	100,000	①	△100,000	0
유형 I (재평가모형)	1,000,000	②	△300,000×$\frac{100}{300}$	900,000
유형 II (원가모형)	2,000,000	②	△300,000×$\frac{200}{300}$	1,800,000
재고	1,050,000			1,050,000
FVOCI	1,250,000			1,250,000
	5,400,000			5,000,000

집합체 손상

참고

재고자산과 FVOCI 금융자산은 개별 평가는 인식하지만, 집합체 손상은 인식하지 않는다.

예제 4 처분자산집단의 손상차손

20×1년 7월 1일에 다음의 자산집단을 매각예정비유동자산으로 분류하였다.

과 목	매각예정 분류 직전 장부금액
건 물	26,000
기 계 장 치	9,000
영 업 권	10,000
FVOCI 금융자산	14,000
재 고 자 산	8,000
계	67,000

매각예정 분류일 현재 처분자산집단의 순공정가치는 50,000으로 추정하였다.

손상배분 후 자산별 장부금액은?

풀이

손상차손 총액=67,000−50,000=17,000

손상차손을 개별 자산별로 배분할 때 FVOCI 금융자산 및 재고자산에 대해서는 배분하지 않는다. 손상차손은 영업권에 우선 배분하고, 잔액을 배분 대상 비유동자산의 장부금액에 비례하여 배분한다.

〈손상차손의 배분〉

과 목	매각예정 분류 직전 장부금액	손상차손 배분	배분후 장부금액
건 물	26,000	5,200[*1]	20,800
기 계 장 치	9,000	1,800[*2]	7,200
영 업 권	10,000	10,000	0
FVOCI 금융자산	14,000	−	14,000
재 고 자 산	8,000	−	8,000
계	67,000	17,000	50,000

* 1. (17,000−10,000)×26,000/35,000=5,200
  2. (17,000−10,000)×9,000/35,000=1,800

ii) 중단영업

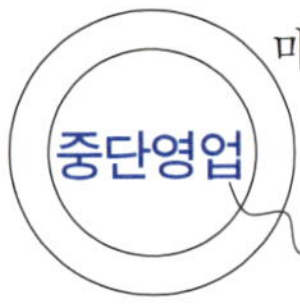

• 조기인식

→해당 사업부의 수익·비용 & 법인세비용 + 평가손실 Min[순공정가치, 장부가]

⇒ 중단사업손익

매각예정 ⇒ "중단영업"

	A사업부	B사업부	⇒	합
수익	1,000	500		1,500
비용	700	400		1,100
세전이익	300	100		400
법인세	30	10		40
N/I	270	90		360

수익	1,000
비용	700
세전계속사업손익	300
법인세비용	30
계속사업손익	270
• 중단사업손익	90
N/I	360

① 중단영업의 의의

- 중단영업으로 분류되기 위해서는 다음의 ㉠과 ㉡의 요건을 모두 충족하여야 한다.
  - ㉠ 해당 부문이 기업의 구분단위를 충족한다.
  - ㉡ 해당 부문이 이미 처분되었거나 매각예정의 분류기준을 충족하면서 다음 중 어느 하나에 해당되어야 한다.
    - 별도의 주요 사업계열 또는 영업지역이다.
    - 별도의 주요 사업계열 또는 영업지역을 처분하려는 단일 계획의 일부이다.
    - 매각만을 목적으로 취득한 종속기업이다.
- 중단영업에 포함되어 있는 자산은 매각예정비유동자산에 해당하나, 매각예정비유동자산이 반드시 중단영업에 해당되는 것은 아니다.

② 중단영업의 재무제표 표시

포괄손익계산서

	(사업부 A)	(사업부 B)
매출액	×××	×××
매출원가	×××	×××
판매비와 관리비	×××	×××
기타손익	×××	×××
법인세비용	×××	×××
계속영업손익	×××	
중단영업손익	×××	
당기손순익	×××	

- 중단영업과 관련된 손익은 포괄손익계산서에 세후 중단영업손익으로 하여 단일금액으로 표시한다. 중단영업손익에는 중단영업에서 발생한 수익과 비용이 포함된다.
- 매각예정비유동자산이 중단영업에 해당되지 않으면 관련 손상차손(환입)은 계속영업손익에 포함되나, 매각예정비유동자산이 중단영업의 정의를 충족하면 매각예정비유동자산의 손상차손(환입)도 중단영업손익에 포함한다.
- 중단영업의 영업활동, 투자활동 및 재무활동으로부터 발생한 순현금흐름은 주석이나 재무제표 본문에 표시한다.
- 과거기간에 중단영업의 처분과 직접 관련하여 중단영업으로 표시했던 금액을 당기에 조정하는 경우 그 금액은 중단영업 내에서 별도로 분류하여 표시한다.
- 기업의 구분단위를 매각예정으로 더 이상 분류할 수 없는 경우에는 중단영업으로 표시했던 당해 구분단위의 영업성과를 비교 표시되는 모든 회계기간에 재분류하여 계속영업손익에 포함하고, 과거기간에 해당하는 금액이 재분류되었음을 주석으로 기재한다.

3. 탐사평가자산

i) 의의

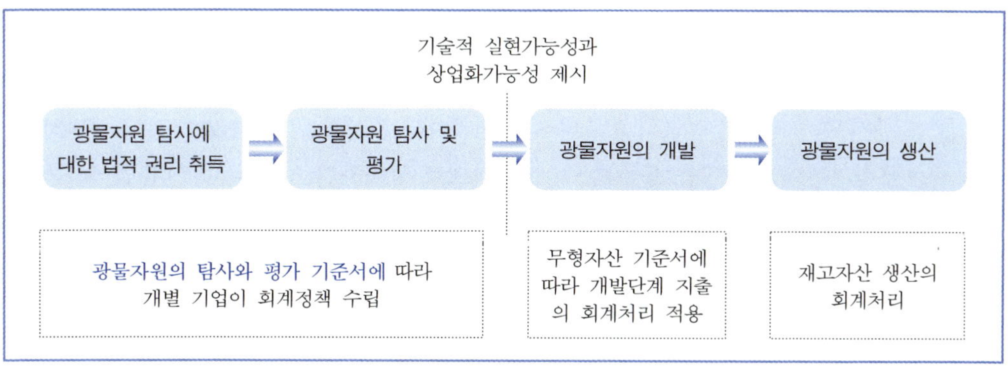

① 국제회계기준은 특정 회계처리방법을 제시하지 않고 기업이 탐사 및 평가활동과 관련한 지출을 자산으로 인식하기 위한 회계정책을 개별적으로 수립하고 적용하도록 규정하고 있다.

② 자산으로 인식하는 회계정책을 수립한 경우 기업이 인식하는 자산이 탐사평가자산이다.

③ 광물자원 탐사 및 평가관련 지출을 자산으로 인식하는 회계정책을 수립한 경우의 탐사평가자산에 포함되는 지출의 예는 다음과 같다.

- 탐사 권리의 취득
- 지형학적, 지질학적, 지구화학적 및 지구물리학적 연구
- 탐사를 위한 시추
- 굴착
- 표본추출
- 광물자원 추출의 기술적 실현가능성과 상업화가능성에 대한 평가와 관련된 활동

④ 탐사와 평가 관련 지출에 대한 회사의 회계정책은 변경이 가능하다. 이러한 변경은 회계정책의 변경에 해당되므로 소급법을 적용하여 재무제표를 작성해야 한다.

ii) **회계처리**

① 탐사권리의 취득 및 탐사 및 평가활동과 관련된 지출만 탐사평가자산으로 인식한다.

② 광물자원의 탐사 및 평가 후에 이루어지는 개발과 관련된 지출은 무형자산 기준서를 적용하여 회계처리한다.

③ 광물자원 추출에 대한 기술적 실현가능성과 상업화가능성을 제시할 수 있는 시점에는 더 이상 탐사평가자산으로 분류하지 않는다.

④ 탐사평가자산은 그 성격에 따라 유형자산(시추장비) 또는 무형자산(시추권)으로 분류하고 이 분류를 일관되게 적용한다.

⑤ 탐사평가자산을 인식한 후에는 원가모형이나 재평가모형을 적용한다.

⑥ 손상 여부를 검토할 때에는 자산손상 기준서를 적용하지 않고 별도의 손상기준을 적용한다.

⑦ 광물자원 탐사와 평가를 수행한 결과로 특정기간에 제거와 복구의무가 발생한 때에는 '충당부채, 우발부채 및 우발자산'에 따라 충당부채를 인식한다.

⑧ 기준서에는 명시적 언급이 없으나 탐사평가자산은 상각을 하지 않는 것이 타당하다. 유형·무형자산의 상각비는 동 자산을 정상적으로 사용하기 시작할 때부터 인식하는데, 탐사평가자산은 탐사 및 평가 과정 중에 인식하는 것이기 때문이다.

4. 보고기간후사건

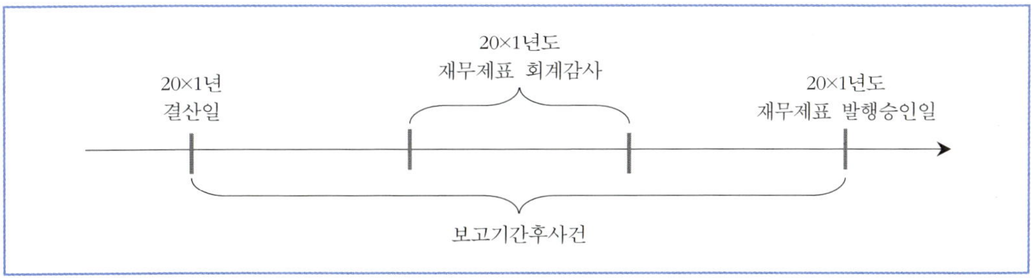

Ex

	차변	금액	대변	금액	
×1말	대 손 비	100	충 당 금	100	대손 100 예상

×2. 1/5 〈대손 150 확정〉

	차변	금액	대변	금액	
①	충 당 금	100	채 권	150	(×)
	대 손 비	50			

② ×1말 대손비를 50 추가
&

차변	금액	대변	금액	
충 당 금	150	채 권	150	(○)

i) 보고기간후사건

① 보고기간후사건이란 보고기간 말(결산일)과 재무제표 발행승인일 사이에 발생한 유리하거나 불리한 사건을 말한다.

② 재무제표 발행승인일 : 이사회의 발행 승인일(주주총회에서 주주가 승인한 날이 아님)

ii) 보고기간후사건의 유형 및 회계처리

유 형	회계처리
보고기간 말에 존재하였던 상황에 대한 증거를 제공하는 사건	재무제표에 인식된 금액을 수정
보고기간 후에 발생한 상황을 나타내는 사건	재무제표를 수정하지 않음. 단, 중요한 사건은 주석 공시

iii) 수정을 요하는 보고기간후사건

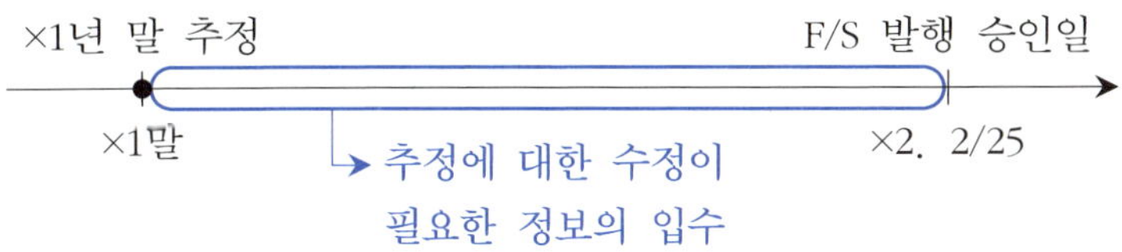

① 보고기간 말에 존재하였던 현재의무가 보고기간 후에 소송사건의 확정에 의해 확인되는 경우
② 보고기간 말에 이미 자산손상이 발생되었음을 나타내는 정보를 보고기간 후에 입수하거나, 이미 손상차손을 인식한 자산에 대하여 손상차손금액의 수정이 필요한 정보를 보고기간 후에 입수하는 경우
③ 보고기간 말 이전에 구입한 자산의 취득원가나 매각한 자산의 대가를 보고기간 후에 결정하는 경우
④ 보고기간 말 이전 사건의 결과로서 보고기간 말에 종업원에게 지급해야 할 법적의무나 의제의무가 있는 이익분배나 상여금지급 금액을 보고기간 후에 확정하는 경우
⑤ 재무제표가 부정확하다는 것을 보여주는 부정이나 오류를 발견한 경우*

* ×1년 말과 ×2년 2월 25일(F/S 발행승인일) 사이에 ×1년과 관련된 오류를 발견하였다면 이를 ×1년 말의 기말수정분개로 처리하면 된다. 즉, 만일 ×2년 1월 중에 ×1년 말의 기말재고가 100 과대계상 되었음을 확인하였다면 이에 대해 「매출원가 100 | 상품(기말) 100」으로 회계처리하면 된다. 이 경우 ×1년 말이 경과했다고 이익잉여금 계정과목을 사용할 필요는 없다.
→ 회계 관점에서의 ×1년 말은 ×2년 2월 25일(F/S 발행승인일)까지이다.

iv) 수정을 요하지 않는 보고기간후사건

보고기간 말 현재 존재하였던 상황과 무관한 사건이어야 한다. 다만, 중요한 보고기간후사건은 재무제표 이용자의 의사결정에 도움을 주기 위하여 주석 공시가 필요한데, 그 범주별로 사건의 성격 및 사건의 재무적 영향에 대한 추정치 또는 그러한 추정을 할 수 없는 경우 이에 대한 설명을 공시한다.

① 보고기간 후에 발생한 주요 사업결합 또는 주요 종속기업의 처분
② 영업 중단 계획의 발표
③ 주요 자산 구입, 자산을 매각예정으로 분류, 자산 매각, 정부에 의한 주요 자산의 수용
④ 보고기간 후에 발생한 화재로 인한 주요 생산 설비의 파손
⑤ 주요한 구조조정계획의 공표나 이행착수
⑥ 보고기간 후에 발생한 주요한 보통주 거래와 잠재적 보통주 거래
⑦ 보고기간 후에 발생한 자산 가격이나 환율의 비정상적 변동
⑧ 당기법인세 자산과 부채 및 이연법인세 자산과 부채에 중요한 영향을 미치는 세법이나 세율에 대한 보고기간 후의 변경 또는 변경 예고
⑨ 중요한 지급보증 등에 의한 우발부채의 발생이나 중요한 계약의 체결
⑩ 보고기간 후에 발생한 사건에만 관련되어 제기된 주요한 소송의 개시

보고기간 말 현재 보유하고 있는 금융자산의 공정가치가 하락한 경우
→ 보고기간 말 현재 공정가치 평가를 추정을 통해 실시 ×
→ 이후 공정가치 하락에 대해 수정 ×
∴ 수정을 요하는 보고기간후사건 ×

유동부채로 분류된 차입금에 대해서 특정 사건*이 보고기간 말과 재무제표 발행승인일 사이에 발생하면 수정을 요하지 않는 사건으로 주석에 공시하도록 규정하고 있다.

* 특정 사건이란 장기로 차환, 장기차입약정 위반사항의 해소, 보고기간후 적어도 12개월 이상 장기차입약정 위반사항을 해소할 수 있는 유예기간을 대여자로부터 부여받은 경우를 말한다.

v) 주의사항

① 보고기간 후부터 재무제표 발행승인일 전에 지분상품 보유자에 대한 배당을 선언한 경우 그 배당금을 보고기간말의 부채로 인식하지 않는다.

② 경영진이 보고기간 후에 기업을 청산하거나 경영활동을 중단할 의도를 가지고 있거나, 청산 또는 중단 외에 다른 현실적인 대안이 없다고 판단하는 경우 계속기업 기준 하에서 재무제표를 작성하면 안 된다.

5. 중간재무보고

i) 중간재무보고서의 내용

① 기업이 요약재무제표로 중간재무보고서를 작성할 경우에는 최소한 다음의 구성요소를 포함하여야 한다.

- 요약 재무상태표
- 다음 중 하나로 표시되는 요약 포괄손익계산서
  ㉠ 단일 요약 포괄손익계산서
  ㉡ 별개의 요약 손익계산서와 요약 포괄손익계산서
- 요약 자본변동표
- 요약 현금흐름표
- 선별적 주석

② 중간재무보고서는 전체 재무제표로 작성하거나 요약재무제표로 작성할 수도 있다.
요약재무제표를 중간재무보고서에 포함하는 경우 이러한 재무제표는 최소한 직전 연차재무제표에 포함되었던 제목, 소계 및 이 기준서에서 정하는 선별적 주석을 포함하여야 한다.

③ 직전 연차재무보고서를 연결기준으로 작성하였다면 중간재무보고서도 연결기준으로 작성해야 한다.

④ 직전 연차재무보고서에 이미 보고된 정보에 대한 갱신사항이 상대적으로 중요하지 않다면 중간재무보고서의 주석으로 기재할 필요는 없다. 그러나 중요한 정보이고 중간재무제표의 다른 곳에 공시되지 않았다면 주석에 포함되어야 한다. 이러한 정보는 누적기준으로 보고한다.

⑤ 중간재무보고서는 다음 기간에 대한 중간재무제표를 포함하여야 한다.

- 당해 중간보고기간 말과 직전 연차보고기간 말을 비교하는 형식으로 작성한 재무상태표
- 당해 중간기간과 당해 회계연도 누적기간을 직전 회계연도의 동일기간과 비교하는 형식으로 작성한 포괄손익계산서(별개의 손익계산서 작성 가능)
- 당해 회계연도 누적기간을 직전 회계연도의 동일기간과 비교하는 형식으로 작성한 자본변동표
- 당해 회계연도 누적기간을 직전 회계연도의 동일기간과 비교하는 형식으로 작성한 현금흐름표

〈표〉 20×2년도 2분기 중간재무제표(회계기간 4월 1일부터 6월 30일까지)

재무제표 종류	당기(20×2년도)	전기(20×1년도)
재 무 상 태 표	20×2. 6. 30.	20×1. 12. 31.
포 괄 손 익 계 산 서	20×2. 4. 1. ~ 6. 30. 20×2. 1. 1. ~ 6. 30.	20×1. 4. 1. ~ 6. 30. 20×1. 1. 1. ~ 6. 30.
자본변동표, 현금흐름표	20×2. 1. 1. ~ 6.30.	20×1. 1. 1. ~ 6. 30.

⑥ 특정 중간기간에 보고된 추정금액이 최종 중간기간에 중요하게 변동하였지만 최종 중간기간에 대하여 별도의 재무보고를 하지 않는 경우, 추정의 변동 내용과 금액을 해당 회계연도의 연차재무제표에 주석으로 공시하여야 한다.

⑦ 한국채택국제회계기준에 따라 중간재무보고서를 작성한 경우, 그 사실을 공시하여야 한다.

ii) 인식과 측정

① 중간재무제표는 연차재무제표에 적용하는 회계정책과 동일한 회계정책을 적용하여 작성한다.

② 연차재무제표의 결과가 보고빈도에 따라 달라지지 않아야 한다. 이를 위해 중간재무보고를 위한 측정은 당해 회계연도 누적기간을 기준으로 하여야 한다.

–법인세비용은 각 중간기간에 전체 회계연도에 대해서 예상되는 최선의 가중평균 연간 법인세율의 추정에 기초하여 인식한다.

참고 예외

연차재무제표만 작성하였다면 영업권의 손상차손을 인식하지 않았을 것이나, 중간재무제표에서 이미 영업권의 손상차손을 인식하였다면 이후 중간기간에 이를 환입할 수 없다.

③ 계절적, 주기적 또는 일시적으로 발생하는 수익은 연차보고기간 말에 미리 예측하여 인식하거나 이연하는 것이 적절하지 않은 경우 중간보고기간 말에도 미리 예측하여 인식하거나 이연하지 않는다.

④ 연중 고르지 않게 발생하는 원가는 연차보고기간 말에 미리 비용으로 예측하여 인식하거나 이연하는 것이 타당한 방법으로 인정되는 경우에 한하여 중간재무보고서에서도 동일하게 처리한다.

⑤ 중간재무보고서를 작성할 때 인식, 측정, 분류 및 공시와 관련된 중요성의 판단은 해당 중간기간의 재무자료에 근거하여 이루어져야 한다. 중요성을 평가하는 과정에서 중간기간의 측정은 연차재무자료의 측정에 비하여 추정에 의존하는 정도가 크다는 점을 고려하여야 한다.

iii) 이전에 보고된 중간기간에 대한 재작성

- 새로운 기준서의 경과규정에 의하지 않은 회계정책의 변경이 있는 경우 당해 회계연도의 이전 중간기간의 재무제표 및 비교표시되는 과거 회계연도 중간기간의 재무제표를 재작성한다.
- 한 회계연도 안에서 일어나는 회계정책변경은 소급 적용하거나, 소급 적용하는 것이 실무적으로 불가능하여 전진 적용하는 경우에는 늦어도 당해 회계연도의 개시일부터는 변경된 회계정책을 적용하여야 한다.

6. 영업부문

i) 영업부문과 보고부문

① 기업의 영업부문은 다음 사항을 모두 충족하는 구성단위를 말한다.

- 수익을 창출하고 비용을 발생시키는 사업활동을 영위한다.
- 부문에 배분될 자원에 대한 의사결정을 하고 부문의 성과를 평가하기 위하여 최고영업의사결정자가 영업성과를 정기적으로 검토한다.
- 구분된 재무정보의 이용이 가능하다.

② 신규 영업처럼 아직 수익을 창출하기 전에도 영업부문이 될 수 있다.

③ 영업부문은 통합기준과 양적기준을 모두 충족하면 각 영업부문에 대한 정보를 별도로 보고한다.

㉠ 통합기준 : 제품과 용역의 성격, 생산과정의 성격, 고객의 유형이나 계층, 제품을 공급하거나 용역을 제공하는데 사용하는 방법, 규제환경의 성격 등이 유사한 둘 이상의 영업부문은 이를 하나의 영업부문으로 통합할 수 있다.

㉡ 양적기준 : 다음의 기준 중 하나에 해당하는 영업부문에 대한 정보는 별도로 보고한다. 그러나 경영진이 재무제표이용자에게 유용한 부문정보라고 판단한다면 양적기준을 충족하지 못하는 영업부문도 별도의 보고부문으로 공시할 수 있다.

- 부문수익(외부고객에 대한 매출과 부문 간 매출이나 이전을 포함)이 모든 영업부문 수익(내부 및 외부수익) 합계액의 10% 이상인 영업부문
- 부문당기손익의 절대치가 다음 중 큰 금액의 10% 이상인 영업부문
  - 손실이 발생하지 않은 모든 영업부문의 이익 합계액의 절대치
  - 손실이 발생한 모든 영업부문의 손실 합계액의 절대치
- 부문자산이 모든 영업부문의 자산 합계액의 10% 이상인 영업부문

객관식 12

㈜세무는 (가)~(바) 영업부문을 가지고 있으며, 부문수익(내부 및 외부) 및 부문당기손익과 부문자산의 내역은 다음과 같다.

부문	부문수익	부문당기이익(손실)	부문자산
가	360,000	20,000	324,000
나	250,000	10,000	261,000
다	90,000	(10,000)	81,000
라	120,000	(5,000)	81,000
마	130,000	4,000	99,000
바	50,000	6,000	54,000
합계	1,000,000	25,000	900,000

양적기준에 따라 ㈜세무가 영업부문에 대한 정보를 별도로 보고해야 하는 부문은? (단, 영업부문에 대한 정보를 별도로 보고하기 위한 다른 기준들은 모두 충족된다고 가정한다.)

풀이

양적 기준 : 다음의 양적 기준 중 하나에 해당 → 별도 보고

㉠ 부문 수익 합계액의 10% 이상 : 1,000,000×10%=100,000 이상 → 가, 나, 라, 마

㉡ 부문 당기손익의 절대치가 다음 중 큰 금액의 10% 이상 : 40,000×10%=4,000 이상

- 손실이 발생하지 않은 모든 영업부문의 이익 합계 : 40,000
- 손실이 발생한 모든 영업부문의 손실 합계의 절대치 : 15,000

  → 가, 나, 다, 라, 마, 바

㉢ 부문 자산이 모든 영업부문의 자산 합계액의 10% 이상 : 900,000×10%=90,000 이상

  → 가, 나, 마

∴ 가, 나, 다, 라, 마, 바

④ 양적기준을 충족하지 못한 영업부문들에 관한 정보는 통합하여 하나의 보고부문으로 할 수 있다. 단, 영업부문들의 경제적 특성이 유사하고, 전술한 통합기준 중 과반수를 충족하는 경우에만 해당한다.

⑤ 보고되는 영업부문들의 외부수익의 합계가 기업 전체 수익의 75% 미만인 경우에 보고부문들의 외부수익 합계가 기업전체 수익의 최소한 75%가 되도록 양적기준을 충족하지 못하는 영업부문이라도 추가로 보고부문으로 식별한다.

⑥ 직전 기간에 보고부문으로 식별되었던 영업부문이 당기에 전술한 양적기준을 충족하지 않더라도 그 부문이 계속 중요하다고 경영진이 판단하는 경우에는 당기에도 그 부문에 대한 정보를 계속 별도로 보고한다.

ii) 측정과 공시

① 각 부문항목 금액은 부문에 대한 자원배분의 의사결정과 보고부문의 성과평가를 위하여 최고영업의사결정자에게 보고되는 측정치이어야 한다.

② 기업은 포괄손익계산서가 보고되는 매 회계기간에 다음의 사항을 공시한다.

㉠ 일반정보 : 보고부문 식별을 위하여 사용한 요소 및 각 보고부문이 수익을 창출하는 제품과 용역의 유형

㉡ 부문당기손익, 부문자산, 부문부채 및 측정기준에 대한 정보

③ 단 하나의 보고부문을 가진 기업을 포함하여 영업부문 기준서를 적용하는 모든 기업은 기업 전체 수준에서 다음의 정보를 포함하여 공시한다.

㉠ 제품과 용역에 대한 정보

㉡ 지역에 대한 정보

㉢ 주요 고객에 대한 정보

7. 특수관계자 공시

i) 특수관계자의 범위

① 재무제표를 작성하는 기업과 특수관계에 있는 개인이나 기업을 특수관계자라고 한다.

㉠ 개인이 다음 중 어느 하나에 해당하는 경우, 그 개인이나 그 개인의 가까운 가족(자녀와 배우자(사실상의 배우자 포함), 배우자의 자녀, 당해 개인이나 배우자의 피부양자)은 보고기업과 특수관계에 있다.

- 보고기업에 지배력 또는 공동지배력이 있는 경우
- 보고기업에 유의적인 영향력이 있는 경우
- 보고기업 또는 그 지배기업의 주요 경영진의 일원인 경우

㉡ 기업이 다음의 조건 중 어느 하나에 적용될 경우, 보고기업과 특수관계에 있다.

- 기업과 보고기업이 동일한 연결실체 내의 일원인 경우(지배기업과 종속기업 및 연결실체 내의 다른 종속기업은 서로 특수관계에 있음을 의미)
- 한 기업이 다른 기업의 관계기업이거나 공동기업인 경우(또는 한 기업이 다른 기업이 속한 연결실체 내의 일원의 관계기업이거나 공동기업인 경우)
- 두 기업이 동일한 제3자의 공동기업인 경우
- 제3의 기업에 대해 한 기업이 공동기업이고 다른 기업이 관계기업인 경우
- 기업이 보고기업이나 그 보고기업과 특수관계에 있는 기업의 종업원급여를 위한 퇴직급여제도인 경우. 보고기업 자신이 퇴직급여제도인 경우, 그 제도의 책임사용자도 보고기업과 특수관계에 있다.
- 기업이 ㉠에서 식별된 개인에 의하여 지배 또는 공동지배되는 경우
- 보고기업에 지배력 또는 공동지배력이 있는 개인이 기업에 유의적인 영향력이 있거나 그 기업(또는 그 기업의 지배기업)의 주요 경영진의 일원인 경우
- 보고기업이나 보고기업의 지배기업에게 주요 경영인력용역을 제공하는 기업이나 그 기업이 속한 연결실체의 모든 일원

② 특수관계 유무를 고려할 때 단지 법적 형식뿐만 아니라 실질 관계에도 주의를 기울여야 한다. 다음의 경우는 반드시 특수관계자를 의미하는 것은 아니다.

- 단순히 두 기업의 이사가 동일인이거나 그 밖의 주요 경영진의 일원이 동일인인 경우의 두 기업 또는 한 기업의 주요 경영진의 일원이 다른 기업에 유의적인 영향력이 있는 경우의 두 기업
- 하나의 공동기업을 공동지배하는 두 참여자
- 기업과 단순히 통상적인 업무 관계를 맺고 있는 자금제공자, 노동조합, 공익기업 그리고 보고기업에 지배력, 공동지배력 또는 유의적인 영향력이 없는 정부부처와 정부기관(기업 활동의 자율성에 영향을 미치거나 기업의 의사결정과정에 참여할 수 있다 하더라도 상관없음)
- 유의적인 규모의 거래를 통해 단지 경제적 의존 관계만 있는 고객, 공급자, 프랜차이저, 유통업자 또는 총대리인

ii) 특수관계자 공시의 목적

① 특수관계는 기업의 당기순손익과 재무상태에 영향을 미칠 수 있다. 특수관계자는 특수관계가 아니라면 이루어지지 않을 거래를 성사시킬 수 있다. 예를 들어, 기업이 지배기업에 원가로 판매하는 재화를 다른 고객에게는 동일한 조건으로 판매하지 않을 수 있다.

② 특수관계자거래가 없더라도 특수관계 자체가 기업의 당기순손익과 재무상태에 영향을 줄 수 있다. 특수관계가 존재한다는 사실만으로도 기업과 다른 당사자와의 거래에 충분히 영향을 줄 수 있다. 예를 들어, 지배기업이 종속기업의 거래처와 동일한 활동을 하는 기업을 인수하여 그 기업의 지배기업이 되는 경우에 종속기업은 이전 거래처와 거래를 중단할 수 있다.

③ 이러한 이유로 특수관계자와의 거래, 약정을 포함한 채권·채무 잔액 및 특수관계에 대한 이해는 재무제표이용자가 기업이 직면하고 있는 위험과 기회에 대한 평가를 포함하여 기업의 영업을 평가하는 데 영향을 줄 수 있다.

iii) 공시

① 지배기업과 종속기업 사이의 관계는 거래의 유무에 관계없이 공시한다.

② 지배기업의 명칭을 공시한다. 다만, 최상위 지배자와 지배기업이 다른 경우에는 최상위 지배자의 명칭도 공시한다. 지배기업과 최상위 지배자가 일반이용자가 이용할 수 있는 연결재무제표를 작성하지 않는 경우에는 일반이용자가 이용할 수 있는 연결재무제표를 작성하는 가장 가까운 상위의 지배기업의 명칭도 공시한다.

③ 주요 경영진에 대한 보상의 총액과 분류별 금액을 공시한다.

④ 특수관계자 거래가 있는 경우 거래, 채권·채무 잔액에 대한 정보 뿐만 아니라 특수관계의 성격도 공시한다. 이 때 독립된 당사자 사이의 거래 조건에 따라 거래가 이루어졌음을 입증할 수 있는 경우에 한하여 특수관계자 거래가 그러한 조건으로 이루어졌다는 사실을 공시한다.

중급회계 10판 에센셜 수정판

발 행 일 2023년 1월 1일 8판 1쇄
초판발행일 2014년 1월 2일

저 자 김현식
발 행 인 지민선
등 록 제2015-000197호
발 행 처 도서출판 반포
주 소 서울특별시 서초구 신반포로 270
I S B N 979-11-87995-31-9 (13320)
가 격 25,000원

저자와의 협의 하에 인지를 생략합니다.